文
景

Horizon

社 科 新 知　文 艺 新 潮

中国原生文明论

原生文明

孙皓晖　著

上海人民出版社

献给中国原生文明的光荣与梦想

目录

夏、商、周在中国原生文明史上独具一格。我们的商战传统，我们的文字结构，我们的兼容理念，我们的工艺传统，我们自由奔放的开拓精神，处处渗透着那个时代澎湃的热血。

战国时代是一个文明大爆炸时代，诸子百家、商旅贸易、技术创新……我们今天赖以前进的统一文明框架，我们熟悉的社会生存方式的基本传统，我们最主要价值观体系的历史根基，都产生于战国时代。

秦帝国最基本的历史功绩之一，是在统一中国之后，又统一了中国文明。秦统一中国文明，相比于统一中国疆域，是更具本质性的统一。秦帝国是中国统一文明的正源，是它创建了中国的统一文明，而不是其他时代。

总序

中国统一文明的体系结构

一

确立中国文明话语权，已经成为紧迫的历史性需求。

一个民族，一个国家，其文明话语权的基本方面，是能在世界国家文明之林中清晰准确地表述自身文明的本质架构、历史演变特征，及核心价值观体系。能将如此三个基本方面，在本国民族群所能具有的共同社会意识的基础上清晰准确地做出表述的国家，基本上没有出现过。至少，近现代以来五百余年的历史上，没有一个国家能够真正以理论形式做出对自身文明的系统表述。因为，即使是历史很短的国家，如美国这样只有两百余年历史的新生代，也对自身历史充满了争议，很难整合出一种具有广泛社会认知基础的共同表述。经常可见的大多数国家所能做出的自我表述，往往更多体现于对某些重大事件所持有的价值观评判，而不是整体性的国家文明陈说。

中国对自身文明的认知，基本上也是这种状态。

显然，国家文明自我认知的普遍混乱，是长期的历史存在，绝非现当代才突然出现。从本质上看，这一现象意味着人类世界对于国家时代庞大芜杂的生存形态，依然处于自发状态。也就是说，世界各个国家对于自身的现实文明形态，对现实的国家冲突，对未来的发展方向，基本上还处于以眼前利益为依据而本能做出种种应对；真正依据国家文明所具有的价值观体系，对历史、现实、未来，皆能做出理性应对的国家，很少很少。这一认知现状，距离人类文明冲破各自形态的局限性而出现历史性突破，尚有很大距离。就现实而言，则对世界各国各民族的相互交流融合，生成了无数错综复杂的历史鸿沟；对国家文明之间的相互理解，则构成了巨大的深层障碍。

作为世界上唯一不脱离本土而延续至今的文明常青树，中国理应首先确立自身的国家文明话语权。如此，既有利于国家文明的自我认知，亦有利于世界国家之林对中国形成明确稳定的认知。任何一种国家文明形态，要获得强大的生命力，都必须完成这一基础性人文工程。否则，只能停滞于现代生产力基础上的自发状态。要完成这一基础性人文工程，首要的一步，便是深入发现中国统一文明在上述三个方面的基本内涵，并在此基础上确立中国统一文明的体系结构。

虽然道路必然坎坷，但是我们必须开始。

二

统一文明，是中国文明形态最基本的范畴定性。

这是中国文明五千余年历史实践所呈现的目标性所确立的。

历史实践，是任何文明形态生成与发展的原生态呈现，是认知任何文明的基础“材料”大海。对于一个以诸多民族构成的民族群为生命主体，又有辽阔生存空间的庞然大国，历史实践生成的种种“材料”几乎是无边无际的。要从庞大芜杂的“材料”海洋中发现历史主流的走向，及其经由长期冲击所形成的具有稳定外在形态的框架，则如同大禹治水，首先必须在“浩浩怀山襄陵”的纷纭乱流中发现洪水主流的趋东向海走向，才能确立向海疏导的治水路径。

中国文明的历史实践主流，是有清晰走向的。

这一历史主流，就是持续不断地走向统一国家，及持续不断地维护统一文明形态的浩浩大潮。总体上看，前三千余年的历史主流，是不断走向更高的统一生存形态，直到秦帝国创建出巅峰高度的统一国家文明。从黄帝时期基于消除无序争夺，创建早期族群大联盟政权，中国民族群就开始了走向更高统一形态的历史脚步。其后，历经五帝时期的发展，在相对统一政权下能够达成有序生存发展形态，已经成为中国民族群的自觉认知。唯其如此，当洪荒大灾难来临的危机时期，才有了舜帝强力有效组织的大禹治水。历经尧、舜、禹三代大联盟政权艰苦辉煌的奋争，夏人族群创建了具有坚实根基的第一个真正意义上的国家——夏。由此，中国开始了国家文明的历史进程。

夏王国，是以“天子”直领（直接治理）的“王畿”族群聚居区域为核心；对其余现存的诸多独立部族，则承认为拥有自治权的“诸侯国”，名义上对夏王国“称臣”。如此形态的王国，以现代国家理念看，就是邦联制国家。发展到商王国时期，商王除直领王畿之外，对诸侯邦国已经有了部分干预权；成为半邦联又半联邦性质的国家。再到西周王国时期，历经周公东征之后，王室有效控制了天下土地与人口。因此，诸侯国变成了由周天子直接封赏的附属邦国，王室具有极大的军政号令权。由此，西周王国发展为成熟的联邦制统一国家。在如此一千五百余年中，中国逐步向前，终于发展到成熟联邦制的统一文明的新高峰。

从春秋战国开始，中国民族群以多元思想大争鸣为历史形式，完成了对既往生存历史的自觉总结，对诸侯分治的危害性与灾难性有了深刻认知。由此，生成了“天下向一”，即走向更高统一的思想潮流。正是有了这五百余年的历史认知基础，秦帝国才能创建出最具典型性的大国统一文明。若是没有既往不断走向更高统一生存形态的历史基础，没有春秋战国时代完成的统一文明自觉，秦帝国不可能创建治权统一的新国家文明；即或是能够创建，也不可能具有后世无可撼动的历史根基的坚实性。

此后两千余年，则是坚持延续统一文明，并坚持维护统一文明的历史进程。在这两大时期中，都曾经有过统一文明濒临破碎的重大危机。前三千年，除了夏商两代各自在中段出现过分裂危机，尚有春秋时期“四夷侵扰，中国不绝如缕”的重大文明危机。后两千余年，更出现过已成既定事实的几次分裂时段，都是空前深刻的濒临崩溃的文明大危机。但在历史过程中，中国民族群都依靠高度的文明自我认知，依靠强大的国家理性凝聚力，坚持浴血奋争，使统一文明始终颠扑不破。也就是说，每遇统一国家文明分裂的重大危机，中国民族群总能依靠深入血脉的强力奋争，一次次地冲破惊涛骇浪。

近代以来，中国从列强入侵、山河破碎、遭遇国家文明转型的三重危机中，掀起了救亡图存大潮；历经百余年巨大牺牲，终能历经两次民主主义革命而进入现代统一国家。其间之艰难壮烈，举世罕有其匹。应该说，这是中国五千余年统一文明长河中最为艰苦卓绝的一曲国家文明之英雄奋争交响曲。这种始终以统一国家为最高目标的历史实践，是全世界绝无仅有的国家文明奇迹。

三

文明形态的本质架构，是其基因元素的构成方式。

中国文明的第一系基因元素，是远古创世神话所体现的远古族群的思维方式与人本意识。这种对生命环境的生成，及人类最初活动进程的理解与想象，是中国民族群原生思维方式的两个本能方向。这一远古创世神话系，蕴涵着两种相互关联的想象路径：一则，以求变为基点的想象方向；再则，以人类自身为基点的想象方向。由此，解释生存环境起源，便生出了“盘古氏开天辟地”的突变性想象；解释人类生命起源，则是“女娲氏造人补天”，将人类生命的产生同样想象为突变而来。解释人类最初的生存发展进程，则产生出人类英雄一步步创造生存条件的想象。这一创世神话系，便是中国最古老的五大神话——盘古氏开天辟地、女娲氏造人补天、伏羲氏钻木取火、有巢氏居林造屋、神农氏教民耕稼。

这组创世神话系，对人类生存环境及人类生命起源的突变性想象，与现代科学的宇宙大爆炸学说有着惊人的暗合。任何现代学说，都无法解释这种思维方式的产生根源。我们只能认定，它是曾经的事实存在。从本质上看，中国神话系所体现的突变性思维方式，是现代社会难以理解的深邃文明基因；在这一创世神话系中，很可能隐藏了远远超出现代人常识的初始奥秘。

世界其余民族的神话体系，都是各不相同的神祇创造了生存环境与人类生命。西方希腊神话，是天神群体创造人与万物。西方国家群的主流宗教基督教的创世说则认为，上帝在一周之期制造出了生存环境——伊甸园，也造出了最初的人类生命——亚当与夏娃。这种油画创作式的渐次过程，显然是大不相同的另一种思维方式。

另一个基本点是，中国的远古创世神话系，又体现出鲜明的人本意识：人类生存发展的原动力，都是人类英雄创造的，而不是神灵天赐的。与此对应，西方希腊神话与基督教教义，则认为人类生存发展的最初动力，都是天神群体与上帝赋予的；包括人类的情感与灾难，都是天神赐予的；人类在天神或上帝赐予的这些最初要素的作用下，才开始了自身的渐进发展。

总体上两相比较，中国文明之原生思维方式，与西方原生文明之思维方式，显然是对立的两端。中国文明之原生基因，体现的是求变基点与人本基点；西方原生文明基因，体现的是渐进基点与神本基点。这是显然对立的两种生成方式，两个出发点。

中国文明的第二系基因元素，是自黄帝时期开始，到秦统一中国的三千余年历史实践中，相继锤炼出的三组新的基因认知。

第一组，是长期历史实践确立的统一生存认知。这一认知有两个层面的基点，外在层面是统一国家疆域，内在层面是统一国家文明。这一认知形成的历史进程，又表现为两个时期的两个方面。在黄帝开始的五帝时期，远古中国族群对无序争夺的毁灭性灾难，有了深刻的生存之痛。由此，消除无序争夺而建立足以保障有序生存的统一联盟，便成为普遍而深刻的族群认知。在之后的夏商周及春秋战国时期，中国民族群则对历代诸侯分治所带来的国家动荡及社会民生灾难的巨大危害，有了更深刻的连续体验。由此，历经春秋战国时期五百余年的理性总结，统一国家及统一文明的普遍认知，终于发展为以国家大争为实现统一路径的历史大潮。此后，经由秦统一中国并同时创建中国统一文明，中国民族群的“统一”认知，定格为中国文明最重要的基因旗帜。

第二组，是对国家政权与统一文明形态之间的动静关系的历史认知。具体说，中国民族群在前三千年的长期实践中，积淀出了这样一则深刻的历史认知——具体的国家政权，是会衰朽灭亡的，是可以改变的，是可以被替换的；而以“中国”为总体概念的统一文明框架，也就是有序生存的国家平台，则是必需的，是恒定不变的。从历史实践看，中国民族群是这样认定这一总体关系的：在“如月之恒，如日之升，如南山之寿，不骞不崩”的统一文明形态下，国家政权是可以变化的；凡是不再具有生命力的陈腐政权，都可以被新生代政权替换。这一认知，是中国民族群进入国家文明时代后的二次觉醒，是极为重要的文明基因性的历史认知。关于这一方面，我在《国家时代》一书中已经全面论证，此处不再赘述。

第三组，是对“君权至尊”的定位认知。这里的君权，实质是国家最高权力体系。这一组基因性认知具体呈现为三个分支：其一，君权高于神权。在中国历史上，任何神道信众团体及首领，都必须得到国家（君主）的认可，方能合法存在。自黄帝开始到秦始皇帝的三千余年，没有可以超越君权的任何神道团体权力。这一基因认知，始终贯穿着五千余年的中国文明史。从根基上看，它无疑来自中国远古神话所体现的摒弃神性干预的人本生存思维，与世界其余国家曾经普遍长期出现的神权统治相比，这是中国文明独一无二的世俗政权恒定化的原生基因。

其二，君权高于族权。具体说，以血缘认同与人种认同为根基的氏族、部族、民族，其族群领袖权力皆从属于君权，即居于国家权力之下。这一基因认知，来源于远古中国族群对早期社会的族权决定族人生存方式的偏狭性的真实体验。在无序争夺的早期社会，各式族群都以本族利益至上为生存法则，强烈拒绝任何异族人群以任何方式融入本族。这一现实，是无序争夺普遍化的社会基础。其深重危害，既表现于各个族群因人少力薄而易被异族攻破；也表现在对聚结众多人力从而战胜各种严重灾难的普遍需求，带来巨大的阻力。基于此等现实，黄帝后期确立的初始宗法制，其实际目标便是有效解决族权严重遏制社会人群联合的阻力问题。初始宗法制的核心要义，是明确一个基本点：无论联盟权力的君主出自何族，其权力地位都高于本族族领，同时高于父母及家族任何长辈族亲元老；族长、父母、元老及所有族人，都必须尊奉出自本族的联盟君主为至高的天下“共主”，必须以大礼形式拜见。本族人群尚且如此，其余非血缘族群，君主的地位自然便是至高无上的。体现联盟各种利益的君主，天然地需要扩大自己的土地与人口规模。这一基点，超越了任何族领的偏狭性。因此，进入国家时代后，君权高于族权，已经成为中国民族群的自觉认知。这一基因性规制，使国家政权具有了大规模融入其余族群的包容性。这一点，在中国原生文明的本质架构中，具有特别重要的基因意义。

其三，君权至尊的国家伦理，高于一切社会伦理。这一伦理关系准则，同样起源于黄帝时期生发的初始宗法制。这一制度的基础方面，是以“嫡长子继承制”为权力及财产的血统世袭准则。一切国家伦理关系与社会伦理关系，皆以如上两法则为基本点而构建。如此，国家伦理与社会伦理的关系，便以“君君，臣臣，父父，子子”的四元交错，编织成了普遍化的伦理网格，将国家与整个社会有效融合为一体。其中，嫡长子继承制，为全社会血统单元的传承与分支确立了明晰的结构；君权至尊的国家伦理，则具有最高的伦理道德权力。苟遇国家危难，人皆必须以效忠君主（国家）为最高义务，君命可夺人伦孝道并婚嫁之约、守丧之期的任何礼制规范；被征召者立即奉命勤王，则谓之忠君报国，一直被视为伦理道德的最高典范。凡此等等，皆是中国民族对国家伦理至上的基因认知。这一方面的相关内容，我已经在《原生文明》一书中较详呈现，不再赘述。

中国文明的第三系基因，是基于长期历史实践而确立的应对内外种种差异与冲突的根基性方式——执中而立。这一应事方式，被春秋战国时期的思想家们总结为“中庸”与“中和”。从具体内涵上说，它所体现的是立足于事物的错综复杂性而生发的一种深刻认知：处置任何差异、矛盾与冲突，对“度”的把握永远都是第一位的；重此重彼都可能深化差异（矛盾）或激化冲突，只有“居中”而断，不偏不倚，才是最适当的。从本质上说，这一应对认知不是策略与方法，而是一种思维方式，即基于对事物复杂性的自觉认知而生成的一种看待事物的思想方法。它产生于中国远古神话所生成的第一组基因之后，却在后来的历史实践中融为一组相互渗透的结构性思维方式，即构成了认知事物的三个基本点——既要立足于求变生存，又要立足于人本基础，同时要把握好执中而断的“度”。

就历史实践而言，这是一种非常深刻、非常智慧、非常理性的整体思维方式。以此为内生基础，衍生出中国历史上处置生存发展之重大问题的一系列涉及国家兴亡的战略价值观。最为典型者，是中国文明对外部威胁的战略原则——强力反弹，有限扩张。具体说，中国文明应对外敌威胁，首先是基本不主动兴兵先发制人；敌方发起进攻战争，我则全力反击；胜利之后，也基本不会乘胜灭却敌国而大举扩张生存空间，而只以夺取敌方对我发动战争的进军基地为终点。秦汉两代对匈奴大反击，均打到贝加尔湖（北海）为终点，便是典型例证。此后之历史实践，亦反复证明这一战略原则的持续性。

中国文明应对外敌的战略原则的有效性，最典型地体现了思维方式三基点的深刻性与生命力；精准的执中之“度”的把握，立足变化的有限扩张，立足人本的对异族文明的长期融合；没有这种综合形态的考量，中国文明绝不可能走过五千年而巍然矗立。

从历史实践看，“执中有度”的思维方式见诸具体矛盾冲突的处置，时有失之于正义度不够鲜明的弊端。但是，就基本面而言，这一弊端大多数呈现为非关文明兴亡的具体事件。从国家文明存亡的大格局出发，“执中有度”的认知原则是非常重要的。至少，中国文明历史上没有出现过大规模的种族灭绝屠杀，没有出现过法西斯独裁，没有出现过罗马帝国那样的绝对化强盛大扩张，也没有出现过黑暗的神权统治。也就是说，举凡绝对化的历史现象之所以没有在中国出现，与中国文明与生俱来的“执中”防火墙有绝大关系。

这是我们必须看到的历史事实。

如此三系列的文明基因，组成了中国文明的基因大系结构。

四

价值观体系，是文明形态的基因大系生发的认知体系。

就其内容及形式而言，价值观体系一般具有三个历史特征。其一，它超越了任何思想家及英雄伟人的个体认知，是一个民族群所具有的最普遍的公众理性认知。其二，它超越了任何社会团体、任何学派门派、任何宗教团体的思想认同及信仰坚持，是一种具有国家意识高度的政治哲学意义上的理性认知。其三，它不具有文明基因元素的恒定性，而是随着社会实践的发展而具有可变化性，但又具有相对稳定性的历史性认知。

从总体上说，价值观体系具有极其重要的基础性意义：它是一个民族、一个国家及社会所有个体生命，据以进行任何活动的理性出发点。历经相对长期的历史实践之后，这种表现为价值判断的理性认知，会在很大程度上深化为所有文明主体接近于本能的直觉反应。唯其如此，某些长期有效的价值认知，又具有“变异”深化为文明基因的可能。从历史实践的发展看，价值认知体系与文明基因大系，是一种在表里关系基础上，又相互作用的动态关系。这种深层动态关系，只有依据对长期历史实践的深入解析，才能有所发现。

对于中国文明之价值观体系的概括，似易实难。

中国文明的悠长历史，使其在各个历史时期的各个领域，都累积了丰厚的既有相同面又有差异面更有变化性的价值理念，林林总总不胜枚举。任何一个中国人，都可以随口说出一套做人做事的道理，实为历史沉积的传统价值理念。各领域的知识人物，则更不待言。这就是了解中国文明价值观体系的易知一面。但是，你要任何一个即或是受过最系统教育的理论人物，对中国文明之价值观体系做出相对准确的全面扼要的框架概括，当真是较凤毛麟角还要珍稀。最重要的是，我们在国家层面的文明价值体系的自我认知，也依然处于不得要领的半自发状态。这，就是我们所说的难以做到的一面。

所以如此，既在于我们数千年历史学的既定技术传统——只有事件与人物的素材积累，而没有本质架构上的文明史研究理念及基本成果；又在于自近代史以来，我们依然没能借助西方传入的以理性研究为本的基础研究理念，形成我们在人文领域的革新突破，创建中国文明史研究新领域。在缺乏思维方式创新的历史条件下，我们能够做到的，仅仅是借用西方传入的各种“主义”思潮，去解释中国历史实践。其结果，只是积累了一大堆不断被新的历史发现推翻的张冠李戴式的误读性结论。因为各种各样的历史原因及现实原因，这些张冠李戴的误读，至今没有得到学界主流与国家层面的系统纠正。如此，我们距离在社会意识与民族意识中真正确立中国文明价值观体系，还有着非常遥远的距离。

这一步很难，但我们必须努力去做，去迈出第一步。

要对中国文明价值观体系做出相对清晰的发现性概括，在于以两个基础方面的发现与认知为条件。一则，是对民族价值体系的发展历史的深度了解，从而能够基本分辨出价值体系的相对历史性。就是说，要能够发现并遴选出那些具有历史稳定性、继承性的价值观群落，以良性价值体系为基础而做出概括。对那些已经度过有效期而成为“废品”的价值认知，则不纳入被概括的范围。再则，是将中国文明价值体系与世界其余文明价值体系比较，尤其是与近代史以来作为世界主流文明的西方文明价值体系的比较。这种比较，既有利于清晰呈现出中国文明价值体系的历史特质；亦可在种种差异鉴别中，校正对中国文明价值体系的发现性整理。从方法论上说，就是在发现性整理中注意比较，在多方比较中注意校正对中国文明价值体系的发现性整理，从总体上力求达到最大限度的客观性及准确性。本书各篇章都涉及中国文明价值体系的问题，这里无须一一重复性概括。这篇新序所要强调的，是本书各篇章没有专门论述的两大价值体系。

其一，关于社会生存形态之终极目标的认知体系。

这一认知体系，以生发于春秋战国时期的“大同”思想为根基，包括了中国民族群一系列关于社会生存理想的价值认定。其中，以战国“弭兵”思潮为基础，彻底消弭战争的全面和平的渴求；以墨家“兼爱非攻”为基础，人各相爱互助的良善人性的需求；以法家“法以利民、法以爱民”为基础，井然有序的国家生存状态的需求；以儒家人伦学说为基础，尊老而爱幼的仁爱生存的需求；以来自历史实践的财富平均诉求为基础，最高社会道德成为人人自觉的需求；以政治生活高度清明为基础，建立松散国家框架的需求；凡此等等，都鲜明地在“天下大同”的社会生存状态中体现出来。故此，“大同”社会的认知构想，不是单一的价值认知，而是所有社会生存领域之理想状态的体系性认知。

从历史实践看，“大同”理念一经提出，就立即成为贯穿中国古典历史数千年的恒定的社会生存理想，虽然从未实现过，但也从未消失过。历朝历代都有人研究，都有人强调。历代农民起义的发生，更是无不以“大同”理念的“均贫富”为政治基础。甚或，直至近代戊戌变法，谭嗣同还有著名的《大同书》问世，以作为中国近代变法的思想基础之一。可以说，假若没有中国民族群这一强固的“大同梦”的历史传统认知，后来的马克思主义传入中国并在中国化的过程中站稳脚跟而日益强大，事实上是不可能的。因为，无数的历史实践已经证明，任何外来思想体系——典型如宗教——要在不同文明形态中立足，最必需的基础就是这一文明形态中有其据以“嫁接”的社会需求根基。从实质上说，中国民族群延续数千年的“大同梦”，就是马克思主义中国化最丰厚的土壤。

马克思主义为什么在曾经的苏联一朝弥散，说到底，就是俄罗斯民族群没有马克思主义持续成长的社会土壤——俄罗斯是一个没有产生出终极目标理念的民族群。作为政治体系的成品“移植”，仅仅以武装革命的方式建立实体政权，而缺乏强固的历史精神根基，是不可能成为稳定、良性的新国家形态的。苏联七十余年便轰然解体，最深刻的原因绝不仅是美国与西方国家群的“和平演变”，更有自身的无根基状态不可能在历史风浪中矗立不倒的必然性。

必须注意到，关于社会生存形态的终极目标，在欧洲原生文明时期，也曾以柏拉图的《理想国》，及后来的《太阳城》《乌托邦》的理论虚拟形式表现出来；甚或，在欧洲近代史上，也曾以“无政府主义”的极端思潮表现出某些元素点。在虚拟构想这一基础方面，西方与中国并无不同。历史实践呈现的不同点是，西方原生文明时期的虚拟社会生存的理想体系，在欧洲中世纪千余年的神权教义摧残下，在其后数百年资本主义价值体系的强大冲击下，其在西方国家群的社会根基损伤极大。导致的直接后果，是这一原生思想体系的历史影响力很小，更没有形成绵延相续的历史传承。总体上看，其历史坚固度已经远远不足以成为欧洲近现代文明的历史传统之一。时至当代，马克思主义在“本土”也只能以“空壳”方式存在，既在于《理想国》与《乌托邦》的历史根基已经基本毁灭，再也没有了历史认知的社会土壤；同时，也在于现实社会宗教意识的普遍覆盖，及资本主义价值体系对“异端”思想强大而猛烈的恶性吞噬。在这样的历史条件下，立足于一切劳动者的思想体系，基本上无法获得持续成长。

其二，以“向善去恶”为本位的人性认知体系。

这里所说的人性认知体系，是指一种文明形态在原生时期所生发的关于人性的理论，并在一定时期内沉积为社会意识的价值认知。从基本方面说，这一认知体系有两个方面：一则，是对人性本质的理性认知；一则，是基于社会生存秩序而生发的对人性（人基于本能而表现出的各种行为）的动态呈现和理性认知。从世界各文明形态的生成发展历史看，能够在原生文明时期对人性认知清晰达到以上两个基本方面者，极少极少。绝大多数文明所呈现的状态，是虽有相关方面的论说，但非常模糊，很难达成普遍社会意识意义上的价值认知。

关于人性认知体系，中国在春秋战国时期已经达到了非常深刻完备的理性高度，并已经在当时的历史实践中发展为普遍性的价值认知。第一个基本方面，出现了关于人性本质的三大认知——人性本恶论、人性本善论、人性自然论。这里，其主导提出者与基础认定者，往往有学派交叉、个人提出与团体支撑交互现象。如“人性恶”，其形式上是由亦法亦儒的荀子大师提出的；但在实质上，整个法家学派在法治实践中始终是坚持“人性恶”认知，并将国家立法认知建立于“人性恶”的认知基础之上。我们需要强调的是，在文明史研究的意义上，学派提出权的明晰划分，已经不是必须关注的方面。

第二个基本方面，是在春秋战国各种思潮的大争鸣中，形成了基于历史实践需求的以“向善去恶”为本位，以“返璞归真”为理想的社会意识认定。就是说，无论学派与个体主张人性本质如何，都对人在社会行为中的方向做出了共同认定，这就是以“向善去恶”为实际标尺，以“返璞归真”为理想境界的价值认知体系。

具体说，这一体系所呈现的价值观渗透于社会各个领域。国家政治领域的有德者得天下理念、善政（仁政）理念、反贪官理念、德治理念等等；战争领域的“杀降不祥”理念、“兵为凶器”理念、“好战必亡”理念、“善战者服上刑”理念等等；法治领域的法贵正义理念、法以爱民理念、法以利民理念、以刑去刑理念等等；经济生活中的“义本利末”理念、公平交易理念等等；社会伦理中的尊老爱幼理念、兼爱非攻理念、扶危济困理念等等，不一而足。

须知，这还仅仅是原生文明时期的基础认知体系。及至后世，各种外来宗教传入中国，其教义中国化之后，更派生出诸多有关人性善恶及人之行为如何实现“向善去恶”准则，而生发出的种种具体化的价值观。这些价值认知，虽然隐藏着种种似是而非的谬误，未必都具有继承性，但从总体上看，其基本面依然是良性的，是中国文明价值观的历史根基之一。

从古希腊文明到古罗马文明，直到近代启蒙运动，欧洲国家群的人性认知体系相比较于世界其余文明，在学术方面是多有理论成果的。但是，从欧洲国家的历史实践，及基本覆盖欧洲各国的基督教教义看，其国家群与民族群所呈现的人性认知，却与历史上关于人性价值认知的学术理论成果有着极大的距离——甚至说是背道而驰，亦不为过。最基本点是，西方文明在历史实践中所呈现的以国家民族之实际体现出来的人性认知，其基本方面是背离人道的向恶性。

这种人性实践的向恶性，主要呈现为四个方面——

一则，古希腊后期，被西方人无限崇拜的称为亚历山大“大帝”的马其顿兵团，进行了人类历史上的第一次跨海东征——渡过地中海进攻西亚（中东）地区，攻灭了第一波斯帝国；后持续屠杀进攻，直到深入西印度边缘地区遭遇瘟疫，方才被迫撤军。亚历山大本人在三十三岁猝然病死，这场罪恶的“东征”方告结束。这是西方文明在人类国家时代第一次呈现人性价值的向恶性。其后的罗马帝国时期，更有多次越海侵入西亚地区，并在西亚地区以殖民地为根基建立东罗马帝国的罪恶历史。迄至中世纪，在教权黑暗统治的时期，严酷镇压科学，肉体消灭“异端”教众。其间，教皇又发动领主及教众进行了长达百余年的“十字军东征”，对西亚地区展开残酷的战争屠杀与财富掠夺。这种长达两千余年的原罪恶行，为欧洲文明的向恶性奠定了历史基础。

二则，在近现代以来的国家竞争中，以弱肉强食的“丛林法则”为主导价值，发动霸权战争成为常态。近代工业革命之后，世界各种不同性质的所有大小战争，几乎都是西方国家群发动并主导进行的。第二次世界大战之后，所有的局部战争，几乎都是美国与西方国家群主导发动的。西方文明的向恶性，有了现代性的持续发展。

三则，西方国家文明，在现当代国际社会完全没有正当竞争理念。西方国家群制定的种种世界规则，如同他们的人性理论及“自由世界”的旗帜一样，全然是虚拟的价值体系；其实际的国家行为，则是不断出新的种种恶性背离。在世界范围内，美国与西方国家发动的颠覆其他国家政权的阴谋政变，数不胜数。对以典型战争不能摧毁的世界大国，则发动“冷战”，其实际呈现，即是以经济封锁、文化渗透、间谍特战为主导手段的“和平演变”。美国与西方国家群在二战之后进行的对苏长期冷战，将西方文明的向恶性大规模、全面性地展示了出来。及至当下的局部战争，则将西方文明的伪善性更为深刻地呈现出来，使其向恶性的本质第一次在历史上展示了毫无掩饰的丑陋。

四则，自近代工业革命以来，西方文明没有以先发技术优势引领人类良性发展。西方国家活动的重心，从近代原罪战争开始，就是利益掠夺的恶行破坏。在其对世界国家群发动的原罪“代差”战争中，西方国家大规模掠夺殖民地及各国人口，无限制掠夺各国财富，掠夺各国文化遗产。如此深重原罪，西方国家群至今没有任何悔悟。这样的向恶性历史与不忏悔现状，最充分地证明了西方文明关于人性认知的理论体系，具有显然缺乏历史实践依据的空洞性。从本质上说，这就是理论体系的信用缺失。理论体系丧失历史实践的支撑，如同货币丧失实体财富的背书一样，完全是色纸一张，没有任何价值。

实践高于理论，这是历史的真理。

以历史实践为依据，而不是以其理论说明为依据评价一种文明形态的性质，应该是永远不会过时的科学研究方法论。在这样的意义上，中国文明的正义性显然是不朽的，伟大的。

孙皓晖

2023 年 5 月上旬

于海南积微坊

序

文明历史的叩问

一

漫漫岁月，沧桑变幻。

人类历史在甘苦共尝中拓展伸延，已经进境为工业文明与科学文明交汇的时代了。

整个人类的生命史，是一部辽阔激荡、深远相续的文明创造史。只要人类的生命在延续，人性的基本方面——善与恶的冲突就在延续，人类社会的基本问题就在延续。任何力量都不能割断人类生命进程的连续性，也不能割断人类文明发展的连续性。我们的今天，曾经在昨天生长。我们的昨天，不断在今天重演。我们的未来，永远浸透着昨天与今天的重叠与沉淀。要走向更高的文明形态，我们就必须摒弃种种形式的历史虚无主义，以高端文明的视野回望文明发展的足迹，与我们的历史传统完成精神的对接，对我们的未来方向做出清晰的选择。

人类前进的脚步，永远经受着种种形式的历史质询。

1840 年以来，自古老的中国打开封闭的大门，就一直面对着文明史的严酷拷问。一个有着五千年文明史的伟大民族，为什么近现代以来沦落为穷弱之邦？百余年后，当我们重新崛起的时候，为什么仍然有着深刻而普遍的社会迷茫？在西方文明面前，中国为什么出现了黄色文明落后论、中国文化酱缸论？我们的历史意识，为什么不能明确地认知中国文明的根基？我们对文明历史的价值评判标尺，为什么始终没有社会共识性的基本标准？我们的历史充满了烟尘浓雾，充满了非理性纠缠，问题人物与问题事件层出不穷，原因究竟在哪里？面对新的文明跨越，我们为什么无法确认中国文明发展的历史坐标？我们这个历史如此悠久的国家，为什么始终没有自己的文明话语体系？我们对自身文明史的反思与总结，为什么两千余年来始终停留在史料整理、细节考证、编年叙述的技术层面上，直至当代，我们依旧没有总体反思的历史哲学意义上的突破？

……

问题太多太多，答案太少太少。

我们的文明史意识苍白得惊人，我们的文明史研究几乎是一片沙漠。

要创建新的文明形态，就不能回避基于生存法则的文明史叩问。

它来自我们灵魂深处的精神发展需求，来自我们赖以生成的久远根基。

二

各个民族在各个时代，都在对自己的历史进行着不断地回顾与总结。

西方人需要不断反思自己的文明史，我们也需要不断反思自己的文明史。人类各个国家各个民族，都需要不断反思自己的文明史，不断寻找符合当代需求的新答案，而不是将某一时代关于文明历史的认识与评判，当作永恒不变的金科玉律，当作束缚自己的古老教条，从而禁锢我们实现文明跨越的历史脚步。

古典文明时期的中国，曾经产生出庞大的史书体系，曾经产生出汗牛充栋般的种种历史评判。可是，既往所有的历史书写与既定结论，都仅仅表明了那个时代的社会意识，表明了那个时代的现实需求。对于今天的我们，那些庞大复杂的评判体系，显然已经与当代社会对文明历史的继承需求有相当大的距离了。那些价值观与评判体系，对于我们，已经成为一座座古老的历史遗迹，它们具有无比丰厚的历史美感，但却无法成为我们继续前进的精神基地。那些庞大的史书体系，那些不断被发掘的历史遗存，留给我们的，只是丰沛充盈的历史素材。在无垠的素材海洋中，究竟隐藏了什么样的未曾被发现的历史发展逻辑链条，究竟隐藏了什么样的经验教训，它们指向未来的历史延长线究竟在哪里？

甚或，广阔的素材海洋中，究竟还有没有被刻意掩盖扭曲的有用材料？

举凡这一切，都得我们用当代高端文明视野，去努力开掘，去寻求新的答案。

三

地球环境的差异，生命群体的庞大，注定了人类一开始只能是天各一方。

大约上万年之前，这些天各一方的人群，渐渐形成了千姿百态而又相对稳定的原始生存方式。以不同的生存方式为根基，在同一地域谋生的人们又渐渐形成了聚居的群落。大约从公元前3500年开始，人类在各个地域渐渐形成了稳定的族群，并先后进入了国家时代，各自形成了相对稳定的早期生存形态。

这种稳定而自觉的生存形态，就是我们所说的文明。

作为近现代以来的人文科学概念，“文明”这个词是西方人确立的。

文明，英文是civilization。在英语世界，“文明”的含义是逐步演变的，又是不断丰富的。《不列颠百科全书》与《大美百科全书》对“文明”概念的发展都进行了较为详尽的解说。在现代理念的意义上，《美国传统词典》对“文明”的内涵与应用，又做出了理论说明，大体有六层含义：

> 其一，文明是人类社会知识、文化和物质发展的一个高级阶段，标志为艺术和科学的发展、文字的广泛使用，以及复杂的政治及社会机构的出现；
>
> 其二，文明是一个特定国家或地区，在一个特定时期中发展出的文化和社会类型；
>
> 其三，文明是对一种历史文化的概括，譬如玛雅文化、古罗马文化就是一种文明；
>
> 其四，文明是一种过程与状态，譬如人群的开化、教化，就是这样的文明过程；
>
> 其五，文明是一种蕴涵着文化与智慧的优雅品位，是人的教养与修养；
>
> 其六，文明是一种社会状态，譬如人们常说的文明社会。

这六个方面是文明理念的综合内涵。从总体上说，“文明”是指与“野蛮”状态相对应的一种人类自觉生存的高级状态。这种生存状态，包括了人类在自觉生存状态下的一切基本方面，也包括了它的整体形态。

中国社会的文明意识是什么样的状态？

历史文献证明，中国当代文明意识的淡薄，并不是先祖遗传的。中国人对“文明”的概括比西方要早得多，作为古典词语的“文明”，其内涵也非常地逼近当代理念。已知的古典文献表明，“文明”一词的最早出典，是《尚书》与《周易》。

在《尚书·舜典》中，有“浚哲文明，温恭允塞”的概括。古文献家对这句话的解释是：“经纬天地曰文，照临四方曰明。”《周易·大有》云：“其德刚健而文明，应乎天而时行，是以元亨。”另外，《周易·乾卦》的说明辞《文言》又云：“见龙在田，天下文明。”

对于古典“文明”的含义，唐代学者孔颖达的具体说明是：“天下文明者，阳气在田，始生万物；故天下有文章而光明也。”顾名思义，文明者，文章之光明也。这就是说，阳气升腾，万物生长，天下有了“文章”，就会一片光明；文明者，文章之光明也。

那么，“文章”是什么呢？它为什么能给天下以光明呢？春秋战国时期的三种文献，给我们呈现了那个时代所说的文章的含义：其一，《论语》说，文章是礼乐法度；其二，《左传》说，文章是车服旌旗；其三，《楚辞》说，文章是花草与织物的灿烂文采。

显然，在我们的原典时代，文章是社会秩序，是生活状态，是人与天地自然和谐相处所生发的灿烂华彩。用今人听得明白的语言来表述古典文献中的“文明”内涵，那就是：依据天地运行而创造的生存状态、普遍基本的社会制度，以及天地人之间的和谐华彩。也即经纬天地、照临四方的文章之光明，就是文明。

这种古老而深邃的智慧理解，不能不使我们发出由衷的惊叹！

四

人类社会究竟创造了多少种文明？目前尚无确切计数。

关于世界文明史的基本理念，当代有三种主要的说法。

其一，英国学者汤因比的《历史研究》。这部著作将人类古典文明看作多元化的发展，并分作了二十一个类型：西方社会、东正教社会、伊朗社会、阿拉伯社会、印度社会、远东社会、古代希腊社会、叙利亚社会、古代印度社会、古代中国社会、米诺斯社会、苏美尔社会、赫梯社会、巴比伦社会、埃及社会、安第斯社会、墨西哥社会、尤卡坦社会、玛雅社会……后来，汤因比又将其发展为三十一种，我们不再具体罗列，也不对汤因比的划分做具体的评价。

其二，美国学者斯塔夫里阿诺斯的《全球通史》。这部著作自1970年出版以来，连续再版七次。它的文明史基本理念是：世界文明并不是以西方文明为轴心发展的，而是多样化地有差异地发展的；在文明生长时期与此后相当长的古典时期，各个地区、国家的文明都是独立发展的。这种独立发展的古典文明，有五个被作者列为专章论述的基本类型：欧洲大陆文明、中国文明、印度文明、非洲文明、世界游牧文明。

其三，美籍德国学者卡尔·A. 魏特夫的《东方专制主义》。这本书有一个颇为惊人的副题——“对于极权力量的比较研究”。他的基本理念是以政治体制模式为文明核心，将人类文明分作两大类：西方民主文明和东方专制文明。包括中国、埃及、俄罗斯等大国在内的大部分东方国家，都是基于远古治水而生发的专制主义文明；西方世界则是民主文明。

大量的世界文明史研究著作，告诉了我们一个最基本的历史事实：人类文明的历史发展不是单一的，世界上有多少个国家，有多少个民族，便有多少种文明形态。它们千姿百态，色彩纷呈，各具特色，独树一帜。这些不同的文明，不同的文明体系，构成了人类生命史的灿烂华章。

值得注意的是，在所有文明演进史的研究著作中，关于文明起源与文明原创的探究与反思，都居于绝对中心的地位。这一现象的形成，有着深刻的历史逻辑。这个逻辑就是：不清楚某种文明的起源根基，不清楚某种文明的原创特质，便不能了解这一文明的衍生传承法则，更无法预测这一文明的未来变化趋势。

这一逻辑，提出了一个必然的问题——

文明，既然是社会生存发展的总体反映，为什么还要受到远去的历史的制约？

五

文明，是人类精神连续发展的外在化。

没有人类精神活动连续发展的积累，便没有文明的创造，没有文明的跨越。

正因为如此，任何文明形态的根基都深深埋藏于久远的历史之中。一个国家、一个民族，在它由涓涓细流汇成澎湃江河的历史中，必然有一段沉淀、凝聚、锤炼、升华、成熟并稳定化的枢纽时期。这个枢纽时期所形成的生存形态、生存法则，以及思维方式、价值理念、精神特质，等等，都具有极大的稳定性，具有极强的传承性。这些稳定的传承要素及其综合形态一旦形成，便如同生命基因对一个人的决定性影响一样，将永远地以各种各样的方式，影响或决定着一个民族、一个国家生命历史的发展轨迹。这种在早期国家时代生成的独具特色的稳定的生存方式，是一个族群永恒的文明徽记，将之与其他一切族群的生存方式显著地区别开来，就形成了世界民族之林中无数的“这一个”。

这种具有极大稳定性与传承性的创始期文明形态，我在1993年所写的长篇历史小说《大秦帝国》的“序言”中，称之为“原生文明”。

原生文明，是一个国家、一个民族进入自觉生存状态的第一生命载体。

原生文明，是一个族群摆脱自发生存状态，进入到理性生存阶段的社会创造。

原生文明，是一个民族、一个国家生命延续的第一根基。

所谓历史传统，所谓特殊国情，所谓民族精神，所谓价值理念，所谓国家性格，所谓社会风习，所谓民族文化，等等，从实际上说，都是文明大创造时期生成的这种具有极大稳定性的原生文明的种种体现。它们历经锤炼升华，一旦稳定下来，便是一个国家、一个民族生存发展的根基。其后，无论这个国家、这个民族的历史轨迹如何演变，原生文明都具有恒定的、难以改变的基本特质。

这种难以改变的基本特质，在不同的文明体系中，表现为方方面面的差别：各不相同的文字，各不相同的价值观，各不相同的生活方式，各不相同的思维方式，各不相同的政治体制与权力运行方式，等等。所有这些差别，所有这些特殊性，形成了一个国家自立于世界民族之林的基本风貌。即或在人类交流融合充分发展的今天，各民族基于原生文明而形成的种种差别，依然是非常鲜明的。

六

不同的文明目光，对其他文明的观察与评估，往往是有很大差异的。

美国学者约翰·托兰曾经在他的《日本帝国的衰亡》中，具体描述了日本文明的思维方式与行为方式，并给予了自己的评判。他是这样说的——

> 与西方人黑白分明的思想方法不同，日本人的界限比较模糊。在国际关系中，日本人讲究的是政策，而不是原则。日本人的逻辑，就像日本人用的包袱布，可大可小，随机应变。不需要时，还可以叠起来装在口袋里。日本人是不可理解的矛盾：既讲

礼貌，又野蛮；既忠诚老实，又诡计多端；既勇敢，又懦弱；既勤劳，又懒惰——统统同时存在。对日本人来说，这没有什么不正常。日本人认为，一个人的矛盾越多，他便越深奥，自我斗争越尖锐，他的生活便越正常。

日本人是完全不可思议的。他们在铁砧上打铁是蹲着的，使用锯子、刨子是拉而不是推，盖房子先盖屋顶，开锁钥匙向左拧。日本人做一切事情都是相反的。话倒着说，书报倒着念，文章倒着写。人家坐椅子，他坐地板。鱼虾生吃。讲完一个人的悲剧后，就放声大笑。穿新衣服掉进泥塘，爬起来面带笑容。有话不明说，而是说反话。讨论问题拐弯抹角。在家里以过分的礼节款待你，在火车上却粗暴地又推又搡。杀了人，还要向仆人道歉，说把他屋子弄乱了。

相反，19 世纪的日本学者福泽谕吉在其《文明论概略》中，对欧洲文明与美国文明，也做出了完全不同于西方的评价。他这样说——

现在称西洋各国为文明国家，不过是在目前这个时代说的。如果认真加以分析，它们的缺陷还非常多。例如，战争是世界上最大的灾难，西洋各国却专门从事战争；盗窃杀人是社会罪恶，西洋各国的盗窃案杀人案却层出不穷；此外，西洋各国（在政治上）结党营私争权夺利，相互攻讦而吵嚷不休；至于外交上耍手段玩弄权术，更是无所不为……假如千百年后，人类的智德已经高度发达，再回顾西洋各国的情况，将会为其野蛮而叹息。

由此可见，文明的发展是无止境的，不应满足于目前的西方文明。

对不同文明的各自评价，为什么差异如此之大？

人类文明的标尺，为什么会如此不同？

人类历史上曾经有过无数的冲突。我们不能说，人类的冲突总是基于文明的差异而发生的。但是，我们可以确定地说，人类每次大冲突的背后，都埋藏着文明差异的根基。有许多冲突，文明的差异甚至成为直接的诱发因素，或者根本性的原因。

古典时代，文明差异直接引起冲突的现象尤其普遍。中国春秋时代，周边游牧族群不断入侵华夏腹心地带，爆发了大规模的基于文明冲突的长期战争。战国与秦帝国时代，北方匈奴与诸胡严重地侵犯华夏，再次爆发长期的文明大冲突。此后的魏晋南北朝时期、宋元明清时期，这种不同民族的文明冲突，在中国及其周边大地上，一直没有终止过。

在中国之外的世界环境中，马其顿民族对古希腊的征服，罗马帝国对埃及的远征，古印度佛国的突然灭亡，古巴比伦帝国的突然灭亡，罗马帝国的解体星散，十字军东征的宗教战争，等等，也无不因为各民族文明形态的巨大差异而生发出来。

历史的逻辑是：越是相互处于闭塞状态，不同文明之间的冲突便越是激烈。

第二次世界大战后，人类文明的交流融合大大加深，直接基于文明差异而引发的大规模冲突虽然没有终止，但显然呈现出大为减少的趋势。文明的差异，文明的多元化发展，在世界各民族的共处中越来越被接受了。至少，在理论上是这样的。

七

那么，人类文明已经进入了无侵犯、无冲突的安全环境了吗？

各民族的文明，已经可以不受威胁、不受制约地自由发展了吗？

事情，似乎并不那么乐观。

种种动荡与冲突的后面，似乎总隐藏着一些深刻的历史因素。西方诸多学者，力图从文明差异的角度去解析当代世界冲突。在当代中国和平崛起的历史进程中，也总有不同的声音，力图从中国文明的角度去解释中国的事变与结局。对中国发展趋势的分析预测，西方也总有一种或明或暗的根本性困惑：在中国古老的文明传统中，究竟潜藏着什么样的发展基因，什么样的落后基因？它们将在什么样的意义上决定中国未来的发展方向？

1949年年末，美国势力退出中国后深感痛心，在全面检讨“究竟是谁失去了中国”的思潮中，美国国务院发表了长长的《对华关系白皮书——美国与中国的关系》，对美国与中国的历史关系进行了系统的回顾与总结，企图找出问题的核心所在。主编这一长篇文件的当时的美国国务卿艾奇逊，在就该白皮书给杜鲁门总统的信中，有这样一段话：

> 三千余年以来，中国人发展了他们自己高度的文化与文明，多半未受外来影响。甚至受武力征服之后，中国人还往往能在最后镇压并同化侵入者。因此，他们自然会自视为世界中心以及文明人的最高表现。在19世纪中叶，这座中国的、孤立的、到那时为止一直不能通过的墙，被西方突破了。这些外来者带来一种进取性、独一无二的西方技术发展和一种以前的外国入侵者未曾带入中国的高度文化……西方人不但没有被中国人同化，反而为中国人介绍了新观念。这些新观念，在刺激骚乱与不安方面起了重要作用。
>
> …………
>
> 中国国内已经达到了一种定局，纵令这是未尽职责的结果，但仍然已成定局……我们仍旧相信，中国的局面在最近的将来无论如何悲惨，无论伟大的中国人民的一大部分可能怎样残酷地处于为外国帝国主义利益而效力的一个政党的剥削之下，中国的悠久文明和民主的个人主义终将再度胜利，中国终将推翻外来制。

历史的发展，尤其是改革开放三十余年以来中国的发展已经证明，当年的美国政府对中国文明发展趋势的分析预测，其结论是多么地背离事实。

为什么会这样？为什么美国人将中国文明的历史只归结为“三千余年以来”？

为什么一种立足于中国文明根基的分析，其结论却如此经不起事实验证？

中国文明的奥秘究竟隐藏在哪里？

八

文明历史对中国人的叩问，一直在延续。

英国科学史专家李约瑟以他的巨著《中国科学和文明史》——1972 年被中国冀朝铸先生题写书名为“中国科学技术史”——证明了中国古典文明在全世界的领先地位。他说过，“可以毫不费力地证明，中国（古代）的这些发明和发现远远超过同时代的欧洲，特别是 15 世纪之前更是如此”。在李约瑟的研究之前，德国学者马克斯·韦伯提出了一个尖锐的问题：为什么在宋代中国早已孕育了资本主义萌芽，而工业革命却没有首先在中国发生？这就是为中国学界所熟悉的著名的“韦伯疑问”。

李约瑟将这个“韦伯疑问”具体归结为两个问题：其一，为什么历史上的中国科学技术一直遥遥领先于其他文明？其二，为什么到了现代，中国科学技术不再领先于其他文明？这就是同样为中国学界所熟悉的著名的“李约瑟难题”。问题一经提出，一直吸引着国内外不同领域的学者从不同角度寻求解答。经济学家、哲学史家、科学家等纷纷提出见解，一时蔚为大观。但是，我们始终不得要领，始终没有相对深刻明确的根基性的答案。

面对种种严酷的叩问，我们的解答在深重的苦难中延续了一百多年。

从1840年开始，在人类高端文明的入口处，中国遭遇了巨大的历史冲击。几经亡国灭种的劫难，中华民族的历史意识终于开始了艰难的觉醒。自觉地，不自觉地，华夏族群开始了连绵不断的关于自身历史的反思。民族何以孱弱？国家何以贫穷？老路何以不能再走？新路究竟指向何方？中国何以落后贫弱？中国如何振兴图强？凡此种种关乎民族兴亡的根本性思索，都在救亡图存这一严酷背景下蓬蓬勃勃地出现了。

于是，有了戊戌变法对中国现实出路寻求突破的尝试。

于是，有了辛亥革命对中国未来命运的政治设计。

于是，有了五四运动对中国历史传统的反思，有了打倒孔家店的宣战。

于是，有了马克思主义传入中国后的新文化运动。

当我们这个民族终于获得独立，终于自立于世界民族之林的时候，我们开始了大规模的意识形态重建。在我们有可能借助于高端文明时代的科学思维方式对我们的文明史重新审视并给以总结的时候，一场名为“文化大革命”的大混乱与大劫难发生了。

从文明史的意义上说，“文革”是中国当代史的一场噩梦。

基于最简单的政治原因，“文革”、以“破四旧”的恶性方式，毁灭了大量的中国文明遗存；以“评法批儒”的粗暴方式，从服务政治需要出发清理文明历史遗产；对中国文明史做出了阶级斗争模式的简单化评判，对中国社会的历史意识造成了新的扭曲。

今天，当我们真正获得了相对宽松的思想环境，当我们试图真正地正本清源，对我们的文明史进行系统的反思性总结，从而为我们的文明传统寻求话语权时，我们蓦然发现，“文革”劫难已经给我们客观公正地评价中国文明史埋下了深远的祸根。曾经普遍受到伤害的知识分子群体，基于对“文革”的反感，已经自觉地、不自觉地重新回归到延续了两千余年的古老的历史意识中，将熟悉而陈腐的局部传统文化当作国宝国学，以某种难以言说的心态倍加推崇，并致力于向全世界广泛传播。

因为反对一个极端，我们跳到了另一个极端。

再一次，我们回到了曾经深陷其中的历史烟雾之中。

但是，我们这个民族的伟大智慧，并没有被历史的烟尘淹没。我们坚韧努力的脚步，体现着中华民族再生与复兴的伟大心愿。在生存生计成为最迫切问题的历史关头，我们民族以最大的智慧，确立了“实践是检验真理的唯一标准”的新价值理念，停止了无休止的论争，从纷杂的社会大折腾中摆脱出来，全副身心地投入到了变革图强的努力之中。这种伟大明澈的智慧，挽救了民族，挽救了国家。

中华民族在最艰难的历史时刻，开始了真正的复兴启航。

但是，被我们搁置的问题，却并没有因为搁置而消失。文明史的中国叩问，并没有因为种种延宕而减弱。相反，当我们的国家日渐富裕强大而面临新的文明跨越的历史关口时，这一历史叩问，变得更加突出了。

一个民族的发展要保持悠长的生命力，保持饱满的生命状态，就必须有坚实的文明根基。这种文明根基的坚实程度，不仅取决于文明传统的丰厚性，更取决于一个时代基于清醒的历史意识而确立的继承原则。我们可以因为最紧迫问题所必需的社会精神集中而暂时中止大规模的社会争论，诚如战国名士鲁仲连所言：“白刃交前，不救流矢。”但是，我们不能忘记，在获得必要的社会条件之后，对自身文明历史的认真探究依然是一个民族复兴必需的，甚至是基本条件性的历史环节。

是的，我们应该告别“不争论”的特殊时期了。

我们所需避免的，是不能将文明审视简单等同于某一实际目标。

一个国家、一个民族，对文明历史的审视，不应该成为任何实际目标的手段；一个国家、一个民族，对文明历史的探究，本身有其伟大的目标；这个目标，就是为实现伟大的文明跨越，提供经得起考验的历史精神资源。这个目标，就是在世界民族之林确立我们民族的文明话语权。

九

这样一本书，正是在上述思想的催生下写出的。

这本书的原本真身，是一部大型文献纪录片的全部解说文字。唯其如此，它的语言才有一定的跳跃性与形象性，会给读者一定的阅读美感。可是，当这部纪录片写完之后，朋友们与我的共同感受却是，它更像一本书。作为纪录片的解说，它需要大大稀释，从而释放出从容舒缓的形象美感。作为一部文明史著作，它却与学院化标准相去甚远。这本书既没有长长的注释，也没有开列庞大的参考书目，内文中的批量引号现象也极少。我所力图做到的，是将自己已经消化的知识与思想，简洁诚实地告诉人们，如此而已。强拉读者与自己一起走进书橱，是一件并不愉快的事情。我们民族既往的原典著作，似乎从来都是这么简洁朴实的，使人有阅读快感的。

无论形式如何，它的思想阐发任务可以说是完成了。

故此，就让它以两者兼具的形式感，去与读者们拥抱吧。

这是一本力图理清中国前三千年文明史的书。

中国文明五千年，前三千年是我们的文明高原，文明圣土。在这三千年中，华夏族群历经了七大时代——五帝时代、夏、商、西周、春秋、战国、秦帝国。在其中的每一个时代，我们的民族都曾经实现了一次巨大的文明跨越。历经七次大的历史跨越，我们的民族终于登上了中国古典文明高原的最高顶峰——秦帝国时代，成功地实现了中国疆域的统一，成功地创造了中国文明的统一，给我们的国家与民族奠定了永恒不朽的历史生存范式。

此后，自汉武帝时代开始，中国文明出现了千丈瀑布式的历史大落差，开始了两千余年地平线式的涌动发展。在后两千余年中，我们虽然也有过局部的文明突破与技术性质的社会发展，但是，却再也没有出现过以社会制度为核心的文明形态的整体跨越。宋明之后的中国，在“存天理，灭人欲”的价值理念笼罩下，更是迅速地趋于僵化陈腐。以至于在清末，我们终于沦为几近僵尸的“古老肉”了。

中国文明的强大与不朽，不在变形的末端，而在雄厚的原生时代。

唯其如此，鸦片战争一百六十余年之后，在我们的民族面临新的文明跨越的历史转折时期，重读我们的文明历史，以新的价值理念寻求中国文明发展的历史经验教训，是具有特殊意义的。在我们需要抬起头、直起腰的时候，重新解读中国前三千年实现文明连续跨越的历史奥秘，领悟那些隐藏在当时社会实践逻辑中的历史延长线的指向，对于我们这个从来没有在当代历史条件下整体反思自身文明，并在世界民族之林确立文明话语权的民族来说，具有极为特殊的意义。

国家文明话语权的确立，是实现民族复兴与文明跨越的必备历史条件。

实现国家文明话语权，是中国民族的历史责任，更是中国人文学界的历史责任。

一面呈现历史，一面解析历史，是这本书的基本特征。诚实地说，这本书未必能承担上述重任。但是，它可以是精卫所衔的一枝微木，可以是试图填平沧海的一种努力。

孙皓晖

2011 年 6 月

于西北大学秦文明研究院

第一编

远古文明与近古文明

中国早期文明的坚实起点，文明社会持续发展的基本要件，大体都在这一时代被创造出来了。

聚合基因：神话时代与传说时代

1　中国神话思维的爆发性特质

许多大民族的文明形态演进，都有一个神话时代。

神话是什么？神话，就是一个民族对自己生命史前状态的追忆，是对自己文明出发点的想象。神话对一个民族的意义，在于它饱含了这个民族对生命创造与文明创造的最原初理解。从这个意义上说，不同文明的民族，永远有着不同的远古神话。在世界民族之林的神话园地里，构成中国文明远源的中国神话，与构成西方文明远源的希腊神话，是最为鲜明的具有两极对立意义的两种神话体系。

古希腊族群与中国远古族群，对人类史前世界，有着截然不同的想象与描述。

希腊神话的特质，是人类原初活动的被动性。

在古希腊神话中，人类的一切原初出发点，都是天神赐予的；人类的一切原动力，也都是天神赐予的。人，是天神普罗米修斯与天神雅典娜创造的；火，是天神普罗米修斯盗给人类的；文字、家畜、车船，医药等，同样是天神普罗米修斯和他的天神朋友赐予的；爱情是天神掌管的；阳光是天神普照的；连人类的种种灾难，也是天神们着意制造的一个另类女神潘多拉释放的。

总而言之，在希腊神话里，人类在出发点时期是消极被动的生命群体，只是在天神赐予人类原初生命与原初动力之后，人类才开始了自己的创造。天神，是人类进入生命存在的第一出发点；天神，是人类进入文明创造活动的第一推动力；天神，是与人类不同质的生命存在，他们生活在大地之外的未知空间。人类就是人类，天神就是天神，两者具有不可逾越、不可转换的生存特质。

希腊神话对文明远源的想象，具有先天的被动性。

中国神话的特质，是人类原初活动的主动性。

中国神话，与希腊神话截然不同。在中国神话里，人类自身生命，一切与人类相关的生存环境，一切与人类相关的器物，都是半神半人的远古英雄创造的。盘古氏开天辟地，创造了整个世界生存环境；女娲氏造人，创造了人类生命的出发点。盘古氏与女娲氏，都不是希腊神话里具有完整神性的天神，而是神性与人性统一的中国神话里的人神。

人类一旦开始了生命历史的活动，中国神话与希腊神话便有了更为鲜明的差别。

这一差别是：人类生存活动的基本点，都是人类英雄创造的，而不是天神赐予的。且看，燧人氏钻木取火；有巢氏创造房屋；神农氏遍尝百草；后稷氏创造农耕；黄帝创造了衣裳、弓箭、指南车；鲧发明了筑城术；黄帝的妻子嫘祖，发明了养蚕织帛；仓颉造出了文字；蚩尤发明了兵器；伯益发明了凿井；奚仲发明了车辆；共鼓、货狄发明了舟船；常先发明了战鼓；伶伦发明了音乐；隶首发明了算数……

在中国神话与远古传说中，举凡人类生存所需要的一切根基，都是人群中的英雄人物创造的；完成了创造性业绩的英雄们，或在生前，或在死后，就变成了永远被人群敬仰的神。这就是中国的人神——从开拓生存的众生中走来，从创造生活的英雄中走来。

人类生存活动的出发点，是人类自身活动创造的结果。神，是人类个体英雄在族群精神中的神圣化。神可能是人，人也可能成为神。神以人为根基，人以神为升华。人与神是可以相互转化的，人与神的生存状态与生存空间，具有同质性。

中国神话中，人类早期的生命活动史具有先天的主动性。

神话时代，是一个民族对生存环境起源与自身生命诞生的想象。神话的特质，充满了模糊性、矛盾性，以及无可验证的虚幻性。神话时代的意义，在于它最充分地体现了这个民族的原初思维方式，也体现了这种思维方式所能达到的对世界的解释能力、解释方法，以及所能达到的解释高度。从文明史的意义上说，神话时代的个性，是各民族在不同的生存环境中所生发的第一组文明基因，是一个民族的理解方式与思维方式的最初根基。这种以特殊的理解方式、特殊的思维方式为根基的原初想象力，朦胧地涵盖了一个特定族群在此后文明创造中的一切基本精神。

而对自身早期生命历程的想象，中国神话思维则充满爆发性。

创世神话，形象地展现了远古中国人对环境起源与生命起源的特殊解释，朦胧混沌中饱含着宏大而深刻的想象力与理解力。具体地说，中国的创世神话大体是三个方面：

盘古氏开天辟地的神话，对创世活动做出了最具爆发性的宏大想象。

令人不可思议的是，盘古氏开天辟地的神话，隐含了对宇宙生成的不自觉解释。开天辟地说，与当代科学揭示的宇宙大爆炸学说，有一种隐隐约约的暗合。暗合的根基点，是都将生存环境的出现，植根于某种大规模的爆发活动，而不是渐变式的构造活动。这种深邃的想象力，这种爆发性的思维，饱含了中国早期人群的特殊理解力。基于人类思维的某种灵异性，我们很难说中国早期人群的这种想象力是纯粹自发的。

相比之下，诞生很晚的西方《圣经》中的“创世”说，则是渐变式的思维，其所呈现的活动则是构造式的活动。《圣经》对人类生存环境起源的想象，明显表现出浅显性与散漫性的特点。耶和华用了整整一个礼拜来完成天地环境的多种铺排构造，既无强大的精神动机，又无惊人的瞬间爆发，其过程几乎完全接近于一幅油画创作。这种方式，与宇宙及地球生成的真相，没有任何思维方式意义上的接近。

女娲氏造人的神话，具有劳动爆发而创造生命的直觉意识。

为了避免新生天地的死寂空旷，女娲氏辛勤劳作，用黄土成泥，开始奋力捏造一个个灵性的人。进程之中，女娲深感一个个造人之慢，遂造出一条巨大无比的长鞭，而后蘸泥挥舞，甩出无数星星点点的人群，开始了批量造人的群体生命的出现。因用力难免不均，于是出现了美丑肥瘦各不相同的形形色色的个人。

这一壮美的神话，包含了一种朴素而深刻的理解：人类生命体的产生，一定经历了辛勤而艰难的劳动过程，一定经历了某种爆发性的突变。相比于西方《圣经》中的上帝无意识造人，亚当、夏娃两人世界的寂寥，中国神话的理解要深刻得多，内涵要丰厚得多。

破坏与建设的英雄神话，对人性善恶冲突的爆发具有深刻的直觉呈现。

神性之恶，神性之善，中国神话都表现得直接、剧烈，而又壮阔无比。

在中国神话中，神和神之间一开始就有着直接的善与恶的剧烈冲突。火神祝融氏与水神共工氏开战，共工氏战败，愤怒地撞坏了不周山天柱，天地几乎要崩塌了。刚刚开始繁衍的人类，面临全部滚落开裂大地的危险，以及遭受洪水与山林大火的灭顶之灾。在灭绝人类生命的关头，造人的女娲氏炼成了流质五色石，补全了天地。从此，天地之间生成了无垠苍穹的绚烂霞光。之后，女娲又以巨石顶天立地，支平了天地四柱，吸干了洪水，擒杀了黑龙，女娲所造的人类又重新开始了生命的历程。

与此相比，希腊神话中神性善恶的冲突，则要缓和得多，局部得多。潘多拉女神不定期释放人类灾难，大约是最具恶性的天神了。除此之外，其余天神的个别不善行为，很难说具有神性恶的特质。也就是说，希腊神话中天神善恶冲突的深刻程度（毁灭人类生命）与普遍程度（神界的全面战争），都远远不能与中国神话相比。

中国早期人群这种深邃、酷烈而又壮美无比的史前神话，在世界民族之林中是独一无二的。应该说，正是这种独一无二的神话思维的原初特质，构成了我们生命群体最早的精神因子。

2　远古传说时代的人神特质

神话时代之后，我们的民族走进了远古传说时代。

所谓远古传说时代，是一个民族关于自身早期脚步的历史记忆。在文字出现之前，世界所有的民族都是通过口耳相传的形式来追忆自己的历史的。世界上至今仍然有许多没有文字的民族，他们的历史脚步，依然保留在种种传说之中。尽管，传说的历史不那么确定，不那么清晰，但是，它确定不移地包含了一个民族早期发展的基本方面，是一个民族早期文明的粗线条历史，是任何一个民族不可或缺的文明史环节。

华夏文明的远古传说时代，可以分为两大阶段：

第一阶段是接近于神话的朦胧的远古传说时代；

第二阶段是大体有排序纪年的近古传说时期，也就是清晰传说时代。

在这两大传说时代里，华夏族群已经在今日中国大地的各个区域开始了多姿多彩的文明创造。东北、华北、西北、中南、东南、西南、岭南，到处都有被现当代地下发掘证实的早期文明遗存。史料所记载的，只是部分远古传说，只是当时局部地区的基本活动，用今天的语言表述，就是当时特大族群中心区域的传说，而远远不是中国大地全部的远古文明记录。

这一点，我们务必要有清醒的意识，不能堕入黄河流域唯一论的褊狭境地。

在远古传说时期，那些开拓生存空间与创造人类最早生活方式的出类拔萃者，都是半神半人的救世者。从文明发展史的意义上审视，这种具有时代符号意义的远古人神，我们的远古历史上共出现过四个——伏羲氏、有巢氏、燧人氏、神农氏。可以说，这四个半神半人的创造者，是中国远古传说时代的四大圣雄。从实际历史看，他们所在的时代，也就是远古社会的四大发展时期。

（1）第一时期，远古圣雄伏羲氏时期

据说，伏羲氏是蛇身人首的灵异者。伏羲氏发明了结网捕鱼，又发明了最早的神明预测术——八卦。从实际意义看，渔网的发明，使先民们有了第一种可以大量捕捞的天然肉质食物——生鱼。这一点，我们很容易理解，因为它对人类的早期生存有着最直接的意义。

但是，对于八卦在这一时期的发明，今天的我们已经很难理解了。

可是，若从生存避险的意义上看，则很容易理解。在生存能力还很脆弱的条件下，人类要存活下去，就必须能够迅速而成功地逃避种种凶险与灾难。而要迅速成功地逃避，能否预知凶险灾难的来临，则是最基本的要求。所以，如何预知随时可能突然来临的凶险与灾难，是当时人类最迫切、最普遍的需求。在此社会需求下，一个具有超越人类智慧的半神半人，发明出一种今天的我们难以理解的预测凶险的方法，就不是十分突兀的事情了。

从实际生存的意义上说，伏羲氏八卦，可以看作是远古人类的第一个生存预警系统，对于人类生命的延续具有极其重大的意义。无论这种预测方式，在人类生存环境已经大大变化的今天看来是如何的神秘诡异，如何的矛盾与不可靠，但是，远古生存环境下的人群一定具有非同寻常的自然灵异性，这种神秘预警方式，对于他们具有非常有效的实用性。

关于伏羲氏，还有另一种传说，说他也是创世神之一，是女娲氏的兄长，兄妹都是蛇身人首。伏羲氏与女娲氏兄妹成婚，才繁衍了此后的人群。据说，伏羲氏还为当时的人们确定了婚姻方式，这就是“制嫁娶”；还发明了姓氏制度，这就是“正姓氏”。这种存在于远古传说中的矛盾说法，从文明史的意义上说，是完全可以忽略不计的。

（2）第二时期，远古圣雄有巢氏时期

据说，有巢氏用树木枝条搭建了某种窝棚，这就是“构木为巢”。

构木为巢的实际意义，是为当时的人群发明了最早的房子，使先民们有了遮风挡雨的去处，有了拼搏谋生之后休养生息的立脚点，人群的成活率由此大大提高。居巢房屋的出现，意味着人类摆脱了动物禽鸟式的栖居状态，为固定居所的普遍出现，提供了最直接的条件。这种“居巢”房屋，当然应该看作是广义的，它既可能是树林间搭建的早期窝棚，也可能是地穴地窖，也可能是山洞石窟。只有房屋时期的到来，当时的人群才有了稳定地聚居在某一区域的可能。而人口相对集中的居住，才有可能产生稳定的通婚，才有可能发展为大的群落。否则，经常处于流散栖息之中的人群，是无法稳定聚合的。

因此，房屋的出现，是远古人群稳定居住并进一步发展的第一块文明基石。

这就是有巢氏时期的实际生存意义——为人类的稳定群居提供了物质条件。

(3) 第三时期，远古圣雄燧人氏时期

据说，燧人氏用尖头木钻稍软的木板，发明了火，这就是“钻木取火”。

据说，燧人氏又用火烧水，将猎物丢在滚水里煮熟了吃，这就是“教民熟食”。

火的发明，熟食的发明，是远古人群生存方式的第一次跨越，是向文明境界迈进的最大一步。也可以说，这是远古人类文明的第一个伟大坐标。假如说，此前远古各个时期的发明，主要解决的还都是如何保存并延续人类群体生命的问题，那么，火与熟食的发明，则改变了人类的食物结构，解决了人类生命如何更加强壮、如何更加健康地向前发展，并实现人类生理机能大大跨越的问题。

(4) 第四时期，远古圣雄神农氏时期

据说，神农氏人身牛首，是其母看见神龙之首而感应所生下的一个神异者。

这个神农氏，用木头制造出了耒耜，其形状类似于后世翻土的锹。而后，神农氏又用这种工具开挖生土，撒进某些植物的种子。不久，这些植物破土而出。收获成熟之后的籽粒，竟然可以煮出来吃。这就是神农氏的“制耒耜，教民耕稼”。神农氏还有一个伟大的发现，就是遍尝山野百草，发现了可以治病的药材，并发明了服用草药的方法。从此，华夏族群开始有了医药。

耕作工具、耕稼活动以及药材的出现，使人类进入了自己创造食物、自觉维护生命力的阶段，相对摆脱了纯粹依靠自然资源生存的方式，有效克服了食物短缺的生存危机，使人类真正进入了劳动生产的创造时代。因此，工具与耕稼的发明，是远古人群又一次伟大的文明跨越，使之真正迈进了近古文明的门槛。

这些半人半神的远古圣雄，是一个个历史时期的代表人物、文明

符号。

透过这些历史符号，我们可以鸟瞰远古传说时期广阔而坚实的生存画卷。

3 近古传说时代的人类生存状况

从远古传说时期迈入近古传说时期，是我们远古祖先一个巨大的文明跨越。

我们的近古传说时代，已经开始有了大致清晰的社会轮廓。这一社会轮廓，是以各族群首领及其业绩为标志的。黄帝轩辕氏、炎帝烈山氏、颛顼高阳氏、帝喾高辛氏、少昊金天氏、尧帝陶唐氏、舜帝有虞氏、东方九黎族的首领蚩尤、东方共工氏、禹帝姒氏等领袖人物，是近古传说时期的主要标志。另外，还有其他诸多族群的姓氏、图腾、业绩与传承等，也都具有了大体明确的框架。在这样一个近古传说时代，我们的族群实现了第一次大聚合，建立了松散的联盟权力社会。

那么，这一文明的跨越，是基于什么样的历史背景实现的?

远古传说时期的最后阶段，先民们已经完成了人类生存的最基本条件，进入了较大规模的社会性生存状态。具体地说，就是先民们已经走过了远古传说时期的自发性生存状态，开始以特定地域为经常性生存空间，以特定族群的稳定聚居为生存方式，开始了相对稳定的发展。让我们来想象一番近古传说时代开端时期先民们的生存状态吧——

散漫的人群开始在各个地区聚集起来，形成了以家族、氏族为基本单元的大型族群；

这些大型族群有了共同的名号，有了稳定的领袖，有了组织实施不同事务的各种头目；

这些不同族群之间，已经有了相互通婚的习俗，人群的繁衍进一步稳定；

各族群的族内人口，已经有了粗线条的大体分工，以氏族为基本单元的生产方式已经相对稳定。群体刀耕火种，群体渔猎游牧，族群之内与族群之间的协作规模，已经远远超过了远古传说时期。部分食物、衣物与日用品的剩余，已经开始出现。族群内部也有了相对公平的分配方式。作为社会基本单元的婚姻家庭，其组成方式与生活方式，也已经基本稳定。

总体上说，这时的人群生存状态，已经进入了以族群为社会组织单元的早期文明。

但是，族群之外的大社会，也就是当时的“天下”，还处在一种极其混乱的无序状态。无数分散在特定地域的大小族群，依然面临着巨大的生存挑战。在刀耕火种的近古传说时期，自然资源的多寡，几乎完全决定着族群生存状态的优劣。各个族群所在地域的山林、水面、草地等有效资源，在极其粗放的一次性刀耕火种中迅速减少。各个族群要继续维持相对良好的生存状况，或谋求进一步的发展壮大，就要不断地开拓新的生存空间，争取占领尽可能多的未开发土地，以供较长时间内的一次性耕种。这种拓展更多山林、水面、草原与土地的急迫需求，对于所有的族群都是同样的。

这就是说，任何一个族群都面临着同样的生存挑战——只有占据更多更好的土地资源，才能保持较好的生存状态。这种普遍的生存挑战，带来了三种普遍的社会争夺：首先，是各个族群对尚未开发的无主土地的争相抢占；其次，是特大族群对中小族群土地的野蛮侵占；最后，是特大族群之间对大面积资源的相互抢占或相互争夺。如果，当时的“天下”不能有效地遏制这种普遍的、无序的、残酷的、大规模的流血争夺，先民社会在远古传说时期积累的生存成果，完全有可能毁灭在规模越来越大的对自然资源的普遍争夺之中。我们先祖人群的文明脚步，很可能在残酷无序的相互残杀中同归于尽，就此中止。

正是在这样无序争夺的大背景下，先民们进入了近古传说时代初期的黄帝炎帝时代。

黄帝炎帝时代的中国人类生存状况如何呢？

从文明史的意义上重新审视黄帝炎帝时代，我们不能依靠诸如少时神异、晚年成仙，以及征召天神、呼风唤雨那样的神话传说进行评判分析，而要依据种种史料，进行科学分析，重新发现。我们确信，以《史记》为轴心的种种史料，已经对遥远的历史记忆做出了认真的甄别与相对系统的整理，其基本框架与基本事实，完全是信史。以当代理念分析这些史料，我们可以确立的基本事实有如下三个方面：

首先，近古传说时代的中华大地，已经形成了许多大规模聚居的有组织族群。

根据历代史学家的种种考证，黄帝时代大型族群的名称至少有二十个：少典氏、少昊氏、神农氏、西陵氏、蜀山氏、风后氏、力牧氏、常先氏、大鸿氏、应龙氏、涂山氏、共工氏、方雷氏、彤鱼氏等十四个是农耕渔猎族群；另有三个大游牧族群，山戎氏、猃狁氏、荤粥氏，他们是后世戎狄人与匈奴人的先祖；同时，还有三个特大型族群，一个是列山氏族群，大体以江淮流域的上中游山地为生存活动区域。一个是轩辕氏族群，大体以黄河流域上中游地带为生存活动区域。一个是九黎氏族群，大体以江淮流域下游与滨海地带为生存区域。如果再将未被记载的族群，以及特大族群不断的分解分支估算在内，这一时代的区域族群数目将是非常庞大的。《史记·五帝本纪》中所谓的“天下诸侯”，不过是这种各自生存的族群的后世称谓而已。

其次，三个特大族群都有了自己稳定的领袖，已经进入了有组织的早期权力社会。

列山氏族群的领袖，称作炎帝；轩辕氏族群的领袖，称作黄帝；九黎氏族群的领袖，称作蚩尤。那么，“帝”是什么？是后世权力意义上的君主吗？显然不是。在文字还没有发明的近古传说时代开端期，我们有理由相信：“帝”这个称谓的原发意义，既不是天神，也不是圣王，而应该是某种功能性的物事。

战国时代的《庄子·徐无鬼》，提供了“帝”这个说法的原发意义。《庄子》的说法是：“帝……药也，其实堇也，桔梗也，鸡癕也，豕零也，是时为帝者也。”也就是说，帝，原本是植物与动物身上可以做药材的那些宝贵部分。应该说，先民们对于动植物名称与动植物功能的确认，一定先于对社会权力框架的确认。所以，宝贵药材的说法，是“帝”的原发意义。

另一佐证是，远古神农氏时代已经发现了药材，药材“帝”的称谓，应当先于权力“帝”的称谓的出现。所以，这时的先民们用“帝”这个说法称呼族群领袖，是顺理成章的。也就是说，当时的远古先民们称某人为“帝”，并不是承认他是天神圣王，而是认定他在族群中的作用与地位类似于植物动物中最有用的宝贵药材，所以呼之以“帝”。由此可知，虽然轩辕氏、列山氏的领袖都被称为“帝”，但还远远不是后世权力意义上的天下君主，而只是某族群或某区域的英雄领袖，是最有影响力的实际组织者。

那么，“蚩尤”又是什么称谓呢？

蚩者，虫也，海兽也；尤者，最突出也，最特异也。合起来，“蚩尤”的原发意义就是虫类中或海兽中的最出色者，最凶猛者。九黎氏族群的首领，能被族群人众以海兽虫豸之中的最特出者比之，将其呼为“蚩尤”，可以想见这个族群一定聚居在滨海山林地域，对大型虫豸海兽的威力记忆深刻。

再次，几个特大族群的生存状态比较接近，有相对普遍的血缘联系。

当时的列山氏，是江淮流域的山地族群，以江河渔猎为主，山地农耕为辅。当时的轩辕氏，是黄河流域族群，以平原农耕为主，畜牧渔猎为辅。当时的九黎氏，则是滨海湖泊的山林水面族群，以渔猎为主，山地农耕为辅。这种生存方式，既有相同之处，也有种种具体的差别。从早期文明的意义上说，这三个特大族群已经形成了各自不同的早期文明形态。

但是，这三个特大族群，都生存在同一片大陆地带，中间并无大海洋、大高原等特殊险阻的隔离，相互之间的普遍联系与经常性的相互争夺，当是必然的社会现象。在传说时代的远古末世与近古之初，这三个特大族群都在当时的“天下”范围之内，没有超出中国大陆族群的社会视野，都是同一文明之下的分支。

依据对传说时代的史料分析可以证明：这三个特大族群都曾经先后统率过“天下”，做过“天下”的权力领袖。蚩尤，曾经是“古天子”；列山氏的炎帝，更不用说是神农氏的后裔，或直接就是神农氏，是黄帝之前的“天下”盟主；轩辕氏的黄帝，则是即将凝聚三大族群的天下盟主了。

就相互联系而言，列山氏与轩辕氏之间的血缘与通婚关系最为典型。

一种说法是：轩辕氏与列山氏，都是更古老的少典氏族群的分支；黄帝炎帝，都是少典氏族首领娶有蟜氏女所生下的两个儿子。也就是说，黄帝、炎帝是同胞兄弟。在文明史的意义上，少典氏是人名还是族群名，抑或是另一个联盟领袖名，是可以忽略不计的；黄帝和炎帝是不是同胞兄弟，也是可以忽略不计的。这一说法的背后，隐藏着最重要、最基本的事实是：轩辕氏族群与列山氏族群，肯定有着源远流长的普遍来往，甚至有过共同聚居于某一地域的历史。其间的相互通婚一定是相对频繁的，以至于两个特大族群在后世生发出了他们的领袖是同胞血缘的传说。当然，这时各个大小族群之间的通婚，已经是非常普遍的现象了，而不仅仅是炎黄两族通婚。譬如，黄帝的四个妻子都是外族人，其中的“元妻嫘祖”是西陵氏族群的女子；黄帝的儿子昌意，则娶了蜀山氏族群的女子为妻。

没有相同的文明根基，后来的近古大聚合是不可能发生的。

当大混乱与大争夺来临的时候，当时的社会权力状况是什么样的呢？

远古传说时代末世，由于神农氏的巨大业绩，天下受益族群把神农氏无限神化了。神农氏产生的巨大的精神影响力，使神农氏族群事实上成了最能影响天下秩序的力量。于是，神农氏在最后的传说时代被视为“天下”领袖——天子，甚或与后来的炎帝在传说中成为一体。可是，当天下族群进入大争夺时期后，神农氏族群所能延续的精神影响力已经大为衰减了，对大争夺的局面也无能为力了。这就是《史记·五帝本纪》所说的“轩辕之时，神农氏世衰”的具体所指，“诸侯相侵伐，暴虐百姓，而神农氏弗能征”。

在文明史的意义上，神农氏显然不是联盟权力意义上的盟主，而只是一个曾经保持着巨大精神影响力的“天下”领袖。甚至，神农氏究竟是不是“天下”领袖，是不是与炎帝是同一个人，我们都可以忽略不计。我们需要清楚的，是这样的基本事实：这个时代确实爆发了天下大混乱，爆发了近古社会第一次对生存空间的大规模争夺，先民社会陷入了巨大的长期混乱与动荡之中。此时，还没有一种具有社会普遍意义的权力机构来消弭灾难，来防止无序争夺。这就是史料中所谓的“死生”之说，“存亡”之难。

4　近古传说时代的英雄战争

就在早期社会陷入大沉沦边缘的时刻，连绵不断的大战争爆发了。

这一时期最大的历史事件，是黄帝轩辕氏族群主动发起了大规模的平乱战争。

略去那些语焉不详的传说，略去那些神话因素，相对客观地复原再现历史，那一定是一段残酷壮烈的岁月。那时的轩辕氏族群，一定是一个雄烈勇武而具有社会正义感的耕牧族群。那时的黄帝，一定是一个胆略过人、目光远大且具有天下意识的天才领袖。否则，在大混乱大争夺的时代，很难有巨大的勇气迎着乱世逆流宣战。于是，轩辕氏族群在黄帝统率下，不甘天下无休止争夺，起而主持公道，开始以武力征服那些肆意抢夺的族群。数年之中，历经五十余次中小战争，天下大体恢复了平静，居住区域也大体按着黄帝的号令恢复了秩序。这便是《史记》所说的“轩辕乃习用干戈，以征不享，诸侯咸来宾从”。

但是，东方山海间的九黎族群却强悍不服，不服从黄帝关于居住地域的分配号令，依然四处暴力争夺土地人口，没有一个族群能够抵抗。于是，一场大规模的近古战争不可避免地爆发了，这就是黄帝族群与蚩尤族群的大规模英雄战争。

蚩尤族群，是早期社会一个多有神异色彩的族群。史料关于蚩尤的传说，大体有三个方面：一说，蚩尤是古天子，蚩尤族群曾是领袖天下的族群；一说，蚩尤族受卢山之金，而作五兵，造立兵仗刀戟大弩，威震天下，强悍无伦；一说，蚩尤族群与黄帝族群大战，蚩尤被擒杀，或被黄帝族群收服后作了黄帝的“大臣”，并曾主天下之兵，蚩尤死后天下再度大乱，黄帝遂画蚩尤像以威慑天下。

无论何种说法，都没有排除一个事实：蚩尤族群与黄帝族群曾经有过一场大规模战争。应该注意的是：此时的轩辕氏族群，已经是久经战场、多有胜利的成熟的兵民族群了。更重要的是，作为最高统帅的黄帝麾下，已经有了风后、力牧、应龙等一大批得力辅佐了。据说，风后是黄帝的丞相，力牧、应龙则是战场大将。《汉书 · 艺文志》在著录的兵书 53 家中，就有《风后》13 篇、《力牧》15 篇，可见两人都是近古传说时代的大兵家。有那时的兵法，有那时的名将，黄帝轩辕氏的兵民大军，一定是一支能征善战且训练有素的近古大军了。

此时，东南的蚩尤族群已经北上，西北的轩辕氏兵民大军也北上了。

两方相遇在华北平原的“涿鹿之野”，一场惨烈的大战爆发了。关于这场战争的爆发地，战争的经过与结局，历史的记忆是明确的：发生地在涿鹿之野。

关于战争经过，则有两种说法。一种是古代典籍《龙鱼河图》之说：上天派遣玄女下界，送给黄帝“兵信神符”，黄帝才打败了蚩尤。一种是《山海经》与《太平御览》的壮阔神话：第一场大战，黄帝派遣应龙进攻蚩尤，蚩尤请天神作法，大雾弥漫三日，应龙大军不辨方向。此时，风后制作的指南车发挥作用，应龙大军杀出迷雾。第二场大战，蚩尤请来风伯、雨师，作狂风暴雨，应龙军陷于覆灭之境。黄帝当即请来“天女旱魃”，以强热天火止息暴风雨。应龙得以率众攻击，大获全胜。关于战争的结局，也大致有两说：一是《史记》《逸周书》的说法，即黄帝擒杀蚩尤；二是《管子·五行》的说法，即黄帝任命蚩尤为“六相”之一，做了执掌天时的“当时”；《艺文类聚》则引《龙鱼河图》之说，作“制服蚩尤，（黄）帝因使之主兵，以制八方”。

历经两战，黄帝战胜蚩尤，有效遏制了一个最强悍的特大族群向新秩序的挑战，为消弭近古传说时代开端时期的大混乱减少了阻力，使当时社会的聚合向前大大迈进了一步。

战胜蚩尤之后，黄帝又与炎帝族群爆发了近古传说时代最大规模的一场战争。

关于黄帝炎帝这两个特大族群的大战的起因与过程，史料记载的传说语焉不详。

我们所能知道的，只有三点：

其一，这场大战发生在华北平原的“阪泉之野”。

其二，黄帝一方训练出了猛兽集群，以熊、罴、貔、貅、貙、虎六种猛兽群进入战场，才打败了炎帝一方。这一事件在当代理念中的说法是：六种猛兽是氏族图腾，是黄帝一方的六个主战氏族打着猛兽图腾旗，或扮作这种猛兽，实际上是六支精锐民军。但是，这种推定未必可靠。以近古社会的环境气候论，以那时人群与自然融合的紧密程度论，将猛兽训练成冲击力量不是没有可能的。直到后世战国初期，黄河中下游丛林的大象还曾经被魏国训练成为象军。直至当代，还有训练猛兽表演的职业存在。因此，司马迁的记载应该是相对可信的。

其三，这场战争打了三次，黄帝族群才最终战胜炎帝族群。古典史学家对这三战的解释是：黄帝族群与炎帝本人统率的族群民军，实际只有一战；后两战，是平息炎帝族群的余部与后裔力量。应当说，这是较为可信的历史真实。因为，大规模的战争不可能连续发动两次、三次，而一个占据广大地区的特大族群的真正平定，又绝不是一场大战的胜利就能轻易结束的。

隐藏在战争之后的另一个问题是：黄帝族群与蚩尤族群、炎帝族群的大战，为什么都发生在华北平原，而不是三方中任何一方的聚居之地？为什么三个特大族群之间的决战，都要被赶到这一方大平原上去？

历史的真相，只有到历史深处去寻找。综合种种史料，按照历史的逻辑分析，真相似乎应当是这样的：当时的华北平原，虽然有许多族群分布，但是，尚没有形成特大族群的稳定聚居。也就是说，当时这片土地上还没有强大的抵抗力量，谁获得胜利，这里就将是谁的生存资源。而当时黄河中下游的西部、中原、江淮、东方山海间，都有许多大族群聚居，可供争夺的有效生存空间已经很少。蚩尤族群与炎帝族群，要向黄帝族群发出挑战，一定要以占领广袤土地的形式来证实自己的强大。

这样的生存区域，在当时只有华北大平原了。于是，华北平原成了当时最具诱惑力的大争夺之地。两个特大族群的挑战，都离开了自己的聚居地域而远道北上，根本的原因正在这里。

近古传说时期的英雄战争，是我们的先祖实现文明跨越的最重大社会枢纽。

5 黄帝大联盟权力：中国政治文明雏形

黄帝的大作为，并没有在涿鹿、阪泉之战后终止。

黄帝的兵民大军开始了前所未有的远征。北上，驱逐了当时叫作“荤粥”的游牧族群。南下，至于长江中游的大湖区，黄帝登上了湘山。东来，抵达东海之滨，黄帝登上了泰山与琅琊山。西去，抵达了陇西地带，黄帝登上了崆峒山。

(1) 黄帝大联盟权力的建立

最后的大举措，是在涿鹿山下建造了城邑，在附近的釜山（今河北怀来东南）举行了“合符诸侯”的盛大仪式。所谓合符，就是族群首领们举着各种符、契形式的权力信物，来与黄帝举行核对确认，表示明确的臣服。

可以说，以这次天下首领大会为标志，黄帝大体上建立了最早的联盟权力体系。这一联盟权力的实际根基，是建立在连续战争胜利基础上的强力统一。尽管那时还没有“统一”这个词语，甚或也还没有“统一”的自觉意识。但是，历史的实际进程已经明确呈现出了早期族群统一为一个大联盟权力的实践性。这一历史实践，无疑已经种下了我们民族后来形成的强烈的统一意识的最早精神因子。

大合“诸侯”之后，黄帝建立了第一个统一联盟权力体系。虽然，这一权力体系仍然处于不稳定的状态中，依据《史记》的说法，是“迁徙往来无常处，以师兵为营卫”。也就是说，黄帝建立的权力机构还没有固定的都邑治所，走到哪里都要以兵营所在地为权力行使中心。尽管如此，黄帝所建立的第一个具有近古统一形态的联盟权力体系，仍然具有空前完整的结构。

这种权力体系是极其粗简的，但也是相对全面的。

最高领袖开始有了尊贵的名号——黄帝。黄帝之下，设立了治民四大主官：风后、力牧、常先、大鸿；再下又设立了春、夏、秋、冬、中五大权力系统，分别以青云、缙云、白云、黑云、黄云名之；以蚩尤为当时（执掌天时），大常为廪者（执掌仓廪），奢龙为土师（执掌建造），祝融为司徒（执掌农业），大封为司马（执掌兵马），后土为李（执掌刑狱），号为“六相”。同时，还设立了监理天下族群的两大监察系统——左右大监。又特设师兵，以为营卫。应该说，最值得引起我们注意的，是在如此遥远的权力系统中，竟然还有着权力监督、制约、平衡的近古监察系统。这种几乎近于神奇的近古权力设置，不能不使我们发出由衷的赞叹！

当然，这些官员群的职责划分，一定是模糊而笼统的。官员也未必全部是职业官吏，许多官员很可能是半职业性的。但是，这毕竟是中国近古社会最早的天下联盟权力，是后来国家时代的雏形。其间最主要的标志，是黄帝有了初步稳定化的军队——师兵，联盟权力有了某种形式的强制力量。所谓师兵，是以轩辕氏族群人口为主要组成部分的、隶属于最高联盟领袖的武装力量。这种武装力量，很可能还没有固定的形式，也还没有职业化，还是有事则聚、无事则散，不能算是常备军。但是，就其服从联盟最高领袖的号令而言，这种时聚时散的武装力量，仍然使最高联盟的权力具有了相对强大的威权性。

（2）黄帝时代的社会大创造

社会的稳定与大联盟权力的建立，使中国近古文明发生了一次巨大的历史性跨越。文明跨越的具体形式，是产生了一系列的社会大创造。

这一时期的社会大创造，分为两大类。一类是具有具体功能性质的社会发明，譬如早期的文字、音律、算数、历法、度量衡，等等。

另一类，是具有整体功能性质的社会规范创造。譬如人与人之间最早的交往规则——五礼；譬如排解纷争方面的最早规则——象法，后世史书称其为“五常之刑”等。实际上，这就是被现代法学理论认定的早期习惯法。在惩罚罪犯方面，开始有了最早的意象牢狱——用种种方便物件围起来的圈禁场所。后来，这种意象牢狱的象征物开始固定化。在殷商早期，成为用麻布围起来的帛牢；在周人早期，则成为画地为牢。

(3) 文明跨越的基本标志：黄帝时代的器物发明高潮

中国的历史意识，将许多器物的发明权都堆积在了黄帝身上。虽然其中不乏附会之说，禁不起认真考察。但是，就大的方面而言，黄帝时代确实是近古之世的一个发明高潮期。举凡当时人群生存所需要的基本器物，那时都被创造出来了。

其中，最重大的技术推进是筑城术。据当代考古发掘证实，埃及南部地区发现了距今七千年的古城遗址，叙利亚发现了距今五千余年的古城遗址，湖南澧县发现了距今六千年的古城遗址，河南郑州西山发现了距今五千余年的古城遗址。凡此等等，都说明黄帝时代的筑城术，很可能是对更早的造城术的一种重大改进，而并不是真正意义上的发明。但是，作为最高联盟权力的筑城，却无疑是首次的，它对于近古社会的影响力无疑是巨大的。

另外，衣、食、住、行与生产、军事方面的许多基本器物，在这时都被创造了出来。衣裳、车、船、地面房屋、弓箭、大皮战鼓，以及具有生产技术意义的养蚕、织帛等，都在黄帝时期发明了出来。

回望近古英雄时代，尤其是黄帝时代，其文明历史的意义主要在于三个方面：其一，我们的先祖族群在那个时期走出了朦胧模糊的远古传说时代，并确立了中国早期文明的坚实起点；其二，黄帝时代成功消弭了近古社会的无序大争夺，完成了中国近古族群最早的秩序大聚合，成功避免了近古族群在自相残杀中同归于尽，给我们的文明成长夯下了最为广阔的根基；其三，黄帝时代是中国近古文明的第一个原创时代，文明社会持续发展的基本要件，大体都在这一时代被创造出来了。

但是，我们还没有进入国家时代，近古传说时代的文明依然是不成熟的文明。

百年治水：走出洪荒时代

1 关于中国洪水时代的真实性

在世界许多民族的遥远记忆中，都曾经有过关于洪水大灾难的种种传说。

中国古文献有四种基本说法。《史记·五帝本纪》云："汤汤洪水滔天，浩浩怀山襄陵，下民其忧。"《夏本纪》云："当帝尧之时，鸿水滔天，浩浩怀山襄陵，下民其忧……皆服于水。"先秦文献《孟子》云："当尧之时，天下犹未平，洪水横流，泛滥于天下，草木畅茂，禽兽繁殖，五谷不登，禽兽逼人，兽蹄鸟迹之道交于中国。"《山海经·海内经》则说："洪水滔天。"

以《创世记》为代表，西方神学界的传说是：洪水曾经布满全部大地，甚至淹没了最高的山脉，淹死了差不多全部的人类和禽兽。非洲尼罗河流域的埃及民族，也有远古大洪水的传说。两河流域的古巴比伦民族，也有远古大洪水的传说。

对远古洪水的真实性，现代研究的评估，大体分为两种情况。

第一种情况，对西方洪水传说的分析评价，中外学者大体都是否定的。

专门研究洪水神话的英国学者弗雷泽，在其《洪水故事的起源》中说：

> 所有的此类传说，一半是传说的，一半是神话的。专就它们保存实在发生过的洪水的记忆而论，它们是传说的；专就它们描述从未发生过的普遍世界的泛滥而言，它们是神话的。我们可以具有相当把握地宣布，它们是假的。

中国的远古史研究家徐旭生，在其《中国古史的传说时代》中提出：

> 18世纪及19世纪前半的神学家们，往往主张这一种说法。这一类的大变化虽然实在发生过，但是这发生在古生代、中生代，或新生代前期。它们离现在或超过十亿年，或已经几亿年。可是我们人类的出生，仅在于新生代的后期，距现在不能超过一百万年。像前面所说的远古，当日还没有人类，怎样能有遗事的流传？所以，这一类的解释很不适当。

第二种情况，对中国远古洪水史料的评价，中外学者基本都是肯定的。

汤因比在其《历史研究》中说：

> 远古中国所要应付的自然环境的挑战，比两河流域和尼罗河流域的挑战要严峻得多。人们把它变成古代中国文明摇篮的这一片原野，除了沼泽、丛林和洪水的灾难之外，还有更大得多的气候上的灾难，它不断地在夏季的酷热和冬季的严寒之间

变换。黄河流域创造了文明，是由于他们遇到了一种挑战……在文明的起源中，挑战和应战之间的交互作用，是超乎其他因素的一个因素。

徐旭生先生更为具体地论证了中国近古洪水灾难的真实性，他提出：

我国洪水发生的时期相当明确，大约不出公元前三千年的后期。……注意到当时的人民尚未发明掘井技术，必须逐水而居，雨量稍大，即成灾难。同时，当时已经是农耕社会初期，淹没长期火耕才能获得的土地，淹没历经艰难才能积累的食物、衣物、房屋、牲畜，以及打造出的石器木器农具等，损失的巨大，对于人民印象的深刻，会超出畜牧社会很远……传说中间所涵神话量的多寡，与每一部族人民的幻想力发达的高度为正比例。我国人民性情朴质，幻想力不够发达，所以他们所保存的传说，离实在经过的历史还不很远。

卡尔·魏特夫在其《东方专制主义》中明确认为：中国文明的起源，在于大河流域在远古时代的大规模治水。

可见，极其重大的洪水灾难，是近古中国社会的真实历史。

我们的祖先，是以什么样的姿态迎接这场空前巨大的灾难呢？

2 大洪水初期的经验式应战

要解密中国近古文明的历史跨越，就必须解密中国远古时代的治水历史。

我们先来看看，中国远古的洪水灾难与治水历史，究竟有多长时间？历史的记忆是：洪水从尧帝时期开始发生，历经了尧、舜、禹三代近古政权。传说中的尧帝，活了117岁，在位98年。其中后28年，尧将帝位禅让给了舜。那么，尧帝的有效在位期，就是将近70年。从尧帝曾两次主持遴选治水领袖的事迹可以推定：大洪水的发生，至少在尧执政的中期就开始了。也就是说，尧帝时期的洪水灾难，应该有30—50年。

其后，舜代尧政28年，称帝39年，共有67年。这67年，无疑都是洪水期。

大禹受命治水，开始于尧逝世之后舜对禹的任命，用去了13年。但是，治水成功时舜帝还在。所以，这13年应该统合在舜帝执政期内。如此，尧帝30—50年，舜帝60余年，洪水肆虐与艰难治水的历史，大体是百年上下。

如此一个数字，足可以使我们将那段伟大的生存奋争称之为洪水时代。

那么，这百年上下的伟大治水，我们的先祖族群是怎样走过来的呢？

（1）洪水时代的第一个治水英雄：共工氏族群

共工其人，《山海经》说是炎帝列山氏的第六代孙。《史记·五帝本纪》正义则说，共工是穷奇族群的首领。在《五帝本纪》中，这位共工曾经被举荐为尧帝的接班人，举荐人是浑沌族群首领讙兜。可见，共工在当时已经是很有威望的特大族群的首领了。但是，讙兜这一举荐，遭到了尧帝的拒绝。后来，讙兜又再次举荐共工做一件大事，但史书却没有明确说是什么事。依据《五帝本纪》的文本逻辑，并与后世文献《国语·周语下》记载的“共工……壅防百川”相印证，这件大事应该就是主持治水。

让我们摆脱文字考据，大体系统地呈现一番第一次治水的人选决策与经过。

讙兜举荐共工做治水领袖，尧帝拒绝了，却将主持第一次治水的任务交给了职司工程的高层官员——工师，而只指派共工做了工师的辅助者。但是，作为拥有人力资源的共工，一定在治水期间起到了主导作用。作为官员的工师，在那个时代是无法与特大族群的首领抗衡的。因此，后来因治水失败而获罪的，不是工师，而是共工。依据史书记载，治水之中，“共工果淫辟”。也就是说，共工在治水中又犯了老毛病——不诚实，走邪路，并很顽固地浸淫于此道，不听工师号令，或者自作主张。

必须留意的是，《五帝本纪》的这种叙述方式与评价基准，是西汉史家以成败论人论事的传统笔法。分析当时的实际情形，参照后来的文献记载，共工氏所以能被尧帝不得不任命为治水副手，不是有什么老毛病，而恰恰是有曾经治水的实际经验。

那么，这种被后世史家看作“淫辟”走邪路的治水经验，究竟是什么呢?

古文献《国语·周语下》，揭开了这个古老的谜团——

周灵王二十二年，也就是公元前550年，周都洛阳发了大洪水，几乎要淹没王宫。周灵王立即下令修筑堤防，堵塞水流。太子晋听到消息，立即前来劝阻。劝阻的理由就是：五帝时期的共工曾经以堤防堵塞水路，但是遭到了惨痛失败。太子晋的说法是这样的：远古圣王时期的久远传统是，“不堕山，不崇薮，不防川，不窦泽”（不削平山头、不填高洼地、不修筑堤防、不堵塞湖海，一切水流都听其自然）。可是，这一古老的圣王传统，在共工治水时却遭到了巨大的破坏。共工放弃了这一圣王之道，壅防百川，用堵塞之法防备水患，削平了山头，填高了洼地，给天下造成了极大的祸害，以致“皇天弗福，庶民弗助，祸乱并兴，共工用灭”，总之，后果极为严重。

显然，所谓共工的“淫辟”邪路，就是“壅防百川”，以修筑土堤的办法堵塞水路。

后人与今人的实践已经反复证明：在洪水不是普遍暴发且规模不大的情况下，修筑堤防无疑是有效的。共工的“壅川”治水之法，一定是曾经在大洪水灾难到来之前的中小型治水中取得了相当显著的成效，否则，不足以成为该族群坚定信奉的成法，更不足使后来的治水领袖再次效法。

结果是毋庸置疑的，共工治水失败了，被流放到了北方幽州的荒野地带。

壅川之法的第一次失败，说明了从尧帝时期开始的百年大洪水，确实不是寻常的洪水灾难，不是山石泥土筑成的堤防所能阻挡的寻常洪水。唯其如此，经验是无效的。今人不是神，古人更不是神。面对任何灾难，人类的初期应对，都只能是以既往经验为根基。历史的创造与跨越，必然在效法既往经验的失败之后。

第一次失败了，第二次就必然有了创造性的新路吗？

（2）第二次治水的领袖鲧，仍然采用堵截方式，再次失败

洪水之势越来越大，族群首领们已经不能相信共工氏族群了。

共工氏的第一次失败，一定给联盟权力与古老族群的首领们带来了巨大的压力。在适时召开的联盟权力会议上，四个大族群首领（四岳）强力举荐鲧主持第二次治水。可是，尧帝却认为：“鲧负命毁族，不可。”只是由于“四岳”坚持已经没有人可以再选了，尧帝才勉强决断，任用鲧做了第二次治水的领袖。

这个鲧，究竟是个什么样的氏族首领，竟被尧帝指责为“负命毁族”之人？

鲧，是当时“崇”地一个特大族群的首领，被人尊称为崇伯。所谓伯，就是这一地域具有最高地位且最受人拥戴的族群首领。“崇”在哪里呢？就在今日河南省登封市的嵩山地带。也就是说，鲧族居住在嵩山地域，是最为古老的河南人。合理推论，很可能鲧个性刚强，在率领族群开拓奋争的过程中不听最高联盟权力的招呼，自作主张，抢夺相邻族群的人畜土地太多，曾经招致众多进攻而遭失败，并给本族带来过重大损失，所以被尧帝指责为“负命毁族”之人。

据说，鲧在历史上的贡献有两件大事：一件是尽人皆知的治水，一件是鲜为人知的“作城”。什么是“作城”？就是鲧族发明了筑城术。当代远古史专家们的考证结论是：这两件事，其实是一件事，都是治水。

既是治水，为什么有了筑城的说法和联想呢？

城邑出现的历史很遥远。之后，又有黄帝作城、鲧作城的说法，用今天的理念看，显然不是指再次的发明，而是不断改进筑城术的历史记忆。远古农耕部族原本没有城，就其生计活动而言，也不需要城。城邑的出现，起源应该就是修筑堤坝，防备洪水。人们之所以修筑高墙，并住进这道高墙之内，直接的需求不是居住，而是预防洪水。后来，人们发现住进这道高墙之内，还可以加强对战争与异族劫掠的防御，于是，高墙就经常化了，城池就出现了。即或在黄帝之前更早的远古社会，城邑出现的社会需求，也是防备洪水。

进入鲧治水的时代，高墙、大堤、土城，几乎是同一功能的东西。从防御水患说，是堤防；从防御战乱与劫掠看，是城墙。在那个时代，在鲧族所在地，大堤防，或者是大城墙，一定比前代修筑得更好更坚固，也比其他族群聚居地修筑得更好更坚固。于是，便有了鲧族发明筑城的说法。

鲧的治水持续了九年，最终还是失败了。

鲧是如何治水的呢？

关于鲧的治水方式，历史文献有两种基本说法，一种写实，一种神话。写实记载，《尚书·洪范》云：“鲧，堙治水。”《国语·周语下》云：“崇伯鲧……称遂共工之过。”神话说法，《山海经·海内经》云：

“洪水滔天。鲧窃帝之息壤，以堙洪水。”

两种说法的根基点是共同的：鲧与共工同样，都采用了堵塞治水的方法。

神话中的鲧，没有如共工氏那样费力气，他盗窃了天帝的“息壤”。这是一种可以自动增长的永远不会耗尽的神性土壤，只要撒出去一把，就是一道忽忽长高的山陵，就能堵截住洪水。可是，不知道是息壤的长高速度比不过洪水，还是息壤总有用完的时候，总归是鲧没有用这种神土阻挡住洪水，洪水还是再度泛滥了起来。息壤治水的神话，是我们民族最为美丽、最具创造性的一则神话。那种永远不能耗尽且能无限增高的神性物质，蕴涵了远古先人多么宏大的追求，多么神奇而丰富的想象力！

历史文献的说法，则要现实得多——

鲧的堵塞之法，就是给所有族群的聚居地修筑起高大坚固的防护堤，或者土寨子。对于联盟首领们的驻地，则要修起更加高大、更加坚固的山石泥土堤防。联盟首领们原本便居住在较高的土丘上，这就是“帝丘”。现在，鲧还要在“帝丘”四周再度修筑一道高大坚固的土石堤防，使“帝丘”更为坚实。据说，当时的大堤防已经达到了三仞的高度。若按一仞八尺的说法，三仞就是两丈多，足有今天的两三层楼高。可以想见，即或是诸多部族一起动手，在大洪水中要修筑成如此高大的堤防，也是极其艰巨的。肩负领导责任与治水主力的鲧族群，一定为此付出了最为辛勤的劳作，最为巨大的牺牲。

那么，鲧为什么要继续采用共工的壅川之法？

从根本上说，一定是使命紧急，必须立见功效。从个人素质说，鲧没有新思维，一定是认定共工的失败在于堤防修筑得还不够坚固，不够高大，一定是对自己族群能够修筑坚实高大的土石堤坝深具信心，才决然领命治水的。可是，“势若漫天”的大洪水是严酷的，这种万分紧迫而又万分艰巨的堵截劳作，注定是不会成功的。

九年过去，鲧族群的治水大业，还是最终失败了。

《史记·夏本纪》对鲧治水的结局记载是："九年而水不息，功用不成。于是，帝尧乃求人，更得舜。"这就是说，鲧的治水失败，给最高联盟权力带来了前所未有的巨大压力，耄耋之年的尧帝已经不堪其累，于是将最高联盟的实际权力，禅让给了正当盛年的舜。但是，因为尧还在世，所以舜即位的头二十八年，被后世视为"摄行天子政"的时期。

3 舜帝新政：第三度迎战大洪水

舜帝新政，开启了洪水时代的新篇章。

舜帝是一个极有才具、办事果决的领袖。刚刚执掌权力，舜立即定下了五年一巡狩的规则，开始巡行各氏族聚居地。期间，舜接连处置了三方面的基础大事：其一，遴选出各族新首领二十二人，并立即擢升这些首领做了联盟最高层的重要官员，后来这二十二人都立了大功；其二，整肃天下秩序，各种民生法度相继建立；其三，也是最重要的，舜立即开始了治水大业的战略铺排。舜帝筹划治水的步骤，即或在今天看来，也依然是智慧非凡、勇气非凡的。

第一步，舜帝公平执法，从速并严厉处置了前期治水的三桩遗留事端：其一，讙兜举荐共工，有失察之罪，被流放到崇山，也就是今日的湖南张家界；其二，共工治水失败，被流放到幽州山地，也就是今日的河北地带；其三，鲧耗时九年而治水失败，舜帝派出祝融执法，将鲧处死在了羽山，也就是今日江苏赣榆西南。

第二步，舜将反复叛乱的三苗族群，迁徙到西部大山；将尧帝一直不能处置的四凶族，流放到四千里之外的荒僻山地。由此，最高联盟的权力大大加强，族群秩序大大整肃，为治水大业开创了良好的社会条件。

第三步，舜帝开始公正地遴选治水人才，使真正的治水英雄登上了历史舞台。

基于上述新政及其之后的连续功业，《史记·五帝本纪》对舜帝有一句总体性评价：“天下明德，皆自虞（舜）帝始。”应该说，这是符合历史实际的。从文明史的意义看，舜帝的最大功绩有两方面：一是为战胜大洪水创造了社会秩序的历史条件；二是为战胜大洪水遴选出了天才的治水领袖，将中国族群战胜洪水劫难的历史道路引上了正确的方向。

对于遴选新的治水领袖，《五帝本纪》的记载是：“于是，舜举鲧子禹，而使续鲧之业。”也就是说，禹主持治水，是舜帝亲自举荐的。若非如此，一个治水失败而被处死的族群首领的儿子，是很难走上统领诸多族群治水的领袖地位的。我们真得为近古联盟首领们的胸襟感慨——舜帝亲自下令处死了禹的父亲鲧，却又亲自推举鲧的儿子继续治水，这该需要何等的目光、心胸与勇气！

值得注意的重大史实是：在这次确定治水领袖的最高联盟决策会议上，后来创造中国原生文明时代的四大族群的领袖，全部都出现了。这四大领袖及其族群是：以禹为首领的夏人族群，以契为首领的商人族群，以后稷为首领的周人族群，以伯益（大费）为首领的秦人族群。这次最高联盟会议的决策是：夏、商、周、秦四大族群全部参与治水，以禹为领袖，以其余三大首领为辅佐，共同构成第三次迎战大洪水的主力族群。

这是一组惊人的历史密码。

在此后的两千年历史之中，治水时代所生成的这一组历史密码，不断在相互组合中推动着历史态势的演变，践行着中国原生文明伟大的、连续的历史跨越，演绎出无数次血火大争的重大历史事变，将华夏文明一浪又一浪地推向了高峰。

我们应该牢牢记住这一组历史密码。

因为，它是此后两千年文明风暴的源头。

4 大禹治水：近古社会走出了洪水劫难

一场历史伟业，在禹的有效领导下开始了。

禹，是一个什么样的人？《史记·夏本纪》说：禹是黄帝的第五代玄孙，本名叫作文命。另有后世《谥法》云："受禅成功，曰禹。"综合史料，禹的大体情况是：或姓公孙，或姓姬，或姓姒，名叫文命。禹，有可能是他的名字，也可能是他受禅后的帝号。这一历史记忆的精准程度，大可不必追究，我们还是以今人熟悉的名号——大禹，来称呼他。

透过种种不甚清晰的历史记忆，我们从中可以看出的基本事实是：崇地的大禹族群，已经是当时社会的最大族群之一了，它直接分支于黄帝族群，在当时的"天下"是很有影响力的。唯其如此，在人口数量起决定作用的近古传说时代，鲧、禹两代先后受命治水，才有坚实的根基。

大禹的出生，《山海经》记载了一则神话："帝令祝融杀鲧于羽山。鲧，复生禹。"

这个"复"是"腹"的假借字。也就是说，禹是从父亲鲧的肚子里生出来的。这则神话更具体的说法是：鲧死后三年，尸体不腐烂，一日腹破，禹破腹而出，乘龙飞去。虽然，这只是一则神话传说，但可以确定地说，大禹的出生一定是很不寻常的。大禹很可能是鲧的遗腹子。也就是说，鲧死之时，禹尚未出生。

如此一个禹，为什么舜帝与大族首领们那么信任他？仅仅基于是黄帝之后裔吗？

《史记·夏本纪》这样描述历史对大禹的记忆："禹为人，敏给克勤，其德不违，其仁可亲，其言可信；声为律，身为度，称以出；亹亹穆穆，为纲为纪。"显然，大禹作为族领，是一个极富魅力，极富创造性，又极富威严感与秩序感的人物。他智慧勤事，亲近大众，出言有信，德行不违规矩。如此族领，一定是深受民众喜爱了。但是，更重要的方面在于，大禹是一个极具创造天赋的人。他说话的声音，天然地符合音律；他的身形，就是天然的尺度；他的出行举动，都是经过称量权衡的。以身作则的原初意思是什么，不正是禹的“身为度”吗？从总的方面说，大禹是一个勤勉肃穆，堪为天下纲纪的首领。

如此近乎神圣的人格，仅仅是一种传说中的溢美之词吗？

应当是可信的。因为，大禹有形成如此人格的精神根基。《史记·夏本纪》云：“禹伤先人父鲧功之不成受诛，乃劳身焦思……薄衣食，致孝于鬼神。卑宫室，致费于沟淢……左准绳，右规矩，载四时。”这是说，大禹是在痛苦的磨炼中成长起来的。治水失败，是崇地族群的巨大劫难。族领父亲因治水而身死，族群先人们则不知付出了多么惨重的生命代价，这些，无疑会在年幼的禹的心灵上，刻下难以愈合的深深的伤口。任何一个人，无论是古人还是现代人，在这种族群大劫难的重压之下，都可能或自甘毁灭，或奋发再造。无疑，大禹属于后者。

应该说，无数血的代价，才终于锻铸出了一个超越经验的天才的治水领袖。

大禹治水的故事太多太多了，且让我们对其最重要的创造先做一个总体概览。

（1）治水新思维：大禹最为重要的革新与创造

今人都知道，大禹治水是将壅川筑堤之法，改成了疏导入海之法。在后世理念看来，这是再自然不过的事情，似乎并没有什么了不起。可是，在当时，这种改变无异于石破天惊！因为，这是对前人经验的彻底否定，一举颠覆，是反其道而行之。在极其看重祖先成例的远古时代，这是需要极大勇气的。

首先，提出这种新思维的基础条件，是需要对天下水流规则有大量的观察，有深刻的理解的。此前的共工氏与鲧，为什么要堵水？一定有着认识上的根源。他们一定认为：遍地流淌的大洪水是无序漫延的，人们无法引导它们的流向，只有水来土屯，才能防止灾难的发生。在这种思维惯性下，要得出水流是有规则可循的、是可以疏导入海的结论，该是一种多么艰难的跨越。大禹，一定是一个极具发现天赋的超一流的近古科学观察家。

其次，这一理念的付诸实施，工程量之大是修筑堤防不可比拟的。导水工程的可行性、可靠性，更是一片朦胧模糊，没有任何经验可以参照。也就是说，在当时，疏导治水的前途究竟如何，是完全无法预知的。在这种不确定的情况下，能够将这一方法坚定地在最高联盟的决策会议上提出，禹的勇气与明晰，令我们不得不感佩万分！

最后，即或经过了大量的观察与探寻，大禹已经认定了水可入海这个结论，但是，要拿出来说服联盟领袖，说服各大族群首领，说服也曾经信奉堵水之道的本族群元老们，也是极为艰难的。如此情势下，禹要面对的，实际上是要说服整个社会。后来的事实是，疏导治水的总方略，终于被联盟最高权力认可了，被各族群认可了。那时领袖群的深刻理解力，不得不令我们再次感喟万分！

大禹一定是一个极具说服力的领袖，也一定是一个意志力极其顽强的领袖。应该说，以舜帝为首的联盟最高权力，拥有大禹、殷契、后稷、皋陶、伯益这样一班深具英雄气质的大才，实在是一个具有非凡决策能力的伟大群体。在我们的近古族群面临灭顶之灾的时候，他们具有深远的智慧，具有强毅的精神，具有创新的思维，做出了最为伟大而正确的选择。

(2) 近古水患遍及古代中国之南北，绝非局部灾难

关于大禹治水涉及的地域，以及近古水患大势，历史的记忆多有不同。

综合对种种史料的交错考据，我们首先将远古水患的形势大体勾勒一番。那时的中国，水源大量过剩，气候普遍炎热。即或今日之黄河中下游两岸，也是接近于亚热带气候的丛林茂密的深绿色山川。其时的淮水流域、长江流域、珠江流域，更是水乡泽国，万里荒莽，湿热难耐。这一切，远非今日之人所能想象。由于水流众多，处处冲突交错，且没有稳定水道，于是，在交错冲撞的大小水流之外，更形成了无数的汪洋湖泊。仅仅一个远古云梦泽，便占去了后世长江流域的三分之一强。加之当时气候炎热，雨量丰沛，人群防御水患的能力非常原始，因此时常导致种种泛滥。洪水弥漫之势，几乎是绵延不绝。

在这种历史条件下，说当时的中国处在长久的水患之中，绝不为过。

战国时期的孟子，对上古历史有着精深的研究。他的说法是："当尧之时，洪水横流，泛滥于天下……禹疏九河，而注诸海；决汝、汉，排淮、泗，而注之江；然后中国可得而食也。"显然，孟子认定：大禹治水不仅仅是主治黄河流域，不仅仅是将黄河流域的众多水流引导入海，而且也疏导了江淮流域，将淮水、泗水等河流系统疏导进入长江水系。从此，中国才有了稳定的农业耕地，才有了大体稳定的农耕时代，人民才得以普遍存活。

当代的许多上古史专家也认定：大禹疏导治理江淮流域，是可信的历史记忆；疏导黄河水系，是治洪；疏导江淮水系，解决长期的积水泛滥之患，本质上也是治洪。

（3）大禹治水的最艰难处，是创建治水工程所需要的社会组织形式

以大禹的疏导之法治水，是伟大的先祖们绝地求生的胆魄，是真正的背水一战。

依据《史记·夏本纪》，大禹的治水路线是从冀州开始的，也就是从今日的华北平原地带开始的。《尚书·禹贡》记载其过程云：“导河积石，至于龙门……至于大伾……至于大陆……入于海。”关于大禹治水的出发地与进行路线，是两个多有说法的历史难题。当代史学家中，对此两大问题最有研究的，是中国社科院考古所的徐旭生先生和西华师范大学（四川）的姚政先生。但凡有兴趣者，可以去看这两位先生的诸般考据。

从文明史的意义上看，大禹治水的最艰难处，是对治水社会组织形式的创建。

天下治水，是一项规模庞大、历时长久的工程，其中所需要的社会动员深度、各方协调方式、种种社会组织法度、实际施行能力等，即或在今天看来，依然不是轻而易举所能够实现的。那么，大禹治水，究竟是以什么样的社会组织形式，来完成这一庞大工程的呢？

依据星散的史料，我们可以将大禹治水的组织情形，大体归纳呈现如下：

其一，大禹成功发动了“天下”各大族群参与治水。

其间最重要的是，大禹将殷契、后稷、伯益三个特大族群作为共同治水的主干力量，实际上形成了治水的轴心。这一点，对动员“天下”其余族群参与治水，起到了最为重要的带动作用。必然的连带结果是：这个具有战略架构意义的四方轴心，一定形成了以大禹为最高领袖，以殷契、后稷、伯益为辅助的领导集团；在治水力量架构上，则形成了以禹族为核心力量，以其余三大族群为主干力量的某种社会组织形式，从而使治水以有序的方式进行。

其二，成功地解决了以粮食问题为核心的后勤输送问题。

大规模治水，必然需要大量脱离农耕而专事工程的民众队伍。此中关键，是这些众多的工程人员的食物能否长期保障？诸多工具的打造与输送能否保障？

依据史料归纳，大禹对这些问题的解决办法，主要有五条：一则，各族群力所能及地自带衣食，这是最基础的办法；二则，互相调配物资，富族支援穷族；三则，派遣伯益族组织不直接参与治水的人，开发临时耕地，就近种稻取食；四则，派遣精于农耕的后稷族开发治水民众所需的特殊食物，主要是当时难得的蔬菜；五则，寻觅未被洪水淹没的少数可耕地区，动员该地氏族向治水民众提供粮食物资支援。这五种方法，最大限度地发掘了当时的社会自救力量与社会后援力量。

其三，号令严明，以接近于军事化的管理方式，树立起了非常有效的权威组织。

天下治水，参与民众必然是一个数目庞大的群体。其时人口再少，参与者也至少数以百万计。这里的关键，是严明的组织，是可行的法度。这种组织与法度，完全可能已经接近于军事化管理。甚至可以说，治水管理直接推动了最早的紧急状态法律、最早的常备军的产生。

可是，大禹治水的法度究竟有哪些，历史已经模糊了。在《史记·夏本纪》中，只有一句弹性极大的记载："禹，左准绳，右规矩，载四时。"古典注释家认为，这是说禹能够听从左右辅佐人员的建言。但是，我们有理由认定：这则史料的基本面说的是大禹治水时时事事有法度，且能够不违反天时地利而施行的状况。

其四，大禹以身作则，垂范民众。

大禹的个人辛劳，公而忘私，在历史的记忆中已经以动人的传说，留下了普遍而深刻的痕迹。三过家门而不入，妻生子而不知，十三年跋山涉水，两大腿磨出了厚厚的老茧，等等。这些极其劳苦的行为，一定对当时的治水民众起到了极大的精神激励作用。再加上大禹的才干、创造性思维、令行禁止的严明法度等，在当时极有可能使禹已经具有了超凡入圣的人格感召力。

没有如上四方面的社会组织创建，大规模治水的成功是不可能的。

5 大禹治水奠定了国家文明根基

大禹治水，历经十三年，终于取得了全面成功。

这种成功，不仅仅是洪水消退了。更重要的是，在大禹治水的过程中及治水之后，大规模的创造活动，使当时天下族群的生存格局发生了许多重大的基本的变化。依据对种种史料的归纳，这种大变化的基本方面是：

其一，对当时大陆的区域划分有了初步认定，此所谓禹开九州。

确认并划定近古传说时代的生存地域，是在治水过程中连带完成的。因为，若是治水之后再度重新界定，其巨大的人力成本是近古社会无法承担的。能够在治水中同时完成这一大规模的“国土”资源调查，说明了当时的大禹集团是极具深谋远虑的。否则，不可能随时记录种种资料数据。当时划定的九州是：冀州、兖州、青州、徐州、扬州、荆州、豫州、梁州、雍州。

九州的划分，无论多么缺乏后人眼中的精确性，都是一个空前伟大的创造。须知，此前中国大陆的近古族群，虽然已经有了最高联盟权力，各族群也大体有了相对稳定的生存区域，但是，联盟权力对社会的认知与粗简治理，大体只是以活动的族群为依据，尚没有以界定地域而规范生存空间的意识。再者，对广泛辽阔的地理形势，近古社会也没有机会、没有能力进行专门的普遍勘查。只有大规模的治水，同时提供了全面勘查天下地理的条件。虽然，划定九州地域的直接原因，很可能是经济征发的需要。但是，它同时标志着一个更为深刻的、历史性的文明创新：最高联盟权力的社会视野，已经超越了既往的经验，出现了全社会分地域、分层级规范生存空间的国家意识。

其二，各地山河都有了确定的名号，各地土壤都有了大体的等级认知。

大规模的“国土”资源调查，带来的是对近古生存环境的系统认知。史书中所谓的行山刊木、众土交正、九山刊旅、九川涤原、九泽既陂、四海会同等说法，说的都是在十三年治水中，大禹他们已摸清了所有的山水情形，而且给它们确立了标记，确立了名号；对可耕土地，则进行了土质的对比与确认。

东汉经学家郑玄，对“众土交正”四个字的注释是：“众土美恶及高下，得其正矣！”从现代文明的眼光看，这无疑是一次最大规模的自然资源大调查。它对中国近古族群认识自己居住的整体环境，并实现文明的历史性跨越，具有极其重要的实际意义。

其三，出现了最初的贡赋制度。

这种贡赋制度的原初形式，出现在治水过程之中。

不参与治水的族群，向治水权力营地无偿提供各种物资，再由治水权力机构分配给治水族群。这种无偿提供，本来应该随着治水结束而结束。但是，在治水成功之后，人们却发现大量的社会公共问题，仍然有待于治水权力机构去解决。而治水权力机构拥有的官员、军士、工师以及大量的施工人口，事实上无法亲自谋生，依然需要各族群无偿提供谷物与物资。若不能继续提供无偿物资，已经形成的接近于稳定的生存状态，就有可能再度崩溃。于是，经过种种磋商，这种无偿提供的形式就延续了下来。

这种原初贡赋制的大框架是：在考定九州耕地情况之后，将农耕土地分为上、中、下三等；再将各族群居住地与联盟权力所在地的距离加以形式确认；再依据运输路途的远近，确定各州应该缴纳的物品种类、应付劳役的多寡，并同时建立经常化的缴纳方法。当然，治水时期确立的原初贡赋制，还不完全是后世国家的赋税制。但是，无疑已经具有了国家赋税制的两个最基本特征：无偿性缴纳，经常化缴纳。

其四，出现了平均分配土地的井田制。

井田制，是大禹治水过程中最大的社会创造。

洪水一片片消退之后，众多地区被曾经的大洪水淤漫成了大片的肥沃平原。譬如后世的华北大平原、长江中下游大平原，都是近古大洪水的连带恩赐。在当时的人口条件下，这些肥沃的平原土地，已经足够各个农耕族群居住耕种了。但是，放任各族群自发进入无主的平原土地，则必然形成新的大规模的族群争夺，远古乱象必将再度重演，整个社会秩序必将荡然无存，治水大业也将毁于一旦。

于是，随着治水的进程，以大禹为轴心的治水权力机构构想出一种平均分配平原沃土的新方法，这就是井田制。作为一种对无主土地分配的方法，最大的公平莫过于均平。也只有均平，才能最大限度地消弭当时有可能威胁治水的普遍骚乱与普遍争夺。从洪水劫难中重生的人群，也一定是欣欣然接受了这种均平的分配。

我们必须明白，此前的远古社会与近古社会对土地资源的分配，只有争夺，没有平均分配一说。即或在黄帝平定大混乱而建立初期联盟权力后，五帝时代的初期与中期，对土地资源的占有也大体以自然占有或争夺占有为主要法则。其时，最高联盟的土地分配权力，不能说没有，但不会成为一种普遍性的社会规范。在这样的大背景下，大禹的治水权力机构能平均分配土地，除了临时性、公平性这两个基本点外，治水权力的社会威望与实际威权性，一定起到了决定性的作用。

历经十三年艰苦卓绝的努力奋战，大禹治水终于获得了历史性的成功。

回望洪水时代的意义，我们可以这样说：这是一场最大的生存浩劫，它成就了我们民族最伟大文明的母体。具体地说，大禹联合三大族群及“天下”族群第三次治水的意义，主要有三个方面：其一，它成功地战胜了严酷的洪水时代的生存挑战；其二，第三次大规模治水所产生的社会组织形式，为国家文明的诞生奠定了成熟的条件与深厚的根基；其三，对远古中华族群的生存环境，进行了第一次最大规模的探索与整理。

那么，治水结束了，天下就太平了吗？

从文明史的意义上说，我们更为关注的是：伟大的治水时代之后，究竟发生了什么样的社会大变局，从而使我们的近古文明脚步一举跨入了国家时代的门槛？

第二编

早期国家文明

夏、商、周在中国原生文明史上独具一格。我们的商战传统，我们的文字结构，我们的兼容理念，我们的工艺传统，我们自由奔放的开拓精神，处处渗透着那个时代澎湃的热血。

夏：国家文明的开端——早期邦联制

1　大禹后期社会的新冲突

治水成功之后的社会总体状况，并没有出现人们预想的那种普遍太平。

在《史记·夏本纪》中，对治水成功后社会状况的说法是，“（大禹）声教讫于四海，于是舜帝锡禹玄圭，以告成功于天下，天下于是太平治”。这种说法，我们只能看作是一种简单笼统的评价，带有浓厚的儒家春秋笔法——为圣王讳，为尊者讳。因为，这种评判与包括《史记》在内的史料记载的大量具体事实，完全不相符合。

事实是：随着治水大见成效，种种新的社会问题纷纷涌出水面，形势空前复杂了起来，社会矛盾与高层矛盾也空前复杂了起来。当时，最大、最普遍的实际问题是：治水期间出现的种种社会新格局，要不要继续维护，能不能继续维护？背后的深层问题是：最高权力层与整个社会，如何看待治水期间的社会创新？大禹治水带来的社会变化，是承认下来，还是当作临时法度适时结束，或者任其自生自灭？大禹们在治水过程中形成的实际权力，是当作既成事实接受下来，还是按照古老的传统重新做出评估？

战胜洪水劫难的伟大时代风云，造就了一支新的巨大的社会力量。近古社会将如何对待这支社会力量及其带来的种种社会变化，舜帝后期的最高联盟权力，无疑起着决定性作用。

（1）从矛盾复杂深刻的治水“总决算”会议，到最高权力的实际转移

治水完成之后，舜帝召开了一次极其重要的小型会议。

会议做什么？听取大禹和伯益的治水总汇报。

首先，我们应该注意到：这次会议只有四人参加——舜帝、大禹、伯益、皋陶。与会者中，没有另外两个当初确定的治水首领——殷契与后稷。如果我们还没有忘记前面所说的那组惊人的历史密码，我们就可以合理推定：殷契族群和后稷族群，一定是在治水过程中和大禹族群发生过某种相对深刻的冲突，以致后来这两个首领不再是共同治水的上层权力的核心成员了。在后面的辩白中，大禹说到了后稷的功劳，但却只字没有提及殷契。由此，我们可以肯定：大禹族群与殷契族群的冲突，应当更为严重。否则，最先举荐大禹并排在治水辅佐首位的殷契，如何竟不能参加如此重要的会议呢？

所以，这次会议只有三大员与会，就很自然而合理了。大禹在治水中排斥殷契、后稷，或者说，大禹在当时已经将两大领袖中途“罢黜”出局了。虽然，这很可能引起诸多的社会不满。但是，基于大禹的巨大声望与实际力量，舜帝仍然无法举行一场所有当事者都能参与的真正公平的治水“总决算”会议。于是，舜帝特意召来了执掌“司法”的皋陶，也召来了据说五岁就开始辅佐大禹，且始终与大禹共同领导治水的伯益。大禹与伯益，显然是两个治水汇报者；皋陶，则是当时权力很大的最高联盟“大法官”，似乎担负着某种“仲裁”职责。此时的舜帝，权威显然衰落了，只能举行这样向大禹“一边倒”的会议了。

另外，值得注意的是：皋陶与伯益，都是同一族群——秦人族群的首领，皋陶是父亲，伯益是儿子。父与子能够共同与闻极其重要的最高层会议，足见这时秦人族群的力量与重要性，已仅次于大禹族群了。

先让我们听听，这次会议都说了什么。

会议自然是由舜帝主持的。一开始，舜帝便请皋陶对第三次治水做出评判，自己则只听不说话。皋陶的首先评判是："（禹治水，）信其道德，谋明辅和。"大禹则立即说话，既表示赞同，又提出问题："然！如何？"皋陶则继续赞美大禹："敦序九族，众明高翼。近可远在已。"大禹又立即表示了认同："然。"皋陶又再次高度赞美："於！在知人，在安民。"这一次，大禹公开表示了某种不满，叹息说："吁！皆若是（都是这样啊），惟帝其难之（只有帝责难我啊）！"而后又义正词严地说，"（我）何畏乎巧言善色佞人！"皋陶第四次正式赞美大禹治水，"行有九德"，"百吏肃谨"，"五刑五用"等，说了许多话。大禹立即发问："女言致可绩行？（你的话，可以当作对我业绩的定论吗？）"皋陶大约觉得事关重大，立即表示："余未有知，思赞道哉！"——自己只是褒扬大道而已，不能作为定论。显然，这是逼舜帝说话了。终于，一直沉默的舜帝开口，允许大禹也可以敞开心扉。

还是在皋陶的配合下，大禹痛心疾首地叙述了自己在十三年治水中的艰难奋争："……陆行乘车，水行乘舟，泥行乘橇，山行乘檋，行山刊木……"以及与伯益率民种稻，才能吃到一口热饭鲜食；与后稷率民种菜，民众才有难得之食；粮食少，就调有余以补不足，还得迁徙民众；决九川，致四海，民众才得安定，万国才得大治等一大篇陈述。

大禹陈述完毕，首先得到的还是皋陶的赞誉。得到皋陶的拥戴，大禹以感喟的语气，对舜帝发出了隐隐的警告："於，帝！慎乃在位，安尔止。辅德，天下大应。清意以昭待上帝命，天其重命用休。”总的意思是，要谨慎行权，天下才能安宁。最后，舜帝只有万分感喟地将大禹赞美了一番，请大禹辅佐自己的政事。

显然，这次重要会议，实际上成了皋陶的颂扬会和大禹的申述会。这次质询，意味着最高联盟权力对大禹治水功绩完成了最终形式的肯定。舜帝的寡言与顺势应对，显示出年迈的最高领袖权力已经衰落。其背后的事实是：舜帝统领的“天子”族群，已经不再是最强大的社会力量了。舜帝只有顺势而为，对既成事实的大禹权力采取承认态度。紧随之后的重大变化是，“皋陶于是敬禹之德，令民皆则禹。不如言，刑从之”。

接着的事实是，“帝舜荐禹于天，为嗣”。这就是说，皋陶开始以最高联盟权力的名义下令：全社会必须服从大禹，否则，以刑罚处置！之后，舜帝举行了祭天仪式，将禹的功业告知了上天，并正式举荐禹为自己的最高权力继承人。

这一重大变化，意味着大禹已经由一个族群首领升格为最高权力继承人；大禹族群，也跃升为社会轴心族群了。其连带的后果是，治水期间形成的新的社会格局，以及产生的一系列社会变化，必然要以新的形式固定下来。整个近古社会，开始出现了向一种崭新的秩序转化的可能。但是，这个转化过程，必然是艰难而残酷的。

（2）民心不古：大禹后期社会的阶级分化

西汉刘向的《说苑 · 君道》，记载了这样一则故事——

大禹车行出巡。一老年罪人拦路高呼，要见大禹。大禹出车，恭敬沉痛地询问老人家何事。白发老罪人愤愤然高声：“天下不公！”大禹无言，泪流满面。随行官吏错解大禹之心，说：“罪人不顺道，故使然焉，君王何为痛之至于此也？”大禹摇头说：“尧舜之民，皆以尧舜之心为心。今寡人为君也，百姓各以其心为心，是以痛之哉！”

引人关注的，是大禹的最后一句话："今寡人为君也，百姓各以其心为心，是以痛之哉！"

什么是各以其心为心？就是各想各的利益，再也没有了民众对最高联盟权力的无条件拥戴了。请注意，这是大禹后期社会变化的一个根本点：利益关系的复杂化，带来的利益冲突的尖锐化，最终表现为"天下"民心的离异化。当时的相关事实是：整个社会非但有对治水事业的种种流言非议，而且有殷契族群、后稷族群、皋陶伯益族群与大禹族群在治水中积累的种种矛盾与利益的多样冲突。

更为严重的是，曾经潜藏的不满，爆发为公开的权力挑战。

有两件大事最为典型：一则，是在大禹治水成功之后，禹曾在会稽山下举行过一次大祭群神的大规模庆典，其实质意义，当然是借诸神的名义，树立新秩序的威权。可是，在发出大祭号令后，防风氏族群的首领却迟迟不来与会，表示了对大禹新权力的极度轻慢。另一则，是三苗族群再度作乱，公然以武装力量大肆掠夺中心区域的土地，向最高联盟权力发动了实际的挑战。其实质目标，当然是对准大禹权力来的。

就认识水准与创造力而言，大禹无疑是一个空前的英雄领袖。他与最高权力层的同盟者们，一定也意识到了这种世情人心的根本变化。但是，大禹的权力机构却没有以五帝时代的传统安抚之法平息矛盾，而是打破传统，采取了强硬应对的新方式。大禹的第一个强硬举措，就发生在那次极其重要的最高小型会议之后——派执法的皋陶威慑民众：必须服从大禹！明确地以刑杀的方式来维护大禹的威权。

应该说，这是中国近古社会在政治上的第一次强制服从。自黄帝开始的近古社会，虽然有大争夺大战争，但在非战争时期的经常性社会治理中，还是非常看重以道德声望服人的，这就是所谓的"圣王德治"。大禹权力却破天荒丢弃了这一传统，其实际意义，是宣告了中国近古社会土壤已经出现了重大变化，社会利益的冲突已经不可能通过磋商的方式来解决了。时势使然，以强迫性力量来巩固社会新秩序的需要，已经形成了。

但是，距离国家权力的出现，这里还缺少一个最为重要的环节。

2 大禹后期创建的威权政治

大禹在治水完成之后，最基本的作为，便是创建了具有强制性的威权政治。

首先，大禹后期创建了以常备军为轴心的政治强制力量。

黄帝时期形成的“师兵”，实际上是时聚时散的民兵性质。大规模长期治水的特殊性社会群体活动，使得治水权力机构必须拥有一支稳定的“师兵”，才能有效维护治水的法度。这给常备军的出现，奠定了第一个坚实的社会条件——社会需求条件。常备军出现的另一个社会条件是，生产能力与生产规模的发展，已经能够承担部分人脱离生产而专事武装行动的巨大社会成本了。事实是，为维护新的社会格局，治水中形成的稳定“师兵”，已经继续保留了下来。

接踵而来的重大事变，又给创建政治强制力量提供了现实的可能性。

第一个重大事变，是大禹成功举行了涂山大会盟。

治水完成的初期，大禹立即以在治水中形成的巨大威望为基础，大会天下族群首领于涂山。这是大禹最为成功的首次会盟，未见任何抵制。顺利会盟的根源是，此时天下洪水初退，贡赋、田制、部族居住地等一系列重大问题都需要立即确定，这牵涉到每个族群的实际利害分割，故此人人踊跃前往。

文献的说法是：“禹会诸侯于涂山，执玉帛者万国。”古人凡以“万”之大数描述事物，一般的表意就是该来的都来了，全部族群首领都来了。这次大会盟的成功足以说明：此时大禹的声望与实际影响力，已经超越了近古传说时期前四任最高盟主——黄帝、颛顼、尧帝、舜帝，而具有了普遍的具有威权性的号令力量了。

值得注意的是，这次史无前例的“大会诸侯”，竟然没有最高盟主舜帝参加。这显然不是寻常的以最高联盟权力名义召开的天下会盟，而是以大禹治水权力机构名义召集的首领会盟。在整个社会意识还处于相对朴实甚或蒙昧的近古社会，这是极其反常的政治事变。应该说，大会涂山，是正面奠定大禹权力基础的第一个重大政治事变。

第二个重大事变，是大禹与皋陶、伯益两大势力结成了高层政治同盟。

在舜帝时代的权力结构中，大禹与皋陶、伯益、殷契、后稷等，都是政治地位等同的高层“大臣”，相互之间并没有超越权力传统规范的实际关系。但是，在大禹治水的十三年里，殷契与后稷都与大禹产生了矛盾冲突，都淡出了大禹的治水权力框架。治水中枢留下的他族领袖，只有忠实追随大禹的伯益了。依据后来在最高小型会议上的相互呼应，我们完全可以推定：至少在治水的中后期，大禹已经与伯益结成了相对牢固的政治同盟。

这一结盟，首先使大禹成功地遏制了最高权力阶层对治水大业的种种非议；其次，使大禹能够借助皋陶之力，以强制手段有效消除了反对大禹的社会阻力，使大禹成功走上了最高权力继承者的地位。这种空前的政治谋略的实施，是又一个重大的政治事变。

第三个重大事变，是大禹以特殊的胁迫方式，确定了自己的特殊名号。

据史书记载，大禹做摄政元首之后的第十七年，舜帝病逝了。在舜帝的三年葬礼之后，大禹避开了居住在联盟中枢的舜帝的儿子商均，离开了联盟权力所在地，搬到嵩山地带的阳城老家去住了。大禹的实际意图很明显，是利用这样一个重大机遇，迫使天下各族群在自己与舜帝的儿子之间，做出明确的权力归属选择。

结果是，所有的族群首领，都没有去朝拜居住在最高联盟权力所在地的商均，反而都赶到阳城来朝拜大禹了。所谓朝拜，其政治上的实际意义，就是表示愿意服从大禹号令，尊大禹为最高领袖。如此巨大的实际力量，舜帝族群的继任者——商均是无法对抗的。

于是，在接受首领群的朝拜中，大禹正式继承了联盟最高权力。若仅仅是继承最高权力，自然无所谓胁迫。毕竟，大禹是功业第一人，同时又是舜帝明确承认的权力继承人。所谓特殊胁迫，是因为大禹在称帝的同时，做出了一个史无前例的政治举动，明确宣布了自己与自己的权力机构的名号——夏后。

依据当时的语言习惯，夏者，权力名号也；后者，帝也；夏后者，夏之帝也。

以现代国家理论解析，这个“夏”，已经是明确的国号了；这个“后”，则已经是明确的元首名号了。也就是说，大禹破除了近古五帝社会长期的政治传统——权力机构无名号，最高盟主惟帝号，而一举使新兴权力机构有了特殊的名号，使新盟主有了只属于自己的特殊名号。这种重大变化，必然会引起各族群首领的疑惑议论，甚或质询反对。大禹集团必然是预谋在先，必然是以种种方式斡旋。而所有“说服”的后面，都是以强大的武装集团为后盾的。所以，这种胁迫，既是特殊的、隐形的，又是事实的、明确的。

第四个重大事变，是讨伐三苗，公开镇压敢于挑战新权威的最大族群。

按照历史的逻辑，这件大事应当发生在舜帝病逝之后，大禹执掌最高权力的最后十年之内。因为，只有这时大禹才有充分的权力条件进行武装征伐。从根源上说，这个三苗族群，在尧帝、舜帝时期也曾经多次作乱。此时再度作乱，自然是更不得人心。

总之是，大禹成功地发动了一次征服战争，顺利地平定了三苗族群。由此，大禹正式确立了最具强制性的社会威权。必须注意到的是，大禹能够顺利征伐三苗并取得战争胜利，说明此时由大禹掌控的武装力量，事实上已经很强大，并且已经然常化了。

第五个重大事变，是诛杀防风氏，以树立威权政治。

大禹在最后一年南巡，以大祭天地群神为名，下令会盟各族首领。

在这次大会盟中，防风氏族群首领迟到了。大禹断然下令，在会盟当场杀死了迟到的防风氏。在当时社会，这一杀实在是石破天惊的做法。事实是，在近古社会的权力活动中，会盟天下族领从来都不是强制性的，一个大族群的首领迟到几日，实在是再正常不过的事情。这次的防风氏，仅仅因为没有如期而至，就被大禹诛杀了，岂能不引起巨大的震撼。从政治意义上说，大禹在最后时期的这次诛杀，实际上是向天下宣告：夏后氏新政权是有强大力量的，是必须服从的，是不允许挑战的！

会稽山大会诸侯之后，大禹没有来得及回到北方，就在会稽山病逝了。

此时，天下的大形势是：治水成功之后，大禹所创建的新权威与新秩序，已经大体确立了；具有常备军性质的稳定军队，也已经形成了。从总体上说，国家权力架构的创立已经大体完成，国家形式所需要的强制力量也已经基本创立了。

但是，潜在的矛盾冲突与社会风险，依然没有消除。也就是说，近古文明向国家文明的历史跨越，还没有最终完成，事情还没有完结。

3　夏启政变：趋向国家时代的第一次跨越

真正的权力变局与历史跨越，是在大禹死后完成的。

这里的第一个挑战点，是古老传统的权力传承方式。

也就是说，权力继承人如何确立，是大禹之后第一个最为重要的变化点。依照历史实际，近古社会确立权力继承人的方式，是原先的领袖在自己无力执政的时候，或者大势所趋的时候，明白确立继承人，并公告天下。近古之世，还没有出现过最高权力领袖在临终之前确立继承人的事实。此前的尧禅让于舜，舜禅让于禹，都是在最高领袖在位时完成的。大禹，是一个在大规模长期治水中成长起来的强势英雄领袖，他对近古传统形成的权力传承制，将采取什么样的态度呢？

首先，从形式上说，大禹也遵循了近古传统。

在正式继承了最高权力之后，大禹很快就宣布了皋陶的继任者地位。其实际原因是，此时的大禹与皋陶是政治同盟，大禹必须借助皋陶的影响力，遏制或潜在或公开的反对者。可是，已经进入垂暮之年的皋陶，很快就病逝了。于是，大禹将皋陶的后裔族群封在了英、六两个地方，又将皋陶的儿子伯益，确立为继任者。这两次确立继任人，都发生在大禹时期的最后十年之内。据此，伯益行使有限权力的时间，大体在五年至八年上下。

如今，大禹病逝了，伯益能否顺利地接掌最高联盟权力呢？

依照传统法则，应当是没有任何问题的。伯益有充分的社会伦理资望，也有坚实的族群力量支撑，理应获得继任。从权力根基上说，皋陶、伯益父子的特大族群，是大禹威权最坚定的支持力量，两大族群又是政治同盟。从功业根基上说，伯益是大禹身边长期的治水辅佐。据《史记·秦本纪》正义引《列女传》云：伯益五岁就开始辅佐大禹。虽然，这是一则具有传说性质的说法，但是至少可以肯定：伯益追随大禹的时间很早、很长，治水期间尤其如此。从近古传承法则来说，皋陶与伯益最高权力继承人的地位，是大禹在生前就已经公开了的。也就是说，只要伯益的才具德行威望没有大幅度的衰落，继承权就不会有意外发生。

但是，这一次的情况，却发生了惊人的变化！大禹死后的丧葬期，酝酿生发了一场亘古权力大变局。

历史的大转折，多是从偶然事件开始的。遵奉传统且显然没有权力警觉性的伯益，在大禹安葬后，效法前代的避让血统传承之法，虔诚地避让了大禹的儿子启，离开了最高联盟权力所在地，搬到偏僻的箕山南麓，也就是今日的嵩山地带去住了。这种传统的“避让”法则，其实际意义，是给天下族领们留出一个选择最高领袖的空间：拥戴启，就去朝拜启；拥戴伯益，就去朝拜伯益。族领们朝拜谁，谁就是人心所向的最高权力者。这是近古社会确认继承人法则之外的另一个潜规则——将最后的抉择权交给天下人心的向背来决定。伯益所以这样做，心思显然是笃定的，料定天下族领一定会来朝拜自己。

可是，这一次不同。与会丧葬的族领们，没有追到箕山去朝拜伯益，而是去了最高联盟权力所在地，朝拜了启。依照古老的传统，这就是天下人心愿意拥戴启做最高首领了。权力的平衡器显然向启倾斜了。于是，启当仁不让，立即正式继承了父亲的帝位，并宣布了自己的国号与名号——夏天子。

那么，伯益是如何应对的呢？

按照《竹书纪年》的说法，我们可以推定：当伯益觉察到古老的继承法则已经被破坏时，一定是愤愤不平，一定是立即着手谋划如何迫使夏启退位，如何恢复自己的权力地位等问题。而夏启一方，则一定是及时得到了消息，才联结同盟氏族，突然攻杀伯益族群。其结果是，伯益族群战败了，伯益被夏启势力杀死了。

这次事变，是近古权力传承发生的第一次大变局。这场变局的实质，是最高权力的传承法则，由古老的以“公天下”为价值理念的选贤禅让制，转变为新的以私天下为价值理念的血统承袭制。历史主义地看，这一巨大变局是早期国家确立的最重要标志。

此后，这次大变局的文明史意义，将日益鲜明地体现出来。

司马迁在《夏本纪》中，为天下族领（诸侯们）不朝拜伯益的行为做出了一种说明，说这是因为“益之佐禹日浅，天下未洽，故诸侯皆去禹而朝启”。显然，这与前述历史说法矛盾太大，只能看作司马迁的又一次春秋笔法。实际上，司马迁说法的潜在意涵是：启辅佐最高层政事的时间更长，启比伯益更有才能。

果真如此吗？

4 启是一个什么样的人

启的出生与业绩，及其夺位之前的作为，史料记载极少。

依据《史记·夏本纪》，大禹在治水期间路过涂山氏族群的聚居地，与名叫女娲的涂山氏之女成婚，婚后两日即匆匆离去。婚后年余，大禹再次路过涂山氏聚居地，虽然没有进门，却知道了自己已经有了一个儿子名叫启。这个故事，是大禹在舜帝主持的那次质询会议上陈述治水经过时说出来的。原话很简单，且有错漏，经后世史家考证复原，方得以展现原貌。

这个留在历史记忆中的故事至少可以说明：其一，启是在大禹治水最艰难的时刻出生的，治水成功之时，启已是十岁上下的少年；其二，在大禹代舜帝行使权力的十七年里，启已经度过青年期，趋于成熟；其三，大禹最后十年独立执政，并在会稽山病逝时，启已经是四十岁上下的盛年之期。

有如此的历史框架，我们可以推定：在大禹治水、执政的二十七年里，启一定经常性地参与了政事，并很可能做出了许多的实际业绩，凝聚了许多的族群首领。在近古社会，人们对于领袖的选择，更多的是看重继任人的才具与德行。尧、舜、禹的个人崛起，是这样；殷契、后稷崛起为商族与周族的领袖，也是这样。在二十余年的时间里，夏启迅速地崛起为一个潜在的权力领袖，是完全有可能的。

回想一下，舜帝为什么要在大禹报告治水的领袖会议上特意提醒大禹：你的儿子，不要像尧帝的儿子丹朱那样傲慢沦落？而大禹，也特意提到了启的出生经过，并在最后说：正是因为生了如此一个儿子，自己的治水大业才能成功？

分析史料缝隙中传递的信息我们可以推定：夏启无疑是一个极有才具的杰出人物，其干练精明，一定远远超过了恪守古老传统的伯益。问题的另一面是，大禹原本就是个创造型的领袖，他一定看到了伯益的某种重大缺陷。同时，基于不想使新建立的社会秩序回到散漫无力的古老状态去的想法，大禹必须寻求比伯益更为强势的继承人。

于是，大禹开始培植自己的儿子，夏启也就很快地成长起来了。

5 血统传承制的确立与早期君主制

血统传承制，是在这样的一次偶然事变中建立起来的吗？翻开《史记·五帝本纪》《夏本纪》的权力传承谱系，我们发现，并非如此。且看——

> 黄帝崩……其孙昌意之子高阳立，是为帝颛顼也。
>
> 颛顼崩，而玄嚣之孙高辛立，是为帝喾。帝喾高辛者，黄帝之曾孙也。
>
> 帝喾……生放勋……放勋立，是为帝尧。
>
> 尧知子丹朱之不肖，不足授天下，于是乃权授舜。
>
> 尧崩，三年之丧毕，舜让辟丹朱于南河之南。
>
> 舜子商均，亦不肖，舜乃预荐禹于天。
>
> （舜）崩……三年丧毕，禹亦乃让舜子，如舜让尧子；诸侯归之，然后禹践天子位。
>
> （帝禹）崩，以天下授益。三年之丧毕，益让帝禹之子启，而辟居箕山之阳。

在这个近古权力传承的系列中，我们可以看出血统传承的久远痕迹。自黄帝而颛顼、帝喾、帝尧，连续四代的最高权力传承，都是黄帝族群的血统。真正具有禅让性质的传承，事实上只有尧、舜、禹三代。这说明，近古社会的最高权力传承，并非只有单一的举贤禅让制，而是血统传承制与禅让制并行不悖。

只不过，无论是否血统传承，都更看重才具德望罢了。

事情的奥妙复杂之处是：自从尧帝禅让于舜帝之后，便出现了被举荐的受禅者避让前代领袖儿子的“潜规则”。舜帝避让尧帝的儿子丹朱，禹帝避让舜帝的儿子商均，伯益又避让禹帝的儿子夏启。什么是避让？从实质上说，就是已经被前代领袖肯定的继承者，主动让出权力空间，使社会再度做出选择——究竟是领袖之子继承最高权力，还是受禅者继承最高权力。这一历史事实，说明了一个强大的现实背景的存在：当时的近古社会，对权力的血统继承，有着深厚的敬畏感。即或是前任领袖生前已经将非血亲的继承人明确了下来，社会也并不排斥将权力交给前任领袖的嫡系血亲。只有在前任领袖的血亲儿子实在无才无德，进而导致社会不承认的情况下，受禅者才能正式继任。

从历史的客观性出发，近古社会对血统继承的敬畏，有其必然性的一面。

就其本质来说，最高政治权力的运作，是一种对社会的宏观管理。这种权力运作要达到一定的水准，经验的积累是非常重要的。越是信息传递不发达的时代，经验积累越见重要。唯其如此，对权力运作的经验传承，最高领袖的血亲子孙们具有最为优越的条件。相比较于寻常人等，权力领袖的嫡系氏族出现成熟政治家的几率，相对要高出许多。同时，由前代领袖的子孙承袭权力，社会法度也往往容易保持连续性与稳定性，能相对减少社会动荡。

在近古社会，世界各民族的权力体制普遍实行血统传承制，是有相当深厚的社会认识基础的，不能简单以今天的文明水准，给予简单的批判与否定。从实际情形说，中国近古社会的最高权力传承制，实际是以血统传承制为主、以禅让制为辅的二元传承制。

唯其如此，夏启夺位的历史大变局，就并不是完全缺乏社会根基的突兀事变了。

那么，夏启政变的大转折，能够顺利完成吗？

6 夏启时期正式迈入国家时代

夏启政变之后，立即爆发了第一次重大挑战——有扈氏不服。

其时的“不服”，实际意义就是要举兵驱赶夏启，恢复禅让制，为伯益争夺领袖权力。已经有了强大根基的夏启，自然不会听任有扈氏作乱。但是，有扈氏是居住于与中原毗邻的今日关中地区的特大族群，有着雄厚的人口实力，也有一定的武装力量。既然“不服”起兵，夏启的新政权就已经无法通过协商使有扈氏臣服了。于是，便有了前所未有的“天子”统军出征，并亲临战阵的第一次国家大征伐，有了中国历史上第一篇军阵讨敌动员令——《甘誓》。

在《夏本纪》中，这次大征伐的经过是，“有扈氏不服，启伐之，大战于甘。将战，作《甘誓》……遂灭有扈氏，天下咸朝”。《尚书· 甘誓》的文辞是：

> 嗟！六事之人，予誓告汝：有扈氏威侮五行，怠弃三正！天用剿绝其命！今予惟恭行天之罚！左不攻于左，汝不恭命；右不攻于右，汝不恭命；御非其马之正，汝不恭命！用命，赏于祖；弗用命，戮于社，予则孥戮汝！

这一战，夏启大军不是迫使有扈氏臣服了事，而是坚决消灭了有扈氏族群。

这种真正的杀戮战，使还没有完全走出古老传统的近古社会，第一次领略了国家常备军的巨大威力。种种潜在的不服与非议，很快就消失了。战后，立即出现了“天下咸朝”的第一次国家权力崇拜。夏王朝政权，开始宣告立定了根基。

至此，中国近古文明终于完成了向国家文明形态迈进的第一次历史跨越。

今日陕西关中的鄠邑区，有个扈氏村。据清代毕沅《关中胜迹图志》所录史料，现在的鄠邑区就是夏代初期的有扈氏之地，称为扈国。秦时改扈为鄠。显然，这里就是古老的有扈氏的居住地。鄠邑区秦镇的扈氏村，据说就是有扈氏的后裔所在。而今，远古历史的沧桑在这个热气腾腾的村庄已经没有了痕迹。它能给我们的遐想就是，我们的文明脚步是多么的久远，多么的真实！

在夏启之后的四百余年里，夏政权多经反复，一直呈现不甚稳定的状态。

夏启死后到第三代，夏政权很快就被颠覆了。有穷氏族群的领袖后羿、寒浞两人先后政变夺权，代替夏政权四十年之久。其后，夏少康复辟，夺回了政权，夏王国才开始了相对稳定的发展。但是，在整个四百余年中，夏王国动荡多多。

所以如此，在于这第一个王国的特殊性——松散的邦联制国家，潜在的政权危机远远多于后世。在夏政权建立的时代，国家文明还处于生长期，中央王权的直辖地域仅仅限于王族族群的居住区域。与单个族群相比，王权的实力无疑是最大的。但是，与广阔土地上众多的特大族群相比，王权依然是弱小的，是无法直接征服所有“不服”者的。

因此，夏王国属下的诸侯国，由王权直封的很少很少。绝大多数诸侯，都是王国政权对各大族群自发政权的承认。因此，中央王权对诸侯的实际控制力很弱，诸侯群对王权的多种威胁则很大。动荡与战争，自然呈现出多发现象。

这种治权很松散的早期国家，非常类似于后世所称的邦联制国家。

这一历史进程说明：刚刚从近古社会跨越到国家开端时期的邦联制体系，仍然处在多元政治的余波动荡之中，还没有真正稳定地进入成熟的国家文明时代。

大约在公元前 17 世纪，夏政权终于灭亡了。

大禹、夏启开创的夏邦联国家，按照古代史学家的说法，传承了十七任王，政权存在了四百七十一年。

夏人开创了中国近古族群的国家文明时代，建立了夏王朝，使中国近古文明在黄帝时代之后，完成了第一次历史性跨越，对此后商周时代国家文明的发展，具有决定性意义。夏人族群，以大规模长期治水的伟大实践，创立了全人类近古文明中独一无二的井田制，从而开创了极具和谐性的农耕文明形态。此后几千年，中国的古典农耕社会所以具有颠扑不破的稳定性，其根本原因，正在于夏代生成的这种农耕生存方式，已经成为中国民族一种强大而稳定的历史基因。

商：成熟的邦联制国家

在文明史的意义上，殷商对于当代的我们已经变得模糊而陌生了。

回顾那个时代，呈现那个时代，解析那个时代，对于我们具有特殊的意义。

因为，我们民族在今天所表现的许多优秀方面，都深深植根于那个遥远的时代。

1 治水建功：商人的早期生存史

夏之后，继续拓展中国原生文明历史的，是商人族群。

商人的始祖，叫作契。他的诞生，是一个美丽的神话。有个叫作简狄的有娀氏部族的女子，做了帝喾的妃子。一日，简狄与两个女子在山涧沐浴，不期天上飞来了一只玄鸟，产下一卵。有娀氏的妃子简狄，恰恰吞食了玄鸟之卵。不久，简狄便生下了一个男子，就是契。

对这则神话，后世史家认为："玄鸟生商"的说法，是因为契的父亲平常而卑微，不好公然宣示身份名号，故托神话。果真如此，这个契一定非常能干，非常有感召力，也一定曾经有过非凡的业绩。否则，不可能在盛年之期凝聚许多群落，进而成为一个特大族群，并做了这个特大族群的首领，成为这个族群的记名始祖。

依据历史逻辑合理推测，商族生成史的画卷应该是这样展开的——

契，诞生于舜帝早期。其时，相对发展的诸多特大族群，都已经成为有相对稳定居住地的原始农耕部族。但是，许许多多散居在山水草原之间的渔猎游牧小群落还没有稳定的聚居地，也没有统一的首领。契，就是活动在这些群落之间的一个非凡人物。在相当长的时间里，契一定是发动并领导这些群落有效地拓展了生存空间，也一定是平息了这些群落之间的诸多纷争，使这些群落消弭了小利益方面的许多争夺，在共同协作下迅速地拓展繁荣起来。于是，这些群落以契为轴心凝聚起来了。契的威望迅速上升，契的神性传说也流播开来。于是，契成为这些群落一致拥戴的首领。

终于，一个稳定的特大族群形成了，这就是以契为首领的渔猎商耕牧族群。

商族的第一次历史跨越，同样是从治水功业开始的。

据《史记·殷本纪》记载："契长，而佐禹治水有功……封于商，赐姓子氏。"在大禹治水的叙述里，我们已经知道，在最初确定三大族群辅佐大禹治水时，契的族群是被排在第一位的，其后才是后稷的族群和伯益的族群。

治水成功后，作为治水主力的四大族群及其族领，地位都有了很大的历史性跃升。作为治水主力族群之一的契族，虽然与大禹族群可能发生过某种矛盾或冲突，而被大禹排斥出了治水权力核心。但是，契族仍然没有脱离治水工程，仍然立下了很大的功劳。因此，治水结束之后，作为特大族群领袖的契，并没有丧失舜帝的信任。作为特大族群，契族也没有丧失天下影响力。所以，治水成功之后，契族被舜帝封于商邑，同时赐姓子氏。契本人，则被舜帝任命为最高联盟中掌管民众教化的重要官员。

契族的封地商邑，是今日河南省商丘以南的地带。近古社会，封地名号便是封地族群的共有大姓，封地内的各族群，都是这一名号下的某氏。天子所赐之姓，则只有首领的直系本族可以享有。依据这一传统，受封商邑后，契族人就统一成为“商人”了，各分支族群则称为“商人某氏”。契本人统领的直系本族，就是商人子氏，契本人的全称姓氏名号，应该是“商人子契”。

必须注意到的一个细节是：司马迁在《史记》中，所以将商代事迹写作“殷本纪”，实际是因为“盘庚迁殷”之后，周人习惯于将商称为殷。自周以至春秋战国之后，“殷”遂成为商代的史学名称。司马迁的“殷商”之说，只是承袭了西汉时所熟悉的传统称谓而已，并不意味着商人的早期名号是殷。究其实，按照历史的源流排序，应该是商在先，殷在后。单称当为商，合称当为商殷。

2 商人族群多迁徙的历史奥秘

文明史的密码，往往深深埋藏在特定族群的早期生存方式之中。

纵览商人族群从舜帝到殷灭的千余年生命史，我们可以发现三个基本特征。一则是，商人的迁徙流动性是近古大族群之最；另一则是，商人对早期剩余物（后世谓之商品）的自觉交换所形成的“商旅”活动，是近古社会与早期国家时代独一无二的族群经济活动；其三，商人是近古社会与早期国家时代从事经济活动种类最多的族群，渔猎、耕种、畜牧、商业，这四种自然经济的基本领域，都是商人生存方式的共同支柱。举凡上述三大特征，都是商人的生存方式。

先让我们看看，商人多迁徙这一历史特征吧。

在商人的历史记忆里，他们从来就是一个善于流动、喜好迁徙的族群。

《史记 · 殷本纪》这样记载，自契至汤，八迁；盘庚五迁，无定处。汉代张衡的《西京赋》概括云："殷人屡迁，前八而后五，居相圮耿，不常厥土。"张衡的意思是，殷人前后迁徙十三次，曾在居于相地时毁坏耿地，不喜欢常居一方。这十三次大迁徙，每次的迁徙地点都多有说法。但史家公认：商人所居之地，大体都在今日的河南、河北、山西、山东的黄河南北地带。总之，都是距离黄河不太远的地方。

关于商人族群所以多有迁徙的原因探讨，从古至今，大体形成了四种理论：一是东汉魏晋时期的"去奢行俭，率人于苦"说；二是宋代朱熹学派以及当代史家顾颉刚等人的"逃避河患水患"说；三是当代历史学家侯外庐等人的"游牧经济"说；第四种是当代经济史家傅筑夫先生等人的"改换耕地"说。具体分析，似乎这四种说法都经不起推敲。

为了防止腐败奢侈，为了推行勤俭生活而主动率民迁徙寻苦这种说法，难免夸大了近古社会与早期国家时代的富裕程度，很少有人相信。逃避河患水患的第二种说法，显然脱离了最基本的时代背景。大禹治水之前的百余年，商人族群尚在凝聚形成时期，不存在迁徙的记录。大禹治水之后，足以迫使一个特大族群大规模迁徙的河患水患大大减少，这一说法缺乏历史事实的支撑。

游牧经济说、改换耕地说，则缺乏历史阶段的具体分析。将其中任何一种说法当成适用于商人族群千余年频繁迁徙的唯一原因，都是经不起推敲的。依据"游牧经济"说，很难解释商族曾长期存在且相对稳定的农耕历史。因为，商人族群不是单一的游牧经济，若仅仅是游牧经济需要迁徙，那大量农耕族群的安定需求如何对待？而依据"改换耕地"说，则又有一个显然的矛盾不能解释——改换土地若是必然，盘庚迁殷之后为何近三百年不再迁徙，不再改换土地？

这里，一个重要的历史现象被忽略了，这就是商族大迁徙的频率变化。

商族的前八次迁徙，都发生在早商时期，也就是商汤立国之前。若从大禹治水之后算起，这一时期几乎全部是夏王国时代，大约将近五百年。其间，商族首领传承了十四代，接近于每两代迁徙一次。商汤立国之后的六百余年里，商族只迁徙了五次，大体平均一百余年迁徙一次。盘庚迁殷之后，商人定居于殷地，一举稳定了将近三百年，再也没有迁徙。

商人大迁徙的频率，为什么前后有如此鲜明的变化？

历史的深处，还有没有被我们忽略的重大史实？

历史深处所隐藏的基本史实，实际有两个方面。第一个基本方面，是与夏王国的政治冲突。如果我们还没有忘记大禹治水时期四大族群之间的复杂矛盾，我们就应该能够分析出此后的历史延续。大禹后期，舜帝已死，曾经与大禹及禹族有过直接摩擦的商人族群，在各种集团利益分配中，一定是越来越处于弱势地位了。大禹死后，夏启又对老盟友——伯益族群发动了突袭，一举夺取了最高政权。此后，又对率先“不服”的有扈氏进行了大举讨伐，消灭了有扈氏，就此稳定了强力政权。

此时，契很可能已经老死了。其后的商人族群，依据先祖的政治立场，既不愿支持夏启政权，又不愿支持曾经是大禹同盟的嬴秦族群，同样也无法与后稷的周族达成同盟。妥善的方法，也许只能离开原先的丰美封地，寻求他处谋生。事实上，这时的商、周、秦三大族群都还没有完全融入夏启新的诸侯体系中，也就是说，还都不是夏王国的直封诸侯，还都保持着相对的独立性。结局是：秦人族群分散逃亡隐匿了，周人族群则向西迁徙了，商人族群也绝不可能留在夏王国政权的腹地区域扮演尴尬而危险的角色。

后来的事实说明，直到四百余年后夏末之世的商汤时期，商人还一直对夏人政权保持着深刻的敌意，夏王国的末世政权——桀，也还对商汤族群保持着很大的警觉。在这样的历史条件下，自契至汤的四百余年里，商人连续迁徙八次，就很容易理解了。

第二个基本方面，商人的多种经济活动并存的生存方式，要求他们不断寻求更为合适的生存地域。商汤立国之后，商人的生存区域大大拓展。在这种历史条件下，商人族群必然有了更大的拓展生存空间的自由，必然会不断寻求更适合多种经济活动同时发展的生存区域。商汤立国之后，当时中国腹地的族群，大多聚居于黄淮流域的大平原与诸多山原湖泊地区。其中，对渔猎、农耕、畜牧、商旅同时有利的区域很多，但在当时的闭塞条件下，商人族群未必全部清楚，只能不断寻觅。自盘庚开始，商人在黄河流域大幅度迁徙五次，很可能是仍在寻觅合适的生存地域。而自迁徙到黄河北岸的“殷”地后，商人一定是认为找到了最理想的生存之地，于是，从此再也没有迁徙。

3 商旅经济是商人族群的伟大发明

让我们从具体的文明史环节说起吧。

在契之后的第三代领袖相土时期，商人就发明了马车。在第七代的领袖王亥时期，商人又发明了牛车。请注意，车这种工具，在黄帝时期就出现了。但是，用什么拉车，车如何使用，在我们的近古历史记忆中却没有痕迹。

最初，车的主要用途是服务战争。黄帝指南车，是车在战争中使用的最早传说。但是，指南车是没有人乘坐的木车，对生产活动没有直接意义。只有在商人发明了马拉车与牛拉车，将车这种承载工具与稳定而经常的动力结合之后，车才真正具有了生产力的意义。从实践上说，商人将车与马牛动力结合，一定要对古老的车具进行某种程度的改进。所以，马车牛车，不能看作简单的马牛与一辆车的相加，而是一种生产手段的整体发明。马车与牛车的出现，大大增强了族群迁徙与物品搬运的效率，也大大加快了人群之间的联络与速度，堪称早期国家时代最基本的伟大发明之一。

《管子·轻重》云："殷人之王，立帛牢，服牛马，以民为利，而天下化之。"意思是说，商人祖先所以能使天下文明开化，主要是两件事：第一是建立了帛牢制度，就是以布条圈地为牢的监禁制度，这是一种注重精神惩罚的早期司法制度，与早期周人的画地为牢在本质上是同一的。第二就是驯服牛马，发明牛车马车以便利民众。管仲将这两件事并列为天下文明开化的根基，是值得深思的。

可是，马车牛车如果仅仅用来载物载人，显然太可惜了。

于是，马车牛车又生出了其他用途，形成了一种前所未有的远程交换方式。

剩余物品的交换，在近古五帝时期就产生了。但是，那时的交换活动，基本上都是相邻族群与相邻住户间近距离的物物交换。直到夏代建立井田制，这种交换活动的最主要方式，还是停留在以公井为中心的八家之内。一井八家之外，人们很少有紧密交往。鸡犬之声相闻，民老死不相往来，此之谓也。

就是说，普遍的远距离剩余物品交换活动，在商人之前还远远没有形成。马车牛车的出现，改变了这一现状。聪明的商人，开始用牛车马车装载着自家或本族的剩余物品，流动于各氏族群落之间，相互交换剩余物事。这种远距离的交换，给商人带来了种种方便与实际利益。于是，商人的远行交易渐渐成为他们基本的谋生方式之一了。随着物品的不断流动，随着交换频率的增大，商人族群中又出现了普遍应用的商品交易媒介物，也就是最早的货币形式——天然贝壳。

今日河南的殷墟遗址，出土了大量的天然贝壳，还出土了骨贝、铜贝、玉贝等实物。殷墟是商代后期遗址，并不是早期商人的活动地。所以，铜贝、骨贝、玉贝等，完全可能是发展了、丰富了的早期货币，而不是早期商人使用的货币。早期商人的货币，应该是天然贝壳。殷墟有大量的天然贝壳出土，说明后期商人在使用其余货币时，仍然在同时使用着天然贝壳。这一事实足以证实：商人的交易活动，是一种由来已久的传统。

《尚书》中，有一篇叫作《酒诰》，是关于商人早期商旅活动的最早记载。这篇历史文献，是周公专门告诫即将镇守东方的康叔，应该如何监管殷商族群的谈话记录。其中，周公讲述了商人极其重要的一个生存传统。周公说："（殷人）肇牵车牛，远服贾用，孝养厥父母，厥父母庆，自洗腆，致用酒。"

这段话，翻译过来是这样的情境：很早的时候，殷（商）人就牵着牛车远走，到其他氏族交易货物，用来孝养父母家人了；一朝归来，父母家人高兴地摆置好丰盛的酒菜（与交易归来的远行者致酒庆贺，其乐融融）。

显然，早期商人的远行贸易活动，形成了商人族群特有的商旅经济。这是商人族群的伟大发明，也是商人族群生存方式的基本构成部分。后世的中国人，将交换标的称为商品，将商品交换领域称为商业，将远行贸易活动称为商旅，将从事贸易交换的生意人称为商人，应该说，这都是商人族群的交换传统烙在我们民族精神世界里的深刻印记，也是我们对远古商人永远的追思与纪念。

4 商人族群多种经济活动兼容并存

商人生存方式的基本点，是多种经济活动的兼容并存。

关于古代农耕社会的某些既定理念，使我们的当代社会意识，几乎从来没有将农耕之外的经济活动当作古典社会的基本生存方式来对待。这一点，尤其在对待商王国时代的认识上最为明显。这一重大忽略，直接导致了我们对商代文明认识的诸多误区。最基本的误区，就是将夏商周三代都笼统地当作早期农耕经济社会，认为农耕经济是三代社会的唯一经济活动方式。

从文明形态的基本面，也就是从族群的生存方式看，商文明是渔猎经济、畜牧经济、农耕经济、商旅经济兼容并存的一种生存方式，也是一种独特的文明形态。这种独特的文明形态，既不同于此前以粗放的井田制农耕活动为最基本生存方式的夏文明，也不同于此后以精细的井田制农耕活动为最基本生存方式的周文明。

商人生存方式的特殊性，在于商人具有渔猎、畜牧、农耕、商旅四大经济活动交融并进的丰富性。而此前的夏文明，此后的周文明，则都是以农耕经济活动为最基本的生存方式，具有相对的单一性。商代社会的独特神韵，使商文明成为中国早期国家文明序列中充满个性与美感的“这一个”。

从历史发展的顺序看，商人的生存方式走过了这样一条道路——

五帝时代的商人族群，以近古渔猎经济、近古畜牧经济、近古商旅经济的结合为根基。进入国家时代后，商人族群逐渐向半牧半商、半农半商、半渔半商、半猎半商迈进；渔猎农牧四大领域，都渗透了商旅经济的成分。盘庚迁殷之后，商人族群逐渐发展为相对稳定的农耕经济、相对稳定的畜牧经济、相对稳定的渔猎经济、相对稳定的商旅经济四方融合的丰富而稳定的经济形态。

值得注意的是，商人迁殷之后，以远足交换为基本方式的早期商旅活动，渐渐发展为以相对稳定的城邑市场为主、以远行商旅为辅的完整的商旅经济了。所谓行商坐贾，说的便是殷商王国后期丰富了、发展了的商业活动形式。

商人独特而充满美感的综合经济活动方式，是我们揭秘商文明的原初密码。

5　商汤革命：鸣条灭夏之战

在这种独特的生存方式下，商人族群持续发展了十四代，大体是五百年上下。

这时候，历经十七代君主的夏王国，传承到了一个叫作桀的君主手里。这个夏桀，与后来的殷纣并称为“桀纣”，成为中国历史上暴虐荒淫的两个符号人物。

夏桀的罪行，究竟有哪些呢？《史记·夏本纪》的记载是：“桀不务德，而武伤百姓，百姓弗堪。”《吕氏春秋》的记载最为详细：“桀为无道，暴戾顽贪，天下颤恐而患之；言者不同，纷纷分分，其情难得。干辛任威，凌轹诸侯，以及兆民，贤良郁怨。杀彼龙逢，以服群凶。众庶泯泯，皆有远志，莫敢直言，其生若惊。大臣同患，弗周而叛。桀愈自贤，矜过善非，主道重塞，国人大崩……迷惑于末嬉（妹喜）……不恤其众，众志不堪，上下相疾，民心积怨。”古本《竹书纪年》的记载是：“（夏桀）筑倾宫，饰瑶台，作琼室，立玉门。”文献《尚书·汤誓》的记载是：“有夏多罪，天命殛之！”

总归是，夏桀时期的天下大势，已经是严重的全面危机了。

君主腐败淫乱，国事荒疏擅杀，欺凌诸侯，又虐待百姓，从上到下都是怨声载道。这时的商人族群，传承到了第十四代，领袖叫作成汤。商人族群以亳地，也就是今日河南省商丘地带为中心，第一次较长时期地定居下来，并发展为特大族群了。也许是实力使然，夏桀不得已将成汤封为镇抚一方的大诸侯。依据后来周人的说法，这种领袖一方的大诸侯叫作“方伯”，是一方之长，有代天子行使征伐的权力。

夏末的“方伯”，只是后世史家一种比喻性的说法而已。从实际上看，这不过是夏王权对已经建立政权的特大族群的一种名号赐予而已，远远不能与后来周代王权直封的大诸侯相比。就权力结构而言，诸侯的独立权是相当充分的，王权的干预是十分有限的。

夏末社会的普遍动荡，引起了国王桀的某种警觉。

在《史记·夏本纪》中，记载了这样一则史实：“帝桀之时，自孔甲以来而诸侯多畔（叛）夏……乃召汤而囚之夏台，已而释之。”

这则史料，使我们看到了夏末政治的基本面：自孔甲到夏桀的四代人时间里，各方诸侯的叛乱已经成为日益严重的普遍事实。就政治实践说，当时所谓的“叛”，主要有三种基本形式：一是停止纳贡，表示不再臣服于王室；二是脱离王权，投奔敢于与王权作对的大诸侯，寻求新势力的保护；三是公然起兵作乱，或擅自攻伐诸侯，或公然挑战王室。夏末之时的诸侯“多叛”，可说是三种现象都有，而且已经是非常普遍了。史书所谓的“纷纷分分”，说的就是这种混乱与叛离的普遍化。

这时候，夏桀下令拘禁了成汤，将其拘押在了王畿之地的夏台。

夏桀为什么要拘押成汤？为什么不久又放了成汤？

由于史料的粗疏缺失，我们已经无法知道切实的真相了。合理推断，至少有三方面的因素是可以肯定的：一则，成汤族群一定有扩大势力，并且威胁到夏王室的“叛”的迹象；二则，成汤族群虽然尚未公开向夏王室挑战，但夏桀顾忌商人实力，不好悍然诛杀这一方特大族群的首领，只好借故囚禁；三则，成汤已经有了天下声望，夏桀不好公然诛杀；加之商人族群全力营救，周旋得力，夏桀有所迷惑，最终释放了成汤。总归是，成汤成功地逃脱了这次困厄，开始了扩张实力的种种活动。

成汤的天下声望从何而来？有多大？

在《史记·殷本纪》中，记载了这样一则故事：一个猎鸟者张开大网，对天高喊：“自天下四方之鸟，皆入吾网！”恰遇成汤路过，一挥手说：“你想网尽天下之鸟吗？太过分了。”猎鸟者始而愕怔，继而愤愤然。成汤径自上前，打开了三面鸟网，向天高喊：“想左左飞！想右右飞！不想要命，就飞到网里来！”此事传开，四方族群的首领们大为震撼，纷纷心悦诚服地赞美说：“汤德至矣！及禽兽。我等拜服！”

显然，成汤的“大德”已经是深孚众望了。据魏晋史家皇甫谧考证说，成汤活了一百岁，即位第十七年灭夏，后做天子十三年。据此，成汤做商族领袖时，已经七十岁了。这一说法，至少可以看出一个基本事实：成汤继任商族领袖时，已经是一个进入老年期的非常成熟的早期国家时代的大政治家了。他从“修德布信”开始，在天下诸侯群中树立了很高的声望。同时，成汤还重用了一个充满智慧的大臣——伊尹。

在伊尹的辅佐下，成汤开始了扎扎实实的实力扩张。其后数年之中，成汤商族连续吞并了四个较大的诸侯国——葛伯、韦、顾、昆吾，实力大大增长。其中，最大的葛伯族群与商人地盘相邻，对商人实力增长起到了很大作用。

这时，一场历史性的秘密结盟完成了，这就是成汤与秦人族群的结盟。

如果我们没有忘记治水时代的那组历史密码，就会明白这场结盟的真实意义。《史记·秦本纪》记载：“（秦）费昌，子孙或在中国，或在夷狄。费昌当夏桀之时，去夏归商，为汤御，以败桀于鸣条……遂世有功，以佐殷国，故嬴姓多显，遂为诸侯。”

这段记载，给我们揭示了秦人族群在夏商两代的大体足迹——

大禹离世之后，夏启发动政变，杀了嬴氏族群的首领伯益，古秦人族群被迫退出处于权力中心地带的富庶之地，星散逃亡于东方山海之间。依据古秦人在夏初星散逃亡的历史，我们可以合理推断出这样的真相：在夏启称王的初期阶段，秦人族群一定发动过一次大举反抗，夏启政权也一定进行过大规模的镇压，结果是古秦人战败了，秦人族群遂向荒僻地带逃散，于夏数百年间散居隐匿，或在中国东部，或在四方夷狄之地。当夏王室衰落而商人族群强大起来时，秦人族群必然看到了机会，渐渐重新聚拢，归入了以成汤商族为轴心的反夏联盟。嬴氏族领费昌，做了成汤的驾车大将。早期国家时代王车的御手，绝不是一般意义上的车夫，除了实际技能与作战本领，其实质是一种崇高的辅佐王者的政治地位。

成汤要秦族首领费昌作“王车之御”，正是突出显示商秦结盟的重要性。

从实际上说，秦人加盟成汤的反夏联盟，对商人势力的崛起有着极其重要的意义。因为，无论是从牧马驯兽的职业传统说，还是从治水主力族群之一的功勋根基说，或者从曾经拥有皋陶、伯益两大著名首领，且长期执掌最高联盟重要权力的政治经验说，秦人族群都是一支拥有雄厚社会根基的巨大力量。这支力量的加入，对成汤推进灭夏之战，起到了非常重要的作用。

很快，商汤便发动了向夏王国的大举进攻，此所谓鸣条灭夏之战。

据《史记·殷本纪》记载，成汤在大军出动之日，发布了著名的阵前演说——《汤誓》。白发成汤举起铜钺，发布了动员令，其核心说辞是：“夏氏有罪！予畏上帝，不敢不正！今夏多罪，天命殛之！……有众率怠不合，曰：‘是日何时丧！予与女皆亡！’夏德若兹，今朕必往！……女毋不信，朕不食言！女不从誓言，予则帑僇女，无有攸赦！吾甚武……号曰武王！”

那时的鸣条，在今日山西运城安邑镇北。

鸣条之战的结局是：夏军惨败，逃跑的夏桀被灭夏大军俘获。战胜之后，成汤将夏桀流放到了荒莽的南巢，即今日安徽的巢湖地带。夏桀不堪其苦，很快就死了。临死之前，夏桀对左右说了一句后世所有无能者都要仿效的名言：“吾悔不遂杀汤于夏台，使至此！”这句话的现代说法是，我真后悔啊！当时没有立刻将成汤杀死在夏台，以至于有今日！

终于，商人战胜了已经衰朽的夏王国，做了当时中国的领袖族群。

可是，要安定天下，要创建更为成熟的国家文明，还得走很远的路。

6　成熟邦联：商汤创建的国家文明

成汤灭夏之后，首要使命是重建有别于夏的国家文明。

依据中国近古社会的传统，一代政权领袖的确立，第一件大事是明确相关的基本标志。这种独有的文明标志，基本点有三方面：历法、服饰车马规制、朝会制度。此所谓“改正朔，易服色，定朝仪”。那么，确立这三个基本标志，究竟有什么社会意义呢？

先说“改正朔”。

所谓正、朔，是两个开始期：正，是一年的开始月；朔，是一月的开始日。夏历以孟春月为正，以平旦时为朔；也就是说，夏代以二月为一年的正月，以天明时为正月初一的开始。作为当代人的我们必须留意，改正朔并不是修改历法，而是确定新政权认可的岁首开始期。成汤新确立的正朔，是以季冬月为正，以鸡鸣时为朔。也就是说，商人的新历法以十二月为一年的正月，以拂晓鸡鸣时为正月初一的开始。事实上，改正朔对于农耕没有任何影响，因为它并不改变一年十二个月的节令划分。改正朔的目标价值，在于向社会宣示一种重新开始，一种改天换地，一种文明新生，要求全社会在特定的月日来庆祝这种新生。从这个意义上说，改正朔，就是确定国家政权建立的纪念日。自商开始，这种改正朔的做法为以后历朝历代所沿用，每有政权更迭，必有改正朔一举。改正朔，遂成为中国古典政治文明的必然环节。

再说“易服色”。

易服色，就是改变前代的服饰车马制度。服色，西汉之后称为服制，其具体所指，包含了衣裳的质料、颜色以及佩戴饰物的颜色与规制，包括了祭祀牲畜的颜色、驾车马匹的颜色、车辆的颜色与规制等。其详尽内容，我们已经无从知晓了。比如，仅以服饰颜色来说，夏人服饰尚黑，成汤立国之后则反其道而行之，变成了崇尚白色服饰。

最后，是朝会制度。

商汤的创建，是“朝会以昼”。朝会，是定期拜谒帝王并商议政事的制度。早期国家的大朝会，包括了王畿之外的诸侯来朝。夏王国已经有了关于朝会的基本制度，只是已经无从可考。成汤创建的朝会制度，《史记·殷本纪》只说了最简单的两个字：“以昼。”也就是说，朝会在白日举行。也可理解为，朝会从早晨开始。根据商政多与夏政相反的规律看，夏代的朝会很有可能在晚上或夜里举行。尤其是末期的夏桀腐败荒淫，夜夜以朝会之名行腐败享乐之实，天下诸侯怨声载道。成汤奋发新政，故反其道而行之，朝会改在白天举行。

上述三方面，只是创建了新文明的标志性框架。

其余更为重要的国家制度，都在商汤立国时期相对全面地创建了出来。从总体上说，商代国家制度已经超越了夏代的粗简状态，进入了体系化阶段。对殷商非常熟悉的周公，曾对殷商遗民十分感喟地说：“惟殷先人，有册有典。”《尚书·多士》的记载是：“惟尔知，惟殷先人，有册有典。”《史记·殷本纪》的记载是：“汤，既绌夏命，还亳，作《汤诰》。”

所谓“册典”，就是表现为种种典籍的社会制度。周公的感喟，实际上包含了两层意思，一是殷商制度超越了夏代“无册无典”的不稳定时期，是殷商的骄傲；二是周人要向商人学习，创造自己新的典籍制度。史学界对殷商史的研究已经表明，商代的诸侯制度、权力体制及其传承制度、贡赋制度、征兵制度、市场制度、农耕制度、车马服饰制度、墓葬制度、社会法律等，都有了大体完备的规范。唯其如此，在商王国灭亡后，周武王等反复向殷商遗臣请教治国经验，才有了《尚书》关于商人治国之道的系统陈述。

在国家形态与政治文明的意义上，最重要的是诸侯制度。

诸侯制度的实际意义是什么？就是国家体制。诸侯制度的基本面，是中央政权与诸侯国关系的制度。其中，又以规范诸侯方国的治权为核心。由于史料的粗疏缺失，我们已经很难全面具体地描述商代诸侯制度的情况了。依据种种史实，我们可以做出的基本认定是：商代王权的实力比夏王权大大增强了，诸侯国的很大一部分，都是王权直封的，而不是被迫承认的自发诸侯。同时，商王国与诸侯的关系，也已经比夏代紧密了许多，诸侯的自治权力却已经相对缩小，而商王对天下的控制权则相对稳定了许多。因为，商代六百余年，除了中后期出现的诸侯叛乱，没有发生过夏代中期那样的大族“诸侯”直接取代夏王的巨大政变。

相比夏王国，商代初期的政权体制，是一种成熟的邦联制国家体制。

盘庚迁殷后，殷商王权对诸侯的控制权有了更大发展。到殷商后期，商王对诸侯的分封与有效控制，已经基本具备了成熟国家形态的全部特征。尽管，商王国对诸侯国君的传承、兵力设置、重要官员任免、赋税缴纳等，还都没有后来周代那样的严格规范，诸侯国的自治权还相当大。但是，从总体上说，商代王权与诸侯的关系，已经很接近后来的周代状态了。也就是说，一种松散的邦联国家联盟体，已经基本实现了历史性的跨越，迈进到紧密邦联制时代了。否则，最后的商王纣，不可能大举讨伐东夷，并有效限制周人的发展，以至囚禁周文王。

7　商汤王国创建的早期法制体系

国家文明形态的基本面，是当时社会的法治状况。

《荀子 · 正名》云：“后王之成名，刑名从商。”《左传 · 昭公六年》记载：“商有乱政，而作汤刑。”《韩非子 · 内储说上 · 七术》记载了“弃灰于公道者，断其手”，原本是“汤刑”法条。凡此等等都说明，商汤立国后创建了相对完整的律法，其影响一直流传至战国时代。

历史的事实表明，成汤建立的商政权，开创了中国原生文明时代相对稳定、成熟的成文法体系。也就是说，商代的法制第一次以“册典”的形式明确下来了。尽管这些法律“册典”还只保存在官府，而不向民众公开。但是，相比于夏代尚带有浓厚不成文习惯法痕迹的粗简法律——《禹刑》，无疑是远古法治文明的一个巨大进步。

中国早期国家时代的法律，叫作“刑”。这种叫法，一直延续到春秋战国时期。

所以叫作“刑”，其实质含义，不是法律只有刑罚，而是强调法律的主要职能在于以强制性的刑罚来维护社会秩序。因为，当时不可能达到以法律形式全面规范社会生活的程度。当时的社会，对于经济行为、民事行为中的违法者，也是以刑罚处置的。在夏商周三代，还没有罚款与赔偿的经济处罚史实。譬如“弃灰于道”，原本是一种民事违法行为，可却要以砍手的刑罚治罪。也就是说，这时的“刑”，本身就是“法”的意思，“刑”是“法”的形式称谓而已。故此，成汤灭夏后创建的法律，叫作“汤刑”。

商代之法，开创了后世成文法的先河，为后来的西周、春秋、战国所仿效。

荀子曾说：“后王之成名，刑名从商。”这句话实际是说，后来的国家制定律法，大体都沿用了商代刑罚的名称。《韩非子》也曾举例说：“殷之法，弃灰于公道者，断其手。”可见，商代法律是很严厉的，也是相对细致的。后世的商鞅变法，也有“弃灰于道者，刑”的法条。这说明，商鞅立法的诸多根源，同样在于商代的“汤刑”。

8 殷商时代社会精神的奔放与厚重

殷商时代的历史魅力，表现在社会精神的奔放开阔与宏大厚重上。

(1) 殷商时代远远浓烈于古罗马的奔放酒风

在殷商甲骨文中，已经有了农、井、麦、黍、粟、禾、米、桑、年等字，也有了酒（酉）字。这表明，当时的粮食产量已经相当丰厚，可以大量造酒了。殷商的《尚书·酒诰》，其载酒风云："庶群自酒，腥闻在上。"《尚书·微子》又云："天毒降灾，荒殷邦，方兴沉酗于酒。"《韩非子·说林上》记载："纣为长夜之饮，惧以失日，问其左右，尽不知也。"《诗经·大雅·荡》云："咨女殷商，天不湎尔以酒……靡明靡晦……俾昼作夜。"凡此等等记载，都说明了一个基本事实：殷商时代的饮酒之风非常浓烈，非常普遍。

商代的奢靡酒风，是商文明的一个风格标志。

盘庚迁殷之后的将近三百年，商人的综合经济得到了更为均衡的充分发展。农耕发达，畜牧发达，商贸发达，渔猎发达，手工业发达，产品空前丰富，可供交换的剩余物品大大增加。因此，商代后期三百年，出现了早期国家第一次社会性的奢靡之风。这种奢靡之风打在历史上的印记，是许许多多关于商人酒风之盛的记载。

商人的酒风之盛，是全社会性的，而不仅仅是商王室与少数贵族的奢靡。所谓"庶群自酒，腥闻在上"，所谓"沉酗于酒"，所谓"俾昼作夜"，所谓"长夜之饮"，都是商人浓烈的酒风弥漫于市井宫室的历史印记。唯其如此，后来的周人政权与殷商遗民，才都将酒风弥漫看作是殷商灭亡的重要原因。

(2) 殷商时代的人才之盛

殷商时代的著名国王有：成汤、太甲、沃丁、太戊、盘庚、武丁。殷商时代的大政治家有：伊尹、傅说、伊陟、巫贤、祖己、商容、微子、比干、箕子等。《尚书·多士》记载："遗殷多士！……俊民甸四方。"《尚书·酒诰》记载："庶邦庶士。"凡此等等皆说明，相比于夏，殷商是一个人才辈出的时代。

从大政治家出现的频率看，商代不仅仅远远超过了此前的夏代，而且远远超过了后来的西周时期，是中国原生文明时代的第一个人才高峰期。从平民人才看，更是如此。出身庶民的庶士，在商代已经很多了。这是商代文明的综合发展成就在人口终端的最重大产出。

后来的周公曾经诚恳地说："尔殷遗多士……肆尔多士……尔先祖成汤革夏，俊民甸四方。"周公的意思是说，你们殷商的人才多啊，成汤灭夏，以杰出人才治理四方。

殷商时代的"庶士"，是庶民社会中能事之人的称谓。后来的春秋时期，这种"庶士"发展为最具活力的一个社会阶层，对中国原生文明的历史跨越起到了至关重要的作用。应该说，"庶士"的活跃与滋生，在殷商时期形成了良好的社会土壤与历史传统，对后来春秋时代士人阶层的破土而出，起到了精神引领的作用。

（3）殷商青铜器的宏大厚重神韵

大型铸造所产出的青铜器，是殷商时代对中国文明史打上的又一个深重印迹。

青铜时代，是人类文明史与中国文明史一个极其重要的坐标时期。自夏王国开始，早期青铜铸造便已经达到了很高的工艺水准。大禹治水之后铸造的九座大鼎，刻有各州的土地等级与贡赋数量，足见其精美宏大。应该说，九鼎在殷商时代还是存在的，它们与殷商时代的青铜铸造品一起，构成了青铜时代最宏阔厚重的历史标识。

所谓青铜，是与早期红铜相对的一种金属锻铸品的称谓。青铜，是铜与锡的合金，熔点低，硬度高，制造出的器物远较红铜精美宏大。所以，后人将它看作是中国早期国家社会的生产力标志。

在世界文明史上，通常将公元前 4000 年至公元前 1000 年，称为青铜时代。

商代青铜器，宏大，简约，具有极高的美感，是中国原生文明时代不朽的标记。

公元前 11 世纪的某一年，殷商政权灭亡了。

商王国的权力传承，古代史学家说法不一：一说“殷凡三十一世，六百余年”。一说“汤灭夏以至于受（纣）二十九王，用岁四百九十六年也”。

这个伟大的时代，在中国原生文明史上独具一格，在我们的文明基因中留下了诸多不朽的精神因子。我们的商战传统，我们的文字结构，我们的兼容理念，我们的工艺传统，我们自由奔放的开拓精神，都处处渗透着商文明激情澎湃的热血。如果我们的历史缺失了这个自由奔放而又开阔厚重的时代，我们在后来很可能会被精密的单一农耕文明所窒息，春秋的社会松动与战国的文明爆炸，很可能也没有机会出现。

商文明的独特神韵，在于它以先天的商旅精神，同时包容了渔猎、畜牧、农耕、手工业等多种经济活动方式的并存，构成了大商文明的风华特质。因此，后来的古典社会无论多么抑商，我们民族的古典工商业活动，也始终都没有丧失最起码的生存活力。

应该说，这是殷商时代给我们留下的最为伟大而顽强的文明基因。

西周：礼治社会——精密的联邦制国家

冲击商殷文明的，是另一个农耕族群——周人。

周是三代早期国家中对后世影响最大的一个时代，需要我们特别关注。

1　周人的早期农耕生存史

周人族群的先祖，本名叫作弃。后稷，是建功立业后获得的名号。

后稷的出生养成，如同成汤一样，有一个中国人很熟悉的美丽神话。据《史记·周本纪》记载：近古传说时代，某首领一个叫作姜原的女儿漫游在山谷草地，突然遇到了一个巨大的足迹形深坑。姜原心喜，踏进了巨大的脚印坑。后来，姜原便生下了一个大婴儿。姜原将婴儿丢弃在简陋宫外的小巷里，牛马见而避之；姜原又将婴儿丢进了水渠冰面，一群飞鸟飞来覆盖。姜原大为惊讶，对天叩拜，抱回了婴儿，并给这个上天不弃的婴儿取了一个相反的名字——弃。

从实际情形来说，周人是一个生成于久远时期的特大族群。《史记·周本纪》云："后稷之兴，在陶唐、虞、夏之际。"《国语·周语下》云：“自后稷之始基靖民，十五王而文（王）始平之。”《山海经·大荒西经》云：“帝俊生后稷。”

可以明确的是，在舜帝时期，后稷族群已经是以农耕活动闻名的特大族群之一了。无论是《五帝本纪》，还是《夏本纪》《周本纪》，司马迁对周人先祖的作为记载，都是从远古治水时代开始的。《山海经》等文献，对周人参与治水的远古活动也有记载。尽管有专家举出了《国语·周语下》的一则记载，说自后稷至周文王只传了15代，怀疑周人族群的近古活动是否真实。但依据更多的史料进行综合分析，我们仍然有理由认定，周人的近古足迹是真实的。

周人的近古活动，至少在两方面是明确的：其一，周人族群参与了以大禹族群为轴心的天下治水，并在其中起到了种植谷物与后勤援助的重要作用。其二，周人先祖精于种植，好耕农，民皆法则之。为此，舜帝曾举荐弃为农师，教民耕作，天下得其利，有功。又因农耕之功，舜帝封周族于邰地，赐姓姬氏，同时，赐弃以后稷名号。后稷是什么意思？后者，帝也，王也。后稷名号，应该就是农耕之王了。

也就是说，在近古时代，周人已经是天下最杰出的农耕大族群了。

周人在夏商两代的历史，是艰难选择生存空间的历史。《史记·周本纪》记载：“后稷卒……夏后氏政衰，去稷不务……奔戎狄之间。”《诗经·大雅·公刘》的说法是：“度其隰原，彻田为粮。度其夕阳，豳居允荒。”《诗经·大雅·緜》描述是：“周原膴膴……筑室于兹。”

这条线索不甚细致，也不甚精确，但关键的转折点是清楚的——

夏代初中期，周人族领担任农官，周族大约在晋南或中原地区从事农耕。

夏代末期，周人族领不窋弃官去职，率领族人迁徙到西部戎狄地区去了。

大约在商代初期，族领公刘又率领周人东迁，迁徙到了豳地定居。豳在关中西北今彬州市、旬邑县一带，在豳地，周人力事农耕，开始兴旺了。《史记·周本纪》说：“公刘虽在戎狄之间，复修后稷之业，务耕种，行地宜，自漆、沮度渭，取材用。”

这时的周人，创立了粗线条的政权，营建了新的国都，有了三支小型武装，大体具备了小型自治诸侯国的框架。公刘死后，继任的庆节立即宣布立国，自立为诸侯国政权。这就是《周本纪》所说的“国于豳”。请注意，“国于豳”之意，说的是以豳为国，都城叫作豳，国名也叫作豳。也就是说，这时还没有“周”这个名号。从权力源头说，此时正在夏末商初，这个豳国，不会是夏桀或商汤封立的诸侯国，而是自立自强自我生成的一个政权。

大约在商代中期，族领古公亶父又率领周人，由豳地向西南迁徙，在渭水流域相对肥沃平坦的关中西部“岐下”地带定居下来。岐下者，岐山之南也。应该留意的是：岐下的这片丰饶土地，当时叫作“周原”。周者，山水环绕也；周原者，山水环绕之地也。《诗经》所唱的“周原膴膴”，就是赞美周原山水环绕的肥美气象的诗句。因了周原肥美，新迁徙到这里的豳国族群，就将自己的国名改了，称作“周”。

周之为周，自此始矣！

这时的周国，仍然不是商王国正式分封的诸侯，而是自发建立又自发升级的西部小诸侯国。这说明，在交通闭塞的早期国家时代，新建立的商王国的控制范围还没有达到这一区域。这一时期，周人开垦荒地，大兴农耕，营建新的宗庙宫室，开始了真正的勃兴。

应该注意到的是：在千余年的历史中，周人只大举迁徙了三次。考虑到由豳地到周原的迁徙，实际只是轴心部族的迁徙，是居住地域的拓展，豳地后来还是周人地域，那么，周人实际上只迁徙了两次。在近古大族群中，这种几乎扎根不动的生存状态是极其罕见的。与商人族群的大迁徙频率相比，周人的文明特质与商人无疑是相反的趋势。

周人的这一特质，就是以土地为生存根本的安土重迁的农耕文明传统。

早期周人对待周边戎狄族群的侵掠，也采取了截然不同的感化方式。《史记·周本纪》记载：在古公亶父时期，每遇戎狄兵民呼啸而来，周人便将载满粮食衣物的牛车送给戎狄人。戎狄劫掠有成，进一步提出了占领周人土地的要求。周人愤怒，纷纷请战。古公亶父却制止了民众抵抗，说了一番大大出乎常理的话，大意是：民众拥立国君，国君就要为民众谋利。戎狄攻战，无非要夺我土地民众；民众在我，在戎狄，有何区别？民众若因为我这个国君而战，杀人父子而自称君子，我不忍为也！此后，古公亶父便率领自己的直系部族迁徙到了岐下，将自己部族的土地留给了戎狄人。神奇的是，此后不久，留下不愿迁徙的豳国男女老幼也一齐追来了，四面戎狄也纷纷来归顺了。

这个故事，有两点值得注意：一则，此举揭示了周人由豳地南迁周原的真实原因，是为了感化戎狄而自觉离开豳地的。二则，它表现了早期周人对戎狄关系的特异政策——既德化戎狄，又革除戎狄习俗。所谓德化的实际含义，已经很清楚：不防卫，不开战，不惜让出土地，让出人口，而与戎狄和平共处。

这种几乎是饲虎以肉的德化，在今人看来是完全不可思议的。

但是，在那个时代，却不能简单否定这种德化政策的存在。因为，从更为古老的五帝时代开始，中国族群的社会实践中就有了一种久远的德治感化传统。只要是被公认为圣王贤哲的领袖，无论他们如何使用了暴力革命，同时都有一长串德化治民的举措。就历史发展的实际而言，在世俗法治还远不成熟、在资源空间还远远超过社会需求的时代，这种以宽容忍让为特质的德治感化，是实现有效社会治理的必要补充方式。历经了夏代以禹刑为根基的国家治理、商代社会的汤刑实践、商代末期纣王的酷刑烈法，到了周人的古公亶父时期，德治感化方式又能重新抬头，这是文明历史上必然的逆反自治现象。

这种逆反自治，在后来的历史中反复出现，是值得深思的。

古公亶父时期的另一举措，是革除戎狄习俗。据《史记》正义考据，所谓革除，主要是改变戎狄人举族、举家共居一室的生活方式，要求融入周人的戎狄人也要建造城邑，建造固定村落，在各家依照辈次、夫妇分开居住。

自近古时期，以至早期国家社会，以畜牧业为主的族群或者半农半牧的族群，几乎都是不分辈次、不分男女长幼，甚或不分家族的群居、合居的生活方式。对这种生活方式第一次自觉提出革新的，是周人，是周人的早期领袖古公亶父。周人是与生俱来的农耕族群，定居一地而分家劳作，是其最基本的生存方式。因此，只有周人具有革除落后的群居、合居习俗的社会需求。这种生活方式、民众习俗的文明革新，一直延续到战国时代的商鞅变法，中国的西部族群才普遍彻底地告别了落后的群居、合居方式。

德化戎狄，同时又革除戎狄落后群居习俗的政策，说明周人已经开始树立起了独特的文明理念，并已经具备了以和平方式融合落后文明的自觉性。后来，周人的这种文明意识愈加清醒自觉，终于演变成了一场历史性的文明大创造。

因其文明功绩，这个古公亶父，被后世周人追尊为周太王。

2　周人与商王国的历史对抗

周人自立建政，历经数百年发展，在商代后期终于进入了商王武乙的视野。

很快，周人的自立梦幻便随着首领季历的被杀，残酷地破灭了。

季历，是古公亶父的第三个儿子，是商代末期周人的一代雄武首领。季历继承周人族群的政权后，立即自觉朝拜了商王武乙。

这一臣服举措，背后的历史逻辑是这样的：西部的戎狄经常侵扰中原，商王室从对西部戎狄的军事准备中得知了周人的崛起壮大，于是警觉起来了。周人觉察到了商王室的疑虑与警觉，于是立即朝拜商王，表示臣服。季历的臣服，使商王武乙及其决策层产生了新的想法——借助周人之力，平定西部戎狄。于是，商王武乙承认了季历的诸侯地位，并给了季历征伐戎狄的权力。

另外一层背景是：此时，周人的德化政策已经失去了作用，甚至变成了经常遭受戎狄严重侵扰的受害方，因此周人也很想对戎狄作战。在这种形势下，周人取得商王承认，拥有了“代天子征伐”的大权，对戎狄开战便没有后顾之忧了。于是，双方各有所图，宗主与臣服的联盟立即达成。

历史证明，厚实的周人族群，有一个极富策略意识的领袖层。

奉命之后，季历率领周军连续对戎狄作战，十余年之间五战，四次大胜，一次战败。其中最大的一次胜利，是讨伐赤狄的鬼方。这个鬼方，商王武丁时曾经作战三年才告平定，足见其强大善战。可是，季历率周军作战，一战便俘虏了二十个鬼方头领，大胜而归。

不久，商王武乙死了，太丁继位。这个太丁疑心很重，觉得周人势力太大，很可能会威慑中原王室。于是，在季历大胜戎狄之后的朝拜大典上，商王太丁公然杀了周人最为强悍的领袖季历。

这一无端杀戮，为商周对抗埋下了不可化解的仇恨种子。从此，这个厚重缜密而又讲求策略的农耕族群，放弃了做一方大诸侯的梦想，开始了雄心勃勃的长期抗商活动。商末的天下格局，也随之发生了重大变化。

季历死后，其子姬昌继承了周政。

这个姬昌，便是在后世享有赫赫大名的周文王。围绕着他，有太多的神话与传说，从生下便有圣书俱来，到给父亲季历以巨大幸运，到无数的仁义德化神迹，再到被囚禁期间演绎八卦通天彻地，等等等等，不一而足。

让我们离开这些神秘的传说，来看看真实的历史演进吧。

这时的商王国，已经进入了全面衰落时期。整个商代社会，有过六次衰落，六次复兴。最后的实质性衰落，发生在商王纣的时期。这时的商代社会，出现了历史的回光返照——社会前所未有的鼎盛，也前所未有的奢靡；王室族群前所未有的混乱，国王则前所未有的雄武残暴；忠臣能才盛极一时，却又屡遭酷刑与屠戮。一切的一切，都以一种极不正常的绚烂形式迸发出来。就连最后的国王纣，也是一个匪夷所思的能才人物。他“资辨捷疾，闻见甚敏，材力过人，手格猛兽，知足以距谏，言足以饰非”，堪称旷古能才之一了。

就是这个暴烈雄武而又天赋神异的纣王亲率大军，平定了大肆劫掠中原腹地的东方夷人，对后来中国东部的文明融合与社会稳定起到了一定的历史作用。虽然，这次战胜得到了大量的俘虏与财货，可是，商的国力也因此而大大消耗了。当此之时，这个纣王不思励精图治，反而更趋残暴，滥杀重臣，宠信奸佞，民怨沸腾，国家政权已经处于崩溃边缘了。灾难，终于降临到了这个六百余年的赫赫大邦。

就是这个殷纣王，觉察到了周国的危险，趁姬昌朝见之时，将姬昌囚禁起来，关在了羑里监狱。周国大臣们立即全力营救，给商王室送上了无数珍奇礼品。殷纣王不知如何考虑，竟然很乐意地接受了礼物，不但释放了姬昌，而且当场“赐之弓矢斧钺，使西伯征伐”，同时告诉姬昌，不是我要囚禁你，是崇侯虎密告你有不轨之心。西伯姬昌没有对崇侯虎表示怨气，而是当场提出一个要求：周人请献洛西之地，换纣王除去炮烙之刑。结果是，殷纣王高兴地答应了。

这个场景，是非常值得回味的。

以殷纣之才，不可能不知道“厚礼求释”是周人的计谋。最大的可能是，殷商国力消耗过甚，殷纣王借有人密告为口实，有意囚禁了姬昌，迫使周人以优厚条件换取。这时，周人的实力，尚不可能全面对抗商王国。故此，纣王敢于放走周人首领。否则，以殷纣王杀戮大臣的暴烈秉性，不可能独对姬昌大发仁心。当然，历史上还有另外一种说法，说姬昌被纣王杀害在了羑里，才导致了周人残酷的复仇战争。

无论姬昌的命运结局如何，商周之间的历史对抗，都已经是无法回避的了。

在这两种力量的较量中，姬昌的策略是刚柔并用，既诉诸德治，又诉诸武力。这种策略的基本点是：一则，以土地换取废除酷刑的方式，向天下宣示，周政仁德与商政残暴的不同。二则，以德化方式调解诸侯纷争，扩大附属国，或使小国主动归并入周。《史记·周本纪》正义引述了一则故事："虞、芮之君相与争田，久而不平，乃相谓曰，'西伯仁人，盍往质焉。'乃相与朝周。入其境，则耕者让畔，行者让路。入其邑，男女异路，班白不提挈。入其朝，士让为大夫，大夫让为卿。二国君相谓曰，'我等小人，不可履君子之庭。'乃相让所争地以为间原。"周以德治而建立的井然有序的社会风貌，感化了虞、芮两国，天下闻而归者四十余国，都将西伯姬昌尊为实际上的王。三则，对于有威胁，且相互诉诸武力的小诸侯，则果决攻占。这样的攻伐有四次，周军直接将四个诸侯国吞灭了。

这一策略奉行了五十年，终西伯姬昌之世，周人实力大大扩展。

姬昌晚年，又将周人的政治中心向东迁移，在关中中部的沣水之滨建造了一座大城，名叫沣邑。后来，沣邑被正式称为沣京，成为周人真正崛起的第一座文明都城。至此，周人族群终于成长为雄踞西部的诸侯领袖，隐隐然形成了公然全面对抗商王国的格局。在此期间，西伯姬昌大力求贤，搜寻到了一个杰出的军政奇才——吕尚。吕尚的先祖，曾被封于吕地。遵从当时的"民从封地为姓"的规则，吕为其族群正姓。吕尚家族，则有自己的氏名——姜。一家一族之姓，在当时称为氏。姓涵盖氏，氏从属姓。依此规则，吕尚，就是吕姓姜氏人物。到了后世，姓与氏渐渐不分，人们遂将这个早期国家时代的大军事家看作两姓，一说吕尚，一说姜尚。

西伯姬昌在位五十年病逝，后来被周人追尊为周文王。

文，在近古社会以来的谥法中，是经纬天地之意。虽然，这时的谥法还没有形成定制，但是，用于追认的单字本意，已经是相对明确的了。姬昌获得“文王”名号，充分彰显了他在周人文明史上的奠基地位。

以吕尚入周为转折，周人拉开了正式对抗商王国的历史序幕。

姬昌之后，周太子姬发即位。这时，周室已经是人才济济、实力雄厚的天下大邦了。这个老年即位的周人领袖，在政治上已经非常成熟。他即位的九年之内，既没有宣布称王，也没有承袭父亲的西伯名号，而只以已经稳定的领袖实际权力铺排大局。

姬发做的第一件大事，就是构建权力框架，使当时的众多人才形成一个极具智慧的决策轴心。这个决策轴心的基本成员是：大军事家吕尚，尊号为师尚父，以周武王老师名义执掌军权；大政治家周公旦，处置日常政务；召公、毕公两位政治家为周武王左右顾问，随时决断各种事务。

在这个决策轴心中，除了吕尚是外邦人士，其余三公都是周族人才。周公旦是姬发的胞弟，召公、毕公则都是周族支脉的功勋人才。另有一批军政大员，诸如管叔鲜、蔡叔度、霍叔武、叔振铎、康叔封、毛叔郑等，都是周族人才，后来也都是灭商功臣。这一现象说明，周族由于长期的农耕定居，繁衍兴旺，人口众多，孕育出了大批杰出人才。对比而言，周族人才之兴盛远远超过了夏代，甚或也超过了商代。在后来的历史上，周人本族的人才群根基，对周文明的稳定、巩固与发展，起到了很大的作用。

历经九年准备，太子姬发终于举兵了。

那一年，姬发郑重邀集诸侯在孟津合兵，讨伐商纣政权。可是，在大军渡过大河后，姬发却下令回军，使这次讨伐壮举变成了一场大军游行，被后世称为“孟津观兵”。历经九年精心准备，浩浩大军已经渡过了黄河，而且所有参战诸侯都是众口一词——纣可伐矣！当此之时，为什么姬发突然中止了灭商之战？

史料留下的答案，仅仅是姬发的一句话：“女未知天命，未可也。”

果真如此简单吗？综合种种史料分析，周武王的临阵退兵，有两方面的实际原因：其一，对具有强悍尚武传统的商王国的根基与实力，周武王决策层尚存疑惧之心；尤其是一批殷商杰出重臣尚在，周武王不愿贸然进兵。其二，首次出兵的初衷，原本在于试探天下诸侯是否真的叛商从周，而不在于真正作战，预演之后，适可而止。

但是，从更为广阔的精神层面来说，则有更为深刻的原因。

在《史记·齐太公世家》与东汉王充的《论衡》中，都有这样一则故事：孟津观兵之后，姬发在太庙卜室请卜师钻龟，以问商纣何时可伐。此时雷声大作，暴雨骤然连天大作。吕尚带剑大步走进，上前猛然踩碎了龟甲，回身对武王拱手高声说：“枯骨死草，何而凶！”姬发浑身一震，肃然正色躬身，立即做出了决断：起兵伐商！

这是周人退兵精神层面的原因——笃信神秘预兆。

在华夏近古大族群中，周人的神秘理念最为深厚，最为自觉。虽然，所有的近古族群都在一定程度上信奉神秘现象，信奉神秘预测。殷墟大量甲骨文卜辞的出土，就证实了这一点。但是，无论是夏人族群，还是商人族群，抑或是秦人族群，其神秘文化都还停留在经验与传统的意义上，相对简单粗朴。周人则不同，他们的特殊之处在于将一种隐秘模糊的精神意识，化为了深邃的理论，更实际化为了一种可简便操作的预测手段，使神秘理念及其操作方法大大普及，成为了社会文明的有机构成。

吕尚破坏太庙占卜的勇气，既来自商人族群奔放开阔的思维，更来自大政治家、大军事家讲求实际的精神。在中国原生文明史上，吕尚开创了另外一种人文传统——反神秘化，以大道正义为行动根基，摒弃以吉凶祸福为行事抉择标准。在后来的战国时代，这种反神秘化的精神大大张扬，成为诸子百家的普遍意识，成为变法革新大潮的精神根基。

显然，基于周人的神秘文化传统，姬发在孟津所说的天命之言是真实的。

另一方面的精神原因，是族群性格。周人族群是与生俱来的农耕族群，秉性厚重谨慎，又具有相对自觉的谋略意识。这种族群性格所积累的历史经验是：没有绝对的必胜把握，不能真正开始灭国大战。

与商人发动的灭夏之战比较，这一特点更加直观。

成汤灭夏，是秘密准备好之后一战而进，张扬豪迈地在战前公然宣示："吾甚武……号曰武王！"阵前誓师大会，商军与诸侯的誓词是充满阳刚血气的——"是日何时丧，予与女皆亡！"完全是同归于尽同仇敌忾的拼命复仇精神。成汤发出的军令也是，"不从誓言女……无有攸赦！"显然，这是一场激情与义愤一起燃烧的讨伐战争，一旦大军发动，不可能看到后退撤军的影子。周人灭商则不然。长期秘密准备，多方谨慎试探，大军临阵回师，姬发九年不王。第二次进兵之前，仍然要占卜吉凶。一直到真正出战前的誓词中，周武王还是谨慎地打了预防针，说灭商之战"不过于四伐五伐六伐七伐，乃止齐焉，勉哉夫子！"这几句誓词的意思是：即或这次打败了，也不能灰心，要准备对商一次又一次的长期作战。血战在前，尚有如此冷静之心，周人之性格特质可见一斑。

灭夏方式与灭商方式的不同，是商周两大族群性格的差别，也是文明内涵的差别。基于农牧渔猎商旅文明的根基，商人族群的秉性是动态的、激情的、豪迈而开阔的。基于单一农耕文明的根基，周人族群的秉性是静态的、厚重的、顽韧而谨慎的。

不同的生存方式，铸就了不同的文明形态，不同的族群性格；不同的文明形态与族群性格，又铸就了不同的社会精神，不同的国家活动的历史命运。

这，就是现实生存与人类精神交相激荡的历史法则。

3 牧野灭商的战争方式

两年后，灭商之战终于真正发动了，战场就在朝歌郊外的牧野之地。

牧野之战的结局是人所共知的。牧野之战的具体进程，却已在沧桑岁月中模糊不清了。史料留下的灭商战事的谜团，主要是四个方面。

其一，双方参战兵力究竟多少？

当今的一种说法认定：武王灭商的周军人数很少，不过万人。战国以来的古典学者的普遍看法则认为：周方联军人数当在 50 万上下。其中，周军主力 8 万上下，其具体构成是：战车 300 辆，一辆战车编成步兵百人，则为 3 万人；独立编成的甲士 45 000 人，虎贲 3 000 人。其余诸侯联军，共有战车 4 000 辆，合计兵力 40 万上下。殷商一方，则是 70 万人众。《韩非子》、《战国策》、东汉王充的《论衡》等，都与《史记》的记载接近一致。如此计算，牧野之战的双方参战总兵力，当是 100 万上下，是早期国家时代规模最大的一次战争。

其二，灭商之战的残酷性究竟如何，它是一场不流血的仁义战争吗？

关于牧野之战的残酷性，《尚书 · 武成》记载是，武王伐商，“血流漂杵”，极言其战争代价之沉重。周武王作《武成》，是记载在《周本纪》中的大事之一，其文件性质实际是周武王灭商的战役总结，无疑是真实的历史记录。可是，战国时代的孟子很反对这一记载，愤愤质问说："仁者无敌于天下，以至仁伐至不仁，如何其血流漂杵！"

也就是说，孟子认定这场被称为"革命"的灭商之战，是不可能，也不应该流血的。因为，这是一场最仁义大军对最不仁义政权的一场战争。于是，儒家学派就在整理古典文献中删去了《武成》，以致后世史家大多忽视了灭商之战的残酷性，使一个基本的常识问题变成了长期争论的谜团。

其三，牧野之战是以什么样的方式进行的？

战争方式，历来是人类文明的基本构成之一。对战争方式的了解，是透析特定文明形态的有效途径。对于这场早期国家时代最大规模的会战，史料只留下了两处细节。第一个细节是，战阵之前武王使师尚父与百夫"致师"。什么是致师？东汉经学家郑玄说："致师者，致其必战之志也；古者将战，先使勇力之士犯敌焉。"这就是说，"致师"是一种宣战仪式：一个最精锐的百人马队，冲向敌阵边缘，在冲击壁垒时俘获一个敌军将士归来，以表示必战之志与必胜之心。用当时的话说，这叫"摩垒而还"。为此，后来制定的《周礼》规定：军中有专门执掌"致师"的将官，叫作"环人"。

第二个细节，是"以大卒驰帝纣师"。何谓"大卒"？就是主力作战大军。在牧野之战中，大卒驰帝师，就是发动由周军三百五十辆战车及其编成的三万余步卒组成的庞大方阵，强力冲击纣王（帝）军阵；大卒之后，自然是诸侯联军了。

这两个细节说明，周人的战法很讲程式，很讲规制。这种战法程式，主要是三段：阵前誓师，致师宣战，大阵冲杀。战法规制，是发动作战环节的等级规定——誓师必王，致师必帅，冲阵必大卒，此所谓"堂堂之阵，正正之旗"的作战规制。牧野灭商之战开创的这种程式化、规制化的战法，形成了西周与春秋时代长期的古典战阵传统。所谓王师，所谓文师，所谓文伐，所谓取法天地，所谓大兵无创等，都是这种程式化战法的理论反映。

其四，殷商大军失败的原因何在？

以《史记》为代表的古典史学历来认为：商军失败的根本原因，在于商人“前徒倒戈”。近现代以来，这一观念得到了新的论证，认为商军大多由奴隶构成，奴隶阵前倒戈导致了商军溃败。但是，依据史料信息实际分析，这不可能是真正的史实。

其一，最后的殷商大军中，奴隶数量不可能占居多数，不可能成为主要力量。因为，当代发掘已经证明：商代奴隶数量很少，不构成主要的劳动力；商代主要人口与主要劳动力是各种平民。即或是紧急征发，奴隶数量也不可能凭空产生。在正常的一支大军中，极少数奴隶要发动临阵倒戈，难度极大。即或果真有奴隶倒戈，也未必能引起七十万大军的真正崩溃。

其二，真正导致商军大崩溃的原因，在于这支殷商大军的构成。当此之时，殷商的迎敌大军并不是真正的军队，而是一支在朝歌王畿仓促征发的平民武装。最大的可能是，商人族群举族全体出动，来保卫朝歌了。这时，殷商已经大衰，已经没有一支足够数量的真正军队应战了。牧野之战，真正的王室军队若还有七十万，那伐商联军是不可能胜利的。此时，真正的殷商王师，最多估算不会超过十万，其余则都是临时征发的“乌合之众”。相反，周军与诸侯联军，则是经过长期准备与长期训练的五十万左右的真正军队。如此两军冲杀，商军必然很快崩溃，从而演变成周人联军的大屠杀，导致“血流漂杵，赤地千里”。此时，即或有临阵倒戈现象，但是对于战争胜负，也已经不起任何作用了。奴隶倒戈之说，实际上是后世的周礼膜拜者们为了证明武王之战的正义感召力而生发的说辞，并不是历史的真相。

牧野灭商之战，发生在公元前 1046 年。

必须注意的是，关于武王伐纣的时间，历来有 44 种说法之多。从最早的公元前 1130 年，到最晚的公元前 1018 年，前后相差 112 年。我们不忽视确定重大事件年代的重要性，可是，依据我们的研究立场与研究方法，这种差异对总结文明发展史的经验与教训，并不构成至关重要的影响。因此，我们对这种细微的时间差异，不去做深入探究，以免陷入琐细的技术性考据，模糊我们对文明发展史的深入透视。

4 短暂邦联：周室王权的初建

周军进入殷商都城，其最初的政策与行动，是有条不紊的。

首先，周人在战胜的当日，立即进入殷商王城，对纣王及其两名宠妾施行了果决狠烈的报复处置。周武王亲自操兵，对已经烧焦了的纣王尸体连射三箭，又以黄钺砍下了纣王头颅，悬挂在一面白色大纛旗的顶端。之后，也是周武王亲自动手，以完全相同的方式，以玄钺斩下了已经自杀的两名纣王宠妾的头颅。这种狠烈的复仇式行动，充满了仪式感。没有事先的精心谋划，不可能有如此的程式化杀人。后来的事实证明，周军灭商后的狠烈斩杀，绝不仅仅是这三个人，而是殷商王族的全部嫡系人口、殷商大臣，以及追随殷商王权的所有诸侯国国君。

其次，周人举行了连续三次彰显恩威的大型庆典。第一次，周军在牧野战场举行了为期五日的大规模告捷礼，祭天告神，献俘献鼎，隆重之极。第二次，周武王领袖层进入殷商太庙，举行了社祭仪式，安抚告诫殷人要服从天命，不能作乱。第三次，周军班师之后，又在镐京举行了盛大的献俘典礼。在祭祀仪式中，当场杀戮俘获的殷商大臣一百人，斩杀追随殷商的诸侯国君四十人，斩杀殷商王室贵族没有具体计数，斩杀普通战俘不计其数。

第三，周武王分封诸侯，安抚天下。周初分封的诸侯并不多，但其分类与兼顾尚算周全，奠定了后世分封制的基本模式。

周武王初次分封的诸侯有四类：第一类，远古圣王的后裔。封神农氏后裔为焦国君主，封黄帝后裔为祝国君主，封尧帝后裔为蓟国君主，封舜帝后裔为陈国君主，封大禹后裔为杞国君主，封周太伯后裔为吴国君主、虞国君主，共计七国。第二类，功臣诸侯国。封吕尚为齐国君主，封周公旦为鲁国君主，封召公奭为燕国君主，共计三国；第三类，殷商后裔及其监督者。封纣王庶子武庚禄父为殷国君主，封王弟叔鲜为管国君主，封王弟叔度为蔡国君主，王弟武处为霍国君主，以为监督殷商后裔的三方力量，时称三监，共计四国；第四类，血亲诸侯国。封王弟康叔为康国君主，王弟叔振铎为曹国君主，共计两国。

如此，周初分封的诸侯国，史有记名者大小共计十六国。但是，不能说这是确切数字。因为，《史记 · 周本纪》在列举重要封国之后，还有一句话："余，各以次受封。"就是说，还有一些被分封的小诸侯国，没有被记载下来。若将各种史料所见的诸侯罗列下来，再加上此前已经自立但却没有卷入商周对抗风暴而继续存在的诸侯国，当时的天下诸侯大约有一百余个。

第四，灭商之后，周武王立即将国都迁移到了更大的新都城——镐京。同时，周武王在东部中原筹划营建镇抚东方的政治军事基地——雒邑，也就是后来的洛阳。大镐京的建立，使周人政权第一次有了大型的国都，有了坚实的政治经济军事文化中心。东部基地雒邑的筹划建设，则充分表现了周人的深谋远虑与文明融合的自觉性。后来的实践证明，洛阳在华夏族群的大融合与周文明的延续中，起到了至关重要的历史作用。

周文明，已经有了坚实的框架与构图，但是还没有经过真正的风浪考验。

一个重要的问题是，灭商之初，周武王直封的诸侯很少，主要的只有十六个。其余一百余诸侯所以没有记名，应当都是对自立政权的承认，而不是直接分封土地的直封诸侯。这一现象说明，周初的王权力量还是有限的，只能走夏商老路——对大多数自立政权采取承认制，少数可控土地则采取直封制。这种诸侯制国家，无疑还是邦联制的松散王国。

可是，此后的一场历史风暴，全面结束了周初的短暂邦联制。

5 殷商复辟危机与周公摄政

周室初立，各种危机还都处在水下状态。

《史记·周本纪》记载："武王至于周，自夜不寐。周公旦即王所，曰：'曷为不寐？'王曰：'告女：维天不飨殷。自发未生，于今六十年……我未定天保，何暇寐！'"又载故事云："武王已克殷，后二年，问箕子殷所以亡。"又云："武王病，天下未集，群公惧。……后而崩，太子诵代立，是为成王……"

所有这些记载都说明，周初的社会危机是存在的，周武王是觉察到了的，也是谨慎应对的。此前，一定有种种蛛丝马迹显示出了殷商故地的不安迹象，也一定有政权交接的种种隐忧，才使周武王灭商后夜不能寐；才使周室大臣们对武王的病势，有普遍的恐惧之心；才使周公秘密请命上天，愿意用自己的生命换取武王的病愈。可是，灭商两年后，九十余岁的周武王终于病逝了，继位的，是一个年幼的太子。

周初政权的交接，始终有一团迷雾——周成王年少即位。

依据两汉史学家多方考证，周武王九十三岁死。如此，若年幼的太子诵当时有十岁上下，那么是周武王八十岁以后生的最小儿子了。以八十岁以上的高龄生子，是极少特例，似乎很难令人信服。问题的另一面是，以此计算，周成王在位三十七年，死时只有五十岁出头，与周室王族嫡系的长寿现象又大大不合。还有一个背景问题：周人本族人才极盛，国君子嗣历来旺盛，周武王似乎不可能没有其他年长有才的儿子。以周武王之缜密忧思，临死之前却立了一个年幼的孩子做太子，并继任王位，似乎大大不合于当时的严峻形势。

史学界的另一种说法是，周武王年五十四岁死，四十二岁时生成王。依据此说，成王即位时正是十二岁的少年，符合“成王幼”的普遍记载。从实际情形说，应该比较可信。但是，周文王、周公旦、召公奭都是高寿甚或极高寿而终，周人先王也多有高寿，周武王却在五十四岁时死，似乎又与这一氏族的高寿遗传不相符合。

若以汉代说法，合理的推定应当是：此时的太子姬诵已经成年，其合理年龄应该在五十岁上下，且颇有才具，也已经很有根基了。否则，毕生谨慎的周武王不可能将一个具有极大风险的新政权，放心地交给这个儿子。

无论有多少疑点，无论认定哪一种说法，我们至少清楚一个事实：在大动荡的前夜，周人族群的一个大政治家挺身而出，要力挽狂澜于既倒。于是，周成王退隐到幕后去了，他是否成年继位，已经不重要了，已经不是历史的焦点所在了。

很快，殷商的复辟势力与周室内部的动乱势力合流，掀起了一场巨大的社会风暴。

据《周本纪》记载：“周公恐诸侯畔周，公乃摄行政，当国。管叔、蔡叔群弟疑周公，与武庚作乱，畔周。”又云：“周公为师，东伐淮夷，残奄，迁其君薄姑。”也就是说，当此之时，周公旦登上了历史舞台，周成王隐退到幕后去了。

周公，是周文明史上一个最重量级的大政治家。

在周初的社会大动荡中，周公起到了扭转乾坤的作用。作为德高望重且执掌实际权力的嫡系王族大臣，周公对周武王在灭商之后的忧患意识，有清楚明白的理解。对殷商遗民与周王族内部的动荡隐患，也一定有深刻的体会与准确的把握。最为难能可贵的是，周公旦没有被周人的谨慎与礼数性格所束缚，而是秉承了早期国家时代大政治家敢于为国家命运负责的优秀传统，在周武王死后，立即断然地摄政当国。周公究竟称了王，还是没有称王，在文明史的意义上，已经不重要了。重要的是，周公在事实上执掌了周初的王权，在肃清内外联结的大叛乱中，起到了第一领袖的最重要作用。

从形式上说，周公摄政，是周室三监与殷商遗民合谋叛乱的直接诱因。

从根本上说，周初的社会动荡，是殷商遗民的复辟心愿与周王族内部的权力争夺因素相结合而兴起的。周公摄政，只是一个诱因而已。三监与殷商遗民的合谋叛乱，既有着深刻的社会历史原因，也有着深刻的内部利益原因。从社会历史原因说，殷商文明与周文明有着很大差别，殷商王族遗民即或不满纣王政权，也一定向往着回归与重建自由奔放的殷商社会生活。此时若有诱因，殷商遗民的起兵叛乱是毋庸置疑的。从内部利益原因说，周人的文明形态还没有制度化，权力传承也不甚严格。周文王就没有立长子伯邑考的儿子为太子，而直接立了伯邑考的弟弟姬发，也就是周武王。武王死后，按照当时不甚严格的权力传承，其兄弟或儿子继任，都是正常的。而三监诸侯，又恰恰都是周武王的弟弟，都有继位的可能。其中的管叔，排行还在周公旦之前。

如此格局，如此没有定制的传承，必然引起对最高权力的争夺。

周政权能否延续，周文明能否真正创建，此时还都是一个未知数。

6　周公的大规模东征战争

东方四国叛乱后，极富政治经验的战略家周公，立即做出了两大方面的部署。

首先，是毫不犹豫地立即起兵，不使祸乱之势继续蔓延。

周公集结大军，并发表了一篇普遍文告，这就是录在《尚书》中的《大诰》一文。这篇文告极具政治策略，将叛乱的根源归结为殷人

“鄙我周邦”，不服天命；对周人的内部权力争夺因素，则基本略过，只指出了周人的普遍危险：“有大艰于西土，西土人亦不静……我国有疵，民不康。”最后，周公凛然宣示决意东征，说只要有十个人誓死追随我，就能战胜叛乱，完成文王武王所要达成的伟大功业！这一具有决战决胜气势的文告，对激励周人的斗志，安定后方大局，无疑起到了非常大的作用。

其次，周公旦与大军事家吕尚所在的齐国，以及自己儿子做国君的鲁国秘密联络，使吕尚的齐军，伯禽的鲁军同时进兵，与周军主力三面压迫叛乱势力。

周公亲自统率王师主力向东开进，开始了大规模的东征平乱战争。这场战争，一直延续了三年。

周室三监与殷商遗民的合力叛乱，在进入战争阶段后，其性质已经远远超越了叛乱发生阶段的权力争夺与复辟商政，而演变成了一场文明差异下的全方位冲突。当时的中国大地，各个地域族群的文明形态，还存在着很大差异。其中，腹心地带的炎黄族群、五帝族群、夏人族群、商人族群、周人族群、秦人族群的文明形态，相对接近于同一。而辽阔的东部、西部、北部、南部地带，尚有高山大川草原湖海之间的众多族群，以各自独立的生存方式在发展着。这些族群的文明，当时还处在相对原始的游牧渔猎状态，常常以冲击、劫掠腹心地域的高文明族群为重要的生存补充方式。

正是文明差异的深刻背景，殷商末期虽然在平定东夷的战争中获得了巨大胜利，并对东方众多小诸侯方国形成了中央宗主国权力。但是，这种权力并不会因为周灭商而自动转移到周王国来。现实状况恰恰相反，东夷族群在殷商灭亡后，立即重新变成了独立的部族方国群。此时，监管诸侯与殷商遗民合谋叛乱，众多的东夷族方国立即群起呼应，几乎是必然的。从本质上说，即或没有这样一场大叛乱，新兴的周王国也同样面临一个重大的历史难题：如何重新使东夷族群归附？周公毅然东征，实际上是将巩固政权、融合文明这两个重大的历史使命合并到一起来完成。从社会成本的意义上说，这是极有历史价值的战略抉择。

而对于刚刚建立天下政权的周王国，这是一次生死存亡的历史考验。

东征之战的具体进展，已经被遥远的时空简化得无法复原了。

我们所能知道的大线条是：周公亲自率领的王师主力军，从西向东正面进击；吕尚率领的齐军偏师，从东部海滨向南进击；伯禽率领的鲁军偏师，从北部向东南进击。三年之后，三路大军彻底击败了叛乱主力军，消灭了五十余个呼应叛乱的东夷诸侯国。战胜之后，周公毫不手软，立即刑杀了管叔与殷商首领武庚；对附从叛乱的蔡叔，则将其流放到荒僻地带去了。

但是，大局能在什么样的水准上稳定下来，还有待于周公的战略选择。

周公廓清云雾的第一步，是迅速安定殷商王族遗民。

来不及在班师后从容处置，周公在战胜之后，立即着手实施这一最为紧迫的战略要务。最重大的政策是，周公就地选定了殷商王族遗留下来的一个政治人才——微子启，作殷商王族遗民的统领，封其于宋地作为诸侯国，延续殷商王族的社稷祭祀与血统传承，给殷商遗民保留了一处精神归宿之地。

微子启，是殷商末期君主帝乙的长子，是亡国君主殷纣王的同母庶兄，是很见政治才具的一个出色人才。更为重要的是，微子启曾经以两次重大的政治作为闻名天下，对周人稳定大局有利。其一，微子启因不满商末暴政，曾屡次谏阻纣王无效，愤怒绝望地逃出了朝歌。其二，武王伐纣时，微子启曾经带着全副祭器与贡品，袒着上身，自缚跪行到周军营地，对武王表示了自己与殷商暴政的深彻决裂之心，并坚定支持武王伐纣的立场。如此一个既具殷商王族嫡系血统，又对周人政权保持鲜明道义支持的人物，自然是统领残余殷商王族人口的最佳人选。

虽然如此，周公还是保持了高度的警觉。周公所封的宋国，只是殷商王族的战后遗留人口，而不包括昔日殷商王畿的广大庶民族群。历史地看，这一战略考量的基本点在三方面：一则，削弱殷商王族诸侯国的人口实力，防备其重新成为叛乱根源。二则，殷商遗民的庶民人口尚余七大族群，人口众多，规模庞大，如何安置，以何人为统领，都是需要通盘考虑而不能急切决定的大事，只能稍缓。三则，殷商王族人口是叛乱势力的要害根基，尽快安置具有强烈的示范效应。从战略层面看，这是向所有追随叛乱的战败族群发出的鲜明信号——周人对殷商王族尚能给予出路，对其余附从势力更不会赶尽杀绝。

恩威并举，攻心在先，是周人政治文明的历史传统。为了彰明政策，周公针对微子启受封诸侯国的事件，专门发布了一篇文告——《微子之命》。这篇文告的原文，在西汉之后已经湮没了。但是，其本质意涵一定是清楚地告诫殷商王族遗民：微子宋国的命运就是存续殷商血统，祭祀殷商社稷。若继续对抗周王室，一定亡于非命！

历史的实践证明，周公以最快速度分封殷商王族人口，是符合当时实际的非常高明的政治战略，对迅速安定天下大局起到了直接作用。

周公廓清云雾的另一方面，是耐心诱导镐京君臣明白当时的艰危处境。

远在镐京的周成王君臣，不解周公何以不立即班师，便借着唐叔献来的一束号为嘉禾的长大谷穗为由头，以周成王名义作了《馈禾》一文，派唐叔为王使，赶赴东方馈赠给周公。周公接受了赠物，明白了镐京君臣的心理，便先回复了《归禾》一文，表示不久就要班师的心愿。

紧接着，周公又作了《嘉禾》一文，向镐京上层详尽报告了平定东方的战胜经过，以及安定殷商王族的举措。此后，周公仍然忧心忡忡，意犹未尽，又特意作了《鸱鸮》一诗，叙说了战后大势之艰难，要镐京君臣戒慎戒惧，保持清醒。这首保留在《诗经·豳风》中的诗，对形势的暗喻是非常严峻的。听听这样的诗句吧："予羽谯谯，予尾翛翛，予室翘翘，风雨所漂摇，予维音哓哓。"——我的羽毛稀少了，我的尾巴枯焦了，我的房子危险了，风吹雨打将倒了，急得我只能大声叫！

作为战胜统帅，竟有如此焦灼的心音，可知当时大势之艰难。

7 周公创建联邦制王权国家

安定天下，周公的第一个战略举措，是以神圣的礼仪确立诸侯分封制。

大约在平叛大军班师后不久，周公立即举行了大规模分封诸侯的隆重典礼。如果说，战后就地分封殷商王族为诸侯国，是为了迅速对战败族群做出示范效应，那么，班师后举行大规模分封，则是为了尽快安定整个大局。以隆重的大典礼仪分封诸侯，后来成为周代礼制最为盛大肃穆的核心礼仪。因为，分封大典的实质，是周王代表上天对诸侯完成君权神授的神圣过程，是对权力运行起点的确定，具有最为重大的政治意义与社会意义。

据《左传·僖公二十四年》记载："（周公）封建亲戚，以藩屏周……莫如兄弟，故封建之……捍御侮者，莫如亲亲，故以亲屏周。"《吕氏春秋·观世》记载："周之所封四百余，服国八百余。"《荀子·儒效》记载："立七十一国，姬姓独居五十三人。"

这些记载表明，这次大规模地分封诸侯，包括了两个层面：

一是大量分封新诸侯，二是对周武王分封的少数老诸侯重新确认，并增加了封地与人口。无论是分封的权威性，还是数量的庞大性，礼仪的神圣性，都可以明确看出：周公分封诸侯，对周政权具有在国家文明发展中实现历史性跨越的巨大意义，是周人真正体系化地确立诸侯联邦制国体的历史开端。

这次大分封究竟封了多少诸侯国？他们的爵位等级如何划分？各个诸侯国土地人口的具体数量是多少？诸如此类的历史细节，已经没有确定答案了。我们所能知道的，只是历史记忆中残存的纷纭之说。但是，依据种种史料考量，我们仍然可以大体判定其概貌：周公大规模分封的诸侯国，总数有一千多个；诸侯国的土地大小与人口多寡，差别极大，从跨境今日几个省的特大诸侯齐、鲁、晋三国，到不足今日一个县，或只有今日几个村镇的蕞尔小国，应有尽有。诸侯的爵位等级，分为五个阶层——公、侯、伯、子、男。那时候，还没有郡县制，天下的所有生存地域，都包括在诸侯国封地与王畿土地之中。若与后世之郡县制比较，西周诸侯国的平均大小，大体是一个县的面积。就治理效能而言，这是合理的平均值。

五等级的诸侯制体系，与天子王权一起，构成了六级权力的联邦诸侯制国体。

这种联邦诸侯制国体，其权力运行方式的基本面是这样的：天子的中央政权直领王畿，对王畿的土地与人民享有完全治权。天子王权与诸侯国之间，有统属政令的一面，也有诸侯国相对独立的一面。在举兵征伐、国君废立、缴纳贡赋三方面，诸侯国要服从天子政令；在具体的建军、治民、设官、理财、政事诸方面，中央王权颁布有细致明确的规定，诸侯国必须按王权规定施行，违反者称为“僭越”，要遭受程度不同的惩罚；诸侯国的权力传承，实行世袭制，但是，诸侯国的新君即位，在程序上要经天子重新确认。

用今日的国家学说分析定位，这种诸侯制国体，就是后世的联邦制国体——最高的中央政权与地方邦国之间实行分权运行的一种国家体制。周初确立的联邦诸侯制，是中国早期国家形态进入成熟国家形态的历史坐标。从政治文明的发展看，周代的联邦制最为严密，它标志着中国早期国家形态已经走向了完全成熟。周代诸侯制与夏商两代相比，有着明显的历史性发展。

最为根本的区别，是周代诸侯国的绝大部分都是基于王权直接分封而生成的。即使是自发生成的类似于楚国的极少数诸侯，也是在向周王室表示完全臣服，又经周王重新确认，并正式举行分封礼仪之后，才获得诸侯名号的。这就是说，周代诸侯国几乎完全产生于最高权力的运转过程之中，是王权意志运行的结果。

所以有如此重大的区别，根本的原因，在于周政权历经灭商大战与平定东方叛乱的两次大战，并获得了两次完全的胜利，其权力体系的辐射范围与辐射强度已经发生了历史性的跃升，已经可以对天下任何不愿臣服的政权实施强力制裁了。只有在历史条件发生了这样重大的变化之后，周王政权才能对天下的土地与人口进行重新分配，实行从上到下的、彻底的、系统的分封制。由此形成的诸侯制国体，天子王权才有可能真正实现三个方面的国家基本职能：一是直领王畿，统筹天下行政；二是设定诸侯国的框架构成，决定诸侯国的权力范围；三是担任权力裁判角色，对违反运行规则的诸侯国给予惩罚。

这是真正完整的、严密的、能够有效运作的联邦制国体。

8 周公主持创建礼治文明

周公安定天下的第二个战略举措，是制礼作乐。

对于周公在大封诸侯之后的政治作为，《逸周书·明堂解》的记载是："周公摄政，君天下。弭乱六年，而天下大治；乃会方国诸侯于宗周，大朝诸侯明堂之位……制礼作乐，颁度量，而天下大服。"《尚书大传》记载："六年制礼作乐。"《左传·文公十八年》记载：

“先君周公，制周礼。”

什么是制礼作乐？就字面说，就是制订礼仪与乐舞制度。就实质说，礼制是以礼仪制度为表现形式的国家政治制度及其运行方式；乐制，则是以乐舞歌的使用制度为轴心的意识形态制度。合起来说，制礼作乐，就是创立两大制度——国家权力制度与意识形态制度。一般来说，礼制容易为今人理解，乐制之成为意识形态制度则难以被当代人理解。

故此，我们先说说乐、舞、歌的使用进入国家制度的历史原因。

音乐、歌唱与舞蹈起源于远古人群的劳动和娱乐，在其原生态意义上并无任何使用限制。但是，随着社会文明的整体发展，随着贵族文化人士的参与创作与整理，音乐舞蹈歌唱的形式渐渐发生了重大变化。就音乐说，不但有了精工制作的体系化乐器，而且有了超越自发敲打弹奏而专门创作的演奏曲谱。舞蹈则从粗朴的自发动作，发展为精心编排的以某种审美意识为指导的美感动作，而且有了专门从事舞蹈表演的职业人群。歌唱也一样，既有了被整理或创做出的具有丰富内涵的歌词，也有了专门从事歌唱的职业人群。

这种种的形式变化，使乐舞歌渐渐分离为两种社会形态——原生形态与创作形态。从适用主体来说，就是民间形态与官方形态。乐舞歌形式的重大变化，促使其社会功能也发生了重大变化。这时的乐舞歌，已经超越了满足劳动之后宣泄情绪的需求，而具有了树立价值理念与审美意识的新的社会意义。在早期书籍传播受种种限制且很难普及的时代，乐舞歌以其易于传播的形式，而使这种新的社会意义更加突出。因为，无论哪一种形态的乐舞歌，都具有快速传播并普遍影响人群精神的巨大社会功能。

在夏商两代，乐舞歌的这种新的社会意义尚未被自觉认识。乐舞歌的使用，在夏商两代也基本处于自发状态。所以，夏商两代千年上下，始终没有产生关于乐舞歌使用的王权制度，更没有乐舞歌的官方推广制度。

只有到了周初，安定了天下乱局，周政权需要树立一种普遍价值观的政治需求出现，乐舞歌的社会功能才进入了周公这样的大政治家的视野。周人原本具有悠久的德化治民的传统，而乐舞歌对于社会精神的巨大影响，对于新王权无疑具有十分重要的实际价值。于是，周公创立了系统的礼乐制度，自觉明确地建立了对社会文化的一种管理方式。

礼制是对社会生活方方面面的规范。一个典型的例子是周礼中的冠笄礼，也就是男子的加冠礼和女子的笄礼。源于对生命与生命过程的崇拜，世界许多民族都有成人仪式。这种成人仪式，在中国周代之前，就是成丁礼。周公时期明定礼制，成丁礼在仪式细化之后，正式定名为“士冠礼”。就其全面内容说，应该叫作冠笄礼——男子冠礼与女子笄礼的合称。

男子加冠礼，是男子的成人仪式，二十岁举行，加冠后方可娶妻。女子笄礼，十五岁许嫁定亲之后举行，是为结发。因为冠礼、笄礼都与婚姻权利直接相连，当时社会便将婚冠相连，产生出“婚冠之礼，亲成男女”的说法。在周礼中，无论冠礼或笄礼，都是细致、严密而且充满着庄严肃穆的仪式感的。正式加冠、结发之前，还有预测日期、确定并通知嘉宾等预礼阶段；正式加冠、结发之后，还有回家拜见母亲、会同兄弟姊妹并向赞宾馈送礼物等的尾声礼仪。

蓦然之间，我们感知到：如果日常生活的方方面面都有如此细致严密的礼仪，岂不是等同于严格地、全面地规范了社会秩序的运转吗？在这样体系化的礼制之下，以强制力量为根基的法制的作用范围与作用力度，岂不是要大大减少了吗？甚至，除了惩治罪犯之外，礼制乐制可以完全取代法律规范了吗？

正是这样。周人政权需要的，就是这种社会效果。

从礼治的社会普遍性出发，我们将周人开创的文明形态，称为礼治文明。

虽然，周代礼制的确切细节，到春秋孔子的时代，已经很少为人知晓了。对于今天的我们，更已经模糊得像一团云雾了。但是，经春秋战国学者们的抢救，经西汉学者们的整理，现存的史料中，还是保留了可以大体恢复原貌的主要脉络。

身为当代人的我们，不能抹杀后世学者整理前代史籍的价值，不能因为不是原作而将其定性为毫无参考价值的“伪书”。从世界文明史的角度看，中国历史上的“伪书”，其保存历史原貌的价值，远远超过了许多民族整理的传说史料。譬如三礼——《周礼》《仪礼》《礼记》，虽然都是后人整理的，都夹杂着整理者当时的社会语言，但是，其基本面的真实性是可信的。我们确信，周代礼制的基本框架，在文明历史的记忆中并没有消失。

9　周公主持创建系统化的国家官制

要对文明的发展做出评判，必须对国家政权有总体的了解。

周代官制，是周公主持创建的系统化的联邦国家官制，是中国早期国家形态最为成熟严密的权力结构体制。这一体制，系统化地保留在《周礼》之中。古文献《周礼》，原本名称是《周官》，王莽时立于学官。王莽败后书亦废，至郑玄作《周官礼注》，后称《周礼》。这是一部详细记载周代中央权力体制的文献。后世史学家们又根据对《仪礼》《礼记》《考工记》等文献资料的研究，整理出了周代诸侯国的官制表。如此，依据《周官》所载，可以了解周代的中央权力体制；依据其余古文献，则可以了解诸侯国的权力体制。

周代中央的官制体系是：周王之下，设天、地、春、夏、秋、冬六大系统，六大系统的领事大臣总称为六卿。天子总领国事，六大系统分六大领域推行政务。这六大系统的官员编制与职权领域分别是：

天官系统设官 63 位，主管大臣称太宰，为六卿之首，总掌政务。

地官系统设官 79 位，主管大臣称司徒，掌土地、人口、徭役征发等。

春官系统设官 70 位，主管大臣称大宗伯，掌诸侯国事务，此谓佐王和邦国。

夏官系统设官 76 位，主管大臣称大司马，掌军政，此谓佐王平邦国。

秋官系统设官 66 位，主管大臣称大司寇，掌司法，此谓佐王刑邦国。

冬官系统设官 30 位，主管大臣称轮人，或称大司空，掌王室工程。

冬官系统的原有记载亡佚，后世学者以《考工记》所载补充，宋代之前大体无异议。

国家的六卿系统，共有官员 384 人，所辖吏员已经很难知道总数了。可以明确的是，与夏商两代相比，周室中央官制的规模无疑庞大了许多。

关于诸侯国的官制，有两点是值得我们注意的。一则，诸侯国官员的类别设置及数量，是周室中央王权的礼制规定，而不是诸侯国可以随意设置的。二则，诸侯国等级不同，官员设置的类别与数量也不同。《周官》中虽然没有关于诸侯国官制的明确记载，但是，根据其他古文献对公爵诸侯国官制的记载，仍然可见其大概情形。具体说，公爵诸侯国的官制分为三个系统：国君系统、施政系统、文教系统。

公室系统官员：29 位，国君之下的首席大臣称太师。

施政系统官员：32 位，领政大臣称正卿。

文教系统官员：17 位，主管大臣称太史。

公爵诸侯国，共有官员 78 人。

周代官制的另一个重大特征，就是官员等级制的严格细密。

包括近古社会在内的任何形态的政权，官员都是有等级差别的。就等级制本身说，不是周人的发明创造。周代的意义在于推动等级制走向社会化、严密化，进入成熟形态。这种成熟的社会等级制，有两个支柱：一是职官等级制，二是血统等级制。

就职官等级制说，自天子以下的所有官员分为九命，也就是九等，称为九命之制；以九命为最高等级，以一命为最低等级，命数越大等级越高。九命的具体规制是：

上公诸侯为九命，其宫室、车旗、服饰、礼仪设置，皆以九数为规格。

中央三公为八命，其车旗、服饰、礼仪设置等，皆以八数为规格。

侯伯诸侯为七命，其宫室、车旗、服饰、礼仪设置，皆以七数为规格。

中央之卿为六命，若出封为诸侯，擢升一命。

子、男爵诸侯为五命，其宫室、车旗、服饰、礼仪设置，皆以五为规格。

中央王室的大夫、公爵诸侯国的三公，皆为四命，若出封为诸侯，擢升一命。

公、侯、伯三等诸侯国的卿，皆为三命。

公、侯、伯三等诸侯国的大夫，子、男爵位诸侯国的卿，皆为再命，也就是二命。

子、男爵位诸侯国的大夫，为一命。

一命之下的士，也就是吏，一律呼为不命。也就是说，不进入九命序列。

九命等级制的意义，在于它是实际决定所有官员地位、待遇及生活方式的制度，若有超出自己等级命数的行为，便是僭越大罪，要遭受严厉惩罚。如此严格细致、交叉均衡的等级制，确实体现了周人史无前例的政治文明创造力。

10 周公主持创建的宗法制

周代文明对后世影响久远的另一个重大独创，就是宗法制度。

就语源而言，“宗法”两字，并非出于周礼，而是近代中国史学接受西方理论体系影响后的一种概括。就本质而言，宗法制就是对族群血统与家庭血统进行确认的一种法度。就内涵而言，它包括三个基本方面：一是对族群内各氏族血统排序的确认，二是对氏族、家族继承权顺序的确认，三是对王权与族权的划分及相互关系的确认。如此三方面延展为具体制度，所表现出来的就是宗庙制度、族群分支排序制度、嫡长子继承制度、庶子分封制度、族墓制度、姓氏名字制度、族外婚与族内婚制度、族长制度等八个方面的制度体系。

宗法制的庞大烦琐，我们已经无法再现了。但是，我们对宗法制的要害环节，还是必须弄清楚的。因为，宗法制是周代社会的基础，是周文明的最根基部分。周代所有的权力运行体制与社会生活方式，都是宗法制的具体演化。

周人创立的宗法制的要害环节，主要在于两个方面。

第一，君权至上，王权君统高于族权宗统。

从实际运转说，就是国家政权高于族权，血缘关系的地位在政权关系的地位之下。政权管辖，是对广义的社会人民。族权管辖，则只限于本族人口。宗法制中的君权，不仅仅指天子王权，也包括了诸侯国国君的君权。君主的族人血亲，即或是长辈与兄弟，也得对君主以臣下之礼事之。这就是不以亲亲害尊尊；诸侯之尊，兄弟不得以属通的实际含义。当然，君权也不是绝对超脱于宗法制之外的，宗法制对君权也是有所制约的。不过，这种制约只被限定在君主传承与庶子分封范围内。君权一旦确立，是绝对高于血统族权的。

君权高于族权的礼制规范，是周人政治文明走向高度成熟的表现。

其最为深刻的历史意义，在于使国家权力的运行能够有效超越狭小的族群利益，而具有了对整个社会利益进行统筹均衡的可能。从世界文明史的意义上说，这是人类在古典社会条件下解决氏族权与社会权关系的最成功制度。世界绝大部分民族进入父系社会之后，氏族权力对社会权力都长期起着决定性的支配作用。在许多民族的文明形态中，氏族权甚至与社会政权直接合为一体，族权等同于政权。这种以氏族权力为主体所形成的文明传统，其最重大的基因缺陷，就是很难兼容其他地域，很难兼容其他族群，而只能以氏族城邦的形式生存发展。具有辽阔地域与统一管理的大国，很难在这样的文明形态下出现。

周人创造的宗法制，成功地超越了这一狭隘缺陷。

由于国家权力超越了氏族权力，国家权力便具有了普遍的社会基础，具有了广阔的天下理念。这样的国家权力系统，对于兼容其他族群并不断扩大自己的土地人民，具有一种内在的强烈追求。这样的文明形态，天然自发地要求包容，要求扩展。中华民族强大的融合能力，广博的包容能力，从周代宗法制确立国家权力的至尊地位开始，便摆脱了自发状态，进入了自觉的追求状态。

这一文明特质的确立，对于中国文明历史的发展，具有恒久的奠基意义。

宗法制的第二个要害环节，是嫡长子继承制度。

所谓嫡子，是在一夫多妻制条件下正妻所生的长子。嫡长子继承制的最大意义，在于君权继承的明确化。夏商两代的君权继承，更多地依靠传统与习俗，或当时的实际情形而定，尚没有明确的法度。这种没有明确法度的继承方式，常常导致剧烈的继承权争夺，进而带来深刻的政治动荡与社会动荡，甚或导致族群与国家混乱灭亡。商代自中丁以下，曾经有九世之乱，根源都在争夺王位继承权上。

周人接受了夏商两代继承权争夺的惨烈教训，其宗法制明确规定：立嫡以长不以贤，立子以贤不以长。这是一个创造性的制度，创造性主要表现在两点：其一，夏商两代对妻子系列的规范尚不明确，从而对嫡庶系列的确定与划分处于非常模糊的状态。以致近代大师王国维甚至认为商人无嫡庶之别。周人宗法制，则从确定妻与妾的不同开始，明确划分了嫡庶之间的区别，确定了正妻生子为嫡系的制度。其二，周人打破了自己族群也曾在早期实行过的兄终弟及的传统，确立了嫡长子为合法继承人的制度，超越了自身的不确定性。实践证明，嫡长子继承制度对于周代政权的稳定传承，起到了极大的作用；对中国古典政治文明的稳定传承，也起到了积极的作用。

那么，周人为什么要创立宗法制呢？除了接受殷商教训之外，还有更深刻的根基吗？

战国时代，有两位大思想家对宗法制出现的原因做过论证。一是大政商吕不韦，二是大法家慎到。吕不韦在《吕氏春秋》中的说法是："先王之法，立天子不使诸侯疑焉，立诸侯不使大夫疑焉，立嫡子不使庶孽疑焉。疑生争，争生乱。是故，诸侯失位则天下乱，大夫无等则朝廷乱，妻妾不分则家室乱，嫡庶无别则宗族乱。"慎到则说："一兔走街，百人追之，贪人具存，人莫之非者，以兔为未定分也。积兔满市，过而不顾，非不欲兔也，分定之后，虽鄙不争。"（《太平御览》八四九引《慎子》）吕不韦就此论曰："故治天下及国，在乎定分而已矣！"

周人创立宗法制，就是为了定分，为了防止社会的无序争夺。

完全依照周礼展开那个时代的社会生活画卷，我们将会非常惊讶。

那个时代，社会节奏运转缓慢，但却处处弥漫着肃穆端庄的气息。从国家政务到氏族活动，再到每个家庭的家务以及个人的衣食住行，生活的每个环节都充满了仪式感。仅仅是婚礼一项，若全部依照周礼完成，要经过六大阶段（大婚六礼）的礼仪，具体的程式环节几乎将近一千个。

即或琐细生活中的吃饭一项，首先便有七不食，其次有十三不，都是食礼中的禁止行为。七不食，是指饭菜腐烂不食，色不正不食，变味不食，刀工割肉不正不食等。十三不，是具体的就食礼节，譬如不可张开大口喝汤，不可很响地咂嘴吃饭，不可当众啃骨头，不可将夹起来的鱼或肉再放回去，等等。

这些烦琐细致而又极其严格的礼仪，形成了当时贵族社会的行为规范与日常教养，使周代的贵族阶层成为当时人类世界具有最高文明礼仪、具有最高物质享受的上流社会。在当时的世界文明格局中，无论是已经处于衰落期的巴比伦帝国，还是处于荷马史诗时代的希腊，抑或处于初创时期的犹太王国，以及尚未统一的古埃及王国，还有被雅利安人入侵的梨俱吠陀时期的古印度，其社会文明与物质水准，都与西周王国的生存状态有很大的距离。

然而，就是如此具有自觉文明意识的一个王国社会，却从来没有安宁过。

仅仅二百五十多年后，西周就灭亡了。

深刻的历史根源，究竟隐藏在哪里？

第三编

新文明酝酿时代

春秋争霸，新势力崛起，国家权力重新整合。当时的中国文明，以整个人类前所未有的精神力度步入了一个新的转折时代，这就是大国蜕变。

周文明的衰落

1 周人生活方式的基本风貌

一种文明所以衰落，根源一定隐藏在这一文明形态本身之中。所以，我们首先得对周代以农耕经济为主轴的社会风貌，做一个总体概览。那时，社会的主要人口，都居住在城堡之中。城堡之外，是整齐分割的一片片井田。井田制的土地分配是：农人 1 井 8 家，每家受田 100 亩，外加公田 10 亩，共 880 亩；在这 880 亩土地中，必须留出 20 亩作耕田者居住的庐舍区，平均每家两亩多宅地，由自家修造房屋，供劳动时居住。这种田间的简单房屋，叫作“庐舍”。没有官府号令，国人不能私自出城住进“庐舍”，自然也无法自由地在自家土地上劳作。鉴于“庐舍”为居住区，所以农人的社会组织，在野外劳动时节称为“庐”，回到城堡后称为“里”。这就是“在野曰庐，在邑曰里”。

拥有井田土地的“国人”，除了冬天听号令回城，每年大部分时间都在自家耕田的庐舍里生活劳作。屋舍之脊相望，鸡犬之声相闻。除必需的通婚之类的重大活动，以及在公井汲水时交换相互之间的剩余物品，人们通常是很少相互往来的。少数的农耕奴隶们，则几乎是常年分散居住在主人的井田里，过着大体同样的生活，只是没有“国人”身份罢了。井田制下的土地是不能买卖的，也是不能转让的。所以，“国人”的农耕生活无论多么粗简，也是有最低保障的。

到了春天，在宜于“启耕”的特定时日，官府会统一发出号令，国人才能出城住进田屋，开始一年的耕作。“启耕”的最高形式，是天子亲自到王田扶犁耕耘，作为春耕的开始。此所谓“启耕大典”。历经春、夏、秋三季，到了入冬时节，官府再度发布统一号令，农耕“国人”便得全部离开农田，回到城堡。这就是《汉书 · 食货志》所说：“春，令民毕出于野。冬，则毕入于邑。”

冬天回城后，“国人”又以“邻”“里”为单元，一邻五家，一里二十五家，修习武备，并开展礼仪教习、读书识字，以及来年的农事准备等活动。女子更严格，除日间家务及纺织外，晚上必须以所居小巷之“邻”为单元，进行集体纺织，直到夜半子时。此所谓“女工一月得四十五日”。女子所以必须集中在夜间纺织，其管辖理由是：“省费燎火，同巧拙而合同习俗。”

在对农田的耕作上，管制也很严格。每年种谷，必须五谷同时都种，以避免灾害；耕田中不得栽树，以免妨害五谷生长；耕耘收获时节，必须急如星火，如寇盗之至，以防成熟的庄稼因暴雨等灾害而流失；庐舍四周必须种桑树、果树、蔬菜，自家吃不了的可以相互交易。《诗经 · 小雅 · 信南山》说的“中田有庐，疆埸有瓜”就是这种自种与交易的情景。对于猪、狗、牛、鸡等家畜的繁殖，也必须不失时效，不能荒疏。女子必须修习养蚕、纺织技艺。人到五十岁，才可以穿帛制衣服，到七十岁才可以吃肉。

耕作管辖的最基本点，是“公田先耕”制度。

所谓“公田”，就是由“国人”公共耕作的官田。对于王畿国人，公田是天子王田；对于诸侯国的国人，公田是诸侯国君主、官员，或者贵族的官田。公田的收获物，全部归封地主人所有。所谓“公田优先”，是说每到出城耕作时节，农民都要先在公田里劳动。公田收种完毕，又恰恰到了规定时日，农民才能回到自家的私田里劳作。若公田没有收种完毕，即或是到了规定时日，也得延时将公田活路干完。不管私田的活路全部完成需要多少时日，到了规定时节，就得全部回到城邑，不能再住在田野里了。

城中的贵族社会，则在严格的礼制规范下，一板一眼地铺排着日常生活，铺排着精细的物质享受，铺排着往来宾客的酬酢唱和，铺排着隆重的权力运行。举凡出兵征战、战胜献俘、会盟诸侯、相互通婚、纳贡完赋这样的重大事件，都要在太庙举行，以示对祖先的不敢违背。所以，那时候对军事活动的运筹决策，叫作“庙算”；男子娶亲的礼仪环节，叫“告庙”。这是“凡公行，告于宗庙”的礼制要求，是不能省俭程式的。

无论是郊野农事，还是城堡社会，都是一片安宁平和的气象。

自进入早期国家时代，千年以来，中国大地上第一次普遍没有了频繁的混乱与动荡，出现了一幅恬静、肃穆、事事循礼的社会总图景。《易经》所谓的“往来井井”，《荀子·儒效》所谓的“井井兮其有理也”，后世延伸的成语“井井有条”，“井然有序”等，其本原意思说的都是井田制生活整肃和谐的社会景象。

周代礼治文明，缔造出如此一幅壮阔而又极具美感的社会画卷，对中国文明史的发展，产生了重大而深远的影响，形成了后来历史上极为深刻的周文明崇拜情结。即或在周政权消亡许久之后的西汉末期，全面复辟周文明的思潮，还是大规模地爆发了一次。此后，以“周”为国号的政权，不知在中国出现了多少次。

“郁郁乎文哉！吾从周。”这句话，是孔子说的。

仿佛是一种久远的呼唤，孔子的声音，标志着远去的周人与远去的礼治文明在我们民族的历史记忆中留下了不可磨灭的印迹。可是，就是如此庄严肃穆的礼治文明，却突然翻车了，突然大乱了。

2 礼治文明的早衰

周代的社会危机与文明衰落，生发得出人意料的早。

据《史记·周本纪》记载，周代的“王道微缺”“王道衰微”“王室遂衰”“诸侯不朝”“国莫敢出言”等现象，早在西周中期就出现了。截至周平王东迁，整个西周的存在是二百七十五年，而出现政治危机迹象的时间，则早至第四代周昭王时期。也就是说，周公创建礼治文明体系之后，只经过了周成王、周康王两代的“成康之治”，礼治文明就开始出现裂缝了。裂缝扩大的代次顺序与严重程度是这样的：第四代周昭王之时“王道微缺”，第五代周穆王之时“王道衰微”，第七代周懿王之时“王室遂衰”，第十代周厉王之时则已经是“诸侯不朝，国人暴动”了。到第十二代周幽王时，礼治文明的裂缝，骤然撕开成了巨大的缺口——严重的政治危机导致内外大乱，两大京城被战火毁灭，王畿关中被戎狄占领，西周宣告灭亡。

第十三代周平王东迁洛阳，周室与周文明全面衰落。至此，历史开始发生缓慢而深刻的裂变。中国古典文明，第一次进入了最为漫长的大转折时代。

传统史学与社会意识，一直将周政权的存在期计作约八百年。从权力形式的延续上说，这种说法或有一定道理。但是，从文明发展史的意义上说，这种虚算的方法，没有任何实际意义。从社会文明形态稳定存在的意义上说，周政权的有效时段，只有西周时期的二百七十余年。即或一直算到齐桓公、管仲发动大改革并称霸春秋之前，周政权的有效存在也只有三百五十余年。也就是说，从文明稳定性与王权有效性看，周代尚不如夏商两代悠长。

为什么？为什么风华煌煌的礼治文明，却经不起历史的打磨，迅速地溃烂了？

3 礼治文明早衰的历史奥秘

我们必须从当代文明的理念上，明白礼治对社会的实际意义究竟是什么。

所谓“治”，是一个时代的国家治理方式，或者叫统治方式。在人类政治文明发展史上，每个时代的每个国家，都在文明生成的过程中选择了自己的治国方式，或者说确定了国家的统治形态。西方社会有过人治、神治、法治三种治国方式。中国古典社会则出现过德治、礼治、法治、人治、无为而治五种治国方式。尽管德治与无为而治两种治国方式只在极短的时段偶然登上过古典社会舞台，不能算是政治文明的常态。但是，它毕竟是有理论有实践的治国方式之一，不能排除它的历史存在。

对治国方式的历史选择，中国与西方自古便有着巨大的不同。

第一，中国没有出现过神权统治，从来没有过神治社会。

第二，中国历史上，有过世界古典文明时期独一无二的礼治社会。

第三，中国的古典法治社会极其短暂，只有战国秦与秦帝国这个时段的一百五十余年。

第四，中国的人治社会，占据了历史的绝大部分时段。

第五，中国治国方式的内在构成，远比西方社会复杂；各种治国方式的历史选择、相互替代、相互渗透，也远比西方社会复杂。

这种总体状况，使我们对周代礼治文明的认识，有了相对清晰的历史坐标。

那么，礼治文明究竟是一种什么样的社会状态呢？

完整地说，礼治，就是以“礼制”作为国家治理的最高社会规范。请注意，“礼治”与“礼制”是两个不同层级的概念，其内涵具有级差性。“礼治”高于“礼制”，“礼制”从属于“礼治”。具体说，“礼制”是礼、乐两大制度体系的综合称谓，“礼治”则是国家治理方式或者统治方式的称谓。每个时代的每个国家，都会有礼仪制度，但不能因此说这个国家就是礼治国家。只有在礼制被确立为统治方式的条件下，这个国家才是礼治国家。相反，在人治社会、法治社会下，礼乐制度仅仅是社会规范体系之一，必须服从法制或上级意志等最高统治方式。同理，在礼治社会下，法制与官员意志都必须服从于最高规范的礼制。

那么，礼在周代的社会实际功能究竟如何呢？

在《礼记·曲礼》中，对“礼”的作用与范围做了这样的概括：“道德仁义，非礼不成；教训正俗，非礼不备；分争辩讼，非礼不决；君臣、上下、父子、兄弟，非礼不定；宦学事师，非礼不亲；班朝治军，莅官行法，非礼威严不行；祷祠、祭祀，供给鬼神，非礼不诚不庄。”显然，礼的社会功能很全面，礼的地位在法之上。在当时，法的威权要靠礼来树立，来推动。所以，礼的作用范围是全面的，礼的威权是至高无上的，是超越法律的。礼，是“定亲疏，决嫌疑，别同异，明是非”的依据；礼，又是“经国家，定社稷，序民人，利后嗣”的根本制度。归总说，礼是周代国家治理的根本规范，其核心部分具有后世根本法的性质。

这样的礼治，社会实践的效果如何呢？

在《史记·周本纪》中，有这样一次重大事变。周厉王时，民众不满王政，纷纷在郊野道边矗立的高大“谤木”上写画，对王政表示了种种不同意见。周厉王得知后，派出一个叫作卫巫的将军带着士兵前去拆毁谤木，捕拿在谤木上写画的民众，并宣布有谤言者，告官者有赏，谤言者杀之。于是，民众惊恐，纷纷散去。周厉王得意地说：“吾能弭谤矣！乃不敢言。”大臣们面面相觑，不敢说话。独有老臣召公说：“防民之口，甚于防川！……民之有口也，犹土之有山川也。……口之宣言也，善败于是乎兴。……民虑之于心，而宣之于口，成而行之。若壅其口，其与能几何！”周厉王大怒，根本不听。终于，三年之后，国人叛乱了，乱民大举攻入王城，周厉王只有出逃了。

这是一个发人深思的历史事件。周厉王抛弃了礼治，依靠强力镇压人民言论了。

为什么会这样？

一个显然的事实是，礼治没有使社会各阶层相安忍让，反而迅速使各种社会矛盾聚合发作了。对周政礼治，人民已经积怨很久。到周厉王时，已经发展到国人相与叛、诸侯不来朝的地步了。那时候，近古社会遗留下来的“谤言”遗风还在流行，人民言论还很自由。所谓谤言，当时是指下对上的批评之言。近古官府在道路边矗立一个个木牌，叫作谤木。民众若对政事不满，便可以在木牌上写下文字，或画下图形。这些文字、图形与公开的批评言论，都叫“谤言”，或叫“诽谤”。官府派人定期收集这些“谤言”，作为听取民意的凭据。

这种近古政治批评的遗风，自五帝时期到夏商两代，基本没有改变。但是，在推行礼治的周代却不一样了，不到两百年，就遇到了周王室的强烈抵制，开始以强力手段镇压政治批评了。其结果，导致了国人叛乱、天子出逃、大臣联合执政的严重政治危机。应该说，这不仅仅是周厉王的个人原因。更为深刻的根源，在于礼治文明本身存在着重大的先天缺陷。

作为国家最高规范的礼治，有三个先天性的重大缺陷。

其一，弹性太大，基本不具有明确的可执行性。

从礼的制定，到礼的实行，再到礼的变通与解释，其中每个环节都有极大的不确定性。譬如祭祀祖先，礼制规定必须有“三牲”为祭品。可是，这三牲究竟是猪牛羊，还是马牛羊，是否允许替换？各自以多大为准？是献上整个的三牲尸体，还是仅仅献上三牲的头颅？水牛能否替代黄牛？绵羊能否替代山羊？一定要公羊公猪，还是一定要母羊母猪，还是公母皆可？凡此等等，事实上既无法在制订礼仪时细化，更无法在实行中一一明确。祭祀的季节、环境、事由不一样，当时的牲畜来源也会不一样，强求一律，很可能就根本无法举行祭祀大礼了。

所以，种种临机变通是必然的。可是，既然不得不临机变通，礼制就无法在事先具体明确地一一罗列。同时，也就必然存在种种变通不当，甚或违反礼制规定的事情发生。一旦违反了礼制，如何处罚？同样也是不确定的。因为，违反礼制的原因不同，后果不同，不可能千篇一律地处罚。事实上，更多的只能是道德谴责，无法施加明确的法律惩罚。也就是说，从礼制的内容到实施，直到最终的惩罚措施，所有环节都是不确定的，很难如同执行法律那样不走样地执行。

其二，礼治的施行，只能依赖相关者的道德水准与理性自觉。

礼治的本质要求，是一种道德境界，一种精神目标。所有的礼制规范，都是以实现道德境界为最高目标的。如此，一个人即或祭祀了祖先，完成了礼制要求的行为程式，但仍然不能保证他必然遵守了礼制的本质，不能保证他达到了“君子有德”的境界。他的祭品仍然可能有问题，他的精神仍然可能是不够庄敬的。

这是一个巨大的内在出发点上的矛盾：若仅仅以行为程式为标准，礼治无法实现其精神目标；但若以精神的庄敬为标准，行为程式与条件，又是难以保证的。对这一巨大的内在矛盾，王权是无能为力的，只有以规范人的行为程式为基准，再寄希望于贵族阶层的自觉了。事实上，礼治的全面实施，非常容易出现种种无法预知的混乱。

其三，烦琐细致的礼仪制度，无法为当时的庶民社会所遵守。

礼仪铺排，既需要充裕的时间，又需要足够规格与数量的财货器物，还需要有一定文化教养的人来主持。仅仅这三个方面，对于庶人阶层都是奢侈的，难以做到的。勉强为之，则肯定是对肃穆庄敬的礼仪活动的一种扭曲，甚或亵渎。因此，当时的周礼规范，对于庶人网开一面——可行则行之，不可行则不行之，这就是所谓的“礼不下庶人”。

可是，如此一来，一个巨大的社会问题就不期然形成了——广大庶民事实上对最高国家规范处于疏离状态，成了“无方之民”。庶民社会这种疏离于最高行为规范之外的无序状态长期累积，整个社会的生存状态便不可能不两重化。如此长期发展，隐患是必然的。

后世战国的《荀子·礼论》，对礼治推行的高度与难度作了精辟解说。

荀子说：“礼者，人道之极也。然而不法礼，不足礼，谓之无方之民；法礼，足礼，谓之有方之士。……能虑，能固，加好者焉，斯圣人矣！”荀子的意思是：礼治，是人道的最高境界，但是很难真正做到；那些不守礼的人，是无方之民；守礼的人，是有方之士；能做到心中有礼，还能持之以恒，以自觉守礼为喜好的人，就是圣人了！荀子的实际意思则是，礼非常好，但只有“有方之士”才能强迫自己遵守（法礼），真正做到自觉守礼的，只有圣人。显然的事实是，“有方之士”在任何社会形态下，都不会是多数。圣人，则更是极少极少，几乎是凤毛麟角了。

这就是说，对于构成社会大多数的庶民社会来说，礼是无法遵守的。

其四，礼治文明推行中出现的变异惩罚——诛心。

周代常常出现这样的现象：包括天子在内的所有贵族与相关庶民，其言行即或不违礼，但只要在礼仪活动中稍有失误，便会被人指控为“不庄、不敬、不诚”，就会引起极大的社会非议。对于天子，这是“王道缺失”；对于贵族，这是“非礼之心”；对于国人，这是“教化无方”。

这就是礼治不确定性所滋生的特殊变异法则——诛心。

什么是诛心？理论上说，就是将精神道德的要求置于实际行为之上，只看心理动机，不看行为效果。天子祭祀天地，即或你完成了整个过程，可是只要你在任何一个环节出现了问题，譬如你在沐浴斋戒的几天之中不慎吃了一块肉，那就是“不庄、不敬、不诚”，就要被诛心，就要被斥责为“王道缺失”。这种诛心之风，在后来的战国大争之世，一度被法治文明彻底粉碎了。可是在西汉之后，诛心之风又渐渐起死回生，以致在隋唐之后愈演愈烈，成为中国古典人治社会的顽固毒瘤。

诛心之风，非常容易导致社会评价体系与实际秩序的紊乱失衡。

就国家最高权力的运转说，一旦遇见一个稍微平庸的天子，立即就会出现“王道缺失”的社会评判，并由此引发重大的政治危机与社会危机。就个人来说，但有一件礼仪之事失当，就会被周围人群指责。其总体后果就是荀子说的，凡礼，“天下从之者治，不从者乱；从之者安，不从者危；从之者存，不从者亡”。当然，与法治、人治、神治相比，礼治的道德境界无疑是最高的。但是，其社会操作的实际可能性，却是最低的。甚至可以说，作为国家治理方式，礼治基本上具有不可操作性。

虽然，我们已经无法确切地知道周昭王的“王道微缺”、周穆王的“王道衰微”其具体事实究竟是什么了，但是，基本的历史逻辑是清楚的：周昭王、周穆王的个人素质，在历代周王中都可以说是上乘的，在其他任何时代，都会是稳定兴盛的守成明君。可是，在周代的礼治文明条件下却不行，很容易就发生了普遍的信任危机。

这样的社会文明，这样的国家治理方式，是很脆弱的。

从总体情况说，周代三十七任国王，绝大多数都是遵循礼治与祖宗成法的。若用后世古典社会的标准说，一个个几乎全都是王道天子。可是，周代的社会混乱却是空前的，非但出现得很早，且一经出现就不断下滑，直至无可逆转地彻底崩溃。与此前的商代比较，这一特征非常鲜明。商代在盘庚迁殷之前，也一度下滑到谷底。可在盘庚迁殷之后，却能再度文明大发展，创造出殷商文明的最鼎盛时期。周代不同，全部的兴盛时期只在初期前三代，一旦东迁，一旦衰微，就再也没有了全面大振兴的可能，只能是无可遏制地持续下滑。

礼治文明的华彩，带给周人的历史命运，是始料不及的。

4 西周礼治文明的崩溃

礼治文明的崩溃，是从外部震荡的诱因开始的。

自第三代周康王时期开始，未曾宾服的周边戎狄族群，就出现动荡迹象了。周康王二十五年，鬼方族群作乱，周康王不得不亲自攻伐。第四代的周昭王晚年，南方楚人作乱，周室又攻伐了楚地作乱族群。周昭王在渡汉水之时，心怀仇恨的楚地船民，进献了一只胶粘船。船至江流中心，胶液溶化，大船解体，同船君臣全部落水而死。周昭王的尸体，被一个臂长力大善于泅水的将军奋力抢了回来。史书记载，这个将军叫辛游靡。周王室很是忌讳这件事，破天荒违背了礼治，在葬礼之前，没有发出必须明确告知死因的预礼讣告。

第五代周穆王时期，犬戎又作乱。周穆王率军亲征，俘获了五个犬戎首领，将犬戎剩余人口迁徙到陇东地区。可是，东部徐国的九夷族群又接着叛乱，在徐偃王率领下大举攻周，曾一度逼近黄河南岸。这次，楚军帮忙，在南面夹击，才逼回了徐偃王势力。几年之后，借着周穆王西巡，徐偃王再度发兵攻周。要不是那个有神异驾车本领的造父拉着周穆王日夜飞驰赶回，很可能会有更为危急的局面出现。

第六代周共王时期，又有密国作乱，被周军灭了。至第七代周懿王即位，王权开始全面衰落，国人已经开始以唱诗的形式讥刺了。总之，自周成王之后，周室代代有叛乱，有征伐，几乎没有过平静安宁。

周政衰败的实际转折点，发生在周厉王时期。

很可能是代代用兵，周王室的财力已经接近于枯竭了。这时，即位的周厉王重用了一个长于经济的大臣，叫荣夷公。此人对天子直领的王畿经济进行了改革尝试，收回了国人可以自由狩猎采摘的隶属于王室的山地河流森林，改由王室工程部门直接开采经营。这就是史书上所谓“厉王好利，近荣夷公”的历史真相。无论从经济意义上说，还是从政治意义上说，这一政策措施都具有经济改革的性质。当代某种史学理念，将周厉王的经济改革尝试批评为“残酷剥削”，是缺乏历史主义审视的。

但是，这一改革尝试，却变成了引发社会大动乱的引子，从此一发不可收拾。

最先的严厉批评，来自贵族阶层。一个叫作芮良夫的大臣猛烈抨击荣夷公，说荣公“好专利，而不知大难！夫利百物之所生也，天地之所载也，而有专之，其害多矣！……匹夫专利，犹谓之盗。王而行之，其归鲜矣！”这位贵族大臣发出的严厉警告，其实际意思是：将天下经济利益据为王室专有，这是违背王道礼治的，与强盗行为一样。果真这样做，国人就会离心。可是，周厉王很有主见，硬是不听，反而擢升荣夷公为卿士，实际主持国事。

第二波冲击，是国人的批评抗议浪潮。王畿的国人，实际就是以周人族群为主干的自由民。面对传统经济利益被收回，他们肯定是愤怒的。面对国人汹汹之势，王族大臣召公对周厉王再次发出了严重警告：“民不堪命矣！”——人民已经不愿意听从王室命令了！或者可以解释为，人民已经无法生活了！周厉王也愤怒了，立即派出监谤使者，率领军士镇压言论，对批评者一律抓捕或杀死。一时之间，国人没有人敢说话了，诸侯也不来朝贡了。在这种沉寂面前，才有了我们在上面看到的“防民之口，甚于防川”的那段著名的政治格言。

第三波冲击，是国人大暴动。沉默三年之后，王畿周人终于爆发了大动乱，民众汹涌攻进王城，直接袭击周厉王。大约是积怨已久，贵族阶层与天子军队也冷眼旁观。周厉王求救无门，只有仓皇逃出了镐京，逃到彘地（今山西省霍州市）去了。在愤怒的国人还要杀死太子的时候，贵族大臣们才最终出面，保住了这位天子储君，也就是后来的周宣王。

第四波冲击，是共和执政。国人驱赶了国王，风浪暂时平息了。但是，善后的贵族阶层却以“国人怒”为理由，拒绝迎回周厉王。同样不满的贵族们，推举了召公、周公两位王族大臣联合主持国政，号为“共和执政”。这时的召公、周公，是始封爵位的老召公、老周公的后裔。“共和执政”的结果，是废除了周厉王的专利改革，周政又回到王道礼治的老路上去了。

这一年是公元前 841 年，是中国历史有明确纪年的开始。

那时候的上层贵族社会，只知道“汤武革命”，还没有经历过社会经济改革。贵族们以为，只要一道王命就可以改变社会利益分配了，就可以解决社会矛盾了。直到数百年之后的战国时代，一批大政治家才真正彻底明白了一个道理：改革策略是改革成功的第一生命，任何社会利益的重新分配，都不是匆忙草率所能完成的。为了这场毫无策略意识的硬碰硬的改革，周厉王付出了十四年被实际流放的惨痛代价。

直到死去，周厉王也没有重新回到镐京。

5　周宣王挽救礼治文明的努力

共和执政十四年后，当年从暴动虎口中惊险活下来的太子即位了，这就是周宣王。

请注意这个时机：只有逃亡在外的周厉王死了，共和执政的贵族们才愿意将最高权力重新交回王室，才可能重新拥立太子即位。从政治经验上说，这是十分老辣的手段。但是从周礼规范上说，这却是大大违背礼治的权力“僭越”。礼制系统在复杂的社会危机面前，被贵族阶层自己轻而易举地破除了，而且，是从最为要害的最高权力环节开始破除的。

礼治文明，已经开始暴露出了内在的脆弱性。出乎我们预料的是，改革的进程并没有中止，周宣王并没有回到老路上去。或许是两位“共和”权臣死了，或许是周宣王的政治才能突出而压制住了贵族阶层，也或许是贵族阶层妥协了。总之，这位周宣王一即位，便开始了大胆的实质性改革。

周宣王的第一个大措施，就是不再举行每年开春的启耕大典。

所谓天子亲耕，就是在每年春耕开始时，天子在礼制规定的千亩王田上耕出第一犁。这也是启耕。从表面上看，这仅仅是一个礼制规范所要求的号令举措。但是，其实际意向，却是要废除国人集体耕种制度。因为，天子不亲耕，其实际的社会信息是：耕种是庶民自己的事，王权不再干预了。那时候有“王言如丝，其出如纶”的说法，说的是天子的任何行为都会被社会无限放大，需要特别谨慎。如今，天子竟然不行亲耕礼了，岂能不引起社会震荡？果然，极其敏感的贵族大臣虢文公，立即强烈地谏阻：“人之大事在农。不可！”

可是，周宣王不听，坚持“不籍千亩”。令人困惑的是，这一改革的历史消息就此中止，过程与结局皆无下文。这说明，这次改革没有取得明显的成功。依据实际情况，很可能是受到了贵族阶层与国人阶层的双重反对。

周宣王的第二大措施，是联结诸侯力量，反击屡屡进犯中原的戎狄族群。

周公平定东方之后，周代反击戎狄之患的战争很多。这种讨伐战争，历来都是王师亲征，没有动用过诸侯军力。因为，军事征伐权太过重大，非万不得已，不会赋予诸侯国“代天子征伐权”。从周穆王下令楚国与徐偃王的九夷族群作战，周室开启了动用诸侯军力的先例。

周宣王即位，迅速扩大了这一政策，其实际表现为三方面：一是依然以王师亲征为主要形式，二是动用诸侯国军力共同作战，三是联结还不是诸侯国的实力族群，特命其反击戎狄。

这一转变中最大的举动，是重新起用了被周王权漠视了二百余年的秦人族群。

此时的秦人力量，在西部戎狄海洋里长期苦战，已经重新壮大起来。周宣王独具慧眼，于即位第四年，也就是公元前 824 年，特封这时的秦人首领秦仲为“大夫”爵位，下令秦人以“得奉王命”的形式反击戎狄。秦人久欲回归华夏文明，自然是立即出兵奋战。不久，秦人首领秦仲就战死了。也许是看到了秦人的真正实力，周宣王在秦仲战死之后，非但没有丢弃秦人，反而隆重召见了秦人的继任首领秦庄，特命其为“西陲大夫”，并破例拨付王室兵马七千人，命秦人继续对西部戎狄作战。

历史，在这时开始打磕绊了。周宣王的亲征连连失败，先败于南征淮夷，再败于反击玁狁，三败于西征姜戎。至此，周室力量大大枯竭，引发了周宣王的最后一次重大改革。

周宣王最后的改革，就是第三大措施，太原料民。

什么是“料民”？就是调查登记户口，作人口统计。请注意，这是中国历史上第一次被正史记载的人口调查。此前的人口数量，各个层级都只知道自己直接掌握的土地上的封主或户主的数量，而封主与户主究竟辖制了多少民户，依附了多少耕耘奴隶，城邑国人的各种作坊又究竟辖制了多少奴隶，都是不需要上报的。因而，总体的人口状况，那时的国家从来都是很模糊的。

此等背景之下，周宣王为什么要“料民”？为什么要在战败之后“料民”？

以历史的正常逻辑，古代“料民”多发生于赋税空虚、人丁征发艰难之时。这次太原料民，应该也是基于这两个基本原因。屡屡战败丧师，周王室肯定急需军力财力的补充。可是，在分封制条件下，诸侯国对王室的财货缴纳，并不依据土地大小，也没有确定的常数定额税，而是“贡品”性质的定时不定量进献。所谓诸侯来朝，其实质意义就是诸侯来“进贡”不定量的财货珍宝。若是诸侯不来朝，也就没有额外的财货进贡了。

那时，中央王室的真正实力，取决于天子直领的王畿土地的大小，取决于王畿所居族群的耕耘财货状况，而不取决于对天下诸侯的征发。依照礼治，依照传统，这种总格局是不能改变的。而此时，周宣王痛感财货人口不足，要作一番扩展财源的改革，于是，先在太原这个王族诸侯——晋国的地盘上开始调查人口了。

可是，仅仅是调查这样一个形式做法，敏感的贵族阶层也立即表示反对了。有个大臣叫仲山甫，他就强烈地警告说：“民不可料！”可周宣王不听，竟以某种突然的形式，坚持展开了人口统计。这就是史料所说的：“宣王不听，卒料民。”可是，如同“不籍千亩”一样，这场改革也泥牛入海了。

因为反击戎狄，因为力图出新，周宣王之世被传统史学称为“宣王中兴”。

可是，这场没有结果的“中兴”，很快就结束了，周人的真正灾难终于来临了。

6 历史折光：关于西周灭亡的神秘预判

周室的灭国灾难，有三则神秘的预判被写进了史书。

第一则预判，是周宣王神秘而突然的死亡。

据《史记》正义引《周春秋》说，周宣王杀了无辜的杜伯。三年后，周宣王在会合诸侯作土地核查时，死去的杜伯红衣红冠，突然出现在道边，挽起一副红色弓，一箭射中了周宣王心口。周宣王就这样死了。这件事蹊跷而神秘，《史记》既没有记载，也没有评判。在

《国语》中，也只有一句话："杜伯射王于鄗。"考察实情，大约是周王室讳莫如深，不愿提起。但是，依据当时的民情言论开放程度，这件事一定震动了国人，被看作是大大的凶兆。

第二则预判，是大地震和由此引发的大臣伯阳甫的政治预言。

周宣王死后，周幽王即位的第二年，也就是公元前780年，镐京所在的关中发生了一场大地震，周人发迹的岐山崩塌了，泾水、渭水、洛水三条关中大河，都干涸了。这就是史料记载的"三川竭，岐山崩"。如此天崩地裂，国人大大惊慌。

这时，西周王室大臣伯阳甫就地震情形，公然说出了一段惊人的预言。这段预言的结论是：天地失序，阳失其所，而填阴，周将亡矣！后世有史家认为，这个伯阳甫，就是当时担任柱下史的老子。事实上，这一预言是不是老子说的，已经不重要了。重要的是，这则预言正式宣告了周王室的即将灭亡。在当时，这则预言无疑是一声政治惊雷，使周人深深感到了恐惧。

第三则预判更为神秘恐怖，竟然将因果关系延伸到了久远的夏代。

据说，在周幽王立褒姒为王后之际，史官伯阳甫在上古史书中，读到了这样一则神秘的故事。夏末衰亡之时，有两条神龙来见夏王，自称是褒国两位先君。夏王下令占卜，想知道杀了两龙好，还是放了两龙好。占卜的结果是，杀了放了都不好。再度占卜，问用石匮藏起两龙吐沫如何，占卜结果是，吉。于是，夏王对两龙宣读了处置文告，请两龙吐沫，用以收藏。两龙闻之，向石匮里吐了许多沫，之后便倏忽消失了。夏亡后，石匮传给了商。商亡后，石匮又传给了周。三代之间一千三百年上下，从来没有人敢打开这只石匮。

事实上，在伯阳甫读到这则神秘记载之前，这只石匮已经被打开了。

周幽王爷爷的晚年，也就是周厉王末期。那年，周厉王逃亡在彘地过幽居日子。大约是百无聊赖，他叫人打开了那只神秘的石匮。结果，惊人的事情发生了：龙沫横流，不可遏止。厉王下令宫女裸着身子呼叫以镇压妖邪，还是无济于事。很快，龙沫化成了一只玄色大龟，迅速消失在了后宫。一个尚未举行笄礼的少年宫女，恰恰遇见了大龟，莫名其妙地怀孕了。后来，这个宫女未婚而生，便将这个婴儿丢弃在了宫外的路边。

到了周宣王继位时，一首神秘的童谣流传开来："檿弧箕服，实亡周国！"这是说，穿着弓箭工匠衣服而又卖桑木弓箭的人，就是灭亡周国的人。周宣王得闻童谣，立即下令追捕这种人。一对姓姒的卖桑木弓箭的年轻夫妇，闻讯连夜逃亡，恰恰在宫外路边，听见了被宫女丢弃的那个婴儿的哭声。夫妇救起了婴儿，逃亡到南面深山的褒国去了。

后来，很有享乐欲望的周幽王继位。他听亲信大臣虢石父说，褒国有美女，便举兵讨伐小小的褒国。褒国要消弭灾祸，便将最美丽的一个少女献给了周王。这个美女，就是当年被宫女丢弃在路边、又被卖弓箭夫妇救走的那个婴儿，她的名字叫褒姒。这是一个国名加本人姓氏构成的社会化名字，其实际含义是——褒国姒氏的女子。

这是一个漫长的故事，神秘，恐怖，充满矛盾，又有着美丽诱人的传奇色彩。

神秘文化，历来是特定文明形态的精神折光，也是近古文明与后来古典社会的有机组成部分。这三则神秘预兆，所以能够被记载下来，标志着当时社会已经形成了一个极其重要的政治评判：周室衰落，是为天意。

那时的社会，所以风行神秘文化，其根本意义并不在于一定相信它的正确性，而在于一种自觉不自觉的政治需要。从社会各方面说，接受神秘文化者，都有着各自的心理需求。兴衰归于上天，既方便王权推脱责任，又方便史家解释历史，更可使图谋替代者找到一种举事理由，还可使民众获得一种善恶有报的精神快感。各方乐于接受，神秘文化也就堂而皇之地成了国家意识形态的组成部分。

7 镐京事变：周文明的历史灾难

从神秘世界走来的褒姒，给周文明的历史灾难掀开了荒诞的序幕。

大约是父亲周宣王的改革倍加艰难，没有实际效果，反而召来了贵族与国人的普遍怨气。总归是，周幽王继位后一反父政，再也不提变革周政，只一心一意地享乐，开始过国王的小日子了。可是，就在周幽王不问大政的小日子里，国家的政治格局却渐渐出现了巨大的裂缝。让我们循着周幽王宫廷生活的主要脉络，一步步走入这场历史灾难吧——

周幽王做太子的时候，有一个正妻，是申国公主。这位公主生了一个儿子，叫作宜臼，是嫡长子。周幽王即位后，申国公主便成了王后，号为申后。嫡长子宜臼，也名正言顺地被立为太子。

在周幽王即位的第三年，也就是公元前 779 年，褒姒被褒国献进了王城。周幽王一见钟情，深深地迷恋上了这个美丽的少女。不久，褒姒也生下了一个儿子。周幽王为这个小儿子取名，叫作伯服。请注意，依据周礼，只有排行老大的长子，才能取名“伯某”。一个既是庶出、又非长子的儿子，以“伯”取名，显然是违背礼治的，显然是有潜在的企图心的。当然，这时候的这个名字，还只是周幽王的潜在企图而已。

随后，中国历史上第一次出现了以军国大政取悦美人的荒诞不经的行为。大约因为身世原因，或未知的原因，褒姒的淡漠忧郁已经成了惯常性格，从来没有过笑脸。为了看到褒姒的如花笑靥，周幽王大发奇思妙想。于是，有了人人皆知的烽火戏诸侯的故事。后来，周幽王又搞了几次烽火大游行，可是，诸侯们再也不来了。然而，周幽王并没有改弦更张，反倒任用佞大臣虢石父等主持国政，正式废除了申后，同时废除了太子宜臼。之后，周幽王册立褒姒为王后，册立幼子伯服为太子。

这场突然变故，使太子宜臼大生恐慌，逃到外祖父的申国去了。周幽王得知消息，异常恼怒，准备调集王师讨伐申国，夺回并处死太子宜臼。

一场重大的政治灾难，就此开始了秘密酝酿。

这一时期，周幽王的胡作非为和奸佞当道的乱局，同样深刻地影响了整个社会。幽王六年（公元前776年）十月，发生了日食，被民间普遍认为是上天对周室的警告和训诫。被收入《诗经·小雅》的《十月之交》，记录了这次日食，并“借题发挥”，对周室发出了愤怒的声讨：

> 十月之交，朔月辛卯。日有食之，亦孔之丑。……
> 日月告凶，不用其行。四国无政，不用其良。……
> 烨烨震电，不宁不令。百川沸腾，山冢崒崩。
> 高岸为谷，深谷为陵。哀今之人，胡憯莫惩？
> 皇父卿士，番维司徒。……橋维师氏，艳妻煽方处。
> 抑此皇父，岂曰不时。胡为我作，不即我谋！

五年之后，也就是公元前771年，愤怒的申国君主申侯，经过紧张的秘密奔波，终于联合另外两方力量，发动了一场政变性质的夺位战争。这两方势力，一方是今日山东枣庄地带的夏人后裔——缯国族群，一方是陇西地带的犬戎族群。申侯亲率申国自己的军力，三路兵马同时对镐京发动了攻杀。

从三路军力的地理位置来说，申国之军在镐京东南的黄河以南，缯国之军在镐京东北，犬戎则在镐京西北地带。也就是说，三路军力同时从三面秘密出动，实际上已经堵塞了周幽王从镐京出逃的主要方向。在交通很不发达的当时，要达成如此严密的军事约定，绝不是一件轻而易举的事。申侯为此秘密策划三年，足见这是一场经过精心准备的军事大政变。

这场军事政变的第一阶段结局，是极其惨烈的。

首先，作为周人根基的古老的丰邑、镐京两座大都，全部在大烧大杀后沦为一片废墟。其次，犬戎军在骊山下追杀了周幽王与太子伯服，同时追杀了保护周幽王出逃的周室重臣郑桓公，又俘获了褒姒。战争初期，周室王族人口已经遭到了空前惨重的死伤。再次，两方乱军，特别是犬戎军队，大肆屠杀并劫掠关中，一时盘踞不去，对发动政变的申侯与太子势力，构成了新的根本性威胁。至此，这场政变战争的结局完全超出了原定密谋，演变成了一场尴尬而棘手的政治大灾难——周室王权完全有可能不由太子宜臼继承，而是彻底葬送于乱军，从而导致周室政权就此彻底灭亡。

果真如此，申侯与太子宜臼将被完全吞没，并连带周人族群一起陷入覆灭境地。

历史在这里突然发生了一个重大转折——曾经长久消失于周代的秦人族群，大举出现了！

礼治冰河的解冻

1　镐京政变战争的后续演变

镐京之变的过程及结局，有三大阶段。

第一阶段，周幽王应变求救。

三路军力攻入关中王畿之地，镐京的周幽王君臣不是没有反应的。《史记 · 周本纪》记载了一则基本事实：当时的郑桓公、虢石父两位大臣在镐京理政，“幽王（下令）举烽火征兵，兵莫至”。也就是说，周幽王决策层的当下反应，是立即下令点燃烽火，征召诸侯兵马勤王。这与传统形成的应急预案完全符合。而且，周幽王曾经有过荒诞的假警报行为，不可能不知道告急烽火的意义。可是，结果没有一个诸侯国兵马前来。与王室记载相印证的是，当时最有能力勤王救周的晋、鲁、齐三大诸侯国的反应，在这三国的史料中出现了黑洞：三大诸侯国的史书只记载了周幽王被杀的结局，对自己是否勤王只字未提。事变如此重大，若真的勤王便是不世大功，三大诸侯国在国史中却只字不提，只能说明一个基本事实——三大诸侯国根本没有出兵。

第二阶段，灾难演变，周幽王出逃被杀。

这一阶段有三则事实值得注意。一是，周幽王为何出逃？二是，郑桓公为何连带被杀？三是，犬戎等政变军为何盘踞不去？

关于幽王出逃，有一个被忽略的基本事实是：周幽王下令王师出战，可是镐京王师不敌三路大军，败得很惨。周幽王无奈，才被迫逃出镐京。因为，镐京不可能没有常驻的王师军队，以周幽王曾经准备讨伐申国并处死太子宜臼的强烈秉性，不可能束手就擒，有一番抵抗是必然的。也就是说，王师战败是周幽王出逃的根本原因，而不是完全惊慌失措闻风出逃。

现在说说郑桓公的被杀。当时，郑桓公与虢石父两大臣在镐京，必然会有种种应变主张。虢石父在事变发生后销声匿迹，极有可能是被周幽王当作替罪羊杀了。郑桓公很有主见，极力主张周幽王东逃郑国暂避劫难，并奋力保护周王东逃。主谋事变的申侯，一定很清楚郑桓公的作用，很可能事先对犬戎首领有过交代。因此，犬戎军在追杀周幽王时，首先击溃了郑桓公率领的护卫力量，并当即杀死了郑桓公，紧接着杀死周幽王和太子伯服，俘获王后褒姒。也就是说，郑桓公是作为支持与保护周幽王的力量，被政变势力杀死的。

关于犬戎势力盘踞不去的记载，《周本纪》中只有一句话："遂杀幽王骊山下，虏褒姒，尽取周赂而去。"从表面意思看，似乎犬戎等在事变后很快就离开了镐京。实际情形，却远远不是这样。因为，这则史料中透漏出一种极不寻常的历史信息。赂，在古典用语中有两层含意：一是赠送之物，二是珍贵财货。既是周赂，为什么要用"尽取"两个字？从当时的实际情形看，这里包括了两层信息：

首先，"周赂"是政变主谋事先许诺的赠予财货。发动政变战争的申侯，事先必然以周太子宜臼的名义，对犬戎等三方势力做出了重大的财富许诺，否则不足以使其举兵。这是自古至今通行的利益法则，几乎必然如此。在这一点上，犬戎所取财富是馈赠之物，所以叫作"周赂"。其次，"尽取"是超越事先许诺，半强制地全部掠取了关中财货。历史有必然的利益逻辑：犬戎等游牧族群以劫掠华夏为传统，既然已经杀入风华富庶的王畿，不可能仅仅满足于事先的定量赠送，必然会在周室赠送的名义下大肆掠取，抢夺关中王畿的所有财货。所以，叫作“尽取”。如果灾难演变就此中止，周人政变势力很可能也就容忍了。

第三阶段，褒姒事件引起双方深刻冲突。

出人意料的是，褒姒事件成了激化后续冲突的一个始料不及的变数。

依据周人灭商而残酷处置妲己的传统，周人对乱政女子的仇恨，是不容二途的。申侯与太子宜臼，对褒姒又有直接仇恨，必然要将其处以极刑而后快。依据利益逻辑，在政变密谋阶段，关于褒姒的处置一定是早有明确的盟约——若犬戎军俘获褒姒，必须交周方处置。可是，犬戎军俘获了王后褒姒后，情形却发生了重大变化——犬戎方拒绝交出褒姒。

首先，这里有一个文明差异所导致的天然鸿沟。

游牧族群的传统，是将战败方的女人与牛羊财富一样对待，都看作是自己的战利品，从来没有再度交回对方的可能。另外一个政治传统是，游牧族群不从女人身上追究政治败落的原因，尤其是富有魅力的美丽女子，从来都是游牧族群最大的珍宝，而不会被看成亡国的祸根。对犬戎首领而言，周人对一个美丽女人的政治仇恨，是完全不可思议的。如此传统之下，已经目睹了女战俘褒姒的美丽，再要戎狄首领们继续恪守盟约，将这个美丽的王后战俘交还给周人，事实上是不可能的。以强大的军力为根基，犬戎硬生生将褒姒作为战利品扣留，既符合传统，又符合需要。

做一个历史的假设：若此等事变发生在商人身上，会是什么样的情形呢？

此前的事实是：商汤灭夏之时，既没有杀死夏桀，也没有杀死那个使夏桀落下荒淫之名的王后妹喜。夏桀，是在被流放中死去的。因此，我们有理由推定，具有游牧开放根基的商人族群在对待美丽女子与政治败落的关系上，具有相对开放而客观的传统。作为实际举措，商人要么凭借实力再度夺回自己的女人，要么就将这个女子作为礼物，大方地馈赠给同盟者。总之，商人族群不会将亡国仇恨归结到女人因素上，必得杀之而后快。

可是，周人不同。周人，是单一农耕传统生成的礼治文明。在通常情况下，周人看重道义与原则。在某种特定情况下，道义与原则更会成为周人的生命。在周人的价值观中，褒姒是个妖孽转世的女人，搅乱周室遗祸天下，只有像杀戮妲己那样，由周天子亲自用黄钺砍下褒姒的头颅，并焚烧其尸体，才能在政治上最终完成正义的程式。况且，犬戎的行为违背了事先约定，又是周人最为反感的不诚不信行为。周人的价值观被如此践踏，周王室无法面对国人的汹汹议论，无法面对王权尊严的失落，无疑蒙受了最为重大的羞辱。

在这样的文明差异背景下，周人与犬戎盟军反目，是后续事变的焦点所在。

矛盾已经激化，应邀而来的犬戎大军，自然不会顾忌周人的情绪，更不会立即退兵。当时的结果是，犬戎大军继续盘踞关中，烧杀劫掠，焚毁镐京丰邑，搜寻尽可能多的财货粮食女人牛羊。后续发展如何，则很难预料。也就是说，犬戎会不会直接攻杀残存的周王室，谁也不能保证。在如此严酷的状况下，申侯与太子宜臼一方，事实上已经被逼到了内外交困的绝境中，若不迅速化解危机，很可能整个周室政权与自身生命都会葬送在新的战火之中。依据当时实际，在晋鲁齐三大诸侯国之外，自己寻求力量解困，是此时周室的唯一出路。

第四阶段，周人求救于西部秦人族群。

由于史料的粗疏缺失，我们已经无法得知，当时的周王室是如何与秦人族群取得联络的了。《史记 · 秦本纪》对整个危机大转折时期的记载，只有这样的三条脉络：事发之时，秦襄公将兵救周，战甚力，有功；后续事变中，周避犬戎难，东徙雒邑，襄公以兵送周平王；东迁之后，平王封襄公为诸侯，赐之岐以西之地。作为历史进展的大框架，这三个阶段很清楚。但是，由于秦人介入的发端缘由始终没有直接史料，所以导致了后世史家乃至当代史家的种种猜测臆断。

所谓发端缘由，是指：秦人究竟因何起兵？秦人什么时候杀进关中？依据当时的社会实际，秦人起兵的原因至多有四种可能：其一，周太子宜臼派出了秘密特使，下书秦人东进勤王。其二，申侯或者太子宜臼亲自秘密前往陇西，请求秦人起兵救周。其三，没有接到任何邀约或王书，秦人主动起兵救周。其四，秦人看见了周幽王烽火求救，事变前期发兵，前来救援周幽王。

逐一分析，第四种情况最为不可能。最基本的原因在于：当时的陈仓关之西，便已经是戎狄游牧区域了。秦人族群，当时聚居于今日甘肃礼县的西汉水上游河谷地带，与陈仓关地带的距离，在三四百公里上下，并不直接相连。周王室的烽火台，即或在陈仓关边际点燃，秦人也不可能看得见烽火。当时能看得见连续点燃烽火的，只可能是华夏重地的晋、鲁、齐三大诸侯国。另外一个原因是，周幽王早已经为天下所不齿，谎举烽火而诸侯叛周，早已经是天下皆知的事实。晋、齐、鲁三大诸侯国尚不来救援，连诸侯国资格都不具备的秦人族群，更不会对如此荒诞不经且无信无义的周天子紧急救援。因此，认为秦人见烽火而起兵，在事变前期就赶来援救周幽王之说，是缺乏史实分析的臆断。

秦人主动发兵，也不可能。简略回顾秦人的生存历史，就会明白这一点。秦人发端于舜帝末期的大禹治水时代，在夏商周三代曲折沉浮，连番大起大落。至周代初期，秦人进入西部戎狄区域，此时已经将近三百年。在如此漫长的时段里，秦人始终面临着四方面的困扰：其一，因曾经效忠殷商，秦人身负“助纣为虐”的恶名，被天下孤立。其二，在巨大压力之下，秦人族群内部不断分化，某些分支流散东方，某些分支北上，力量大为削弱。其三，秦人轴心族群僻处西陲，长期处于西部戎狄包围之中，战争不断，生存竞争极其激烈。其四，周王室始终对秦人轴心族群保持着冷漠与怀疑，即或在西周后期利用秦人反击戎狄，双方关系也是复杂而微妙的。

到周宣王后期，秦人领袖虽然因反击戎狄而擢升大夫爵位，但仍然不是拥有独立封地的诸侯国，并未获得周王室的真正信任与倚重。就其实质而言，秦人只是周王室反击戎狄的一支借用力量而已。具有如此生存阅历的秦人，此时已经发展为政治上很成熟的特大族群了。辄遇突如其来的大事，秦人领袖层不可能轻率决事，在周人未曾求救的情况下主动发兵。因为，在严酷的生存竞争中沉浮了千余年，秦人不可能不明白一个最基本的政治策略：纵然自己愿意救周，也得周王室发出明确的求救信息，事先达成某种相对明确的盟约，才能出兵。无端出兵救周，只能事与愿违。基于这一逻辑常识，我们可以断言：秦人不可能在王室没有向自己求救时主动发兵。也就是说，在镐京灾难演变的前期，在褒姒事件之前，在周王室发出明确的邀约之前，秦人不可能起兵东进。

剩余的可能性，只有前两种——周王室以什么形式直接求救于秦人。这两种可能性的差别，只是求救形式的不同，没有本质的区别。以当时的实际条件，有两个最大的事实背景，使周王室的直接求救成为可能。其一，此前的秦人族群，已经在周宣王时代开始遵奉王命反击戎狄，显示出了自己的力量。周王室对秦人的实力，尤其是秦人对西部戎狄的作战优势，是了解的。其二，周王室与秦人的沟通路径，是此前较长时期内形成的，不存在贸然探寻。

基于上述两点，周王室求救于秦人，不管是以特使的方式，还是太子宜臼或者申侯亲自前往，都有实际的可能。这里，最重要的基本点是：周王室向秦人发出了明确而直接的求救信号。因此，秦人起兵进入关中的时间，只能在褒姒事件之后的最艰危时刻。

2 秦人族群重新登上历史舞台

镐京事变，引发了意义极为深远的历史变化。这种变化，主要有两方面：其一，西周灭亡，周人东迁，礼治文明开始了全面崩溃。其二，秦人族群重新登上了历史舞台，一个新时代拉开了历史的序幕。

关于秦人救周，《史记 · 秦本纪》记载的状况是："秦襄公将兵救周，战甚力，有功。"这说明，在整个镐京事变中扭转危局的决定因素，是秦人族群的力量。秦人族群与犬戎大军浴血奋战，付出了沉重的代价，战胜了犬戎，挽救了周王室。

秦人东进救周，是中国早期国家时代最为重大的一个转折性事件。

但是，历史的记载却极其粗疏简单，而且颇多微妙。在《史记 · 周本纪》中，秦人救周被忽略不计。在《史记 · 齐太公世家》，也就是早期齐国史中，对这场重大事变的简单记载是："齐庄公二十四年，犬戎杀幽王，周东徙雒。秦始列为诸侯。"在《史记 · 鲁周公世家》，也就是早期鲁国史中，也是同样的简单记载："孝公二十五年，诸侯畔周，犬戎杀幽王。秦始列为诸侯。"在《史记 · 晋世家》，也就是晋国史中，简单的记载是："文侯十年，周幽王无道，犬戎杀幽王，周东徙。而秦襄公始列为诸侯。"也就是说，晋、鲁、齐三大诸侯国的国史资料中，都没有留下本国在这场重大事变中的表现记录，司马迁无从依凭，只有空缺。

在当时的诸侯国国史中，秦国之外，只有《卫康叔世家》，也就是卫国国史，记载了本国的重大表现："武公四十二年，犬戎杀周幽王，武公将兵往佐周平戎，甚有功，周平王命武公为公。"这就是说，当时最主要的相关方面——周、秦、晋、齐、鲁、郑、卫七大方面，只有秦国与卫国史料中，有关于这一重大事变的正面记载；而晋、齐、鲁、郑四国，都在国史记载中略去了三个基本事实：其一，本国是否出兵？其二，本国是否护送平王东迁？其三，略去秦人出兵作战情况而只说秦人被立为诸侯，显得极是突兀。

《周本纪》更是和稀泥，模糊化。其对镐京事变的全部记载，是这样几句话：“申侯怒，与缯、西夷犬戎攻幽王。幽王举烽火征兵，兵莫至。遂杀幽王骊山下，虏褒姒，尽取周赂而去。于是，诸侯乃即申侯而共立幽王太子宜臼，是为平王，以奉周祀。平王立，东迁于雒邑，辟戎寇。”显然，周王室的国史记载方式是：各个诸侯国的表现一律不提，只说王室的相关变化。

上述记载方式的背后，隐藏着这样的历史事实：凡本国有真实功绩者，本国国史一定正面记载，秦国如此，卫国也如此；本国表现不佳者，则忽略不计，晋齐鲁郑都是如此；为平衡全局而有难言之隐者，则谁也不提，只说自己变化，周王室正是如此。

历史记载的简单化与模糊化，不是司马迁的错失。因为，《史记》的诸侯史，是司马迁以该国遗留史料为蓝本写的，本国不记载，《史记》也就保持了空白。司马迁对待史实的态度，给我们保留了许多极有意义的历史信息，使我们能够看到当时社会对秦人崛起的真实心态——有意忽视，以掩盖内心的某种复杂心绪。

值得注意的是，这种有意的忽视，有意地简单化与模糊化，流传于后世以及当代史家，非但没有得到澄清，相反却变成了一种十分怪异的延续。譬如，当代最为翔实的一本《中国历史大事年表》，对周幽王末期镐京事变的整理，同样不提秦国、卫国的出兵事件，却增加了晋国、郑国的护送东迁事件。我们相信，这种增加不是随意的，一定是有另外的史料依据的。我们要问的是：同样有依据的秦、卫出兵事件，尤其是秦人第一次登上历史舞台的东进事件，为什么淡出了史学家的视野？假如没有后世对秦文明的有意贬黜，会是如此吗？

后世史家有意无意地忽略，使我们丧失了许多有重大意义的文明历史信息。其中一个最基本的问题就是：秦人作为非诸侯国的族群武装，为什么能战胜强大的犬戎骑兵？而各自具有兵车数千乘的齐、鲁、晋三大诸侯国，为什么不敢起兵与犬戎作战？

秦人的军事优势，究竟隐藏在哪里？

纯粹就战力而论，当时的秦人族群，具有两方面独特的优势。

一则，秦人具有强悍的尚武精神，有举族成军的作战传统，有长期锤炼的良好军事素质等基础优势。用今天的话说，秦人对军事与战争，有着天才的直觉。在舜帝与大禹时代，秦人的生存传统，主要在驯兽与工程两方面，其尚武精神，还算不上当时的超一流。但是，从大禹死后遭逢突变而落入低谷开始，秦人的尚武精神，在颠沛流离中有了历史性的提升。历经四百余年，至于夏末，秦人已是天下赫赫有名的尚武大族了。非如此，没有鸣条之战的灭夏大功。历经商代六百余年，秦人一直是商王国镇守西陲的军旅诸侯。周灭商之后，至秦仲一代，处在西部戎狄海洋包围中的秦人族群，已经强大到可以进行大规模作战了。

其次，到了西周末期的秦襄公一代，秦人已经具有了不同于中原诸侯的实战风格。其时，中原诸侯军是典型的兵车规制，战车昂贵，训练难度大，作战成本非常高。一次车战大失败，便很难在短时间内再度成军，并恢复战斗力。西部犬戎与戎狄族群，却是传统的早期骑兵，无论兵器多么粗简，行动都要快捷得多，作战方式也简便有力得多。综合评价，西周战车兵的实战效能，显然不如早期骑兵。这种情形，是三大诸侯国不敢出兵的真实原因。

秦人则不同。特殊的历史，造成了秦人独有的实战风格。这种实战风格的基本面是：既不同于中原车战的教条法则与笨重缓慢，又不同于西部犬戎无序散漫的野战，而是一种既灵动又整肃的组织化作战风格。如果单与西部戎狄相比，秦人是一样的早期骑兵，兵器也未必好到哪里去，但其整体作战的组织化军事素质，却要比西部犬戎族群高出一大截。这就是战力优势。秦人所以在戎狄海洋包围中屡战屡胜，不断壮大，这种根基性的军事优势是最重要的原因。唯其如此，此前的周宣王才破除规制，下令不是诸侯国的秦人，对犬戎进行讨伐。此时的周太子宜臼，也才将秦人的出兵，看作是真正的出路。

虽然，我们对早期骑兵的作战样式已经知之不详，但是，我们可以确定地说，自马匹被驯化以来，人类就有了早期骑兵。早期国家时代，更是有了成建制的早期骑兵。以马镫的出现早晚，或以早期马的主要用途是拉车为理由，说魏晋南北朝发现马镫之前统统没有骑兵，这是一种非常简单化的论断。

至今，仍然存在的普遍事实是：草原牧民完全可以在没有任何装备的条件下灵动骑马、飞速奔驰。在放牧生活相当普遍的早期国家时代，为什么不可能照样如此？应该说，当时人的骑马才能，是一种非常普遍的基本生存能力，相比当今的牧民，一定更出色，更普及。忽视这种当今实践生活中仍然可见的历史元素，是完全不可取的思维方式。

秦人参战了，也战胜了。但是，事情并没有就此完结。当时的整个关中地带，仍然盘踞着已经战败逃散的犬戎残部，也盘踞着后续进入的许多犬戎族群。周王室的中央政权，已经无法在自己的根基之地立足了。史书一句“周辟犬戎难”，将周室东迁的原因，归结为躲避犬戎灾难，足见当时犬戎势力的为害之烈。此后，周王室“东徙雒邑，襄公以兵送周平王”。也就是说，在周王室东迁的后续事变中，秦人的护送兵力，仍然是至关重要的护送主力。这一重要性，甚至使后世某些史家忽视了秦人出兵救周的事实，而得出一个太过简单片面的论断——秦人因护送平王东迁有功，被立为诸侯。

在洛阳王城，周平王正式册封秦人为诸侯国，封地就是整个关中之地。

这次封国的特殊性，在于周平王有一个特殊的条件，还有一个特殊的仪式。

特殊的条件——“戎无道，侵夺我岐、丰之地，秦能攻逐戎，即有其地。”

特殊的仪式——“与誓，封爵之。”

对封国条件，周平王的说法是：犬戎无道，侵夺并盘踞在我周人的岐山、丰镐之地，只要秦人能攻杀驱逐戎狄，这片土地就是秦人的了。这一说法的实际意思很明确：其一，关中之地是周人的根基，可是目下被戎狄侵占并盘踞不去；其二，秦人若能驱逐戎狄，这片丰美土地就是秦人的了；其三，假若秦人不能驱逐戎狄，这片土地夺不回来，诸侯国之封也就是一句空话，秦人就只能继续漂泊陇西。

应该说，这种有条件封国的方式，与周王室传统的册封诸侯有着鲜明的不同。传统的册封诸侯，土地、民众、诸侯等级等要件，都是非常明确的。而这次对秦人的册封，则几乎一切都是不明确的——土地是待定的，民众是待定的，封国等级也是不明的。

所以如此，在于两方面的历史背景。其一，自夏商周三代以来，没有哪个中央政权将曾经的王畿之地分封给异姓族群做诸侯国封地，哪怕这一王畿之地暂时被外敌侵占。周平王将周人的王畿之地分封给秦人，在当时无疑是史无前例的最高封国。尽管，这时的王畿之地已经不在周王室的掌控之中。但是，从传统礼法上说，这一封国仍然是惊世骇俗的。因此，条件是苛刻的。

其二，周人仇恨戎狄，但却没有实力进行反击。周人感恩于秦人大功，却又不甘心将自己经营数百年的根基之地无条件地交给秦人，更不想秦人立即成为土地广大的强大诸侯。周王室要反击戎狄，只有借助秦人的军事实力。周王室要秦人真正地流血，真正地尽力反击戎狄巩固周王室，才能成为天下大诸侯。所以，策略意识很强的周王室，就生发出了如此特殊的一次封国——既反击了戎狄，又封赏了功臣。同时，又平衡了那些老牌诸侯国对秦人的种种非议。从历史的真实情况看，这一封国方式的根本点，仍然是继续利用秦人的军事实力，进一步驱赶戎狄。对周天子如此这般封国，天下的老牌诸侯们是清楚的。所以，没有人提出异议。同时，对当时的种种情形，秦人也是清楚的。因此，首领秦襄公欣然接受了这次封国。

那么，周平王为什么还要和秦人首领盟誓呢？对于最讲究礼仪的周王室，誓约有着极为特殊的含义。所谓誓约，是对某一件大事实际条件的事先约定。这种约定，有实际约定与精神约定两方面。实际约定，在发动一方，是明确许诺条件，同时明确做不到怎么办。在接受一方，则是明确承诺，也明确做不到怎么办。精神约定，一般是自觉提出的自我承诺——若违背誓言，愿受某种实际惩罚或精神惩罚。精神约定的意义，在于加强誓约的庄严性。周平王与秦襄公的誓约内容，史料没有具体记载。但是，从历史的逻辑出发，这一誓约的内容其实已经很明白：周平王一定是庄严承诺，只要秦人驱逐了犬戎，则秦在周地为诸侯国。秦人领袖秦襄公，一定是庄严承诺驱赶犬戎，夺回关中，不负上天，不负王室。

这个仪式，宣告了一个在当时充满神秘感与模糊性的新的大诸侯国的诞生。

历史告诉我们：秦国的建立，是其后整个五百余年一个崭新的历史元素。

3　春秋发端期的生产力水平

周王室东迁洛阳，史称东周。历史，自此开始了一段新的社会涌动。

宏大、庄严而又充满肃穆感与秩序感的礼治文明，曾经给当时的社会带来了巨大的憧憬，也曾经在后世产生了久远而浓厚的王道崇拜。但是，在当时的现实社会中，它却仅仅走过了二百七十余年的时光，虚幻的光芒便海市蜃楼般消失了，神圣的礼治齿轮便一个个无可挽回地松动了。一条礼治文明的冰河，历经连续不断的动荡，以一场巨大的政治灾难为转折，终于全面解冻了。王权衰微，礼法松动，社会土壤开始发生方方面面的元素变化。

正是这种发端于王权变化的社会元素变化，使中国文明迈进了一个新时代。这个时代，在中国历史上称作“春秋”。

周平王之后的很长时段所以被称为“春秋”，源于孔子将自己编写的这一阶段的鲁国国史命名为《春秋》。后世儒家修史，沿用了这一名称，以“春秋”涵盖或代表这一时代。由此，“春秋”成为后世对这一时代的概括称谓。这一点，与此后“战国”名称的出现有很大不同。

孔子的《春秋》鲁国史，开端纪年是鲁隐公元年，也就是周平王四十九年，公元前 722 年。终止纪年是鲁哀公十四年，东周敬王三十九年，也就是公元前 481 年，之间共 242 年。这一断代法，完全以鲁国历史为依据，必然忽视天下潮流的历史转折，自然不足效仿。

春秋时代，开始于周平王定都洛阳，是明白无误的。但是，春秋时代终于何年，在当代史学界却多有说法。这是中国历史的最基本问题之一——关于特定时代的分期问题。从总的方面看，历史分期理论有三种：第一种，古典史学以帝王世系传承的存亡为主要依据的分期方法。依据这种理论，传统史学一直将周代认定为 867 年。春秋、战国两大时代，只被他们看作是周代历史的两个阶段而已。显然，这是忽视历史本质变化的陈旧历史观，也是没有文明史理念的分期，是不能为我们接受的。

第二种，近代以来的部分史学家，以当时的研究成果为基础，以客观史实为根基的分期理论。这种方法，曾经纠正了古典史学的若干不准确纪年，但总体根基依然接近于旧传统分期，并无大的理念突破，也不能作为我们的依据。

第三种，自20世纪40年代末期以来形成的当代分期理论。这一理论的根基点，是立足历史本质的变化发展，以具有历史转折意义的重大事变为依据对中国历史进行分期。这一方法论与我们的文明发展史理念、文明史坐标理念大体吻合，是我们确定时代分期的依据。

经当代史学界诸多考证，春秋时代起于公元前770年，终于公元前476年。春秋起年，以周平王东迁这一重大历史事件为开端。春秋终年，以齐国田氏封地超过姜氏齐平公国土的重大历史事变为结束；也就是说，以田氏新政权在齐国的实际确立为标志，宣告春秋时代大体结束。再历经七十三年过渡期，以魏、赵、韩三家成为正式诸侯国为标志，天下进入战国时代。

一个栉风沐雨的探索时代，缓缓地拉开了历史序幕。

对于这个变化发端的伟大时代，我们首先要从文明史的意义上明确：它在生产力坐标上处于什么样的位置？否则，我们无法深刻理解这个时代所生成的变化潮流。对于这一时代的生产力状况，史书多有基本说法。《国语·齐语》云："美金以铸剑戟，恶金以铸钼、夷。"《左传·昭公二十九年》云："晋赵鞅……遂赋晋国一鼓铁，以铸刑鼎。"《吴越春秋·阖闾内传》云："干将作剑，采五山之铁精。"凡此等等记载都说明：春秋社会已经进入了铁器时代，生产力有了新的跃升。可是，自近代以来，对中国究竟什么时候进入铁器时代的问题，却有了种种说法。

在中国古典文献中，铁器出现于春秋时代，有着上述种种相对明确的记载。但是，自以西方理念为根基的实证主义研究方法成为中国近代科学思潮以来，仅仅以考古发掘论断历史事物之有无的思潮，一度成为绝对化的史学理念。这种理念，就是曾经风靡中国史学界的疑古思潮。这种思潮，对中国古典文献的诸多记录与基本结论，都采取了怀疑否定的态度。其典型的思维方式是：凡是没有被出土发掘证实的事物，古典文献的记载都是不可靠的。这方面的极端例子，是延续至今的以“马镫问题”为依据，而拒不承认魏晋南北朝之前有骑兵的荒诞评判。

在进入铁器时代的问题上，也是这样。

可是，这种怀疑与否定，很快就被连续不断的地下发掘推翻了。1931 年，在河南浚县出土了商末周初时期的铁刃铜钺、铁援铜戈。从 20 世纪 60 年代开始，铁器出土越来越多。据不完全统计，截至 20 世纪 90 年代，中国出土西周至春秋时期的铁器，共计 116 件。其中 1972 年、1977 年分别在河北藁城县、北京平谷县，出土了商代中期由陨铁锻铸成的铁刃铜钺各一件，证实了早在商周两代，对自然铁的锻铸与利用就已经成为事实。由此，中国铁器的早期应用与冶铁术的开始时期，越来越趋于明朗。有学者甚至认为，中国冶铁术的出现，应该在西周中晚期，而不是春秋时期。

在所有出土的早期铁器中，被确证为春秋时期的铁器，有 80 件以上。其结构成分有四大类型：其一为块炼铁，其二为块炼铁渗碳钢，其三为铸铁与白口铸铁，其四为韧性铸铁。同时，根据其他各种证据分析，史家普遍认为：春秋时代已经有了独立的冶铁工场，或是官营机构，或是私人作坊。铁器的应用以武器、礼器为主，铁农具与日常生活的铁器具也相当普遍，且越到春秋后期越见增多。发掘遗址的分布，则遍布周、郑、秦、燕、鲁、吴、越、楚、蜀等当时地域，而且是南方地域出土铁器最多。

如上基本事实足以说明：中国在春秋时代，已经进入了铁器普遍应用的时代，生产力的发展已经达到了一个新的历史水平。正是基于这种新的生产力，当时社会的新兴经济活动与新兴社会阶层才得以出现，社会的松动与变化才成为可能，社会新潮流的涌动才具有了深厚的实际支撑力，种种呼吁变革的思潮才有了实际生发的土壤。

请注意，在整个世界文明史上，中国不算铁器应用与冶铁术出现最早的国家。大约在公元前 1000 年，埃及、印度、古巴比伦等国家已经进入了铁器时代。欧洲则直到公元14世纪才出现冶制铸铁。到公元16世纪，也就是中国的明朝时期，欧洲才出现韧性铸铁。这就是说，中国进入铁器时代，晚于西亚、北非、印度等古老国家大约三四百年，但却比欧洲早了两千多年。

在《吴越春秋·阖闾内传》中，记载了一则美丽动人的故事。

铸剑师干将，被越国君主限时铸剑，为炼炉中的“金铁不销”焦急。其妻莫邪疑惑，问其故。干将沉痛地说，他想不出办法，只记得当年老师作冶，遇金铁不销，老师夫妻二人纵身投入炉中，方使金铁销融，成就利器。莫邪遂下令三百弟子大力鼓风，烧红炉火，自己则对天下拜，跃身投入了熊熊炉火中。立刻，铁水销融了，神剑炼成了。这两口剑，一口名为干将，一口名为莫邪。

这是一则古老而美丽的带有传说性质的冶铁铸剑的故事。这则故事，至少让我们看到了春秋冶铁业的三个基本方面。

其一，那时候的高难度炼铁，具有以身殉炉的炉神崇拜习俗。这种冶炼行业习俗，后来一直沿用到明清时代。虽然神秘，但却是一种实实在在的曾经存在过的冶炼方式。而这种神秘传统一直延续到明清时期，则说明我们民族的生产思维方式在古典文明社会，一直没有超出原生文明时代的最高创造水平，也没能突破原生文明时期的基本缺陷，一直在踏步不前，甚或出现了严重的衰落与倒退。

其二，春秋时代的冶铁业，已经发展到规模很大、组织有序的工场水平了。有史家认为，能以三百人鼓风、装炭，说明冶铁炉很大，已经是早期竖炉的水平了。

其三，用大型皮囊式的橐籥鼓风，同时集中使用橐籥，是一种对大型炉体送风的独特创造。春秋时代的老子，曾经对这一鼓风器具大为感慨，引申出天地呼吸的哲学想象。老子感慨地说：“天地之间，其犹橐籥与？虚而不屈，动而愈出。”这种鼓风器具与送风方式，一直沿用到近代冶铁业出现之前。这足以说明，它在手工业时代始终保持着最高水平。

以铁器的生产应用为基础，春秋时代的社会风貌展现出前所未有的深刻变化。

4　社会生活的求变潮流

春秋社会的变化，无疑首先是从人们的社会生活变化开始的。社会生活的变化，首先是从烦琐周严的礼制崩溃开始的。

社会对烦琐的礼仪，已经表现出很大的不耐烦。譬如，一次婚礼一千道上下的程式，即或是贵族，也是不堪其累的。仅仅一道初期的纳彩礼，要全部进行完毕，大约得从大清早一直到日薄西山。依据严格的周礼体系，男女婚礼的全过程，要经过六大基本阶段，称为“大婚六礼”。这六礼是：纳彩、问名、纳吉、纳征、请期、亲迎。我们做了简单的统计，纳彩阶段有三十多个具体的礼仪程式，纳吉阶段也有三十多个礼仪程式，包括在这两大阶段之中的答谢宴请使者，又有六十多个礼仪程式。其后的纳征礼，也就是行聘礼，有将近三十个礼仪程式。请期礼，也有三十多个礼仪环节。亲迎是最大阶段，仅婚期两日之内便有四百多道礼仪程式。总共统计，大婚六礼要全部完成，需要经过大约一千道的礼仪程式。

如果再加上每个礼仪阶段的预备程式，以及对所需要的特殊人物与特殊礼物的搜求，譬如使者，譬如活雁，譬如丝绸、佩玉、珠宝等聘礼，这种婚礼无论怎么充满了肃穆与美感，都实在是一场过分奢靡、漫长、艰辛，而又太过苛刻的程式化过程。客观地说，即或是上层贵族，要完整地、严格地按照周礼走完婚礼全过程，也是极难极难的。这里的关键点在于，即或你有足够的财富，你这个人也未必受得了。

不仅仅是婚礼，只要我们大体读读与周礼相关的文献，我们就会发现，西周社会生活的方方面面都有着烦琐细致的礼仪规定。不说邦国大政凡事皆有礼仪了，即或人民大众的日常生活，譬如加冠，譬如葬礼，譬如社交，譬如出行，譬如饮酒，譬如射箭、投壶、游戏等，无一不是礼仪重重，严格琐细。而在所有的礼仪中，葬礼与婚礼最为耗费财力与精力。尤其是葬礼，要一直延续三年，对任何人都是巨大的摧残与无情的折磨。

客观具体地分析这些礼仪规定，许多礼仪即或在今天看来都是有合理性的。譬如前面说到的吃饭时候的许多禁止性要求，都是健康的，文明的。但是，当这些礼仪综合为一个庞杂的大网，进而半强制地覆盖全社会，要求人人事事都要亦步亦趋严格遵守的时候，这种礼仪，事实上就变成了一种非常不切实际的行为教条，人不堪其苦，事不堪其累。正因为如此，礼治从一开始就有着难以全面实现的困难。非但庶民无法认真实现，故有“礼不下庶人”的普遍豁免。即或是贵族社会，礼仪也同样得不到全面认真地执行。

一个非常贴近日常生活的例子是，贵族每遇饮宴大礼，必在酒案旁设置“玄酒”。

所谓玄酒，就是清水。也就是说，允许饮宴者以水代酒，或在酒中加水稀释之后喝。为什么会有这种变通？王国维做出了解释，他说：“先王不欲礼之不成，又不欲人以成礼为苦，故为之玄酒以节之。”吕思勉先生也就此事解释说：“人之饮酒，多寡不同，而相饷之爵，大小若一。明亦必和水饮之，而后其礼可行也。”两先生的解释，说明了两则基本事实：其一，人若必按周礼行事，是很辛苦的一件事。其二，只有依据实际情况予以变通，礼治才有延续的可能。

请注意，上述种种变通，还都是周礼鼎盛时期的情形。到了西周灭亡而东周建立，以王权衰落为诱因，以生产力的发展为基础，社会生活中的礼制就不可避免地开始了全面瓦解。这就是当时社会说的“礼坏乐崩”。

春秋社会变化的实质发端，正在于这种具有普遍性的礼乐崩坏。《史记·礼书》对春秋时代的社会风貌，作了这样的评述："周衰，礼废乐坏，大小相逾；……循法守正者见侮于世，奢溢僭差者谓之显荣。"这就是说，春秋时代的礼制已经形同虚设了，乐制则已经被破坏了，没有等级观念的大小互相逾越已经成为普遍现象了；恪守礼制的人，每每遭到社会的无情嘲弄，甚或侮辱；奢华僭越等破坏礼治的人，却成为社会显赫之辈，受到人们的尊崇。这里尤其值得注意的一句话是，"大小相逾"。

什么是"大小相逾"？就是下犯上，上犯下，互相逾越礼制规范。下犯上谓之"僭越"，当代人容易理解。可是，上犯下，也被看作"僭越"，当代人就不容易理解了。就实际说，这是指高等级官员不按照礼制办事，对低等级者做出的超越礼制的侵犯行为。譬如，井田制八家的公井，规定要封地主人作基础设施修建。现在，封主或官府因为种种原因不修了，要庶民自己修建水井，这就是上犯下，是上对下违反礼制。《史记》如此记载，说明当时对礼制的逾越与破坏，已经是一种普遍的社会现象了。下等人逾越礼制规范，上等人也逾越礼制规范，而且交叉逾越，相互侵犯，导致了社会的激荡不安。

值得注意的是，在当代意识中，举凡涉及春秋之变，人们更为关注的往往是"王权衰微"等政治事件。对于真正本质性的社会生活方式的大变化，却因为遥远陌生，而被普遍忽视了。从文明史的意义上，我们恰恰要强调这一点，强调社会各阶层最为普遍的生活变化。正是这样一种蓬蓬勃勃的、日每不休的琐细变化，构成了时代巨变的根基。

5　农耕经济的求变潮流

春秋时代的社会生活求变潮，最具基础性的是蔓延于全社会的农变涌动。

何谓农变？就是以劳动方式为表层，以土地制度为核心的农耕经济领域的思变潮流。这是以农耕之民发端，进而波及井田封主阶层，再进而蔓延全社会的最为深刻的社会生活的求变潮流。从夏代开始，井田制就是农耕经济的支柱制度。到了殷商，仍然如此。但是，夏商两代的井田制相对粗简，远不如西周井田制管辖得严密仔细。所以，西周的井田制与此前千余年的井田制，有着很大的不同，其根本点便是统一管辖的精细化。到了西周晚期，虽然历经种种局部变化，但是其核心框架依然维持着严密化、统一化的基本风貌。用现代经济理论的说法，西周井田制的本质，就是国家主义的农耕经济。

农变的第一层面，是农耕国人对井田制统一劳动方式的普遍不满。

农耕者为什么不满？从基础上说，似乎很简单：铁农具出现了，生产力提高了，古老的生产关系不适应了。但是，只要进入具体的社会元素，农耕国人不满心理的汇聚则要复杂得多。但是，最基本的第一原因也很清楚：井田制向公田倾斜的统一化管辖方式，使民众普遍丧失了劳动积极性，出现了消极怠工。

前面，我们曾经叙述了井田制下农耕国人们的日常生活。从中我们可以看出一个总的特征：井田制下的管辖制度，是向官府与公田倾斜的，基本上是不保护私田劳动的，是不顾及劳动者个人利益发展的。尤其是历经近三百年之后，其沉闷僵化的弊端已经暴露无遗。《汉书·食货志》在说到女子夜间集体纺织时，已经关注到了人们郁积的不满，记述云："男女有不得其所者，因相与歌咏，各言其伤。"到了后来，公开的怠工就出现了。这就是《公羊传》所说的"民不肯尽力于公田"。王权衰落后，王室与各诸侯国统一组织农耕活动的官员力量，又难以维持其庞大体系，管制也相对松懈了。在此大形势下，农民们自然就先顾私田，对公田消极怠工了。

农变的第二层面，是贵族阶层对土地所有权绝对王权化的不满。

西周井田制下，无论是诸侯国的封地，还是贵族阶层的封地，抑或是平民耕作的私田，所有权都属于中央王室。诸侯以及各等级贵族官吏，都得天子分封、诸侯转封，而后方能成为等级不同的土地使用权拥有者。权力但有动荡，诸侯封国与贵族封地，就完全可能被剥夺。那句经典的话语“普天之下，莫非王土；率土之滨，莫非王臣”，说的就是这种天下土地所有权的绝对王权化。用当代语言说，绝对王权化，就是绝对国家化。

也就是说，在西周的井田制下，包括诸侯国君主在内的各层级贵族的土地权力，在本质上都是土地使用权，而不是所有权。包括诸侯国君主在内的所有受封贵族，都不是真正意义上的地主。其能否继续拥有大规模的土地使用权，完全取决于政治权力的稳定与否，而不取决于经济本身。

这种极其脆弱而又完全维系于政治权力得失的土地使用权，贵族阶层，尤其是诸侯国君主之下的中下层贵族，是不能满意的。因为，无论他们将自己的封地经营得多好，都有可能随时被剥夺。于是，贵族阶层的不满，化作了千方百计使自己拥有的土地变成真正私有权的努力。这种努力，既是社会化的，也是个体化的。

从社会化方面来说，就是贵族阶层普遍地挑战王权，力图脱离王权控制，力图从“政治统治权决定土地所有权”的怪圈中摆脱出来，借以使土地变成自己真实的财产。从个体化方面来说，就是互相交易土地，不断以政治权力一时难以干预的形式，扩大自己的地盘，使自己成为真实的土地所有权拥有者，成为真实的地主。

另一种普遍形式，是强势的新兴贵族开始利用私人拥有的武装力量争夺土地，不依靠天子分封而成为大规模土地的主人。

这三方面的事实，被当时的文献概括为“易田，争田，夺田”三种方式，其具体事例，史料中比比皆是。

农变的第三层面，是农耕国人对“私田不私”的普遍不满。

在西周井田制下，国人（平民）的土地使用权最为脆弱。国人，非但其耕作的土地属于王权与层叠其上的贵族封主，而且是二十岁受田，六十岁归田，只有四十年的土地使用权。也就是说，所谓“私田”，只是在四十年耕作周期的意义上说的，而不是在所有权意义上说的。事实是，私田不私，实际上同样是国家公田。这种不稳定的使用权，使平民对土地的投入始终缺乏长远的激情，更缺乏经营意义上的努力。消极怠工是最浅层的抗议，王权官府一旦失去了全面组织社会集体劳动的能力与条件，耕作平民的不满，就化作了争取土地所有权的种种努力。其最直接的方式，就是脱离那些恪守旧管辖方式的贵族封主，转而依附于新兴地主，在新兴地主阶层的势力圈内，谋取对耕作土地的真正占有权。

为什么会这样？原因是，蓬勃出现的新兴地主阶层，在当时社会创造出了一种新的土地经营方式。这种新的经营方式，其最初的主干脉络是：首先，新兴地主将自己的土地作为“期货”，卖给依附于自己的民户，使民户一开始便能成为耕作土地的真正所有者；其次，民户耕田自主，新兴地主不加任何干预；再次，民户每年向新地主缴纳一定量的实物地租，并服一定量的劳役，用来抵偿土地价格。一定时间段后，民户抵偿地价完毕，便成为真正的小地主，再与原先的地主重新议定赋税缴纳的方式与数额。其间，农民若耕作致富，则完全可以购买更多的土地，跃升为新兴地主阶层。如此弹性，如此前景，耕作平民自然要背弃井田制，依附于积极吸纳人口的新兴地主阶层了。

从总的方面来说，农耕之变是春秋社会变化的最深刻基础。不了解这一时代的农变大潮，就不能把握这一时代真实的社会脉搏。

6 工商业的求变潮流

春秋时代的第二个求变大潮，是工商业领域的普遍不满与自发变化。

西周王权，并没有主动抑制工商业，而只是由王权与诸侯国的各级官府，统一管制工商业领域而已。《尚书·洪范》将“食货”列为“八政”之第一、第二。《史记·货殖列传》则云：“(天下百物,) 皆中国人民所喜好，谣俗被服饮食，奉生送死之具也。故待农而食之，虞而出之，工而成之，商而通之。”《史记·货殖列传》又引述《周书》云：“农不出，则乏其食；工不出，则乏其事；商不出，则三宝绝；虞不出，则财匮少。”太史公据此指出：“此四者，民所衣食之原也。原大则饶，原小则鲜。”《汉书·食货志》记载：“食，为农殖嘉谷，可食之物；货，谓布帛可衣，及金刀龟贝，所以分财布利通有无者也。二者，生民之本……食足货通，然后国实民富。”

这些古典文献的论述，说明了一个基本事实：中国的夏商周三代，在以农耕经济为根本的同时，也将商业看成为重要的社会经济支柱之一。尤其是殷商社会，商业与农耕更是其最重要的两大经济支柱，号为“食、货”两大政，是国家政务最为重要的头两件大事。至于西周，商业虽然依旧是社会四大支柱（农、工、商、虞）之一，但是，对商业的管理却全面转型为国家统管，私人从事商业活动，是被禁止的。用今天的话说，就是全部一律的国营工商业。所以如此，是因为西周实行的是全面经济统治，一切基本经济活动都是由国家统一管制的。手工业作坊、商业店铺、交易市场等，一律由官府开办。工匠与商人，以及管理市场的职司人员，都是在官府领取禄米的“国人”。

这就是西周社会的“工贾食官”制度。

相比于殷商社会官商与私商并重的商业经济活动，西周是一个明显的倒退。这种倒退现象隐含的历史哲学意义是：中国近古社会的联邦制国家形式，已经发展到了最为成熟的巅峰阶段，已经有能力对全社会实行相对全面而严密的统一管理了。但是，成熟意味着创造生气的衰减，意味着几乎是必然的崩溃没落。

历史要前进，就必须实现对旧有体制的突破。

统一管制的国营商业，带来了两个最大的弊端。其一，商业规模有限，不能渗透到社会角落。国营商肆集中，规模也大，但覆盖面却不大。由此，天下货物不能充分流通，社会需求得不到满足，商业活动对社会的促进作用便在事实上被大大遏制了。其二，国营商肆的垄断，剥夺了包括贵族阶层在内的所有社会阶层通过商业活动谋取利益的路径。尤其对于图谋扩大财富的中小贵族，以及力图摆脱贫困的平民阶层，这种国营商业的垄断制，等于卡死了他们最为有利的致富通道。

司马迁在《货殖列传》中，引用了《周书》的四大支柱论后，以民众的目光对当时的社会思潮进行了描述，他说："此四者，民所衣食之原也。原大则饶，原小则鲜。上则富国，下则富家。贫富之道，莫之夺予！而巧者有余，拙者不足……夫千乘之王，万家之侯，百室之君，尚犹患贫，而况匹夫编户之民乎！"

用今天的话语翻译，这段话的意思就是：农、工、商、虞（山泽经济）这四大领域是人民生计的源泉。这个源泉广大通达，则人民富饶。这个源泉狭窄矮小，则人民穷困。四大领域活跃开放，既可以富国，也可以富民。对于人民，由贫致富的道路应该是自由的，不要剥夺我的权利！民众有能力就富，没有能力就穷。那些王侯大贵族们尚且害怕贫穷，更不要说编入户籍的匹夫平民了！归结起来就是：天下人等要求富裕的愿望是不可遏止的，贵族要富，平民也要富。"渊深而鱼生之，山深而兽往之"，没有什么力量可以阻挡。

显然，这是一种要求扩大工商业主群体的社会思潮。因着此等社会思潮，私家商业在王权衰落与管制松懈的背景下蓬蓬勃勃地发展起来了。其时的民间商旅盛况，司马迁是这样描述的："天下熙熙，皆为利来；天下壤壤，皆为利往。"事实上，那时的私家商业兴起的故事，在史料中比比皆是。那时的商业活动遗存，在两千多年后的历史考古发掘中，也是多不胜数。

7 法律状况的求变潮流

律法，或曰法律，在夏商周三代的国家规范中占有非常重要的地位。

西周青铜器周康王大盂鼎有铭文："法保先王。"《左传·昭公六年》云："夏有乱政，而作禹刑。商有乱政，而作汤刑。周有乱政，而作九刑。三辟之兴，皆叔世也！"《汉书·刑法志》云："禹自以德衰，而制肉刑，汤武顺而行之。"《周礼·秋官·司刑》记载："夏刑三千条。"《墨子·非乐》云："汤之官刑有之……"《书序》云："穆王训夏赎刑，作吕刑。"

这就是说，夏商周三代，皆有法律。夏代"禹刑"，商代"汤刑"，周代"吕刑""九刑"。我们的问题是，这些统称为"刑"的法律，它们究竟以什么样的方式存在着？是以确定的文本形式存在吗？是要求司法者必须严格地援引执行吗？是藏在官府的王权利器，还是公布给社会的共同规范？

让我们就其基本方面，作最概括的说明。

第一方面，是法律本身的内容构成。

夏商西周三代，直至春秋社会，早期国家的法律内容，都还只是有关刑治的规范，而没有细化为全面的法律规范。精确的、全面的、体系化的法律规范，要等到三百余年后的商鞅变法时才会出现。也就是说，早期国家时代的法律是相对简单化的，是相对粗线条的。之所以如此，早期国家时代的治世理念是直接原因。那时，依赖社会习俗、王的德望、王道礼制治理天下，是基本的治世理念。法的意义，在当时的治世实践中，只是一道确保社会稳定的国家底线，而不是全面覆盖社会活动的体系性规范。

法的社会意义，决定着法的内容构成。任何时代，都是这样。因为法的社会安全底线的性质，中国早期国家时代的法律内容，就相对单纯化，只是对犯罪行为的惩罚做出规范。所以，这种法的名称，直接叫作“刑”。从历史实践看，早期自然经济条件下的社会人群，犯罪行为的种类相对少，主要是杀人、伤人、争夺、抢劫、偷窃、叛乱等几种方式。对这些行为的惩罚做出规定，“刑”的社会任务就算完成了。是故，作为惩治规范的“刑”，自然也就相对地简单。

直到五百余年后，刘邦的军队进入关中。为了尽快维护社会安定，刘邦首先推出了最为简单化的约法三章：杀人者死，伤人及盗抵罪。这三章约法，实际上只是禁止了杀人、伤人、作乱、偷窃四种犯罪行为。因为，“盗”在先秦时期的最初含义是暴动作乱，后来又包括了抢劫财物与偷窃财物。所以，约法三章在实际上是禁止了四种犯罪行为。这一简单的约法，在秦末社会尚且能够达到保证社会安定的最底线，此前五百年更不用说了。由此可以看出，在整个早期国家时代，中国法律形式的单纯化与法律内容的简单化，是由其社会基础——犯罪行为的相对简单化决定的。

虽然相对简单，但对“刑治”核心职能的体现却是完整的，没有重大遗漏的。

这一完整性，主要体现在早期国家时代的“刑书”，除规范个人犯罪的惩罚外，还将群体犯罪的最高形式——社会叛乱，作为最大的犯罪行为纳入了刑治规范。此所谓“大刑用甲兵”。对叛乱的讨伐战争，是天下最大的刑罚。这种理念一直延续到两汉，在史书中仍将兵事记载纳入在《刑法志》里。

这种“刑治”结构，实际上宣示了一种法的理念：国家武装力量非但是法的后盾，而且是最大的执法机器。这也就是说，早期国家时代的“刑”，虽然还不是全面规范社会生活的法律体系，但却实现了法的核心职能，保证了社会安定。法律体系的其余职能，当时的国家交给了德治、礼治等其他方式去完成。

但是，若用当代广义法的理念分析，将具有法律效力的一切官府文告与王权治理意志都看作法律范畴，那么，中国早期国家时代的法律体系，无疑是相当完备的。因为，除了种种具有法律效力的文告、礼制等之外，早期国家的“刑”规范，也不是完全没有民事与政治生活方面的规范内容的，只不过相对更为粗线条罢了。学界对中国法制史的研究显示，商代《父乙鼎铭》记载的土地分赐，以及三代社会对各种财产争夺的刑治处置等，都是早期国家时代的民事财产规范。只不过，它们不叫作法而叫作“刑”罢了。

因此，我们不能简单地说，中国古典社会“刑”与“法”的相对分离，或者说刑治规范的相对独立，就是中国法律始终不成熟的表现。要在中国建立法治文明，我们就必须研究中国的法律传统，发掘那些具有永久价值的法治思想、法律条款与司法精神，将它们当作中国法治的最大国情、最宝贵的文明遗产去继承。一味以西方法律思想为真理，以西方法律体系为楷模，漠视中国法律传统，在法治方面走向文明虚无主义，是一种非常不合适的思维方式。作为实践方式，则是一条对建立中国法治文明非常有害的历史道路。

第二方面，是早期法律的存在形式。

夏商周三代的“刑”规范是有明确的文本形式的，并不是口头流传的。这种法律文本，在当时有三种形式：一种叫作“殷彝”，一种叫作“图法”，一种叫作“刑书”。《尚书·康诰》记载：“罚蔽殷彝，用其义刑义杀。”《尚书·吕刑》记载：“明启刑书，胥占。”《逸周书》记载：“刑书九篇”。《吕氏春秋·先识览》记载：夏桀暴乱愈甚，“夏太史令终古出其图法，执而泣之……出奔如商……殷内史向挚见纣之愈乱迷惑也，于是载其图法，出亡之周……晋太史屠黍见晋之乱也……以其图法归周。”

具体说，殷彝，就是铭刻有法条的青铜礼器，也就是后来的刑鼎。应该说，这是夏商两代法律文本的基本形式——青铜法律文本。

当然，也是中国最早的成文法。除此之外，夏商两代的法律文本也还有另外一种形式——图法。这是一种文字附带图画的早期法律文本。因为有文有图，故曰图法。《吕氏春秋》说到的三个时代三个太史令的政治逃亡，都是将“图法”当成最为珍贵的国家秘籍带走，说的就是当时的法律文本。

发展到西周，青铜礼器铭刻法条，已经不再成为基本形式。图文形式的法律文本，也显示出某种简单化的缺陷。追求精细化的周王室，创造出了较青铜文本、图法文本相对详尽许多的纯文字的法律文本，名称叫作刑书。实际的历史发展情况是，直至春秋中晚期，青铜、图法、刑书三种法律文本形式，一直是并存的。

值得注意的是，由于青铜文本的特殊质感——庄严、厚重、宏大，春秋晚期最初公布的法律，仍然是以“铸刑鼎”“铸刑书”这两种形式出现的。这两种方式，都是将青铜鼎的形式与刑书的法律内容相结合，在青铜鼎上铭刻纯文字的法律文本，既显示了特殊的质感，又发布了相对详尽的法条。这种刑鼎，实际上已经不是夏商周三代内容简单的青铜法律文本了。直到后来被称为“竹刑”的竹简刑书的公布方式出现，法律进入了易于传播的轻便方式。到战国之世的大变法浪潮，法律普遍以竹简、布帛、羊皮纸等文本形式公之于社会，青铜鼎形式的“刑鼎”、图文形式的“图法”，才宣告了历史的终结。

第三方面是法律文本与司法实践之间的关系。

就历史实践而言，夏商西周直到春秋社会，这种关系还都不是后来战国时代的依法施治，不是严格依据法律文本规范的司法行为与各种社会行为。那时，法律文本与司法行为之间，是一种不确定的模糊关系。《左传·昭公六年》的“正义”，对这种关系做出了最好的说明：“设法以待刑，临事而议罪，不须豫以告民，自令常怀怖惧。”

这就是说，国家设定的法律文本，无论是刑鼎、图法、刑书，都不事先向社会公开，只有在违法犯罪发生而需要定刑时才拿出来，作为司法官员的基础依据。因为相对简单化的法律文本，不可能找到每件具体的违法犯罪行为的对应条款。所以，每件违法犯罪行为的处罚，都要由执法官员根据实际情况临事议定。这就是“临事而议罪”。

这种司法方式，很接近于当代法治的英美判例法。这不是误解，也不是简单类比。因为，英美判例法有更为根本性的法律与立法精神作依据。中国早期的“临事议罪”，其基础依据也不仅仅是“刑书”本身，还有更为根本的治世理念。所不同者，中国早期的这种“临事议罪”的司法形式，因为缺乏程序法的规定，显得简单粗疏一些。

这种极不确定又弹性极大的“临事议罪”方式，使法治实践必然渗入极大的人治因素。后果是，给社会带来了对法律的极大恐惧、恐怖心理。这里需要注意的是，上层贵族已经明白宣示：对法律的恐惧感与恐怖感，正是王道统治者们所希望看到的，正是他们所自觉追求的精神威慑目标。这就是“自令（民）常怀怖惧”。

第四方面，当时法律文本的保存方式。

在春秋之前，无论法律文本是哪种形式，都是藏于王室太史令的典籍库，或诸侯国太史的典籍库里的。最高司法大臣的官府是否也有法律文本，我们已经很难确定了。从实践需要说，应该有。但从王权利器的意义上说，又只能是王室或诸侯国君收藏的。但无论如何，法律文本都是不对寻常贵族与国人公开的。关于法律文本的保存与开启制度，直到大约三百余年后的商鞅变法，才得以确立。商鞅设置了三级“法官”制，“法官”的职能，首先便是专门保存法律文本，其次才是专门对民众与官员开展法律条文的咨询。这是后话。

早期国家时代，为什么不公开法律？据《左传·昭公六年》记载：晋国贵族大臣叔向，给要对社会公布法律的郑国执政大臣子产写了一封信，将不能公布法律的原因说得非常透彻。叔向的信满怀愤激，是一篇极其精彩的王道辩护书，原文引证在此，以作奇文共赏——

始吾有虞于子，今则已矣！昔先王议事以制，不为刑辟，惧民之有争心也，犹不可禁御。是故，闲之以义，纠之以政，行之以礼，守之以信，奉之以仁，制为禄位以劝其从，严断刑罚以威其淫。惧其未也，故诲之以忠，耸之以行，教之以务，使之以和，临之以敬，莅之以强，断之以刚。犹求圣哲之上，明察之官，忠信之长，慈惠之师。民于是乎可任使也，而不生祸乱。民知有辟，则不忌于上，并有争心，以征于书，而徼幸以成之，弗可为矣！

夏有乱政而作《禹刑》，商有乱政而作《汤刑》，周有乱政而作《九刑》。三辟之兴，皆叔世也！今吾子相郑国，作封洫，立谤政，制参辟，铸刑书，将以靖民，不亦难乎！《诗》曰："仪式刑文王之德，日靖四方。"又曰："仪刑文王，万邦作孚。"如是，何辟之有？民知争端矣，将弃礼而征于书，锥刀之末，将尽争之，乱狱滋丰，贿赂并行，终子之世，郑其败乎！肸闻之："国将亡，必多制。"其此之谓乎！

这篇王道辩护书开列出的不能公布法律的原因，最根本的有三条：第一，不公布法律文本，这是自古以来的王道定制，为防止民众滋生争心。第二，公布法律文本的后果很严重。民众将以法律文本为根据，在争端发生时抛弃礼制，蔑视官员，结果或是抗争官府，或是大行贿赂。所以，公布法律是败国之举。第三，法律文本应该保持神秘性与威慑性。治民的王道理念，是不要或少要法制。夏商周三代制定刑书，结果都是乱世。法制多出，是国家灭亡的前兆！这个叔向是极为清醒的保守政治家，他将公布法律的后果看得非常透彻。

总体上说，上述四方面的法律状况，必然会引发普遍的社会不满。在王权衰落的大背景下，社会已经很难忍受这种以威慑人民为目的、完全不公开的神秘化法律了。但是，任何时代的变革思潮要达到法律新生的程度，都只能表现为最高峰时期的变革成果，而不可能在变革思潮刚刚出现时，便有新法律的产生。

这个历史过程，往往是漫长的。即或到了两千多年后的西方，从文艺复兴到启蒙运动，再到产生资本主义的三权分立制度，也经过了将近四百年时间的酝酿。中国春秋时代的法律变革思潮，也要一直延续到二百三十余年后的春秋晚期，才能以局部的法律变革为先导成果表现出来。一直到多年后的战国，才会发生法治文明的大变革。总之，这个文明历史的跨越过程，一直用了将近五百年的时间。

8 政治文明的求变潮流

春秋时代，最居于轴心地位的社会变化，是迅速弥漫的追求政治变革的思潮。

政治变革的需求，最直接的原因来自西周王权的衰落。具体说，王权的衰落，首先表现为王室对诸侯国控制力的不断弱化。西周末年的镐京之乱，使西周王室及其王畿族群历经近三百年积累的财富，几乎丧失殆尽。王室的武装力量——天子六师，也遭到接近于毁灭的重创，从此一蹶不振。作为周人根基的整个关中之地，已经沦为戎狄盘踞、都城毁灭、人口锐减、农耕荒芜的凋敝混乱之地，而且也已经封给了秦人族群。当时的周室，所能依靠的唯一根基，只有东部的洛阳大城了。

洛阳大城，原本是周武王灭商后，由周公主持营建的东部军事重镇，连同其周边地带，一直由王室直辖，不是任何诸侯的封地。洛阳的核心职能，是以武装力量监控殷商遗民与东方戎夷。所以，洛阳建成初期，虽然处于平原地带，精于耕作的周人族群却并不居住在这里，而住在关中王畿之地。因此，西周时期的洛阳地带，并不如何富庶。其驻军的财货粮食等基本物资，大部分都由关中的王畿输送。西周王室驻扎在洛阳的“六师”车战军力，原本已经在不断对各方戎狄的战争中大大消耗，不堪与任何突然的、有一定规模的入侵力量展开一场大战了。而西周的战车制造成本极高，战车甲士的训练，以及与配套步兵的配合作战训练，所需时间又很长，耗费财力也很大，急切间根本不可能有效补充。

及至周幽王晚期，镐京之乱突发，王室仅有的些许兵力，也在护卫周幽王的出逃之战中被全部摧毁了。于是，名义上拥有最雄厚兵力的周王室，几乎完全没有了自救的力量，只有求救于诸侯国，与尚不是诸侯的秦人武装。及至周平王东迁初期，与齐、鲁、晋、楚、秦、郑、宋、卫几个大诸侯国相比，周王室几乎沦落为财力最薄、军力最弱的权力单元了。除了天子的名义权力，此时的周王室，已经没有了对天下“赏功罚过”的起码实力了。

权力关系的演变，永远以实力为根基。这是永恒的历史法则。

政治生活的求变潮流，首先源自人变，即社会各阶层的新分化与新组合。

西周社会的特质，是社会等级制森严有序，基本上是人的血统决定一切。那时候，社会等级的大框架是：天子（王族）——诸侯国君并中央大臣的贵族阶层（五等）——卿大夫阶层——士阶层——国人阶层——奴隶阶层。在每个社会阶层之中，又有等级高下之分，除非极为特殊的功勋，均不能突破礼制规定的社会等级。相比于夏商两代，西周社会等级制的森严与成熟，已经达到了联邦制国体下的巅峰状态。这种森严有序的社会等级制，一方面维护了王权制的稳定，一方面也使社会变得僵化窒息。历经近三百年的发展，以西周王权的政治大危机为转折，以王室东迁洛阳为起点，以上述种种基础性的社会变化为根基，春秋社会的森严等级制很快便松动了。

等级制的松动，首先表现为各阶层在权力突破与利益突破中出现的人才需求。

第一层面，最高层贵族中被分封的新诸侯不满现状，寻求更广阔的利益出路，引发了对人才力量的新需求。这方面最典型的例子，是西周最后一个分封在关中王畿的诸侯，郑桓公姬友。他为了谋求更大出路，曾在周幽王时期求教于周王室史官史伯，请史伯分析天下形势并指点出路。之后，郑桓公遵照史伯指点，将郑国迁到了中原的郐国与虢国之间的荒芜之地。其间，下层能才祭仲、考叔、高渠弥、祝聃等皆来效力，一时成为郑国名臣。后来，郑桓公在镐京陷落时保护周幽王出逃而战死。其子郑武公立即在周平王东迁后的第二年和第四年，分别吞并了郐国、虢国，为新郑国崛起为春秋初期的霸主奠定了根基。

第二层面，诸侯国的新兴贵族为了扩张势力，率先激赏有功平民做官，打破了僵化的等级制。这方面的典型例子，是晋国末期的卿大夫赵鞅，为了拓展势力，在与郑国作战中明确号令悬赏："克敌者，上大夫受县，下大夫受郡，士田十万，庶人、工、商遂，人臣、隶、圉免！"

第三层面，卿大夫阶层为了更多利益，有见识者纷纷选择新出路，并争取社会人才的归附。譬如陈国贵族陈完，眼见在陈国没有出路，便迁到了齐国，并改姓为田氏，在一批下层出身的杰出人才的辅助下渐渐崛起。后来，终于取代了齐国的姜氏政权。

第四层面，在社会各种势力集团对各种人才强烈需求的历史条件下，士人阶层纷纷争取出路，迅速成长为文、武、医、工、水、农等诸多实用领域的人才，进而迸发出耀眼的社会光华。

士，本来是西周贵族社会的最下层，分为上、中、下三等士子，以实用领域的技能者与格斗技能者居多。同时，"士"又是军队下层军官的爵位称号。在王权衰落而权力格局趋于多元化竞争的大背景下，人才需求大大刺激了"士"阶层的迅速壮大，以及在各个专业领域的全面开花。

贵族阶层的沦落者加入了士阶层，平民群体的才俊者也跃升到士阶层，甚至最底层的奴隶阶层也因为特殊的才能与功劳，同样可以跃升到士阶层。如此，他们迅速在各个领域伸展开来。有成就的杰出士人，还开创了传播学问的私学方式，吸引了大批贫寒庶人归附这些学问大师，使诸多学问与技能开始走向民间，并有了前所未有的一定程度的社会普及。整个春秋之世，士人阶层的爆炸性成长，成为整个时代最耀眼的精神旗帜。

士阶层的骚动，是社会政治变化的核心因子。

在《史记·礼书》中，记载了一则这样的故事：孔子发现，自己的学生子夏在听讲书时常常魂不守舍。孔子着意观察，发现子夏经常匆匆出馆，游走街市，回来便如此。孔子遂问其缘故。子夏坦率地说："出见纷华盛丽而说（悦），入闻夫子之道而乐，二者心战，不能自决！"众弟子们一片愕然，孔子则摇头叹息。

《史记》记载这个故事的实际意思，是说当时天下的变化之大，连子夏这样的贤者都不能评判高下正误了，都要"心战"了，何况普通的民众。客观地说，春秋社会的种种大变化，实际撕裂着既定的价值评判体系。在保守的旧贵族看来，春秋社会的风华繁盛、商旅奢靡、道德下滑，以及种种上下错乱与是非颠倒的现象，已经是洪水般弥漫了。这种大变化，是社会沉沦，是王道大坏，是应该被纠正的，社会应该回归到井然有序的王道礼治状态。

但是，反映在《诗经》及其他文献中的社会心声，却是另一番景象。将那时的社会性描述最简单地汇集起来，是这样一幅历史景象：烨烨震电，不宁不令。百川沸腾，山冢崒崩。高岸为谷，深谷为陵。礼崩乐坏，瓦釜雷鸣。也就是说，在社会民众与一部分有识之士看来，这是一个风雨雷电的时代，是一个蓄势待发的时代，江河沸腾，高山崩塌，低洼崛起，一切都呈现出新的迹象。旧有的庄严神圣正在沉陷，新兴势力与新的生活方式正在蓬勃生长。王道衰微了，礼制崩溃了，乐制败坏了，卑贱的瓦罐也雷鸣般吼啸起来了！显然，这是一种欢欣鼓舞的心态，是一种融入并且促进社会变化的心态，与旧贵族的评判是大相径庭的。

对于春秋时代的政治变化，《史记》的篇章是这样概括的。《礼书》云："礼废乐坏，大小相逾。……循法守正者见侮于世，奢溢僭差者谓之显荣。"《乐书》云："治道亏缺而郑音兴起，封君世辟，名显邻州，争以相高……陵迟以至六国，流沔沈佚，遂往不返，卒于丧身灭宗，并国于秦。"《封禅书》云："礼乐废，诸侯恣行。"

上述评判用今天的话说就是，旧的礼制等级完全错乱了，上下都以破坏规矩为常事。遵礼守正的人，经常被人瞧不起，甚或遭受嘲笑侮辱；狂妄大胆、破坏规矩、风华奢靡的卑贱人物，反而变得显贵尊荣了。在意识形态变化方面，王道礼治衰微残缺了，风华奢靡的音乐弥漫了，思想领域完全混乱了，无论是诸侯还是世族，都在争相炫耀靡靡之音，看谁更糜烂。这种沉沦之风一直延续到战国，各国非但没有醒悟，反倒越陷越深，终于丧身灭宗，被秦国灭了。

有寻求政治变化的潮流，便有反对变化的保守潮流。春秋时代也是这样。

在《史记·孔子世家》中，记载了这样一则故事。公元前500年，鲁定公十年。当时，孔子在鲁国刚刚行使相权，代理主持鲁国政务。孔子遇到的第一件大事，就是"齐鲁夹谷会盟"。孔子力主文事必有武备，以森严阵势对付齐国，所以，鲁国出席会盟的力量与气势很盛。可是在会盟之间，孔子发难于齐国的，并不是两国邦交，而是齐国的两场歌舞。第一场是军士歌舞，被孔子严厉斥责为"夷狄之乐"，齐国不情愿地撤销了。第二场是宫中乐舞，又被孔子严厉斥责为"优倡侏儒，营惑诸侯"，动用鲁国武力，当场将齐国歌舞者斩断了手足。这则历史小品，最为形象地透视了春秋时代的政治风貌变化。

当时的齐国，风气率先大开，宫廷乐舞既受东方夷狄族群之感染，又受都会市井民俗变化之感染，是当时社会生活中变化比较显著的诸侯国。两国会盟，齐国君臣们显然将自己的新歌舞当作了时尚，既炫耀于鲁国，又取悦于鲁国，合盘端了出来。不想，却遇上了最为强硬的王道礼治派，碰了一个再生硬不过的钉子。

这说明，春秋时代的政治求变潮流很强大，反对政治变化的潮流也很强大。

求变的潮流，滋生于广阔的社会土壤。上至庙堂，下至井社，所有的社会阶层几乎都对现状不满，都在追求与自身利益相关的具体变化，最终汇成普及全社会的时代大潮。具体地说，各个阶层求变的方式、求变的内容、求变的目标，各有不同，有的甚至相差很大。但是，整个社会都在追求变化，都觉得不能再生活在旧礼治的窒息框架下了，这个世道必须改变活法了。这是一致的。

反对变化的主要力量，则是旧时代的既得利益者，也就是老贵族阶层，以及在精神上自觉追奉王道礼治的某些社会保守力量。求变精神催生的社会变化潮流，与王道理念撑持下的社会保守力量普遍碰撞，激荡起春秋时代广阔的、全方位的社会波澜。这一广阔而长期的交锋波澜，使这一时代的社会土壤渐渐发生着一种质的变化、质的提升。

这就是春秋时代以政治变化为轴心的开端气象——

万物聚变，六合激荡，社会多元，主流不振，礼废乐坏，瓦釜雷鸣。

普遍的共振，必然产生普遍的突破。

让我们走进那个剧烈变化的大时代，看看中国文明的新芽是如何破土而出的。

小国争霸：政治变革之发端

1　春秋政治变革的历史阶段

在国家时代，政治文明的变革是社会进步潮流的轴心。

春秋时代的社会变化与政治变革，是逐步发展、不断深入的一个历史过程。这个历史过程，一直延续了将近三百年。这是中国历史上第一次突破“汤武革命”的暴力政治传统，以和平变革的方式所实现的政治变革与社会变革。需要特别引起注意的是：所谓和平变革，并不是说这个时代没有战争，而是说当时各国内部的经济、政治变革，以及对最高王权所采取的政治行为，都是以非暴力的和平方式为主要方面的。

从总体上看，春秋时代和平变革的历史形式，大体上是这样一幅图景：部分有为的诸侯国以自身的变革、利益的扩张，以及在相互战争中争夺天下影响力与领导权的形式，不断削弱着王权，改变着社会利益格局，使整个社会文明不断向新的形态迈进。

托名黄帝的古典文献《阴符经》，从政治哲学的意义上对这种以政治变革为轴心的全面社会变革给予了充满希望与力量的概括：“天发杀机，移星易宿。地发杀机，龙蛇起陆。人发杀机，天地反覆。天人合发，万化定基。”这一论断的实质含义是：若天道人心皆思变革，那么一切方面的变革就会汇聚成天地翻覆的大潮，具有坚实的社会根基，会不可阻挡地前进。

生活在春秋社会的孔子，曾概括了当时政治变革的典型特征：“天下有道，则礼乐征伐自天子出。天下无道，则礼乐征伐自诸侯出。……天下有道，则政不在大夫。天下有道，则庶人不议。”从历史实践看，春秋政治变革的最重要方面也正在这三个基本点上：第一，诸侯国取代了天子的“礼乐征伐”大权。第二，大夫们夺取了诸侯国君的政事权。第三，庶人们普遍获得了对国家政治的议论权。从历史时序看，春秋大变革的发展，历经了解冻、序幕与各国争霸三个大的历史阶段：

东周前五十年，王权无为，放任诸侯国自行扩张，是天下生变的序幕。

之后四十余年，诸侯扩张普遍化，中心地域的小诸侯开始争夺霸权，是为第一阶段。

之后百余年，大国在变革中崛起，争夺主导天下的大国霸业，是为第二阶段。

春秋后期数十年，南方吴、越崛起，大国霸业文明进入尾声，是为第三阶段。

2　东周王权的无为状态

中原诸侯国自行其是的利益扩张，是春秋政治变革的序幕。

周平王东迁洛阳的第二年（769 年），发生了一件在礼治时代不可思议的怪事：新诸侯郑国，不奉王命，擅自以武力吞并了毗邻的一个小诸侯——郐国。依据周礼规范，诸侯“擅自征伐”是最大的罪行，天子必须得出动王师问罪，以维护正常的权力格局。此所谓“大刑用甲兵，礼乐征伐自天子出”。必然地，天下诸侯屏息以待，要看看新天子如何展示实力，惩罚这个对新王权秩序做出挑战的叛逆者？

可是，这一次，洛阳新王室的表现比叛逆者还要不可思议。周平王居然一直沉默，非但一直没有动用武力讨伐郑国，而且连一道通报批评的文件也没有！总之是，好像天下什么事也没有发生。天下诸侯们愕然了。没有人解释王室的行为动机，也没有人质询王室的聋哑原因。总归是，诸侯们愕然之后迅速释然，大大松了一口气，纷纷开始了试探性地扩张。

从此，“政由方伯”的局面，很快开始了无可遏制地蔓延。

周平王四年，郑国又吞灭了当时颇具影响力的小诸侯——东虢国(位于今日河南荥阳东北地带)。周王室非但仍然没有问罪，反而给郑武公加了一个荣誉头衔——王室卿士，在中央政权兼了一个很重要的职务。几年后，郑武公死去，其子郑庄公继位，仍然继承了这一中央职务。这就是说，郑国两次擅自灭国，不仅获得了更多的实际利益，而且获得了一种奇特的巨大的天下声望。如此效应，天下诸侯的反应可想而知。

周平王三十二年，王族诸侯晋国发生严重的政变内乱。周王室没有任何应对举措。

周平王四十二年，宋宣公违背立嫡制度，传位给自己兄弟。周王室不见声息。

周平王四十七年，晋国再度发生政变，晋孝侯被杀，晋国大乱。周王室依然保持了沉默。

周室东迁洛阳，周平王是第一任天子，在位五十一年后死去了。

在这五十一年里，面对诸侯“擅自征伐”与诸侯国大夫们发动的多次政变，周王室几乎没有任何有效的国家权力行为。《春秋》和《左传》的记事，都是从周平王四十九年，即公元前722年开始的。

也就是说，此前由王室国史官员记载史实的四十九年里，严重违背周礼的政治事变频频发生，中央王室始终保持沉默。于是，从《春秋》《左传》的记事开始，也就是从周平王死前两年开始，诸侯之间相互攻伐，政变内乱接踵而来，频率越来越高。从郑、卫、陈、蔡、宋、鲁等中原诸侯群相互攻伐开始，天下进入了真正的动荡时期。

历史经验告诉我们：在任何时代，只要国家最高权力处于实质上的真空状态，就必然导致剧烈的政治争夺，进而弥漫为全社会的大争夺。这种争夺，以混乱无序的方式开始，在整个社会付出极其沉重的代价又历经长时期的社会利益整合之后，才能重新创造出一种新的文明。

周平王时期，王权对社会的调控全面失效，国家最高权力已经在实质上处于了真空状态，处于了无主“财产”的境地。其结果，必然是“一兔走而众人逐之”，混乱与争夺是不可避免的。

一个历史的谜团是：东周第一任天子周平王，为何对诸侯乱象始终沉默？

周平王在位半个世纪，对天下格局几乎是完全地放任自流。最看重王权作为的司马迁，在《史记·周本纪》中，对周平王作为的记载，留下了一个很大很大的历史天窗——无事可记的空白。这种被动，这种放任，一方面诱发了社会的普遍不满，一方面也加剧了社会的动荡与变革。在整个春秋时期，民众对上天的种种诅咒，见诸《诗经》者比比皆是。实际上，这正是社会对王权无能的强烈不满。

在中国文明史上，东周中央王室的自动沦陷，是空前绝后的个例。面对公然蔑视最高权力的社会乱局，中央王权不闻不问，听之任之。这种现象，无论在此前时代，还是在其后时代，都是不可想象的。只有在这一时段，在周代社会的转折时期，独一无二地发生了。论最高领袖人物，周代国王的整体素质是相当均衡的，真正白痴低能的天子，周代几乎没有一个。即或是周厉王、周幽王那样被后世指斥的天子，甚或一直到战国最后一个周天子——在周室灭亡的时刻做了王权殉葬者的周赧王，其个人素质与政治品格，也远远高过后世任何一个亡国之君。东周的开国天子周平王，更是曾经悍然引进戎狄势力，敢于发动大规模政变战争的人物，其资质绝非寻常国君可比。

由此，至少可以得出这样一个结论：使东周王权生生忍受日渐衰亡而不能有所作为的真实原因，绝不是国王个人的软弱。那么，为什么会有如此无度的政治退让呢？

3　周王权沦落的历史奥秘

王权沦落的深刻社会历史原因，只能隐藏在周人族群的价值观念体系中。

周人，是一个发端于纯正农耕经济的族群。稳健、持重、精细、求实，具有恭顺的秩序感，同时具有极其强烈的自我道德良知。这是周人的族群秉性。历史证明，在一定的高度上获得成功后，这种纯正的农耕族群，很容易趋于保守。他们习惯于恪守既定的历史传统，习惯于消极守成，不善于继续创新。这种族群秉性，是周人一切国家行为最深刻的精神根基。灭商之初，周人将殷商时代遗留的文明遗产，进行了最为精细化的全面改造，创造出了一种全面覆盖社会活动的礼治体系，确立了与夏商两代迥然不同的周代礼治文明。这一功绩，充分体现了农耕族群善于在发端阶段拓荒创造的特有秉性。应该说，这是周人最为完美的文明创造时期。

自此之后，周人进入了保守主义的守成历史。这里，值得注意的关键点，是从周人礼治文明的内涵所必然延伸出的历史逻辑。

礼治文明最实质的内涵，是以无所不包的礼仪制度为最高的社会规范，而将法制的社会作用降低到了辅助的层面。从实施意义上看，礼制体系在本质上无法具有强制性，而只能是一整套以道德的高尚性为唯一价值标准的社会规范体系。在中国传统的历史观中，周代被视为王道德治的时代。这是基于历史实质的准确评判。所谓王道，就是圣王的治世大道。所谓德治，则是王道的治世原则，是礼治的最高目标——以德望服天下。

这种德治，在对待诸侯关系上，是赏功罚过，保持公平；在对待未曾臣服的戎狄蛮夷关系上，是礼让感化当先，不轻易挑起战端；在治理社会方面，是以百姓为“刍狗”，对民众一视同仁；在对待上层贵族包括王族的内部关系上，是严格恪守宗法制，“上下不逾矩”。这种以“德治”为最高治世原则的政治文明，衍生出一个必然的实践逻辑——王室必须保持道德上的绝对制高点，天子本人必须成为德行的楷模。否则，便是“天子德衰”，便不足以使天下保持崇敬与服从。如此逻辑之下，国家本质所要求的强制性权力行为，很快便陷入了难堪境地。

直接原因是，“天子德衰”的事实越来越普遍，王室的德望已经迅速地沦落了。自西周中期开始，就不断有“天子德衰”的天下评判。及至西周末期的周幽王时期，德治要求的所有底线，都被王室突破了——对诸侯赏罚尽有不公，对戎狄关系多开战端，对民众言论钳制大增，王族立储又公然违背宗法制。如此等等，乱象多生。及至西周末期，周幽王本人大失德行，宠信褒姒，戏弄诸侯，擅自改变继承制度，终于导致了最大的国家悲剧突然降临。丰镐两京毁灭，天子被乱军诛杀，王室骤然沉沦。此时，周王室的德望已经跌倒了谷底。百姓的歌声是：“浩浩昊天，不骏其德。降丧饥馑，斩伐四国……周宗既灭，靡所止戾！”这些声音实际是说：天子再也不修德行了，饥馑与战争频繁发生了。周王室宗庙已经被消灭了，灾难还是不能终止！百姓怨声载道，诸侯国更是直截了当，危难之时索性不来勤王了。

接手的周平王，其德望缺失更是严重。依据已经成为共同价值观的德治标准，周平王的“失德”是极其令人不齿的。至少，他有三个方面的大错。一则，联结戎狄发动政变战争，认敌为友，严重违背当时的华夷大防。二则，放任戎狄杀死周幽王，大有“弑父”恶行的嫌疑。三则，导致戎狄毁灭丰镐两京，使周人的关中根基沦陷，丢失祖业而被迫东迁。如此“失德”之王，如此国破家亡的惨重后果，纵然当时的社会无法公开追究其罪行，也难以掩盖人人明白的事实真相。在这种背景下，周平王事实上已经完全丧失了道德制高点，再也不能以“德望”统领天下了。

依据周人的“德治”价值观，自己背弃了王道德治，就没有资格统辖天下了。诸侯国没有“讨伐无道”，没有“吊民伐罪”，已经是万幸了，王室如何还有勇气施行强权，对诸侯施加惩罚？从尊奉德治规范的意义上说，这是周人力图在国家行为方面达到一种自觉的德行，达到德治规范的高尚性——自觉地赎罪。

可是，果真如此高尚，不是就应该引咎让出国家最高权力吗？周人为什么不这样做呢？为什么既不让权，又不作为呢？这里的根本问题是：德治规范与国家权力的本质要求，发生了极大的矛盾。作为权力体系的国家机器，不是在道德要求上产生的，而恰恰是在人类恶欲横流，并可能导致人类在自相残杀中的毁灭边缘诞生的。所以，国家机器的本质，在于以强制的力量行使权力，借以维护社会的良性发展。这，就是国家权力诞生的正义性。从道德评价与国家强制的相互关系上说，国家强制力量是人类道德发展的最重要条件。没有国家出现，人类基于善性的道德行为，便得不到有效保护；道德与道义的要求，则是国家行为不断前进的航标灯塔；没有道德与道义的存在，国家行为便不会向更高的文明阶段发展。

但是，这两者的职能位置，既不能相互替代，也不能相互颠倒。

道德规范不能取代国家强力，国家强力也不能取代道德规范。道德规范，不能直接成为第一位的社会行为规范。若如此，社会秩序必然因为失去强制性，而陷入全面的混乱争夺与杀戮动荡。基于国家强力的法律规范，也不能成为第二位的社会规范。若如此，国家权力行为的正义性与合理性将大大降低，法律体系必然处于形同虚设的悲惨境地。

周代的王道德治，恰恰将道德规范与国家强制规范之间的关系颠倒了。从本质上说，周人因为颠倒了两种规范的社会位置，使国家行为的正义性与道德规范的高尚性产生了巨大的脱节，从而演化为无法调和的文明结构内部的矛盾冲突，导致了中央最高权力的一筹莫展。也就是说，周人对国家权力行为，仅仅以道德的高尚性为唯一评判标准。如此，必然对有效履行国家权力，构成致命的混乱，致命的束缚。

从国家行为的正义性上说，对外敌入侵进行反击的战争，是必须的。可是，从德治要求的高尚性上说，战争却是要流血牺牲的，在本质上是不能成立的。西周在将近三百年里，对戎狄的反击虽然也有，但相比于后来的春秋战国，一直是很没有力度的。东周伊始，戎狄威胁日益严重，周王室中央政权则几乎完全放弃了发动反击的权力，导致了春秋中期弥漫天下的戎狄大患。仔细体察西周以至东周的软弱，最深刻的根源，正在这种价值评价体系的矛盾之中。

再如，天下诸侯出现普遍的违背礼制的混乱。从本质上说，这种混乱是违法的，作为国家最高权力的周王室，是必须施行强力制裁的。可是，从德治评判出发，一个丧失道德制高点的最高权力，却是不具备正义性的。至于更为普遍的“礼崩乐坏”现象，更是要靠道德自觉去纠正的。这就是说，对于社会乱象，西周王权的价值评价体系的矛盾，已经自我剥夺了国家权力行为的正义性，无法有效地维护天下安定了。

周文明内部架构的深刻矛盾性正在这里——

因为将政治文明的价值体系根基，建立在了德治规范的高尚性之上。所以，对国家权力的正义性造成了极大的侵蚀，极大的限制。这种根本性的矛盾，对于正当的国家权力行为，构成了一种基于自身文明结构所形成的政治陷阱。这一陷阱，使周人政权跌入其中，不能自拔。西周历时近三百年，周王权在这种自我矛盾中一直呈现出不断疲软的下滑趋势。东迁之后，周王权更是愈陷愈深，以至于名存实亡。

周室的特异沦落所蕴涵的历史经验，永远值得我们进行深入地发掘与反思。

4 小诸侯的霸权争夺

在东周第二任天子周桓王即位的第十三年，发生了一场奇特的战争——繻葛之战。

这场战争，是资历很浅的小诸侯郑国对周室王权发动的进攻战，典型的“下克上”，典型的“畔”（叛）罪。起因是：周桓王即位后，决意恢复王权尊严，惩罚郑国在父亲周平王时期“擅自征伐”的罪行。在大臣虢公林父、大将黑肩的主持下，周桓王首先罢黜了郑庄公的“王室卿士”之职，而后联合虢、卫、蔡、陈四个曾被郑国侵扰的诸侯国，对郑国发起了联合进攻。郑国君主郑庄公没有丝毫犹豫便率军应战“王师”联军。在繻葛开战之后，郑国主将子元以“鱼丽之阵”攻击王师联军；郑国将军祝聃一箭射中周桓王肩部，导致周军惊慌大败。所幸的是，郑国军队没有追赶，周桓王侥幸不死。

在当时，这是一场惊世骇俗的大叛逆、大挑战，宣告了王权的彻底沦落。

繻葛之战，距离周平王东迁洛阳仅仅过去六十四年。这场战争意味着王权衰落的序幕已经过去，有实力的诸侯已经开始争夺地区霸权了，已经敢于直接挑战王权了。历史地看，这是春秋霸业文明的第一阶段。这些地区霸权争夺者，史称“小伯”，也就是小霸。虽然是小霸争夺，但相比较于后来的大国争霸，这时的小霸主们对待既定权力秩序的挑战性，尤其是对王权的叛逆性，都远远强烈于后来的大国争霸。

周平王之世的半个世纪，放任诸侯乱政，天下格局已经形成了初步的地域势力圈。这种地域势力圈，大体可以分为五大板块：

第一大板块，王畿地带，主要是郑、卫、虢、陈、蔡、申、许等诸侯国；

第二大板块，泗济两水，齐、鲁两大国及薛、郑、莒、滕等“泗上十二诸侯国”；

第三大板块，秦晋地带，秦、晋两大国及中山国、西部戎狄族群势力；

第四大板块，燕蓟辽东地带，主要是燕、蓟两国及辽东诸胡族群势力。

第五大板块，江淮地带，主要是楚、吴、越三大国及众多的族群自立政权。

从初期争霸的实际进展看，其时的霸业政治，主要波及前两个大板块，也就是中原腹地的诸侯群，尚不具有后来大国霸业时期辐射整个华夏的天下影响力。后两个大板块，当时还相对疏远于霸权争夺，而致力于向霸权薄弱地带的扩张。在这个意义上，我们说，这一时期的霸业政治，是整合局部权力秩序的地区霸权。因此，这一阶段的社会变革具有主流影响力的，是地处文明腹心地带的小霸政治。

这一时期的区域性霸权，主要是四个先后具有霸权影响力的中等诸侯国：郑庄公时期的郑国，宋殇公时期的宋国，齐僖公时期的齐国，鲁庄公时期的鲁国。

第一位小霸主郑庄公，在位四十三年。

郑庄公成为地区霸主的主要功绩，有四方面：其一，平息内乱，整顿经济与政务，继续推行自郑武公开始的早期改革。在这一时期的改革中，郑国建立了超越周礼规范的规模较大的战车军队，使国力持续增强。其二，南征北战，扩张土地与人口，先后对卫、宋、陈、许四国开战，并取得很大胜利。其三，挑战王权，战胜了以天子王师为轴心的五国联军，射伤了周桓王。其四，会盟诸侯，主持中原诸侯群的利益扩张与分配，使郑国声望大涨。

郑庄公死后，郑国势力有所衰减，但仍然是春秋时代最重要的国家之一。尤其是在后期的子产当政时期，郑国率先实行法律公开，一时成为早期变法的代表性阵地，对春秋后期与战国初期的列国变法，起到了很大的推动作用。

第二位小霸主宋殇公，在位十年。

宋国地处淮水流域，根基是殷商遗民，文明相对发达，国力相对殷实，是当时很有影响力的特异诸侯国。从精神层面看，宋人对周室有先天的不满，是整个春秋战国时期最多惊人行为的诸侯国之一，也一直是最富挑战性的诸侯国之一。面对发端于中原诸侯群的扩张争夺潮流，宋国自然不甘寂寞。宋殇公在任不长，其惊人之举，主要有两方面：

其一，全力强兵，频繁打仗，在位十年，发动了十一场扩张战争。其中，多次与强盛的郑国作战，一度攻取了郑国的长葛，逼迫郑国主动和解。

其二，敢于对抗王室，公然宣称不做王室官职，也不向王室纳贡，成为春秋早期抗争王权的最强硬诸侯国之一。

虽然，宋国没有郑国那般相对全面的小霸功业，但是在整个春秋战国时期，宋国一直保持着很大的影响力。在稍后的大国争霸阶段，宋襄公时期的宋国，一度几乎成为天下的霸权大国。在更后来的战国时期，宋国也在很长时期内保持着准战国的实力地位。

第三位小霸主齐僖公，姜齐的第十三任君主，在位三十三年。

齐僖公成为一时小霸的主要功绩，不在征战扩张，而在利用齐国的老诸侯、大诸侯地位展开外交斡旋，八次会盟诸侯，成为当时主持各方利益分配的著名斡旋者。齐僖公的八次会盟是：

第一次，与郑庄公在庐地会盟；

第二次，与郑庄公在石门会盟；

第三次，在瓦屋之地与宋、卫会盟，主持两国与郑国和解；

第四次，与鲁隐公会盟于防地；

第五次，主持齐、鲁、陈、郑四国，会盟于稷地；

第六次，与鲁桓公会盟于嬴地；

第七次，与卫宣公会盟于蒲地；

第八次，邀集齐、卫、郑、宋四国，会盟于恶曹之地。

客观地说，齐僖公的小霸功业，虽然有流于形式之嫌，但是，在王权缺失的背景下，在某种程度上确实起到了稳定天下格局的作用。可以说，其后的齐桓公之所以非常重视会盟诸侯，与其父齐僖公开创的先例是分不开的。

第四位小霸主鲁庄公，鲁国第十七任君主，在位三十二年。

鲁国是正宗的王族大诸侯，是周室长期倚仗的三大屏藩势力——齐、鲁、晋之一。鲁国的国君族群，是圣人周公的后裔。从精神层面看，鲁国与宋国恰成两极。宋国争霸，是挑战与叛逆；鲁国争霸，则具有辅助中央王室安定天下的特质。不管鲁国在事实上是否达到了这一效果，从国家行为动机的层面上说，鲁国是以安天下自命的。这一点，在春秋初期表现得最为鲜明。

鲁庄公本人，是鲁国历代国君的一个特异人物。此公勇武善战，是周室王族诸侯中一位罕见的能征惯战的君主。鲁庄公的长弓，名为“金仆姑”，与此前小霸郑庄公的战旗“蝥弧”齐名，都是当时赫赫有名的武勇象征。以致千年之后的唐代诗人卢纶，在《和张仆射塞下曲》一诗中尚有“鹫翎金仆姑，燕尾绣蝥弧”的赞叹。

鲁庄公最有影响的业绩，是四次战争：第一次，齐鲁长勺之战，大败齐军，打破了强大的齐国对鲁国霸权的遏制；第二次，反击齐、宋联军的乘丘之战，以“金仆姑”射伤宋军主将，大获全胜；第三次，再度反击宋国，大败宋军；第四次，反击戎人侵犯，战胜后追杀戎军于济水之西。

除战绩之外，鲁庄公在邦交斡旋中也颇具谋略与胆识。鲁庄公有两件事，在春秋时代影响很大。一则，是在宋国发生严重洪水灾害时，鲁庄公马上派出了慰问使节，一时大获邦交道义之美名。二则，是在大败齐军后，邀即位不久的齐桓公会盟，使强臣曹沫当场劫持了齐桓公，迫使齐国归还曾经侵夺鲁国的土地。

总体上说，鲁庄公时期，是鲁国在整个春秋战国五百余年中最以武功强盛著称的一段历史。鲁国在鲁庄公时期的显赫，只有大约十五年的时间，那已经是春秋小霸的尾声了。

齐桓公与管仲时期的齐国已经迅速崛起了，大国霸业即将席卷天下。

5 大诸侯国的实力扩张

这一时期的另一政治现象，是几个大诸侯国的迅速扩张。

扩张最大者，是秦、楚、吴、越四个诸侯国。截至大国霸业开始之前，也就是齐桓公开始称霸的公元前679年，“政由方伯”的诸侯扩张历时101年。在这段时期里，秦、楚、吴、越四国，都对中原诸侯群的争霸保持着相对的疏远。主要原因，一是地缘差别，二是实力差别。就地缘大势说，这四个诸侯国大体都处于当时的边陲地区，远不如中原地区风华富庶。以当时秦国为例，其所在的关中地区原本是周人王畿，天下第一发达区域。但是，在镐京政变战争中，关中被戎狄烧杀掳掠一空，周人绝大部分东迁，土地荒芜，戎狄割据，那里已经沦为半农半牧的西部贫瘠地带。其地域虽与中原距离不远，但却是两重天地。楚、吴、越三国，更是当时的蛮荒地带了。就实力来说，这四个大诸侯国，当时还都处于初期发展阶段，无论是人口规模，还是经济水平，抑或是以打造战车能力为标志的军事基础实力，都与中原诸侯群有很大差距。如此背景之下，这些边缘诸侯国的主要目标，便是趁中原诸侯群全力争霸而无暇顾及远事的机会，大肆扩充自己的实力。

让我们分别看看这四大边陲诸侯国的早期扩张。

首先是秦国的扩张。

秦国初期扩张的主要方面，是夺回周天子封给自己的全部名义土地，驱逐占据关中与河西高原的戎狄族群，使自己变成真正具有实力基础的大诸侯国。秦襄公被正式封为诸侯后，秦人大本营从“西犬丘”，也就是今日甘肃礼县的西汉水上游河谷地带，东迁到关中西部山地，建立了“西畤”作为临时大本营。历经五年准备，秦人开始了对戎狄的大举进攻战，并获得了初步胜利。继任的秦文公时期，秦人再向东迁，在汧、渭汇合处，建立了第一座像样的城邑，叫作“鄜畤”。之后，秦人继续进攻戎狄，并收拢了没有随周王室东迁的流散周人，实力有所增强。

第三任秦宁公之世，秦人继续进攻关中中部的戎狄，大败“荡社”（今西安东南部）地带的“亳王”族群。之后，秦人再向东攻“芮”，也就是今日陕西大荔县朝邑地带，遭遇第一次败绩。第四任秦出公，在位六年，秦人因内部政变，进入了短暂低潮。

第五任秦武公再度奋起，向东进攻戎狄至华山，大败“彭戏氏”族群。其后，秦军回师西向，进攻邽、冀的戎狄，也就是今日甘肃天水地带，大胜，设置了邽县、冀县。此后，秦人再灭关中西部的小诸侯“西虢”，实力增长很多。

正当秦人扩张顺利之时，在位二十年的秦武公死了。这一年，是公元前 678 年，也就是齐桓公称霸的第二年。从总体上说，在大国争霸之前的一百年里，秦国历经五代君主，基本上肃清了陇西地带的戎狄，以及进入关中及河西高原的戎狄势力，建立起了一个真正拥有一定实力的大诸侯国，给后来秦穆公时期的秦国霸业，奠定了根基。

其次是楚国的扩张。

从政权根基上说，楚国是一个先行自立，而后取得西周王室勉强认可的特殊诸侯国。在西周王权强盛的时代，天下诸侯国几乎全部都是王室分封的，像楚国这样被王室被迫承认的诸侯国，没有第二个。因为，吴国虽然也是承认式诸侯，但那是周人王族的先祖贤哲建立的，与楚人政权不可同日而语。为此，周王室及中原诸侯群，始终将楚人政权看作另类，看作蛮夷，对其蔑视戒惧之心，远远强于对西部秦人的蔑视与戒惧。后来，有一则著名言论——“非我族类，其心必异”，就是周室大臣针对楚国崛起说的。正是因为当时南北文明的差异及其产生的相互隔膜，楚国从来没有真正听命于王权，一直在谋求自己的实力扩张。

进入春秋社会，楚人在江汉地区加快了扩张，并同时向北发展。

周王室东迁洛阳后的第三十年，恰逢楚人的强悍领袖熊通发动政变，自立为楚国国君。其后，楚国便开始了迅速地扩张。周平王三十七年，熊通效法成汤，自号“武王”，在天下诸侯国中第一个宣布称王。此后，楚国占领了江汉以南的“濮人”之地，又打败了追随周王室的随国。其后，楚国又大败邓国，有效占据了长江中游的襄樊地带。然后再败郧国、绞国，实力在长江中游地带大为加强。

楚武王死后，继任的楚文王继续扩张，将都城迁移到郢城，即今日湖北江陵。次年，楚国向北部淮水流域进军，先后击败申国、蔡国。在齐桓公称霸之前的十年，楚国又吞灭了邓国，并向当时的中原强国——郑国发动进攻，气势很大。

《史记 · 楚世家》评述这一时期的形势说：“楚强，陵江汉间小国，小国皆畏之。”说的正是这一时期的楚国扩张。楚国在这一时期的扩张，为其后来在大国争霸时期的崛起，奠定了基础条件。

其三是吴国的扩张。

吴国，是当时长江下游的一个古老诸侯国，其历史可以追溯到殷商中期的周太王时期，也就是周文王爷爷的时期。当时的周太王，想立少子季历做继承人，目的是寄希望于季历的儿子姬昌，也就是后来的周文王，以光大周人基业。季历的两个哥哥，一名太伯，一名仲雍。二人得知了周太王的意思，便以采药为名，逃到了当时号为荆蛮之地的长江下游，变成了与当地原住民一样的“断发文身”者，表示永远不再进入政治。当地原住民感动于太伯的大义，遂拥立太伯兄弟为领袖。此后，太伯给自己的政权所在地取了个名号——句吴。从此，天下有了“吴”的名号。太伯死后，其弟仲雍继任为吴政领袖，从此父子传承。

到了吴政第五代时，恰逢殷商末世。周武王灭商后，分别将太伯、仲雍的后裔，封了两个诸侯国：太伯之后为虞国，迁回中原封地；仲雍之后为吴国，仍留长江下游地带。到了春秋时期，中原的虞国衰落，后来则被晋国吞灭了。而江南的吴国，则不断缓慢地发展与扩张着。吴国实力的真正增强，还要等到春秋后期，即公元前 584 年开始的寿梦称王，并学习中原车战时期。

在春秋大国争霸之前，吴国尚处在缓慢兼并江南山水间诸多自治族群从而自发扩张的阶段。虽然，吴国在这一阶段的扩张，并没有留下具体的历史记录。但是，我们必须注意到，在不久的将来，它将崛起为春秋后期的天下霸主之一。

最后是越国的扩张。

越国是一个更为古老的诸侯国。据《史记》及其正义所引文献的粗线条记载，越国的历史脉络大体是这样的：因大禹葬于古“大越”的“会稽”之地，夏少康时期，担心禹陵与夏宗庙的祭祀断绝，夏王少康便正式分封自己的庶子无余为诸侯，名号为“越”。此后，这个越国历经了夏、商、周三代，一直在自发状态中存续着。

殷商与西周两代，并没有见到王室承认越国的记载。但是，依据常理推断，古老的越国应该是得到了殷商与西周承认的合法诸侯。因为，越人族群是大禹的后裔，完全符合确认为诸侯国的传统。到了春秋末期的周敬王时代，古老的越国已经经历了三十余代的存在发展，其国君名曰“夫谭”，名位是“越侯”。夫谭之子“允常”，已经开始了较大规模的扩张，宣布称王了。应该说，这是天下的第三个王——越王。大约从此时开始，越国才真正进入了中原诸侯群的视野。

春秋初期的越国，与吴国一样落后于中原诸侯群。但是，吴、越两国毕竟是当时华夏文明在江南地区的真实发展，其在华夏文明史上的意义，在于他们以不断成长的国家文明，引导了当时的东夷族群向华夏文明不断靠拢，有效地促进了华夏文明的融合发展。

在春秋争霸的尾声阶段，古老的越国以在春秋时期的不断扩展为根基，在与吴国的对抗中爆发出了灿烂的光华，一时成为春秋末期与战国初期的大邦之一。

6　大国争霸之前的华夏格局

自公元前679年开始，周王室东迁后大体百年，春秋社会拉开了大国争霸的序幕。

小霸时期，天下格局的基本框架是：处于中原腹心地带的诸侯群，以率先挑战王权的形式，掀起了天下变革的思潮。这一地域的老牌中小诸侯国，利用其率先扩张的优势，特别具有活力。当时，诸如齐、晋、楚、秦、燕等新老大国，尚都在储备积累实力的阶段，对中原的小国争霸相对保持了疏离。周室王权虽然不断衰落，对天下大势不作为，但仍然具有一定的影响力。

小霸末期，天下格局又增添了一个新的变化元素，这就是戎狄与蛮夷势力四面侵扰华夏，从各个方面渗入了当时中国的腹心地带，或建立政权，或抢占适于放牧的河谷地带，或突然袭击富庶的城邑，对各个诸侯国都形成了或大或小的威胁。

在这种大形势下，王权衰落，中小诸侯涌现的小霸又不足以组织与号召天下。故此，华夏文明圈在这时处于事实上的混乱无序状态，各相自保，大局开始了真正的动荡。也就是说，华夏文明在夏商周三代之后，第一次出现了真正的存亡危机！

当此之时，大国霸业拉开了序幕。

虽然，我们不认为所有的历史现象都有必然性，机械得如同机器一般。但是，在许多重大的历史关头，社会所以能出现貌似突如其来的大转折，一定是有其深刻的社会基础的。这里，偶然性与必然性交织在一起，往往呈现出波澜壮阔的复杂性，甚或是戏剧性。但无论如何，都掩盖不住构成大局底色的基础事实。正是这种普遍的基础事实，构成了历史发展偶然性与必然性的交织。大国霸权的适时出现，正是历史必然性与偶然性交织的体现。

齐国崛起，是大国霸权开始之前华夏大格局中出现的最主要变数。

齐国，是周武王灭商后分封的第一批最主要的诸侯国之一，是第一号功臣大诸侯。齐国的始封君主，是太公姜尚。其时疆域，大体包括今日胶东半岛、河北南部、河南东北部、江苏北部等地区，是个一等一的东海大国。这个齐国，从一开始受封建政，便是周王室镇抚天下的主要力量之一。无论是周公东征，还是后来对江淮东夷的战争，齐国与晋国、鲁国，都是辅助王室的三方最主要力量。

为此，在周成王时期，主政的王族大臣召公，曾经代表周成王赋予齐国一则带有永久性意味的权力："（天下）东至海，西至河，南至穆陵（今淮北），北至无棣（今辽西），五侯九伯，（齐国）实得征之。"这就是说，齐国拥有"代天子行征伐大权"，而且是对整个天下，其地位与权力，远远超过了"伯"一级的地区诸侯领袖。在这一点上，西周时期的齐国地位，高过了晋国与鲁国，是天下头号诸侯大邦。

到春秋大国争霸之前，齐国的姜氏政权，已经传承了十三代。在将近四百年的历史上，姜氏齐国已经形成了在王权之外斡旋天下的大国传统。正因为如此，齐僖公才能在各个大国都置身事外的时期，独自介入了中原诸侯群的前期争霸，多次会盟诸侯，平衡利益格局，不依靠武功实力却成为颇具影响力的小霸。

当然，这时的齐国，由于全面实力尚无大的突破，其国虽大，其传统优势虽强，实际影响力却只能与郑、鲁、宋等小霸比肩，始终未能由邦交层面的影响力发展成为真正左右天下格局的大国霸业。但是，在华夏陷入内外交困的文明危机的时刻，深具大国传统的齐国，不期然迎来了一代雄主，一代强臣。由此，姜氏齐国迅速地崛起了。齐国的崛起，迅速地改变了天下格局，成为春秋社会进入大国争霸时期的第一推动力。

迎接我们目光的，将是波澜壮阔的大国霸业文明。

大国霸业文明：政治变革之深化

1　齐桓公与管仲登临历史舞台

春秋齐国的历史转折，发生在齐襄公十二年的连续三场政变之后。

齐襄公，是小霸齐僖公的长子，名叫诸儿。此公职业道德极差，平庸，酗酒，又好色，对国事与邦交几乎是随心所欲。尤其是对待传统盟国鲁国，其荒唐作为使人咋舌。在他刚刚即位的第四年，鲁桓公偕夫人访问齐国。齐襄公便趁机与自己的妹妹——鲁桓公夫人乱伦私通。鲁桓公知晓实情后，齐襄公又邀鲁桓公聚酒，借酒醉，使武士杀死鲁桓公，至此与鲁国结下了很深的仇恨。其余国事与政策，此公也是轻率臆断，从来不计后果。如此一个国君，当政十二年便引发了不可思议的连续政变，激起了巨大的国家动荡。

第一场政变。大臣连称、管至父不满齐襄公的“屯戍”政策，遂与齐襄公的堂弟无知秘密联络，策动政变。这年冬天十二月，齐襄公外出游猎摔伤了脚，回到宫中，无知等人“率其众袭宫”，杀死齐襄公，无知被拥立为齐国君主。不料，这位无知新君，人如其名，残忍、平庸而昏聩，几近白痴。因曾与齐襄公在少年时期有内斗之恨，非但欣欣然即位，而且没有任何警觉防范意识。刚刚即位两三个月后的春天，此公竟然离开都城，到大臣雍林的封地去踏青游了。就在这次踏青游中，发生了第二场政变。

这个无知春游雍林封地，已经忘记了他与雍林族群曾经有过的旧怨。这一旧怨是什么？史料没有具体说明。依当时齐国的实情推断，大体当是土地人口一类的大利益摩擦。否则，不可能引起民众普遍怨恨。为此，这个大夫雍林的族群，对春游的无知君主发动突袭，在某个景点杀死了醉心游乐的无知。之后，大夫雍林立即将此事通报了都城主政的大臣，宣称无知弑君自立，是叛逆大罪，雍林人已经“诛杀无道之君”，请大臣们赶快“议立新君”，雍林人唯命是听。

紧接着发生了第三场内乱与政变。无知新君被杀的消息传出，此前因齐襄公乱政好色而逃出都城的两位公子，闻讯立即开始了秘密筹划，都要赶回齐国争夺君主之位。这两位公子都是齐僖公的儿子，齐襄公的弟弟，一个叫姜纠，也就是公子纠，当时逃往鲁国；一个叫姜小白，也就是公子小白，当时逃居在齐国西南部的莒城。

由于地利之便，公子小白在大臣鲍叔牙、高傒等辅助下，准备立即从莒城秘密返回都城，径自宣布即位。恰在此时，鲁国一支军队也在公子纠的谋士管仲的率领下，进入了齐国，要阻拦公子小白，公然宣称要公子纠继任齐国君主。公子小白不理会鲁国通告，仍然按照原计划北进都城。不想，却在半道遭遇了管仲率领的鲁军拦截。两军相遇，管仲一箭射中了公子小白的腰带钩。小白当即落马，佯装被射死。在齐军将士的慌乱呐喊中，管仲也误以为小白果真死了，便派出特使报告了鲁国，同时率领鲁军撤回。这时的鲁国君主，是赫赫大名的鲁庄公，即位已经第九年。也许是轻敌大意，也许是筹备环节过多，也许是公子纠决断力迟缓，总之是，鲁庄公与公子纠集团都共同犯了一个大错误——听说公子小白已死，便放缓了进入齐国的进程，一直延迟了六天。恰恰这六天的时间，使形势发生了巨大的逆转。

混乱之中，公子小白被鲍叔牙等拥进了一辆有车厢的辒车，公子小白的军队随后立即撤军，但却没有退回莒城，而是继续秘密前进，直接回到了都城。次日，在国内实力派大臣的拥戴下，公子小白宣布继任齐国君主，并立即开始了对鲁国的紧急备战。

及至鲁国得到消息，已经是六天之后了。按照事件需要的起码时间，此时已经是夏天了。也许是冬夏不用兵的古典传统，也许是鲁庄公与公子纠的意见没能很快统一，总之，鲁国没有立即出兵，而是一直到了秋天才发兵攻打齐国。此时，经过至少三个月准备的齐国，已经缓过气来了。在鲍叔牙、高傒等实力派的策划辅助下，公子小白当即兴兵对抗鲁军。在乾时之地，齐军一举战胜了鲁军。

之后，公子小白一鼓作气，立即派出特使，以兵围鲁国相威胁，逼鲁国杀死了公子纠。同时，迫于齐国压力，鲁国连辅助公子纠的两位谋臣也要处置。当此之时，召忽自杀了，管仲自请囚禁，被鲁国关进了牢狱。至此，公子小白成功继任齐国君主。这位公子小白，就是雄才大略的齐桓公。这一年，是公元前685年，周庄王十二年，距离周王室东迁已经八十余年了。

齐国命运的转折，开始于齐桓公任用管仲主政。

关于管仲走上政坛，历史上有许多传奇故事。其中最引人瞩目的，是管仲与鲍叔牙那种基于精神理解的友谊。可是，“管鲍之谊”并没有构成后来齐国改革的实际节点，所以，不是我们关注的焦点。我们只需明白三个基本事实：首先，齐桓公有不计仇恨而重国家大义的用人胸襟，这是最重要的启动点。其次是大臣鲍叔牙出于公心的坚持举荐。再者是管仲敢于率先变革的历史勇气。管仲出身平民，曾经是一个家境贫困的布衣之士，他的知识构成与改革思想，来自对当时社会变化的切身体会与深刻洞察。也就是说，这种切近社会深层脉搏的改革思想，在当时，既不可能来自贵族阶层的鲍叔牙们，也不可能来自其他与管仲一道主政的大夫们，而只能来自管仲这样的布衣名士。

齐桓公任用管仲，是阳光政治的典型之一。发动改革之前，管仲对当时齐国落后穷困的评估很严重。这段记载在《史记·齐太公世家》的话，用当代语言表述大体如此："齐国弊端丛生，国家穷困、治情混乱、兵力弱小、民众贫穷。要想强盛，只有修齐国政，一体大变。舍此，我不知道还有什么办法。"齐桓公接受了管仲的形势评估，特命管仲立即任职主政大夫，与鲍叔牙、隰朋、高傒三大臣一道，"修齐国政，富国强兵"。

值得注意的是：管仲推行的改革，在当时既不叫作变革，也不叫作变法，而是叫作"修齐国政"。依据历史语境，这四个字，实际上是一个整体概念，"修齐"是动词，"国政"是名词，"修齐国政"是一个整体性的合成概念，在当时的语意是"整治提升"之意。修与齐，都有整治意涵，齐，又有提升意涵。"修齐国政"，就是整治提升邦国实力。后来，儒家创立"修齐治平"之说，也就是修身、齐家、治国、平天下的简称，其意涵也大体相近。

需要注意的是，后世的中国佛家人士翻译佛经，借用了许多先秦经典的词语，譬如《吕氏春秋》中的"执一""不二"等，也借用了"修齐"这个概念，转意为聚集信徒于某地大作佛事。于是，后世学人多有人以为"修齐"为佛家词语。实际上，这是个大大的误解。如上简单考据是想说明：这场春秋社会最早的全面改革，是以"修齐国政"的名义开始的，其语意包含的实际目标是整治并提升邦国实力，并不如何激烈。

历史大变革，往往都是从有意而不经意的探索开始的。请注意，这是非常高明的变革策略。

当时的历史大趋势是：天下已经经过了近百年动荡，旧秩序已经基本上消解崩溃了。可是，各国的经济政治变革，尚都处在自发的摸索阶段，尚没有一个诸侯国出现整体性变革，没有涌现出一个足以为天下方向的新发展模式。所以，各诸侯国对于社会变革的前景，还处在一种相对混沌的状态。从另一个角度说，历经近百年动荡变化，社会已经涌现出了制度化变革的普遍需求，哪个国家能够率先实行变革，那个国家就领先了历史潮流。

2 管仲全面“修齐”

要了解管仲的“修齐”改革，必须对齐国的历史传统及当时的国情有基本的了解。

齐国，是西周灭商之后最早封建的一个特殊的诸侯国。其特殊之处主要在五个方面：其一，齐国是最大的功臣诸侯国，政治地位极高，享有所有诸侯国所没有的“代天子征伐天下”的大权。其二，齐国初期荒蛮落后，又有东夷莱人族群的袭扰。因此，齐国具有拓荒并与东夷争夺土地的历史，其独立治权远远大于其他诸侯国。第一任国君姜尚，曾经制定了许多特殊的经济政策，使齐国以相对快的速度，得到了相对充分地开发。其三，齐国的风俗、政令、农耕、商业交易等基本社会经济活动，具有不同于中原诸侯群的诸多特点。譬如农事节气，当时的华夏诸侯国都实行夏历，分为二十四节气，只有齐国的历法，是三十二节气，而且对于每个节气期间的农事活动，都以官府政令的形式安排得极为详尽。究其根源，便是早期齐国民众开化不够，因此，国君姜尚便以细化节气的方式规范农事环节，使农人在官府督导下有序地耕作。此所谓“太公至国修政，因其俗，简其礼”。其四，齐国地处海滨，渔业、盐业、丝织业是广泛涉及民众利益的三大领域，也是齐国官府重点开发的三大传统领域。首任国君姜尚，“通商工之业，便鱼盐之利”，给齐国的渔业、盐业、制衣业奠定了发展传统。其五，齐国民众开放而强悍，武风浓厚，有相对坚实的强兵传统。

但是，齐国虽有良好开端，却并没有成为一个连续发展的大国。

大约从西周中期开始，齐国的地位便渐渐衰落了。到西周末期的镐京事变时，齐国已经没有实力勤王靖难，对戎狄进行反击作战了。周平王东迁洛阳，当时的主要护卫力量是秦人武装与晋、郑、鲁三国，齐国已经沦落为地域性诸侯国了。东周开始，至齐桓公即位的近百年之间，齐国迭遇昏庸君主，内乱政变不断，国内累积的经济、民生问题日益严重，民众纷纷逃往郑、鲁、燕等国，实力大为减损。齐僖公时的齐国，只能跻身小霸之间，依靠斡旋邦交保持些许尊严了。

齐桓公即位初期的齐国，困境更甚，政局混乱，民众贫弱，国力大为衰减，比相邻的鲁国要贫弱许多。正是这种严峻的长期乱局之后的困境，构成了齐国变革的巨大压力。但是，当时天下的变革，只有几个中原小诸侯国的局部浅层改革，大国的全面变革，此时尚无先例可循。齐国要率先推行大国改革，实在是第一个吃螃蟹的冒险者。基于这一实际情形，齐国君臣议定的改革纲领，只是“修齐国政”。其确立的实际目标，也只是提升国力。其所选择的改革突破口，仍然只是整改国政。

这就是说，管仲主持的齐国改革，开始带有明显的谨慎试探的性质。请注意，这是我们理解管仲改革的最重要历史背景。

基于上述背景，管仲推行改革的总体思想，在《国语 · 齐语》中是这样记载的：“修旧法，择其善者而业用之；遂滋民，与无财，而敬百姓。”用今天的话说，这个总体思想就是：对传统法度进行适当修正，选择有利于发展经济的方面进行改良，并在社会各个领域全面推行。在“修齐国政”的实践中，要奉行培育社会、使民富裕、尊重社会利益的原则。

在这种背景与总体思想之下，管仲的改革体现出了一个最基本的历史特点：立足古老的国有经济传统，对固有的统一管制方式做出符合已经变化了的社会实际的适当修正，使已经被百年动荡颠簸得支离破碎的社会，以新的管制方式得以全面整合，使社会先行稳定下来，使国家与民众先行富庶起来，使齐国社会力量凝聚起来，使国家尽快强大起来。

显然，与后来以开掘、激发私有经济活力为基本特点的战国变法相比，管仲的早期变革无疑是相对浅层的。但是，正是这一场相对浅层的全面“修齐”，开了春秋大国变革的先河，成为春秋大国霸业文明的序幕。此后不久，中国历史便进入了浩浩荡荡的变法大潮之中。

让我们具体地看看，管仲的“修齐”改革，究竟做了哪些事情。

管仲改革的第一层面，是实行新的统一的人口居住与管辖制度。

新的人口居住管辖制度，被称为“国野分治”。

国，指都城内的人口，也就是国人。野，指山林渔猎人口与在乡间井田常住的为数不多的奴隶劳动力或附庸人口，笼统称之为“野人”。但是，管仲改革只是借用了传统称谓，实际方面却大为扩展。其实际内容是：对都城区域的人口实行一种居住管理制度，对其余地区的人口，实行另一种居住管理制度。因为前者在传统上称为“国”，后者在传统上称为“野”，所以叫作“国野分治”。

对于都城区域的人口，主要实行三个层面的制度：

第一层面，固定居住区制度。除了官吏之外，所有人口都按照所从事的职业，分开为士、农、工、商四大区域固定居住，“勿使杂处”。这一制度的目的，是使人群的职业有固定的延续性，使“士之子恒士，农之子恒农，工之子恒工，商之子恒商”。

第二层面，乡治制度。将士、农、工、商四大区域，划分为二十一个乡。其中，工商人口六乡，士农人口十五乡，每乡为一个治理单元。

第三层面，君臣分治制度。全部二十一乡，其治权归属是：国君直领十一乡，老贵族大臣国子、高子，各领五乡。也就是说，全部都城区域的人口与土地，绝大部分属于国君直辖。少部分人口土地，划归原先有封地的老贵族。

对于齐国其余城邑乡野的人口，实行五级统属的居住管理制度。

从最基层的居住开始，这五级分别是：每三十家为一邑，治吏为有司；十邑为一卒，治吏为卒帅；十卒为一乡，治吏为乡帅；三乡为一县，治吏为县帅；十县为一属，统领者为大夫。据《国语·齐语》记载，当时齐国编了十五个县，分为五属，由五个大夫分领；齐国朝廷又设立了五个大臣，命名为正，分别监管五属治理。

都城实行乡治，其余地区实行属、县、乡、卒、邑五级治理，这就是“国野分治”。

管仲改革的第二层面，推行了兵民一体的制度。

这一制度，有三个基本方面：

其一，统一军事编制。将全国民众按照军事组织统一编制，实行军政合一体制。管仲的具体方式是：以车战实践为根基，每五家编为一轨，设轨长；十轨为一里，设司里；四里为一连，设连长；十连为一乡，设良人。这种军事编制基础上的成军方式是：每轨五家各出一人，成军一伍，由轨长为伍长；每里五十人，成军一小戎，由司里率领；每连两百人，成军一卒，由连长统领；每乡两千人，成军一旅，由乡良人统领；五乡一万人，成军一军，由帅统领。全国编成三军，分别由国君齐桓公、大臣国子、高子统领。

其二，强化战力制度。编制固定之后，居住人口必须固定居住，不得自由迁徙。每伍的五家，必须紧密融为一体。居同乐，行同和，死同哀；祭祀同福，死丧同恤，祸灾共之；守则同固，战则同强。每年春、秋两季，国家都要以狩猎方式大规模训练军队，所有成军人口都必须参与实战狩猎，达到“卒伍整于里，军旅整于郊”的备战目标。请注意，这种五家一体的制度，实际上已经逼近于后来商鞅变法推行的连坐制了。也可以说，商鞅的连坐制度，实际上正是管仲编民法的推进，而不是凭空产生的。

其三，以兵赎罪制度。为了推动兵器制造，推行以兵器或兵器原材料赎罪的制度。臣民重罪，可以一副犀牛皮甲，并一支战车长戟赎罪。轻罪，可以一面皮制盾牌，并一支战车长戟赎罪。轻度违法，可以缴纳铁料，或铁制品赎罪。发生诉讼，则要缴纳十支箭（一束）做听审费用。

管仲改革的核心，是以国家统管制度刺激农工商全面发展。

管仲的经济改革有一个基本思想：以富民为基础，提升民众素质，并将此看作国家强大的根本点。管仲的这一思想，在当时的表述是："仓廪实而知礼节，衣食足而知荣辱；上服度，则六亲固；四维不张，国乃灭亡；下令如流水之原，令顺民心；俗之所欲，因而予之；俗之所否，因而去之。"用今天的语言归纳这一思想，就是：经济发展是民众素质提高的基础，国家法令要以民众实际需求为转移，合乎民心，顺乎民意，国家才能走向强大。

在这一基本思想下，管仲在经济领域推行了新的全面的国家管制下的刺激政策。

第一方面，管仲在农耕领域实行了一整套新管制政策，基本点是三方面。

其一，有限度地废除旧井田制时代的土地国有制度，改变为把耕田分配到户。实行农人虽不能自由买卖土地，却可以自主耕作的个体经营制。

其二，废除旧井田制时代的公田，将公田分配给农人耕耘。同时废除以公田耕耘及收获物替代赋税的旧制，实行由农户以耕耘土地数量之多少为根据，向国府缴纳赋税的新制度。

其三，废除旧井田制时代官府统一组织农事劳动的统管制度，禁止官府干预农耕活动，保证农户对土地耕作的自主权。禁止在农耕时节征兵打仗，保证不误农时。

其四，将旧井田制时代官府对农耕的统管制，改变为指导制，对农耕户的作物品种选择、农耕技术等基本方面，采取因地制宜的官方引导，以弥补农户耕作经营水平的不平衡。

据《管子》一书记载，在这些相对宽松的制度刺激下，齐国农民的生产积极性大大提高，“夜寝早起，父子兄弟不忘其功，为而不倦，民不惮劳苦”。

第二方面，管仲在工业方面，也推行了一系列新政。

其一，在重要的一些手工业领域，继续维持国家的统一管制，设置工正、工师、铁官、三服官等官署，专门统一管理铁矿开采、铁器生产、兵器打造、工程建设、丝锦制造等重要的生产领域。

其二，根据齐国近海而多鱼盐之利的实际情形，允许在官府统一经营之外，民众可以适当从事渔业、盐业的生产与交易，以利沿海民众脱离贫困。

其三，对冶金制造的生产原料进行严格的管理，规定上好的金属材料与铁器，只允许打造兵器；较差的金属材料与铁器，用来打造农具与其他器物。

第三方面，管仲在商业交易领域，也推行了一系列新政。

其一，商业新政的基本面是维持国家对主要交易领域的统一管制权，对不适应实际情形的旧制度作了大幅度修正。对关乎民生而又不影响富国强兵的日用品商市，则相对放宽管制，允许民间商人进入。

其二，由官府在各个城市的枢纽地段，统一建立固定的交易市场，使商贾群体与民众交易能够相对集中，使货物能够形成一定的周流规模。这就是管仲主张的“聚者有市，无市则民乏”的商市模式。

其三，由官府设立专门机构统一管理市场，防止商人暴利盘剥百姓，保持物价准平。

其四，减轻商业税收，采取五十而税一的轻税政策，鼓励外国商人进入齐国。

上述改革政策，是管仲“修齐”改革的基本面。管仲改革，历经六年迅速见效，齐国国力大大提升，管仲也一举成为天下名臣。与后来的战国变法相比，管仲的改革堪称平稳而顺利。其个人命运也要幸运得多，权倾朝野，名动天下，一生始终都是大权在握的重臣。其间根本的原因，在于改革发生的历史背景不同，改革的深度与广度不同，利益冲突的激烈程度更不同。在以后的战国变法中，我们将充分看到这种种不同所展现的广阔而残酷的历史内容。

目下，还是让我们回到管仲改革后的齐国霸业吧。

3 齐国霸业

齐国霸业，是从桓公即位后的第七年开始的。但是，在管仲改革的六年里，齐国始终没有停止对外小规模用兵。从实际情形看，这时的齐国应该尽量减少用兵。可是，此前积累的邦交争端，却使齐国无法停止小规模战争，哪怕是败多胜少。在改革同时进行的前六年之内，齐国的对外用兵有四次：

第一次，齐桓公二年攻鲁，在长勺之地败于鲁军。

第二次，联合宋国再次攻鲁，因宋军先败，齐在乘丘之地撤军，事实失败。

第三次，同年冬天，出兵吞灭与鲁国相邻的小诸侯谭国，成功。

第四次，三年后，齐桓公五年，出兵吞灭鲁国另一邻国——遂国，获胜。

从中我们可以看出，齐桓公在开始阶段对齐军的衰弱还没有自觉意识，及至一年两败于鲁国，才以吞灭一个小国为台阶，停止了轻率用兵。管仲改革五年之后，齐国的军事实力有了显著提高，齐桓公才开始了重新用兵，也就是第四次的灭遂之战。这次用兵不同以往处，是齐国基于试探会盟效力而发动的惩罚性战争。齐桓公五年，齐国以平定宋国内乱为名义，尝试性地发动五国会盟。其中，长期与鲁国交好的遂国，没有出兵与盟。齐桓公就断然起兵，吞灭了遂国。显然，这次用兵是齐国大举争霸的序曲。

但是，齐国的传统盟友，又是齐国劲敌的鲁国，没有放松对齐国的警觉。就在齐国吞灭遂国之后的当年冬天，鲁国邀齐国在柯地，也就是今日山东阳谷县阿城镇，举行两国君主会盟。在这次会盟中，鲁庄公使猛士大臣曹沫以匕首劫持齐桓公，威逼齐国归还曾经侵占鲁国的土地。齐桓公对此时能否战胜鲁国，心下还没底，便以“守信于诸侯”为公开理由，归还了侵占鲁国的土地，两个大国在形式上重新恢复了正常邦交。

齐桓公六年，也就是公元前680年，齐国以宋国违背前次会盟之约为理由，邀集陈、曹两国与周王室会盟于鄄地，要讨伐宋国。当时，非但陈、曹两国出兵，连近百年很少举兵的周王室，也派出大夫单伯率领王师与盟了。宋国在三方军力的强大压力下，不得不表示屈服，表示接受齐国号令。这次会盟，因有天子王师应邀参与，所以被历史看作是继小霸郑庄公之后，齐以大国实力第一次“挟天子以令诸侯”。自此，齐国正式迈出了大国霸业的步伐。

齐国霸业历时三十六年，主要业绩在两大方面：对内调停争端，对外抵御夷狄。

当时，华夏社会的大格局有三个基本方面：其一，王权沦落，天下处于无中心状态，旧有的王权秩序已经崩溃，新的天下秩序尚未以任何形式出现。其二，诸侯之间纷争不断，强国欺凌小国，小国也相互攻伐。各诸侯国之间，在水流利用、资源开掘等基本经济民生活动方面缺乏共同准则，民众生存状态受到极其严重的普遍影响。其三，外部野蛮族群四面侵袭，渗透中原腹地，尤其以北部、西部的戎狄族群为祸剧烈，对中原诸侯国进行频繁的掠夺战争，使华夏文明的中心地带处于严重的生死存亡的边缘。

在这样的大背景下，齐桓公君臣所以能成就大国霸业，根基在于全面改革之后的强大实力，其次在于切中实际的操作策略。从历史实践看，国家实力是基础，策略原则是生命线。所谓强大的国家实力，主要在齐国全面改革后的经济、军事、民生三大方面。齐军所以能在后来的内外争端中频繁地大规模出动，南征北战，驰骋天下，没有强大有效的资源保障与兵员输送，不可能应对长时期内频繁发生的大小战争。

(1) 切中实际的策略原则："尊王攘夷"的总方针

如果将这个方针的实际意涵换成今日的语言，就是一则可以明确表示实际内容的政治纲领：一致尊奉天子王权，共同抵御戎狄蛮夷。从历史实践看，这一策略原则是齐国霸业的生命线。因为，只有这一策略原则，找到了齐国与天下诸侯之间最大的共同点——抵御蛮夷外患，挽救华夏文明。同时，也开辟了重新以天子王权成为精神中心而凝聚天下力量的可能性，从而能够解决当时最迫切的实际问题。从历史传统所能提供的政治智慧来说，当时可供齐国选择的霸业道路，至少有两条：

其一，汤武革命式。直接攻灭周王室，重新建立新的联邦中央政权；

其二，攻灭周边中小诸侯国，抵御外患并成就地区霸权，再图谋取天下王权。

可是，从当时的实际情形看，这两条道路都很难实现。"汤武革命"的前提是，天下面对的是昏聩残暴的末代政权。但是，当时的周王室却没有多少"恶政"，而只是无为自保，向天下诸侯退让，既没有成为天下公敌，也没有成为制约诸侯国扩张的阻力。此时的周王室，实际上是一方谁也没有太过关注的力量。如此，基于"吊民伐罪"的"汤武革命"，也就丧失了正义性根基，既无法获得天下诸侯的响应，也无法成为扩充力量的最佳途径，更无法成为一举继承天下最高权力的有效源泉。其次，成为地区霸主，则只可能使天下更加混乱，甚或最终也连带淹没了齐国。

无论从当时的大形势看，还是从历史发展的实践看，这两条霸业道路都是不可能实现的，或者说实现了也没有任何意义。因为，如果不能有效抵御四面汪洋的蛮夷戎狄外患，即或建立了新的中央政权，也是无法存在的。所以，齐桓公君臣选择的“尊王攘夷”的策略原则，是充满智慧的历史抉择。

（2）调停诸侯争端，是齐国霸业的基础方面

从公元前679年，也就是齐桓公七年开始，齐国以“尊奉王命”的名义，开始调停诸侯争端，并整合天下秩序。十二年后，齐国的行动得到周王室的理解与主动配合。周王室派出特使召伯廖，赐齐桓公为“侯伯”，也就是统领诸侯的霸主。至此，黄河中下游的诸侯群都承认了齐国的宗主国地位。在此后的国家行动中，齐国一直致力于重建被诸侯国共同遵守的某些基本社会规范。齐桓公三十五年，也就是公元前651年，齐国举行了九国参与的“葵丘会盟”，终于达成了华夏诸侯言归于好的总盟约。在此总盟约之下，又达成了若干共同规范。依据《春秋穀梁传》与《孟子》的记载，这些规范主要是六个方面：

其一，不可壅塞河流、泉水等水源；若有必要堵水，必须得通报下游诸侯；

其二，不可有意囤积粮谷，不可遏制粮谷市场；

其三，诛杀不孝子孙，不可更换嫡子，确保继承制有序；

其四，不可以妾为妻，不可让妇人参与国政；

其五，敬士尊贤，不得妄杀大夫；

其六，敬老慈幼，敞开道路关卡，以利旅客。

葵丘会盟，是齐国霸业在整合华夏纷争中的最大贡献，也是齐国霸业的高峰。

(3) 攘夷——抵御四夷入侵，是齐国霸业的最大历史功绩

春秋初中期的四夷外患，本质上是落后文明对华夏先进文明的侵犯。

据《礼记·王制》的总体记载，当时的四夷情形是："中国（之）戎夷五方之民……东方曰夷，被发文身，有不火食者矣；南方曰蛮，雕题交趾，有不火食者矣；西方曰戎，被发衣皮，有不粒食者矣；北方曰狄，衣羽毛，穴居，有不粒食者矣！"很清楚，这种生存状态的差别，构成了先进文明与落后文明的差别。在自然经济条件下，落后文明对先进文明侵扰与毁灭的几率，要远远高于人类进入工业文明之后的时代。

我们对比较详尽的几部《中国历史年表》做了统计，从西周末期戎狄大举进入中原的镐京事变开始，四面边患接踵而来。到齐国称霸时期，戎狄大规模侵袭中国腹地，并将所占领的发达农耕区变成荒芜粗放的畜牧区，成为具有普遍性的最大的文明灾难。到齐桓公病逝，齐国霸业结束之后，戎狄的大规模侵袭与滞留，则显著减少。具体说，仅仅是齐桓公称霸的三十六年间，因戎狄而起的战争，就有近三十次之多。

史料留下的记载，是触目惊心的——

"及平王之末，周遂陵迟，戎逼诸夏，自陇山以东，及乎伊、洛，往往有戎！"

"南夷与北狄交侵中国，不绝如缕！"

用今天的话说，四方夷狄连续不断地入侵中原，已是常态，当时社会的惊骇感叹，意味着对野蛮势力的战争已经成为挽救华夏文明的一场救亡图存运动。若不是这样的深重危机，我们可以确定地说，在王权已经崩溃的时刻，"尊王攘夷"的政治纲领不可能迅速被已经开始寻求历史新出路的华夏诸侯群所接受。

面对如此严重的外患，齐国以霸权实力发动"攘夷"，可谓洞察

深远。

据《韩非子·说林上》与《左传·闵公元年》记载，在戎狄大举攻掠邢国的时候，齐国的鲍叔牙与管仲在行动方针上发生了分歧。鲍叔牙主张：此时发兵太早，为齐国利害计，“救危望轻，复国望重”，当在戎狄灭亡邢国之后，齐国再发兵驱逐戎狄，恢复邢国。届时，齐国将“望重天下”——显然，这是单纯的齐国名望说。管仲则主张：为天下文明计，戎狄豺狼成性，不可放纵！华夏诸侯一家，不可丢弃！坐等邢国灭亡，无异于一剂鸩毒。齐国与邢国一样，都受戎狄之恶，应该相互援手，立即发兵，这才符合天下大道。结果是，齐桓公接受管仲主张，立即发兵救邢。

上面的故事，是史学家晁福林先生在《霸权迭兴》一书中对相关史料相互考订后认定的一段史实。它说明，春秋初期与中期的戎狄灾难已经到了非常严重的程度，而如何对待这种文明危机，在当时也是有争论的。一种态度如鲍叔牙，是策略主义的，是惟齐国利益为根基的。另一种态度如管仲，是以挽救华夏文明为根基的。

很清楚，齐国发动攘夷，是自觉承担了历史责任的，而不是盲目的。

晚年的齐桓公，曾不无骄傲地回顾说，“寡人南伐至召陵，望熊山；北伐山戎、离枝、孤竹；西伐大夏……兵车之会三，乘车之会六，九合诸侯，一匡天下。昔三代受命，有何以异于此乎！”具体说，齐桓公的大国霸业持续了三十六年，共会盟诸侯二十二次。而其中最主要的，也是齐桓公本人引以为荣的九次会盟——九合诸侯，都是基于驱逐戎狄灾难而举行的。在后来的历史理念里，所以有孟子的“五霸，桓公为盛”的历史评价，其基本点正在于齐桓公霸业挽救华夏文明的特殊意义，而不是其他。而孔子，更发出感慨，“微管仲，吾其被发左衽矣！”

从文明史的意义上说，春秋齐国的改革与大国霸业具有里程碑的意义。

4 晋国霸业

齐桓公死去后的第七年，晋公子重耳在晋国即位，史称晋文公。

晋文公时期的晋国，是春秋大国霸业的第二个霸主国。这个晋文公，因在四十三岁时开始政治逃亡，其后又历经近二十年的长期颠沛流离，在六十余岁的高龄才最终成为大国君主，因而颇具历史传奇性。从总体上说，晋文公的霸业活动继承延续了齐桓公的既定模式，基本方面仍然是“尊王攘夷”。晋文公即位时，齐国因管仲已经病逝，桓公也随后悲剧性地死于一场畸形政变，导致齐国发生内乱，齐国霸业在事实上已经不可能延续。而晋国的实力，则在此前晋献公时期一定程度的改革之后，有了相对大的发展，给刚刚即位的、人到高年、因长期逃亡于列国而富有政治经验与一定政治声望的晋文公，提供了大国争霸的基础。

与齐国霸业相比，晋国的霸业具有不同的历史特点，主要体现在三个方面：

其一，由于夷狄之患相对减轻，晋国的主要目标，变成了对抗楚国北上中原。

历史地看，楚国始终是南方诸侯中对抗落后文明族群——蛮夷的主力，始终是华夏文明的基本构成之一。但是，由于楚国是唯一一个不经王权分封而自立成长的大诸侯国，西周时期与春秋时期的正统理念，便对擅自称王而且融合了许多南蛮族群的楚国，长期抱有浓厚的歧视与偏见，将楚国看作一种异端威胁力量。“非我族类，其心必异”，便是当时针对楚国的代表性歧视言论。这种偏见与歧视，在战国时代对楚国已经基本消失，而转移到了对秦国的歧视与偏见上。但是，在晋国开始霸业活动的时期，对楚国的偏见仍然弥漫于中原诸侯群。所以，楚国要向北伸展，就遭到了中原诸侯群的强烈抵制。而晋国霸业的最主要作为，就是在“城濮之战”中大胜了楚国。

其二，晋文公在位九年，两次会盟诸侯，调停了中原诸侯群的利益争端。

其三，晋文公做了两次军事制度的改革，分别设立三军、五军，军力增加较快。

晋文公死后，晋国霸业又时断时续地延续了两三代，是维持大国霸业最长的大国。在晋国的后期霸业中，对戎狄的局部反击，是其基本功绩之一。但是，由于四夷外患的形势与齐桓公时期已经不可同日而语，故此，晋国霸业在捍卫华夏文明圈方面的功绩，也不能与齐桓公时期的齐国相比。

5　秦国霸业

秦穆公之世的秦国，是春秋大国霸业的第三个霸主国。

对于秦穆公霸业，或者说春秋五霸中有没有秦穆公，传统史学有不确定的说法。其中一个原因，是秦穆公执政的主流时段，是齐桓公与晋文公相继称霸的时期。若认定秦穆公霸主地位，似乎有同一时期天下两霸的矛盾。因此，史学界的一种主张，便将秦穆公定位为称霸西戎的地区小霸。但是，从文明史的意义上说，秦穆公当之无愧地实现了霸业文明所要求的最主要的两个方面，无疑是大国霸权之一。

首先，穆公之秦用贤强国，改革国政，使秦国实力大幅增长。

秦穆公具有自觉的强国意识，有一定的改革业绩。秦穆公非但搜求并重用能才百里奚执掌秦国政务，又先后任用了蹇叔、丕豹、公孙支、由余四位能臣辅佐，整肃内政，并推行了一定程度的改革，使秦国实力大增。

虽然，秦穆公君臣的改革内容，史料记载严重缺失，我们已经无法再现其具体内容了。但可以肯定的是，秦自立国以来百余年，只有从秦穆公时期开始，才真正具有了大国实力。若没有励精图治与相对全面的改革，国力不会有如此大幅度地提升。

其次，穆公之秦对强大晋国的盟约与战争，改变了当时的天下格局。

秦穆公积极东出中原，始终坚持以对晋国关系为轴心而开展邦交，大大扩充了秦国影响力，使秦第一次具有了大国地位。《史记 · 周本纪》的基本评判是：平王东迁之后，出现了四个强大的诸侯国——齐、楚、晋、秦。其中，秦国的强大，就是从秦穆公霸业活动开始的。具体说，穆公之秦在中原地区的重大活动主要有八次，分别是——

第一次，公元前 651 年，秦穆公联络齐桓公，两国共同安定晋国内乱。

第二次，公元前 649 年，戎狄势力突袭洛阳，秦穆公联络晋国，共同出兵救周。

第三次，公元前 647 年，晋国严重饥荒，秦以大规模船队络绎不绝地从渭水运粮，成为春秋战国历史上最大规模的邻国救援行动，史称“泛舟之役”。

第四次，公元前 645 年，晋惠公拒绝救援秦国饥荒，秦穆公大举攻晋；战于韩原，大破晋军，生擒晋惠公；一举占领全部河西高原，并设置正式官署进行有效治理。

第五次，公元前 641 年，秦国攻灭政局混乱的梁国，也就是今日陕西韩城地带；次年，秦国再次出动，攻灭相邻的芮国，也就是今日陕西大荔县地带。

第六次，公元前 638 年，秦穆公与晋国联合，将原本生活在瓜州，也就是今日甘肃敦煌地带的戎狄族群陆浑氏，迁移到今河南的伊川居住；同时，又将西北边陲的姜戎族群，迁移到晋南的河东地带居住。这是以和平方式融合戎狄族群的重大举措，具有重大的意义。

第七次，公元前 636 年，晋国再度发生内乱，秦穆公派兵护送长期逃亡的公子重耳回晋即位，是为晋文公；之后，秦军又应邀帮助晋国平息内乱，再次安定了晋国。

第八次，公元前 624 年，秦穆公后期在三次败于晋国之后发动复仇之战，大举攻晋，渡过黄河后焚烧战船以示死战，获小胜之后撤军。

从总体上说，秦国对中原的活动始终以对晋关系为中心，初期是联合并安定晋国，后期是冲破晋国封锁。在强大的晋国断续称霸的时代，秦国能对晋国三代君主造成长期而深刻的影响，客观地说，是一种罕见的霸业成就。

再次是穆公秦国抵御戎狄、融合戎狄的巨大功绩。

在齐桓公开创的尊王攘夷的救亡潮流中，秦国是抵御野蛮文明入侵的最主要力量之一，攘夷的实际成效也最显著。史料记载："秦用由余谋，伐戎王，益国十二，开地千里。"所谓益国十二，就是打败并吞灭了十二个西戎族群的政权，占据了方圆千里的土地与人口。在整个春秋时代，这是抵御戎狄取得的规模最大的胜利。

从根本上说，这一巨大胜利的获得，与秦人族群在西周近三百年间始终处于西部戎狄海洋的血战历史相关。自周灭商，秦人族群在西汉水上游的河谷山陵地带（西陲犬丘）拓荒生存，在西部戎狄包围下长期奋战，积累了丰富的对戎狄作战的经验。此后，自西周末期镐京事变的勤王之战开始，到秦帝国时代的对匈奴大反击，五百余年间，秦国在对戎狄、匈奴的反击战中几乎没有过败绩。在中国文明史上，连续保持五百余年的对落后文明的战胜历史，实在是一个伟大的奇迹！

在整个春秋时代的"攘夷"潮流中，秦国取得的空前巨大的胜利，安定了中国西北。

在春秋大国霸业中，秦穆公的秦国霸业活动具有独特的文明历史内涵。

6 楚国霸业

楚庄王时期的楚国，是春秋大国霸业的第四位霸主国。

关于楚庄王的奋起，有一个“三年不鸣，鸣将惊人”的故事。《史记·楚世家》记载，楚庄王即位后三年无所作为，大臣伍举以隐语劝谏：“有鸟在于阜，三年不蜚不鸣。是此何鸟也？”楚庄王慷慨回答：“三年不蜚，蜚将冲天！三年不鸣，鸣将惊人！举退矣，吾知之矣。”此后，楚庄王又以大臣苏从“死谏”为转折，任命伍举、苏从为主政大臣，整肃国政。

从历史实际看，并非楚庄王故弄玄虚，而是当时楚国的老世族分治势力非常强大，这个新即位的楚王根本没有实际处置国政的权力。在各种势力纷纷崛起的春秋时代，世族分治而不断壮大，并最终取代旧有的君权，是一种普遍而持久的现象。在此背景下，每个诸侯国的君权族群，都有着与分治世族抗衡的一面。诸如齐国、晋国、楚国、燕国这样的老牌诸侯大国，这个问题尤其显得重要。这就是春秋时代呈现出的独一无二的历史现象——大国蜕变。在此后的历史进程中，我们将会看到大国蜕变的具体历史形式。

所以，楚庄王的初期蛰伏，必然是察觉到了深刻的政治危机所致。

在这三年之中，楚庄王一定是在紧锣密鼓地秘密准备反击力量。所谓“三年荒淫，禁止谏言”，只不过是对外示形的伪装而已。否则，楚庄王起飞之后一连串雷厉风行的政治大动作，就是一场毫无根基的荒诞闹剧了。从后来的实践看，楚庄王确实是一个雄才大略的君主，他所主持下的楚国崛起以及大国霸业，对于中国文明在这一时期的融汇聚合，起到了非常重大的作用。

楚庄王的第一个功绩，是整肃内政，重新树立楚国君权。

因为特殊的地理环境，也因为楚国建立政权的特殊历史道路，楚国具有不同于北方诸侯国的特殊国情——以盟约方式兼并了诸多山地族群，楚国形成了特大世族分治的传统。在楚庄王之前，楚国王室的权力，一直受到世族分治的很大遏制。楚庄王要树立楚国王室的威权，其轴心便是遏制世族分治。

楚庄王确立王权的政治战役，主要阶段是两个。

第一阶段，大杀、大用并举的策略，先行整肃中小世族。大杀：楚庄王听政，所诛杀者数百人。大用：所进者数百人，“任伍举、苏从以政，国人大悦”。具体地说，诛杀的数百人，一定是疏远王室而依附特大世族的中小族群首领；晋升的数百人，一定是拥戴王室的各族群首领。伍举、苏从领政，说明伍、苏两族群已经成为楚国王室坚定的同盟力量。

第二阶段，集中力量解决最大的分治势力——若敖氏。

整肃中小世族之后，楚国王权一度推行顺利，开始了北上争霸的初期阶段。但是，楚国的内部问题始终没有真正解决。公元前605年，也就是楚庄王亲政的第六年，楚国内部矛盾总爆发——最大的老世族若敖氏族群举兵发动政变，大举进攻楚国王室。当此之时，楚庄王毅然发兵作战，战场历经几度艰危，终于一举消灭了若敖氏势力。

历经这两大阶段之后，楚国的王室君权第一次真正具有了相对巩固的根基。此后直到战国末期的数百年里，世族分治虽然一直是楚国的痼疾，但也始终维持在以王权为中心的状态下，再没有发生过世族举兵与王室开战的大内乱。应该说，对于整合楚国这样一个特殊大国的政治文明，楚庄王起到了奠基性的作用。

楚国霸业的第二个功绩，是抗击蛮夷族群的侵袭蚕食。

春秋时代的华夏攘夷，南方的主要力量，当之无愧属于楚国。

当时中国从淮水流域、东海之滨，直至岭南地带广袤的山地丛林，尚有大量处于落后生存状态的流动族群。以当时的名称，主要是东夷、南蛮、百越三大群体。他们分作无数氏族政权，或自发成兵，或拥有固定的武装力量，四处侵扰劫掠各个诸侯国，对华夏文明的生存，构成来自南部的重大威胁。当时的楚国，虽然遭受中原诸侯群的歧视，但楚国政权却有相对宽广的文明胸襟，不但长期主动靠拢周王室与中原大诸侯国，而且在抗击蛮夷势力的围攻中多次与齐、晋、秦等大国联合作战，成为华夏文明的南部屏障。

楚庄王亲政二十年，楚国抗击蛮夷进攻的重大行动有三次：

其一，公元前 611 年，也就是楚庄王亲政的这一年，楚国内忧外患同时爆发。内忧，是发生了大饥荒。外患有两方面，一是西部戎狄势力攻楚，已经进逼到楚国的腹心地带，也就是今日湖北的荆门、枝江地区。二是原先归附楚国的南部蛮夷势力，在湘水流域的庸国策动下，同时举兵大举反楚。当时，楚国的形势极为严峻，大多数臣子都主张迁都避难。楚庄王却接受了大夫蔿贾的建议，决然起兵，先行攻击南蛮叛乱势力。历经月余艰难作战，获得了初步胜利。之后，楚庄王又联合秦国、巴国共同出兵，对南蛮余部势力展开反击，并取得了最终胜利，消灭了庸国。

其二，公元前 606 年，楚庄王大举反击戎狄入侵楚国的根基势力——陆浑之戎，一直北进作战到洛水一带。在这次胜利之后，楚庄王陈兵洛阳郊野，向周王室发起挑战，发生了著名的“问鼎中原”的故事。

其三，公元前 601 年，淮南的蛮夷势力——舒、蓼两大族群又发动叛乱，楚庄王再度起兵，灭掉舒、蓼两族群的政权，一直进兵到“滑汭”，也就是今日安徽巢湖、芜湖一带。这次进军的连带成果，是楚国与吴、越两国会盟，重新划定了疆界后，楚军才撤兵归去。此后，楚国的影响力大大加强，蛮夷群起攻楚的战事再也没有发生过。

楚国霸业第三方面的功绩，是北上中原争霸。

楚国向北扩张霸业，也留下了一个著名的故事——问鼎中原。据《史记·楚世家》记载，楚庄王北上击退陆浑之戎后，驻军洛阳郊野。

周王室派出特使王孙满犒劳楚军。宴会上，楚庄王挑衅地发问，周王室九鼎的大小轻重。王孙满回答："在德不在鼎。"楚庄王昂昂然逼问："子无阻九鼎！楚国折钩之喙，足以为九鼎！"王孙满只好说了一通九鼎的历史，而后以天命之说婉转搪塞："周德虽衰，天命未改。鼎之轻重，未可问也。"

楚国争霸有一个鲜明特点，只说攘夷，不说尊王。问鼎中原的故事，算是楚国"攘夷不尊王"的一个典型。考察根源，应该在于楚人精神层面上对周王室的长期疏离。殷商之世，楚人已经拓荒自立。在西周时代屡经奋争，屡经斡旋，周王室才勉强赐予楚人头领以最低等级的诸侯封号——楚子。到楚庄王时，楚国已经是第五代称王了，可周王室与中原诸侯的文书史书，依然将楚国君主称作楚子，不肯承认其大国地位，甚或将楚国视作"非我族类，其心必异"的另类势力。历史地说，这是中原诸侯群与周王室无视天下潮流的文明歧视与地域偏见。楚国的挑战是必然的，也是具有历史合理性的。

楚庄王的"武功七德说"，是中国原生文明的经典之一。

《左传 · 宣公十二年》记载了一则故事。以现代语言情景再现，大体是这样一番对答——楚军围猎。楚庄王君臣纵马驰骋，立于高岗。将军潘党颂扬云："楚王克敌，又埋敌军尸骨，当刻石以记，使子孙不忘武功！"楚庄王马上遥望远方："此间道理，非你等所能知晓也。"众将拱手："愿闻我王教诲！"于是，楚庄王高声道："好！说给你等。何谓武？止戈为武也。武王克商，作《武》《恒》之乐，其诗云：绥万邦，屡丰年。此之谓也。何谓武？禁暴，戢兵，保大，定功，安民，和众，丰财富者也。此为武之七德也。今我无一德，何以示子孙哉！"

正是楚庄王的武功七德说，在其身后推动实现了中国历史上第一次休战盟约。

楚国霸业与晋国霸业有一个相同点，就是在第一任霸主死后，仍然在较长时期里时断时续地维持着相对霸权。楚庄王死后，由于楚晋两大国的长期对抗，卷进两大集团对抗的众多诸侯国都不堪其累，晋楚两大国也深感疲惫。尤其是晋国，由于新生势力崛起，内部矛盾加剧，已经不堪争霸之战的重负。因而，当时社会滋生了罢兵思潮。这一罢兵思潮的源头，就是楚庄王武功七德之说中的“戢兵论”。戢者，收敛也，止息也。在楚庄王之后，“戢兵”思潮叫作“弭兵”——消弭兵戈之意。

由于楚晋两大国的和解意向而实现的弭兵盟约，有两次：

第一次，公元前579年，也就是楚庄王死后的第十二年，由宋国大夫华元、楚国令尹子重、晋国大臣栾武共同推动的“弭兵盟约”，在宋国西门外达成。关于这次弭兵盟约的内容，《左传·成公十二年》的记载是：“凡晋、楚，无相加戎，好恶同之，同恤菑危，备救凶患；若有害楚，则晋伐之；在晋，楚亦如之；交贽往来，道路无壅；谋其不协，而讨不庭。有渝此盟，明神殛之，俾队其师，无克胙国。”显然，这是有利于各国和平发展的盟约。

第二次，公元前546年夏，在宋国大臣向戌、楚国令尹屈建、晋国大臣赵武的推动下，以楚、晋两大国为首的十四国，在宋国西门外郊野歃血为盟，达成了第二次弭兵盟约。此后，天下对抗争霸的局面减缓，一度平和了十余年。这一阶段的楚国，在实际实力上超过了晋国，成为主导天下格局的大国。

在中国历史上，这样的罢兵言和是空前的，是第一次在交战各方之间自觉达成的休战盟约，具有非常重大的文明意义。此后，弭兵反战思潮依旧时起时伏。这一思潮，对墨家兼爱、非攻思想的出现有着基础的意义，是中国原生文明最可贵的遗产之一。

7 吴国霸业

中原大国的霸业相继衰落之后，长江下游及太湖流域的吴国兴起了。

吴国的真正崛起，是在吴王阖闾时期。这个吴王阖闾，是春秋战国时代最富传奇性的君主之一。阖闾原名姬光，是吴王诸樊的儿子，以当时国君嫡系成员称名不冠姓的传统，社会称谓是公子光。诸樊死时，因公子光年幼，欲立其颇有贤名的幼弟季札。因季札坚辞不受，遂立大弟余祭为吴王。十七年后余祭死，又立其弟余眜为吴王。余眜即位，当时便将已经成人的侄子公子光立为太子。时间不长，却又废黜了公子光。吴王余眜在即位四年后死去时，终于立了自己的儿子姬僚继承王位，这便是吴王僚，史称王僚。此时的公子光，应当已经是三十岁上下了。

自王僚第二年开始，公子光终于连续展现出了非凡的才识胆略。

此时，楚国遏制吴国，吴国的主要作战目标便是打破楚国封锁。因此，王僚在即位第二年率吴军攻楚，水战失败，连王船“余皇”号都被楚军夺取。随军出征的公子光，率部夜袭楚军，奋勇作战，不但夺回了王船“余皇”号，而且打败了楚军。此后王僚第八年，吴国以公子光为统帅率吴军攻楚，战胜后又北征陈、蔡两国，取得很大胜利。次年，公子光再度统率吴军攻楚，又夺取了居巢、锺离两地。

自此，公子光在吴国树立起很高的声望。公元前 515 年，也就是吴王僚即位的第十二年，公子光终于发动了一场政变。这就是历史上著名的“专诸刺僚”的故事。

吴国霸业的主要功绩，是对楚对越，以及北上中原的三方用兵。

吴王公子光，也就是阖闾，即位后修筑了“阖闾大城”作为都城，也就是今日苏州。同时，立即开始了富国强兵的争霸准备。从阖闾第三年开始，吴国出兵，首先攻灭了邻近的徐国，并以伍子胥与兵家名士孙武为将，组织三支劲旅专门对楚国展开军事袭扰，使楚军疲惫不堪。其后，吴国在阖闾时期的对外用兵，集中于对楚、对越，还曾经多次远途奔袭楚国，并获得重大胜利。其中最著名的“柏举之战”，大破楚国囊瓦军，并攻入楚国都城郢，迫使楚昭王逃入云梦泽，极大震慑了楚国。若非秦国出兵援救，吴国很可能彻底击溃甚或吞灭楚国。此战之后，吴军又两次败楚，迫使楚国迁都。

公元前 496 年，吴王阖闾在进攻越国的战役中负伤致死，吴国的霸业稍有顿挫。

其后，吴王夫差即位，发动对越复仇之战，一度攻灭越国，俘虏越王勾践。

此后，吴国又连续北上，进攻陈、蔡两国获胜。再后，吴国继续北上进攻鲁、宋两国，迫使两国屈服。后来数年，吴国又三次进攻齐国，最终大胜，俘获了齐军主帅国书。一连串胜利之后，吴王夫差于公元前 482 年，在黄池大会诸侯，周王室与晋定公都参与了会盟。

正在吴国霸业有可能一举成势的时刻，历史发生了不可思议的逆转。

8　越国霸业

越国的突然崛起，是一个历史传奇。吴国与越国之间的历史恩怨及其戏剧性转折，更是一个历史传奇。

当时的越国，地处今日浙江、福建北部地区，是以夏遗民为轴心的一个古老的诸侯国，其在春秋前中期的扩张活动，我们已经在此前有所了解。越国政权，传承至二十余代的越王勾践时期，越国的势力逐渐壮大了。当时越国的接壤近邻吴国已经崛起，勾践的父亲——第一位自行称王的越王允常，欲图进一步向北扩张，恰恰遇到了正在强势时期的吴王阖闾当政，双方反复征战，均不能大胜对方，仇怨便越积越深了。

允常死后，吴王阖闾立即大举攻越。越王勾践愤然起兵应战，在隽李之地，也就是今日浙江嘉兴地带大败吴军，使吴王阖闾负伤致死。三年后，也就是公元前 494 年，越王勾践得知吴王夫差加紧练兵欲图复仇，遂先发制人，大举攻吴。吴国大举应战，在太湖之地的水陆大战中，吴军大败越军。越王勾践仅仅率五千人逃到会稽一带，又被吴军紧追包围。

此后，便有了那个勾践成为战俘奴隶、历经屈辱回国、卧薪尝胆的故事。

勾践复国后的第十二年，越国开始对吴国发起挑战。第一次时机就选择在吴王夫差在黄池会盟诸侯的要害关口，攻入吴国都城，俘获吴国太子。吴王夫差匆匆回军，被迫向越国求和。勾践复国第十四年，越军第二次攻吴，在笠泽之地，也就是今日江苏苏州吴江一带大败吴军。勾践复国的第二十一年，也就是公元前473年，越军趁吴国饥荒，最后一次大举攻吴获胜，迫使吴王夫差自杀，越国终于灭了吴国。

一举吞灭一个南方大国，这在整个春秋大国霸业的历史上是独一无二的。由此，越国声威震于天下。越王勾践趁机率大军北上，直抵淮北，与齐国、晋国会盟于徐州，并向周王室纳贡，表示尊王敬意。周元王也特意派出特使，赐勾践以王室祭祀后的“胙肉”，并给勾践冠以“伯”号，也就是诸侯领袖名号。自此，越国霸业终于完成了全套仪式，相比于吴王夫差霸业仪式的磕磕绊绊，要壮阔顺利许多。但是，越王勾践并不满足传统的伯号，而是自创了一个赫赫名号——霸王。由于当时的越兵横行江淮流域，对中原诸侯群造成很大威胁，所以中原各诸侯国纷纷向越国祝贺示好。

越国霸业的实质成就，主要是对整合南方蛮夷族群融入华夏文明，与吴国、楚国一样具有深广的影响，起到了特殊积极作用。历史地看，越国是春秋大国霸业的最后一个霸主。但是，由于越王勾践的病逝，更重要的，是因为这时的潮流已经发生了深刻变化。所以，越国最后的霸业，很快便被新的时代大潮所湮没。越国的历史命运，也因为沉醉于最后的霸业而忽视了再造新生，所以很快就在进入新时代的入口处，走完了作为一个国家的历史道路。

越国霸业的灿烂晚霞，揭开了历史新的一页。

大国蜕变与阵痛效应

1 大国蜕变的历史趋势

在春秋争霸的百余年历史浪潮里，各个大国的内部都发生了深刻变化。

变化的轴心，是新兴势力在各个诸侯国的逐渐崛起，及其随之带来的国家权力的重新整合。所谓新兴势力，说的是原先在旧社会架构各个层面处于附庸地位的阶层，在社会的剧烈动荡与年复一年的变化中，渐渐成为各个社会层面的主导力量。在整个华夏文明圈的大结构中，这种新兴力量是诸侯国；在各个诸侯国中，这种新兴力量是臣子阶层，当时的名称叫作“陪臣”；在各个大臣的势力圈里，这种新兴力量是“家臣”与“布衣之士”；在整个社会的职业架构中，这种新兴力量是各领域游离出来的自由民。

从总体上说，春秋时代的新兴力量，是普遍诞生于各个社会层面的一种新的人口阶层。他们的生命与力量，形成于社会变化的潮流之中。所以，他们必然向往着社会的进一步变化，并不遗余力地以各种各样的方式推动着这一变化。

在所有这些新兴力量之中，最重要的群体是各个诸侯国的臣下阶层，也就是处置各种具体国务与政事并承担日常民治事务的管理阶层。在这个阶层中居于轴心地位的，又是大诸侯国中的国家管理阶层。因为，他们的崛起，引发了旧权力框架的深刻裂变，直接催生了新的政治文明浪潮，从而激荡起整个社会潮流的全面变化。

两千多年后的今天，当我们站在当代文明的高度来审视这段历史，审视当时的世界文明发展状况时，一个客观的评价是：当时的中国文明，以整个人类前所未有的精神力度步入了一个新的转折时期。在当时世界各个地域独立发展的区域文明中，没有一个区域文明的发展能够达到当时中国文明发展的高度——在如此辽阔的区域、如此众多的人口条件下，实现如此大规模的、自觉而深刻的文明转折与提升。

这一切，都是从文明内核的裂变开始的。

这就是大国蜕变。这就是大国蜕变的文明史效应。

2　齐国蜕变：田氏势力的崛起

大国蜕变的第一个关节点，是古老而强大的齐国。

公元前 672 年，也就是第一位大国霸主齐桓公在位的第十四年，淮水流域的陈国发生了一场内乱政变，一个政治避难者逃亡到了齐国。这个人，是陈国国君陈宣公的堂弟，自称田完。以当时的习俗，人称公子完。陈国公子而称田姓，自有一番原由。陈国的国君族群本姓陈，后因追念祖先在一个叫作“田”的地方以农耕立足，所以宣布改姓为田。在当时，陈、田两字发音相近，所以从此开始，陈即田，田即陈，陈田两姓便并行不分了。这位政治逃亡的公子，不想在一个新地方使用过于显赫的国别老姓氏，所以坚持自称田姓。

从此，这个公子完在齐国的族人及其后裔，天下便皆称“田氏”了。

公子田完颇具个人气质，齐桓公很重视他，很快就任命田完为上卿。可是，田完却坚辞不受，只要求做一个实业官吏。于是，齐桓公便任用田完做了“工正”。在今天看来，工正这个职务就是国家的工业大臣，其重要性绝不亚于上卿。可是，在农业经济为主的当时社会，在天下争霸连年征战的历史条件下，实业管理官员的重要性，是远远不能与军事、外交、政治领域的高级别大臣相比的。春秋社会“工正”“市曹”之类的管理者，大体都是官尾吏头，是不能进入大臣序列的。

从后来的发展实践看，田完的这一选择，奠定了田氏在齐国立足的根基。

当时的神秘文化，为田完后裔的发展留下了两则惊人的记录。

第一则说的是，田完刚刚出生时，适逢周王室的太史路过陈国，其父陈厉公便请周太史为田完的前途占卜。周太史对卦象的说明是：“是为观国之光，利用宾于王。此其代陈有国乎？不在此而在异国乎？非此其身也，在其子孙。若在异国，必姜姓。姜姓，四岳之后。物莫能两大，陈衰，此其昌乎！”这段解说的白话意思是：这是一则看国运的卦象，利于以宾客之身称王。然则，这是取代陈国吗？不是，是在另外的国家。而且，也不是应在陈完之身，而是应在其子孙身上。若在他国，其主当是姜姓，是四岳（尧帝时的四位大臣）之后。事物不能两方同时发达，陈国衰落之后，此人才能在他国兴盛。

第二则是说陈完因陈国内乱而逃奔齐国之后齐国有个叫懿仲的官员想将女儿嫁给陈完，请占卜吉凶。这次的卦象解说很简单，婚姻吉兆，结论是：“八世之后，莫之与京。”莫是暮的本字。而八世之后，恰恰是齐湣王之后。齐湣王破国，齐襄王大衰，田氏齐国遂告灭亡。

在历史事实的意义上，我们没有必要深究这两次占卜的准确程度。这两件事只能说明，当时的一大部分人对田完这个人是看好的，认为他是大有作为的。我们的连带话题是，神秘文化既是中国原生文明的有机构成部分，也是世界任何文明的有机构成部分，这是人类精神发展的矛盾性所决定的。我们既不能简单地否定它，也不能盲目地信奉它。从历史事实说，即或在原生文明时代，也是这样的两种价值观。当时的神秘文化理念是：国家命运如同个人命运一样，是由天意与当事人作为的交互作用决定的。其间因素的动态联结与最终结局，是可以被神明昭示的，是可以以人不可直接感知的手段预测的。

当时的另外一种价值观则是：正道之行，不问吉凶。这一观念的典型表现，是西周姜尚踩碎龟甲的故事。《论衡·卜筮》云："周武王伐纣，卜筮之，逆，占曰大凶。太公推蓍蹈龟而曰：枯骨死草，何知而凶！"《史记·齐太公世家》中的记载是："武王将伐纣，卜龟兆不吉，风雨暴至，群公尽惧，唯太公强之劝武王，武王于是遂行。"

后一种理念，是中国原生文明中居于主流的正义理念。其认识论的根基是：人的正义与良善，对人的命运有着决定性的影响；事件与行为的正义性与良善性，是一个人、一个国家决定一件事该不该作为的根本标准；若以所预测的最终结局的吉凶行事，则会将天意变成私欲，是对正义与良善的亵渎。所谓"天人交相胜"，其深刻方面正在这里。

(1) 田氏崛起的早期奥秘

历史留下了早期田氏的几则故事，大体可以看到田氏崛起的奥秘。

其一，齐景公时期，田氏经过百年上下的经营，已经发展为拥有大规模田产的望族，其族领也进入了齐国的大臣序列。这时的田氏首领田乞，已经是齐国大夫了。他在自己的封地内，实行了一系列惠民政策：收粮食税，收回农民借粮，都用小斗进；借给农民粮食或赈灾，都用大斗出；将山林木材运到市场出售，价格与在山林等同；将海鱼、海盐以及其他海产品运到市场出售，价格与海边相同；百姓遇天灾、疾病等苦难，田氏立即赐粮赐物救济。而当时的齐国公室，当时齐国的其他世族封地，却是重税盘剥政策。两相对比，齐国民众纷纷依附田氏。《左传 · 昭公三年》的记载是，民众对田氏“爱之如父母，归之如流水”。《史记 · 田敬仲完世家》的记载是：“由此，田氏得齐众心，宗族益强，民思田氏。”

其二，田氏惠民政策，一直持续到取代姜氏政权之前。尤其是田乞的继承者田成子，不但坚持，而且扩展了惠民政策。

田氏的经济惠民政策，引起了齐国老世族阶层的警觉。第一个向齐国公室发出警告的，是春秋名臣晏子。但在齐景公看来，这只是经济事务，没有理睬。后来，晏子出使晋国，对以反对郑国子产新政而享有盛名的贵族大臣叔向，全面通报了田氏作为，末了发了一句很大的感慨：“齐国之政，其卒归于田氏矣！”叔向虽然是坚定的守旧派，但对当时的大形势也是痛心而无奈的。他告诉晏子：如今的晋国，也进入末世了，“民闻公命，如避寇仇；公族已尽，政在家门”。

显然，晏子与叔向，都是大国霸业末世的邦交名臣，但在对天下大势的评判与应对上，却都是老贵族的保守主义立场。这种主张维护旧制度的保守主义，在当时不仅体现为一种相当深厚的思潮，更重要的是表现为以老贵族阶层为轴心的一种社会实际力量。新兴社会力量同旧根基的较量，就是通过与他们之间的政治战役体现的。齐国田氏的崛起，当然也是这样。

（2）田氏崛起的七次政治战役的进程与标志

其一，以田乞任大夫为标志，田氏进入了姜氏齐国的新贵族序列。

其二，公元前 532 年，也就是齐景公十六年，田乞之父田桓子联合鲍氏，以私兵攻灭齐国老世族高氏、栾氏，共同分割了两家的财产与封地，势力进一步壮大。

其三，公元前 489 年，田乞在齐景公死后发动政变，打败拥戴原定太子的国氏、高氏两大集团，从鲁国接回另一个公子阳生，立为国君，是为齐悼公。接着，田乞又诛杀了原先的太子荼，事实上掌握了齐国政权。

其四，公元前 485 年，鲍氏弑悼公。齐人共立其子壬，是为简公。田乞的儿子田常即田成子与监止俱为左右相，相简公。田成子与监止不和，但监止幸于简公，权弗能去。于是田常复以大斗出贷小斗收的办法笼络人心。当时齐国民众有歌谣："妪乎采芑，归乎田成子！"意思是说，连老妪采的谷物，都要归田成子了！

其五，公元前 481 年，也就是齐简公四年，田成子发动政变。攻杀齐简公势力，简公出逃，被田氏捉住杀死，田氏拥立简公之弟为新君，即齐平公，田成子出任丞相。

其六，公元前 476 年，也就是齐平公五年，田成子发动对齐国旧世族的清算，全部诛杀鲍氏、晏氏、监止氏，以及齐国姜氏公族中的强悍者。同时，大大扩展田氏封地，使田氏拥有的土地与人口，第一次超过了国君的直领封地。田氏成为齐国实际上的主宰力量。

其七，公元前 386 年，周王室正式封田和为齐侯，列为诸侯，即田太公。至公元前 379 年，"故齐康公卒，绝无后，奉邑皆入田氏"，自此，大邦齐国完成了大国蜕变的历史过程，走上了新的战国时代。

3 晋国蜕变：韩赵魏三家崛起

春秋新势力崛起而导致大国蜕变的另一个典型是晋国。

晋国的特殊，在于它是一个老世族林立的王族诸侯大国。狐氏、郤氏、先氏、荀氏（也就是中行氏）、范氏（也就是士氏）、栾氏、知氏、叔氏、颠氏、桓氏、庄氏、司空氏等，都是晋国很有根基的老贵族。晋国新势力的崛起，有直接诞生于当时军功的新阶层，也有从这些老世族中衍生的新阶层。新兴势力的共同点，在于他们都是从当时的社会危机与国家动荡中崭露头角的。

晋国的新锐势力，主要诞生于晋献公时期。晋献公时期，正是齐桓公大国霸业崛起的时期。由于管仲变革的影响力，当时的晋献公任用老世族士蔿为大司空，也在晋国推行了一定程度的变革，主要有：其一，制定颁布了一些新的法令；其二，修筑了一座新都城——绛；其三，实行军事改革，将晋国军队扩编为两军。晋国这次新法令的具体内容，史料没有具体记载。但是，依据变革大臣主持修筑都城的工程职能推测，晋国这次制定的新法令，应当是与征发劳役、征发兵员相关的局部政策，还远远不是管仲那样的全面变革。虽然如此，晋献公时期的晋国开始了新的发展，那个时期也成为晋国政治力量变化的开端时期。

（1）赵魏两大族群的军功崛起

公元前661年，也就是晋献公十六年，刚刚完成扩展的晋军以将军赵夙、毕万为统帅，吞灭了相邻的霍、魏、耿三个小国。晋献公封两人为大夫，将耿国之地分封给赵夙，将魏国之地分封给毕万。这个赵夙族群，就是西周初期流散于北部的古秦人族群的一支，其早期首领是造父。传至春秋时期的赵夙，已经是造父的第十二代传人了。

毕万族群，则是周武王时代毕公高的后裔。武王灭商后，毕公高封于毕地，开始有了毕氏族群。毕万拥有魏地后的第十一年，毕氏族群在魏地不断壮大，遂以封地为姓，改姓魏氏。从此，晋国有了一个新的族群。需要强调的是，赵氏与魏氏的远祖在当时并没有什么特殊的光环，在晋国对外战争中建立功业的赵氏与毕氏，在当时都是已经成为庶人的平民阶层了。他们的崛起，是新兴势力依靠自身努力奋争的崛起，而不是老贵族的功业继承。

（2）韩氏族群的道义崛起

论族群根源，韩氏原本是晋国公室族群的分支，为姬姓。其可考的祖先，是封于曲沃之地的桓氏。以当时的宗法制度，桓氏是正宗的王族分支。大约在春秋早期，曲沃的桓氏头领桓叔的一个叫作“万”的儿子，因功被晋国分封于韩原，也就是今日陕西韩城地带。依据族群不断分封繁衍的传统，这个桓万便以封地为姓，自立了，时称韩万，其族人也一律改姓为韩氏。韩万当时的称号是韩武子，可见其爵位很低，在晋国老世族中只是一个封地很小的新族群而已。韩氏的发展壮大，开始于韩武子第五代的韩厥，也就是春秋中期的晋景公时期。

确切地说，韩氏崛起于晋国一场重大的政治事变。其时，韩厥尚只是晋国一个封地不多、爵位又低的寻常大臣。与当时已经壮大起来的新兴赵氏、魏氏的权力与封地相比，韩氏是不可同日而语的。但是，韩厥公直，明大义，在朝在野声望甚佳。这一时期，晋国权臣屠岸贾借晋灵公遇害，嫁祸执兵重臣赵盾，进而以诡异手段诛杀了赵盾，并搜寻赵氏后裔。力图彻底剪灭赵氏一族。在这一重大的政治事变中，韩厥明确地站在赵氏一方，先力主赵盾无罪，后来又保护了赵氏仅存的嫡系后裔。再后来，进而力保赵氏后裔重新得封而恢复生机。自此，韩厥成为天下闻名的忠义之臣。

这便是流传千古的“赵氏孤儿”的故事。虽然，这则故事因为细节的戏剧性而成为一个经典传奇，也成为当代主流史学否定这一事实的依据之一；但是，只要滤去戏剧性细节，只要关注事件的主干脉络，这样的政治事变在那个时代是具有真实性的。以司马迁的史笔原则，不会将一个子虚乌有的荒诞事件搬进史书。我们可以摒弃细节记述的误差，但不能否定这个重大事件的基本真实性。

这个事变，在改变晋国政治势力结构的过程中，具有枢纽的意义。其结局是赵氏复出，屠岸氏灭亡，韩厥擢升晋国“六卿”之一，并与赵氏、魏氏结成了坚实的政治同盟。韩氏地位一举奠定，遂成当时晋国六大实力族群之一。当时，晋国六大实力族群是：知氏、范氏、中行氏、赵氏、魏氏、韩氏。从性质上说，这六家都是叛逆于旧权力体制的社会自治势力，都是当时社会的新兴势力。

历史的法则是：新兴势力的聚合，必然在两方面的作战中完成并且定型。一方面，是新兴势力对旧贵族势力与旧有体制的全面较量；另一方面，是新兴势力之间在改革竞争、利益分配方面的全面较量。这两方面的较量，最终都是通过政治决战的方式完成的，都是要付出沉重的血的代价的。

（3）晋国公室权力的衰落

春秋中期，晋国公室日渐衰落。尤其晋献公时期，公族权力遭到严重损害。

公是诸侯的爵位等级。所谓公族，就是以诸侯国君的嫡系族群为轴心，同时包括所有同姓分支的人口势力。在分封制时代，君权的直接根基有两方面：其一，国君直领的土地最肥沃，数量之大也超过任何臣下。其二，国君族群的人口数量与权力影响，远远超过任何臣下势力。若丧失了这两方面根基，公族的衰落与沉沦是必然的。

晋献公曾经在讨伐骊戎获胜后，将俘获的骊姬姊妹立为妻妾。后来，骊姬姊妹各自生下了一个公子，从而引发了晋国诸公子争夺国君继承权的较量，史称“骊姬乱晋”。骊姬势力屡次陷害原太子与两位公子，导致原太子自杀，两位成年公子逃出晋国。由此，晋献公痛恨以公子群为轴心的公族势力，在太庙立誓并通告诸侯：不容许外邦收留晋国逃亡公子，也不再以公子为执掌公族事务的大臣。

自此，以国君嫡系公子群为轴心的公族势力，在晋国失去了传统的权力伸展方式——以国君为雄厚的支撑根基，不受臣下势力与外邦势力的制约。自晋献公晚期起，公子群体的存在方式，只能转化为依靠臣下的依附、依靠诸侯的援助而决定自己的命运。后来，到赵氏当权的晋成公时期，更出现了赐大臣嫡子以公族身份，由赵氏集团成员担任主管公族事务的“公族大夫”的媚下现象。至此，公室与公族势力在晋国已经基本上丧失了根基。

晋文公之后的晋国公室，很快便陷入了两方面一起丧失优势的境地。新兴势力的土地越来越多，族群人口与依附人口也越来越多，社会根基也越来越雄厚了。

（4）新兴战役：晋国新兴集团之间的较量与整合

第一战役，六卿联手扩张。公元前514年，晋顷公十二年，执政的六大集团——范、中行、知、魏、赵、韩六卿联手，以“行法”为依据，吞灭了两大公族势力——祁氏、羊舌氏。此所谓“六卿以法诛公族”的晋国末期大事变。之后，主政的魏氏领袖魏献子，将两大公族的封地划分成十个县，分别由六大集团派出县令治理；其实际内涵，就是六大集团瓜分了两大公族的地盘，并在其封地上实现了当时初现端倪的新型治理方式——县治。

需要注意的是，这次“以法诛公族”，不是变法，而是破除了以国君认定之罪为诛灭依据的传统。相反，是大臣集团以“公族违法”为依据而发动的“下克上”的诛灭。其意义在于，新兴集团第一次打出了法的旗号，而不是国君人治的旗号。事实上，这是此后变法运动的实质性前潮。

第二战役，公元前513年，晋国六大集团达成盟约：以“铸刑鼎”的方式，颁布了范宣子制定的刑书，向社会公布了历来不公开的法律文本。与此同时，六大集团也纷纷在自己的封地实行了新的土地政策，一改传统的“百步为亩”的小亩制，推行一百六十步到二百四十步为一亩的大亩制。在以亩为计算单元的税制中，大亩制有利于农民利益。

故此，当时的兵家名士孙武评价说，晋国的政权将归于亩制最大的赵氏，而亩制最小的范氏、中行氏将最早灭亡。历史地看，这个事件是六大集团对旧制度的一次宣战，是其后大国变法运动的一个最为重大的信号。

第三战役，公元前497年，范氏、中行氏两大集团得到郑国支持，不满赵鞅主政，派兵攻打赵氏。赵鞅兵败，逃奔晋阳，赵氏势力一时衰減。

第四战役，公元前493年到前490年，赵氏集团与范氏、中行氏两大集团展开决战，最终攻灭了范氏、中行氏两大集团，其土地人口，由剩余的四大集团分割。紧接着，在对为两大集团输送粮食的郑国军队的作战中，赵鞅发出了前所未有的动员令："克敌者，上大夫受县，下大夫受郡，士田十万；庶人、工商遂（与士同）；人臣、隶、圉（犯人），免！"也就是说，参战将士人人都有超越传统的重赏，而奴隶与犯人则一起赦免，跃升为庶民。这是春秋后期，以新法令的优越性激励战心的一次成功范例。

第五战役，公元前453年，知氏集团主政专权，向赵、魏、韩三大集团索取土地，最终导致三大集团联合，一举吞灭了当时势力最大的知氏集团。至此，晋国新兴集团惟余赵魏韩三家。

公元前403年，周威烈王正式册命赵、魏、韩三大集团为诸侯国。至此，三家分晋的历史过程完成，晋国正式灭亡。这就是说，在大国蜕变的历史过程中，先后产生了四大战国——齐、赵、魏、韩四大战国。

4 楚燕秦阵痛效应：三大国进入战国序列

在大国蜕变的同时，天下所有的诸侯国，包括周王室在内，都发生着剧烈的阵痛。但是，这种主要见诸政治文明的阵痛，却没有如同齐国、晋国一样催生出新的政权主体。这种普遍发生于各个地域政权的社会阵痛，具有另外一种特殊的意义，这就是：对夏商周三代以来传统的社会结构、传统的生存方式的深刻动摇。

春秋末期社会，距离中国文明形态的再次跃升，还有相当长的历史道路。唯其如此，这种普遍阵痛的历史本质，正在于艰难地寻求对旧文明形态进行深刻扬弃的新的历史方式。从核心方面说，可以具体化为这样一个历史症结：国家政权更迭的历史道路，除了“汤武革命”的暴力置换方式之外，还有没有其他可供选择的历史方式？而且，这样的历史方式究竟有没有？如果有，究竟是什么？在当时还都是非常模糊的。但是，正是这种寓探索于社会震荡之中的普遍潮流，才使历史的答案一天一天地清晰起来。这就是春秋末期具有普遍性的社会阵痛的历史意义。具体地展开后入战国序列的另外三个大国——楚、燕、秦的阵痛变化，能够使我们更深刻地感知文明历史的深邃。

（1）主导华夏南部的楚国，经阵痛变化进入战国序列

楚庄王之后的楚国，大国霸业不复存在，政变内乱也时有发生。但是，经过楚庄王时期的严厉整合，老世族守护旧阵地的能力被大大遏制，老世族所繁衍分化出的新的族群人口，也很难滋生出以推行新政为特质的新兴集团。从王族政权与大臣群体的实际力量对比上说，楚国大臣群的土地资源与人口资源，始终难以达到王族直接掌控的土地资源与人口资源的总数量规模。超过王族资源实力规模的可能，则更是渺茫。所以，尽管楚国的政权并不很稳定，国家阵痛时有发生，但是，楚国王室始终保持着对国家的主导权。

楚庄王之后，楚国的社会大震荡主要有六次：

第一次，从公元前 584 年，也就是从楚共王七年开始，楚国遭受吴国进攻，屡遭败绩，国内发生长期而严重的普遍危机。具体说，吴国的军事压迫，已经成为楚共王、楚康王、楚灵王、楚平王、楚昭王、楚惠王六代百余年最为严重的长期外患。其最为严重的时刻，发生在吴国以伍子胥、孙武为统帅的时期。这一时期，楚国在吴军的强大压力下，于楚昭王时期的公元前 504 年，被迫迁都，主动避开吴国兵锋。若非越国后来崛起，从背后遏制了吴国，楚国的战争震荡将以

何种方式结束，其历史命运又将如何，实在很难预料。

第二次，公元前548年，令尹屈建以大臣蔿掩为司马，推行有限新政。这次新政的具体政策表现是：一方面，在肥沃的良田地域继续保留井田制，给予这些地区巩固井田制的特殊政策，以保证国家战时经济的基本稳定。另一方面，在贫瘠土地与贫穷地区推行私田制，土地权归耕种者，并可以自由买卖，以激发耕种者的生产积极性。这是发生在楚吴对抗时期的一次变革。但是，这次给楚国带来某种希望的新政改革，最终却因为战争的压力，因为老世族的反对，因为新政势力的不够强大，最终收效甚微，很快就结束了。其结果，远未达到齐国田氏与晋国六大臣那样深刻而普遍的社会效应。

第三次，公元前541年，出身王族的执政大臣——令尹熊围，发动政变，以军事突袭的方式，攻杀了刚刚即位三年的新楚王熊郏敖。熊围自立为王，史称楚灵王。这次由王族大臣发动的政变，仅仅改变了楚国的政治权力，并没有给楚国带来新政。这一点，与晋齐两国由新兴集团发动的以推行新政为目标的多次政变，有很大不同。

第四次，公元前529年，楚灵王十二年春，在楚灵王率领楚军攻吴的战役中，楚灵王的三个弟弟在都城联合发动政变，攻杀太子，废黜了楚灵王。之后，政变首领熊弃疾又逼杀另外两公子，自立为王，这就是楚平王。这是又一次王族政变，也没有带来任何新政希望。

第五次，公元前523年，从楚平王即位第五年开始，楚国发生严重的政治内乱。起因是楚国臣民对政事普遍不满，大臣沈尹戌上书批评王室，其主要内容是："今宫室无量，民人日骇，劳疲死转，忘寝与食。"显然，这是对楚吴对抗时期楚国社会现实的严厉谴责，也是对楚国王室政事的严厉批评。当此之时，楚平王的应对极其恶劣，非但不思悔改，反倒做出了极其荒唐的三件事：一是严重违背礼法，在太子迎娶新婚之妻时大起色心，将太子妻强娶为自己的王妃。二是强力镇压对自己作为不满的伍氏势力，残杀大臣伍奢、伍尚父子，逼得军事干才伍子胥逃亡吴国。三是疏远并防范失去新婚妻子的太子熊建，逼得太子逃亡宋国。楚平王的荒诞生活与白痴政治，导致楚国后患频发，政治格局大乱，军事力量大衰，楚国濒临亡国边缘。楚平王死后不久，伍子胥率领的吴军便攻破楚国都城，对楚平王掘墓鞭尸，使楚国陷入了严重的全面危机。

第六次，公元前 479 年，楚国爆发“白公之乱”。白公，名胜，史称“白公胜”，原是楚平王时出逃的太子熊建的后裔。后来，白公被楚国令尹子西召回，安置在楚国边境地带的一片小封地上。长期流亡他国，因而熟悉天下变革大势的白公胜，对楚国旧制不满，在自己的封地仿效齐国田氏的新政，对庶民征税实行小斗进，救济民众则大斗出。同时，白公胜搜求贤士，济穷济困，在楚国很得社会声望。势力形成后，白公胜率领封地私兵，参加了对已经衰落的吴国的进攻。战胜吴国之后，白公胜率部发动政变，杀了令尹子西、司马子期，并劫持了已经即位十年的楚惠王。但是，这场政变很快便失败了。楚国老世族集团因维护旧制，进而维护王权，发起了强烈的反击。军事对抗的结果是：白公胜兵败自杀，楚惠王很快又恢复了王权。

白公胜事变，是楚国在整个春秋时代唯一一次由具有新政特质的新势力发动的政治战役。历史的遗憾是，因为缺乏齐国、晋国那样的新兴势力成长的社会土壤，这股新势力缺乏强大的实力根基，最终招致了失败。自白公胜失败之后，楚国的社会土壤一直处于半板结状态。即或在后来的战国时期，楚国都一直未能发生深刻的变法运动。世族分治一直是楚国的文明痼疾，直至楚国灭亡。

白公胜事变之后，楚国的外部大局势发生了很大变化。最基本的变化，是楚国的最大对手吴国衰落了。此后不久，吴国又被越国吞灭了。其次是春秋末期的霸主越国，也很快衰落了，对楚国已经不再构成生存威胁。至此，楚国在整个华夏南部，成了唯一的主宰力量。在此大局之下，楚国的权力趋于稳定，开始了对外扩张。此后三年，楚国先后吞灭了陈国、蔡国、杞国。此后，又趁吴国灭亡江淮地带空虚之机大举东进，土地迅速扩展到泗水流域，实力有了很大的恢复，成为了真正的大国。至此，主宰华夏南天的楚国，已经完成了进入新的战国序列的历史条件。

（2）西部秦国的阵痛与变化最小，依靠西部扩张进入战国序列

秦穆公之后的秦国，在相当长的时期保持了相对的政治稳定。大国霸业之后，秦国历经秦康公、秦共公、秦桓公、秦景公、秦哀公、秦惠公、秦悼公、秦厉共公、秦躁公九代百余年，没有发生大的内乱政变，也没有发生普遍性的社会动荡。直至进入战国初期的秦怀公时期，秦国才发生了第一次规模较大的政变。其后，秦国接连内乱，一直到秦献公即位后发动的收复失地战争时，才大体稳定下来。从另一个方面说，秦国在春秋中后期一直没有滋生出新兴的集团势力，也没有出现过较大规模的权臣新政。与其他几个大国相比，秦国具有完全不同的历史风貌。

所以如此，在于秦人族群的特殊历史，形成了具有特殊性的社会结构。这种可以称之为特殊国情的历史因素，其基本面在于人口结构。秦国的人口基础相对单一。具体说，秦人的构成有三部分：一部分，是秦立国初期，收容了周人东迁后遗留在关中的少量人口；一部分，是穆公时期吞灭戎狄十二国，并入秦国西部的戎狄人口；第三部分，也是最主要的部分，则是总体上属于秦人族群的诸多分支族群。在这三部分人口中，周人在数量上所占比例极小，不可能形成独立的经济领地，也不可能滋生出新的政治集团。戎狄人口则多集中在陈仓（位于今陕西宝鸡辖区内）以西，以聚散无定的游牧经济，或半农半牧经济为主要生存方式，无力对秦国腹地发生重大影响。而迁入关中腹地的戎狄人口，只是少部分戎狄领袖层的嫡系族群，其本身动态受到秦国官府某种程度的监控，也不可能滋生出新兴集团。

所以，决定秦国政治格局的，几乎是单一的秦人族群。这种以单一族群为主要人口的大国，在当时，只有秦国。

就人口结构而言，楚国最复杂，秦国最简单。耐人寻味的是，正是这最复杂人口与最简单人口的两个大国，都没有滋生出齐国、晋国那种足以引发蜕变式政权更迭的新兴集团。具体比较，楚国尚有接近于大国蜕变边缘的连续动荡，也曾有过令尹屈建、白公胜历时短暂的新政势力。而秦国，却一直保持着相对保守的稳定与平静，既没有楚国那样内忧外患压力下的剧烈动荡，也没有出现秦人世族阶层分离出的新兴集团的新政阵痛。这一现象，构成了我们审视文明史的另一个视角，值得我们继续深入探究。

当然，秦国所以如此，一定还有另外的重要原因。譬如，秦人族群的结构特点，秦国的国家性格等。这些，都留待我们在探讨战国时代与秦国大变法时再行深入地探究。这里，我们只需要了解一个基本点：秦人立国始于春秋开端，这个新诸侯国在整个春秋时代的大动荡中，没有发生剧烈的内部变化，没有引领文明潮流，而只是扩张了土地，吸纳了人口，增强了国家实力，定立了国家根基。也就是说，对西部扩张形成的国家实力的增强，是秦国能够进入战国序列的基础。

（3）燕国历经阵痛变化，进入战国序列

整个春秋时代，有一个相对沉寂的大国——燕国。燕国的春秋史极为简单，其在春秋时代的重大作为，可见的史实，仅有如下四则：

其一，燕国曾经在很长时期内，有效抗击了北方诸多胡族的严重侵扰。

其二，燕国是齐国的忠实盟邦，是齐桓公霸业的基本力量之一，对尊王攘夷有重大贡献。

其三，燕国在春秋时期吞灭了蓟国，并将都城迁到了蓟城，国力开始壮大。

其四，在春秋中期，燕庄公曾经有一定程度的新政，但遭到了齐桓公的遏制。

总体上说，春秋时代的天下变化大潮，对燕国没有根本性触动。燕国没有因为新潮流的激荡而发生重大的政治事变，也没有新兴集团的涌现与新政的推行。所以如此，根本原因在于两点：一则，燕国地域偏远，受中原文明潮流的影响与冲击较小，社会缺乏晋国、齐国那样广阔深厚的求变土壤。二则，北方诸多游牧族群的劫掠杀戮，对燕国生存压力极大，抵御外患是当时燕国的主要任务，没有生成新兴集团所必要的相对松动的社会条件。

但是，若从国家实力的角度看，燕国在春秋后期的实力，已经有很强的根基了。据《战国策》记载，苏秦第一次游说燕文公，对燕国实力的描述是："燕，东有朝鲜、辽东，北有林胡、楼烦，西有云中、九原，南有呼沱、易水；地方二千余里，带甲数十万，车七百乘，骑六千匹，粟支十年……此所谓天府也！"

依据史实，战国初期至燕文公之间，燕国并无大的扩张战争。由此可见，燕国实力的增强，主要在于春秋中后期的攘夷战争与吞灭蓟国。至少，苏秦所提到的朝鲜、辽东、林胡、楼烦、云中、九原，这些边地胡族的基本活动区域，在春秋中后期已经都是燕国的有效领土了。在当时，这是相当雄厚的国家根基了。正是在这样的根基上，与秦国一样没有大动荡的燕国，也进入了战国序列。

5　郑国：中小诸侯国的阵痛效应一

重要的中小诸侯国的动荡阵痛，是春秋大潮极其重要的天下效应。所谓重要的中小诸侯国，是指那些地处中原腹地，既具有深厚的文明根基，又具有相当实力的老牌诸侯国。虽然，它们的国土、人口、兵力等主要硬实力指标不能与大国相比，但是当时的它们拥有深厚的文明传统，拥有丰富的新人才资源，拥有悠久的商旅传统，其以思想敏锐度与进取性为轴心的综合影响力，是许多大国不能比拟的。所以，在春秋前中期，正是这些重要的中小诸侯，引领着天下风向，推动着天下潮流。无论是霸业发端，还是变革发端，当时都是从这些中小诸侯国兴起的。因而，它们对天下大局的整体走向，具有极其深刻的影响力，是文明发展史不可忽视的极其重要的环节。

在这些国家中，最重要的有四个：郑国、鲁国、宋国、卫国。

(1) 郑国在春秋中后期的变化与动荡

郑庄公的小国霸业之后，郑国一度沦入内乱与政变交错的长期阵痛。从郑庄公死的公元前 701 年，一直到公元前 605 年郑襄公即位，近百年之间的郑国，一直处在令人不安的政变与要求变化的社会动荡之中。从郑襄公开始，郑国公室谋求整合国内的社会变化，引发了三次重大的社会动荡，影响力遍及天下，激发了更为深刻的新变革运动。

第一次大动荡，是私田势力与旧井田制势力激烈的政治对抗。

郑国地处中原腹地，是传统井田制率先崩溃的地域。在郑庄公之后的近百年里，国人擅自开垦私田，已经渐成普遍风气。私田开垦现象，对郑国的经济政治造成了严重的冲击。其主要影响有四方面：其一，对旧井田制的沟洫灌溉系统，造成了严重的侵蚀与损坏。其二，私田尚未被国家承认，不缴纳赋税，对国家财税收入构成了巨大损失。其三，私田自主耕作，自由买卖，对依附于旧井田制的庶民构成了强大的精神冲击。井田人口出逃成为日益普遍的社会现象，对作为井田封主的老世族阶层的实际利益，造成了巨大的伤害。其四，为了寻求保护，私田自由人口大量依附于有新政意识的开明大臣，成为这些大臣的私家人口，无形中壮大了政治结构中的私家势力，对公室权力构成了严重威胁。

到郑襄公时期，郑国的井田制，已经完全失去了旧时统一管理的整肃面貌。当此之时，是继续放任无序混乱地开垦私田，还是整肃私田，重新回归井田？抑或是将私田的开垦合法化，秩序化，从而纳入国家经济的范畴？这成为当时郑国最为深刻普遍的社会问题，迫切要求执政者立即解决。在这样的背景下，一场政治对抗不可避免地爆发了。

郑襄公即位时，基于政治需要，任用先君郑穆公的七个儿子做大夫，几乎覆盖了郑国的全部权力，史称“七穆当国”。当时，由“七穆”之一的子良首先执政。其后，郑简公即位，分别由子罕、子驷执政。在子驷执政时，井田与私田的矛盾，已经非常尖锐突出化了。于是，子驷在旧世族势力的支持下，启动了“为沟洫”政策。其实际内容是：取缔私田，维护旧井田制的灌溉系统，整肃土地秩序。不料，此政策刚一执行，七穆内部的新兴势力便产生了强烈不满，暗中鼓动五大族群，以武装叛乱的强烈反应，抵制对私田的取缔。结果是，叛乱势力杀死了子驷，并劫持了郑简公，胁迫公室政权承认私田开垦。

第二次大动荡，是中间势力与新兴势力的激烈对抗。

新兴势力的政变，激起了“七穆”势力中中间派的反对。他们联合举兵，战胜了新兴的私田势力，镇压了这场大叛乱。镇压结束之后，中间势力当众焚烧了“七穆专权”的盟书，宣布了七穆时代的结束。这是一次清醒的政治行动，达到了三重政治目标：一则，表示郑国的权力不再仅仅由七穆执掌，以削弱自己权力的方式，对私田叛乱势力给以安抚，使其不再继续发动抵抗。二则，将七穆中的新兴势力，实质性地排除于国家权力之外，而由镇压胜利的中间派执掌政权。三则，同时排除了七穆势力中的守旧派，大权独归发起镇压行动的中间派。但是，郑国的大局，并没有因此而稳定下来。

第三次大动荡，是中间势力与守旧势力的政治对抗。

中间派胜利之后，其政治目标并没有完全达到，权力依然在七穆势力的守旧派与中间派之间不断转移。公元前555年，守旧势力的子孔执政，欲图铲除七穆势力中具有一定变革色彩的中间派，结果却没有成功。次年，中间势力的子西、子展、子产三股势力联合，以反对子孔专权为由，率领族群武装攻灭了子孔集团，杀死了子孔，瓜分了子孔集团的土地与人口。攻杀子孔后，子展、子西当政，立即开始全面整肃郑国。子展、子西联合当政后，任命子产为卿。在当时，郑国的卿，就是实际执政官。一个真正的中间派政治家登台了，他就是早期的法家人物子产。

(2) **子产实际执掌政务，郑国开始独具色彩的新政变革**

在整个春秋时代，郑国最重大的历史现象就是子产新政。同时，这也是春秋末期整个华夏社会最具影响力的一次变革。就历史意义说，子产的新政，是齐国管仲改革之后最重要的全面社会变革，是战国变法潮流的先河。从总体上看，子产新政的主要内容有五个方面：

其一，整肃政治与社会乱象。当时的说法，这一整肃是“使都鄙有章，上下有服”。也就是说，全面规范因经济混乱与政治动荡而陷入大混乱的社会局面，使城邑与乡村各自恢复秩序，使上下官员各有职责，使政治秩序得以恢复。但这些方面，只是秩序的整合，并不具有新政的性质，因此不在这里赘述。

其二，整合经济秩序。子产的政策原则是：既维护不可能立即取缔的井田制，大力整修井田制土地的灌溉系统，吸引出逃人口回归，又正式承认已开垦私田的合法性，并对私田建立了赋税制，对私田人口实行了新的治理方式。这一方式是：以“伍”为单元，全面有序地登记私田人口，并纳入确定的编制治理，以五家为一个治理单元。这一政策的推行，是子产改革最为实际、最为核心的新政作为，其实际的意义是：明确自觉地保护了私田发展，对郑国经济的全面稳定起到了决定性的作用。

其三，改善政治气候。由于长期的无序动荡，由于私有经济的发展，由于旧井田制的崩溃，当时的各国政风，都出现了普遍性的新潮倒退。奢靡、腐败、无视人才等弊端，成为当时发达国家的普遍问题。郑国地处文明腹心，这种情形更为严重，官员操守沦落，国事混乱而效率低下。面对如此政治局面，子产的政策原则是：大力推行廉政简朴之风，大胆任用贤能士人；其重要内容之一，便是严厉惩办恶吏，任用廉政简朴者为官，同时擢升贤能的布衣干才并委以重任。凡此等等，大大改变了郑国的政治气候，提高了官府的办事效率。

其四，鼓励国人乡校议政，实行言论开放制度。《左传 · 襄公三十一年》记载了一则发人深思的故事。郑国民众往往喜爱聚集在各个乡的学校，对国政议论纷纷，多有批评国事者。于是，有个叫作然明的大夫，向子产提出了取缔乡校的主张，这便是春秋史上著名的“毁乡校”之说。子产对毁乡校的回答，足以流传千古。他是这样说的：“夫人朝夕退而游焉，以议执政之善否。其所善者，吾则行之；其所恶者，吾则改之；是吾师也，若之何毁之？……然犹防川：大决所犯，伤人必多，吾不克救也；不如小决使道，不如吾闻而药之也！”

其五，推行新的军赋制，这便是著名的“作丘赋”。公元前538年，子产以“丘”为单元，在郑国实行新的军赋制。其政策内容是：一丘一年出一匹战马、三头牛。丘，是井田制体系中的较大单元——每八家一井，每四井一邑，每四邑一丘，共计十六井，一百二十八家。

井田制时期的赋，指的是缴纳给国家用以成军、养军的实物，与以收获物形式缴纳的实物税是两回事。当时，子产新政已经对新兴私田实行了合法化，私田已经实行了新的赋税制。但是，主要由旧贵族封地构成的旧井田制区域，其赋税征收却在连年动荡中流失得极为严重。这种流失的实际危害，便是将军赋转嫁于私田庶民，造成新的动荡根源。子产所做的，仅仅只是明确重申了井田制的传统纳赋数量，只要求一定要缴纳，而并没有加重纳赋的数量。

尽管如此，仍然引起了旧贵族阶层的极大不满。他们纷纷咒骂，骂子产的父亲不得好死，又骂子产是毒蝎子尾巴害人。于是，有人将贵族的咒骂禀报给了子产。子产做了极富感慨的回答，足以振聋发聩，足以流传千古。子产的这段话是："苟利社稷，死生以之！……为善者不改其度，故能有济也。民不可逞，度不可改。《诗》曰：'礼仪不愆，何恤人言？'吾不迁矣！"这段话蕴涵的政治坚定性，是无须多说的。

其六，公元前536年，子产"铸刑书"，公布郑国法律。铸刑书，就是将法律文本刻铸在大鼎上，将大鼎矗立在都城广场中，使所有国人都知道法律的具体内容。在整个春秋时代，这是第一次公开法律，堪称划时代的创举。其后的第二次，是二十三年后晋国的范宣子"铸刑书"。第三次，是三十五年后郑国大夫邓析的"作竹刑"，也就是将法律文本刻写在竹简上流传公布。

子产铸刑书的新政创举，激起了强烈的天下波澜。当时的晋国贵族名臣叔向，给子产写了一封长信，痛切地斥责子产，并详细列举了法律所以不能公布的理由。这篇奇文，我们前面已经说过了。这里，我们只来看看子产是如何回答的。子产的回书很简单："若，吾子之言。侨不才，不能及子孙。吾以救世也！既不承命，敢忘大惠。"这几句话翻译过来，是这样的意思："啊，阁下说得也对。我不是大才，也不能顾及子孙。可是，我却要拯救这个沦落的社会。虽然，我没有采纳阁下的意见，可是，我不会忘记阁下对我曾经的大恩惠。"很简单，很坚定，也很有礼貌。只是，透露出一种深刻的淡漠与蔑视。

这，就是那时候大政治家子产的气度。

(3) 子产新政的历史评价

这是一个重大的历史谜团：子产的新政为什么没有带来郑国的持续强大？郑国为什么没有持续强大而成为战国之一？

子产当政二十余年，于公元前522年死去。当时，郑国民众的巨大悲痛是难以言说的。史料的记载是："郑人皆哭泣，悲之如亡亲戚。"流传郑国的民谣是："我有子弟，子产诲之；我有田畴，子产殖之；子产而死，谁其嗣之？"这足以证实，子产的新政，在郑国是深入人心的，是有社会根基的。可是，果真如此，子产的法令便不会改变，郑国自然也会持续强大相当长的一个时期。但是，结果却并非如此。子产死后，郑国很快便衰落了，此后一直处于弱势，和新崛起的韩国反复地纠缠争夺。终于，在公元前375年，郑国被韩国攻灭了，郑国的都城也做了韩国的新都城。应该说，这是子产新政的历史悲剧。

根本的原因，还是存在于子产新政本身之中。

细察子产新政，其最基本的特征，始终是平衡、整合新旧势力之间的矛盾冲突。

历史已经证明，社会大转折时期的变法与改革，其实质都是新旧社会各阶层之间核心利益的重新分割，是社会权力的重新架构。对于一场真正彻底的变革，其所涉及的方方面面的根本利益相互冲突，绝不允许变革力量站在折中平衡的立场。子产新政，恰恰是折中新旧势力的，恰恰是平衡利益冲突的。子产新政的内容说明，子产的新政，既有承认私田、公布法律、开放言论等有利于新兴势力的方面，也有维护井田制、维护公室权力、维护老世族传统特权的方面。从本质上说，子产新政是兼顾社会各方利益的，还不具有齐国、晋国新兴势力的政策特质。子产集团，是一个站在中间立场整合国家破碎状态的秩序追求者，而不是真正的新兴势力的代表。

从推行新政的理念看，子产的"王道德治"理念非常明确。

其一，子产明确宣布："为政必以德，毋忘所以立。"

其二，郑国大火灾之时，针对祈祷禳灾，子产提出的应对是："不如修德。"

其三，吴国贵族大臣延陵季子出使郑国，对子产提出的希望是：“子为政，必以礼；不然，郑将败。”这一说法得到了子产的高度肯定，延陵季子本人也得到了子产的隆重礼遇。

其四，郑国公子势力中的守旧派要杀子产，其中的清醒者立即反对说：“子产，仁人。郑所以存者，子产也。勿杀！”

这些都说明：子产的执政理念，是以“王道德治”安定国家为基础的。

对于子产新政及其本人，贵族阶层也有高度肯定的基本评价。子产一生，既赢得了庶民阶层的赞誉，也赢得了贵族阶层的赞誉，同时还赢得了保守主义思想家的赞誉。晋国贵族名臣叔向的态度最典型，一方面高度赞誉子产是“博物君子”，一方面又激烈反对子产公开法律。主张恢复井田制的孔子，则高度赞扬说：“人谓子产不仁，吾不信也！”子产死后，孔子为之哭泣感慨，“古之遗爱也！”——子产执政，是古风仁爱的遗存。后世的司马迁，也在《史记·郑世家》中高度赞誉说他“为人仁爱人，事君忠厚”。在春秋战国五百余年的所有改革家中，获得如此普遍赞誉的，只有子产一人。

旧贵族与保守主义思想家，对子产的拥戴与赞誉，说明子产的新政是浅层的，是既维护旧贵族利益的根基所在，同时又有限承认新势力需求的一种社会整合政策。在一定时间内，这种新政使社会获得了安定与秩序。但是，距离真正解决根本性的社会利益冲突，还有很远的路程。这样的国家，在即将到来的战国社会新文明风暴中，是很难站稳脚跟的。

虽然如此，我们仍然必须明白：任何时代的文明脚步，都不是一蹴而就的，都是逐步前进的。子产新政虽不彻底，但却点燃了未来变法的希望，具有铺垫文明阶梯的历史意义，具有建立新国家根基的历史意义。这一点，正是文明历史在转型时代的复合性。站在高端文明的视野，我们必须给予客观公正的评价。

6 鲁国：中小诸侯国的阵痛效应二

在春秋时代的动荡变革大潮中，鲁国是一个极其重要的辐射源与阵痛点。

在西周建立的诸侯体系中，鲁国是轴心框架的四大支柱之一。这四大支柱的最初排列次序是：鲁国第一，齐国第二，晋国第三，燕国第四。这四大支柱所处的地域，也恰到好处地扼守在当时华夏文明圈的要害：鲁国控制中原腹地，齐国镇守东部海滨，晋国控制中央高原，燕国镇抚北部诸胡。在这四大支柱构成的轴心框架中，西周王室则居关中、辖洛阳，以广阔雄厚的王畿力量统御天下。历史地看，在长江流域尚未充分开发、楚国又尚未进入西周核心诸侯圈的西周时期，周人设计的这一四大支柱框架，确实构成了大局稳定的轴心体系。

当然，鲁国的地位之所以重要，更在于它是以周公为始封君主的最重要诸侯国。对于西周文明的创建与稳定，周公的作用与意义，无论怎么肯定都不过分。这里需要清楚的是，周公之后的鲁国是否真正起到了四大支柱的作用？也就是说，春秋之前的鲁国，对于西周文明的发展与稳定，究竟起到了什么样的作用？弄清这一问题，对于我们理解春秋时代的鲁国动荡及其变革，具有基础的意义。

公元前 1042 年至公元前 1021 年之间，周公死了。因为周公的特殊功绩与特殊死因，鲁国获得了惊人的荣耀与权力。最为显赫的是，鲁国拥有了使用“天子礼乐”的巨大权力。在当时，天子礼乐的核心点，是直接以周文王为祖先，建立宗庙供奉，并定期举行祭祀的权力。按照周礼，即或是王族诸侯，也不能直接以周文王为祭祀祖先，此所谓“诸侯不得祖天子”。所以，鲁国在周公死后得到的这一天子礼乐权力，实在是当时天下诸侯中的唯一光环。可是，自实际的第一任君主伯禽死后，西周时期的鲁国便在巨大的光环下沉沦了。

第四任君主鲁幽公十四年，鲁国发生第一次政变，幽公弟弟弑君自立，破坏立嫡制度。

第六任君主鲁厉公三十七年死，鲁国再次破坏立嫡制度，贵族拥立鲁厉公弟弟即位。

第八任君主鲁真公三十年，鲁国贵族第三次破坏立嫡制度，拥立真公弟弟即位。

第九任君主鲁武公九年，当时的天子周宣王再次破坏宗法制的立嫡立长制度，以王命形式册立鲁武公最小的儿子“戏”为鲁国太子。这件事，遭到了周室大臣樊仲山父的强烈反对。他发出的警告是：“废长立少，不顺。……天子建诸侯，立其少，是教民逆也。若鲁从之，诸侯效之，王命将有所壅。若弗从而诛之，是自诛王命也！”

第十任君主鲁懿公即位九年，鲁国发生大动荡。事件的过程是：那位被周宣王册立的太子即位，是为鲁懿公。他即位九年，便被其兄长的儿子伯御发动政变杀死，伯御被鲁国贵族拥立为君主。周宣王发怒，发兵讨伐鲁国，诛杀了伯御，重新确立了鲁懿公的弟弟，这就是鲁孝公。史料的记载是：“自是后，诸侯多畔（叛）王命。”

第十二任君主鲁孝公二十五年，镐京事变爆发，西周宣告灭亡。

检索西周时期的鲁国大事记，可以看出：在整个西周时期，鲁国的作用与地位每况愈下，非但没有在西周王室多次讨伐戎夷的战争中做出重大贡献，也未见在王室政治事变中有任何重大作为。尤其是在镐京事变爆发后，鲁国的作为始终乏力——既未发兵勤王，又不能在护送周平王东迁中全力以赴。

与此相反的是，鲁国作为创建西周礼制的周公后裔，连篇累牍地破坏宗法制，侵蚀西周政治根基。最后，竟至于与周天子联手发昏，对诸侯体系产生了极为严重的连锁破坏效应。凡此等等，都意味着一个事实：西周时期的鲁国，已经逐渐沦落为一个迂腐沉闷的超级诸侯，空有其名，未见其实。

(1) 西周初期周公对鲁齐两国的政治预言

据《史记·鲁周公世家》记载，当年初封诸侯，各国君立即赴任。鲁国是周公长子伯禽代理就任。不到半年，齐国君主姜尚回镐京向周公述职。周公很是惊讶，以为东夷作乱了。太公却说："吾简其君臣礼，从其俗为也。"此后过去三年，鲁国君主伯禽才回镐京述职。周公问其为何如此迟缓。伯禽回答的大意是，儿臣入国，变其俗，革其礼，梳理政事。丧三年，然后除之，再施行大周新政，是故迟缓。周公不禁长叹："呜呼！鲁后世其北面事齐矣！"伯禽大为不解。周公回答的大意是，为政治国，贵在简政，不简不易，民不有近；简政，平易近民，民必归之；礼治繁冗，民必远之也！这是周公关于政治简繁的一段著名的历史言论。

周公、伯禽之后的鲁国，已经丧失了承担大国责任的清醒意识，已经堕入了陈腐偏狭的内部争斗漩涡，沦为了一个随波逐流的地域诸侯国。其间根源，是多方面的。但是，上面的故事，至少也使我们觉察到了鲁国衰落的一个重要原因——伯禽当政，其开局作为很是隆重，也很是繁冗。

首先，伯禽就任伊始，立即着手制定了详尽的新礼法，对殷商时期的旧俗旧政进行了彻底翻新。其次，举行了一场为期三年的埋葬殷商旧政的政治丧礼，这便是"丧三年，然后除之"的真正意义。之后，才开始推行新政。再之后，才来进京述职。为了政治上的需要，伯禽将这三年调整期宣示为"丧礼"，实际是埋葬旧政的意思，而不是因为某人的丧礼使他这个国君服丧三年而延迟了政事节奏。

从后来的实际作为看，伯禽的确是一个很看重权力程式，很看重威仪宣示的国君。在起兵响应周公东征时，在鲁国都城郊野的肸地（今山东费县西北），伯禽举行了盛大的出师典礼，并仿照夏启、商汤、周武等圣王天子的格局，发表了阵前演说，被称为“肸誓”。在西周所有诸侯国的历史上，这是绝无仅有的做派。此时，周公尚未死去，周天子还没有明确授予鲁国“天子礼乐”的大权。伯禽所以能如此，所以敢如此，足以证明他是一个非常强势，又非常看重威仪的君主。伯禽的开局作为，奠基了鲁国的政治传统。

与姜太公在齐国的开局作为相比，两者显然奉行了不同的治国理念。姜尚是“简其礼，从其俗”。所谓“简其礼”，实际意义便是取缔与周人价值观相冲突的旧制度，只保留与周人价值观相一致的制度；所谓“从其俗”，便是不触动封地原住民的习俗，使民众依然生活在熟悉的社会氛围里。伯禽的做法，则是“变其俗，革其礼”。其实际意义，便是重新规定社会习俗，彻底废除旧时制度，重新在鲁国建立完全符合周人价值观的礼治文明。

从根本上说，这无疑是符合周公理念的。但是，周公却对伯禽表示了否定，对太公表示了肯定。为什么？根本原因，在于伯禽缺乏严酷的政治磨炼，虽然强势，却有相对迂腐的一面。具体说，伯禽不理解治理天下与治理地方之间的差别：统率天下诸侯并创建天下文明体系，必须建立一整套严格的礼仪制度；但是，治理一方民众，却必须简便易行。以治理天下诸侯群之法去治理一方民众，事实上是不得要领的。据此进行预测，周公发出的鲁国未来不如齐国强盛的感叹，几乎是必然的。伯禽在鲁国播种的政治文明，不是实用精神，而是刻板的礼治秩序。这种趋于消极保守的守成传统，一直左右着鲁国的历史。

(2) 春秋时代鲁国的阵痛与动荡

伯禽在鲁国开创的礼治，与整个礼治体系一样，很快就千疮百孔了。

进入春秋之世，除了鲁庄公时期短暂的小霸一时，在其余大部分时段，鲁国都陷在乱象之中不能自拔。令人深思的是，鲁国的社会震荡很激烈，其声势规模与频繁程度，甚至超过了齐国与晋国。但是，鲁国却始终没能滋生出齐国田氏、晋国六卿那样的新政集团，没能在变革潮流中获得新生。与同样是嫡系王族诸侯的燕国相比，鲁国在春秋时期的辐射力远远超过燕国。但是，从整体新生的意义上看，鲁国却未能进入战国序列，且越来越趋于弱小保守，远远不如战国时期的燕国。

让我们来看看鲁国在春秋时期的激烈动荡吧。

鲁国上层的分化，最早开始于春秋初期的鲁桓公末期与鲁庄公初期。公元前 694 年，鲁桓公死了，其子即位，是为鲁庄公。其时，鲁庄公有三个弟弟——庆父、叔牙、季友。在鲁庄公在位的三十二年间，这三位公室人物的族群都成长为实力雄厚的公族集团了。因为这公室三族都是鲁桓公的子孙，故此，后来被称为“三桓”。这时，一个偶然的因素，引发了鲁国的政治动荡。

鲁庄公虽是一个强势君主，但其正妻却没有生下嫡系继承人。是故，鲁庄公将死之时，确立继承人就成了鲁国公室的核心难题。依鲁庄公个人之意，是想立一个爱妾的儿子“斑”继承国君，但却顾忌三个弟弟反对。于是，鲁庄公先行对各方势力进行了试探。结果是：叔牙主张立鲁庄公的大弟弟、自己的亲哥哥庆父继承国君；季友附和鲁庄公，坚定地主张立庄公爱妾的儿子斑；庆父始终沉默，没有表态。当此之时，鲁庄公选择的处置方法是：与季友合谋，逼杀了叔牙，将善后政事权交给了季友。此后，鲁庄公很快便死了。季友拥立了鲁庄公爱妾之子斑继承君位，但却使其在另外一个城邑即位，暂时没有回到都城。

这时，最有实力的庆父发动了政变，攻杀了新君斑，拥立了鲁庄公的另一个庶出公子姬开为国君，是为鲁滑公。这里的重要背景是：鲁滑公姬开是鲁庄公的美妾哀姜所生，而哀姜则与庆父有长期私通的秘密关系。庆父所以发动政变，拥立姬开，其与哀姜的关系是直接原因。自此，鲁国开始了著名的庆父之乱。所谓“庆父不死，鲁难未已”，此之谓也。

其后大动乱的主要脉络是：鲁湣公第二年，庆父与已经成为太后的哀姜继续私通，且更为笃厚，终于结为政治同盟，图谋杀死鲁湣公，由庆父自己做君主。为实现其野心，庆父先行派人谋杀了鲁湣公的儿子，以示斩草除根。当时，逃亡于陈国的季友集团闻讯，立即联络鲁湣公势力，秘密发动鲁国公族捕拿庆父。庆父觉察到危险，与哀姜分头逃亡了。庆父逃亡到了齐国莒城，哀姜逃亡到邾国。季友集团闻讯，立即回到鲁国，拥立鲁庄公的另一个小儿子即位，是为鲁僖公。此后，季友集团又重礼收买齐国，押回了庆父，逼其自杀。当时的齐国是齐桓公在位，齐桓公利用霸主威力，从邾国解回了逃亡的哀姜，并立即将其杀死，并将哀姜尸体送回鲁国。鲁国公室举行了盛大仪式，割碎了哀姜的尸体，以表示惩戒。

这场大动乱结束后，鲁僖公为安定鲁国，对“三桓”势力做出了善后安置：封汶阳、费邑两地给季友集团，是为季孙氏；确定公孙敖为庆父之后，封于郕地，是为孟孙氏；确定叔牙的第三个儿子为叔牙继承人，封于郈地，是为叔孙氏。自此，“三桓”成为鲁国三股具有深厚根基的政治势力。三桓势力的壮大，是鲁国新兴势力滋生、成长与社会动荡的开端。

鲁国新政势力的滋生，应该从季孙氏的季文子当政开始。公元前591年，鲁宣公死了。当政的季文子集团，成功驱逐了掌握军权的政敌东门氏集团，独揽了军政大权。季文子当政初期，鲁国虽未明确宣布实行新政，但是其实际的政策方向，却向着有利于私田的方向发展。季文子不限制私田的扩张，也不保护由公室直辖的井田制公田。数年之间，由于公室的井田收获物不断减少，季文子便以鲁宣公名义实行了新政改革，推行了“初税亩”。

这是一种新税制，其实际政策是：承认私田的合法性，不论公田、私田，一律由国家按照亩数收税。“初税亩”的政策逻辑是：既然私田与公田一样，都对国家纳税，当然也应当同样获得国家的保护与支持。这样，私田的发展就由秘密转为公开，由非法转为合法。客观地说，“初税亩”将当时不合法的私田合法化，促进了旧井田制的瓦解，是春秋社会最早的具有真正创新性的经济变革之一。

与此同时，“三桓”在各自的封地上也程度不同地推行了新的税制：季孙氏的封地全部采用新税制；叔孙氏的封地听其各分支首领自便；孟孙氏的封地，一半土地实行新税制，一半土地实行旧税制。因为季孙氏的新政相对彻底，所以民众乐意归附，很快发展为三桓之首。

季文子死后，孟孙氏、叔孙氏相继领政，都实行了程度各异的新政，鲁国的私家势力便越来越壮大了。三十余年后，到了公元前 562 年的鲁襄公时期，三桓合力，将一度衰落为只有“两军”的鲁国军队，恢复扩建为“三军”，同时又扩充进了三家的私兵，由三家各自掌控一军。自此，鲁国公室失去了对军队的掌控。

春秋末期，三桓势力再次分割鲁国：将鲁国土地与军队分割成四份，季孙氏独占两份，孟孙氏、叔孙氏各占一份；公室既不能占土地，也不能掌军队，所需财货用度全部由三桓分摊供应。这就是“卑公室，三桓分割鲁国”。到了吴越争霸的春秋末期，鲁悼公在位，三桓势力已经彻底巩固了，鲁国君主的势力已经大大萎缩了。《史记 · 鲁周公世家》是这样记载的：“悼公之时，三桓胜，鲁如小侯，卑于三桓之家。”至此，鲁国几乎成了第一个向新兴国家迈进的传统大诸侯国。

可是，由于种种历史原因，鲁国的新政集团始终未能发生本质的跨越。

（3）鲁国旧势力对新政势力的全力抵制

三桓势力壮大并推行新政之后，鲁国以公室力量为轴心的旧贵族集团，便以各种方式抵制新政，与私家势力进行较量。这种较量，主要有三种方式：

一是武装对抗，公开地以军事方式剿灭三桓，主要有南蒯氏、郈氏、子家氏、阳虎等集团，于数十年间发动了四次军事进攻；

二是请求外邦力量干预。鲁宣公之后，鲁国曾先后秘密请求过齐国、晋国、越国以武装力量剿灭三桓，但都没能成功。

第三种是政治对抗，以公室力量公开发动对三桓势力的取缔，同时毁灭其封地城邑。

在这三种方式中，最值得注意的是第三种。

公元前 501 年，是鲁定公即位的第九年。此公歆慕孔子学问，也推崇孔子的政治主张，于是在这一年，鲁定公任用孔子作“中都宰”。这是执掌都城政务的显耀大官。自此，孔子开始了短暂的政治生涯。

鲁国重大的政治较量，发生在鲁定公时期，主持人正是当时颇负盛名的孔子。孔子介入政治的过程及其结局，是春秋末期保守主义思想家的一个典型。其学说的历史命运，其个人的现实命运，都隐藏着极其深刻的历史内涵。

孔子，生于公元前 551 年，正当天下变革大潮方兴未艾的春秋晚期。身为没落的中小贵族的后裔，史料对孔子的生身环境有三个字的概括：“贫且贱。”也就是说，孔子是当时比较典型的贫贱布衣之士。按其社会地位要求，按其实际利益所在，孔子本都应该如同春秋战国的无数布衣之士一样，成为变革思潮的推动者。可是，人群的复杂分化就在这里——实际社会地位与其所产生的目标追求，未必总是一致的。贵族阶层有走向平民社会的叛逆者，平民阶层也有走向贵族立场的叛逆者。孔子的人生道路，是后一种叛逆——努力脱离自己“贫且贱”的平民地位，走向了本不属于自己群体的贵族立场。

春秋中后期社会的实际变化，使孔子这样的贫贱布衣得以读书成长。不清楚是尚未加冠，还是刚刚加冠之后，孔子便开始了仕途奔波，先后当过委吏（仓库保管员）、乘田（畜牧管理员）等小吏。大约仕途无望，孔子很快便放弃了小吏生计，开始了游学生涯。孔子的游学，没有固定的老师，主要依靠自己的感悟。用今天的话说，就是自学成才。从中年开始，学问有成的孔子开始了收徒办学，开始传播自己的政治主张。孔子政治理念的核心，是反对当时的社会变革，主张全面恢复到西周礼治社会去。“祖述尧舜，宪章文武，克己复礼”等，是孔子对自己政治主张的典型表述。与此同时，孔子率领弟子群开始了长时期独立的政治传播活动。渐渐地，孔子具有了一定的社会声望。

终于，在孔子五十岁的时候，命运发生了一次巨大的转折。

中都宰之后，孔子又被擢升为司空，执掌工程事务，进入了国家大臣的序列。很快，孔子又由司空转为更重要的大司寇，执掌国家律法的实施。在五十六岁这一年，孔子的权力地位达到了人臣巅峰——鲁定公“以孔子摄相事”，也就是以大司寇的身份代行丞相权力，成了实际上的鲁国丞相。担任实际丞相后不久，孔子便离开了鲁国，再次周游天下做政治传播活动了。直到年届七十岁，孔子才重新回到鲁国。三年后，孔子死去。这就是孔子一生的主干脉络。

在为政近六年的时间里，孔子顽强地推行旧政治，为鲁国做了两方面大事：

第一，正面发动政治决战，力图摧毁三桓新兴势力。

这场政治决战，发生在鲁定公十二年，当时称为“堕三都”。其实际含义是三点：其一，拆毁“三桓封邑”的城垣，进而推行对私家城邑的正式取缔政策。其二，收回“三桓”封地的私兵，恢复军队归公室统领的制度。其三，废除“三桓”对封地的独立治权，推行公室全面治权。从实质上说，这是孔子代表公室权力与私家权力的正面较量。在当时发达活跃的诸侯国中，这是非常罕见的，几乎是唯一的一次新旧势力的正面较量。所谓正面较量，就是不以任何其他原由为借口削弱对方，而是直接地制度取缔，直接地权力废除，直接地政治诉求。应该说，在具有深厚礼治传统的鲁国，孔子占有政治上的相对优势。

这次重大事件的主要过程是：季孙氏坚决抵制，在将要毁城时，对鲁国公室发动了军事进攻。孔子率军击败了季孙氏，并一举拆毁了季孙氏的城垣——费邑。孔子乘胜追击，又成功拆毁了叔孙氏城垣。最后的孟孙氏集团却不屈服，举兵防守，拒绝拆毁城垣。鲁定公与孔子率军围城，却又始终无法攻克。之后的事件发展，各种史料互有矛盾。总之是，不能确定发生了什么样的意外变化，“堕三都”决战不了了之了。其政治目标并没有真正实现，三桓势力在暂时低潮后，很快又强大起来。

第二，诛杀少正卯，遏制变革思潮蔓延，遏制新生言论。

鲁定公十四年，也就是公元前 496 年，五十六岁的孔子“摄行相事”。执政后的第一件事，就是诛杀了著名的新言论传播者少正卯，发动了遏制新思潮的政治攻势，一时震动天下。《史记·孔子世家》对这一事变的记载过于简单。相对具体的史实记载，是西汉刘向的《说苑》。后来的《说苑疏证》，又征引了《荀子》《孔子家语》《尹文子》等文献记载，佐证了这一事件。我们不妨将《说苑》对这件事的全文记载录之如下：

> 孔子为鲁司寇，七日而诛少正卯于东观之下。门人闻之，趋而进，至者不言，其意一也。子贡后至，趋而进曰：“夫少正卯者，鲁国之闻人矣！夫子始为政，何以先诛之？”孔子曰：“赐也！非尔所及也。夫王者之诛有五，而盗窃不与焉。一曰心辨而险，二曰言伪而辩，三曰行辟而坚，四曰志愚而博，五曰顺非而泽。此五者，皆有辨知聪达之名，而非其真也！苟行以伪，则其智足以移众，强足以独立，此奸人之雄也，不可不诛！夫有五者

之一，则不免于诛。今少正卯兼之，是以先诛之也。昔者，汤诛蠋沐，太公诛潘阯，管仲诛史附里，子产诛邓析，此五子未有不诛也！所谓诛之者，非为其昼则攻盗，暮则穿窬也，皆倾覆之徒也！此固君子之所疑，愚者之所惑也！《诗》云：“忧心悄悄，愠于群小。”此之谓也！

这段记载的核心，是孔子对这群愚气很重的弟子们的严厉训诫。而这段训诫辞的核心，则是孔子杀少正卯的五大理由，以及杀少正卯的重大意义。五大理由是：“心辩而险，言伪而辩，行辟而坚，志愚而博，顺非而泽。”重大意义则是，与古今圣贤诛杀奸人是同等伟大的。孔子的最后归结是，少正卯这种人是“倾覆之徒”“奸人之雄”，是必须诛杀的。

孔子这段自我辩护，没有一句依法行刑的话，全部都是依据自己维护旧制的政治信念所做出的主观评判与类比。在春秋末世，法律已经开始公开化的时候，孔子奉行了典型的人治诛心方式。弟子们所以急匆匆赶来，所以都不满，所以都不懂，所以都迷惑，其根本点，实际是一种矛盾心理——既对新的变革潮流有所歆慕，又对传统王道杀人方式有所依恋；既不满于老师，又力图解惑于老师。

孔子诛杀少正卯，是春秋时代的重大事件之一。与同时期子产不毁乡校的作为相比，孔子是极端化的复古派。西汉之后，对这一重大事件的争议却越来越多。一种意见认为，这个事件是编造的，事实上孔子没有杀过少正卯。另一种意见则认为，这一事件是真实的，早期史家与学者不可能凭空对孔子编造出如此重大的一起杀人案，更不可能编造出一系列的连锁反应事件。我们赞同后一种观点。因为，以当时环境的政治逻辑，这一事件具有基本的真实性与合理性。

孔子杀少正卯，对天下诸侯群震动极大。鲁国的最大邻国是齐国。齐国的新兴势力，尤其深感不安。齐国人认为，孔子“为政必霸”，鲁国再由孔子执政，将来必然会严重威胁到齐国。于是，齐国开始为驱逐孔子做起了文章。第一步，先与鲁国国君交好。齐国选派了一支八十人的女子乐团，外加三十辆由四匹马驾拉的精美车辆，隆重地送进了鲁国，陈列在鲁国都城的南门外。可是，大约慑于孔子的威势，鲁国竟没有官方表示。这时，处于蛰伏之期的“三桓”之首的季桓子出现了。季桓子的活动是：首先便装出城，察看了一番齐国礼物。回城后，季桓子面见鲁定公，说动鲁定公接受了齐国的女乐宝马。之后，鲁定公沉醉其中，竟至三日不理国事。对鲁定公的沉沦与妥协，孔子深感失望，于是离开了鲁国，从此再也没有回到政坛。就实际而言，与其说齐国攻势奏效，毋宁说鲁国公室觉察到了新势力的强大，不敢再用孔子了。

自此，鲁国新旧势力的正面决战大体宣告结束。

鲁国的新兴势力越来越强大，但鲁国却始终没有进入新的战国序列。

7　宋卫：中小诸侯国的阵痛效应三

春秋时期诸侯群的变化热点，还有宋国、卫国这两个老牌诸侯国。

宋、卫两国，都与殷商遗民有关。宋国是殷商王族后裔的封国，国君族群是殷商王族，主体人口却是中原原住民。卫国是周室王族诸侯，国君族群是姬氏周人，国人的主要部分却是殷商遗民，也就是殷商七大族群。这是周公平定管蔡之乱后，对殷商后裔的分化治理政策，将殷商王族与殷商王畿的遗民分而治之。由周室王族诸侯统领殷商遗民，由原住人口做殷商王族后裔的封国人口，在事实上将殷商王族后裔的势力尽量削弱，尽量架空。

所以，就政风看，殷商遗风在宋国。就民俗生计看，殷商遗风在卫国。就整体发展程度而言，这两个国家都地处于肥美平原，经济殷实，国人素质较高，习俗自由奔放，是春秋社会与战国初期的富庶风华大邦。宋、卫两国的求变作为及其引起的阵痛动荡，对春秋时期华夏文明的融合，曾经起着非常重要的作用。

（1）宋国的求变思潮与权力斗争

宋国求变思潮的活跃及其新政现象，出现得很早。

春秋中期，宋国的戴氏、乐氏、皇氏、向氏相继当权。这四大势力，都是宋国国君庶出后裔的繁衍分支。西周末期的镐京事变时，宋国的在位君主是宋戴公。宋戴公死后，其嫡系长子继承国君，其余庶出公子便开始了独立的繁衍发展。到春秋中期，宋戴公的庶出后裔们发展出了三个最主要分支：一支是戴氏，其首领人物是执政大臣华元；一支是乐氏，其首领是后来的执政大臣司城子罕；一支是皇氏，其首领人物是皇瑗。另一股向氏势力，则是宋桓公的庶出后裔。这些由“公族”而演变为“卿族”的大臣集团，长期占据着宋国的主要权力。

在戴氏、乐氏当政时期，正逢齐国田氏、晋国六卿等新兴势力蓬勃生长之时，宋国也弥漫出浓厚的求变思潮。当时，主张恢复西周礼治的孔子与弟子们游说诸侯，曾经路经宋国。宋国的新势力大臣司马桓魋要杀孔子，逼得孔子换上老百姓衣服，匆匆离开了宋国。这件事，是宋国社会新思潮强烈涌动的一个重要表征。在这样的背景下，戴氏、乐氏集团都在自己的封地内，对民众推行与齐国田氏相差无几的新政，救济百姓，减轻赋税，一时颇得人心。

戴氏、乐氏新政之后，宋国的变化中心转向了权力争夺。先后当政的各大卿族集团之间，都曾经与公室权力展开了较量。在宋元公时期，戴氏首领华亥、华定联合向氏首领向宁，发动政变，向公室夺权，结果遭致失败。宋元公虽然战胜，却因此遭受到强大压力，谋求避居鲁国，结果走到半路就死去了。宋景公末期，宋国又发生政变：公子特攻杀太子，自立为君，是为宋昭公。自此之后，宋国出现了三大卿族——皇氏、乐氏、灵氏共同执政的局面，一直到进入战国。

宋国未能在春秋中后期发生蜕变，也未能进入战国序列，其根本原因在于两点：

其一，新兴势力只看重政治权力的争夺，而没有完成封地内的变革，缺乏雄厚的社会根基。这一点，与晋国的魏、赵、韩三大势力以及齐国的田氏集团，有着很大的差距。

其二，新兴势力的构成过于狭小，几乎全部是公室贵族集团，难以衍生出真正具有新政特质的政治势力。对此，《左传》有一句评价，春秋之世，“诸侯唯宋事其君”。这就是说，在当时的中原诸侯群中，只有宋国公室还能掌控局面，得到卿族的尊重与支持。进入战国时代，戴氏集团终于夺取了宋国政权，其首领子罕自立为君主。

但是，宋国很快就被齐国吞灭了。

(2) 卫国的政治动荡与变革

卫国的政治动荡开始得很早。周室刚刚东迁洛阳，卫国便连生内乱政变，成为春秋时代的第一个动荡信号。齐桓公称霸时期，曾几次帮助卫国平息内乱。到卫文公时期，卫国推行了“减赋平罪”的新政，也就是对平民减轻赋税，同时清理全国冤狱，以求司法公平。这是卫国第一次整合破碎的局面。

可是，这一新政很快就流产了，卫国又重新陷入了卫献公时期的政变与内乱。到春秋后期，卫国出现了执政的南氏集团新势力，盘踞封地自立，与公室抗衡。南氏集团挫败了卫出公取缔封邑的行动，逼卫出公外逃。而后，南氏集团拥立了新的君主，基本上控制了卫国。可是，卫国依然没有发生蜕变，没有进入新的战国序列。

卫国未能蜕变的原因，在于与周室王权体系的渊源太深，距离太近，其国又在中原腹心，几乎始终处于政治风暴的激荡之中，无法保持相对广阔的回旋余地，因而也难以产生相对稳定的社会变革势力。

过于频繁而又没有任何新政追求的政治动乱，几乎打碎了这个中等诸侯国滋生任何新兴集团的可能。虽然，卫国在后来涌现出了诸如商鞅、吕不韦那样的大政治家，其政权形式也一直延续到秦帝国末期。但是，由于卫国在春秋时代的阵痛变化缺乏实质内涵，所以始终未能发生根本性变化。

卫国的历史教训告诉我们：任何时代的深刻变革，都不能寄希望于单纯的政治折腾，而应该着力于经济与社会的基础变革。也就是说，社会与国家的文明新生，绝不是简单的权力更迭所能替代的。只有基础性的社会变革，才是文明发展与国家新生的根本出路。

两大时代的过渡

1　春秋末期华夏文明圈的大格局

进入春秋末期，华夏文明圈的大格局已经发生了明显变化，主干是三大块。

其一，小诸侯国纷纷被吞并或融合，数目锐减，只剩三十余个了。

西周开始分封的小诸侯，大则二三百里，小则数十里。一直存在到战国末期的安陵国，仅有五十里之地。由于地域狭小，几乎没有回旋空间。这些小诸侯国不可能滋生出新生势力，或产生大的动荡。它们面临的主要问题，是如何在大国列强与地区霸权的夹缝中生存。

当时，这些小诸侯的普遍生存方式，是围绕于大国列强或地区霸主国周围，加入某一势力圈，力图不被大国鲸吞。可是，随着霸权大国的不断转换与不断扩张，小诸侯国还是纷纷消失了。这种消失，主要是两种途径：一是被大国或中等强国以直接战争的方式吞并；二是在长期臣服纳贡的过程中，被强大的宗主国和平融入。整个春秋时代，吞灭融入小诸侯最多的，主要是五个大国：晋国、楚国、秦国、齐国、燕国。到春秋末期，这五大国吞灭或融入诸侯国的数目分别是：

晋国吞灭融入十二国，成为当时华夏中部最强大的诸侯国；

楚国吞灭二十一国，成为当时华夏南部最具实力的大国；

秦国吞灭十六国，成为当时华夏西部最具实力的大国；

齐国吞灭四国，成为当时华夏东部海滨区域最具实力的大国；

燕国吞灭蓟国，又吞灭北部胡人政权若干，成为当时华夏北部实力最强的大国。

除去这五大国之外，吴、越、宋、郑、鲁等地区霸主国，也曾先后吞灭融入了不少小诸侯国。基于随时有可能被鲸吞的现实，也基于土地太狭小，人口太稀少，春秋末期残存的三十余个小诸侯国，已经成为一批基本上不保留军队的城邑小邦。它们散布在各个大国与中等诸侯国之间，已经不能主宰自己的命运，只能在大国列强的巨大吸附力之下，身不由己地旋转着，舞动着。它们无法有效作为，也没有实力成为大国的盟邦，而只能成为大国的附庸。从性质上说，他们已经成为一群事实上的无为政权体，对于文明发展的影响力，已经变得很小很小了。

其二，仅存的中等诸侯国越来越趋于疲软。

西周初期以及周公平定管蔡之乱后，西周王室曾经分封了一大批中等诸侯国。它们的土地大体都在数百里至千里之间，大体都在相对殷实的区域。但是，春秋晚期的中等诸侯国，与西周时期的中等诸侯国，情况已经发生了很大变化。春秋晚期的中等诸侯国，主要由五种诸侯国构成：

一是自西周以来大体没有发生变化的圣王后裔诸侯国。主要有：神农氏后裔的焦国、黄帝后裔的祝国、少昊后裔的莒国、尧帝后裔的蓟国、舜帝后裔的陈国、大禹后裔的杞国、祝融后裔的郑国、四岳后裔的许国、夏少康后裔的越国等。

二是由王族大诸侯国沦落的中等诸侯国。大国沦落的典型，是周公的鲁国、吴太伯的吴国。其次是西周末期分封的王族诸侯郑国、康叔的卫国。

三是竞争乏力的一群王族诸侯国。毕公高的毕国、叔度的蔡国、叔振铎的曹国、叔虔的霍国、虢仲的西虢、虢叔的东虢等，都是这样的姬姓之国。此等中等王族诸侯国，西周时期先后共分封了四十个。所谓“周之子孙不狂悖者，皆为诸侯”说的就是这种因为王族血统而分封的一批诸侯国。它们数量众多，且封地大多都在数百里之间，位置都在较为富庶的华夏中心地带。纵然如此，在春秋时代的大变化潮流中，抱残守缺的它们还是不可避免地纷纷消失了。到了春秋晚期，王族诸侯国的残存者已经寥寥无几。

四是由进入华夏腹地的游牧族群建立的国家。主要有中山国、义渠国。

五是殷商后裔的诸侯国——宋国。

上述五种诸侯国，总体上都属于中等诸侯国。它们或由于根基深厚，或由于土地相对广大，或由于战斗力相对强大，很难被大国骤然鲸吞。但是，进入春秋末期，这些中等诸侯国也渐渐失去了活力。最根本的一点是，它们都不再努力变革，不再成为社会变革的中心点。在它们的群体中，再也没有出现春秋前中期郑国、鲁国、宋国那样领先天下潮流的变革国家。它们的天下影响力在迅速衰减。随之而来的，是这些国家的土地不断被蚕食，人口不断逃亡，国力每况愈下。虽保得国家不灭，但昔日引领天下的文明辐射力，却已经不复存在了。

其三，七个大国崛起，成为天下主导力量。

在春秋中后期的霸业争夺与社会剧烈变化中，几个根基深厚的大诸侯国，在不断吞并融合小诸侯国的过程中，土地、人口与军事力量都有程度不同的大幅度增长，成长为综合国力远远超过中小诸侯的超强大国。其间，最主要的历史现象，是由晋、齐两个大国蜕变出的四个新兴大国。

随着内部新兴势力的稳步崛起，晋、齐两大国的旧政权逐渐瓦解，几个新兴势力集团逐渐形成了坚实的根基。到了春秋晚期，它们已经各自建立了完备的政权，开始以实际上的新国家形式，从旧的母体中腾飞出来。其中，最大的晋国分作了三个新兴的诸侯国——魏国、赵国、韩国。东部的大国齐国，则由姜氏政权变成了田氏政权，新齐国由此诞生。

至此，新生的四大诸侯国如同巨大的山峰崛起，渐渐浮出了华夏诸侯海洋的水平面。它们与其余三个老牌诸侯大国——楚国、秦国、燕国一起，开始成为主宰天下大局的主要力量。此后不久，社会便对它们完成了政治加冠，赋予它们一个新的名称——战国。

被称为“战国”的这七个国家是：魏、赵、韩、齐、楚、秦、燕。

春秋末期，上述七大国中的四个新兴大国——魏、赵、韩、齐，已经完成了蜕变与新生，只等残存的天子王权给他们戴上一顶诸侯国的桂冠了。而另外三个大国，也已经在此前的实力扩充中完成了历史的积累，要进入更为激烈的大争了。也就是说，在春秋末期社会，未来的七大“战国”都已经站在了历史的起跑线上，只等待那一声昂扬的号角了。

2　周室王权的全面空洞化

西周王权在春秋、战国两大时代的历史命运，是一个历史异数。

古今中外的历史上，从来不曾有过如此现象：五百余年之间实力每况愈下，但却始终保有整个华夏世界最高的名义王权，以致残喘至战国末期。仅此一点，便是世界古典文明史上唯一的案例。对此，中国传统历史意识的解释是：周政修德，国祚绵长。以现代文明理念分析，这是一种不着边际的历史意识，只能烟雾化对中国文明史的深刻解析。历史的事实是：历经近三百年的求变与争霸潮流，到了春秋晚期，周室王权已经完全地空洞化了，对于天下文明的发展几乎没有任何影响力了。

具体说，有两方面的基本事实。

其一，周王权对天下诸侯的统率权，已经被历史过滤得只剩下可有可无的形式化职能了。这种职能形式化，仅仅局限于两个方面的活动：一是以天子赏赐的名义，赋予各种各样的战胜者以各种各样的荣耀名号，以及象征性的王室用品。二是以天子正名的名义，为强大的新兴政权加上诸侯国的桂冠。这两种主动上门的锦上添花式的活动，与其说是行使权力，毋宁说是讨好大国以寻求自保。

其二，周王室的天下政事权，已经被历史过滤得只能在不断缩小的洛阳王畿内，不断地折腾残余王族的利益分割了。不能分封天下诸侯了，便不断小块分封王畿的剩余土地，以求维护礼治封建传统在自身范围内的苍白延续。到了春秋晚期与战国初期，周王室内部各分支势力的争斗，已经完全地剥下了德治的光环，其赤裸裸的程度，犹过列国诸侯。

至此，作为礼治文明创建者的周室王权，已经彻底沦落，不再成为华夏文明的动力之一了。其曾经统率天下诸侯群的至高无上的王权，也已经彻底空洞化，不再具有任何实质意义了。揭示这一点，是提醒我们，在观察春秋战国大局变化与重大事件的时候，不要将周室王权的名义活动看作是一方实际力量的因素。

3　华夏文明圈与周边落后文明的交错态势

春秋晚期，整个华夏文明圈已经基本趋于稳定。但是，威胁并没有彻底消除。

自西周中期开始，华夏周边处于落后文明状态的渔猎游牧族群的势力迅速滋长。以西周末期的镐京事变为爆炸点，四夷之患弥漫中国，华夏文明陷入岌岌一线的危急境地。当此之时，以齐桓公霸业的“尊王攘夷”战略为转折点，当时的中国诸侯群放弃相互争夺，全力驱赶强行嵌入华夏腹心地带的夷狄势力，取得了重大的胜利成果。

此后，经晋国、楚国、秦国、齐国、燕国等大国的不懈努力，强行嵌入中原地区的游牧政权已经基本上被肃清，只保留下了竭力接近华夏文明形态，又具有强大军事实力的两个政权——中山国、义渠国。但是，国家利益与文明形态的冲突，不可能一次性地彻底解决。这时的夷狄势力，仍然是华夏大格局中重要的一极力量。

在春秋晚期，这种力量的主要表现在三个方面。

其一，周边地区的戎狄、诸胡势力，仍然在不断聚合，新生的匈奴势力正在成长，突然袭击华夏腹地的危机仍然时时存在。秦、赵、燕、齐四大国，仍然承受着第一线压力。

其二，东南方向的东夷问题虽然已经基本解决，但是，岭南以“百越”族群为主体的各方势力，仍然对楚、吴、越三大国构成强大的袭扰压力。此后，直到吴、越两国先后灭亡，楚国独大南部中国，岭南“百越”势力的袭扰压力，始终没有相对彻底地解决。也就是说，在春秋晚期，南部三大国面临的威胁，依然是清晰可见的。这一问题的彻底解决，有赖于此后的两大阶段：第一阶段，此后战国时期的楚国，在强大实力基础上的长期镇抚政策，初步稳定了岭南；第二阶段，秦灭六国后五十万大军南下，建立岭南三郡，百越族群才有效纳入了华夏文明。

其三，在西周晚期与春秋初中期渗入华夏腹地的东夷、戎狄族群，仍然没有全部撤出。其留存的族群，势力单薄者，大多归附了某个诸侯国。势力强大者，则以建政立国的方式强行嵌入下来。最大的两个代表，就是中山国、义渠国。这一现实，给区域内的大国小国都带来了一个普遍问题：如何有效化解戎狄族群？如何对待戎狄政权的攻伐？

综上三方面，春秋晚期的诸侯国无论大小，在内外事务上大体都面临着一个共同问题的两个侧面——外部异族的侵扰势力，内部遗存族群的融合。也就是说，各国内外事务的方针大计，都得受这个因素某种程度的制约。因之，四夷、百越、戎狄、诸胡、匈奴等问题，便成为春秋晚期天下格局中一个不能忽视的因素。

4 过渡形态的时期确定

公元前476年到公元前403年，是一个特殊的历史时期。

这段时间，我们可以称之为春秋晚期，也可以称之为战国初期。但是，更为适当的定性，应当是春秋时代与战国时代的联结段。也就是说，这七十三年，是春秋、战国两大时代的过渡时期。公元前476年，是齐国的田氏实力超过姜氏公室的标志性年份。公元前403年，是魏、赵、韩三家新兴势力被周王室正式承认为诸侯国的年份。

在中国人的传统历史意识中，春秋战国往往被看作一个大时代。

但是，从文明发展史的理念看，显然这是两个时代。春秋时代，类似于西方社会后来的文艺复兴时代；战国时代，类似于后来的启蒙运动时代。尽管，作为连续崛起的中国原生文明的三大高原——春秋、战国、秦帝国，它们在更宏观的意义上可以看作是一个整体。但是，在文明史演变的意义上，春秋时代、战国时代、秦帝国时代，无疑是三座具有递进意义的文明高原。在它们之间，发现联结地带与联结方式，是有特殊意义的。

田氏根基确立，到魏、赵、韩三家政治加冠，这七十三年，正是春秋时代与战国时代的联结时段。用我们熟悉的语言说，就是历史的过渡时期。这是一个性质不确定，主导力量也相对模糊的时段。无论研究家们将这七十三年划归春秋，还是划归战国，都有一定的理由。

但是，只要我们的历史意识不那么教条，不那么老化，我们就会看到：将这七十三年的时段看作历史过渡时期，是最为妥当的。

真正的战国时代，应该有一个重大的政治事件标志。这个标志，就是魏赵韩三家完成政治上的成人礼，获得正式的诸侯之冠。所以，以魏赵韩三家获得诸侯名号为战国开端，是符合历史逻辑的。

5 过渡时期的社会风貌与社会精神

春秋晚期的社会风貌，已经发生了很大变化。最基本的方面是，人们的生存方式发生了很大变化。变化的实质方面，是整个社会开始从王权国有制的统一管制束缚中解放出来，普遍开始以相对自由的私有生产为基础，开始寻求一种空前活跃的生存方式。这种新的生存方式的实际体现是：私田经济日益活跃，私人的自由生产权利日渐扩张。由此产生的新政治理念不断发展，导致官府对民众生产与生活的干预日渐减少。人的个性伸展，获得了空前的社会空间，家庭及个人对生产方式与生活方式的选择余地大大拓宽。

在这样的生存方式下，春秋晚期的社会结构也发生了重大变化。

首先，无论是官府奴隶，还是农耕奴隶，都开始随着私家经济势力的增长，及其对自由劳动力的大量需求，程度不同地被破除了人身枷锁，获得了自由平民的身份。

其次，占人口绝大部分的自由民，则大量地从日渐崩溃的井田制中被新兴政治势力解放出来，或主动地逃脱出来，归附到新兴势力的政治保护圈里，投身于土地私有的生产大潮中，开始了自由谋取生计的生存方式。

第三，商业一律国营的旧制，在各个诸侯国纷纷被打破。西周时代“工贾食官”的旧传统，迅速崩溃了。官府工场的技师工匠，官府商肆从业的吏员，纷纷放弃了几乎静止不变的官府待遇与高等国人身份，变为直接从事商旅交换活动的私人商贾。与此同时，平民阶层中的一部分人为了迅速致富，也纷纷投身到私人商贾行列。由此，私人商人迅速增加，形成了稳定的商人阶层。

司马迁在《史记·货殖列传》中，对当时弥漫社会的商贾之风作了最为传神的描述："天下熙熙，皆为利来；天下壤壤，皆为利往。"在如此普遍浓厚的商旅风气之下，理论化的商业思想也出现了。这一时期出现的"计然"学派，就是推崇商业经济的代表，其核心主张是：国家应该以发展商业、周流货物为本，从而使农末俱利，国家富裕。计然派的经典表述是："平粜齐物，关市不乏，治国之道也！"

《货殖列传》还记载了孔子的学生子贡，也就是子赣，也就是端木赐，经商而大富的故事，很有典型性。子贡"鬻财于曹、鲁之间"，应该是很有实力的大商人。端木赐不知如何经营，竟然成为七十多个优秀学生中的"最为饶益"者，也就是最富有的人。子贡的商旅规模很大，"结驷连骑，束帛之币以聘享诸侯，所至，国君无不分庭抗礼；夫使孔子名扬天下者，子贡先后之也！"也就说，孔子名望的传扬，很大程度上得益于子贡的大力宣扬。司马迁用以作为对比的，是孔子的另一个学生原宪。由于没有参与商旅活动，所以只能"不厌糟糠，匿于穷巷"。所有这些都足以说明，春秋晚期的商旅活动已经非常发达，商人阶层的社会影响力也已经很大了。

第四，随着知识的传播、法律的公开、私家教育的出现等社会变化，庶民阶层中开始纷纷涌现出各种技能型士人和思想型士人。他们奔走天下，或传播思想，或入仕治国，或教授学问，或扶危济困，或投身治水、行医等公益事业，或从事种种实用性研究并提升农工商活动的水准。

从总体上说，士人阶层的出现，意味着当时社会涌现出了一个具有自觉意识的社会阶层。这一阶层的出现，不但大大激发了社会活力，而且使整个社会的变革运动摆脱了盲目性，从此进入了自觉的探索阶段。从文明发展史的意义上说，春秋时代士人阶层的涌现，对于中国古典文明的巨大意义，是无法用语言叙述的。

新生存方式下的社会精神与人的生命状态和之前有很大不同。私田经济打开了新的生存天地，使人与人之间，家与家之间，族与族之间，国与国之间，都展开了真实的竞争。这种真实竞争的深入发展，彻底摧毁了诸侯时代“小国寡民”的公田世界。“鸡犬之声相闻，民老死不相往来”的静穆图景，很快便被呼啸的竞争潮流所淹没。一切或美好或丑恶的灵魂，都被召唤到生存竞争的战场上来了。春秋晚期凝聚成的时代精神，当时的政治家用了两个字概括——争心。

这就是春秋时代大政治家晏子的一句概括：“凡有血气，皆有争心！”

这是一种空前的历史现象。因为，在旧官府统一管制的王权体制下，人们只需要听从安排，只需要统一行动即可。人们不需要争，也不可能争。如果说，在公田体制下还需要人的主观能动性，也一定是想方设法的偷懒者居多，主动为公田奉献力量者少。这就是西周后期井田制生产中，之所以出现普遍的大规模怠工现象的深层原因。而私田经济的涌现，恰恰建立在个体主观能动性发挥的基础之上——你不积极努力，你就没有好的生活。所以，以家庭与个人为基点的私家生活方式、个人生活方式的普遍确立，必然带来激烈的社会生存竞争，必然使各个层面的竞争以各种各样的方式体现出来。

问题的另一方面是，不竞争或懒于竞争，后果都是很严重的。国家不争，就要落后，就要灭亡。族群不争，就要陷入困境，分崩离析，传承断裂。家族不争，则必然沦落潦倒，门庭屈辱，家族蒙羞。个人不争，则业无所成，家无所依，衣食无着，饱受歧视。

《战国策》与《史记》都曾经记载了一个发人深思的故事：名士苏秦第一次挫败，乞丐一般归家，遭遇到空前冷漠，“妻不下机，嫂不为炊”，几乎没人理睬这个失败者了。苏秦家人的理由是：当今之世，治产业，力工商，是正道根本，你却舍弃根本而事口舌，这很不合适。这个故事说明：春秋战国之世，对个人竞争的最根本要求，就是“治产业，力工商”，改变生存状况。你失败了，或者你走偏了，包括家人在内的社会，最主要的情绪表现是蔑视你，而不是无原则地同情你。

如此社会精神之下，各个层面的全力竞争是必然的。这种竞争，表现于整个社会精神，表现于人的生命状态，就是两个字——争心。这种“凡有血气，皆有争心”的普遍精神，在此前的历史上从来没有出现过。

若干年后的战国时代，大法家韩非子以几近相同的词汇，概括了这种社会精神——“大争之世，多事之时。”这里，只有规模化程度的不同，而没有本质的不同。这足以说明，春秋时代与战国时代所以辉煌，所以不朽，是因为那是我们中国民族在跨入国家文明阶段后，第一次爆发出全面竞争精神的时代，是第一次鼓满了生命的风帆全力前进的时代。正因为如此，那个时代给我们留下了无比丰厚的文明创造，留下了无比丰厚的精神遗产。在进入战国之际，我们不能忘记的，首先应该是这样一种时代精神。

在这样的生命状态与时代精神的强力激荡下，整个社会风貌焕然一新。

6 过渡时期形成的普遍的尚武精神

尚武精神，是一个国家、一个民族在进入文明状态后对武事的自觉追求。

从根本上说，所谓武事，就是一切用于强力打击的技能、装备与活动。在人类文明发展史上，武事的普及性是随着文明程度的提高而递减的。越是远古社会，武事就越是趋于直接的生存目标，涉及的人群范围也就越广。远古人类可以做到每个成人，甚或少年儿童都具有基本的搏斗本领，否则无法生存。人类文明越是发展，武事的打击手段越是发达，武事也就越趋于专业化，武事的普及性也会越来越弱。

但是，这一递减现象绝不意味着另一则理由的成立：人类文明越发展，尚武精神就越没有意义。恰恰相反，人类文明越是发展，武事活动群体越是专业，社会就越是需要依托尚武精神来滋养民族精神，从而形成培育优秀的专业武事阶层的社会土壤。没有尚武精神作为社会土壤，一个国家，一个民族，就永远不会拥有一支第一流的军队。在这个意义上，人类文明越是发展，社会就越是需要自觉的尚武精神。因为，武事已经超越了依靠生存本能激发的阶段，更需要依靠精神的自觉来完成。

这是人类历史的精神逻辑，它适用于今天的我们，也适用于春秋晚期的当时社会。

春秋晚期社会，距离华夏族群进入国家文明时代，已经有近两千年了。在漫长的夏商周三代里，随着国家常备军的越来越体制化，随着社会经济的国家统管制度的越来越严密化，武事活动也越来越聚集于军队与国家。社会民众的武事活动，则越来越受到限制。在西周礼治文明建立后，兵器的日常持有权，军士的遴选权，兵器的打造权，已经大体上限制在贵族阶层与少数“国人”之间了。也就是说，占社会人口绝大多数的庶民，已经失去了从事武事活动的权利，只能作为碌碌耕耘的劳作群体存在了。在这样的背景下，崇尚武事是少数人的事情，作为一种风气弥漫于社会，是没有条件的。

面对不甚严重的戎狄侵掠，西周王权表现出的疲于应对，其根源在哪里？

面对严重许多倍的四夷戎狄海洋，春秋时代却能强力反击，其根源又在哪里？

不同的社会土壤，滋生培育国家力量的强度差异，是极大的。这种社会土壤的主要成分，就是弥漫在社会各个阶层以至流散于穷乡僻壤的尚武精神。新的生存方式，新的生命状态，必然弥散出强烈的尚武之风。

让我们先来看看《史记》《汉书》等古典文献，对当时各国尚武风习的记载：

晋国（魏赵韩）：俗刚强，多豪杰侵夺；上气力，悲歌慷慨，高气势，报仇过直。

北地边民：迫近胡寇，剽悍，少礼文，好射猎。

宋卫两国：其俗刚武，上气力，好气任侠。

燕国：地卓远，人民稀。民雕悍少虑，敢于急人，轻疾而易死。

齐国：武勇者长。地广民众，兵强士勇，多技击之士，贪粗好勇。

楚国：天下之强国也；其俗剽轻，易发怒。

吴国：君皆好勇，其民好用剑，轻死易发。

越国：文身断发。厚赂战士，士赴矢石，如渴得饮。

岭南：民皆服布如单被，穿中央为贯头；兵则矛、盾、刀；木弓弩，竹矢，或骨为簇。

秦国：修习战备，高尚气力，以射猎为先；尚气概，先勇力，忘生轻死，闻战则喜。

凡此等等，只是春秋末期社会尚武风气的部分记载。历史的实际情形，应当比文献记载更为厚实浓烈。普遍的尚武精神的形成，在当时具有深厚的社会根基，大体说来，有四个方面的社会原因：

其一，个体自卫意识、财产意识的觉醒，产生了普遍的武备需要。

从最根本的方面说，在私有经济尚未最终定型的春秋时代，保护其私有财产不受侵犯的职责，首先就落在了私有者个人身上，其次才是推行新政的新兴政治势力，再次才是日渐倾向于保护私田经济的官府。无论这些私有者是归附于新生政治势力旗下，还是以家族氏族为单元，抑或自发结成群体以对抗官府，首先需要的，都是一种精神勇气与最基本的个人兵器。无论是农民、商人、工匠，还是出游天下的士子，基于防身与保护财产的需要，都有持有兵器的迫切需求。这一点，是尚武精神蓬勃生发的最深刻原因。

其二，国家政策的奖励与引导。

在连绵不断的霸权争夺战争中，无论大国小国，无论是否推行新政，都有强烈的进攻或防御需要。当诸侯国扩大军队的权力不再受到王权制约时，征召民众入军的需要急剧增加，仅仅是贵族子弟成军已经远远不能满足扩张或自保的实际需求了。故此，各国都不约而同先后开放了兵器禁令，不但允许民众持有兵器，而且下令官吏在政事场合也必须携带兵器。这就是春秋官吏的“各得带剑”。

事实是，春秋晚期，各国官吏、士人、民众，已经普遍性地佩剑行走了。《左传·襄公二十一年》记载：当时邾国的许多民众逃亡到鲁国，鲁国执政大臣季武子，下令赏赐给逃民每人一套衣裳和一口短剑。在各大国中，恰恰是尚武之风最浓烈的秦国，下令官吏“带剑”的时间稍晚，是在秦简公六年，也就是处于春秋战国过渡期的公元前409年。

其三，国家君主与大臣阶层尚武精神的激发。

与后世有很大不同的是，春秋战国时代尚武并亲自征战的国君，数得出一大群。小国君主如鲁庄公、郑武公、宋襄公等等。大国君主如齐桓公、齐庄公；晋国的晋文公、晋襄公、晋景公、晋厉公、晋悼公；楚国的楚武王、楚文王、楚共王、楚庄王；秦国的前五代君主，以及春秋中晚期的秦穆公、秦康公、秦景公、秦厉共公、秦简公等；吴国的寿梦、阖闾、夫差；越国的允常、勾践新生魏国的历代领袖及魏文侯、魏武侯；新生赵国的历代领袖及立国君主，韩国的历代领袖及立国君主，等等。几乎是代代皆好勇，举不胜举。

可以说，那时的君主与大臣，凡是能才者，都是文武两通的杰出政治家，很少没有上过战场的大臣。这种普遍的君王亲征现象，普遍的大臣征战现象，一直延续到秦帝国建立。西汉之后，君王亲征与大臣上阵，就日渐稀少了。再后来，终于减少到凤毛麟角了。

从总体上说，尚武精神是春秋时代迈向战国时代最为坚实的精神根基。

第四编

新文明爆炸时代

战国时代是一个文明大爆炸时代，诸子百家、商旅贸易、技术创新……我们今天赖以前进的统一文明框架，我们熟悉的社会生存方式的基本传统，我们最主要价值观体系的历史根基，都产生于战国时代。

战国社会鸟瞰

1　战国时代的文明史地位

在整个中国历史上，战国时代是一个文明大爆炸时代。

春秋、战国、秦帝国三大时代，是我们民族的文明圣土。在这三大时代中，战国时代是轴心，是承前启后而生发一系列巨变的中枢时代。正是战国时代的大争精神，催生了层叠林立的原典，造就了接踵比肩的巨人，生发了深刻壮阔的变法浪潮，锻造了令人目眩的古典战争的最高水准，推动了超大型工程领域的绝顶登攀。所有这一切，都汇成了浩浩荡荡的历史大潮，直接推动秦帝国实现了统一中国文明的历史跨越。

从历史遗产的意义上说，我们今天所赖以前进的统一文明的框架，我们所熟悉的社会生存方式的基本传统，我们最主要价值观体系的历史根基，我们在整个古典文明时期所达到的民生工程领域的最高峰，我们赖以筑成精神支柱的民族经典之林，都产生于战国时代。没有战国时代，秦帝国统一中国文明的历史跨越，既不可能发生，也不可能完成。从总体上说，战国时代是当时中国实现统一文明跨越直接的历史平台。

如此伟大的一个时代，历史的烟雾却将它扭曲得狰狞变形。

自西汉开始，各个王朝的历史意识对春秋、战国、秦帝国三大时代的扭曲，越来越偏离真相。唐宋之后，更是迅速趋于全面否定。历代史书中，凡涉及这三大时代的总体性评价，几乎是千篇一律地不加论证，只有贬斥。对战国时代在各个方面的成就与价值，都简单贬低。这一时代的英雄名士，或被描述成“天资刻薄”的酷吏，或被描述成寡廉鲜耻的游说名利之徒，或被描述成屠夫，鲜有被历史意识公认的英雄伟人。这一时代所诞生的原生经典之林，这一时代所诞生的伟大而均衡的多元思想架构，也被砍伐得遍野萧疏，使我们的文明开始了严重的水土流失。

为什么会这样?

这里，我们暂且不去一一澄清。

我们的义务，是以当代文明价值观为基准，正面审视战国时代。

2　总图景：战国时代的四大阶段

从社会变革与国家对抗的意义上说，战国的总体图景表现出四个大的阶段。

第一阶段，战国初期：第一波变法浪潮与战争普遍化。

自公元前403年，也就是魏、赵、韩三家被正式承认为诸侯国的这一年开始，中国进入了战国时代。所谓初期战国，是从公元前403年到公元前360年秦孝公即位求贤而商鞅进入秦国筹划变法这一时段，大体四十三年。这一时段的核心事变，是魏国的李悝变法，楚国的吴起变法。与此同时，各个诸侯国也都在酝酿或进行着程度不同的变革。事实上，这是战国的第一波变法浪潮。

魏、楚变法之后，大国对抗的方式发生了很大变化。变化的中心点，是大国之间的战争迅速普遍化，传统的地区盟邦关系迅速松动分裂，各个大国形成了各自面对诸多敌人而独立作战的态势。魏文侯之后，三晋集团的解体与相互攻伐是这一变化的典型。也就是说，在战国初期，魏、赵、韩、楚、齐、燕、秦七大国，相互之间很快演变为错综复杂的敌对关系，只有临时的战争盟约，没有相对稳定的国家集团。

大国对抗方式的变化，必然引起天下竞争态势的深刻变化。这一时期，所有诸侯国都普遍面临强大的战争压力。贫穷弱小就会灭亡，成为当下残酷而紧迫的事实。为此，各个国家的生存危机意识骤然强化，国家竞争精神也空前强烈起来，求变图存迅速弥漫为一种强大的社会思潮。韩非子所说的“大争之世，多事之时”，正是在这一大转折下迅速形成的社会风貌。

第二阶段，战国中期之前段：秦国崛起，并突破山东六国遏制。

这一时期，从公元前360年开始，到公元前307年赵武灵王的赵国大变法，大体是五十三年。这一时期的核心事变，是商鞅在秦国的大变法。由于商鞅变法的彻底性与深刻性，以及在战国变法中绝无仅有的长期性与连续性（二十年之间两次变法），西部秦国一举崛起为空前强大的战国。这一时期，东方战国也先后发生了韩国的申不害变法，齐国的齐威王驺忌变法，燕国的乐毅变法，都取得了鲜明的成效。这是战国时代的第二波变法浪潮，也是战国变法的高潮时期。

秦国的强势崛起，直接而深刻地改变了天下格局。以商鞅率军收复河西、大败超强魏国为标志，秦国的整体国力，深深震撼了东部六大战国。也就是从这个时候起，战国社会出现了“山东六国”这一说法。这一说法的大背景是，秦国实力远远超过了任何一个战国，六大战国已经普遍感受到秦国的威胁。为此，天下格局由七大战国纷争，演变为两大板块对峙——秦国为一方，崤山以东的六大战国为一方。所谓的“山东六国”，实际是与秦国抗衡的国家共同体。

这一阶段，出现了中国历史上最为波澜壮阔的邦交对抗，将人类世界在古典社会的外交艺术推到了巅峰状态。这一对抗的实际意义，是山东六国的遏制战略，与秦国突破联合遏制之破交战略的对抗。这两大邦交战略的对抗演进，是这一时期国家对抗的基本方式。

新潮流的需要，使这一时期涌现出了一个崭新的战时外交学派——纵横家。其中，以苏秦为代表的“合纵家”名士所推动的“合纵”战略，推动山东六大战国成功实现了抗秦联盟集团，一度对秦国构成了空前强大的全面压力。六国合纵，是世界外交史上最早的国家共同体。另一面，以张仪为代表的“连横派”所推动的“连横”战略，使秦国成功地实现了对山东六国的分化，也成功突破了六国集团的强大遏制。这是世界外交史上最早也最为成功的新兴国家的破交战。

合纵连横的邦交大战，贯穿了此后整个的战国历史。这一邦交战略体系的思想与实践，是中国的战国时代对人类文明的最大贡献之一。它所留下的历史结晶——《战国策》，是世界外交史上最为古老、最为辉煌的有关多极力量抗衡的百科全书。

第三阶段，战国中期后段：赵国崛起，秦赵全面抗衡时期。

这一时期，从公元前307年赵武灵王胡服骑射开始，到公元前260年的秦赵长平大战结束为止，大体四十七年。这一时期的核心事变，是赵国崛起与秦赵大决战。赵武灵王在赵国的大变法，实质上是以军事改革为突破口的一次全面变法。就其全面性与深刻性而言，虽不如此前秦国的商鞅变法，但却大大超过了山东六国此前的变法深度。在赵国变法的同时，东方其余五大战国，也都曾经谋求推行第二次变法，甚或第三次变法，以更大程度地增强国家实力。其中，做出最大努力的，有齐国、楚国、魏国、韩国。但是，由于各种各样的社会历史原因，这些变法集团的努力都没有成功。事实上，这是战国时代最后一次变法浪潮，也是战国时代的第三波变法浪潮。

赵国的变法与崛起，又一次直接改变了天下大争的总体格局。变化的基本点有两个方面。其一，七大战国的“合纵连横”发生了复杂变化，由山东六国的合纵抗秦格局，发展为不断变化而相互组合的战争同盟，秦国也开始成为“合纵”攻伐的一方。其典型事件，是燕国乐毅发动的燕、秦、赵、楚、魏五国联合攻齐。大胜之后燕军单独作战，历经六年战争，几乎吞灭齐国。其二，东方六大战国的抗秦轴心，从不断转移的魏、楚、齐三国，稳定地转变为赵国。强大的赵国，成为山东六国抵御秦国风暴的屏障，两大强国的直接碰撞开始了。

秦赵大决战，发生在公元前263年至公元前260年的长平大战。这次战争历时三年有余，双方参战兵力总计超过一百万，是世界古典社会大型化战争的最高峰。这次战争的结局是，赵军战败，余部投降，被秦军坑杀降卒二十余万（《史记》之说是四十万）。同时，秦军也死伤过半，遭受严重损失。

长平大战后，天下格局又是一变——秦国独大，六国衰落。这一格局演进的基本方面是：首先，秦国因欲图灭赵，轻躁地连续攻赵，遭遇了东方六大战国的最后一次合纵阻击，军力大损。由此，秦国进入了秦昭王末期的低谷时期。但是，低谷时期的秦国，依然对东方战国保持着强大的威慑力。短暂整肃之后，秦国在吕不韦执政时期，又再度恢复了对东方战国的攻势。其次，长平大战后赵国大为衰竭，东方六国也普遍衰落，进入了纷纷各自谋求生存方略的对秦妥协阶段，合纵抗秦的局面再也没有出现。

第四阶段，战国末期：秦国发动统一战争的时期。

这一时期，从公元前260年的长平大战后开始，到公元前221年秦统一中国为止，大体是三十九年。这一时期的核心事变是一场场连续性的历史风暴。首先是秦王嬴政亲政后立即整肃内政、组建新军、推行大规模水利建设的全面变革。从实质上说，这是战国秦发动的一次新的具有富国强兵意义的再度变法。这次变革，使秦国的腹地关中，变成了一座空前殷实的粮仓，与都江堰所在的蜀地平原一起，为秦国提供了坚实的根基。同时，秦国的战时法治有了新的跃升，吏治清明，拥有了一支数量超过六十万的精锐大军，综合国力远远超过了东方六大战国的任何一国。

紧接着，秦王嬴政发动了向东方六国进军的统一战争。

这一历史进程是——公元前 230 年，也就是秦王政十七年，秦国灭韩。

公元前 228 年，秦王政十九年，秦国灭赵，六年后肃清赵国王室残余势力。

公元前 226 年，秦王政二十一年，秦国破燕，四年后灭燕，肃清燕国王室残余势力。

公元前 225 年，秦王政二十二年，秦国灭魏。同年，秦军第一次攻楚失败。

公元前 223 年，秦王政二十四年，秦国灭楚。

公元前 221 年，秦王政二十六年，秦国灭齐。

至此，战国时代结束，秦帝国时代开始。

3　冶铁工业：战国时代的生产力跃升

战国时代的基础变化，首先是生产力的大幅度发展。战国时代的生产力，已经进入了成熟的铁器时代。所谓成熟，主要表现为两个基本方面：一是冶铁技术的高水准化，一是铁器应用的普遍化。就冶铁技术方面说，主要进展在五个方面。

首先，是鼓风手段的发展。

春秋中期，炼铜的鼓风设备，是在固定的炼铜竖炉的炉缸部分设置一到两个鼓风口，由人力扇风，或由一种规模相对较小的皮囊送风。进入春秋末期与战国初期，皮囊鼓风很快成为炼铁送风的主要形式，鼓风的皮囊不断增大并成排使用拉杆；故此，送风力度大增，炉膛温度大大升高。这种大型化的拉杆牛皮囊，已经在战国时代普遍使用，使当时的冶铁技术获得了大幅度提高。

这种大型皮囊的形状，犹如骆驼峰，囊内有木条框架支撑，并延伸出粗大的长杆把手与大皮囊固定连接，这就是送风管。如此，外部由人力拉动长杆把手，大皮囊就随长杆把手不断大幅度地胀大或收缩，强大的风力便被送入炉膛。炼炉内的燃料随之充分燃烧，温度大大增高，熔化金属的能力与速度较前则大大提高。

这种鼓风设备，因为是由特大的牛皮囊制成的，所以当时社会就给它取了一个原本是大口袋的名字——橐。又因其送风管是数量不等的长杆把手，类似于当时一种多管的管乐器——龠，它又被合称为排橐、冶橐、橐龠。其中，“橐龠”之名因大思想家老子的使用，普遍地流传于后世。老子将整个天地之间的大呼吸状态比喻为橐龠，说：“天地之间，岂犹橐龠乎？虚而不屈，动而愈出。”后世有清代学者魏源，对“橐龠”的解释是：“外橐内龠，机而鼓之，致风之器也。”

第二大进步，是铸铁冶炼术的发明。

铸铁，就是后世所说的生铁。与生铁相对的，是原来的熟铁。此前，由于炼炉小，送风设备小，炉内的木炭火温度不够，铁矿石便不能充分快速地熔化。去氧还原的铁料出炉后，是一种表面粗糙、夹杂大量渣滓的成块的海绵状物体。古人大约以为，出炉的红彤彤的铁与蒸熟煮熟的食物相似，于是呼之为“熟铁”。这种熟铁，需要经过长时期的锻打，才能得到较纯的铁块。这种炼铁方法，因出炉铁料呈现块状，后世称为“块炼法”。

进入到春秋时代的晚期，由于鼓风设备的改变，以及炉体的扩大，铸铁技术出现了。铸铁术的基本点，是能够使出炉的铁料直接熔化，成为渣滓很少的液体状的铁水。如果将铁水直接浇灌进铸范，铁器就一次成型了。这种改变，大大提高了冶炼行业的生产率，对于铁器的普遍使用，具有决定性意义。这一伟大发明，比欧洲早了一千九百多年。在欧洲，块炼法一直延续到 14 世纪水力鼓风炉的出现，才有了铸铁技术。

第三大进步，就是铁器铸造工艺的大幅度提高。

铁器铸造，是将所需铁器按照实用要求高质量完成的技术实现能力。在此前的夏商周三代，中国已经实现了高水准的青铜铸造工艺，留下了许多令我们惊叹不已的大型青铜礼器，以及无数的兵器与实用物件。进入春秋战国之交，铁器铸造工艺直接继承了青铜铸造工艺的优秀传统，并且实现了很大的突破。

铸造工艺的突破与发展，主要表现在两方面。

其一是铸范原材料的发展。铸范，就是预先制作好的器物模具。铁水浇进这一模具，便铸成了一件铁器。青铜时期的铸范，一般都是陶制的。进入战国时代，不但保留了陶制铸范，还创造出了铁制铸范，当时称为“铁范”，是用一种熔点很高的白口生铁铸造成的。它既是一个铸件，同时又是铸造铁器的模具。铁范的优势，一是因原材料的质地硬度高，而且洁净，能够使铸件形状稳定，并达到细部的精致；二是可以反复使用，不像陶范一次性使用后便要毁坏废弃。

其二是铸范形式的发展。青铜时代的铸范，大体都是“单合范”。这是一种要依托平板的铸范。其实际的使用方式是：将立体的铸范放置在一块平板上，然后浇铸铜水。如此，其产出成品的一面便是平板的，无法完成立体形状。进展到春秋战国之交，创造出了“复合范”。这是一种子、口拼合的全立体模具。其实际使用方式是：先行铸造两块都是立体的模具，分别各自呈现器物的一半形状。而后，将两块立体模具箍紧固定。再后，从模具口浇铸进铁水。于是，物事的立体形状就全貌呈现出来了。复合范的优势，一是能够精确呈现器物的立体全貌，二是能够铸造庞大而复杂的礼器、兵器或大型工具。

1953年，河北兴隆发现了一处燕国冶铁遗址，其中有大批的铁范，而且大多数都是复合范。还有六角梯形的锄范、双镰范、䦆范、斧范、双凿范、车具范等，其制作之精美，形制之复杂，都令我们惊叹不已！

第四大进步，是铸铁柔化技术的发明。

铸铁柔化，就是增强生铁的韧性，克服其脆硬易折的缺陷。根据当代科学技术的复原分析，这种技术主要包括三个基本方面。

一方面，对生铁铸件进行可锻化热处理，也就是重新烧红并进行反复锻打，达到氧化与一定程度的脱碳，并析出部分石墨。这样的产品，因折断后呈现略近白色的质地，被称为“白心铸铁”，其韧性比原先的铸铁要强很多。后来，这一技术继续发展，战国晚期已经出现了韧性更强的“黑心铸铁”。这一技术，就是长时间地加热、锻打、淬火，柔韧性比白心可锻铸铁更强。

另一方面，对生铁件加热、氧化，使其大幅度脱碳或完全脱碳，从而形成两种产品：一则，脱碳不完全时，铁器件成为外层是钢而内在是铁的复合组织；二则，脱碳大体完全时，白口组织消失，铸件全部由铁变钢，但还保留了原有的气眼、缩孔等特点。

第三个方面，利用控制淬火程度的方法，创造出表面软而内在硬的复合铸件。这一技术的实质，是器物的表面为低碳纯铁，中心却是硬度很高的钢。在实践应用中，这种铸件适合于打造兵器——磨去表面低碳软铁，以中间层作为锋利的刃口，成功解决了兵器既要坚固锋利又要质地柔韧的双重需要。

中国生铁柔化技术的发明与应用，比世界其他国家早了两千余年。欧洲直到18世纪，才有了白心可锻铸铁；美国直到19世纪，才有黑心可锻铸铁。

第五大进步，是固体渗碳制钢技术的发明。

依据春秋战国时代的兵器遗存，尤其是剑器遗存，经中外当代科学家的鉴定分析，春秋战国之交，已经发明了固体渗碳制钢技术。据考证，这种技术在春秋时代的剑器里已经体现出来，其基本环节是：将块炼铁放进炽热的木炭里，长时间加热，使其渗进碳成分，而后反复锻打，成为碳钢片。然后，又将碳钢片对折锻打，再多层折叠锻打。打造成兵器后，再以淬火、正火等热处理工艺处理，以更好地改进钢材性能。战国史专家杨宽先生考证，李斯在《谏逐客书》中所说的秦王嬴政佩带的"太阿之剑"，就是用这样的工艺打造出来的优质钢利器。

至今，在河南、湖北、江苏等地，还流传着一种民间冶炼方法——焖钢。就是把熟铁块放在陶制或铁制容器里，按照一定配方加进渗碳剂，再加进含有磷的骨粉作催化剂，然后密封，加热，成为渗碳钢材。焖钢完成之后，反复折叠锻打这种渗碳钢材，便是一种极其锋利的兵器。

战国冶铁技术的发展，刺激了铁矿采掘行业的大规模发展。据《山海经·五藏山经》记载，当时有明确地点的铁山，共有三十七处，大体分布在今日河南、湖北、陕西、山西地区。又据《战国策》记载，当时天下最著名的铁矿，是韩国宜阳的"铁山"。

这些铁山的生产手段，也很发达。据对湖北大冶铜绿山发现的战国铜矿山遗址考察，发现当时已经有效地采用了竖井、斜井、斜巷、平巷相结合的方式，创造了分层填充的上层开采方式。其竖井的交通孔道深达五十多米，开采区为多层分布，通风排水等都得到了合理解决。

战国时代的冶铁行业获得极大发展。依据史料，当时的各大战国都有难以计数的冶铁作坊。各个国家为了对这一极其重要的生产领域进行有效管理，设置了"主铁官""左采铁""右采铁"等职能机构。据史料记载，当时韩国的冶铁业最为发达，拥有最多的冶铁作坊。当时韩国土地上的冥山、宜阳、棠溪、墨阳、合膊、邓师、宛冯、龙渊、太阿等地，都是铁工场的聚集地。

近年，在山东淄博的战国临淄古城遗址，发现了冶铁作坊六处，分布面积达九十余万平方米。最大的一处，面积竟达四十多万平方米。河北易县发现的燕国下都的冶铁作坊遗址有三处，最大一处的面积达到了三十万平方米。如此巨大的铁工场，大量存在于两千多年前的中国，实在令我们惊叹！

4 铁器应用的普及

战国冶铁技术的发展，极大地推动了铁器的普遍使用。

（1）铁制农具的普遍使用

铁农具的普遍使用，是进入铁器时代的最根本标志。从春秋早期开始，发达的诸侯国如齐国，就已经大力推行铁农具了。当时的齐国丞相管仲认为，必得使铁，然后成为农，然后成为车，然后成为女(织)，“不尔而成事者，天下无有！”也就是说，只有使用铁工具，才能提高农耕、车辆、纺织等行业的生产水平。

进入战国时代，使用铁农具已经成为普遍现象。在当时，叫作“铁耕”。如果哪个地区不用铁耕，反倒是异乎寻常的事情了。据周昕先生的《中国农具发展史》考证，战国时代使用的铁制农具已经达到近二十种之多。山东、河南等地发掘出春秋战国的大量铁制农具，已经最充分地证明了铁制农具使用的广泛性。

（2）铁制兵器的普遍使用

春秋时代的兵器，基本上都是青铜制品。进入战国时代，青铜兵器虽然继续存在，数量也很多；但是，铜兵器基本上已经转化为官署警卫兵器、仪仗部队兵器，或者战场部队的非主战兵器。战国时代主战军队，已经进入了以铁制兵器为主战兵器的新阶段。

这里，需要特别强调的一点是，铁器开始装备军队，并不是全部剔除青铜装备，而是青铜装备与青铜兵器已经退居到了次要地位。秦始皇兵马俑坑出土了大量青铜兵器，铁兵器反倒少见。事实上，这是陪葬的特定需要，若因此而断定战国末期与秦帝国时期仍然是青铜兵器时代，是非常荒诞的。

就当时的单兵实战兵器来说，除了某些时候某种兵员仍在继续使用青铜兵器，如青铜长矛、青铜戈、青铜短剑、青铜战斧等之外，单兵实战兵器，已经普遍使用铁制兵器了。就史料记载与文物发现，战国的单兵实战铁兵器主要出现了以下新种类：

其一，形制接近或超过一米的铁制长剑。当时，这种长剑就叫“铁剑”。《史记 · 范雎列传》记载，秦昭王曾说：“吾闻楚之铁剑利而倡优拙。”说的就是这种铁制长剑。这种铁剑，既是战国步兵的主战兵器之一，更是骑兵最主要的铁制实战兵器。铁剑的长度与坚固程度，都远远超过既往的铜质短剑，杀伤力具有明显的提升。

其二，单兵使用的长大铁兵器。首先是铁钝，也就是铁制长矛，其矛头部分的形制大约如同后来的蛇矛。据史料记载，这种长大的蛇形矛异常锋利，伤后“惨如蜂虿”。除此之外，其余种类的铁制长矛，还有铍（剑形长矛）、镓（与铍类似的长矛）、鞘（长度达到一丈八尺的长矛）。另外还有一种单兵使用的铁制短矛——铤，都是锋利的攻击型兵器。长矛的实战用途，主要使用于步兵冲锋或结阵防守。骑兵的优势主要在于机动性与快速性，因此不使用长大的兵器。骑兵马上长兵器的使用，一直到秦末时期才渐渐出现。

其三，专门用于击打的铁兵器——铁杖。其形制，大体接近于后来的铁棍。《吕氏春秋 · 贵卒》对“铁杖”的威力是这样描述的：“所击无不碎，所冲无不陷。”可见，这是步兵与骑兵均可使用的一种威力极大的实战铁兵器。

其四，以重力击打著称的“铁锥”。其主体形制，大约接近于后来的实心铁锤，但是有略尖的锥形头。《史记 · 魏公子列传》记载：“朱亥袖四十斤铁锥，锥杀晋鄙。”便是这种兵器。另有一种主战铁锤，当时叫作“铁棓”，方形，重十二斤，柄长五尺以上。此类兵器，当时称为杂兵，也就是特种兵器，并不普遍装备大军。

其五，车战铁兵器——铁戟。战国时代，战车虽然不再是主力兵种，但各个国家仍然都有适当的保留。战车甲士的主战兵器，就是这种铁戟，可叉，可刺，可钩，可挑，可击，功能多样。此前的战车兵器，主要是青铜戈和十字戟，坚硬和锋利程度都不如铁戟。

其六，铁制长兵器——铁枪。铁枪以刺杀为主，其形制接近于长矛。《墨子 · 备城门中》有一条记载：“枪二十枚。”就是这种铁制长兵器。目前，我国的地下发掘中尚未见到青铜枪，其原因，很可能是青铜的硬度不适合这种以灌注力量为主要特点的长兵器。“枪”在墨子活动的春秋晚期出现，只能是铁制枪，而不会是青铜枪。

其七，铁镞。镞，就是箭头。弓箭的发明极早。箭头的使用材料，此前也经过了石头、青铜两大阶段。进入到春秋战国之交，虽然青铜镞仍然在普遍使用，但是也已经出现了铁镞，甚或更为优质的合金性质的铁镞。以实战用途论，合金性质的铁镞主要用于远距离射击的连弩之上。连弩的发射弓力越强大，箭头的主体就越长，重量就越大，这叫“长铤镞”。秦兵马俑坑出土的长铤镞，最长的已经达到 41.5 厘米，也就是一尺二寸有余。其最前的铤首，也就是箭头部分，也长达 4.5 厘米，一寸有余。如此长大的箭镞，普通的臂张弓是无法射出的，其威力也是普通的单兵弓箭所不能比拟的。

战国后期，铁镞的使用已经迅速普及了。秦始皇兵马俑坑中出土的箭镞，几乎都是合金性质的铁镞，其坚硬锋利，其误差之小，无疑是当时最优良的箭镞。铁镞的出现，大大提高了箭头的杀伤力与穿透性，是铁兵器的主要标志之一。

其八，铁制短刀。刀的出现很早，到战国时代，刀的使用已经很普及了。但是，由于青铜的质地限制，以力量威猛见长的刀，一直没能替代剑的主战地位。进入春秋战国之交，铁制刀已经普遍，但是其形制普遍较短较小，仍然未能成为主战兵器。其中最基础的原因，应当不会是当时对刀的威猛性缺乏认识，而更可能是大刀的铸造用铁量大大超过铁剑，因而社会性地普遍选择了铁制长剑。

(3) 进攻性大型铁兵器的应用

其一，冲车。这是一种至少出现于殷商时代的大型攻城兵器。早期冲车，是青铜制作的四轮或多轮的重型冲撞车，主要用于撞击城门与城墙。很早时期的周文王攻打崇国时，就使用了冲车。进入战国，冲车的车篷、车辕、车轮都使用铁料制造，其坚固程度与冲撞力度都大大提高。

其二，撞车。这是一种比冲车构造相对简单的大型攻城兵器。其形粗大坚固，底部四只大铁轮，车架横梁部位用绳索悬挂一根巨大的石制或铁制撞杆，撞杆前部安装坚固锐利的巨型撞头，后部绳孔可固定数十条粗大麻绳。冲近城门时，车体四角用木桩固定，数十名兵士一齐拉动麻绳向后荡开，再合力向前猛进撞击，威力惊人。

其三，巢车，也称楼车。这是一种形制高矮不同的瞭望指挥车，因其顶部的悬望楼状如鸟巢，故称“巢车”。又因其高，又被称为“云车”。较低的小型巢车，叫“望楼车”。各种巢车的实际用途，主要是供攻城战役的指挥者与发令司马站于高处，观察城内敌情，并以旗帜、号角等发布战场行动军令之用。春秋时期，巢车已经普遍使用。晋楚鄢陵之战，楚共王与太宰伯州犁便一起登上巢车，指挥攻城。进入战国时代，巢车与其他轮式大型兵器的金属部分，都以精制铁代替了青铜，其坚固快捷的程度大大高于既往。

其四，壕桥。也就是大军通过壕沟的铁板器械。在西周兵法《六韬·虎韬·必出》中，壕桥被称为“飞桥”。进入战国，“壕桥”发展为可折叠的两轮或四轮，可以快速推动的铁制车桥。攻城若遇小壕沟，壕桥可以直接展开供士兵通过；若遇较宽壕沟，则填土至一定程度后可推上大型的四轮壕桥展开，士兵便可大量通过。

其五，云梯。这是专门用来爬城攻击的大型兵器。早期云梯，在《诗经·大雅·皇矣》中，称为“钩援”。春秋中期，著名工师公输般发明了铁木结合制造的大型云梯，其形制为可推动前进的车梯结合，底部安装四只大铁轮，梯身是可以折叠的两节，伸展高度可达五到八丈，斜形梯身下的空间是藏兵的暗箱，可容纳十余名士兵。可是，公输般时代，这种攻城利器并不普及，原因在于制造的成本过高。进入战国，由于铁器的普及，这种云梯才被大量使用于实战。因为，云梯的底轮、大轴、立柱、梯框等要害部位，非铁不足以强固耐用。

其六，飞弋连弩。飞弋者，飞出之箭也；连弩者，可以连续发射巨箭之大型机制之弓也。弩，起源于狩猎时代的弓。这就是《吴越春秋》所说的“弩生于弓”。早期的弩，是单人使用的臂张弩。其基本原理，是以可固定箭杆的机栝代替人的膂力开弓，使射出的箭既远又稳又准。春秋战国之交，由于铁器的普及，出现了可以连续发射的大型铁制连弩。《墨子·备高临》即有连弩之车的记载。《战国策·韩策一》说得更见具体：韩国大型连弩，“皆射六百步之外，韩卒超足而发，百发不暇止”。秦始皇晚期巡视东海，更有以连弩射“大鱼”的史迹。六百步，若以当代人体的一步五尺计算，大体是三千尺，也就是一千米。长大如矛的巨箭能够射出一公里距离，且可连续一百发。此等威力，实在令人惊叹莫名。

其七，钩拒。这是春秋晚出现的水战兵器，也是公输般发明的。所谓“钩拒”，是战船士兵使用的可以钩住敌船，也可以顶住敌船的长大器械。《墨子·鲁问》记载，公输般游楚，“焉始为舟战之器，作为钩强之备；退者钩之，进者强之；量其钩强之长，而制为之兵”。也就是说，这种兵器不是搏杀兵器，而是一种应对敌方战船的器械，其形制比实战搏杀兵器要长出许多，要粗大许多，还要联合使用，否则，一人之力，不足以钩住或顶住一只战船。所以，这是一种专门用于水战的大型器械。

(4) **防守型大型铁兵器的普遍应用**

其一，铁蒺藜。这是抛撒于行军通道，用于阻挡敌方骑兵前进的障碍性装置。某种特定情况下，譬如夜间，也可以阻挡步兵。早期的蒺藜，多用木制。春秋战国之交，有了铁制的更为锋利坚硬的铁蒺藜。

其二，拒马。这是一种真正大型化的阻拦骑兵的组合型障碍装置。夏商周时代，已经发明了早期拒马，实际是一种以木桩组合固定成的架子障碍物，架子上可以镶嵌石矛、石刀或铜矛、铜刀。春秋战国之交，产生了铁制的拒马，以坚固木料为框架，镶嵌六到十支铁枪，后世称为“拒马枪”。《墨子 · 备蛾傅》将拒马称为“镵杙”，用法为：“城下足为下说镵杙，长五尺，大围半以上，皆剡其末，为五行，行间广三尺，貍三尺，大耳树之。”

其三，塞门刀车。塞门，是用途；刀车，是器械。这是一种用于守城防御的大型兵器。其形制，是一种坚固庞大的铁制两轮车，车体与城门之内的通道等宽；车前部有三到五层可固定尖刀的刀架，上竖刀尖向前的三五层锋利长刀，车体有粗大的双辕。但有敌军来攻，城门洞开，亮出大群士兵合力推出的刀车猛冲敌军，威力极大。

其四，行炉。就是一种能够推动行走的小型炼铁炉，一种专门设置于城墙之上的大型防守器械。使用方式是：敌军攻城，便在城头以行炉炼制铁水，然后推车到危急地段，以铁水向爬城敌军或云梯浇下，其摧毁力量几乎是恐怖效应。这种致命武器，只有在冶炼技术已经很发达的战国时代才可能产生。

其五，绞车绳梯。这是固定装置在城墙合适地段的一种大型空中输送器械，用于被敌军围困时将斥候秘密缒下城墙，或者将外部物资及信使接进城内。

上述铁制兵器，仅仅是战国大型铁兵器中直接涉及搏杀的基本部分。另外如大型战船、骑兵装具、士兵盔甲、营寨防守之鹿砦、阵地防守之壁垒、后勤输送之器械等，都因铁的使用而大大改进。

5 农业水利的发展

水利建设的大规模、高水准，是战国时代在社会基础方面的巨大进步。

自远古时代开始，中国就有治水的优秀传统。正是因为五帝时期那次历时将近百年的洪水劫难，才催生了我们民族的国家文明。其后的夏商周三代，水利工程主要表现为对井田制灌溉网系统的建设，江河治理工程与水运开发工程则相对减少。那时候的中央王国与各国政府，都有一个位列三公的重要机构——司空，其主要职能便在于治水。

据《荀子·王制》记载，司空职司是“修堤梁，通沟浍，行水潦，安水臧，以时决塞；岁虽凶败水旱，使民有所耘艾”。这充分说明，治水以利农的自觉意识，始终存在于我们的国家时代。

春秋时代，诸侯国之间的竞争力度空前加大，能否提高农耕生产水平，基本点在于能否解决水旱灾难。因此，水利建设在各个诸侯国普遍开展起来。这主要表现于三个领域：其一，预防水患的江河堤防，普遍在各国修筑起来；其二，利用江河水源的农田灌溉工程，比此前大有增加；其三，水上运输得到了大力开发，距离不长的运河在吴国、楚国、魏国相继出现；长江与黄河两大水系，已经通过吴国修建的一条通向宋国、鲁国的运河——邗沟，实现了联通。

进入战国，水利工程得到了大规模的蓬勃发展。最明显的进步，是战国时代的农田水利建设，得到了大幅度发展。

战国初期的水利建设，以魏国最为兴盛。西门豹在邺郡治水，引漳水灌溉农田，连续修建了十二条水渠，同时开创了以灌溉冲洗盐碱地的方法。战国中后期，农田水利建设则以秦国为最盛，其代表作是战国中期在蜀郡修建的都江堰，战国晚期在关中修建的长四百余里的郑国渠，连带秦帝国初期开凿的联通长江与珠江两大水系的灵渠。这三大水利工程，是战国水利工程的最高峰。

农田水利建设的另一基本方面，是各国在田间灌溉系统方面的开发。由于旧的井田制的瓦解，新的私人土地不断被开垦出来，田间水利的修建，就成为一个紧迫问题。据《考工记》记载：战国时代的田间灌溉系统，主要是一个四级系统：浍（大渠），洫（次级渠），遂（过村小渠），畎（宽一尺、深一尺的入田小渠）。这种直接的农田水利建设，当时的各个诸侯国都非常重视，修建得也很普遍。

战国农田水利技术的发展，也达到了一个新高度。除了修建渠道的种种具体技术的发展，其最具典型性的农田水利技术，是以西门豹首创，经郑国再次大规模实践的消灭盐碱地（恶田）的技术。那时，这种技术被称为“用注填阏之水，溉泽卤之地”。这是提高农业生产水平的基本技术之一。

其次，在水运开发工程方面，战国时代也有了大幅度进展。魏国在这一时期，开凿了三条运河，其中最大的是沟通黄河与淮水的运河——鸿沟。

从总体上鸟瞰战国，许多基本方面我们还没有涉及。

战国的思想迸发大潮，战国的诸子百家，战国的商旅贸易，战国的社会风尚，战国人的生命状态，战国的技术创造精神等，这些方面，我们在后面具体领域的进展中，将会分别涉及。这里，我们只是就社会进步的总体概貌及其最基本的基础方面给予了概括性的说明，绝不意味着战国的社会进步只有如此几个方面。

鸟瞰战国全貌，一个最根本的观察点是：在整个中国古典文明史上，战国时代的国家效能得到了最充分的发挥，由此创造了新思想、新技术能够顺利滋生并迅速走向社会的良性土壤。这一社会环境，又进一步激发了全社会创造性的大爆发。一个时代，如果没有政治文明的率先改变与实质性进步，国家范围内的沉闷环境，就会使新思想难以滋生，更难以传播。各种生产技术的发明，就难以走进生产实践。其结果，必然是遏制社会创造力。

魏国李悝变法

从天下最大的晋国被肢解，魏赵韩三家正式立国，天下进入了战国时代。

“战国”这个名称，在战国初期很快就有了。但是，在典籍中的出现，要稍晚到战国中期的言论。最早的记载是《战国策·燕策一》苏代的说法：“凡天下之战国七，而燕处弱焉。”稍后的战国兵书《尉缭子·兵教》上下篇也各有说法：一云，“今战国相攻，大伐有德”；一云，“战国则以立威抗敌相图，而不能废兵也”。其余使用“战国”这一说法的，在《战国策》中还有多处。显然，战国中期的纵横家，所以将“战国”作为一个不加解释的概念使用，正在于这个称谓产生得很早，而且为天下公认。

当然，在当时，“战国”并不是一个时代名称，而是对不间断地处于战争状态的七个大国的名目论定。后世司马迁在《史记·平准书》中，也运用了这一名称：“自是之后，天下争于战国。”此后，西汉的刘向又编辑了《战国策》。也就是说，从西汉开始，战国才作为一个时代概念被确立。

我们今天说战国，当然首先是说一个时代，其次才是当时七个特定的国家。

1 三晋集团强势崛起

战国社会土壤的第一变化，是新兴大国的蓬勃崛起。

当齐国田氏的势力压倒性地超过姜氏公室时，新的齐国已经成型了。这时，晋国的六大新兴势力也正在蓬勃生长，这就是知氏、范氏、中行氏、魏氏、赵氏、韩氏，此所谓“六卿执政”。与齐国新兴势力很早便一家独大的特点相比，晋国新兴势力的成长、壮大以及最终定型，要复杂曲折得多。正是基于这一成长史的不同，后来的新兴齐国与新兴三晋，也呈现出不同的国家性格。新兴的魏、赵、韩三国，更富于竞争性与进攻性。新兴的齐国，则经常性地出现某种接近于主动退缩的惰性，越到后期，这种惰性越明显。所谓齐人“宽缓阔达”，正是这一国家性格的人群风貌。

要深刻理解战国特质，对魏赵韩三国生成史的解析，是关键之一。

从性质上说，春秋末期形成的晋国六卿，都是新兴的政治势力。他们都在各自的封地实行了私田经济，都在各自执政的时段在全晋国范围内推行了程度与形式不同的新政变革。在对旧根基的对抗中，他们的早期联合也是非常自觉的。公元前 513 年，赵氏、中行氏、范氏三家联合铸刑鼎，便是彰显其新兴势力共同点的最具代表性的重大事件。当时，赵氏领袖赵简子，联合了中行氏领袖中行寅，共同以晋国公室的名义，向全晋国征发了“一鼓铁”，铸造了一口特大的铁鼎，将范氏领袖范宣子所作的刑书，铸刻在大铁鼎之上，矗立在晋国都城的广场。

所谓一鼓铁，就是“一鼓”容量的铁料。鼓，是当时的一种量器，与一斛容量相同。一斛，在当时是十斗。如此比照，则作为量器的一鼓之内，可以装十斗谷物。铁的比重大于谷物，与十斗谷物体积相同的“一鼓铁”，重量在当时的两千斤上下了，应该铸造出很大的鼎了。晋国铸刑鼎，是继郑国子产铸刑书、邓析作竹刑之后规模最大的法律公开，是春秋末期政治变革的最高潮。

虽然如此，晋国新兴势力之间也有着激烈的竞争。

作为新兴集团，他们都主张变革，都推行新政。从本质上说，他们之间的差别，最基本的方面在于新政内容彻底性、坚定性的不同。这一差别，决定了新兴集团之间文明进步程度的差异，也构成了他们之间兴亡竞争的实质性原因。而其余的差异，都是非本质性的，都是缺乏稳定性的。由这一本质差异所衍生的竞争形式，是新兴集团之间围绕变革主导权的竞争。也就是说，由哪一方新兴势力来掌握变革的主导权，并最终主导社会利益的总体分割，是不能容让的社会主导权力。

守旧势力之间的竞争，也是如此。同样都是维护旧制，同样都是主张复古。但是，由于具体内容及实现程度的差异，也必然引发主导权的竞争。在由哪一旧派势力主导复古进程的权力问题上，也是不能容让的，也是生死相争的。

由此，每每在文明大转折的历史时期，社会竞争便会表现出特别复杂深刻、多面交织的广阔性与特殊性。虽然，守旧势力与新兴势力之间生死存亡的竞争是时代的主流，但是，新兴势力之间，守旧势力之间，也都在同时进行着剧烈的主导权与实际利益的竞争。与此同时，社会其余阶层也会以各种各样的常态与异态卷入其中，从而形成波澜壮阔的种种因素的相互交织。所谓历史主流的把握，所谓文明本质的体现，所谓意识自觉的形成，都会在这种分外复杂、分外深邃的局势中，考验着每一个社会政治集团的认知水准。这是人类历史的永恒现象，是生存竞争法则彻底化的必然表现。

唯其如此，同一阵线中不同集团的竞争，是文明发展史上最大的常数之一。

公元前458年，知氏与魏、赵、韩三家联合，吞灭了范氏与中行氏。

晋国的新兴势力，由此减少为四家。公元前 453 年，也就是五年后，知氏与魏、韩两家联合，对赵氏发动了攻灭战。历史的转折是，在三家攻赵期间，早期纵横家张孟谈秘密游说魏、韩两家，使局势发生了急剧变化——魏、韩两家突然转身与赵氏结盟，魏赵韩三家合力，攻灭了势力最大的知氏集团，三分其土地人口。据《史记·秦本纪》记载，知氏被攻灭后，其后裔与残存的人口都逃到了相邻的秦国。这是后来的魏国首先对秦国发动大国攻势战争的重要原因之一。

经此决定性事变，魏、赵、韩三家正式立定根基，无论是实力，无论是政权形式，都具备了立国基础。这一事变的直接结果是，晋国在事实上已经被肢解，天下最大的诸侯晋国，已经被三个巨大的新兴集团取代了。此后，晋国公室虽然还以国君的名义残存了一段时间，但是，已经没有任何实际意义了。

由于三晋集团的强势崛起，也由于这三家地处中原，更迫近周室王畿。公元前 403 年，周王室被迫承认了魏、赵、韩三家为正式诸侯。此时，崛起更早的齐国田氏，还争取不到这个政治加冠礼，还是以私家势力集团的形式存在着。十六年之后，魏武侯与田氏领袖田和会盟于浊泽（今河南禹州市地带），田氏请求魏国代为申请诸侯国资格。魏武侯履行诺言，此后立即向周王室提出了齐国田氏的要求。于是，在次年，也就是公元前 386 年，齐国也被承认为正式诸侯国，完成了政治加冠礼。

魏、赵、韩、齐四家完成政治加冠礼，宣告了战国时代的正式开始。

2　政策并进：战国初期的大国新战争

战国时代一开始，天下竞争格局立即发生了重大变化。

最主要的方面，是大国吞并小诸侯的战争不再成为主流，转入了以大国对大国为主，以大国吞灭中等诸侯国为辅的大型的持久的战争。所以发生这样的大变化，起因点是中原腹地的“三晋”国家集团，率先发动了大国之间的连续战争。

所谓三晋，就是魏、赵、韩三大新兴诸侯国。因为同出晋国，当时天下称之为“三晋”。在崛起初期，这三个新兴国家之间尚保持着相对牢固的政治同盟，其在实际活动中体现出的行动原则是：互不开战，各自对外，对主要大国的攻势则联合行动。从当代理念看，战国初期的魏、赵、韩三国，是一个典型的区域性国家集团。正是他们首先发动的对大国的攻势，引发了连绵不断的大型战争，使天下格局发生了重大变化。

公元前 453 年三家分晋，至公元前 403 年魏赵韩成为正式诸侯国，这五十年之内的战争，掀开了战国时代的序幕，为后来的大国战争开拓了新模式。让我们简单罗列一下这五十年之内的主要战争吧——

公元前 447 年，楚国攻灭中等诸侯蔡国。

公元前 445 年，楚国攻灭中等诸侯杞国，扩张到北方的泗水流域。

公元前 444 年，秦国第一次攻灭义渠，俘其国君。

公元前 439 年，魏军进入秦国河西，修筑少梁城。魏氏势力第一次对秦行动。

公元前 431 年，楚国攻灭中等诸侯莒国。

公元前 430 年，义渠再度复国，攻入秦国腹地。

公元前 423 年，韩氏攻打郑国，杀其国君郑幽公。三晋第一次对外大战。

公元前 422 年，秦国攻魏，深入魏氏腹地阳狐。

公元前 419 年至 418 年，魏氏再次进入河西，再筑少梁城，与秦国发生激战。

公元前 417 年，魏氏再筑少梁城，在秦国河西占据第一块根基。

公元前 413 年，魏军攻秦东部，大败秦军于华山地带。

公元前 413 年，田氏齐国大举攻魏，大败魏军；

同年，楚国大举进攻魏氏南部，魏军再度战败。

公元前412年，魏军攻秦河西，夺取繁庞城（今陕西韩城以南地带）。

同年，田齐大军进攻鲁国，夺取两城。

公元前409年，魏军再度进攻秦国河西，修筑两城，秦军战败。

公元前408年，韩军攻郑国，夺取雍丘地带。

同年，魏军大举攻秦，夺取全部河西高原与关中东部。

公元前407年，田齐进攻卫国，夺取毌丘地带（今山东曹县地带）。

同年，郑国攻韩，韩军战败。

公元前406年，魏军以乐羊为将，攻灭中等诸侯中山国。

公元前405年，魏、赵、韩三军大举攻齐，大败齐军，斩首三万，俘获战车两千辆。

公元前404年，魏、赵、韩三军再度攻打齐国，深入齐国长城之内，夺取财货无数。

公元前400年，魏、赵、韩三军联合攻楚，深入楚国腹地，夺取财货无数。

在这五十年之中，前边的五次战争，楚国攻灭三个中等诸侯国是主流。但是，此后的二十余场战争，都是以三晋国家集团发动的大国战争为主流的。

三晋集团的战争，主要以魏国发动的连续战争为轴心。当时魏国的对外战争，主要是三个方向：其一，对秦国河西与东部腹地的攻势战争；其二，攻灭中等诸侯国的战争；其三，联合赵韩两国对主要大国发动的攻势战争。从这三个方面看，魏国无疑是战国初期的第一个超强大国，其军事行动充满了蓬勃的朝气，其战争方式具有崭新的特点。

这三个以推行新政为根基的新兴大国，对天下诸侯群发动的攻势战争，其出发点已经明显超越了单纯的土地扩张。他们在能够稳定占据的新国土上推行新的私田经济，吸引民众移居新兴国家，实行法律公开，鼓励自由商业活动。凡此等等，在当时都是大大有利于社会进步的。这种全新的携带着新政策推行的战争，是前所未有的战争方式，也取得了前所未有的几乎是战无不胜的效果。

史料记载：吴起在魏国为军事统帅期间，对天下诸侯大小七十四战，只有两战打平，其余七十二场战争都获得了胜利。究其原因，这不仅仅是吴起的军事天才，更重要的原因，是战国初期魏国新政对天下人心构成的巨大吸引力。说到底，是新文明的魅力，使这种新的战争形式具有了难以抵抗的力量。

魏国的巨大变化，是在魏文侯时期开始，也是在魏文侯时期完成的。

3 变法直接动因：魏氏大国战争的失败

公元前445年，魏氏领袖魏桓子病逝，魏斯继承权力。这个魏斯，就是魏文侯。魏文侯究竟是魏桓子的儿子，还是孙子，我们无须做细致的考订。“文侯”，究竟是魏斯的另一个名号，还是后来的谥号，我们也无须计较。魏文侯于公元前445年即位，公元前396年病逝，领袖魏国五十年，是战国之世在位最长的君主之一。我们的关注点，是魏氏集团如何在魏文侯之世实现了强大的崛起，并成为战国第一超强大国的。依据史实，魏文侯执政的五十年，大体可以分作三个阶段。

第一阶段，是魏文侯前期的扩张战争。

魏文侯即位的第六年，就开始了对外战争。与当时战争的普遍方式不同，魏文侯没有从攻灭小诸侯开始，也没有像楚国那样将重点放在攻灭中等诸侯国上，而是直接对准大国发动攻势。这个大国，还不是寻常大国，而是以战功立国且具有浓厚尚武精神的秦国。在当时，这是一个非常惊人的战争计划，也是一种非同寻常的新的思维方式。

从实际方面说，魏氏领地与秦国全面接壤，若能战而胜之，其实际所得将是非常大的。若能吞灭秦国，则当时的魏氏便可一举成为对天下具有压倒性优势的超级强国。这时，虽然距离“远交近攻”战略原则的提出还有将近二百年。但是，历史提供的战争智慧，已经使魏氏集团在事实上奉行这一原则了。

最先的对秦行动，魏文侯集团是谨慎的。

依据《史记》，魏军最早的对秦行动，是魏文侯六年在秦国河西少梁地带的筑城行动。当时的秦国忙于对义渠国的攻防战争，并没有对魏军的行动做出及时反应。于是，魏文侯十三年，魏军以魏文侯儿子魏击为统帅，正式攻秦河西地区，包围了庞、繁两城，将两城民众全数迁徙到了魏地。魏文侯十六年，魏军再次攻秦河西，还新修筑了一座元里城。魏文侯十七年，魏击第三次攻秦河西，修筑了雒阴、合阳两城。

但是，这三次攻秦，战争规模都不大。

在魏文侯二十四年，秦国秦灵公在位，对魏国发动了巨大的攻势战争，一直打到魏国腹地的阳狐地带，秦军获得了相当大的胜利。自此，两国的连绵大战正式开始。三年后，魏军连续两年大举反攻，在少梁与秦军激战，双方未见明显的大胜或大败。实际上，这时魏国的对秦扩张，已经遇到了秦国的巨大抵抗。

此后，魏军又在另外两个方向连续遭遇两次大败：一次败给楚国，一次败给齐国。虽然，这一阶段的魏军也有重大的胜利，而且被周王室承认为正式诸侯国，完成了政治加冠仪式。但是，军事上的接连失败，大国战争的受阻，实际上意味着魏国实力的不足。这是任何虚荣的光环所不能遮掩的。

4　魏文侯李悝变法

战争失利的现实，使魏文侯君臣开始形成了另外一种判断。魏国的实力虽然强大了，但还不能算超强。对于楚国、齐国、秦国这样的大国，魏国还不具有压倒性的优势。最根本的原因，是自身实力还没有达到足够的雄厚程度。历史逻辑的展现是，战国时代第一场伟大的变法运动，随后在魏国适时地发生了。

作为战国第一波变法浪潮的发轫者，魏国变法的动因，绝不仅仅是军事失利。其时，正当魏、赵、韩三家完成了政治加冠礼，成为正式诸侯国。魏、赵、韩三家的老一代领袖都很快谢世了，魏国是魏文侯继位，赵国是赵桓子继位，韩国是韩武子继位。魏、赵、韩三家的成长历史，就是晋国六家新兴势力联手对抗旧势力，同时又是新势力之间相互攻灭的历史，这一点天下共知。而今三家分晋，天下大势已经很明白：像魏、赵、韩这样已经站稳根基的新兴大国，其能否继续成长壮大，最要害的威胁已经不是旧势力，而是新兴势力之间的竞争，以及其他正在扩张的大国。

依据魏文侯政治行动的逻辑，魏斯在当国二十余年之后，对大形势的判断是非常清楚的。这种判断可以归结为：魏氏集团要继续强大，要在大国战争中取得军事进攻的绝对优势，就要进行全面的变法，以寻求新的历史出路。

(1) 魏文侯的“尊贤”政策

作为战国初期最有作为的君主，变法之前的魏文侯已经有了“尊贤”的盛名。

在弟弟魏成子的推荐下，魏文侯搜求到了三个颇负盛名的儒家大师——卜子夏、田子方、段干木。魏文侯将这三人都拜为自己的老师，经常向他们请教学问与为政之道。从本质上说，这是一个矛盾现象——新兴集团的领袖自觉地以守旧思想家为老师，并以种种形式彰显对他们的尊重，但是，却从来没有委派过这些大师以任何的实际职务。在某种程度上，这似乎是难以理解的。然而，只要我们从当时社会实际的需要全面地看，从政治行为的战略需要看，就完全不难看出其中原因。

孔子开创的儒家学派，在政治制度、经济制度等基本方面，是主张全面复古的，是不受新兴势力欢迎的。但是，儒家主张“为政以仁”“苛政猛于虎”等政治理念，在客观上也批评了新政的某些重大缺陷，受到了社会的普遍欢迎。这是早期儒家所以成为天下显学的重要原因之一。当此之时，一个有作为、有见识的新型政治领袖，自觉地拜儒家名士为老师，其目标绝非要实现礼治复古与井田复古，而是要彰显其政治道德的境界。就其实际目标来说，就是要向天下宣示一种强烈的诉求：新政也要遵奉仁政理念，也要善待人民。两百余年之后，秦始皇统一中国，其开始阶段也将孔子的第七代孙孔鲋拜为“文通君”，在中央政权得享高爵。秦始皇与魏文侯的政治目标是一样的。

这里说及魏文侯的儒家之师，目的是要说明，看待文明转折时期大政治家的作为，不能仅仅被其所宣示的个别现象所左右，而是要看其实际作为，看其政策的历史方向。不能因为魏文侯拜儒家名士为师，便断定魏文侯是一个混乱的矛盾体，更不能由此判定魏文侯是要推行复古主张。

在遵奉儒家大师的同时，魏文侯也广招实干能才，任用他们为治国、治军、治理地方的大员，构成了强大的政权骨干群。据《史记·魏世家》记载：大臣翟璜与大臣李克关于魏文侯遴选丞相有一场辩论，颇能说明问题。

请注意，这个李克，被部分史学家误认作李悝。战国史专家杨宽先生经过详细考证后认为，李克、李悝是两个人。李悝是法家创始人，李克则是当时的儒家名士。在这场辩论中，翟璜认为自己应当作丞相，李克则认为魏成子要做丞相。翟璜很气愤，列举了自己举荐的五个人——西河守吴起、邺郡守西门豹、名将乐羊、太子老师屈侯鲋，最后是做中山守的李克本人，用以说明自己有功于魏。李克则从儒家理念出发说，你的大见识不能与魏成子比，魏成子举荐了儒家三大师，都做了君主的老师，你举荐的五个人，都只是实干臣子，你能与魏成子比吗？最后，这个翟璜承认自己错了，拜李克做了老师。

我们姑且不去深究翟璜的态度说明了什么。仅是这则故事，至少说明了三则问题。其一，作为丞相必须具有的政治战略意识，翟璜的见识太过具体化。其二，在用人方略上，魏文侯的用人大原则是明确的：彰显仁政，尊之大师，治理国家，用之人才。其三，魏文侯在尊崇儒家大师的同时，事实上任用了魏成子、翟璜、乐羊、吴起、西门豹、屈侯鲋等一批实干型的名士。

（2）李悝主持魏国变法

魏国变法的主持者，是当时的布衣名士李悝。

关于李悝的生平，史料语焉不详，我们已经无从具体化了。关于李悝何时进入魏国权力体系，变法之前担任过何种职守，哪一年开始变法，我们也都不得而知了。我们所清楚的，是魏文侯拜李悝为相国，在魏国主持了一场伟大的变法。

在此之前，先让我们对李悝的思想体系有一个基本的了解。李悝出山之前，已经有了自己的著作——《法经》。这部《法经》，既是李悝自己法治思想的结晶，同时也是汇集、整理当时各国的实用法律即“撰次诸国法”而编成的一部法典。《汉书·艺文志》在著录的十部法家著作中，即首列“《李子》三十二篇。名悝，相魏文侯，富国强兵”。先秦名士因种种条件限制，往往在汇编整理文献中，同时渗透进自己的见解，而不如后世那般精确，能够将自己的论说与自己汇编的资料分开。战国处于政治实践领域的法家，更是如此，往往是实际法条与论说杂糅一体。后来的《商君书》，也同样具有这样的特点。到了战国后期的韩非子，这种相对囫囵的现象才开始发生变化，法家著作才开始精确化。因此，战国初期李悝的《法经》，实际就是两大内容的一体化——既是实际法典，又是法学著作。

具体说，《法经》共有六大部分：盗法、贼法、囚法、捕法、杂法、具法。

第一，盗法。这是春秋战国时代关于镇压社会暴动与庶民叛乱的政治法律。因其绝对重要，故排在首位。盗，在当时社会就是政治叛乱势力，而不是后世说法中的抢劫“强盗”。春秋末期的楚国，曾经有震惊天下的“跖”的农民与奴隶起义，被称为“盗跖”。这种起义与叛乱，在整个春秋战国两大时代，虽然发生的频率要远远低于后世，但是，它们仍然构成了对当时政权最为根本的威胁。所以，各个国家都将防止与镇压“盗”的叛乱，作为首要的政治目标。在这种背景下，“盗法”便成了居于首位的律法。李悝本人则认为：“王者之政，莫急于盗、贼；故，其律始于盗、贼。”

第二，贼法。这是对侵犯私有财产的犯罪行为施行惩戒的法律。春秋末期与战国初期，社会新潮的根本点就是私有经济的确立。对私家田产、私家水面、私家山林、私家工匠、私家商贾等的保护，已经是当时国家明确的法律意识。所以，“贼法”是仅次于“盗法”的根本性的私有制保护法。

第三，囚法。这是当时的断狱法，监狱管理法。其实际内容有两方面：一是对罪犯刑审勘问的规定，也就是后世的断狱律；二是对罪犯的关押规定，也就是后世的监狱法。可以说，这是专业性很强的部分。

第四，捕法。这是当时关于侦查、捕拿犯人的法律，后世称为“捕亡律”。

第五，杂法。这是当时关于其他犯罪形式的制裁法。其主要包括的内容是：轻狡（一切轻狂的犯罪）、越城（偷越城墙）、博戏（赌博行为）、借假（经济欺诈行为）、不廉（官吏贪污或个人行贿受贿）、淫侈（过度荒淫奢侈）、逾制（言行或器物用度超过规定的等级制度）

等七种情况。

第六，具法。这是依据犯罪的实际情形，酌情加减罪行的规定。所谓“以其律，具其加减”，说的就是这个意思。也就是说，当时的立法理念，已经意识到了法律在实际运用中可能的缺陷与必要的灵活性。

从总体上说，李悝的《法经》具有前所未有的两个方面的特质。其一，它第一次突破了法在官府的历史定式，而由庶民士人整理出体系化的法典；其二，它第一次突破了既往法律公开的局限性，不是仅仅公开法律，而是由专门的法律家整理，并向社会传播的实用法律，具有最为前沿的社会实践意义。唯其如此，李悝的《法经》，成为战国法家的开山之作，具有划时代的伟大意义。

以李悝的《法经》及其在魏国的第一次变法为标志，战国法家宣告正式破土而出了。自此之后，这个学派便以空前的历史高度，主导了战国变法潮流的历史走向，使中国原生文明的内涵得到了决定性扩展，决定性提升。

多年之后，商鞅入秦变法，携带的法典蓝本正是这部《法经》。因此，李悝《法经》的历史作用，某种意义上已经贯穿了整个战国时代的变法运动。虽然，商鞅变法在法律内容的创造性、在变法的全面性与彻底性方面，已经远远超越了《法经》，已经远远超越了李悝本人的第一次变法。但是，李悝及其《法经》，永远都是战国法家的第一座里程碑。

（3）李悝变法的实际内容

关于李悝在魏国的这场大变法，史料断裂太多，我们只能大体呈现其主干面貌。

李悝变法的第一个方面是整合并创造魏国的新政治制度。

关于新的政治制度的创立，通常在涉及李悝变法时是被忽略不提的。但是，这恰恰是魏国大变法最为要害的一个方面。魏文侯即位后，魏氏虽然距离成为正式诸侯国还有四十一年的时间，然其政权形式已经在长期磨炼中完全国家化了。尽管如此，魏氏政权如同赵氏、韩氏政权一样，都还带有天子诸侯制时代的特质。

所谓诸侯制的特质，其基本方面是：一则，国家政务的实际处置权与国君最高权力的囫囵化，既使国君过分陷入具体政务，又使国家缺乏处置政务的体系化官署；二则，官员职能太过笼统，不适应日益发展的社会领域；三则，官员具有承袭性，没有大臣任免制度，而是由既定的贵族阶层产生并承袭，使国家官吏队伍很容易凝滞僵化。

这些基本缺陷，在战国初期所有大国与中小国都普遍存在。另外一个因素，是历经近三百年的春秋动荡，各个诸侯国都或多或少地对本国旧官制进行过一些变革，但都很不全面。由此，各国以官制为轴心的政治体制，呈现出从名称到体制都各自为政的混乱现象。

李悝变法对政治体制的设定，就是第一次在魏国创造性地建立了趋于中央集权制的新型权力体制。这一体制，主要包括下述几个方面：

其一，国君最高权力与国家政事权相对分开，设定国君权力与政务权力两个系统。国君系统由既往的各个公室事务官署组成，再新设立秘书长性质的“长史”机构，负责协助国君处理国家大政，保证君权对国家的最高领导权。君权的核心是官职任免权与国家荣誉赏赐权，以及对军队的掌控权。

其二，政务系统由相国（丞相）统领，为百官之首。丞相府下辖诸多属官，处置各个领域的专门问题。丞相权力运行的基础，是实行“开府”制。开府制，就是有权在丞相府邸独立处置政务，以保证国家政务的高效运转。

其三，全国军权分为两个系统，一是统帅军队作战的“上将军”系统，一是防守要塞关隘及保障军队后援的“国尉”系统。这两个系统的运转，其主要方面都由国君以兵符的形式直辖。

其四，官员遴选的基本点，由承袭制变为任免制。

其五，地方治理权的主要部分，也就是旧诸侯制时代的封地私兵权、司法权、官员任用权、民治权等全部统归国家，由国家设置“守”来治理。封地的主人，只保留赋税征收权。总体上说，这是对分封制基本面的废除，但还保留了相当殷实的经济权力。这时，在中央权力与地方权力的体制上，系统完整的郡县制还没有出现。

虽然，李悝变法在政治体制上尚有不彻底性。但是，在当时条件下，作为第一次探索性的大变法，已经创造出了战国初期最为先进的国家政权模式。此后的列国官制，大体上都以魏国为蓝本而加减。包括后来的商鞅变法，也是以魏国开创的政权模式为基础向前推进的。

李悝变法的第二个基本方面是“尽地力之教”。

所谓“尽地力之教”，用现代语言说，就是在激发农耕者的积极性上做文章，全面实行私田制经济，以达到最大限度发挥土地潜力的目标。从历史逻辑说，这肯定是具有体系化性质的一整套新经济政策。但是，史料只给我们留下了其中关于督导耕作的几个斑点：

其一，关于推行私田制经济的总体原则——尽地力之教。

其二，督导农民治田勤谨，精耕细作，提高产量的三项办法。办法一，“必杂五谷，以备灾伤”的多元种植法。也就是说，要每家土地同时种植谷子、高粱、麦子、大豆等多种农作物，以防备自然灾害对某种单一作物的摧毁。办法二，“力耕数耘，收获如寇盗之至”的耕耘法则与抢收抢种法则。耕耘法则是：大耕要深翻，中耕除草（锄地）要频繁。收种法则是：抢种抢收，如同应对寇盗抢劫一样紧张。办法三，多元经营法。具体法则是：“环庐树桑，菜茹有畦，瓜瓠果蓏，殖于疆埸。”也就是说，住宅周围要栽树种桑，菜园里要种多种蔬菜，田垄上也要多种瓜果，要充分利用空闲土地。

其三，国家实行平粜法，保证应对饥荒灾害。李悝发明的平粜法，是后世常平仓、均输制的基础。其核心，是以公平的价格在丰年收购余粮的方式，建立国家粮食储备制度，再在灾年以相对低的价格进入市场，以平易粮食价格。这种方式，在春秋末期许多新兴集团的封地内已经实行，但是都没有形成稳定的制度。范蠡的老师计然，曾经在越国提出过推行。但是，计然的目标是“农末俱利”，要使农民与商人都得利。如此目标之下，国家对粮食价格事实上是允许保持较大的浮动价格的，大约在三十钱到八十钱之间。

李悝平粜法的根本不同点，是要通过“使民适足，价平而止”的平粜法，达到“使民无伤，而农益劝”的目标。这种平粜法的唯一目标，是保护与激励农耕者的积极性，自觉抑制商人阶层的利益，从而达到富国强兵的最终目的。相比较于计然的平粜法，这是一个重农抑商的农本位的制度体系，而不是农商并重的制度体系。显然，这是更适合战国时代的新的经济制度。

李悝变法的第三个基本方面是放弃礼治，推行法治。

春秋时代两百余年，发生了许许多多的社会变革。但是，在国家治理总体方式的选择上，依然大体是西周礼治的基础。此时，各诸侯国虽然都普遍公开了法律，但法律在国家制度体系中的地位，仍然是模糊不清的。王道，礼治，德治，人治，以及不成熟的局部法治，都是当时各种政权形式交错使用的混杂方式。

自李悝变法开始，魏国以《法经》为法律蓝本，普遍推行了相对全面的法治，取代了以往混杂不清的治国方式。这种最初的法治，其基本点是：第一，法律体系在全部国家制度体系中开始居于最重要的位置，而不再是王道礼治的手段。第二，法制体系取代了礼制体系，成为社会生活中唯一的强制性规范。礼制的绝大部分内容已经被自然抛弃，其中适合社会发展的保留部分，只作为一种道德规范在起作用，而不再具有强制性。第三，法律对国君权力的规范开始发生作用，但还只是局部的规范和限制。第四，由于战争不断，这种最初的法治带有明显的战时特点，其表现形式就是相对重视刑法的实施，重刑色彩很鲜明。

虽然如此，李悝的《法经》六法，第一次以全面的社会规范的形式，将法治文明推上了中国历史舞台，取代了奉行两千余年的王道为本的人治、礼治的治世规范。无论这种最初的法治体系具有什么样的缺陷，它的文明生发意义都是无可估量的。

（4）李悝个人命运之谜

在《史记·魏世家》中，没有关于李悝变法的记载，而只有李克的两则言论记载。

在《史记·货殖列传》中，李悝变法记成了“当魏文侯时，李克务尽地力”。即或是司马迁误将李悝、李克当作了一个人，对于这场变法的记载也显得太过简单。

李悝变法及其《法经》，只星星点点地见诸《吕氏春秋》《韩非子》《汉书·艺文志》《汉书·食货志》等的简单记载。因此，李悝的个人归宿，就成了一团模糊的云雾。依据历史逻辑的推断，李悝只能有三种结局：其一，居高位而善终；其二，被迫离职隐居；其三，变法到一定阶段遇害身死，魏国社会及魏国史书均对其讳莫如深。从后来战国法家人士主持变法的普遍命运看，最后一种结局的可能性极大。

否则，我们难以解释这一奇异现象——战国初期这一场伟大的变法，为什么会在历史的记载中如此残缺粗疏？

5　变法后魏国之大举扩张

任用李悝变法，是魏文侯第二阶段的功业，也是毕生最大的功业。

依据魏国的实力增长时段，李悝变法大体应当在公元前 403 年之前完成，也就是在周王室正式承认魏为诸侯国之前完成。这时，魏文侯应该即位二十余年。变法完成之后，魏国一举成为七大战国中的超强大国，魏文侯也成为最负盛名的战国君主。

恰在这一时期，在鲁国失意的卫国布衣名士吴起到了魏国。魏文侯先是任用吴起为西河守，统率对秦军事行动，取得了不少小胜利，但始终没有取得决定性胜利。变法之后，魏国实力大增，吴起随即为魏国训练出了一支装备精良、战术素养极高的大军，天下号称“魏武卒”。随后，魏文侯以吴起为统帅，发动了大规模的对秦作战。

公元前408年，也就是魏文侯即位的第三十八年，魏国连续作战，全部攻占河西高原与关中东部地带，将秦国压缩到关中的华山以西。两年后，魏国又以乐羊为统帅，一举攻灭中山国。紧接着，魏国联合赵韩两国对齐国大举进攻，斩首三万，俘获兵车两千辆。公元前400年，魏国又联合赵韩两国大举攻楚，战胜楚军。

公元前396年，魏文侯病逝。魏武侯魏击即位，魏国依然对秦国、楚国、齐国等大国，以及对郑国等中等诸侯，保持了强劲的连续攻势，并获得了一连串的巨大胜利。这种攻势，一直保持到公元前390年。这一年，名将吴起被排挤出魏国，魏国的大国攻势战争陷入低潮。

吴起离魏的第二年，秦国便对魏国发动了反攻。第六年，秦国雄强君主秦献公即位，将秦国都城东迁到栎阳前沿，对魏国展开了大规模反攻。此后，魏国对秦国的绝对优势战争，渐渐转化为一种胜负互见的拉锯战。虽然如此，魏国在变法之后的超强实力，一直是其余六大战国所不能企及的。魏国对秦国的强大压力，魏国的战争优势，也一直保持到商鞅变法成功之后。

6 魏国变法的连锁激发效应

魏国变法的连锁效应，就是引发了战国初期的第一波变法浪潮。

战国之世，七大战国事实上一直都在进行大大小小的改革与变法。尤其是四大新兴战国，其对变法的敏锐程度，保持了相当长的历史时期，一直到战国晚期才稍见衰退。如今，持续实行新政的魏国，推行了一场前所未见的大变法，一举成为超强大国。如此强烈的成效，岂能不引起强烈的天下效应？

战国时代的第一波变法浪潮涌现了。

率先仿效魏国变法的，是赵国的公仲连改革。当时的赵国，是赵烈侯在位，公仲连是相国。在周王室承认魏赵韩三家为正式诸侯的这一年，也就是魏国变法有成之后，公仲连在赵国推行了一场政治改革。这场政治改革的诱发点，是源于热爱音乐的赵烈侯，要对他所喜欢的音乐人士进行重大赏赐。赵烈侯征询公仲连的意见，可以对他所喜欢的人“贵之”吗？公仲连回答，对这种人，只可富之，不能贵之。公仲连的实际意思是，爵位官职与相应的礼治待遇，是国家的荣耀，只能以功业换取，而不能以虚名换取。于是，赵烈侯只有赏赐给两个乐师田各一万亩。可是公仲连依然拖着不办，说是找不到合适的地产。赵烈侯再催问，公仲连就索性称病，不去上朝了。

紧接着，有个人称番吾君的人从代地归来，向公仲连推荐了三个人才：牛畜、荀欣、徐越。公仲连将这三人都推荐上去，赵烈侯任用牛畜为国君老师，任用荀欣为执掌军队建设的中尉，任用徐越为执掌都城的内史。很快地，赵国的政治就清明起来了。赵烈侯立即解除了前面应允的对两名乐师的赏赐，同时赐给公仲连两套名贵的衣冠。

显然，赵国的改革还只是一次尝试性的吏治整顿，与魏国的全面变法尚有很大距离。因此，此后赵国的国力虽然不弱，但却一直不能与魏、齐、楚三国相比。这种局势，一直延续到赵武灵王的第二次深度大变法。

与此同时，楚国、齐国也先后进行了程度不同的第一次变法。

在此期间，秦国也推行了浅层的新政，其主要方面是赋税改革。

总体上说，第一波变法浪潮的核心是两个国家：一是魏国，一是楚国。总结魏国变法及战国第一波变法浪潮，中心点有三个：其一，变法运动的空前性意义，在于中国第一次出现了法治文明的曙光；其二，战国法家的破土而出，将中国政治文明推上了最高峰，具有不朽的意义；其三，魏国变法的局限性，在于没有真正废除封地制，没有实现真正的治权归于国家。因此，魏国变法没有能够提供统一中国的基础。

楚国吴起变法

魏国变法完成之后，楚国的压力骤然增强了许多。

在整个春秋战国时代，楚国的中心地域始终在江淮之间，伸展方向则主要向着北方三个大国——魏国、齐国、秦国。即或在战国中期的开端，楚国攻灭越国而包容江南江东之后，大局仍然如此。其间根本原因，一在于当时长江流域的开发还很不充分；二在于岭南百越地带山重水复，交通阻隔，与楚国只保持一种松散的臣服关系而已。这两大区域，在当时都不足以成为楚国的实力根基。只有富庶的淮水流域与黄河流域的中间地带，才是楚国能够伸展的根基。战国初期的楚国，所以屡次向泗水流域发展，相继攻灭蔡、杞、莒几个中等诸侯国，并几次对与三晋相邻的郑国、卫国发动攻势，其根本点正在这里。

但是，如今魏国变法成功，实力骤然强大，再加上赵、韩两国与之结盟，楚国的北上就必然遭遇到强大的阻力。事实上，魏文侯后期已经加强了对楚国的攻势，其后魏武侯的对楚攻势也是有增无减。这一时期，楚国的战胜次数显然是越来越少了。强大的中原压力，使楚国产生了非常现实的变法需求。

这时，楚国的在位君主，是即位刚刚十年的楚悼王。

不知是楚国的有意策反，还是魏国的内讧。总之，公元前390年，魏国政局发生了重大变化，吴起离开魏国，来到了楚国。之后，楚国就发生了一场历时十年的变法，楚国声威大震天下。楚国在这一时期的社会矛盾与历史转折，几乎全部都聚焦到吴起这个人身上。

1 吴起入楚之前的生命坎坷

吴起，是一颗有着太多的历史关联，内涵又极其复杂的煌煌巨星。

吴起所以复杂，一则，在于他不同于所有布衣大家的曲折奋争经历，在于他正当盛年所绽放的绚烂血花；二则，在于他涉及专业的多样性——早期是儒家子弟，后来是天下名将，又是历史罕见的大兵学家，再后来又是主持大国变法的大政治家，成为力行实践的法家名士之一；三则，吴起的一生背负了太多太多的流言中伤，其铮铮风骨与沉沉底色，始终笼罩在流言攻讦的迷雾里，非但当世之时误解多多，纵然在后世也有诸多的莫衷一是。吴起的命运，实际上就是战国初期社会的缩影。

吴起，是一个备受争议的历史人物，谤言风行当时，功业彪炳千秋。

简单而直接地叙述吴起在魏国的沉浮生涯，再展示他在楚国的变法过程，这种方式，难以揭示社会变革的复杂性，也无法展现当时新旧竞争的残酷性，以及法家学派特殊的历史命运。对于其中蕴涵的文明发展史的意义，也失之于缺乏血肉感。

我们将采取一种特殊的方式，将楚国的变法，纳入吴起的生命历程中来叙述，从而使我们对这个极其具有命运特殊性的法家名士，有一个形象化的了解，也对战国变法的历史精神，对主持变法的法家名士的真实人生，对当时文明形态的具体内涵，有一种真切的全貌认识。让我们怀着冷静客观的心态，走进吴起的生命历程。

(1) 吴起的家世

吴起生于风华卫国，少时即有军旅志向。据史料记载，“鲁人或恶吴起”。也就是说，鲁国人很厌恶吴起，有许多关于吴起的流言。流言之一说，吴起的家庭曾经“家累千金”，有过一段富裕时光。按照这一流言，吴起当是富家子弟。但是，认真审视真实的历史元素，这其实只是一种似是而非的说法。

卫国，是一个特殊的诸侯国。特殊之处，在于卫国庶民主要由殷商遗民七大族群构成，而卫国国君却是周天子的嫡系王族。这是周王室为分治殷商的残存实力而强力设定的一个诸侯国。真正的殷商王族后裔，则被另外分封成了另一个诸侯国——宋。所以，真正的殷商国民遗风，在卫国，而不在殷商王族后裔的那个宋国。

殷商遗民的最大特质，是驾牛车奔走天下的商旅之风。此等风习之下，卫人多闯荡，多见识，多人才，一直是春秋战国两大时代的风华之邦。尤其是布衣名士之盛，卫国远胜当时的宋国。一个战国时代，卫国便出了吴起、商鞅、吕不韦三个足以成为中国文明史坐标的巨星式人物。如此三人，人人有赫赫功业，人人有煌煌论著，其才具之全面，其节操之出俗，无不居于战国布衣大政治家的超一流水准。不能不说，这是一个特殊中等诸侯国的最大奇迹。

我们要说的是，由此可以推断，即或吴起之家真的是“家累千金”，也绝不会是贵胄之富，而是商旅生计之富，如同后来的吕不韦之家一样。在那时候，贵和富，不是完全一致的。贵，是国家认可的一种社会地位，它可以自然地包含富。富，更多却是社会化的一种财产水准，它不能自然地包含贵。

战国初期，商人虽已不受歧视，但却不是国家政策的重点激励对象。所以，商人之家即或“多金”，社会地位也仍然是平民。作为商家子弟，个人仍然是布衣之身。要参与到国家政治层面去实现自己的人生价值，他们没有任何特权，仍然必须奋争。唯其如此，才有了少年吴起的种种奋争行为。

(2) 少年吴起的第一个重大事变：游仕不遂，破家杀人，落猜忍恶名

大约在幼学之后，吴起离家游历，寻求仕途去了。也许由于幼稚，也许由于社会羁绊，总归是，第一次游仕不遂，吴起茫茫然回家了。此时的吴起，很可能是准备以举家之财再度闯荡。否则，不可能有后来的流言，说吴起“破家”。据鲁人的流言说，吴起“破家”之后，邻里乡党多有嘲笑诽谤。吴起秉性“猜忍”，竟然因此一口气杀了“谤己者”三十余人！

猜忍是什么意思？猜忌多疑，残忍狠毒也。可是，即或少年吴起当真杀人，这一事实也完全经不起推敲。一个失意愤懑的中学生，既不可能有随从帮凶，又不可能有超凡的技击术，何能一气连杀三十余人？对于一个少年，太难太难，实际上是不可能的。合理推断，流言多传，很可能是将打伤或杀死三人的事实，大大地渲染夸大了。这件事的第二个疑点是逻辑破绽。后来，吴起做了儒家名士曾子的学生。以儒家收徒的相对严格及其对道德的重视，少年吴起如果当真一气连杀三十余名乡亲父老，曾子岂能不知？岂能将吴起收为学生？

虽然经不起推敲，司马迁还是写进了《史记》。

杀人之后，吴起连夜逃亡，母亲追到了濮阳城的卫郭门外。吴起与母亲诀别，咬破手臂发誓说：“起不为卿相，不复入卫！”吴起的母亲，一定是不敢大放哭声，万般悲伤地回去了。据此，合理推断其后果：吴起家人很可能由此全部被杀，或死于官府问罪，或死于群体报复。母亲则很可能在送走儿子之后，逃离濮阳匿居他乡了。因为，在史料中，吴起的家人始终只出现过少年时期的母亲和后来的一个妻子，没有其余家人的任何记载。

(3) 吴起人生的第二重大事变：母丧不归，绝于师门，落不孝不仁恶名

逃离家乡，吴起开始了求学经历。大约深感自己学问不足，吴起投奔到当时颇负盛名的儒家名士曾子的门下求学。这段时间一定不短，至少当在五六年之间。因为，直到母亲死，吴起一直在曾子门下修学。后来，母亲死了，不知何等原因，吴起竟然没有归家奔丧。曾子知道这件事后，对这个学生“薄之，而与起绝”。就是说，曾子不但很冷漠地疏离了吴起，而且将吴起开除出了学馆，不承认吴起是自己的弟子了。

虽说礼崩乐坏，但不孝不仁之名，在那时仍然是杀伤力极大的。以吴起的特殊秉性，一定是觉得老师太过迂腐，满心愤懑地离开了曾子学馆。很快，只有继续寻求出路的吴起，流落到了当时的文化大邦——鲁国。此时的吴起，已经是勃勃雄心的青年了。合理推断，其家人父母均已不在，孤绝的年轻人又背负着“不孝不仁”与“猜忍”的恶名，很可能还没有举行加冠大礼。因为，加冠礼是个人融入群体的成人仪式，是要族长、社长等公众领袖主持的。吴起背负恶名，逃出家乡，谁来发动给他的加冠礼？

但是，吴起我行我素，不顾“加冠始得成婚”的旧礼制，自己给自己成婚了，娶了一个齐国女子做妻子。在鲁国的几年里，吴起摒弃了儒家之学，立志改修功业之学。史料的记载是：“学兵法以事鲁君。”就是说，从这时起，吴起走进了军旅生涯。吴起的兵学老师是谁？史料未见蛛丝马迹。合理推断，应当是吴起自己发奋攻读兵法之学，是自学成才的。

(4) 吴起人生的第三次重大事变：杀妻求将，落贪而好色恶名

当时，齐国发兵攻鲁。由于吴起的军事才能已经在鲁国崭露头角，于是，鲁国国君很想用吴起为将，抵抗齐军。可是，鲁国的一班臣子

却大有疑惑：吴起会不会通联齐国，出卖鲁国？理由就是，吴起的妻子是齐国女子。当时的吴起，深感这是自己建功立业的第一步，很想做这个带兵将领。可是，攻击的理由如此荒诞，吴起不禁大感愤怒。《史记》的记载是："吴起于是欲就名，遂杀其妻，以明不与齐也。"

这一说法，同样令人深感怀疑。因为，这种说法正好与鲁人流言中的"起之为人，猜忍人也"的说辞一致。恶者，中伤也。因此，"杀妻求将"的说法，很可能与事实有很大距离。合理的推断，最大的可能是，吴起愤怒无由，在家发泄。妻子深感连累夫君，遂羞愤自杀。在今天看来，为此而自杀，是不可思议的。但是，这是战国，以生命之死而明其内心愧疚，正是那时的社会风尚之一。轻生赴义，此之谓也。如果吴起真的杀妻求将，则无论如何不是那时的名士精神，更不是那时的社会风尚。后来在魏国，吴起对公主婚姻的拒绝，说明吴起完全不是名利熏心之徒，不会丧失人性良知去如此杀戮。

不管原因如何，总归是，吴起的第一个妻子死了。由此，鲁国君臣甚为尴尬，立即任命吴起做了鲁国将军，一战大败齐军。按说，吴起的妻子付出了生命的代价，夫君的功业之路从此该当平坦，鲁国从此也不当再度怀疑吴起了。可是，迂腐的鲁人还是心有戚戚，揪住有战胜之功的吴起不放。此后，鲁人攻讦吴起的两个理由，更是荒诞得令人惊讶。

第一个理由："夫鲁小国，而有战胜之名，则诸侯图鲁矣！"

第二个理由："鲁、卫，兄弟之国也，而君用起，则是弃卫！"

依第一理由，吴起的战胜之功，竟然给鲁国带来了灾难。

依第二理由，兄弟之邦的人才我邦不能用，用了便是抛弃兄弟盟邦。

颟顸迂腐的鲁国君主，居然深以为是。于是，"疑之，谢吴起"。也就是说，教吴起走人，鲁国不会用你了。这次事变之后，吴起获得了第三个恶名——贪而好色。贪，是说吴起贪功，不顾人伦。好色，是说吴起喜好女色，没有大义。

至少，后一个罪名很令人困惑。如何吴起的妻子死了，还要给人加上一个好色恶名？合理推断，只有一种可能，第一个妻子死后，吴起又娶了一个妻子。这个妻子比吴起的前妻更为美丽，于是，吴起被人看作好色了。

卫、鲁两国的经历，是吴起一生最黯淡的泥沼期。史料所展现的这一段，几乎全部都是鲁人讲述给鲁国国君听的、图谋赶走吴起的流言中的故事，其真相如何值得怀疑。解析这些流言，倒是吴起的奋争精神与不合世俗的叛逆秉性，给我们留下了深刻印象，而不是流言传播者所要达到的目标诋毁。

背负着累累恶名，吴起离开了奄奄一息的鲁国，又开始了奋发闯荡。

（5）吴起人生的第四次重大事变：大功拒婚，遭疑离魏

鲁国不容，吴起来到了变法前夕或正在变法的魏国。自此，吴起的足迹进入了主流期，相对清晰简单了许多。吴起进入魏国，大臣李克向魏文侯如实禀报了从鲁国传来的种种流言，明说了吴起“贪而好色”。但是，李克也如实禀报了吴起的用兵才能：“然用兵，司马穰苴不能过也！”司马穰苴，是春秋晋国名将，留有在战国时期已经很著名的兵法著作《司马法》。将吴起与此人相提并论，足见吴起的军事才能已经有了很高的声望。当时的魏国，正在李悝变法之中或之后的蓬勃兴盛时期，急需取得对秦国河西高原的作战胜利。于是，魄力过人的魏文侯不计流言，一举任命吴起为西河大将，统兵对秦作战。

第一战，吴起率军力拔五城，大败秦军。

由此，吴起开始了在这个超强战国的赫赫功业之路。几次大战下来，魏文侯终于了解了吴起。魏文侯的评价是：“吴起善用兵，廉平，尽能得士心。”于是，吴起被拜为西河守，也就是魏国河西战区的军政一把手。在当时的魏国，这是最重要的地方军政大员。

可是，没有几年，雄明兼具的魏文侯死了。魏武侯继位之后，开

始阶段，吴起仍然是魏国的最重要大臣之一，曾经一度做了上将军。这一时期，除了战无不胜的数十次战役，吴起还留下了与魏武侯的一段著名对话，化成了“固国不以山溪之险”的治国格言。总之是，吴起在这一时期名声大振，成为天下著名的兵政大家。

但是，魏国始终只看重吴起的战场才能，没有重用吴起领国继续变法，而用了一个平庸的老臣田文做了丞相。生性坦荡的吴起很感不平，与田文发生了一场“论功争相”事件。但是，一听这位丞相的话语方式，吴起最终还是忍耐了，默然良久，对田文服输说，丞相该是你的了。田文公然说出的理由，非常的不靠谱：“主少国疑，大臣未附，百姓不信。”应该由他这个虽然没有能力但却有老资格的人做丞相。

事实是，魏文侯在位五十年死去，武侯魏击即位时，至少也是三十余岁的中年人了，如何能是“主少”？更重要的是，太子魏击很早就是领兵征战的将军，襄助政务的大臣，在魏国声望很高，如何能是“国疑”？可是，对方大睁着眼睛说出了“主少国疑，百姓不信”这样的荒诞理由，是摆明了要胡乱编造，要一心占据丞相职位的权臣。如此情景，吴起还能再去论说谁的能力强吗？

这次事件之后不久，年老的田文便死了。可是，魏武侯又用了“公叔”为丞相，还是没有用吴起做丞相。

这个公叔丞相深得魏武侯信任，并娶了魏国公主为妻。尽管如此，公叔还是忌惮吴起争相。于是，在门客的策划下，设定了一个驱赶吴起的匪夷所思的阴谋。大体说来，这个阴谋的过程是：首先，说动魏武侯将公主许配给吴起，以试探吴起是否愿意长久留在魏国；此后，公叔邀吴起来丞相府赴宴；再后的宴席之间，公叔夫妇合演了一出公主“怒而轻君”的小品。也就是说，公主虐待蹂躏公叔丞相，使吴起深感公主刁蛮，不可与婚。

果然，吴起对公主大起反感，婉言拒绝了与这位公主的妹妹——小公主成婚。由此，吴起引起了魏武侯的猜疑。君臣同心，已经不可能了。此后，多经流言杀伤的吴起，已经深感魏国庙堂对自己失去了信任，于是愤然辞官，离开了魏国。

对于吴起离魏，另有一种说法，认为是魏国大臣王错排挤吴起，而不是《史记》记载的公叔丞相。我们不去斤斤计较这些细节，我们只要明白一个基本事实：无论是何人排挤，如何排挤，吴起都在魏武侯时期离开了魏国。这是吴起一生的第四个重大事变——盛名之下落入阴谋，被迫离魏。

当时，魏国是天下最强大的新战国，是一个布衣名士最有可能将文治武功推向巅峰的理想之国。显然，没有非常的不可忍受的理由，吴起是不会离开魏国的。这一事实也说明，吴起在一个国家的去留，是以能否达到君臣同心并实现为政理念为原则的，而不仅仅是权力的大小、职位的高低。吴起能做西河守多年，就是明证。

当然，魏国也由此失去了一个顶天立地的军政巨子。

请注意，这是魏国厄运开始的一个最重要信号。

2　吴起入楚　力行变法

这一年，大约是公元前 390 年。当时，楚国是楚悼王在位的第十二年。

关于吴起这段最重要的经历，我们先甄别两种历史说法。

其一，关于吴起担任楚国令尹的时间，有两种说法。一是《史记》的说法。吴起是“至则相楚”，一到楚国便做了令尹。也就是说，公元前 390 年，吴起就担任了楚国丞相。二是《说苑 · 指武》的说法。吴起先做了一年的“宛守”，也就是今河南南阳的郡守，当时是楚国的北部重镇；一年后，吴起才做了令尹。这一差别，不是重大历史事实，无关根本。

其二，关于吴起在楚国变法的时间，也有两种说法。第一种，是

《韩非子·和氏》的说法："悼王行之期年而薨矣，吴起枝解于楚。"期年，在先秦时代是整整一年的意思。《尚书·尧典》云："期，三百有六旬有六日。"《左传·襄公九年》的同义说法是："行之期年，国乃有节。"都是一整年的意思。按照这种说法，吴起的变法只有一年时间。

第二种，是《吕氏春秋·仲冬纪·长见》的不明确说法："吴起果去魏入楚，有间，西河毕入秦。"据战国史专家杨宽先生考证，这段时间应该是十年。另一重要文献《史记》，对吴起变法的时间则没有提及。这里，我们依据最基本的事实给予判定，吴起于楚悼王十二年入楚，楚悼王在位二十一年死，同年，吴起被旧贵族杀害，时间正是十年。这十年，楚国并未发生变法之外的其他重大事变，正是楚悼王支持吴起变法的十年。因此，我们确定，吴起在楚国变法的时间是十年。

（1）老世族反变法：吴起与楚国世族屈宜臼的对话

吴起初到楚国，先任宛守一年。其间，吴起曾经专门拜访了楚国屈氏集团的屈宜臼。此公是何身份，史料没有信息。根据史料的"屈公"称谓，此人至少应当是屈氏集团的首领，并在楚国担任或曾经担任过重要大臣的职位，是楚国旧贵族的名人。可是，这个屈宜臼，第一次根本没有理睬当时只是一个郡守的吴起。一年后，楚悼王任用吴起为令尹。赶赴郢都途中，吴起不计上次冷遇，又去拜访了这位世族名臣。

这次，屈宜臼说话了，而且说得很多，很深。让我们将这篇远远早于商鞅变法大论战的第一次反对变法的言辞，全文录之如下：

> （吴起）问屈宜臼曰："起问先生，先生不教。今王不知起不肖，以为令尹。先生试观起为之也。"屈公曰："子将奈何？"吴起曰："将均楚国之爵，而平其禄；损其有余，而继其不足；厉甲兵以时，争于天下。"

屈公曰："吾闻，昔善治国家者，不变故，不易常。今子将均楚国之爵而平其禄，损其有余而继其不足，是变其故，而易其常也。且吾闻，兵者，凶器也；争者，逆德也。今子阴谋逆德，好用凶器，殆人所弃，逆之至也，淫佚之事也。行者，不利。且子用鲁兵，不宜得志于齐，而得志焉！子用魏兵，不宜得志于秦，而得志焉！吾闻之曰：非祸人，不能成祸。吾固怪，吾王之数逆天道，至今无祸？嘻！且待夫子也。"

吴起惕然曰："尚可更乎？"

屈公曰："不可。"

吴起曰："起之为人谋。"

屈公曰："成刑之徒，不可更已。子不如敦处而笃行之。楚国无贵于举贤。"

这场对话的要害，是屈宜臼的全部台词。

这位老世族首领之一的屈公，第一层是劝诫吴起不要变法，应该守常不变；第二层是教导吴起，不该有战胜功业，不该有血气争心，这是最为大逆不道的两样东西；第三层是威胁吴起，变法是"祸人而成祸，不利于行者"；第四层是赤裸裸地斥责楚悼王"数逆天道"，并刻薄而又幸灾乐祸地预言，灾祸必将等待着吴起；最后一层，是给吴起的政治诊断，同时开出了政治药方。政治诊断是"成刑之徒，不可更已"——已经受了刑的犯人，是无法改变的。政治药方是"敦处变法，贵在举贤"。潜台词，自然是要敦爱贵族，任用贵族人才。

屈宜臼的用心、立场，是再明白不过的。在战国变法史上，这是为数众多的反对变法的言论之一，本不足为奇。但是，就其言辞猖獗的程度而言，却是唯一的——竟然直面即将主持变法的令尹，并一力斥责楚王多次违逆天道，诉说对"楚王无祸"的不理解，满心期盼这种灾祸落到吴起头上。如此极端性地仇视变法，仇视用兵，仇视人的血气争心，最为张扬也最为刻毒地诅咒图谋革新的国君与大臣，确实是历史上仅见的一例。由此可以说明，楚国的旧贵族势力是何等的强大。楚国的变法在战国历史上只有吴起这一次，而且是血流成河的代价，这绝不是偶然的。

屈宜臼的台词，也透露出另一则历史信息，楚悼王在旧贵族眼中，是一个“数逆天道”的君王。这就是说，楚悼王多年以来一定以某种形式，在努力地寻求变革，努力地搜求人才或者推行新政，只是没有成功。有屈宜臼这番论断，可知楚悼王任用吴起，也绝不是偶然的心血来潮。楚国变法，已经是箭在弦上了。

（2）吴起领政：在楚悼王支持下开始迅速推行变法

吴起变法的具体过程与基本内容，已经被后世把持修史大权的保守理念过滤稀释，几乎无从辨认了。但是，历史的残简仍然为我们留下了依稀可辨的踪迹，使我们大体可以知道，吴起在楚国大变法的一些线索。这些线索主要是：

第一方面，吴起变法实行“损有余，济不足”的总原则。

吴起认为，楚国所以“贫国弱兵”，根本原因在于“大臣太重，封君太众”。也就是说，楚国大臣的特权太多，拥有封地的贵族太多。这些大臣封君，“上逼主，而下虐民”，对楚国社会结构起到了很大的破坏作用。历史的实践证明，吴起对楚国的根基缺陷把握得非常准确，直到百余年后楚国灭亡，封地分治都是掣肘楚国抗秦的主要原因。

基于此等判断，吴起推行的基本政策主要有：

其一，削减贵族大臣的封地数量，并尽量减少以封君方式赏赐功臣。

其二，对封君的世袭制加以限制，“三世而收其禄”。

其三，对现行贵族封地，尽可能地改封到荒凉偏僻的地域去。此所谓，“贵人往实广虚之地”。楚国幅员广大，地广人稀，将实力雄厚的旧贵族封地转移到未开发的荒僻地域，客观上有利于地域开发，也有利于减少贵族政治势力过分集中都城而对王室带来的威胁。

其四，精简官员，裁汰“不急之官”。也就是说，虚设的没有实际执掌的职位一律取缔。

其五，减削大臣的“禄秩”。禄，就是俸禄工资；秩，就是各个等级的特权待遇。

其六，削减封地的收入，全部归入国家，作为建政强军费用。在变法的同时，组建一支由“选练之士”组成的精锐军队，其所需财政费用正是从变法中整合出来的成果。

第二方面，吴起整肃吏治，总原则是“强公室，塞私门”。

当时，楚国的官场规则与习俗，完全受旧贵族政治势力的主导，比吴起所熟悉的新兴的三晋国家要混乱腐败许多。为此，吴起推行了三项政策。

其一，奖励公正而忠于职守的官员，树立“行义之风”。《战国策》记载，稍后时期的秦国丞相范雎，对吴起此举有一则评价：“使私不害公，谗不蔽忠，言不取苟合，行不取苟容，行义不固毁誉”。也就是说，吴起从制度层面上保证了一个基本点：私事不能妨害公务，对谗言要认真查核，使其不能伤害忠于职守的官员。

其二，杜绝私风干扰政事。还是《战国策》，记载了后来的秦国丞相蔡泽对吴起这一政策的评价：“塞私门之请，一楚国之俗。”体现为吴起变法的具体政策，一定是对因私人活动升官者，对社会广为流行的贿赂公行、私交主宰公务的堕落风习，给以严厉惩罚。

其三，禁止纵横之士游说于私家势力。此时，战国纵横家虽然尚未形成气候，但是其游说于大国私家政治集团之间的风气很早就已经出现了。知氏与韩、赵、魏三家主宰晋国时，知氏曾与韩、魏结盟进攻赵氏。正在三军围赵的关键时刻，早期纵横策士张孟谈为赵氏秘密游说韩魏两家，导致韩、魏两大集团转而与赵氏结盟，一举吞灭了势力最大的知氏。这说明，纵横策士游说于大国之间的私家势力，是大国发生政治危机的重要原因之一。吴起变法，在楚国限制纵横策士游说，其实质目的正在这里。客观地说，这与意识形态意义上的禁止言论，有着本质区别。《战国策》记载，蔡泽对此的评价是：“破横散从，使驰说之士无所开其口。”从实际政策上说，一定是吴起取缔了楚国修习纵横之学的根基之地，而且严格限制了这些人的活动。

以上所列，只是吴起变法在史料中的斑斑点点而已。就最根本的限制封地看，吴起变法比较于此前魏国的李悝变法，内容要深广了许多。可以说，吴起在楚国的变法，是战国变法走向深化的第一步。

3 吴起变法的当时成效

吴起变法的时间虽然不长，但已经表现出了巨大的成效。

战国之世，能够不顾战争威胁而一力变法的机遇，太少太少。吴起变法的历史实际，也是一边变法，一边应对战争。吴起在短短数年之间，率领楚军南征北战，为楚国同时在三大战场获得了巨大胜利。

第一战场，吴起率军平定了楚国东南的云梦泽地域，此即后世所谓的洞庭、苍梧之地，使这一地区的百越族群有效地融入了楚国。这一胜利，为楚国消除了岭南以北的长期乱局，为增强楚国实力做出了巨大贡献。此所谓吴起“南平百越”。

第二战场，吴起率军攻灭了淮水流域的两个中等诸侯——陈国、蔡国。此所谓“北并陈蔡”。吞灭这两个国家，使楚国在淮北地带有了稳固的根基，对楚国向北伸展具有极其重要的意义。战国后期，楚国一度将都城迁到了陈，将淮北之地建成了抵抗秦国的战略要地。

第三战场，吴起率军实施大国作战，向北进攻秦国，也对当时的超强大国魏国发动了攻势战争。对秦国战争，史无具体记载。但是，因援救赵国而对魏国的攻势战争，却很有气势，“战于州西，出于梁门，军舍林中，马饮于大河”，一直进攻到黄河南岸。

这是吴起变法后，对大国战争取得的最大的胜利。楚国能列入天下战国，就其实际而言，正是从吴起的军威开始的。对于楚国来说，变法后的威力是一道极其罕见的强烈光芒。这道光芒，刺疼了天下，更刺疼了楚国的旧贵族势力。刺疼了天下，是“诸侯患楚之强”。刺疼了贵族，是“楚之贵戚，尽欲害吴起”。

4　贵族复仇　吴起惨死

遭到变法重创的楚国旧贵族，深深地仇恨着吴起，也仇恨着楚悼王。

关于这种仇恨的深度，我们在此前屈宜臼的说辞中，已经嗅到了咝咝喘息的阴冷之气。我们有理由相信，在十年的变法与战争岁月里，这些贵族大臣们或被减削了封地，或被改封到荒僻地带，或被收回了封地，或被剥夺了子孙承袭权，总归是，他们的利益受到了多方面的深刻伤害。作为一种根基深厚的社会势力，他们自然不会自觉屈服。他们时时刻刻在酝酿着仇恨，在阴谋着颠覆变法、杀害吴起，甚或包括发动政变杀害楚悼王。很可能是因为楚悼王的警觉性，这股阴暗的洪流才始终未能爆发。

不幸的是，正当吴起获得了最大的战场胜利，变法后盾的楚悼王却突然病故了。这是吴起一生的第五次重大事变——变法大业中途夭折，在国君灵堂惨遭杀害。

据《史记·孙子吴起列传》，吴起的悲剧死亡是这样一个故事——吴起北征到大河南岸战场时，成群战马在大河边饮水，士兵们欢呼雀跃。树林营地。吴起正在匆匆检视大片卧地的伤兵，逐一询问。此时，郢都特使飞进营地，送来了紧急王书，报告了楚悼王死讯。吴起惊愕万分，断然率军即刻南下。

在郢都灵堂，贵族集团埋伏了层层甲士。在吴起祭奠楚王的时节，四面大帐陡然张开，屋顶大帐骤然撤去，地面与高处大队的弓弩手张弓待发，与丧贵族们人人甩袖，露出袖箭。吴起警觉，一跃而起。箭雨爆发间，吴起跃上高台，紧紧抱住了楚悼王尸体翻滚。上下四面箭雨激射，将翻滚的两具人形钉成了箭跺。

显然，这是一场经过精心策划的谋杀行动。

国君丧事，各方重要大员都得前来奔丧，参与祭奠及全部葬礼程式。吴起身为令尹首席大臣，自然不可能借故回避。被迁徙到荒僻地区的旧贵族，则可以名正言顺地聚集到都城。在参与葬礼的现场力量中，显然是贵族集团占据绝对优势。吴起的变法派，肯定会有因为种种紧急军务政务而无法奔丧的一部分。而贵族集团，则是倾巢出动，有备而来。全面权衡，这是杀害吴起的最佳时机，错过这一时机，贵族集团对手握重兵的吴起当真难以下手。

简约的史料，使我们无法明确断定，吴起是否得到了贵族复仇的消息；或者说，吴起是否洞察了这一阴谋。但是，以吴起久经流言与阴谋伤害的阅历，以吴起超凡的政治智慧，以吴起后来在灵堂现场匪夷所思的应对看，至少，吴起对危险性是有思想准备的。也就是说，即或吴起没有想到贵族集团的这次杀害，也是做好了随时有可能被人杀害的精神准备的。在这一点上，吴起是自觉赴死的。

从另一面说，对变法的攻讦，已经汹汹然延续多年，吴起不可能没有觉察。对贵族集团的阴狠与龌龊，吴起也不可能没有体会。对于如此一个终生寻求领政机会，并建立变法功业的大政治家来说，没有理由说他是懵懂奔丧的。实际的情形，是吴起明知凶险而明明白白奔丧，他的内心，则酝酿好了一个以自己的死难向整个贵族复仇的计划。

这一重大事变的结局，及此后的历史演变，是饱含历史经验的。

据《吕氏春秋 · 贵卒》和《史记 · 孙子吴起列传》记载，“荆国之法，丽兵于王尸者，尽加重罪，逮三族”，“坐射起而夷宗者，七十余家”。这是说，继位的楚肃王决意肃清贵族势力，便以这一传统律法为依据，将射杀吴起所牵连的七十余家贵族，全部诛杀。一次大规模刑杀贵族人士数千人，对楚国的贵族势力无疑是决定性的一次打击。在楚国的历史上，这是绝无仅有的。楚国贵族纷纷逃亡，留下名字的至少有阳城君的逃亡。因此，楚国的实际力量流失很大。

历史的演变是，吴起死后，楚国变法成果基本流产，楚国力量在整体上大大削弱了。同时，也有了另一个结果，楚国的贵族集团与王权之间，从此找到了一条妥协共存的道路。这条道路的基本点是，贵族集团重新掌握了实际权力，但也容纳了由王权主导的相对变革。王权承认贵族的封地治权，而不再在变革中推行取缔封地的政策。

因此，直到战国末期，楚国的实际权力一直掌握在昭、景、屈、黄、项几大贵族集团的手里。其后，虽然在王权主导下也有过些许改革，但是，与战国变法应有的深度，已经相距太大了。故此，楚国一直没有起色。楚威王时期，名士屈原曾经图谋再次变法，但尚未付诸行动，便因为楚威王的病逝而夭折了。屈原本人，也因为主张变法而获罪于世族势力，被放逐汨罗江。此后，楚国便一蹶不振了。《韩非子·问田》说：“楚不用吴起而削乱，秦行商君而富强。”诚哉斯言！

关于吴起死后的结局及其评价，有两说。

其一，《史记》云：“(吴起) 刻暴少恩，亡其躯。”但这具躯体究竟如何了，没有说法。

其二，《韩非子》《墨子》等则说，吴起被车裂了。但是，究竟是死后裂尸，还是生前裂人，却没有明确说法。对于后来的商鞅，也有死后车裂其尸体的说法。但是，根据那时的行刑传统，这种情形是非常少见的。具体到吴起，两具尸体已经被密密箭雨纠结得无法分开了，如何能单独车裂吴起的尸体？历史地分析，这种说法产生的根源，只能是贵族集团发泄仇恨的流言。

总归是，吴起死了，其方式之惨烈奇特，千古之下未见第二。

在整个战国时代，吴起是为变法大业死难的第一个法家政治家。吴起之死，彰显了文明进步中无法避免的社会代价，也彰显了新兴力量与守旧力量之间竞争的残酷性。令我们骄傲的是，那个时代的先民们，并没有被这种流血牺牲所吓倒。继续涌现的法家名士，仍然在前赴后继地力行变法，仍然一次又一次地抛洒着热血，奉献着生命，推进着文明的步伐。

若干年后，法家名士韩非子写下了著名的《孤愤》，痛切陈述了法家人物的历史命运。韩非子的文章，与融进战国变法的法家政治家的生命与热血一道，为我们民族的文明奋争史，留下了一座伟大的精神纪念碑。

吴起变法，是战国第一波变法浪潮的最高潮，也是典型代表。认识吴起变法的基本点，在两个方面。其一，吴起变法已经瞄准了最要害的封地分治问题，而李悝没有；其二，吴起变法所激起的贵族集团的深刻仇恨，昭示了变法的深度。

吴起鲜血绽放的绚烂之花，是战国变法的第一个永恒标记。

韩国申不害变法

战国第二波变法浪潮，发生在战国中期前段，主要是秦韩齐三大国变法。

就变法开始的时间而言，这三个国家相差不过三五年。但是，由于传统国情不同，由于最高决策层对变法的认识不同，由于变法主持者所依据的政治理念不同等原因，这三个国家的变法，呈现出极其鲜明的不同特点。这种不同，既包含了介入变法的力量元素的不同，也包含了动态形式、演变过程与最终结局的不同。历史发展的实践已经证明，正是这种差异性很大的变法，决定了各自国家的历史命运，同时也决定了变法家的命运。

1 韩国变法史料辨析

韩国变法的史料呈现，很简单，很模糊，许多环节需要历史逻辑的考察。

依据残存的韩国史书写成的《史记 · 韩世家》，对韩国变法的断裂性记载，只有这样几句话："八年，申不害相韩，修术行道，国内以治，诸侯不来侵伐……二十二年，申不害死……二十六年，高门成，昭侯卒。”在《老子韩非列传》中的简单记载是：“申不害者，京人也，故郑之贱臣；学术以干韩昭侯，昭侯用为相；内修政教，外应诸侯，十五年；终申子之身，国治兵强，无侵韩者。申子之学，本于黄老而主刑名；著书二篇，号曰《申子》。”

两则记载，不计标点，只有103个字。

在《史记》记载中，有三处显然不合事实。

其一，关于变法效果的记载——“终韩子之身，诸侯无侵韩者”，显然有误。《索隐》所按隋人王劭引《竹书纪年》的记载是：“韩昭侯之世，兵寇屡交。”虽有学者考证此并非《竹书纪年》原文，但却反映了当时的历史实际。后世史学家的考证以及当代史学家整理的多种《中国历史年表》，也都呈现出韩昭侯时期的多次存亡之战。申不害变法，是韩昭侯时期的变法。故此，《史记》关于申不害变法后，终其一生保证了韩国不受侵犯的说法，显然不符合事实。

其二，经后世史学家考证，申不害死于韩昭侯二十六年，也就是公元前337年，比商鞅晚死一年，而不是死于韩昭侯二十二年。

其三，韩昭侯在位三十年，死于公元前333年，而不是在位二十六年。

在考察文明史的意义上，这些细节的失误与差别，是完全可以忽略的。

我们所以提出《史记》的失误之处，或者说提出《史记》与其他史料的矛盾之处，只是想说明，细节的记载错失，不是我们深入开掘文明史的关注点。我们所关注的，是历史事实的基本面。什么是历史事实的基本面？具体到韩国变法来说，这次变法究竟有没有？变法的主要内容究竟是什么？变法的历史效果究竟如何？变法主持者的信念与命运究竟如何，等等。毕竟，历史已经远去，许多细节的误差几乎是必然的，事实上也是不可能无差错还原所有细节的。在这个意义上，司马迁的错失，未必一定是错失。我们没有必要因为这些细节的矛盾混乱与失误而误入歧路，最终亡羊。

我们只能从历史的基本面，来解析申不害在韩国的变法。

2 申不害早期档案

两份历史档案里，申不害的东西都很少，还有许多断裂点。

申不害是个奇人。祖籍是郑国的京邑，今日汜水东南平原上的一座城池。申不害的父亲曾经在末代郑国做过小吏。因此，申不害有机会读书，青少年时期也可能做过官府小吏员，或仆役。能够确证的事实是，在申不害年轻的时候，韩国吞灭了郑国。当时，申不害与父亲一起，成为“故郑之贱臣”，也就是先朝遗民。这样的遗民家族，在国家灭亡之后的必然归宿，大体只能是归家耕田。

依据申不害后来成才的事实，其人生变化，应当发生在“贱臣”身份期间。

战国初期社会，人身自由程度很大。最大的可能是，申不害筹集了些许钱币，愤而离开韩国，到列国游学去了。能在后来著书立说，而且能够成为开创法家术派的政治理论家，说明申不害曾经有过广泛的交游，有过专心修习法家的经历。而当时，齐国自田氏桓公起设立的稷下学宫已经非常兴盛，几乎包容了天下所有的治学流派。一个游学士子要想获得政治理念的深化，又不想明确地拜某人为师（或者说，基于种种原因，没有哪个大家愿意收这个学生），那么，进入稷下学宫，在诸多学术群体汇成的学问海洋里自由徜徉，几乎是必然的路径。我们有理由相信，申不害有过较长时期稷下学宫的求学阅历。

最迟至韩昭侯八年，也就是公元前 355 年韩国变法发动的时候，申不害已经成为法家名士了。这时，距离公元前 375 年韩国吞灭郑国，已经过去了整整二十年。假定韩国灭郑时，申不害是二十岁以内的少年，那么，发动变法时的申不害，就已经是三十余岁或四十岁上下的盛年之期了，已经是一个具有独特信念的成熟的政治理论家了。

合理推算，申不害的求学经历在十五年上下。

史料中，也从来没有关于申不害老师的蛛丝马迹。关于申不害的思想源，只有《史记》的一句话："申子之学，本于黄老而主刑名。"但是，思想的起源不等同于授业的老师。因此，申不害的独立成家，还有一个很大的可能——多师而无师，实际上是自学成才。

3　申不害术治体系的根基

申不害理论体系的基本点是：治国行法，以术驭臣。

有"治国行法"这一支柱，申不害被当时社会公认为法家之士。

有"以术驭臣"这一支柱，申不害又被当时社会认定为法家"术治"派。

在战国中期的开始阶段，"术治"主张所以能成为法家一个流派，其背景原因是：此时的法家学说已经历经了近百年的酝酿与发展，呈现出多元化思想的特点。在李悝、吴起变法之后，法家理论体系已经趋于丰厚成熟，出现了不同的法治理念。其中，影响最大的是齐国稷下学宫的法家大师慎到，主张"行法以君权至上"，故此被称为法家学说中的"势治派"。同时，以李悝《法经》思想为主要代表，以吴起变法实践为支撑，又有青年学子公孙鞅（商鞅）等人的早期文章呼应，主张"治国惟法"；故此，这一理念被看作法家学说中的"法治派"。这就是说，在申不害的思想形成阶段，法家之理论体系已经形成了既定的两大流派，势治派与法治派。

当此之时，申不害的术治理论出现，几乎是自然地就成为法家一个新的流派——术治派。以申不害的"术治派"出现为标志，战国法家三大流派已经先后问世了，成熟了。从思想基础的意义上看，这是第二波变法浪潮所以成为战国变法最高潮的根源。

(1) 战国法家术治派坚持法治根基的历史真相

法家术治派在后世遭受扭曲最大，有必要恢复它在当时的真实面目。

法家术治派的根基是尊奉法治，主张“治国行法”。无论是术治派的思想，还是术治派的变法实践，推行“法治”，都是“术治”的前提，而不是抛弃法治，以术治取而代之。这是法家术治派最基本的理论结构逻辑，也是术治派以变法事实所证明了的实践逻辑，是不能被忽视的基本出发点。

据《史记》记载，申不害的变法实践有两个基本方面：“内修政教，外应诸侯。”用当代话语说，一是对内整肃社会，二是对外强兵备战。这两个基本点，都是法家推行变法最基本的历史目标与实现方式。在面对全社会的变革实践中，不以推行法治为根基，事实上不可能达到太史公所说的最低目标——“国内以治”。

申不害本人，对“奉法治国”也有过明确的说法。

韩非《外储说左上》，引证了申不害的话：“法者，见功而与赏，因能而受官。”

《太平御览》卷六三八引证了申不害的话：“明法正义”，“任法而不任智”。

第一则论说，申不害将法治的功能归结为两个基础，一是赏功制度化，二是任用官员制度化。这两个制度，是战时法治的两个基本方面；第二则论说，申不害明确了法治的三个实践原则，一是明法——法律要人人皆知，明确无误，大力推行。二是正义——法律必须具备正义性，遏制人性之恶。三是任法不任智——以律法为准绳，而不以人的智力评判为准绳，明确地反对人治。

从这两则言论可以看出，申不害的著作虽然已经在历史河流中漂散了，但在当时的完整文本中，一定有大量的关于推行法治的论述。

从《韩非子》对申不害的批评中，我们也可以看到一个事实，申不害的变法实践，不存在对推行法治的怀疑或漠视，关键在对法治最终地位的认定，也可以说是推行法治的彻底性问题。韩非《定法》对申不害的批评有两个基本点。其一，“晋之故法未息，而韩之新法又生；先君之令未收，而后君之令又下”；其二，“不擅其法，不一其宪令”。

第一则批评，说申不害不清理晋国时代的传统律法，就颁布韩国的新法，不废除韩国前代君主的旧法，就发布新君时期的新法，导致了法制混乱。第二则批评，说申不害推行法治缺乏一致性，颁布的宪令不统一。或者说，申不害对当时韩国新旧并存的律法——宪令，没有实行统一化。

这两则批评，都是推行法治的彻底性问题，而不是抛弃法治的问题。

无论从理论到实践，法家术治派的申不害，首先都是一个推行法治的法家。

(2) 战国法家术治派产生的社会根源

韩非子是后世公认的法家理论的集大成者，对法、术、势三派都有精辟论证。

在《韩非子》中，有一篇《难三》。这是集中破解国君通常遭遇的三个最大政治灾难的一篇文章。颇具意味的是，韩非子在《难三》中，高度肯定了孔子对政治定义“一问三答”的行为。在战国时代，诸子百家皆有相互论战，法家批评儒家，儒家批评法家，都是非常普遍的。但是，法家大师公开高度肯定儒家创始人孔子的言论，却是非常少见的。尤其是韩非，曾经将儒家比喻为为害国家的五蠹——五种毒虫之一，能在这里高度肯定孔子，确实是空前的。在这篇文章里，韩非子认为：孔子针对不同国家的不同国情，对政治的要害做出了三种不同的回答，是“知下”的表现。依据韩非子理论的逻辑延伸，“知下之明”，是督察术的最基本方面。

我们先来将孔子一问三答的故事，作一次情景再现——

郊野亭下。叶国大夫子高肃然一躬：“敢问夫子，为政之要何在？”

孔子端坐答曰：“政，在悦近而来远。”

鲁国宫殿。鲁哀公躬身：“敢问夫子，为政之要何在？”

孔子答曰：“政在选贤。”

齐国园林池畔。齐景公问：“夫子，政事之要何在？”

孔子肃然答曰：“政在节财。”

原野大道旁。孔子与群弟子在车旁歇息。

子贡皱着眉头问：“敢问夫子，三公之问皆同，夫子所答却不同，何也？”

孔子平淡地说：“三国治情不同，故政事之解不同也。叶国都城大，地域小，民众多有逃亡之心；故此，为政之要在人心归附，悦近来远。鲁国三桓并立，奸佞愚君；故此，为政之要在选贤任能。齐国君主挥霍无度，故此，为政之要在节财。”

子贡大为感喟：“啊，为政之要，因国而异哉！”

韩非子对此事的总体评价是：“夫对三公一言而三公可以无患，知下之谓也！”

紧接着，韩非子感喟有加，又说了一番对孔子高度评价的理由：“知下明，则禁于微；禁于微，则奸无积；奸无积，则无比周；无比周，则公私分；公私分，则朋党散；朋党散，则无外障距、内比周之患。知下明，则见精沐；见精沐，则诛赏明；诛赏明，则国不贫。故曰：（仲尼）一对而三公无患，知下之谓也！”

申不害则从另一个方面，对“知下不明”的危害，有了痛切的认识。他说：“夫一妇擅夫，众妇皆乱。一臣专君，群臣皆蔽……是以明君使其臣，并进辐凑，莫得专君焉。”也就是说，若知下不明，便可能发生遮蔽君主之明，闭塞君主之听，夺君主之政而专擅其令，弑君而取国的恶性事件。

显然，“知下之明”是政治实践普遍而紧迫的需求。无论是维护权力，还是治理社会，对下属系统、下层社会的熟悉与洞察，都是至关重要的。申不害和韩非子，之所以都要强调论说“知下之明”的重要性与必要性，根基原因正在于政治生活的实践需求。

在那个大争的时代，权力争夺的残酷性是空前的。各国的恶性政变接踵发生，不绝于耳。在这样的战时背景下，国家权力的集中与稳定，是推行任何社会变革的最基本要求。作为力行变法的战国法家，在这方面的高度警觉，绝不是空穴来风。而要做到国家权力安全稳定地运行，防范潜在的隐患，自然是极其重要的。因此，在战国法家看来，无论是国君，还是政治家、理论家，其洞察社会、熟悉国情、知晓臣下在权力阶层中的破坏性作为，都是最基本的政治才能，也是最基本的政治需要。这就是“知下之明”。

要做到真正“知下”，并且达到“明”的境界，仅仅依靠经验主义的“眼见为实”是远远不够的。要真正“知下”，就必须要有某些必要的手段与方法。这些手段与方法，就是申不害与韩非所说的“术”。依靠“术”做到“知下之明”，进而达到安全驾驭群臣并安全运行国家权力，就是“术治”。

综上所述，全部的逻辑关系是：国家稳定依靠权力稳定——权力稳定依靠消除隐患与危机——消除权力隐患与危机依靠知下之明——知下之明依靠一套方法与手段——方法与手段的有效依靠系统化总结——系统有效的方法与手段就是术——运用术安全驾驭群臣并安全运行国家权力就是“术治”——术治同时是保障法治运行的手段与方法。

从社会实践看，是“知下之明”的重要性，催生了以申、韩为代表的法家术治派。

这个术治派，后世称为“申韩之术”。

4 术治理论在政治实践中的变形

术治，是后世学者概括法家三大流派时的通行说法，用以表示其学说特征。

战国法家的原本说法，叫作“法术”——从属于法治条件的术。

从理论意义上说，后世的“术治”概念，有利于说明问题。虽然，“法术”的概念更具有原发与准确的特点。但是，在两千余年的历史烟雾中，“法术”已经被政治异化为“权术”理念，又被江湖神异语言雷同混淆。如此，不利于语言谱系的简明化。有鉴于此，我们还是以“术治”概念来说话。

但是，我们必须明确一点，从国家的治式结构上说，“术治”不是第一层级的统治方式选择意义上的范畴。具体说，术治不是与法治、人治、德治、礼治等范畴并列的概念，而是一个低层级概念，是实施方式选择意义上的概念。从政治实践看，“术治”是与“吏治”并列的概念。也就是说，术治是法治之下的从属概念，是以推行法治为前提的一种掌握“治情”的具体方式。

(1) 术治派对“术治”的理论设定

依据理论，术治的功能定位，只是督察臣下的一个系统方式。术治的政治目标，则是“赏善察奸，使臣并进辐辏”——赏赐有功，揭发奸恶，增强臣下阶层的凝聚力，使其像车轮辐条聚向车轴一样，形成以国君为轴心的国家机器。

韩非子的《定法》对术治的规定是：“术者，因任而授官，循名而责实，操杀生之柄，课群臣之能者也。”申不害《大体》的说法是：“为人君者，操契以责其名。”韩非子《难三》对术治政治目标的概括是：“论之于任，试之于事，课之于功，故群臣公正而无私。”

这三则论说，明确规范了“术治”的三个基本方面。

其一，明于用人。以职责所在为依据，遴选具有职责要求能力的人任官。

其二，明于督察。依据职务要求（循名），去查核官员的实际表现（责实）。

其三，明于知下。从三方面查核官员，以达到“知下”目标。一则，核查官员在任期内的政绩；二则，以突发事件测试官员的实际能力；三则，核查官员报来的功劳是否确实。

显然，术治的理论设定功能，是“课群臣之能”；理论设定的政治目标，是督察官员达到“公正而无私”的境界；理论设定的具体方式，是“循名责实”，是“论之于任，试之于事，课之于功”。从历史发展的实践看，无论任何时代，无论任何国家，这种“察奸去恶”的官员督察制度，都是不可缺少的。也就是说，术治派的理论设定是没有重大缺失的。至少，截至目前，我们还没有在理论体系中发现术治派的致命缺陷。

（2）实践推行中的非制度化与神秘化，是术治派始料不及的致命缺陷

作为督察方式的术治，在实际执行中是什么样的呢？让我们来看一个典型的例子——韩非子对管仲的批驳。

韩非子《难三》，就“法”与“术”的不同运用方式，对管仲的一则主张提出了批评。韩非子的论述是这样的。

首先，韩非引用了《管子》的一则著名言论：“言于室，满于室，言于堂，满于堂，是谓天下王。”管子的这几句话，主张政治生活的光明正大，是那个时代典型的大阳精神，认为政治家说的话要叫所有人都听得见（满室满堂）。也就是说，管子是反对政治神秘化的。

韩非子却不这样看，他认为管子的说法是不准确的，是有缺陷的。首先，他指出，所谓“言室满室，言堂满堂”，指的一定不是君

主的游戏饮食之类的隐私事务；其次，他认为，这一说法“必谓大物也。人主之大物，非法即术”。也就是说，只有政治大事，才会在厅堂去说，才有必要光明正大。然后，韩非又进一步分析认为：管子只说对了一半，在政治生活中，法可以公开，术却是不能公开的。韩非子这段话很典型，全文引用如下——

> 法者，编著之图籍，设之于官府，而布之于百姓者也。术者，藏之于胸中，以偶众端，而潜御群臣者也。故法莫如显，而术不欲见。是以明主言法，则境内卑贱莫不闻知也，不独满于堂。用术，则亲、爱、近、习莫之得闻也，不得满室。而管子犹曰“言于室，满室，言于堂，满堂”，非法术之言也！

韩非子这段话的中心意思是说：法律越公开越好，术治则越秘密越好。术治的秘密性程度，要达到亲人、爱人、熟悉的人、常有交往的人都不能知道的绝对私密地步，如何能叫所有人都知道呢？只有这样的秘密方式，才是术。管子的话，不是“法术”的主张。

对于术治的神秘性，申不害在《大体》中的表述是：要“去听”——听见的事要装作没听见，“去视”——看见的事要装作没看见，“去智”——要装作什么也不知道。所以如此，原因在于：“治不逾官，虽知弗言。”就是说，作为君主，不可能越过官吏去治理天下。所以，就是知道了官员作伪犯奸，也最好不明说。只有这样，才能藏于无事，以示天下无为。才能做到“独听、独视、独断”。独听者谓“聪”，独视者谓“明”，能独断者，可以为天下王。

也就是说，秘而不宣，使人“莫之得闻”，是术治的最重要特征。

在这种神秘化理念下，申不害与后来的韩非，都在自己的著作中系统地总结出了一套用于督察官员的秘密“法术”。韩非子总结的法术，主要有两个系列：其一，辨奸系列——七术。这是辨识臣下是否奸恶的七种手段；其二，预警系列——六微。这是在奸行发微阶段洞察其蛛丝马迹的六种手段。

凡此种种手段的神秘化，见诸实践，便自然成为一种不受任何法律规范的秘密操作。其后果，必然带来政治实践的神秘化与黑箱化，最终导致“术”与“法”的脱离——术在法外秘密执行。由此，“法术”不再以法治之术而存在，而必然沦落为“权术”——权力拥有者之术。这种“权力之术”的实践化，必然使权力者摆脱法治而挥洒个人意志，打开了法治沦为人治的秘密通道。正当的监察制度，以阴暗手段的方式去实施，必然使法治意义上的监察督导，沦为只接受权力意志的秘密武器。

这种严重变异，应该是法家术治派始料不及的。

战国时代，是政治生活阳光化最为充分的一个时代。就其主流说，阳谋精神占据了政治领域的主导地位。但是，如同宇宙黑洞与太阳黑子一样，大阳精神的战国时代，也有阴谋横行的大量劣迹，也有信奉阴谋政治的君王与国家。其中的典型，就是申不害变法之后的韩国。申不害与韩非子这两个法家术治派人物，又恰恰都是韩国人，平生最主要的政治实践，也都在韩国。这是非常值得深入探索的一个问题，这里只是提出来而已。

我们要说的是，如果督察的职能制度化，法家术治派无疑是对中国古典法治文明的巨大贡献。可是，术治派恰恰是反其道而行之，主张督察术的神秘化，主张督察术的独事性。不管这一主张在当时有着多少历史的合理性及当时的必要性，作为一种文明历史的审查，我们对其弊端，对其危害，都必须予以深刻揭示。

从本质上说，非制度化的神秘督察术，与申不害韩非子设定的法治出发点，已经严重背离。就其效果说，恰恰是对当时法治的一种深刻破坏，是对健康政治生活的严重侵蚀。术治的实际推行，对整个法家的变法实践，对整个社会的法治实践，都产生了严重的强硫酸式的腐蚀效应。

首先，术治在实践上销蚀了法家“势治派”的合理一面，使主张“君权至上”的势治派，在政治实践上很容易陷入庙堂阴谋的沼泽地，使君权不再以制度化的权力集中为根基，而陷入难以捕捉的君主专权的术治；其次，神秘术治的推行，也对法治派的法治实践产生了严重的销蚀作用，使政治生活中的法治环境渗透进秘密的人治因素，最终严重扭曲健康阳光的政治文明。

(3) 商鞅的法治理念与术治派的深刻对峙

这里有一个很重要的历史信息，值得我们关注。与申不害同一时期的大法家商鞅，在《商君书·画策》中，对国家政治灾难提出了分析，也提出解决办法。他是这样说的：“国之乱也，非其法乱也，非法不用也。国皆有法，而无使法必行之法……故，为必治之政，战必勇之民，行必行之令……不贵义而贵法，法必明，令必行，则已矣！”

商鞅这段论说的核心，强调了一个最根本的法治原则——

法律是不能自动作为的，必须由君主官员等特定人群组成的权力体系来推行。所以，权力体系中每个人的行为，都必须明白无误地按照法律行动。个人行为是否以法律为准则，是国家或治或乱的最根本界限。

最后，商鞅提出的对策是：“为必治之政，战必勇之民，行必行之令……法必明，令必行，则已矣！”也就是说，防止国家政治灾难的唯一出路，是使法律政令成为必须见诸每个国家官员实际行动的最高准则，使政令必须成为实际执行的政令。法律政令只要明白无误地贯彻于君主行动，贯彻于官员行动，国家就不会有混乱灾难。

这一思想，与管子的“言室满室，言堂满堂”的政治阳光化主张，完全一致。

可是，术治派却告诉我们，督察术是不能明白推行的，它必须是秘密的独事行为。千里之堤，溃于蚁穴。法治灾难的缺口，就是这样打开的。术治的实践方式，使它完全脱离了原本的理论设定，成为法家体系的毒素。术治，是一口淬毒的匕首，使健康阳光的政治生活糜烂为难以医治的脓疮溃疡。

商鞅与管子的主张，最充分地说明，依据当时社会的法家认识水平，已经完全洞察了政治活动渗入秘密行为的危害性，并提出了有效的解决方法。必须看到，申不害与韩非子的“术治”主张，不是因为时代的局限性而产生的思想局限性，而是一种完全自觉的君权阴谋化理论。即或在当时的政治生活中，这种理论见诸实践，也带来了巨大的危害。同时，也遭受到了包括来自法家法治派广泛而严厉地批评。

从文明史的意义上说，战国法家的术治派，是一种有害遗产，我们必须坚决抛弃。

下面的历史进程也将证明，在韩国变法实践中推行的神秘化的术治，不管其理论设定的目标多么正当，都因为其执行手段完全违背了法治的公开化、制度化精神，终于导致了韩国变法的快速流产，并且给这个中原战国留下了久远的权谋政治的后遗症。

5　申不害的韩国变法

韩昭侯八年，也就是公元前 355 年，申不害在韩国实行变法，历时十五年。

申不害变法的实际内容，在史料海洋中的可见信息，比吴起在楚国的变法还要少。保留下来的点滴史料的关注点，又大多都在申不害的术治方面。其推行的实际制度，只有最笼统的说法而已。虽然如此，结合点滴史料，并依据战国变法的共性方面，我们至少还是可以有如下几点推论：

其一，申不害担任了韩国丞相，基本是全权变法，历时十五年。

其二，变法削小了贵族封地，遏制了贵族的封地治权，但没有取缔封地制度。

其三，变法陆续颁布了一大批法令，开始阶段推行了法治，并一定程度地整肃了社会混乱，有利于社会生产积极性的发挥，使经济有了很大的发展。但是，由于没有彻底废除春秋时代晋国的旧律法，也没有清理韩国的既往律法，导致了前法与后法的交错混乱。也就说，申不害的韩国变法，始终没有建立起一套稳定的行之有效的法律制度体系。

其四，韩国在变法中建成了一支比较强大的军队，并修筑了韩长城，奠定了一定的实力地位。同时，韩国的兵器制造业，在变法期间得到了很大发展，一度领先于战国时代。在韩昭侯时期的对外战争中，韩国曾经战胜秦国进攻，并与魏国联合战胜了齐、卫、宋三国联军，曾经获得了“劲韩”声誉。

其五，韩昭侯接受了申不害的“法术”理念，以权术手段驾驭臣下，取得了一定阶段内吏治整肃的效果。但是，术治的推行，也使韩国政治堕入了阴谋化的深渊，留下了很大的历史性的后患。

6　申不害变法在大国战争中流产

公元前 342 年，仅仅一场大战，就改变了韩国的历史命运。

这一年，是韩昭侯二十年，韩国变法的第十三年。这一年，三晋集团的矛盾激烈化，超强的魏国开始大举进攻韩国。三晋集团，在战国初期的魏文侯、魏武侯两代，还保持着相对稳定的同盟关系，联合作战的次数很多，战胜的几率也很高。如果没有这种稳定的同盟，韩国在魏武侯时期要吞灭郑国，几乎是不可能发生的事情。

当时，与韩国相邻的郑国，虽不是土地广袤的大国，但是，由于郑国一直领先于春秋变革潮流，有过中原霸主的煌煌历史，有过名动天下的子产变革，有以“郑卫之风”著称的文明风华，其影响力在战国初期还是很大的。若以当代世界比拟那个时代，郑国在春秋战国之交的地位，类似于欧洲的法国。要吞灭如此一个文明大邦，没有同盟集团的支持，尤其是超强魏国的有力支持，是不可想象的。依据战国初期的态势，对郑国最有图谋的是楚国。楚国曾经数度攻伐郑国；可是，由于三晋集团的多次救援狙击，楚国灭郑的目标一直未能达成。在这样的背景下，韩国灭郑，并迁都于郑城，不难看出以魏国为轴心的魏赵韩三晋集团同盟关系的深刻性与持久性。

可是，韩国变法之际，三晋集团的同盟关系，却发生了出人意料的变化。这时候，楚悼王与吴起死了，楚国对中原的威胁减轻了。灭郑的韩哀侯也死了，韩国的实力也增长了。正当此时，精明雄略的魏武侯也死了，强大的魏国发生了一场剧烈的政变：魏武侯的两个儿子——公子缓、公子罃，为争夺政权展开了内战。其间，赵、韩两国秉承三晋之间的互援传统，介入了魏国的权力争夺漩涡，支持了魏武侯的长子公子缓继位，并以后援形式暗中帮助公子缓对公子罃集团作战。可是，韩赵没有料到，这个公子罃大有才具，而且得到了贵族实力派的支持，竟然在内战中战胜了公子缓集团，登上了国君之位。

公子罃，就是后来的魏惠王。这个魏惠王，有才具，但却没有胸襟，显然不具有战国雄主的大器局。对于韩赵两国的不支持，魏惠王大有怨气，耿耿于怀。由此，魏国开始了对赵、韩两国日渐深入的挑衅，三晋集团开始了连续不断的争端。魏惠王即位第四年，大体安定了内政之后，便开始了结私怨了。

第一次行动，魏惠王邀韩懿侯举行了宅阳（今河南荥阳市东）之会。史料没有记载会谈内容。但是，依据后来的发展，完全可以推定，魏惠王警告并压服韩国，要韩国做出某种补偿。可是，韩国没有接受，会盟无果而终。

第二次行动，魏惠王在第二年立即发兵攻韩。可是，却在濮阳败给了韩国。

此后两年，魏国连遭秦献公率军强攻，幸得赵国出兵，魏国得以喘息。在此期间，韩国对魏国的战争危机一直冷漠观望，没有出兵救援。魏惠王八年，魏国渡过了对秦作战的危机，借韩国新君韩昭侯刚刚即位之机，以公叔痤为统帅大举攻韩。韩国联合赵国，合兵抵抗，但却在浍水北岸被魏军一举击破。之后，魏国又顺势攻占了赵国的皮牢，也就是今日山西的翼城地带。由此，三晋之间牢固的同盟关系宣告正式破裂。此后的三晋会盟，虽然也伴随着相互的攻伐时常举行，但都是利害分割的会商，再也没有了共同的基础。

魏惠王十六、十七两年，魏国又以庞涓为统帅连续大举攻赵，两次包围邯郸，赵国岌岌可危。但是，第二次攻赵包围邯郸时，齐国出动了。齐国以田忌、孙膑统军，实施了“围魏救赵”的兵家奇谋，大败魏军于桂陵（今日山东菏泽地带），使魏军遭受重创。此战后的第三年，也就是公元前 351 年，已经乏力的魏国开始与赵国会盟和解，退还了攻占赵国的土地，达成了暂时的妥协盟约，三晋之间平静了一段时间。此间，韩国任用申不害推动变法，国力开始强大了。

桂陵之战后第九年，也就是公元前 342 年，魏韩大战终于爆发。

战争的过程是：韩国都城新郑全力抵抗，与魏军激战了很长时间；齐国于次年发兵，用“围魏救赵”的老办法，实行“围魏救韩”；魏军放弃攻韩，转而回军救援大梁；齐军引诱魏军追击，设伏大败魏军，于马陵道山地诛杀了魏军统帅庞涓。

这场大战的结局是两个：一则，魏国霸权由此衰落；二则，韩国变法由此流产。

依据《史记》的模糊记载与后世史家的考证，申不害在战后两年不再领政，在战后六年死去，此间事迹未见任何记载。韩昭侯在战后第十年死去，战败至死的十年之间，也未见任何作为。此后的历史，韩国一蹶不振，再也没有发生过变法，再也没有过大的振作。这也就是说，韩国变法没能经受得住战争暴风雨的考验，战后的国君与变法大臣实际上全面铩羽。

韩国变法的历史命运，向我们充分昭示了战时变法的残酷性，也向我们充分昭示了术治渗入变法实践而导致的国家力量的脆弱性。在战国变法的历史上，韩国变法与其说是战时变法的历史经验，毋宁说是“术治”实践的惨痛教训。

韩国变法的脆弱性告诉我们，任何社会变革的根本希望，都是变革成果的制度化、法律化，并在实际推行中确立以法制为唯一标准的社会价值体系。否则，术治之下的阴谋化政治，将导致国家中枢的变形扭曲，从而最终导致国家与民族的巨大灾难。

齐威王驺忌变法

1 田氏齐国的治国理念

齐国变法，是第二波变法浪潮的显赫点之一。

齐国的这次变法，发生在齐威王时期。这时，距离齐国被周王室正式承认为诸侯的公元前 386 年，已经过去了三十余年，齐国已经是一个殷实强盛的东方海滨大国了。这时的齐国，是新齐国，也就是田氏齐国。由于地域关系，也由于新齐国诞生成长的历史道路，新兴的齐国，有特殊的国情与政情。这种特殊的国情与政情，必然形成特殊的治国理念。

在春秋变革大潮中，齐国的田氏集团一直是推动新的私田经济的代表性力量。其规模之大，其成效之显著，在当时是超过了晋国“六卿”集团的。依据历史的标志，在公元前 476 年，田氏集团以封地为根基的全面实力，已经超过了齐国公室，成为齐国的主导性力量。虽无诸侯之名，却已经有了国家力量之实。此时，距离韩赵魏吞灭知氏集团而三分晋国，还有二十余年。距离韩赵魏三家成为正式诸侯，还有七十余年。

田氏集团的历史崛起，虽比不上中原各大集团崛起过程中的残酷性、戏剧性与复杂性，以及巨大的政治声势和天下冲击力，但在变革实践的意义上，田氏在齐国的推进，却具有不间断攀高发展的特点。也就是说，田氏实力不断地快速壮大，其根本点，是其一直对私田经济的着力推进，是其一直对经济制度的着力改革。如果从田氏的田厘子在齐景公时期的赋税变革开始计算，到田常集团的综合实力超过齐国公室，田氏集团的私田经济变革与权力变革，一直持续了将近一百年。

也就是说，田氏集团的崛起是小步快走式的，是社会改良式的。这样的集团，这样的历史，在其建政立国之后，必然形成特殊的政治理念。

依据史料与后来的历史实践，我们可以推定，齐国政治理念的基本点是，尊奉田氏集团长期形成的政治经验，在国家治理上遵循渐进式变革的方略，有什么问题解决什么问题，避免楚国吴起那样的全面变法与激烈震荡。

据《史记·田敬仲完世家》记载："威王初即位以来，不治，委政卿大夫；九年之间，诸侯并伐，国人不治。"这一事实说明，齐国进入战国中期之初，已经开始有了惰性，已经出现了"诸侯并伐，国人不治"的全面危机。齐威王所以在九年之内"不治"——无所作为，显然是认定齐国没有什么大事值得去做。

齐威王田因齐，是一个很矛盾的人物——既有杰出的人才理念，又有用人不能彻底的弊端，同时还有早期曾经的惰性。从齐威王开始的战国时代的齐国变法，也具有这样的矛盾性。其深刻的历史原因，应该隐藏在上述根基之中。

2 齐威王田因齐的人才理念

从人才认识论上说，齐威王是很值得称道的一个战国雄主。

(1) 一次不朽的“人才国宝”谈话

战国初期，魏齐两国曾经有过一次逢泽（已经消失了泽薮，在今河南省开封市东南）会盟。在会盟之后的大猎场狩猎中，两国君主的车队马队不期而遇了。在大臣与军士们的欢呼期待中，魏惠王提出要与齐威王比一比两国财宝。魏惠王的本来用意，很可能是借比宝之机展示魏国的国家实力以震慑齐国。所以，魏惠王亮出的国宝，是一辆镶嵌了可以在夜间大放光明的海珠王的大车，赢得了魏国将士大臣们久久的欢呼。可是，在魏惠王催逼下亮宝的齐威王田因齐，却平静地说出了一番惊人的话，大意是，国家之宝是人才。齐国没有这样的珍宝，纵然有，也应该用之于民，藏于府库的财宝绝不是真正的财宝。可是，齐国有镇守边陲与都城的四大能才，他们使齐国平安，使君主无忧，这才是真正的国宝。

这是一则铭刻青史的不朽对话，也是战国人才理念的最出色总结。齐国所以能兴办稷下学宫，其根基正在于这样的人才理念。可是，令人困惑的是，稷下学宫人才济济，被田氏齐国任用为政的却很少。同时，齐国出现的大政治家也极少发挥主导作用。纵览田氏齐国历史，后世熟悉的四个大政治家，王族大臣孟尝君田文，纵横家苏秦，始终以民间身份活动的纵横家鲁仲连，从战争中打出来的安平君田单，这四个大才，在齐国却都没有发挥真正的作用。在齐国，推动变法的主导者往往是国君本人，而不是著名大臣。一个历史的悖论，有待我们深入地探讨原因。

(2) 齐威王任用驺忌为丞相

在九年无所作为之后，齐威王任用了一个非常特殊的音乐家丞相。

当时的齐国，有一个琴师驺忌，善于琴技，请见齐威王。齐威王听了驺忌的弹奏，很高兴，就将这个琴师安置在了王宫右手边的庭院，作了王城的高级奏琴师。一日，齐威王自己操琴演奏，驺忌闻之，从右室破门而入，大赞：“善哉鼓琴！”齐威王勃然发怒，拔出王剑厉声呵斥：“夫子见容未察（刚进来还没听），何以知其善也！”驺忌没有恐惧，还侃侃讲出了一番道理：“夫大弦浊以春温者，君也。小弦廉折以清者，相也。攫之深，醳之愉者，政令也。钧谐以鸣，大小相益，回邪而不相害者，四时也。吾是以知其善也！”齐威王仍然不悦，说：“善语者（一个能说的家伙罢了）。”驺忌回答说：“何独语音，夫治国家而弭人民，皆在其中。”齐威王又不高兴了，“治国家而弭人民，又何为乎丝桐之间？”于是，驺忌又说了一番方才的比喻，最后说：“复而不乱者，所以治昌也。连而径者，所以存亡也。故曰琴音调而天下治。治国家而弭人民，无若乎五音者。”

由此，齐威王激赏驺忌。三个月后，驺忌便成了齐国丞相。

之后，稷下学宫的名士淳于髡求见驺忌，大赞驺忌：“善说哉！”同时，淳于髡以“微言”的神秘方式，对驺忌提出了自己的为政之道。当时的“微言”，就是只说出谜语一般的比喻句子，要求听者悟出真正的行动方式。驺忌聪明异常，即说即答，全部悟出了淳于髡的五点意见。其一，要紧随君主，不离开都城王宫；其二，谨慎对待君主的左右亲信；其三，要自附于万民，处置好民治，树立民众威望；其四，要在同僚中谨慎结交，不能交小人；其五，要明修法律，督责奸吏。淳于髡说罢立即就走，并在门口对驺忌的仆人预言：“是人者，吾语之微言五，其应我若响之应声，是人必封不久矣！”

果然，一年后，驺忌便封了成侯。

3 整肃吏治：齐威王驺忌变法

驺忌封侯，是因协助齐威王进行了齐国的吏治大整肃。齐国的这次吏治大整肃，直接起因于内政乱象与外敌攻伐的危机。但是，这次被后世史家视为战国中期变法之一的“整肃国治”，其全面性与深刻性，都与真正解决齐国危机的本质要求，有着较大的距离。这次大整肃，是以齐威王对人的认识开始的，全过程充满了那个时代特有的铁血性与诗一般的哲理性。

让我们对这次大整肃中最典型的一次铁血行动，做一次情景再现——

临淄王宫前。市人潮水般涌进。广场中央立一口一丈多高的大鼎，鼎下熊熊火焰，热气蒸腾。鼎内沸水翻滚。王宫廊柱下站满矛戈甲士。大将田忌抱着红色令旗，伫立在中央王案之前。午时刚到，王宫东廊的大铜钟轰然撞响。内侍长喝："齐王驾到——！"长声方落，齐威王与丞相驺忌从王宫大殿从容走出，肃然站立在平台中央。左右亲信吏员与内宠、侍臣在齐威王身后站成两排，兴奋地望着场中大鼎。大臣们在平台下方的两侧列队等候，惴惴不安地望着国君。驺忌对齐威王微微一点头。

齐威王大袖一摆，走到王案前，"宣阿城令、即墨令"。随即，内侍尖锐悠长的声音响彻广场："阿城令、即墨令晋见——！"阶下大臣的队列中走出一个大红长袍、高高玉冠的白皙中年大臣。大臣疾步走上高台，长躬及地："臣，阿城令田榫参见我王——！"随后的即墨令，一身布衣面色黝黑且风尘仆仆："臣，即墨令晏舛参见我王。"齐威王面无表情地说："二位站过，本王自有发落。"

齐威王走到王案前，开始高声演说："齐国臣民们，朝野皆知，在齐国二百余名大臣中，有两个最为人瞩目。一个是阿城令田榫，王族大臣。寡人之亲信宠臣与诸多臣子，都说他政绩卓著，勤政爱民，阿城富庶，万民受惠。"广场上人群骚动起来，纷纷叫喊，声若潮音。吏员队伍中许多人点头微笑。齐威王身后的亲信宠臣们嘴角抽搐，眼睛放光。田忌令旗挥动，高声道命令："切勿喧哗，听我王宣示——！"终于，场中平息下来。

齐威王依旧面无表情："另一个，即墨令晏舛。寡人之亲信、朝臣，都说他不理民事，残苛庶民，贪赃枉法，民众深受其荼毒！”场中再次骚动，轰轰嗡嗡，愈显怒色。田忌再次挥动令旗，人群又渐渐平息了。

齐威王高声道：“为此，寡人派出正直士子秘密查访，本欲晋升阿城令为上卿，欲治即墨令死罪。然则，查访实情正好相反。阿城令，用国库钱财大行贿赂，博取政绩，致令田野荒芜，庶民怨恨。即墨令则勤政爱民，田野开辟，民众富庶，东方以宁！”

广场人海鸦雀无声。齐威王继续高声宣示：“齐国有阿城令此等奸吏，有公然蒙骗国府之朝中吏员，寡人深感痛心！为重整吏治，广开言路，本王晓谕：封即墨令万户，自即日起晋升为齐国司寇！”

广场民众欢腾，纷纷脱下衣衫摇动欢呼。即墨令双泪长流，深深拜谢。

阿城令和齐威王身后的亲信们吓得瑟瑟发抖，嘴角真正地抽搐了起来。

台下吏员大汗淋漓，惶惶不安。

齐威王冷冰冰下令：“为惩治恶吏，根除口舌杀人之歪风，将阿城令投鼎烹杀！”

田忌令旗一挥。四名力士大步上前，叉起面如死灰的阿城令，一声号子，骤然发力。一道红光，阿城令被抛向广场大鼎之内。一声尖利的惨呼，顷刻之间，大鼎翻滚蒸腾的沸水中泛起了白骨一具。场中骤然欢腾雀跃：“万岁——！”内侍、宠臣与官员们，吓得软成了一堆肉泥，黑压压一片瘫跪在地，哀求饶恕。

齐威王冷笑：“寡人将尔等视为亲信耳目，尔等却将本王视作木偶。若饶恕尔等，天理何在，国法何在！本王划定之人，一律烹杀！”

田忌左手一张羊皮纸名单，右手挥动令旗。田忌喊出一个名字，力士便向沸腾翻滚的大鼎发力抛进一个……片刻之间，连续烹杀二十余名侍臣官员。烈火浓烟，热气蒸腾，大鼎内白骨翻翻滚滚。

次日清晨。临淄城大街两旁，张挂起了《许民诽谤令》。

齐国郊野的道路两侧，树立起与人等高的谤木。谤木之下，民众纷纷写画。

旁边吏员高声宣示：“但有国事建言，俱可书画于谤木，我等进之也！”

据《史记·田敬仲完世家》记载：这次由大鼎烹杀阿城令及连带官员开始的整肃吏治，使得“齐国震惧，人人不敢饰非，务尽其诚。齐国大治。诸侯闻之，莫敢致兵于齐二十余年”。虽然，这一说法很可能有夸大嫌疑。但是，齐国经由这次吏治大整肃之后，面貌焕然一新，国力大为振作，则是真实的。否则，后来的齐国多次战胜超强魏国，并最终由齐国摧毁了魏国从战国初中期以来的霸主地位，就是不可想象的。

但是，齐国变法具有历史缺陷，主要在于两个基本方面。

其一，齐国一直停留于局部变革的水平。对通行于庶民的土地制度，虽然基于历来推动私田经济的传统，已经基本得到了解决；但是，对于构成新兴国家最实质性障碍的贵族封地制度与封地治权，齐国却始终没有触动，而是一直推行实封制，治权也相对完整。这样，新贵族又重新变成了旧贵族，封地与国府的治权矛盾便处于周而复始的恶性循环之中。

一个典型的对比是，孟尝君田文两次被罢黜丞相后，都匿居在封地薛邑以拖待变，齐国王室无可奈何。但是秦国的商鞅变法之后，商鞅在老世族与秦惠王势力的双重逼迫下，也曾一度进入封地商於郡，据说也曾经准备造反；但是，不久又很快出了封地，被秦国国府逮捕车裂。两种结局所以不同，便在于大臣在封地的根基不同：孟尝君封地拥有以自己的赋税建立的职业军队；商君封地却既无军队，又无征发赋税的权力。由此，秦国变法后能最大限度地凝聚国力，齐国却无法做到国力的长期凝聚。

其二，齐国变法，始终具有鲜明的人治色彩。法家的早期大师慎到，很长时间里一直在齐国的稷下学宫，是齐国法家最重要的人物。齐国变法，不可能不受到慎到“势治”学说的影响。而法家的“势治”学说，其本质走向就是君主集权，最终趋于人治。

战国变法的实践证明，这两个历史缺陷是普遍性的。

秦国商鞅变法

1　秦国变法大出天下意料

在韩齐两国变法的同时，西部秦国开始了悄无声息的裂变。

秦国变法，是当时华夏世界最没有想到的一件事。当时的天下目光，都关注着几个实力雄厚的大国，都关注着长期领先天下潮流的中原诸侯群。对发生在中原腹心地带的韩国变法，对东海之滨田氏齐国的吏治变法，天下诸侯既不感到意外，同时又有着高度的警觉。因为，中原诸侯群与几个强大战国的动向，历来是天下变化的第一征兆，也是当时华夏世界剧烈变化的焦点所在。这一点，已经被无数的历史事实所证明。

进入战国，第一个开变法先河的，也是中原的魏国。跟进变法的大国，则是长期与中原争雄的楚国。目下的第二波变法浪潮，则是韩国、齐国。接踵而来的会是谁，人们很自然地会想到赵国与燕国。对于西部的秦国，天下漠视已久，谁也不会想到，变法这样的新思潮会在这里爆发。

春秋时代一度的霸主荣耀，早已在秦穆公之后的长期内乱中销蚀了。在天下的记忆中，秦国曾经的荣耀与功业，在连绵激荡的历史大潮中，已经被冲刷得几乎没有了踪迹。战国初期，除了魏国对秦国了解稍多之外，大国与中小诸侯以及天下的士人阶层对秦国的认识，大多是知道而已，不甚了了。在东方诸侯群的政治意识中，秦国依然是一个与戎狄没有多少差别的穷邦大国，有武无文，治情混乱，习俗野蛮落后。无论是国家实力，还是风华文明，秦国与中原大国都不能同日而语。聚集生发天下思潮的士人阶层，则更是对秦国因为不了解而保持着疏远。所谓“天下士子不入秦”，所谓“孔子西行不到秦”等，都是这种疏远的表现。

这种漠视，是有理由的。

战国初期的秦国，陷入了一种亢奋而穷战的奇特困局，已经滑到了崩溃的边缘。

2 秦国在战国初期的内乱穷弱

三家分晋之时，天下已经在实际上进入了战国发端。

此时的秦国，正是秦厉公末期。秦厉公之后，秦躁公即位，执政十四年后死去。这个秦躁公，大约没有儿子或儿子太平庸，将死之时立其弟弟继位，这就是秦怀公。这位新君刚刚即位四年，便发生了战国秦的第一次政治灾难——实权大臣庶长嬴晁发动政变，包围宫室，逼秦怀公自杀。接着，政变势力拥立了秦怀公已经死去的太子昭子的儿子，也就是秦怀公的孙子即位，就是秦灵公。这个秦灵公，即位十年就死了。此时，秦灵公的儿子嬴师隰尚在幼年。灵公的叔父悼子发动软性政变，放逐了嬴师隰及其母亲，自立为秦国君主，这就是秦简公。这是秦国进入战国后的第二次政变，形式虽然不甚激烈，但却埋下了巨大后患。

这位秦简公，执政十五年便死了，其子即位，就是秦惠公。

十三年后，惠公也死了，其子出子继位。出子的母亲，也就是我们通常说的太后，开始与闻政事。但是，这个出子即位的第二年，当时的实权大臣庶长嬴改第三次发动政变，将新君出子及其母亲杀死，并沉入水中，迎回了被流放三十年的秦灵公的儿子嬴师隰继任秦国国君。这个嬴师隰，就是秦献公。

也就是说，自三晋分立而进入战国时代的公元前453年，至秦献公即位的公元前385年，在这将近七十年里，秦国历经六次权力传承，发生了三次政变，国家一直处于疲弱涣散的骚动状态。这就是《秦本纪》所说的："秦以往者数易君，君臣乖乱。"

从中国古典社会独有的谥法意义上看，战国初期秦国六任国君的谥号都很反常。

什么是谥号？就是国君死后由大臣们依据其生平作为而议定追认的一个称号。春秋战国之世，还没有后世无端逢迎的恶风。国君的谥号，还大体可以看出这个国君的政绩与性格作为。从这一角度看去，战国初期秦国六任国君的谥号分别是：躁公、怀公、灵公、简公、惠公、出子。其中，执政时间太短的出子，应该是本名，或是一种表示轻蔑的另类谥号。躁公、灵公两个谥号，是显然的贬义谥号，一为多言轻举，一为神秘无常。怀、简、惠三个谥号，则都是对平庸而又颇多缺陷的君主的谥号。也就是说，仅仅从谥号看，也没有出现后来秦国的孝公、惠文王、武王、昭襄王那样正面彰显其功业宏大的谥号。当然，谥号只是一个小小的折射角度，不能代替基于历史事实的评判。

（1）秦献公即位后，秦魏两国的战略与政策变化

秦献公即位时，魏国已经趁着秦国连年政变混乱，占领了秦国的整个河西高原，以及秦国关中的东部地区。正当魏国气盛之时，久经磨砺的嬴师隰即位为秦国君主。由此，两国的攻守态势很快地逆转过

来。所以如此，是因为两国的内部情况都发生了很大变化。

秦国方面，这位秦献公大刀阔斧地进行了初步整肃，巩固了权力。之后又着手推行新政，进行了一定程度的改革。秦献公的实际目标，就是为收复河西失地的战争做准备，要以战争方式来振作秦国。秦献公推行的新政，主要有三个方面：

其一，秦献公元年，废除人殉制度，也就是史书说的“止从死”。人殉制度，曾经在春秋秦国长期存在，《诗经 · 秦风 · 黄鸟》就是秦国民众悼亡殉葬大臣，并宣泄对殉葬制度不满心绪的歌谣。当代发掘的陕西凤翔的秦公大墓群，其中的秦景公大墓，发现了大量被活体杀害的殉葬奴隶与殉葬贵族的尸骨。

这些残酷的殉葬事实，既说明秦国文明在当时的野蛮与落后，也说明秦国奴隶阶层的存在，要比当时的中原各国更为完整。废除人殉制度，在秦国是一件很重大的具有进步意义的社会改革事件。在一定程度上，它改变了秦国奴隶阶层的生存状况，也一举结束了人殉的野蛮政治制度，有利于凝聚国人，激发国人。

其二，秦献公二年，都城东迁。秦国将都城从关中西部的雍城，迁到了关中中部偏东的栎阳（今西安市阎良区内）。迁都之举，不仅仅是一次转移权力中心的政治变革，就实际作用而言，更是秦献公最为重大的战争准备行动。因为，当时的关中东部，事实上已经成为魏国的军事控制区。新都栎阳，距离东部魏军控制的华山地带，只有百余公里路程。距离魏军建立的河西重镇少梁邑，也只有两百余公里路程。

在如此态势之下，秦国这座匆忙修建的新都城，显然是对魏国战争的前沿阵地。从政治意义上看，秦献公迁都东部，既昭示秦国死战之志，借以凝聚已经涣散的秦人族群。同时，又借权力中心转移之机，成功摆脱了雍城老世族阶层的种种掣肘。一举两得，显示了秦献公作为政治家出色的应变才能。

其三，秦献公七年，“初行为市”。这是秦国在秦简公时期的“初租禾”之后，推行的第二次经济变革。不过，三十年前的“初租禾”，是对农耕人口的减税政策。这次的“初行为市”，却是秦国的第一次商业改革。

在整个春秋时代，以管仲在齐国的商业改革为先导，东方诸侯国大体都已经先后完成了商业的私营化。也就是说，东方诸侯国大体都实现了官营商业与私营商业并举的商品贸易形态。只有秦国，还处于相对的经济封闭状态，还相对完整地保留着官营市场制度，规模很小的商品市场仍然由官府统一经营。

所谓“初行为市”，就是第一次打破了商品市场的国营垄断制度，开放商旅，开放市场，既允许外邦私营商人进入秦国市场经营，也允许本国庶民经营商品交易，以私商身份进入市场。这样，既往由官府垄断的“官市”，就不再是唯一的市场形式了。

上述新政举措，无疑凝聚了秦国族群，扭转了秦国物资严重匮乏的状态，使秦国的政治、经济有了新的生机，国人士气也很快蓬勃了起来。

在魏国，则由于魏武侯病逝，魏惠王即位，魏国内外政策发生了另一种变化。

魏国新君魏惠王，是战国时代在位最长的君主之一。纵观其一生，魏国由盛转衰的要害转折，全部发生在魏惠王执政的五十一年之内。这个人物，除了夺取最高政权时期在内战中短暂的英雄时段之外，从一开始执掌最高权力，魏惠王就暴露出志大才疏、外宽内狭、虚荣心极强又刚愎自用的缺陷。

魏武侯死后的第一个变化，就是魏惠王在事实上放弃了魏文侯、魏武侯两代所坚持的连续进攻河西高原，并蚕食秦国关中，最终吞灭秦国的战略。魏惠王认定的急务是什么呢？首先，是报复赵韩两国曾经支持自己政敌的积怨；其次，是东方霸权。如果说魏惠王君臣还有战略的话，那么战略就是两个方面：一是对赵韩发动挑衅战争，以实现报复愿望；二是对东方其他国家作战，以争夺天下丰腴之地。对秦国的战争，魏惠王在事实上已经大大淡化了，至少，已经将对秦战争置于次要的位置了。

魏武侯死后的第二个变化，就是魏惠王开始了率先破坏三晋国家集团传统的同盟关系，实际搁置了对秦战事，首先发起了对韩国的攻势。从此，魏赵韩三国进入了长期的相互攻伐，天下最强大的轴心集团不复存在。

可以说，假如没有这样一个魏国君主的出现，假如魏国的对秦战略没有发生改变，秦献公时期的对魏国战争肯定不会取得哪怕一次的胜利。即或延续到后来，秦孝公初期力图避战的种种妥协与邦交周旋，也同样是都是无济于事的。

历史不能假设，魏国偏偏就出了一个魏惠王，魏国的战略偏偏就改变了。

这就是历史的偶然性——大国对峙的夹缝，变成了敌对国家崛起的历史机遇。

（2）秦献公发动的狂热的对魏国的复仇战争

魏韩战端一开，秦献公立即对魏国展开了大举反攻。

秦献公二十一年（公元前 364 年），魏惠王六年，秦国数十万大军突破了魏军的秦东防线，一直将魏军压迫到石门战场决战。石门，在今日山西运城西南地带，已经很接近当时的魏国都城安邑了。是役，秦献公亲率秦军大破魏军，仅斩首就达六万之众。在魏国突然面临危机的时刻，赵国出兵救援，秦军才撤兵西归了。这是进入战国之世后，秦国对东方的第一次大胜利。当时，仍然保持着天子名义的周王室都被惊动了，周天子以对待地区诸侯首领的礼节，派出了特使，向秦献公颁赐了一件华丽精美的战袍，表示了祝贺。

次年，秦献公又亲率大军，大举进攻魏军在黄河西岸修建的军事重镇少梁邑，也就是今日陕西韩城地带。此战对魏国压迫极大。紧急时刻又是赵国救援魏军，秦军再度撤退了。

第三年，秦献公第三次亲率大军，再度大举进攻魏军占据的少梁邑。是役，秦军一度大破魏军，俘获了魏军统帅公叔痤。可是，秦献公也在这次大战中身负重伤，救治无效，当年便死了。应该说，这是一场没有胜负的战争，从根本方面说，秦国损失更为惨重。

此时，秦献公的次子嬴渠梁即位，这就是历史上的秦孝公。

(3) 少梁之战后，秦国陷入了严重困境

虽然，三次大战都获得了胜利。但是，对于国土相对狭小、人口相对稀少、经济规模也很小、农工商生产水平又很落后的秦国而言，这种不间断的进攻战，事实上是一场竭泽而渔的战争。魏国则不然，土地广阔，经济发达，财富雄厚，兵员基础广泛，军队装备精良，即或连续三次败于秦军，依然有着广阔的回旋余地，丝毫未见捉襟见肘之困境。

秦国陷入了困境，秦孝公也清醒地认识到了这一困境。

这是被秦孝公执政后的实际作为所证明了的——秦孝公元年，秦国又在陇西地带对西獂打了一仗。事实上，这是安定后方的一仗。此后八年，秦国再未对魏国开战。

奇怪的是，魏国连遭三次进攻，居然一直没有对秦国展开报复作战。这种令人迷惑的停战，一直延续到魏惠王二十年的魏军反攻定阳为止。定阳，就是今日陕北高原的延安地带。在战国时代，这是不可想象的异常停战。尤其是魏惠王，报复心极强，居然对一个显然弱小的敌人容忍了下来，实在是一个非同寻常的谜团。

虽然史料中没有关于这段谜团期的原因记载，但是，合理的战国历史逻辑还是有的。依据这一逻辑推定，只有一种可能：新君秦孝

公全力周旋邦交，向魏国妥协割地，从而避免了魏国大规模的报复战争。秦国做了哪些妥协，也是一个谜团。依据中国史书纪事的传统，若有称臣、纳贡之类的政治屈服，一定会载入史册。史书没有记载，事实上就是没有称臣、纳贡之类的政治妥协。那么，实际的妥协必然只有一种方式——割地。基于魏秦之间的强弱态势，这次割地一定不会少。合理推定，应该是秦国全部退出了三次攻占的胜利成果，两国土地恢复到了战前状态，魏国重新占据了河西高原与秦国东部。对于秦国，这当然是巨大的损失。可是，如果不是如此巨大的土地人口补偿，魏国能停止战争吗？

据《史记·秦本纪》记载，秦孝公休战后的大局势，依然是非常险恶的。这种险恶的大环境，主要表现在三个方面。

其一，秦国僻处雍州，四面皆有强大的压力。当时，楚魏与秦接界，魏国占据了自洛水以北的河西高原，设立上郡，还在秦国边界修筑了魏长城，成为压在秦国东北部的一座大山。楚国，则在西南面占据了汉中、蜀地、巴地、黔中，对秦国西南部的商於之地，形成强大压力。秦国西部，则是汪洋大海般的戎狄世界。当时秦国的土地，只有陇西一部分、关中西部、西南商於三块，这三块土地连成了一条非常狭窄的通道。三块之中，除了关中西部稍好，陇西与商於都是贫瘠地域。在这种地理环境格局中，秦国几乎被挤压成了三点连成的一条细线。而且，三块地域之间的联系还很不稳固，随时都有被濒临的大国军力切断的可能。

其二，“诸侯力政，争相并”的大潮流，使秦国随时都可能面临突如其来的战争威胁，随时都有被吞灭的可能。所谓“诸侯力政，争相并”，是说各国都推行强力政策，争相扩张，争相吞并弱国。如此大环境下，即使秦国与魏国达成了妥协，也不能保证楚国等其余大国对秦国不发动战争。

其三，“诸侯鄙秦，不与秦国会盟”。历史证明，无论在和平年代还是战争年代，任何国家都会争取尽可能多的国家成为盟友。没有盟友的国家，便在事实上陷入了完全孤立的险境。当时的秦国，恰恰就是这样的。所谓“不与秦国会盟”，其实际涵义便是拒绝与秦国交往而结成同盟。如此，秦国的现实处境便是：没有一个国家可以作为危难之时相互援助的力量。而愿意与秦国交往的少数戎狄邦国，其实力又都是比秦国还要弱小的游牧族群，很分散，很难迅速聚集为有效的军事实力。

地理上被包围，政治上被孤立，战争的危险又随时可能袭来。

秦孝公承接的秦国，实在是狂涛巨浪中的一叶小舟。

那么，在这将近十年的休战时间里，秦国这一叶小舟是如何漂荡的呢？

3 秦孝公集团力挽危局

面对如此险境，秦孝公轴心层并没有坐以待毙。

秦孝公轴心层的第一个作为，是推行新政以稳定危局。

依据《史记·秦本纪》记载，秦孝公初期推行的新政，主要方面是：“布惠，振孤寡，招战士，明功赏。”这四个方面政策的实际推行方式是：其一，布惠。实行普遍的惠民政策，减少赋税，赈济穷困等，使庶民从穷困的战争生活中稍有喘息。其二，振孤寡。对战争造成的孤儿、孤老、寡妇等弱势群体，由官府实行救助政策，以确保其生存与振作。其三，招战士。补充兵员，以防止不期而来的战争。其四，明功赏。对既往立功的将士给以爵位彰显，并实际赏赐。

如果不是后来的商鞅大变法，秦孝公的新政完全可以被视作一次变法。至少，它与齐威王的吏治变法比较，没有什么差距，甚或要更为全面深刻一些。后来的燕昭王、齐襄王等，都是因为仅仅如此这般的作为，成为了一时明君。我们要强调的是，秦孝公的初期新政，充分说明了当时秦国的领袖层已经有了强烈的变法欲望。这种欲望，不是凭空生出的个人主张，而是现实危难激发的深刻的社会需求。否则，无论后来商鞅的个人才具如何特出，秦国社会都不可能承受如此前无古人的剧烈变革震荡。

秦孝公的第二个大作为，是向天下发出“求贤令”，宣示浓烈的强国愿望。

从黄帝时期开始，中国远古政治中就产生了悠久的求贤传统。梦贤、访贤、遇贤、思贤、任贤、选贤、尊贤的传说故事与现实故事，不绝于中国史书。春秋战国之世，国家竞争激烈化，对优秀人才的需求大为紧迫，各国君主都在或强或弱地强调着、彰显着自己对贤士的渴求。尤其是战国时代，无论各国实际使用人才的程度如何，都在高调宣扬“尊贤”。这一方面的思想与现实，《墨子》的《尚贤》有集中的论述。

战国君主中，大有实际不用贤士的君主，但几乎没有一个敢于在行动上、语言上不尊贤的君主。也就是说，各国至少都要在舆论上显示自己是重视人才的。譬如魏惠王，也称梁惠王，就是一个很喜欢大作“尚贤”文章，而实际上却很忌惮贤士的典型。所以，在那样的时代，国君“求贤”，并不是令人惊讶的举措。

但是，以“求贤令”这种特定方式搜求人才，却实在是空前之举。

什么是求贤令？就是向天下各国都发出文告，宣示自己搜求人才的决心，宣示自己的强国愿望，诚恳邀请列国士子进入秦国建功立业。关于这一“求贤令”的下达与发放范围，《史记 · 秦本纪》的记载是：“下令国中。”也就是说，这是对国内的文告。但是，商鞅能在魏国看到求贤令而进入秦国，这说明，它虽然在性质上是国内文告，但其发放范围却是面对天下诸侯的。这一方式本身，就是一种前所未有的创举。

所谓创举，不仅仅在于它第一个开创了这种搜求人才的方式，更为根本的，是其思维方式的突破。它打破了此前两千余年有针对性的个体求贤的经验主义传统，第一次以文告征召的方式，最大限度地向社会普遍地搜求人才。此后两千余年，直到当代社会，这种面对社会征召政治人才的方式，依然是最主要、最通行的方式。由此可以看出，秦孝公嬴渠梁，一开始就显示出不同凡响的大政治家的创造性政治才华。

对于这篇引发历史裂变的千古雄文，我们全文录之如下：

> 昔我穆公，自岐雍之间，修德行武，东平晋乱，以河为界；西霸戎狄，广地千里；天子致伯，诸侯毕贺，为后世开业，甚光美！会往者，厉、躁、简公、出子之不宁，国家内忧，未遑外事；三晋攻夺我先君河西地，诸侯卑秦，丑莫大焉！献公即位，镇抚边境，徙治栎阳，且欲东伐，复穆公之故地，修穆公之政令。寡人思念先君之意，常痛于心！宾客群臣，有能出奇计强秦者，吾且尊官，与之分土！

这则求贤令，是一篇极富精神力度的空前文告。至少，它的几个基本方面，是此前任何一个大国君主的文告都不敢涉及的。

其一，它集中回忆了春秋秦国在秦穆公时期的功业高度。政治上东平晋国之乱，确立了秦国的天下影响力。疆域上确立了东部以黄河为界，西部兼并戎狄十二国，成为地广千里的大国。这是此前秦国最辉煌的时期，“甚光美”——多么光荣多么美好的岁月啊！显然，这是秦孝公君臣此时的梦想——恢复穆公之世的“光美”伟业。在更深层的意义上，它也对天下贤士提出了一个邀约：秦国的目标就是如此，愿意入秦的贤士，就是要以强大的秦国为目标。

其二，它历数了秦国几代昏君的乱政。除灵公、惠公两人没有提及外，其他四个先代君主都提到了。《求贤令》对四任君主造成的危害，归纳了三点：一是导致政治动荡不宁；二是导致国家内忧重重；三是导致秦国长期对外封闭。在具有悠久的“尊天敬祖”传统的华夏族群领袖中，敢于如此痛陈先辈君主过失与罪责的，秦孝公此举实在算得是一个绝无仅有的个案了。

其三，明确宣示重赏功臣的政策——“有能出奇计强秦者，吾且尊官，与之分土”。尊官分土是什么？就是与强秦功臣分治秦国，使这个功臣，达到事实上拥有土地与民众的诸侯地位。这一重赏政策，在此前近三千年的历史上，是空前未见的。到了后世，“分土”于功臣更是一种明确的政治禁忌。西汉首任皇帝刘邦，在死前曾与功臣们约定，非刘氏不得封王。就是一则绝对禁止臣下拥有封地的强制性盟约。

如此目标，如此胸襟，如此政策，可见秦孝公“求贤令”的超越意义。

秦孝公的第三个大作为，直接推动了震撼天下的商鞅变法。

让我们暂且抛开一些细节，先对这次变法的大阶段作一番历史情境的直击。

这次变法的正式开始，是秦国高层展开的关于秦国要不要变法的大论战。也就是说，统一认识是在序幕性的核心筹划之后，是秦国变法的真正起点。

请注意，秦国这次关于变法的论战，在战国时代的各国变法中是最为深刻、最有公开性的一次实质性论战。这次论战，涉及的基本问题有三个方面。参与论战的保守派与变法派，都提出了最具有历史经典性的理念。

其一，关于要不要变法的问题。

以甘龙为首的保守派提出的核心理念是：变法不利于国家。“圣人不易民而教，知者不变法而治……利不百，不变法，功不十，不易器；法古无过，循礼无邪。”商鞅提出的理念是：国家强大的希望，只存在于变法之中。“三代不同礼而王，五霸不同法而霸……前世不同教，何故之法？帝王不相复，何礼之循？……当时而立法，因事而制礼，礼法以时而定，制令各顺其宜……治世不一道，便国不法古！”

其二，关于对秦国旧法的作用评价，以及新法的作用与意义问题。

保守派的主张是：旧时秦法“因民而教，不劳而功成……今若变法，不循秦国之故，更礼以教民，臣恐天下议君”。商鞅提出的主张是：“法者，所以爱民也；礼者，所以便事也，是以圣人苟可以强国，不法其故；苟可以利民，不循其礼。”也就是说，无论秦法曾经如何，为了强国，为了爱民，秦法都不应当因循旧法，而应当推行变法。

其三，关于如何对待天下舆论的问题。

依据史料，这场大论战发起的缘由，是秦孝公顾忌天下舆论而举行的。也就是说，这是秦孝公为了应对天下舆论，而主动发起的一场为变法正名的论战，既有对外宣传战的目标，也有对内统一认识的目标。这就是“虑世事之变，讨正法之本，求使民之道”。后来的《商君书》，将此次论战称作“孝公平画”——由秦孝公亲自策划的一场对变法风险的评估论证的高层会议。

显然，保守派充分估计到了寻常君主对身败名裂的畏惧，将“天下议君”当作变法的最大不利后果提了出来，并郑重警告：“愿（秦孝公）熟察之”，要达到阻止变法的目的。

商鞅则坚定地提出了两点主张：一是不怕天下的批评、攻击与议论；二是变法成功的事实可以改变舆论。“疑行无成，疑事无功；君亟定变法之虑，殆无顾天下之议之也！”——这是不怕。“愚者暗于成事，智者见于未萌；民不可与虑始，而可与乐成”——这是舆论可变。最后的结果是，秦孝公拍案决断：“狂夫之乐，贤者丧焉；拘世以议，寡人不之疑矣！”——浅薄轻狂者高兴的事，有见识的人就要担忧了；拘泥于世俗偏见议论的事，我再也不因为它们疑虑了。

这次大论战取得了显然的成功。之后，商鞅任左庶长，立即开始推行变法。

4 商鞅第一次深度变法

秦国变法，是从秦孝公三年，也就是公元前 359 年正式开始的。

商鞅入秦之时，距离变法开始还有至少两年时间。作为一场君权制时代的变法，连同秦孝公自己即位初期的新政，酝酿了三年时间，应该是相对充分的准备了。商鞅受命担任左庶长，其所以能立即颁布第一批法令，其大量的准备工作当是在这两年之内完成的。

作为一场空前深彻的变法，秦国变法的整个过程充满了前所未有的特殊性。就在第一批法令全部完成而即将颁布之前，商鞅做出了中国历史上一个空前绝后的行动——徙木立信，取信于民。

徙木立信的故事，深刻揭示了“大政在野不在朝”这样一个道理。

一场改变国民整体生存方式的深刻变革，如果不能取得民众的信任，无异于空中楼阁。历史的实践已经证明，秦国变法的全面性与彻底性，曾经在这个封闭的西部国家激起了普遍的不满，甚或某种形式的反抗。可是，秦国社会很快理解了变法，并最终心悦诚服地实现了举国再生。其根本原因，正在于商鞅变法在一开始立定的方针——“法以爱民”，变法以取信于民为本。假如一个国家的民众对官府抱有深刻的疑虑，任何社会变革都将是不可能达到预期目标的。

（1）商鞅第一次变法，颁布第一批法令

第一部法令：奖励军功法。

战国时代，各国都有奖励军功的法令。秦国奖励军功法的特殊之处，在于它的全面性与系统性。所谓全面性，第一，取缔了传统的爵位世袭制，确立了军功是获得国家爵位唯一来源的制度；第二，彻底打破了此前只有贵族与国人子弟才能获得军功爵位的传统，将军功爵位扩大为面对全体秦国人口的普遍制度。这两个方面的实际意义是：

举凡入军子弟，无论其出身贵贱如何，皆以军功大小赏赐爵位；举凡贵族子弟，不能世袭爵位，同样得以军功立身；即或是国君宗亲子弟，若没有军功，也不能列入公族簿籍，不能享受宗族待遇。从总体上说，就是一个目标：“有功者显荣，无功者虽富无所芬华。”

所谓系统性，是确定军功与赏赐方式的系统性。

首先，是实行二十等爵位制。

这二十等爵位，由低到高分别是：公士、上造、簪袅、不更、大夫、官大夫、公大夫、公乘、五大夫、左庶长（十级）、右庶长、左更、中更、右更、少上造、大上造（大良造）、驷车庶长、大庶长、关内侯、列侯（通侯彻侯）。

其次，规定授爵之法。以军士斩敌首级的多少为依据赏爵。开始阶段，这一规定是斩首一颗，赏爵一级。后来，随着战争规模的不断扩大，这一标准肯定有修改。

再次，规定了军官与士兵不同的记录军功的标准。实际上，“斩首论功”是东方战国很早就已经出现的制度，此所谓“首功”，并非商鞅独创。商鞅军功制的独特，在于将军官与士兵的记功标准区别开来，以防止各级将官仅仅关注自己杀敌，而忽视了战场指挥。军官的记功，以所辖军士的斩首总数目多少为标准。开始阶段，大体是每三十个敌首等同于士兵斩首一级。

第四，举凡获得爵位的军士与将官，由官府依据事先确定的待遇公开赏赐，包括土地、住宅、仆役、减税，以及可以担任的实际官职等。

第二部法令：奖励农耕法。

这里的“农耕”，是广义的农业生产领域，而不仅仅是耕耘活动。奖励农耕的核心制度，是与军功同等的“农爵制”。也就是说，只要农民勤耕，向国家多缴纳粮食到一定数量，就可以获得爵位一级。与此相应，垦荒、渔猎、畜牧、纺织、植树、养蚕等，只要到达一定数量，均可获得国家赏赐的爵位。《商君书》中，曾经一连列举了二十条奖励垦荒的措施。

第三部法令：关于实行重刑制度的法令。

商鞅变法发生于秦国严重的战时危机的背景之下，其变法具有严厉的战时军事管制的性质。这一战时体制的典型之处，在于重刑主义。商鞅恢复了远古殷商汤刑中的某些严酷法令，譬如被后世反复指斥为残酷典型的“弃灰于道者，刑”，就是汤刑中的刑罚。另外如“盗牛马者死罪”，都是重刑。在商鞅的法治理论中，这叫作“以刑去刑”。

《商君书》中，对重刑思想做出了透彻分析：“明刑之犹，至于无刑也。……刑无等级，自卿相、将军以至大夫、庶人，有不从王令，犯国禁，乱上制者，罪死不赦。有功于前，有败于后，不为损刑；有善于前，有过于后，不为亏法。……故曰：重刑连其罪，则民不敢试；民不敢试，故无刑也。……故禁奸止过，莫若重刑。刑重而必得，则民不敢试。故国无刑民。国无刑民，故曰：明刑不戮。”这就是说，只有重刑重罚，人们才会不去触犯法律。后世西汉的变法大臣桑弘羊评论说：“商君刑弃灰于道，而秦民治……所以重本，而绝轻疾之资也！”

历史主义地说，重刑主义并非商鞅独创。不说远古殷商汤刑的重刑主义，便是春秋晋文公、战国齐威王，都曾经以重刑主义推行变革。时至今日当代社会，法律思想中的重刑主义仍然是一个流派。故此，作为历史遗产，我们不能笼统地批判重刑主义，而要给予具体地分析，具体地扬弃。

第四部法令：追究犯罪连带责任的连坐法。

所谓连坐，是商鞅首创的追究犯罪连带责任的制度。具体说，就是编民五家为一伍、十家为一什。以伍、什为基本单元，实行同罪连坐制度，促使连坐人口相互举发犯罪。告发奸人，与斩首同等记功。

旅客住店，要有官府发放的身份凭证，否则店主同罪。连坐制，在后世流传久远，成为中国古典战时社会的一大特殊制度，其曾经的优点，其固有的弊端，都得我们仔细甄别。

第五部法令：整饬吏治与禁绝政治谣言的法令。

整饬吏治的重点，是“禁绝游宦之民”。所谓“游宦之民”，就是专一为人游说求官的各色人等。变法严厉禁绝“私门请托”，大大肃清了官场恶风，为以功劳立身的政治制度开辟了正道通途。后来的荀子入秦，对秦国官风的清廉勤政做出了高度赞扬。所以如此，根基正在这场变法中。

禁绝政治谣言，主要的针对目标，是复古言论与扰乱变法的政治评判。为此，变法第一批法令，便有“燔《诗》《书》而明法令”的措施。需要注意的是，商鞅变法焚烧《诗》《书》的政策，不是禁绝其他文化典籍，而只是禁止复古思想的传播，禁止政治谣言的传播。

第六部法令：禁止私斗法。

秦人族群久居戎狄区域，自身人口中也融进了大量的戎狄人口。因此，秦人风习较东方列国要野蛮落后许多，私斗复仇之风尤为普遍浓烈。秦国若不能彻底禁止私斗，便会永远陷于动荡不安的泥沼之中。所以，第一批法令中的禁止私斗法，自然成为变法推行的第一个实际重心，也就是变法必须挑战的第一个旧浪头。

历史展现的事实是：自商鞅变法开始，秦国的私斗风习得到了彻底遏制，秦国民众的精神面貌发生了巨大改观，“勇于公战，怯于私斗”，成为普遍的社会价值体系。以至于进展到战国中期，“秦人闻战则喜”，将奔赴战场看作是第一光荣。这一国民精神的确立，是商鞅变法所以成为一场文明跨越的真正意义所在。

（2）商鞅第一次深度变法的历史成效

秦国第一次变法的成效，验证了商鞅开始的预见——舆论是可以改变的。

据《史记 · 秦本纪》记载，“（秦）卒用鞅法，百姓苦之；居三年，百姓便之”。《史记 · 商君列传》的说法更为具体一些：“令行于民期年，秦民之国都言初令之不便者以千数……行之十年，秦民大悦，道不拾遗，山无盗贼，家给人足；民勇于公战，怯于私斗，乡邑大治。”

在这样的背景下，发生了一件寻常政治家无论如何都不可想象的事件——“秦民初言令不便者，有来言令便者”——原先反对变法的人，现在来赞扬变法了。“卫鞅曰：此皆乱化之民也。尽迁之于边城。”——商鞅不受颂歌，一律将歌颂者治罪。其后，“民莫敢议令”。从此后，再没有人敢于议论政府法令了。

在古今中外的政治史上，这样的断然拒绝歌颂，而且将歌颂者治罪的实例，商鞅大约是绝无仅有的一个。无论你说他冷血也罢，你说他非人也罢，你说他冷漠也罢，你说他刻薄也罢，这种政治行为背后潜藏的那种对法律执行神圣性的异乎寻常的坚定信念，都不得不令你心生景仰。我们可以做不到一个伟人的境界，甚或，我们可以不喜欢这种有拒绝亲民之嫌的顽石性格；可是，我们可以做到的，是至少不对这样的人格进行诬蔑。

秦国第一批法令推行之后，国民精神迅速改观，国家实力也获得了很大发展。

在此期间，秦国以攻为守，相继对魏国、韩国打了五仗。

第一次，是变法开始后第二年，即公元前 358 年，在韩国西山（今豫西山地）反击韩军。韩国这一地区与秦国东南的商於地区接壤，韩国压迫并渗透这一地区，秦国是被迫作战；第二次，是变法开始后第六年，也就是公元前 354 年，秦国实力有所增强，对魏国在河西的军事重镇少梁邑发动攻势，夺回了少梁城；第三次，是变法开始后的第八年，也就是公元前 352 年，魏国在马陵道大败于齐国，秦国趁机进攻魏国河东地区，攻陷魏国老都城安邑后撤军；第四次，变法开始后第九年，也就是公元前 351 年，秦国进攻魏国，攻陷固阳城后撤军；第五次，是秦国变法开始后的第十年，也就是公元前 350 年，魏国在霸权衰落后大举反击秦国，包围秦国河西高原的定阳，也就是今日延安地区。秦孝公迫于魏国的强大压力，与魏惠王会盟于秦东华山地带的彤城，再度割地妥协，之后罢兵。

五次战争，四胜一败，证实了秦国变法的初步成功。

变法推行的第八年，公元前 352 年，商鞅晋升为大良造，总领秦国军政。

定阳之战的失败，以事实证明了秦国的国力还不够超强。面对曾经率先变法而成为超强大国的魏国，即或其已经开始衰落，初步变法后的秦国还是无法撼动的。应该说，这一次军事上的挫折，是秦国开始第二次变法的直接动力。

5　商鞅第二次深度变法

公元前 350 年，秦孝公十二年，秦国开始了第二次深度变法。

秦国第二次变法的主要方向是深度整合社会，其内容是六个基本方面。

(1) 废除井田制，全面实现农耕经济私田化

按照当时的说法，这一变革叫作“废井田，开阡陌”。所谓废井田，就是以法律形式宣布井田制及其依附制度无效，自此推行新的农耕经济制度。所谓开阡陌，就是将旧井田制土地中的大小田界，以及已经废弃的沟渠、公井、旧时留置的战车道路等，统统夷平，变为可耕田地，然后分配给民众。

自春秋时代以来，事实上，井田制在东方列国大体都已经被废除

了。但是，由于种种原因，却没有一个国家在变法中公开地、彻底地宣布废除井田制。所以，东方各国的井田制在事实上也就没有真正彻底地废除，还有着各种各样残余形式的存在。尤其是，东方各国都还保留着相对完整的封地制，基本上还都实行着封地自治。所以，在贵族封地里是废除井田制，还是在老传统下继续维持，都取决于封地领主的政策。在这样的大背景下，旧井田制及其依附人口，是不可能全面地一次性地退出华夏社会的。

由于秦国的相对封闭，井田制的保留也相对完整，与井田制互相依附的奴隶制，也相对完整。我们在前面曾经说过，《后汉书》曾经记载了春秋时期一个叫作“无弋援剑”的秦国奴隶逃亡的故事。它说明，秦国的奴隶存在，无论在数量上还是在制度上，都要比东方诸侯国完整。而奴隶阶层与依附于贵族封地的农耕国人，事实上都是与井田制联结为一个整体的农耕经济形态。商鞅第二次变法推行的“废井田，开阡陌”，是一套系统整合当时秦国农耕经济的法律制度。它的基本方面包括了如下制度：

一则，废除旧井田制。必然延伸的是废除奴隶制，使奴隶成为可以分得土地的平民。

二则，废除封地制，变实封制为虚封制。实封制，就是封地领主拥有独立治权。虚封制，就是封地治权统一归于官府，领主不得干预封地治理，而只享有经由官府拨付过来的与封地大小相适应的钱财收入。在实际意义上，这就是废除了封地制度割据自立的一面，而将封地制划入了国家赏赐功臣的制度范围。同时，虚封制的必然延伸，是将旧时封地范围内的依附农户全部解放出来，使他们成为自主耕耘的真正农民。

三则，对井田制的土地进行全面改造平整，这就是“开阡陌”。

四则，重新分配由井田制开发平整出来的新耕地，每个男丁农夫分配一百亩，建立新地界。

五则，土地分配的计量制度是：六尺为一步，两百四十步为一亩。这是历史上的大亩制。

六则，农民的土地可以自由买卖。这就是“民得买卖”。

七则，法律保护私田，严禁侵犯私田。私自移动田界，视同盗贼治罪。

（2）**全面推行县制，实现新的国家治理模式**

县，本来特指王畿之地，也就是天子居住的地区。《礼记 · 王畿》有“天子之县内”的说法。进入春秋中后期，许多大国开始将新兼并的丰腴之地称为“县”，并将“县”作为新土地的治理官署，而将新兼并的边疆区域，或地广人稀之地称为“郡”，也设置官署治理。自此，才有了政权意义上的县与郡。在很长时间里，“郡”多在边地设置，地位在“县”之下。所以，春秋晋国的赵襄子激励战士时喊出的赏格是：“上大夫受县，下大夫受郡！”

进入战国之世，县、郡的设置，在东方大国已经普及。

但是，直至商鞅变法之前，东方列国在国家行政治理上，依然是夏商周三代以来的封地本位制。当时的县与郡，都只是一种特殊设置的地区官署而已，类似今日的经济特区，并不是制度化的行政层级。所谓封地本位，其制度形式是封地由封主治理，无论其拥有的城邑多少，土地的里数大小，都没有行政层级的划分。封地内即或有县，也不是行政层级，也得受封地领主辖制。天子的王畿与诸侯国君的直领土地，也同样分封给了大大小小的王子，大大小小的宗室子弟，大大小小的王室功臣。这些封地，也是由封主独立治理。

这种封地本位制，一直到此前的魏、楚、韩、齐变法，都没有改变。

商鞅第二次变法推行的县制，是将当时秦国疆土上的乡、邑（城堡）、里（村落）整合归并，全部划分为四十一个县。各县建置官署，长官为县令，下设县丞（掌民政）、县尉（掌武事）。同时，依据县的大小，设置人数不等的啬夫，也就是各有执掌的县吏。这种县级官署，直属于国家中央政权，不受本县是否有功臣封地的制约。即或某县有某人封地，或本县属于某功臣封地，县级官署也对封地依法推行治权，且只对中央政权负责。后来，商鞅晋升为商君爵位，封地大到商於十余县。但是，商於各县仍然是通过县级官署实施的国家治权，而不是封地治权。

《商君书 · 垦令》谈到了县治制度的统一性，“百县之治一形，则徙迁者不饰，代者不敢更其制，过而废者不能匿其举。过举不匿，则官无邪人”。这是说，所有县的官署制度，都是统一的，这样，人人都必须遵从，离任和升迁者不能美化自己的政绩，接任者不能随意更改已有的制度，犯错被罢免者不能掩盖自己的错误，如此则官无邪人。由此可见商鞅变法之思虑深刻，可见所以要统一县治制度的重要性。

商鞅第二次变法，是否同时设置了郡级官署，史料没有明确记载。依据当时秦国土地渐渐扩大，并且战事多发的实际情形，同时设置郡级官署的可能性很大。至少，当时秦国的四十一县，以自然地理的格局，可以大体划分为四大块：陇西地区、部分河西高原、关中西部中部地区、商於地区。在当时的条件下，如果没有郡一级设置而由国府直接统领四十一县，政令的快速传递与实际问题的及时解决，难度无疑是很大的。作为一次成熟而彻底的变法，秦孝公商鞅决策层不可能忽视这一点。史料所以忽视，很大程度上是由于初期郡守的地位不高，不如普遍建立县制影响之大的缘故。

县制的推行，是中国古典政治文明已经达到成熟阶段的历史性标志。

（3）统一经济计量单位及其形制

历史对这一变革的称号，是“统一度量衡”。

如同对赵武灵王的变法称之为“胡服骑射”一样，都是从其最具影响力的事件着眼，实际上并不能呈现变法的全部内容。在此前春秋时代的经济变革中，在战国初期的大国变法中，都没有涉及对计量系统的统一整合。而在事实上，计量制的混乱恰恰构成了经济发展的实质性障碍之一。但在当时的变法大潮中，相比于土地改制等基础变法，它却是一个典型的社会细节，受到普遍的忽视。商鞅变法的全面整合性，正是在解决这样具有关键意义的历史细节中表现出来。

这一改革政策，是在第二次变法的第六年，秦孝公十八年，也就是公元前 344 年开始具体实施的。这说明，对要害细节的解决，是秦国变法决策层酝酿了较长时间成熟考虑的结果。这一制度包括了两个环节：

其一，统一度量衡制。在此前的重新分配土地中，已经规定了丈量土地的步长是六尺为一步，二百四十步为一亩。直到今日，陕西关中的农村地区，还有"踏步量亩"的传统做法，叫作蹻地。关中农民"量亩"的普遍标准，按照今日的市尺标准，是一步五尺，与战国的"六尺为步"基本一致。一个有经验的农民成人，其步幅稳定，误差很小。在当时的条件下，这是简便易行并且唯一可以普遍通行的方法。

除了长度单位，当然还包括了重量单位、容器单位。

重量单位的基本单元是两、斤、钧。一钧三十斤，用于大宗交易的计量。容器，主要用于计量粮食交易、税谷缴纳等，基本单元是升、斗、石、斛。容器单位与重量单位之间的换算关系，因后世的历史演变，史料已经很难找到准确记载了。

根据我们对关中农村的调查，关中中部泾惠渠灌区的农业县，就是秦时郑国渠的渠首灌区，在 20 世纪 60 年代向政府粮站缴纳公粮，或计量土地产量时，采取的换算方式是：一升三斤，一斗三十斤，一石三百斤；升、斗、石的关系是十进制。当代的关中地区，没有"斛"的说法。但是，战国中后期的秦国与后来的秦帝国，都曾经有运送军粮以斛计算的记载。据此推定，斛在当时是一种专门用于军粮运输、储存的计量单元。据后世考证，一斛大体是一百斤。

其二，制造并颁布度量衡标准器。当时的方法是：由国家统一制造度（标准尺）、量（标准秤）、衡（标准容器）三方面的标准器具，然后再统一颁发给各相关官署，以及县级官府。各官署与地方官府，将标准度量衡器置于公开场所，以便各种需要者校对。

在现今传世文物中，只有“商鞅方升”流传下来，保存在上海博物馆。这是当时的秦国官府颁发给重泉县——今日陕西蒲城县的标准升。这件标准器，后来在秦始皇统一度量衡时被调回重新鉴定，证明合格，又在底部刻上了秦始皇诏书，再发还重泉官府。这一事实说明，始皇帝统一度量衡，是以商鞅变法时确定的秦制为标准的。进一步说，秦始皇所统一的天下度量衡制，都是以商鞅变法的秦制为标准的。

（4）改田赋为户赋，也被称为“口赋”

关于军赋改制，据《史记·商君列传》记载，是在商鞅第一次变法之时。但是，《秦本纪》记载：“秦孝公十四年，初为赋。”两者相矛盾。战国史大家杨宽先生考证：军赋改制应该在第二次变法的第三年，也就是公元前348年。可见，《商君列传》的记载是连带叙述，不是确指。改田赋为户赋，这是秦国第二次变法中的重大创举之一。

我们先来看看赋制的源流演变。

赋，是一种古老的军事用品的无偿征收制度。用今天的话说，就是国防实物税。在大禹治水时代，各部族无偿提供治水实用物资，各部族自带粮食工具等，是赋的直接起源。进入早期国家时代，无论是贵族还是平民，加入军队都要携带自己制造的战车、盔甲与兵器等，这就是早期的军赋。那时候，国家征发量规模小，也很直接化。税的形式还没有产生，赋几乎包容了国家征发的绝大部分，甚或全部。后来，谷物、布帛等日常必需品的征发开始单列，开始成为最早的税。

由此，有了赋、税并列的国家征发。

直到战国中期，赋和税都是并列的，也是分开的。

直至商鞅变法，战国时代的赋制，都延续了春秋时代鲁国季孙氏开创的田赋制。这一制度的基本操作方式，是依据土地主人拥有可耕地数量的多少，确定征收军用品的数量。但是，随着私田制的普遍化，拥有小块土地的平民日益增多，拥有大量土地的封主越来越少。尤其是秦国，已经没有了封地制。故此，按照土地数量征发军赋，核查量太大，在实际操作上难度很高。特别是秦国，变法之后重新分配土地，又允许自由买卖土地。这样，土地在事实上是流动状态的，准确核查土地数量的成本是很高的。在这样的背景下，田赋制改为户赋制，就是一种必然了。

户赋制，就是按照家庭单元征收军用品的制度。它的基本方面是：

其一，建立户籍制度。秦国的所有家庭与户主，都在官府登记保留。

其二，男子二十一岁加冠之后，要分出大家庭，单独立户成婚，缴纳户赋。

其三，男子加冠而不单独立户，加倍征收原来家庭之户赋。

其四，隐瞒户口、逃避户赋者，为匿户罪，重罚。

户赋制取代田赋制，总体目标是推动农耕经济发展，鼓励农民的个体生产积极性。这一政策直接作用于两个方面：第一，鼓励民众开垦荒地，增加农田。无论你原先分得土地多少，之后你开垦土地多少，都不计军赋。第二，堵塞懒惰疲民的寄生道路，使游手好闲而依附于大户的食客，必须自己劳动谋生。因为，只要你是秦国人口，你不经营分得的土地，你不垦荒，你的军赋就无法缴纳，你就要受罚。《商君书·垦令》明确说明了这一立法目标：“禄厚而税多，食口重者，败农者也。则以其食口之数，赋而重使之，则辟淫游惰之民无所于食。无所于食则必农，农则草必垦矣。”

(5) 革除夷狄风俗，整合秦国文明

秦国的夷狄民俗，不仅仅保留于已经融进秦国的夷狄族群。事实上，也关系到秦国整个民众的普遍习俗。因为，秦人族群曾长期居住于西部戎狄区域，其半农半牧的生存方式，已经融合了大量的夷狄民俗。东进关中建政立国之后，秦人及其政权努力向华夏东方文明靠拢。在秦穆公时代，甚至不惜放弃骑兵传统而全面推行战车制，又大胆吸纳东方人才治国，使当时秦人族群的生存方式，已经基本上接近了华夏根基。但是，由于秦穆公之后的衰落，由于相对封闭，相对落后，秦人族群与秦国疆域内的戎狄人口，依然保留了大量的野蛮落后习俗。秦人私斗之风，堪称天下之最。其根本原因，就是生存状态的落后。

整合文明的基本面，是革除民众落后的生活方式。

革除落后生活方式的核心，是革除“举家男女同室居住”的风习。当时，这一习俗既流行于戎狄聚居区，也流行于偏僻的山地区域。这种习俗，既不利于居住健康与人口繁衍，又不利于激励个体的生产积极性。与这一风习并存的，还有诸如冬天寒食风习，氏族封闭通婚风习等。革除这些风俗，无疑具有大大提升文明生存方式的历史意义。

(6) 迁都咸阳，确立面向天下的秦国新中心

秦国几座旧都城，是随着秦国在春秋初期实际占据关中的步伐，而先后建立于关中西部的。除了雍城具有相对的中心意义，其余几座早期城堡，以及秦献公迁移到关中东部边缘的栎阳，都是军事指挥意义上的小城池，不具有大国中心并面对天下的功效与意义。就当时情形看，栎阳太东，失之于太靠前沿，无险可守，不利于稳定发展；雍城太西，失之于不够开阔，不利于东出交流。在这样的背景下，孝公与商鞅决策层，选定了关中中部渭水北部的大片丘陵平原，建造了一

座新的都城——咸阳。

咸阳所在区域，包括但又远远超过了今日的咸阳城。其政治中心区域，在今日咸阳的东北地段。这一地区南临渭水，北靠丘陵台地，水网交织，交通便捷，地理位置恰到好处。后来的历史发展证明，秦国自咸阳都城确立，才真正具有了面向天下的大国中心区域，并对秦国的发展起到了巨大的推动作用。

《史记·秦本纪》记载，秦孝公十二年，“作为咸阳，筑冀阙，秦徙都之”。也就是说，当年建设，当年迁都。从实际情况出发，这不太可能。合理的事实很可能是，第一次变法获得了阶段性成果之后，秦国决策层便开始谋划迁都，并开始实际的工程建设。在第二次变法开始之际，也就是秦孝公十二年，咸阳城已经初具框架，主要的政治中心区——宫殿群落已经建成，于是便迁都了。后来的咸阳，又经过了百余年的不断扩建，在战国末期已经成为华夏世界最大的都城。

（7）两次变法后的秦国社会与实力

历经接连两次变法，当时的秦国发生了非常深刻的变化。

变法的过程中，秦国的新军创建与经济开拓当然不会中止。到公元前 340 年，也就是秦孝公二十二年，秦国已经是焕然一新、实力强劲的新型战国了。这一年，商鞅率大军东出，一举收复了被魏国长期占领的河西高原，同时迫使魏国势力退出了关中东部，退出了崤山地带。至此，秦国的陇西地区与河西高原连成了一体，关中东部与东南商於地区连成了一体，成为了一个具有相对广阔土地的真正大国。因为变法强国，收复失地，商鞅被封为商君，封地为商於郡所属的十五座城邑。

从此，秦国走上了稳步强大的道路。

可是，秦孝公与商鞅的个人命运，却成为永远令人深思的历史个案。

6 秦孝公在秦国变法中的历史地位

大凡中国人，十有八九都知道享有“千古奇变”荣耀的商鞅变法。

可是，很少有人知道，商鞅变法时的秦国君主是谁，他起到了什么样的作用。

古往今来的政治法则——领袖人物是任何时代、任何国家、任何变革的第一推动力。赵武灵王之胡服骑射、秦始皇帝之统一中国文明、文景之治、贞观之治，以至当代的罗斯福新政、列宁新经济政策、斯大林主义体制等，都是以领袖名号作为变革标志的。而战国时代的秦国，发生了如此一场惊雷闪电的大变法，改变了天下格局，加速了历史进程，天下竟然皆呼“商鞅变法”，而不冠国君之名，可谓历史一奇也！

作为一个变法大臣，商鞅的声望非但在历史上掩盖了秦国君主，而且在战国当世也几乎掩盖了秦国君主。如果说，前者尚算正常，那么后者就太不正常了。若用后世的政治潜规则衡量，这可是桩“只知有臣，不知有君”的大罪，立可置任何人于死地。便是在战国时代的山东六国，这种“臣望过君”之罪名的杀伤力，也是很厉害的。声名显赫的魏国信陵君，便生生倒在了这种“声望罪”的流言下。大名士范雎首说秦昭王，第一句话也是：“而今天下，只知秦有太后穰侯，不知有秦王也。”仅此一句，秦昭王便惊出了一身冷汗。

果真秦国也如此，商鞅不可能推行一场旷古未见的深刻变法。

历史进程已经表明，商鞅变法不但在事实上发生了，而且还获得了空前的成功。更为不可思议的是，商鞅非但没有获罪，而且在变法大成后统率精锐新军，一举收复了河西失地。大捷后又爵封商君，封地之大，竟达商於郡十五座城邑，成为真正与秦国君主“尊官分土”的最强势权臣。可以说，声望满天下的商鞅，在秦孝公之世，确实是成功地走出了君主时代的“声望罪”沼泽。

历史奥秘的背后，必然有被湮没的奇伟壮举。

让我们来看看秦孝公这位年轻的君主，是如何推动这场千古变法的。

秦国的这场变法，就其过程而言，具有不朽的经典教科书的意义。从历史实践的脚步看，秦国变法没有蛙跳，而是扎扎实实地经过了每一阶段。让我们来看看，秦孝公在整个变法过程中的奇绝作为。

奇绝一，秦孝公二十一岁即位，接手秦献公耗尽国力之后留下的危机四伏、濒临崩溃的烂摊子，竟能在没有贬黜、杀戮一个先朝大臣的情况下，顺利整合朝野，不动声色地巩固了最高权力，实在令人惊叹。

奇绝二，即位伊始，立即大胆地从父辈既定的国策中摆脱出来，成功地遏制了秦人急于复仇的求战之心。又与最强大的魏国妥协，使秦国从连绵战火中暂时摆脱出来。这一险棋，竟没有引起秦人族群的剧烈动荡，可见其非同寻常的斡旋才具。

奇绝三，国家初步稳定，立即谋求强国。以四海胸襟面对天下，发出堪称旷古奇文的“求贤令”。其胸襟胆略，堪称历史个案。

奇绝四，深谋果断，辨识敏锐，对不切实际的迂腐治国之道嗤之以鼻，并断然拒绝。在商鞅提出变法强国之道后，又能摆脱俗见，支持变法。在一场大辩论后，立即决断重用商鞅，启动变法。如此连环推进，千古之下，难出其右。

奇绝五，自变法开始，秦孝公在国事活动中几乎消失，史料记载寥寥无几。这一现象的背后，隐藏着一个巨大的事实：国君嬴渠梁绝对信任商鞅，从不掣肘，自愿居于二线。如此器宇深沉，如此博大胸襟，寻常领袖万难做到。

奇绝六，战国之世大战连绵，不测的战争随时都有使变法夭折的危险。韩国申不害变法失败，直接原因便是韩昭侯应对外事无能，招致魏国猛攻，变法一举被摧毁。秦国则不然，自变法开始后历经二十余年，虽间断有战，但却没有发生一场足以毁灭变法的大战，堪称历史奇迹。秦国所以成功避险，首推秦孝公全力斡旋对外局势。此等在战时环境下的国家腾挪能力，罕见又罕见。

奇绝七，变法的本质，是社会利益的重新分配。因之，变法本身带来的动荡，使许多国家不敢轻言变法。秦国变法二十余年，举国屡经震荡，最终却都一一稳定下来。即或太子犯法、商鞅刑治公族大臣公子虔，秦国发生了最严重的政治危机，也被成功消弭了。终秦孝公一生，反对变法的旧势力，没能发动一次足以威胁变法的严重挑衅。秦国变法从而能够不断深化，并最终成功。这种无与伦比的政治平衡能力，及其构成的综合威慑能力，无论怎么评价都不过分。

奇绝八，秦国崛起之后，独能审时度势，只以收复河西失地为作战界标，而不盲目扩张，使山东六国一时没有结盟抗秦的口实。这一折中，使秦国获得了最为宝贵的成长期与稳定期。强势而知进退，这是历史上最为杰出的战略家才可以把握的分寸。嬴渠梁恰恰做到了，令人叹为观止。

奇绝九，善后之际大破俗套，非但不以铲除权臣为安定身后之手段，而且有让位于商鞅的可见行动。临终让权，这是秦孝公令历史震惊的首创之举。依据战国政治之风气，其所包含的真实性，远远大于后世刘备的仿效举动。

凡此等等，尚不足以展现秦孝公嬴渠梁的全部风貌。

依据谥法，“孝”作单字追谥，为“功业德行广大无边”之意。秦人以“孝”字追谥嬴渠梁，足见对其崇高敬仰。后来，无人当得单字之“孝”，便以“孝”配合他字，形成双字谥或多字谥；譬如秦孝文王、赵孝成王等都是如此。后世的一个“孝”字，已经演化成一种具体的孝行之德，内涵与“孝公”的本意，已经相去甚远了。

说不尽的嬴渠梁，是中国文明历史上最为平中见奇的一个伟大政治家。从总体上说，嬴渠梁之功绩，在于将国家航船平稳驶出了战争与变法交错进行的惊涛骇浪，使国家与社会成功避险，走向了稳定发展的历史大道。这是历史上空前绝后的大手笔。

但是，在史书资料中，对秦孝公的记录却很是简略，历史评价更是少见。

只有西汉贾谊的《过秦论》，对这位奇绝领袖留下了唯一的历史评价："秦孝公据崤函之固，拥雍州之地，君臣固守以窥周室，有席卷天下，包举宇内，囊括四海之意，并吞八荒之心。"而包括司马迁在内的后世历史学家，则大多对秦孝公采取了不置可否的态度。此间最为深刻的原因，大约只能是"非秦"烟雾之下，对这位根基人物的有意识回避。

7 商鞅命运的历史大悲剧

商鞅的个人命运，是一个充满谜团与烟雾的历史大悲剧。

关于商鞅的结局，史料有两种记载。《战国策·秦策一》记载的过程是：秦孝公病势沉重之际，"欲传商君，辞不受"——"惠王代后，莅政有顷，商君告归"——在商君回到封地，或者回到卫国家乡期间，有人劝说秦惠王除去商君——商君从家乡或封地回来，秦惠王就车裂了商鞅。整个过程四个阶段，简单而直接。结论，显然是秦惠王无端杀害功臣。

《史记·商君列传》的记载却很是复杂，其脉络是：秦孝公死——太子立——公子虔集团告发商鞅要造反——秦惠王下令追捕商鞅——商鞅逃亡到函谷关——夜晚未能入住旅店——商鞅逃亡到魏国——魏国拒绝商鞅滞留——商鞅想逃亡他国——魏国堵截并强行驱逐商鞅回秦——商鞅重新回秦——商鞅进入封地发兵造反——商鞅武装力量北上——商鞅造反军打到了关中东部的郑县——秦惠王发兵攻打商鞅武装——秦惠王军在郑县以东的渑池擒获商鞅——秦惠王当时就杀了商鞅——秦惠王车裂商鞅尸身——秦惠王灭商鞅之家。这一过程，前后共十九个阶段。

两部文献记载的最大差别是，商鞅究竟有没有起兵造反？

以《战国策》之说，事件逻辑很接近于正常状况。秦惠王接受了劝说者的两点理由：其一，商鞅权势太重，对君主构成威胁；其二，秦惠王与商鞅曾经有政治仇恨，应该“图之”，也就是应该复仇。整个过程，未见举兵造反之痕迹，符合当时的政治环境，其历史真实性很容易为人理解。《史记》的记载，则明确了商鞅的造反事实。之后，商鞅的行为逻辑，则完全陷入了荒诞离奇的境地。从政治、军事、地理等各方面做逻辑分析，这些事实充满了疑点，一连串的矛盾与混乱令人无法理解。请看——

其一，商鞅的造反动机是什么？始终未见表现。这种无动机的重大事件记载，在《史记》的同类记载中极为罕见。

其二，公子虔“告商君欲反”，也就是说，公子虔举发商鞅要造反。可是，却没有任何举证事实，当属诬陷。但是，从后面对商鞅造反事实的记载看，《史记》显然又认定公子虔的举发是真实的，不是诬陷。故而，《史记》回避了对公子虔诬陷的认定。

其三，既有公子虔先期举发，可见商鞅造反已经是先有预谋了。果真如此，在秦惠王已经下令追捕的情况下，商鞅为何不直接进入封地举兵，却要匆忙向东逃亡到“关下”？这个关下，就是函谷关下。当时的秦国，不冠名而只以“关”字相称者，只有函谷关。如同天下人说河，只能是黄河，而不是其他任何河流。

其四，依据当时的关中地理与秦国军事布防，从咸阳东南下商於，只要不是大军行进，走商旅道不经武关，就没有军事阻拦，很近便。而东部函谷关，则从来是秦军重兵防守的最大要塞。商鞅东逃函谷关，在追捕令已经下达的情况下，根本不可能出关。即或是要逃亡到魏国，从商於绕道崤山，才是相对稳妥的选择。商鞅东逃函谷关，毫无目标意义地奔走，对于一个预谋造反的大政治家，这是不可想象的。

其五，既然是逃亡，还不星夜赶路，还要在关下要求住店。这简直是比江湖游侠还要潇洒的逃亡。只有白痴，才能如此地毫无警觉意识。商鞅不知道，一夜快马几乎可以直达秦国东南的任何一片山林先行隐藏吗？

其六，既然选择逃亡，说明商鞅此时还没有造反之心，或者已经放弃了造反图谋。如何能在逃亡失败之后，又突然想到了造反，进入封地举兵？如此矛盾混乱，举棋不定，是大政治家商鞅吗？战国之世，各国的反叛事实非常多，武装叛乱的经验积累也很丰厚。如果商鞅真的造反，会如此低能吗？即或是一个平庸的谋反者，也不会如此笨拙。

其七，商鞅变法之后，秦国实行虚封制，封主对封地没有治权，更没有随意组织武装的权力。商鞅“关下”住店，尚且因为没有身份证明而不能入住。为什么一进入商於，就能立即发动“徒属举兵”？这与前述旅店之法治状况，简直是天壤之别，不荒诞吗？

其八，追随商鞅造反的“徒属”，究竟是些什么人？是忠实的左右追随者，还是普通民众？如果是忠实的左右追随者，商鞅能丢下这些人只身逃亡吗？逃亡失败之后，再回来发动这些人造反？以战国之风，这是“负人于前，陷人于后”，是十分恶劣的令人不齿的行为。即或是战国门客，也不会再去追随这样的主人。商鞅的左右追随者中还有许多官府吏员，难道连如此有违大义的辨识能力也没有吗？如果是民众，《史记》已经点明秦人“不怜商鞅”，那么，冷漠的民众能不假思索地跟着商鞅造反吗？如果这两种人都不可能追随造反，商鞅造反军的来源在哪里呢？

其九，商鞅举兵造反，商於郡、县两级官府，竟然没有任何动静，竟然能使商鞅造反军直接北上进攻关中，在当时法度严明的秦国，这简直是痴人说梦。

其十，商鞅造反军要进关中，必然要越过武关要塞，又要翻过蓝田高地。其间，至少武关是极其重要的东南要塞，能放任一支造反武装顺利北上吗？一支造反军在武关竟然没有战事，而能从商於直接飞进关中，这不是纸上谈兵吗？

十一，果真造反，商鞅武装南下进攻秦楚交界的大山地带，占据一方土地，显然是拥兵自重及独立自治的最佳选择。北上进攻重兵驻守的关中，是没有任何目标意义的盲目抉择。以商鞅之军政大才，这可能吗？

十二，依据《史记》正义注释，当时的郑县距当时的渑池有大约三百里。郑县，就是今日的陕西渭南地带；渑池，是今日河南省三门峡市以东。两地之间的实际距离，至少在五百余里。渑池之地，深入当时的魏国境内，距离魏国都城大梁已经不远了。郑县到渑池的中间路程，有三条路径可以东出：一是少梁邑，也就是今日韩城地带；二是函谷关，正当要道；三是东南崤山，路径相对艰难。《史记》说商鞅造反军直逃渑池，显然是走函谷关一路了。那么，商鞅究竟有多大的兵力，能一举突破函谷关要塞？函谷关无战事，商鞅军扬长出关，只能说函谷关守军通同造反，这不是儿戏故事吗？

十三，商鞅一人入魏，魏国尚且拒绝；今日，商鞅造反军与秦惠王追兵同时深入河内腹地数百里，已经接近大梁，魏国如何能没有军事举措？即或魏国怨恨商鞅，即或配合秦国追捕商鞅，可是能听任秦国两支大军深入魏国都城地带，而自己不出动大军防范万一？以战国邦交传统，魏国在这里的缺失，是非常荒诞的一件事。

十四，商鞅之造反军果真能突破函谷关，并能深入魏国，最好的逃亡路线也应该是进入东南的崤山地带，在那里裂土建政。舍弃险要山地而直入一马平川的黄河平原，直入魏国都城地区，这是完全的飞蛾扑火。对于熟悉秦魏两国的商鞅来说，这无异于反复白痴。

十五，商鞅在战场被杀，说明商鞅拒绝投降，拒绝认罪。从开始逃亡的惊慌失措，到造反之后的胡乱流窜，再到被杀之际的突兀顽固，如此商鞅，连后来秦始皇时期嫪毐的谋反水平都远远不及，这能是事实吗？

十六，关于商君最终刑罚。《史记》的说法是："杀之于渑池，秦惠王车裂商君以徇，曰：莫如商鞅反者！"这个"徇"字，是徇私，也就是泄私愤的意思。一个徇字，《史记》交代了秦惠王战场杀商鞅的动机——泄私愤。可是，既然是镇压造反者，刑罚再重，似乎也不能归结为泄私愤。这里的原因归结，实在令人可疑。依据当时的政治逻辑，果真在战场杀了商鞅，只能是杀人灭口，而不会是泄私愤那般简单化。

十六，既然商鞅造反如此令秦惠王不可忍受——"莫如商鞅反者！"但是，却没有灭商君三族，而只是灭商君之家。请注意，先秦时代的叛乱罪，几乎都是灭族之罪。在各种史料中，灭家和灭族，是明确的两种刑罚，两种杀戮范围。这里，只"灭家"而不"灭族"，与关于政治仇恨、关于造反烈度的记载，都是有巨大矛盾的。

总体上说，《史记》关于商君造反及其结局的记载，太过离奇而不合逻辑，使人有理由怀疑其真实性。对于任何一个有着基本历史知识与政治常识、军事常识、地理常识的人，这都是一个既不能自圆其说，也令人难以置信的故事。

关于商鞅的人格评价，可以先看司马迁自己在《商君列传》中最后的评论，全文如下：

太史公曰：商君，其天资刻薄人也。迹其欲干孝公以帝王术，挟持浮说，非其质矣。且所因由嬖臣，及得用，刑公子虔，欺魏将印，不师赵良之言，亦足发明商君之少恩矣。余尝读商君开塞耕战书，与其人行事相类。卒受恶名于秦，有以也夫！

司马迁对商鞅的人格总评价是“天资刻薄”，是“少恩”。其所列举的证据是六条：其一，挟持浮说，违背本色；其二，进身经由嬖臣，经由秦孝公宠臣景监进身；其三，刑治公子虔；其四，欺魏将公子卬；其五，不听赵良教诲；其六，其著作与人格一样，都刻薄少恩。最后，司马迁的感慨是：“卒受恶名于秦，有以也夫！”——商鞅在秦国留下骂名，是罪有应得啊！

这里的最大问题是，司马迁完全抛开了历史实践的基本面，而只就细节行为评价历史人物。即或是这些细节，也几乎是全部站不住脚的。

其一，商鞅三说秦孝公，前两次未尝说出自己真实的治国主张，这就是“挟持浮说”吗？那么，究竟商鞅的法家主张是“浮说”，还是商鞅先说的王道、仁政、道家无为是“浮说”？抑或商鞅的所有说法都是“浮说”？这种囫囵指责是矛盾的，也是轻率的。

其二，商鞅经由景监推荐而得见秦孝公，究竟有何不妥？即或景监是一个被秦孝公宠信的、有内侍嫌疑的人物，又有何妨？历史上，不乏正直有为的太监人物。果然景监不好，也得列举事实。一个身份便抹杀一切，显然是主观过分了。

其三，刑治公子虔，是商鞅法治精神的典型。此举作为罪责，并无道理。

其四，公子卬是魏国将军，商鞅是秦国统帅。战场交兵，欺敌乃天经地义，正是商鞅才能与职业品格的表现。如果公子卬是商鞅曾经的朋友，则更见商鞅之国家精神，何错之有？

其五，赵良说商鞅之辞，是一篇充满明哲保身萎缩心态的言论，商鞅不听再自然不过。

其六，商鞅的《商君书》,《开塞》《农战》均是变法名篇，自然与其人行事相类。激励民众，刺激生产，如何便是“刻薄少恩”？

总体上说，司马迁对商鞅的评价，本质上是以绝对精神的标尺在衡量丰富的历史实践，与高端文明视野的历史主义理念，有着很大的距离。关于这一点，我们当然不能苛求于古人。可贵的是，司马迁留下了商鞅变法的实践记载。作为司马迁个人对商鞅的评价，虽然体现了明显的局限性，但是，从根本上说，它不影响我们对历史人物的评判尺度。

以吴起、商鞅为典型，变法家在战国的悲剧命运放射出悲壮绚烂的历史光芒。

后来的法家理论大师韩非，曾经在《孤愤》名篇中，对战国变法人物的普遍命运做出过非常深刻精辟的描述与概括，让我们看看他是怎样说的——

首先，变法家的政治秉性与现实使命，决定了他们必然与旧势力不共戴天。

韩非子这样说：“智术之士，必远见而明察；不明察，不能烛私。能法之士，必强毅而劲直；不劲直，不能矫奸。……智术之士明察，听用（一旦任职），则烛重人（当道权臣）之阴情。能法之士劲直，听用，且矫重人之奸行。故智术能法之士用，则贵重之臣必在绳（朝纲）之外矣！是智法之士与当涂之人，不可两存之仇也！”

其次，变法之士必然被旧势力视为政敌，必欲除之而后快。

韩非子这样说：“资（根基）必不胜，而势不两存，法术之士焉得不危？其可以罪过诬者，以公法诛之！其不可以被以罪过者，以私剑（刺客）穷之！是故明法术而逆主上者，不僇于吏诛，必死于私剑矣！”

这是最为冷酷的预言：变法志士只要违背传统势力的利益要求，只可能有两种结局——不死于公法，必死于私剑！

再次，变法之士多坐牺牲；但变法之士死不旋踵，代有人出。

韩非子这样说："与死人同病者，不可生也！与亡国同事者，不可存也！今袭迹于乔、晋，欲国安存，不可得也！"

这就是说，变法不会止息，变法家不会畏缩不前。这就是说，凡变法之士，宁变法而死，也不愿为腐朽将亡之邦殉葬！战国法家不是悲观主义者。他们清醒地、深刻地看到了推行变法的残酷性，也清醒深刻地看到了变法所以残酷的根本原因——社会利益结构的深刻冲突。但是，他们从来没有停止过勇敢地投身于变法的无畏实践中。

赵国武灵王变法

1　赵国的内忧外患空前加剧

赵国大改革，是被严重的内忧外患逼出来的，是夹缝求生的大爆发。

战国初期的赵国，也曾经有过公仲连的第一次浅层变法，但仅仅局限于吏治整肃、用贤任能的人事层面，并没有给赵国带来根本性变化。战国中期的商鞅变法之后，秦国崛起，已经明显地居于超强地位，大国格局由此改变。此时的魏、楚、齐，已经先后经过较大变法，成为三个山东强国，是事实上的第二强国集团。赵、燕、韩三国明显处于山东弱国的地位，可以看作第三集团。

当时的赵国，正处于内忧与外患都很严重的困境中。

赵国内部的基本情形是，贵族以各自封地的经济实力、军事实力为根基，各大板块之间争夺激烈，导致赵国君主直领的土地、人口、军力相对弱化，国家整体力量分散于贵族封地，不能凝聚为一。反映于国家权力架构，是赵国的君主权力受到多方面掣肘，无法形成强有力的高层轴心集团。同时，潜在的政变危机时时都有爆发的可能，赵国政权一直呈现出不稳定状态。

赵国外患的基本情形，是四个方向的夹击。第一是迅速强大的秦国威胁；第二是好战邻邦中山国的腹地威胁；第三是整个北方的林胡、楼烦、匈奴等游牧族群的强大威胁；第四是北部邻邦燕国时不时发动的战争威胁；还有一个非常重要的不确定威胁，就是魏赵韩三晋集团之间，自魏惠王时期开始公开冲突，时不时就会有相互攻伐。可以说，赵国是当时最为典型的四战之国——威胁多发，没有一面稳定的安全地带。

武灵王赵雍即位之时，赵国的内忧外患已经达到了空前严重的程度。赵国的君主权力不稳定，赵国的土地正在日渐缩小，人口正在日渐减少。赵国若不思变革，肯定没有出路。但是，当时的赵国新君与大臣，对赵国的内外困境还都没有清醒的认识。赵雍即位初期就遭遇了失败。

公元前 326 年，赵肃侯病逝，尚未到加冠之年的赵雍登上了赵国君主之位。

肃侯赵语，是赵国历史上比较有为的君主之一。他在临终之前为了保持赵国稳定，在身后设立了一个七人摄政机构，以丞相阳文君为首，下设博闻师三人、左右司过三人，在一定时段内实行摄政权。也就是说，年轻的赵雍虽然是国君，但却没有政令权。根据赵国史专家沈长云等对《史记》的考证判定：赵雍亲政，在即位三年之后。

据此判定，即位时的赵雍，年龄应当在十八岁上下；亲政时的年龄，应该在二十一岁上下。赵雍亲政后的第一个姿态，就是尊崇实力老臣，对国中三位八十岁以上的元老，实行每月拜望致礼，而标志事件，是提高了正当盛年的实力大臣肥义的实际待遇，并向肥义请教政事。由此，赵雍开始了执政初期很有勇气的一连串作为，要为赵国困境打开局面。

可是，近二十年的努力，赵雍的梦想却屡屡破灭。

其一，赵雍亲政当年（公元前323年），立即响应魏国倡议，参与了“五国相王”会盟。其实际意义，就是魏、赵、韩、燕、中山五国，相互承认对方君主称王，承认对方为王国。早已称王但却呈现衰落之势的魏国，所以发动此次会盟，其目的是成为五国轴心，借以与秦、齐、楚三大国平衡。从赵国方面看，赵雍所以欣然会盟，首先是自认赵国已经是实力大国，可以由此顺理成章地称王，从而提高赵国的天下地位。后来的事实迅速证明，这一场徒有虚名的邦交盟约，因为与合纵抗秦的整体战略格格不入，引起齐国的强烈不满与干预，不仅没有给五国的任何一国带来好处，反而引起了诸多实际麻烦，很快就宣告流产了。

其二，赵武灵王四年，也就是亲政第二年，娶韩国公主为妻，主动与韩国修好结盟。这件事，表明了赵雍要在中原组建赵国实力集团的强烈愿望。但是，韩国太弱，在战国邦交中又素来摇摆不定，几乎对赵国没有起到相互援助的作用。

其三，赵武灵王八年，赵国出兵与魏、楚、燕、韩组成五国联军，发动攻秦战争。可是，却在战场遭到了重大失败。由此，赵雍深感耻辱，宣布不再参与“五国相王”会盟，也断然取消了自己的王号，下令赵国臣民称自己为“君”。按照当时残存的诸侯名义等级，各国君主的名号主要是王、公、侯、君四等。“君”的名号，通常是百里之内的最小诸侯，譬如战国末期的安陵君，大约只有五十里封地。赵雍下令称“君”，实际是将自己的名号贬到了最低等。当时，赵雍有一句著名话语：“无其实，敢处其名乎！”

其四，赵武灵王九年，赵国与魏、韩组成三国盟军攻秦，再次遭遇重大失败，赵国战死将士多达八万。同年，赵国、魏国又与齐国发生战事，在观泽地带被齐军击败。

其五，赵武灵王十年，秦军攻赵，夺取中都、西阳、安邑。

其六，赵武灵王十一年，秦军再度攻赵，击败赵国将军英的军队。

其七，赵武灵王十二年，中山国攻赵，败赵军于长子地带。

其八，赵武灵王十三年，秦军三度攻赵，夺取蔺地（今山西省柳林县），俘虏将军赵庄。

其九，赵武灵王十六年，开始深入草原游牧族群与中山国边境地带，秘密踏勘两年。

其十，赵武灵王十九年，反击中山国，夺取房子地带（今河北省高邑县西南），取得小战胜利。

总体上说，赵雍在即位之后的十九年里，也就是亲政的十六年里，赵国遭遇了前所未有的军事与邦交两方面的连续失败。虽然，其间也有几次像样的邦交周旋，譬如对严重内乱之后的燕国新君（燕昭王）即位的支持，对秦国公子稷（秦昭王）从燕国返回秦国的支持等。但是，从总格局上看，赵雍执政的前十九年里，赵国屡战屡败，无论是国家实力，还是邦交声望，都已经只能与燕国、韩国同处第三集团了。正是这种谷底困境，激发了赵雍决然变法的雄心。

2　赵国高层的变法大论战

赵国变法国策的确立，几与秦国如出一辙，历经了艰难而激烈的论争。

在《战国策》与《史记》中，都较为详尽地记载了赵国发动变法时的激烈论争。其基本方面与秦国发动变法时相同，都是究竟要不要变法。但是，赵国的论争又有自己的特殊方面，这就是从围绕是否改变传统服装为切入，引起关于国家发展、文明存亡的深刻争论。在中国古典文明史上，对服饰制度与民风民俗的变革进行如此深刻的争论，是史无前例的。

让我们来看看赵国发动变法的历史脉络，听听赵国上层的深刻论争。

公元前 307 年春，赵雍秘密视察赵国北方的代郡，召见大将楼缓，第一次秘密商议变法。赵雍的基本想法是，赵国早期所以壮大，正在于“因世求变”的进取性。如今，赵国要避免“无强兵，亡社稷”的艰危之局，就必须推行胡服。赵雍的“欲胡服”，其实际所指就是军事变革，仿效胡人，创建赵国剽悍灵动的轻骑兵队伍。

赵雍的想法，得到了楼缓的坚定支持。

回到邯郸，赵雍立即召见实力大臣肥义秘密商议。这次，赵雍更为深入地说明了赵国的危机，第一次明确提出了“胡服骑射”的变法主张，也说出了自己对世族反对的担心。肥义的态度，一是鲜明支持，二是激励赵雍打消疑虑。肥义用历代圣王的变革业绩，说明变法的必要性，其基本思想与商鞅支持秦孝公变法完全一致。这一事实说明，赵国发动变法的思想基础，受到了秦国变法的深刻影响。

在楼缓、肥义的坚定支持下，赵雍做出了第一个惊人决定——亲自改穿胡服，以胡服之身主持召开朝会。事先，赵雍将这一决定告知了最有实力的世族大臣——自己的叔父公子成，也就是赵成。赵雍的告知方法，是书信说明理由，实则是劝告与试探。赵雍的书信阐发了三点希望与理由：其一，希望赵成能在朝会上改穿胡服；其二，希望赵成不以家族长辈态度对待胡服之变，而能以国家大局为重，遵从“古今之公行”，率先响应胡服改制，使国家能做到“行政先信于贵”；其三，说明胡服改制的目的不是“养欲乐志”，而是“利国强兵”，恳切希望赵成辅助自己，以成胡服之功。

赵成的回复书简，却是明确反对的，也是三点：其一，老臣有病，不能参与朝会，也无法改穿胡服；其二，“中国”是文明仁义之邦，是四方蛮夷效法的楷模，今赵王舍中国文明而仿效蛮夷，是“变古之教，易古之道，逆人之心”，不能学；其三，赵王想背离中国文明，要慎重考虑。

赵成的反对，不是一个人的反对。赵成的威胁，也不是一个人的威胁。

赵雍并没有知难而退，反倒是勇敢地走进了赵成府邸。

这次君臣对话，赵雍以商鞅变法的基本理念为基础，论说了历代风俗服饰变异带来的利国利民的好处。更重要的，是赵雍这次翔实论说了赵国的四面危机，点出了一个要害事实：赵国东面与齐国、中山国共同濒临几条大河，但却没有水上交通，没有水军；赵国胡患严重，却没有强大的骑兵；没有水军，不能保证水域居民的生产；没有强大骑兵，不能抵御胡患，也无法拓展中原。如果赵国不思变革，不建立水军与骑兵，一定无法洗雪赵国几代人的耻辱。在这一番痛彻分析的基础上，赵雍提出了一个尖锐的问题：依从古老传统与忽视国耻，厌恶变服之名与忘记国仇，究竟哪个更为根本？

这次，在强大的国家存亡压力下，赵成屈服了，答应追随赵雍的胡服改制。

于是，赵雍在第二天立即举行了“胡服朝会”，向全国臣民发出了“胡服令”。

但是，事情并没有就此完结。一大批世族大臣在“胡服令”发出之后，还是来阻止赵雍，劝谏取消胡服改制，理由自然是“敬天法祖，如故法便”的一套。赵雍没有客气，结结实实地对这批世族老臣一番训诫。这次，赵雍有了更进一步的深刻说法——

> 反古未可非，而循礼未足多也！且服奇者志淫，则是邹、鲁无奇行也；俗辟者民易，则是吴、越无秀士也。且圣人利身谓之服，便事谓之礼。夫进退之节，衣服之制者，所以齐常民也，非所以论贤者也。故齐民与俗流，贤者与变俱。故谚曰：“以书御者，不尽马之情；以古制今者，不达事之变。”循法之功，不足以高世；法古之学，不足以制今。子不及也！

赵雍发出了最后警告——你等不要再反对胡服改制了！

老世族们终于沉默了。胡服骑射在赵国全面推行了。

3 军制改革：赵国变法的核心点

赵雍发动的空前大变法，是以军事改革为突破点的。

胡服骑射的实际目标，是创建剽悍强劲的骑兵，是全面推行新军制。与此同时，推行政治经济方面的相应变革，而不是停留在“服饰变易”的表层上。就变法的战略而言，军事改革既是突破点，也是核心点。军事改革不成功，连带进行的全面改革也必然失败。军事改革若一举成功，则既能为全面改革创造安定的社会条件，又能有效消除全面改革的阻力。

在军事改革中，军制变革是最大难点。成功的军事改革，其第一要素就是军制改革。军制要改革，旧的队伍就要被打散，旧的军事地盘也要被重新改组，旧军队与封地旧领主的依附关系更要被废除。还有兵员征召的改变，训练方式的改变，后勤支援的改变等全面变革。总之，面对军制改革，军界巨头们的反对声音是很鲜明的。

据《战国策·赵策二》记载，赵雍下令，取消赵国北部原阳城旧有的步兵编制，将原阳建立为新骑兵的训练基地，创建强大的骑兵部队。原阳大将牛赞却坚决反对，理由是两大方面。

其一，“国有固籍，兵有常经。变籍则乱，失经则弱。今王破原阳，以为骑邑，是变籍而弃经也！”牛赞这第一条反对意见，就直指军队与封地领主附属关系这一根本问题。所谓“国有固籍，兵有常经”，其实际意思就是说，国人有固定的户籍地，兵员有经常的来源地，这些法度传统是不能变的。

其二，牛赞从兵士作战的实际方面提出反对，认为固有兵器战士熟悉，才能勇敢作战；传统军制实行日久，很难改变；放弃成型的军制，熟悉的兵器，会“损君弱国”。最后，牛赞的结论是，“今王破卒散兵，以奉骑射，臣恐其攻获之利，不如所失之费也！”也就是说，废除了旧编制，解散了旧军队，只怕带来的作战利益，远不如流失的利益大。显然，这已经带有隐隐的威胁意味了。

面对旧军界巨头的阻拦，赵雍的回答也是两个方面。

其一，变法是硬道理，军制一定要变。注重时俗，但不为时俗所制；建立军队，但不能被军队所制。赵雍的实质意思就是，国家不能受制于旧观念，更不能受制于旧军队，该变就要变！显然，这是不受任何威胁的明确表态。

其二，一切具体制度都得服从潮流，一切军制都得服从战争，该变的都得变。赵雍严厉批评了牛赞，说他就知道官府之籍，器械之利，兵甲之用，但却不知道阴阳之宜！“兵不当于用，何兵之不可易！教不便于事，何俗之不可变！”赵雍明确告知牛赞，今天以旧制扰乱军制变法，这不是你牛赞能承担的损失！

在赵雍鲜明果敢的压力下，旧军界的巨头们终于勉强改变了立场。

当时，改革军制的最基本问题，是军队能在多大程度上实现国家化。战国之世，保留封地制的各个国家，军队组建的基本路径都是以封地领主的人口、财力为根基的。因此，各地军队依附于封地是在所难免的。这就是军队的依附性。要破除军队的依附性，完成军队的国家化，必须涉及的根本制度，就是对封地制的保留或废除。当时，除了秦国的商鞅变法在实质上废除了封地制，实行了虚封制，从而在根本上完全实现了军队的国家化外，其余国家的变法，都只是相对地削弱了封地领主的权力，而没有从根本上废除封地制。

赵武灵王的军制改革也是这样，并没有废除封地制，也没有实行虚封制。

但是，赵国的这次军事制度大改革，其深度与全面性，仍然远远超过了山东任何一国。这一深度，从后来的“田部吏赵奢”强行进入平原君封地催缴赋税，并依法杀死平原君封地抗税官吏的故事可以看出，赵国的封地治权已经缩小了许多，距离军队的完全国家化已经没有多大距离了。因此，胡服骑射之后，赵国的精神面貌发生了巨大变化，军队战斗力得到了极大提升，迅速成为可以与秦国抗衡的超一流强国。

4　赵国军事改革大见成效

赵国军制改革推行迅猛，大约一年余，一支精锐灵动的骑兵成军了。

从公元前 306 年，也就是胡服骑射的第二年秋冬开始，赵国的军事实力便开始猛烈地爆炸了。让我们顺着历史编年，看看赵国的强大攻势吧——

公元前 306 年，赵军同时向中山国与北胡发动两路攻势。中山国战役大胜，向北推进到宁葭（今河北省石家庄市鹿泉区）。北部对胡战场也大获全胜，推进到河套北部的榆中。

公元前 305 年，赵国动员五路大军全面猛攻中山国。这五路大军是：步兵分为左、中、右三路，骑兵一路，归附赵国的北方胡族南下一路。战役发动后，连续夺取曲阳（巨鹿城）、丹丘（古邢州）、华阳（恒山要塞）、鸿上塞（古定州）四座军事要塞。赵雍与太子赵章亲自率领的中路军主力，则连下常山、恒山地带的鄗、石邑、封龙、东垣四座城池。中山国大为惊慌，连忙再献出四座城邑求和。赵武灵王适可而止，停止了攻势。

公元前 303 年，赵军第三次进攻中山国，获胜撤军。

公元前 301 年，赵军第四次大举攻陷中山国都城，中山国国君逃亡齐国。

公元前 300 年，赵军第五次进攻中山国，夺取全部中山国东部地区，中山国近于灭亡。

公元前296年，也就是赵雍改做“主父”的第四年，他第六次亲自率军对中山国展开了灭国大战。历经激战，攻克中山国都城，中山国最后一任君主被流放到肤施山地（今陕西省延安市一带）。自此，占地五百里，号称千乘之国，且一度称王的中山国宣告灭亡。

至此，赵国长期的心腹大患终于除去，赵国的土地与人口大幅度增长，成为名副其实的天下强国。据《战国策·秦策三》记载，以提出“远交近攻”而闻名天下的大战略家范雎，对赵国吞灭中山国的评价是：“中山之地，方五百里，赵独擅之；功成，名立，利附，则天下莫能害。”

在攻灭中山国的数年中，赵雍大军同时北上征战，连续吞灭了林胡、楼烦两国，设立了云中郡、雁门郡、代郡。同时，赵武灵王还发动修建了赵国的北部长城。当时，赵国的实际控制地区，已经远远达到了阴山以北，在很大程度上遏制了北方胡族与匈奴势力对整个华夏文明圈的压力。总体上说，在变法后的短短十一年里，赵国连续取得了所有战场的巨大胜利，一跃成为山东第一强国。

5　赵武灵王末期的政治大悲剧

巅峰期的赵国，却突然埋葬了英雄的赵雍，给变法涂上了又一层浓艳的血色。

赵武灵王末期的悲剧，直接原因在于两个儿子的继承权争夺，根本原因却在于赵雍自己的政治幼稚病。这场深重的政治危机，是一步步累积演化而成的。

赵雍即位第四年，也就是亲政第二年，娶韩国公主为妻，生下嫡长子赵章。

公元前311年，也就是赵武灵王即位的第十六年，发动变法的四年之前，赵雍巡视北部边境时，又娶了边地官员吴广的女儿孟姚，时人呼为“吴娃”。吴娃深得赵雍之心，很快被立为王后，名号为惠后。不久，吴娃生下了一个儿子，取名赵何。

赵武灵王的嫡长子赵章，很有将才，曾在赵武灵王二十一年全面进攻中山国的战役中，做赵武灵王的副手，实际担任中军统帅。因此，赵章很得父亲器重，被立为赵国太子。

赵武灵王二十五年，赵何的生母惠后（吴娃）病逝了。此时，太子赵章已经是年近三十岁的成人了。而此时的次子赵何，尚是十岁以内的童稚小儿。

赵武灵王二十七年五月，赵国召开盛大朝会，宣布了三个惊人的决定：其一，废黜旧太子，赵章被贬为边军守将。其二，正式立少年王子赵何为赵王，当即即位。同时，由实力权臣肥义为丞相，实际领政，同时兼领“傅王”重大职责，全面教习督导少年君主的成长。其三，赵雍退位，号称“主父”，专掌军事征伐大权，为赵国开疆拓土。

赵惠文王三年，也就是赵雍做主父的第四年，赵军攻灭中山国。主父赵雍在论功行赏时，又将随军作战的故太子赵章，封为代地的安阳君，并任谋臣田不礼做安阳君的丞相。

赵惠文王四年，邯郸大朝会。秘密观看朝礼的赵雍，看到长子赵章对弟弟赵何跪拜行礼，心生不忍。此后，赵武灵王做出了一个决定，要将赵国一分为二，赵章在代地称王，赵何在邯郸称王。这一决定刚刚提出，就遭到肥义等大臣的强烈反对，被搁置了下来。

朝会期结束，时值盛夏。主父赵雍与少年国王赵何、故太子赵章，一起到邯郸东北部濒临大湖的沙丘宫避暑。父子三人，各居一处宫殿。赵雍的本意，是想借此机会说服两个儿子精诚团结，共同壮大赵国。赵雍理想的状况，是小儿子赵何主动提出封赵章为北赵王。因为，此时的赵雍，仍然对两分赵国抱有信心。大约是得到了肥义等老臣的告诫，少年国王赵何始终没有提出这一动议。

此时，久有谋划的故太子赵章，急不可耐，抢先发动了军事政变。

赵章的政变实施方略是以“主父”的名义，派专使到赵何所住的宫殿下达命令，说主父正在赵章处议事，要赵何来赵章所居宫殿拜见主父。赵章的意图，是要以伏兵除掉少年国王赵何，而后由自己继承赵王，再逼迫主父赵雍承认。

也就是说，赵章也不想两分赵国，他要自己做唯一的赵王。可是，这一谋划，被辅佐赵何的丞相肥义看出了破绽。肥义提出，自己先行探看虚实，再做定夺。结果是，先行去察看的肥义被赵章、田不礼的伏兵杀死了。杀死肥义之后，赵章立即率兵围攻赵何所居宫殿，与护卫赵何的将军信期所部展开了激战。不料，在赵章军占据优势之时，拥戴赵惠文王的王族大将赵成，率邯郸外围驻军赶到，战败乱军，杀死了赵章的丞相田不礼。战败的赵章孤身逃奔主父宫，寻求主父赵雍的保护。

短暂激战平定之后，年轻的赵何骑虎难下，只有接受拥戴势力的决定，封赵成为安平君，任丞相，总领国政。赵成的首席谋臣李兑，被封为司寇大臣，专一剿灭这场叛乱。于是，赵成李兑集团，以追杀赵章、护持王室为名，包围了主父赵雍所在的宫殿。

此时的赵雍，已经无法控制赵国局势了。

无论从法度上说，还是从当时的理念与传统上说，赵成集团效忠王室、平定乱党的军事行动，都有着很大的合理性，对赵国臣民也有着强大的影响力。对于赵成举兵，身为主父的赵雍，是无法问罪的。从实际上说，赵雍已经无法走出被包围的宫殿，无法聚集驻扎在边地的大军，对赵成集团实行反击与整肃了。

很快，赵雍交出了长子赵章，并赞同将赵章处死。但是，赵雍仍然无法走出被包围的沙丘宫。此时的赵成集团很清楚，晚年的赵雍，已经变成了凭个人好恶喜怒决定国家大事的昏聩人物，若放出赵雍，赵雍很可能因赵章之死与举兵叛乱两桩大罪，再度整肃赵国。赵成集团与赵何势力，都无法承担全部翻盘的结果。于是，对沙丘宫的包围不但没有撤，反而封锁得更为严密了。

当时，赵雍的护卫与随从，人数至少在千人甚或数千人。赵成李兑下令，除赵雍之外，所有的随从护卫，都必须尽快走出沙丘宫，晚出者诛杀全族——“后出者夷”！同时，赵成集团不派兵进宫，只对沙丘宫断粮，绝水，切断一切外界联系。在这种全面残酷的封锁下，历时将近三个月，沙丘宫中的护卫部众与随从们，终于全部都走了。赵雍在断粮断水、随从流失之后，独自困守沙丘宫，依靠爬树到雀巢，抓鸟与鸟蛋生吞，顽强支撑着。

在冬天来临时，赵雍终于活活饿死了。

赵雍的命运，是战国变法的又一个历史大悲剧。

6 后期赵国依旧强大的原因

赵雍之死，虽然使赵国的强大一时锐减，但并没有从根本上削弱赵国。

根本原因，是赵雍生前已经以连续的巨大胜利，巩固了变法根基。赵国虽然发生了权力争夺的大政变，但是却没有出现全面的复辟倒退。问题的另一面是，变法过程中积累的社会利益集团之间的鸿沟，已经由赵雍自己的鲜血大体填平了。所以，赵雍的悲剧性结局，并没有给赵国带来历史性倒退。新生的赵国，经历了短暂调整，又很快恢复了元气。

这一历史现象，与秦国在商鞅悲剧之后的进程，几乎完全一样。

历史的实践，展示了一种深刻的现象：真正植根于社会深层利益合理化的全面变革，无论发动者与主持者的个人命运如何，变革本身所培植的强大生命力，足以构筑战胜历史倒退力量的最坚实根基。正是在这样的意义上，我们说，变革的生命力，在于变革本身的正义性与深刻性。越是植根于社会利益合理分配的深刻变革，其生命力就越是强大。即或是变革的反对力量，也无法推翻这种深刻变革所巩固下来的历史成果。

赵雍死后，赵惠文王很快地成长起来，以王族大臣平原君赵胜等人才为依托力量，渐渐从赵成、李兑的专权状况下解脱出来。从第十四年开始，惠文王赵何亲政。亲政之后，赵何重用能臣名士，多次战胜危机，赵国重新开始强势崛起。尤其是马服君赵奢的阏与之战，赵国首次战胜秦国，使赵国稳定地成为山东抗秦力量的轴心。平原君赵胜、马服君赵奢、大将军廉颇、上卿蔺相如、国尉许历等，都成为这一时期的名臣名将。

赵惠文王在位三十三年后病逝，太子赵丹继位，就是赵孝成王。

赵孝成王在位二十一年，是赵国全面对抗秦国的时期。其间，从赵孝成王第四年至第七年，爆发了战国史上最大的一场战争，也是整个人类在冷兵器时代最大规模的一场战争——赵秦长平之战。此战，赵国惨败，精锐大军六十余万被摧毁殆尽，其中四十万被坑杀。

长平之战后，赵国开始下滑。此后历经赵悼襄王、赵王迁两代十七年，赵国便灭亡了。

赵国变法，连续强盛三代，是仅次于秦国的一次成功变法。

燕国乐毅变法

1 变法序幕：燕国的深重灾难

七大战国的变法中，燕国较赵国变法早三五年开始，大体属于同时期。

燕国的变法，发生在一场巨大的政治灾难之后。这场灾难，就是燕王哙的“禅让”带来的燕国内战与强国干涉，使燕国全面陷入崩溃局面。制造这一灾难的燕王姬哙，死后没有谥号，史书直接称作“燕王哙”。燕国的禅让灾难，在当时的战国社会产生了轰动效应。

让我们对这一事件的主干过程，做一个简单回顾。

公元前321年，在位十二年的燕易王死了，太子姬哙即位为燕王。姬哙当政的时期，正是六国合纵抗秦的高峰期。当时，燕国有个将军，名叫子之，因为率领燕军参与合纵攻秦，成为掌握燕军的主要将领。这个子之，精明强横，主动结好于以燕国为根基的合纵名臣苏秦，从而使另一个战国纵横家——苏秦的弟弟苏代，成为自己的忠实同盟者。

在苏代、鹿毛寿等大臣的宣扬支持下，子之成了燕国丞相，独揽了燕国大权。燕王哙完全没有政治判断力，迂阔幼稚，几乎近于白痴。他相信苏代等人的蛊惑，认定子之是能推行新政的强臣，相信子之可以使燕国强大起来。于是，在公元前316年，也就是他即位的第六年，将燕王之位正式“禅让”给了子之，也将所有中级官吏以上的官印收集起来，交给了子之。燕王哙自己，则做了臣民。

事实却正好相反。子之成为燕王后，非但没有推行新政，而且因加重赋税，因激化燕国固有利益集团之间的矛盾，导致了燕国的社会灾难。三年之间，“国大乱，百姓恫恐”。这时，被燕人视为“太子”的姬平，也就是燕王哙的长子，联合将军市被，又秘密联结齐国外援，率先举兵，公开反对子之政权。

可是，姬平势力举事仓促，很快就被子之集团击败了。

姬平势力失败后的第二年，齐国介入了燕国纷争。

当时的齐国，既担心这个大邻邦的混乱冲击自身，又想从混乱的燕国谋取巨大利益。于是，齐宣王以应燕太子姬平相邀，为燕国平乱的名义，大举发兵进入燕国。在燕人完全不抵抗的形势下，经过五十天作战，齐军攻占燕国全境，杀死了子之，也杀死了燕王哙。在此过程中，齐军大杀燕人，大掠燕国财货，使这场本来尚算师出有名的军事干涉，演变成了残酷的杀戮与掠夺，激起了燕人的强烈反对。当时的孟子，曾劝齐宣王“善待燕人”，并在燕国立起新君。可是，齐宣王沉湎于毁灭燕国，没有听从。

混乱与杀戮之下，燕人开始举兵反齐。在此形势下，齐军撤出了燕国。齐国的这次大规模军事干涉，以其残酷的杀戮掠夺，在燕齐这两个传统盟邦之间，种下了极其深刻的仇恨种子。齐军撤退后，燕人拥立了新君，这就是太子姬平，史称燕昭王。

自此，燕国在艰难缓慢的复苏中，拉开了变法的历史序幕。

2　变法前奏：燕昭王发愤强燕

姬平即位国君，三年之后，宣布恢复王号。

依照公元纪年，公元前314年姬平即位，公元前311年为燕昭王元年。

燕昭王即位的头三年，历经了极其艰难的恢复过程。燕国要从满目废墟的灾后状况下站立起来，既需要人才，也需要政治目标。燕昭王在会见第一个贤士郭隗的时候，这样表述了燕国复兴的政治目标：“齐因孤之国乱而袭破燕，孤极知燕小力少，不足以报；然诚得贤士以共国，以雪先王之耻，孤之愿也！”

这是又一个活生生的越王勾践，是又一次卧薪尝胆的宣示。

虽然，这个新燕王确实需要复仇，这是他发自内心的声音。但是，从社会需要与政治智慧的意义上说，这一宣示也有着强烈的自觉性。也就是说，这是燕昭王有意识说的。其第一意图，是为自己此前联结齐国做出辩解与澄清——燕国弱小，当时不足以抗击齐国；其第二意图，是提出复仇目标，振奋臣民，聚结国人。

从当时的社会传统与价值体系来说，洗雪国耻，强力复仇，是最有号召力的变革振兴思想。以雪耻复仇为直接目的而变法，秦国是这样，赵国是这样，如今的燕国也是这样。甚或，魏、齐、楚、韩的最初变法动机，也是大体相同的。

这是历史实践得出的结论，举凡弱国振兴，无不伴随着洗刷既往耻辱的强烈渴望。

在这一复兴目标下，燕昭王积极求贤，获得了显著效果。

燕昭王求贤的方法，是中国历史上的一则佳话。当燕昭王对老贤士郭隗诉说了复兴愿望后，郭隗提出了一个简单扎实的办法——展示榜样，激励天下能才入燕。郭隗这样说：“王必欲致士，先从隗始。

况贤于隗者，岂远千里哉！”这是说，你确实求贤，就先最大限度地敬我，用我。只要做出样子，比我杰出的能才，自会不远千里来投奔。《战国策》的记载更详细，郭隗还讲述了一个五百金买马骨，而千里马一年三至的故事。如此坦率的谋划，是只有战国时代的阳光政治，才能出现的奇迹。

燕昭王极具悟性，立即开始了实际行动。

第一个举动，为郭隗专门改建了一座旧宫室，力所能及地尽量使其华贵。这就是后世所谓的“燕昭王筑黄金台”。宫室建成之日，燕昭王以隆重的礼仪迎接郭隗入住。

第二个举动，将郭隗拜为燕王师，给予最大程度的尊敬。

很快，这连番举动在百废待兴的燕国，激起了强烈反响。消息迅速传开，燕国求贤的急迫与渴望，天下皆知了。数年之间，魏国名士乐毅入燕了，齐国稷下学宫的名士邹衍入燕了，赵国名士剧辛也入燕了，许多名士都纷纷来了。史书的记载是：“士争趋燕”——天下能才争相奔赴燕国。对于一个百废待兴的老牌穷国，这是一大批最为宝贵的财富。

黄金台的天下效应，与此前秦孝公的求贤令，几乎是等同的。

在整个战国时代，以搜罗人才为变法之最必要条件者，唯有秦、燕两国。因为，这两个国家具有极其相似的国情：长期历经战乱劫难，各种人才极其贫乏；变革复兴之大政治家，更是极少在本国历史中出现。因此，向天下求贤，是这两个国家要走复兴道路的必备条件。恰好，这两个国家都成功了。

其余五大战国的变法，虽然不是大规模向天下求贤，但同样是以人才为本的。魏国的李悝变法，楚国的吴起变法，韩国的申不害变法，齐国的齐威王与群才变法，赵国的武灵王与群才变法，无不是以聚结大批人才为推进力量的。这一历史实践，揭示了一则最为宝贵的历史经验：国家与民族的复兴，必须以聚集人才为根本，舍此没有第二条道路。

3 乐毅在燕国推行变法

史料没有明确呈现燕国变法的开始时间。

但是，依据史料提供的相关信息，我们还是可以大体推断出燕国变法的时间表。从当时燕国的实际形势看，最大的可能性是：大批士子进入燕国后，燕国新君姬平才宣布称王，宣示变革复兴的雄心。也就是说，燕昭王元年，即公元前 311 年，是燕国开始筹划变法的开端。这一开端筹划，比当时的赵国早了四年。

燕国的变法，是以燕昭王任用乐毅为亚卿开始的。

关于乐毅的前期经历，《史记》与当代的战国研究专著的表述，都在时间上多有矛盾。最大的矛盾，是说乐毅在赵武灵王沙丘之变后进入燕国。果真如此，此时已经是燕昭王十七年，乐毅在燕国的变法已经没有时间了。同时，又说燕昭王即位之初“敬郭隗，筑宫室，乐毅闻之而入燕”。这里，我们剔除这些矛盾的方面，将乐毅的家世与前期经历的主要脉络作以推定性的简要回顾。

乐毅，魏国人，是魏文侯时期的名将乐羊的后代。魏文侯、魏武侯之后的魏国，自恃天下名士汇聚之地，形成了表面敬才而实际不重用人才的庙堂风气。所以，年轻的乐毅在魏国难以施展抱负。于是，乐毅很快离开了魏国，进入了赵国。其时，赵武灵王尚未筹划变法，赵国尚在蛰伏阶段。因此，乐毅没有进入赵武灵王的视野。或者，乐毅判定自己在赵国不会有发展机会。总之是，乐毅又回到了魏国。

此时，才有了《史记》记载的乐毅入燕动机：闻燕昭王“屈身下士，先礼郭隗，以招贤者”。于是，乐毅谋了一个魏昭王特使的角色，出使燕国。燕昭王对乐毅，先以邦交客礼待之，继而以治国重任委之，动员乐毅留燕施展大才。在燕昭王的诚恳襟怀下，乐毅终于决定留在燕国。

燕昭王在开始阶段任命乐毅的官职，是亚卿。亚卿的爵位不高，但在燕国的政治传统中，却拥有施政实权，如同秦国早期的左庶长。如果以后世职务类比，相当于宋代范仲淹以“参知政事”的职位主持改革，实际就是主持日常政务的副丞相。合理推定，乐毅开始担任亚卿的时间，应该在燕昭王元年至三年的时间段内，不应该再晚。

也就是说，至少从燕昭王三年开始，燕国的变法正式启动了。

关于燕国的变法内容，史料的直接呈现极其简单而模糊。

吴起在楚国的变法，已经很简单了。但是，燕国的变法记载更简单。以至于当代的战国史大家杨宽先生的《战国史》，无法将燕国变法列为一节叙述。《史记·乐毅列传》只有一句指向变法的话语：“燕昭王以为亚卿，久之。”这是说，乐毅曾经长期担任燕国亚卿。在《史记·燕召公世家》中，也只有关于燕昭王活动及其变法效果的几句表述：“燕王吊死问孤，与百姓同甘苦。二十八年，燕国殷富，士卒乐轶轻战。”在《战国策》及《史记》其他人物的言论中，涉及燕国与乐毅者，关注点又都是乐毅的破齐之战与后来命运，很少有涉及变法内容的。

因此，燕国的乐毅变法，是七大战国中面貌最为模糊的一个。

但是，依据战国变法的普遍内涵，以及燕国崛起的效果信息，我们还是可以合理推定燕国变法的主要内容。这些变法内容，最基本方面是四则：

其一，实行战后灾难管制，恢复国家生气，抚慰破碎家室，招抚流散人口。

其二，振兴经济。主要政策是奖励农耕，开放商业，恢复发展制造业三方面。

其三，政治变革。主要方面是裁汰冗官，整肃吏治，削减封地，限制封主治权。

其四，军事变革。主要方面是确立新军制，训练新军，建立新的军事后援系统。

当然，任何战时变革，都是一场广泛深入的社会利益再分配，肯定还会涉及许多方面的因素。燕国在二十八年之后，所以能从一贫如洗的战后状态变为“殷富之邦”，士卒能做到“乐轶轻战”——喜欢军功爵位而看轻战事苦难，这些已经充分表明，燕国历经二十八年的变法，已经取得了历史性的成功。

从时间上看，燕国变法是历时最长、国力恢复最缓慢的战国变法之一。虽然，它没有同样历经长时间变法的秦国那样深刻彻底，也没有秦国那样的变法成果巩固五六代之久，但是，其爆发的效果也是惊人的。

4 铁血幻想：乐毅的灭齐之战

公元前 284 年，燕国开始发动对齐国的大规模复仇战争。

燕国二十八年变法积聚的国家能量，在这场战争中得到了集中释放，威力震惊当时天下。这场战争，由于燕国上将军乐毅的通盘筹划，成为战国时代具有经典意义的大战之一。这场战争与变法命运直接关联，其历史内涵极其丰厚，我们应该给予基本的总结。

开始阶段，这场战争以燕国为轴心，发动了齐、楚之外的五大战国全部参加。也就是说，这是一场七大战国全部参与其中的天下大战。其中，以燕国大军为主力，燕国上将军乐毅为五国联军统帅，兼领燕、赵两国丞相印，赵、魏、韩、秦四国，直接出兵参战。

楚国在开战初期，保持了出兵救援齐国的态势。但是，当战争形势急转直下，齐湣王逃亡之后，楚国立即转向，杀了齐湣王，加入瓜分齐国的阵营中来，分得了收回淮北故地的巨大利益。

这场极其特异的战国大合纵，打破了当时山东六国联合抗秦的合纵格局，而形成六大战国联手对齐国作战的特殊格局。如此特殊格局所以能够出现，最根本的原因是齐国骄横于天下，在外交上陷于彻底孤立。当时的齐国君主是齐滑王，这位国王有严重的政治狂躁症，既大大扩张了齐国军力，又毫无国家战略意识，接二连三地在重大对外行动中严重失策，孤立了齐国，给燕国的运筹合纵提供了历史机遇。

齐滑王时期的重大战略失策，至少有五个方面。

其一，遏制致力于山东合纵抗秦的孟尝君集团，迫使其称病隐居封地，脱离国政，使齐国失去了极其重要的一个斡旋天下的人物。同时，对齐国纵横家鲁仲连的救齐活动无动于衷，不做配合，听任孤立状态日益加剧。

其二，与秦国盟约，同称“东帝、西帝”，欲图展开灭赵大战。虽然，齐滑王很快取消了帝号，也与赵国达成了和解。但是，山东五大战国，已经对齐国产生了严重的不信任感。

其三，公元前287年，五国攻秦，燕国派出少量军队参加。齐滑王骄横地擅杀燕军将领，使联军离心，燕国对齐国仇恨加深。

其四，公元前286年，齐滑王执意趁山东战国全力抗秦之际，吞灭宋国，一家独获扩张之利，导致山东五国对齐国的仇恨大大加深。

其五，齐滑王内政荒疏，加重赋税，引起人民普遍不满，齐国恶政名声满天下。

唯其如此，当时的齐国，成为山东战国中唯一遭受六大战国同时夹击的国家，可谓咎由自取。齐国的破国灾难，深刻说明了一则基本的历史经验：在一个激烈的全面竞争时代，即或是强国崛起，成熟的战略，基本的道义，也是必须遵守的两个基本方面。缺乏稳定战略而一味狂躁地显示力量，只能成为众矢之的；丢弃邦交道义的基本底线，而肆意伤害同盟者，只能孤立于天下，只能导致最终失败甚或亡国灾难。

燕齐战争延续了六年，是战国时代历时最长的破国又复国的大战。

这场战争，经过了四个大阶段。

第一阶段，合纵破齐并分割利益。以燕军为主力的五国联军，经过一次“济西大战”，击溃齐军四十万主力大军。之后，包括楚国在内的各参战国，在燕国主导下实行了对齐国的利益分割，各国参战兵力撤回。

第二阶段，乐毅统率燕国大军，独立进军齐国纵深，连下七十余城，几乎占领齐国全境。大举占地的同时，燕军对齐国展开了同等报复，大举掠夺齐国财货人口，输送于燕国。燕军的同等报复政策，使齐国民众产生了抵抗心理。

第三阶段，齐国只剩下莒城、即墨两座城池孤守。在唯有两城坚守的艰危时刻，齐国人心开始了逆转。颇具政治家眼光的乐毅，开始认识到强力灭齐的后果，很有可能使燕国将来再度成为齐国的复仇对象。为此，乐毅开始了长期围困，并推行相对宽松的政策，力图感化齐人归附燕国。

第四阶段，在乐毅“仁政化齐”取得重要成效的时刻，燕昭王病逝了。燕国新君燕惠王改变对齐政策，罢黜乐毅，任用骑劫为将，发动对齐总攻势作战。固守即墨的田单军，进行了著名的“火牛阵”反击，战胜燕军并乘胜追击，一举恢复了齐国全境。燕军溃败，撤回燕国，六年大战宣告结束。

这场战争的最终结局，看似取决于罢黜乐毅，其实取决于更为深层的必然。

这一深层的必然，就是这样一个历史法则：依靠残酷杀戮与全面掠夺所取得的战争胜利成果，永远都不可能是稳固持久的。以其人之道，还治其人之身的报复主义，永远不会成为征服人心的正道。古今中外的战争实践，无不说明了这一历史法则的深刻性。乐毅的燕军，以报复政策在先，及至萌生出铁血幻想，在被占领国推行相对仁政，为时已晚。

战争形势的逆转，就其深层根源而言，是必然的。

燕国的乐毅变法，随着破齐之战的失败，在燕国名存实亡了。

燕国的命运，与乐毅个人的命运一样，都陷入了一种不伦不类的灰色境地。乐毅，以逃隐赵国的形式，不复再出，永远地沉沦性隐居了。燕国，以重回老路的方式，复归弱势，同样永远地沉沦了。

燕国与乐毅的命运，说明了这样一个深刻的道理：复兴国家的变法，可以以复仇雪耻为第一动力，但却不能以复仇为最终目标。一个国家若没有更为高远的目标，变革与复兴所能迸发的历史张力就是极其有限的。

战争文明之巅峰

1　战争文明的历史内涵

战争现象，是理解一个特定时代最重要的历史窗口。

战争文明，是特定文明形态最重要的构成部分之一。

从人类进入国家时代开始，野蛮状态下的族群冲突发展为大规模的以社会组织为条件，以社会整体生产水平为基础的国家之间的对抗行为。这种对抗，我们称之为战争。国家时代特定国家的战争方式，我们称之为战争文明。这种战争文明，是一个国家、一个民族文明形态的有机构成部分。

战争文明与政治文明，是最直接体现国家性格与民族精神的两大支柱。

据《历代战争年表》（解放军出版社 2003 年版）统计，中国的春秋战国时代，是整个人类古典文明史上战争最为集中、最为多发的一个时代。整个春秋时代，发生战争 395 次。从公元前 475 年，到公元前 221 年，254 年的战国时代，史料有迹可循的大小战争发生过 230 次。

在此后的任何时代，都没有过如此高密度的战争。应该说，这还不是春秋战国时代曾经爆发过的所有战争。因为，偏僻地域各族群之间的资源争夺战、小诸侯之间的小规模冲突、各国内部不同利益集团之间的武装争夺、各国由政变引申出的内部武装冲突等，都很难进入历史学家的记载。

如此高发的战争频率，如此长期的战争实践，在整个人类历史上的任何国家与地区都未曾有过。能在550余年的时间里，长期处于战争状态的，只有中国的春秋战国时代。我们可以确定地认为，战争，是中国战国时代最为基本的历史现象。

第二次世界大战即将结束时，美国文化人类学家鲁思·本尼迪克特，以研究日本文化传统为切入口，写出了享有盛名的关于日本战争文明的研究著作——《菊与刀》。虽然，鲁思·本尼迪克特对文明的表述使用了文化传统、思维习惯、行动习惯等具体概念，但就其实质而言，这部著作仍然可以被看作是一个历史性的标志——人类理念对战争研究走向本质化的标志。因为，这是人类理念第一次将战争方式作为民族文明的构成部分对待，而不是单纯地就军事活动研究战争。

从这本书之后，以美国处置日本战后社会的实际政策为标志，以美国与欧洲对曾经的法西斯国家的文明根基的深入研究为延续，当代世界的战争理念发生了深刻转变。这一转变的实质是，所有的文明国家，都不再将战争作为孤立的军事行动看待，而是作为全面的、综合的、基于文明差异的国家对抗行为对待。无论是发动战争，进行战争，结束战争，还是战后处置方式，都远远超越了单纯的军事领域。

客观地说，自鲁思·本尼迪克特开始的战争文明理论，是以西方世界在第一次世界大战之后形成的战争文明为本位的，是立足于解决当时的战后问题的。对东方民族在历史中形成的战争文明，他们还缺乏深刻的历史理解。或者说，他们也没有理解的欲望，以及将这种欲望变成研究实践的合适条件。

基于这一现实，世界对中国战争文明的理解，少之又少。除了一部《孙子兵法》，除了近现代乃至当代的中国战争实践，世界对中国战争文明的历史传统，对这种传统形成的根基时代，都很少有人了解。

虽然如此，自鲁思·本尼迪克特开始的战争文明研究，还是给我们认识人类历史上的战争现象，提供了一种更为广阔的视野，这就是战争文明的视野。将战争现象作为一种特殊的文明现象来对待，这是我们总结文明历史遗产的应有高度。

2 战国：人类古典战争水准的最高峰

认识战争文明，首先要对该时代的战争水准有一个相对全面的了解。

战争水准，是战争实践所能达到的历史高度。衡量一个时代的战争水准，有六个基本要素。这六个基本要素，事实上构成了评估时代战争水准的指数体系。

其一，该时代各个国家的常备军数量；

其二，战争实践所表现出的用兵规模的大小；

其三，战争方式的发展程度；

其四，兵器装备的先进程度与杀伤力度；

其五，组织大型战役的合成能力，及其所能达到的摧毁烈度；

其六，战争智慧的发展程度，兵学典籍的丰富深邃程度。

只有对一个时代的战争水准有了相对全面的了解，才会理解一个时代所形成的相对稳定的战争文明——战争价值观、战争动员方式、对待死亡的态度、对待战俘的普遍原则、军人的社会地位等。这是两个层面的问题。我们先来对战国时代的战争水准，依据上述指数，做一个历史的评估。

(1) 第一个指数：各个国家拥有的常备军数量

自华夏世界进入国家时代，夏商西周三代，常备军数量较少，但也超出了世界同时代早期国家的军队数量。夏王国的中央常备军，大体在 3 万到 5 万之间；殷商王国的中央常备军，大体在 5 万到 10 余万之间；周王国的中央常备军，大体在 8 万到 10 万之间。西周时期的诸侯国，则兵力不等，最大的千乘之国，其常备军数量大体在 3 万到 10 万之间。

进入春秋时代，周王室的中央常备军数量大大萎缩，加之极少出战，几乎成为可以忽略不计的一方。春秋时代的天下兵力，主要集中于几个大的霸主国——齐、晋、楚、秦、吴、越等，以及郑国、鲁国、宋国等几个较大的实力诸侯国。一般而言，霸主国的兵力都保持在千辆战车的水准，或略有超出，此所谓“千乘之国”。一辆战车附属的步卒，以 30 人至 100 人计算，大体拥有 3 万至 10 万人的兵力。

进入战国时代，七大战国常备军的数量迅速扩大。依据史料记载的常数，同时参照各国在大战中的实际出兵数量，战国中期七大战国的常备军，大体是三个层级——

第一层级，秦、赵、楚三大国，常备军大体保持在 40 万至 60 万之间；

第二层级，齐、魏两大国，常备军大体保持在 30 余万至 50 万之间；

第三层级，燕、韩两战国，常备军大体保持在 20 余万至 40 万之间。

依据《战国策》记载的纵横家对各国军力的评估，七大国的常备军数量还要更大。

这里，我们也罗列一下苏秦等人的评估——

秦国：带甲百万，战车千乘，骑万匹，总兵力在100万之上。

楚国：带甲百万，战车千乘，骑万匹，总兵力也在100万之上。

赵国：带甲数十万，车千乘，骑万匹，总兵力接近100万。

魏国：武力20万，苍头20万，奋击20万，厮徒10万，总兵力70余万。

齐国：带甲数十万，参照纵横家的齐魏相当之说，总兵力当在60万上下。

燕国：带甲数十万，战车700乘，骑6 000匹，总兵力也在60万上下。

韩国：一云见卒不过20万，一云带甲数十万，总兵力当在30万上下。

在当时信息相对闭塞的条件下，纵横家们的评估虽略见夸大，但已经非常接近于实战出兵数量了。对于大规模的国家军队，数万军力之间的评估差异，纵然在当代条件下也难以避免。所以，在实际上可以忽略不计。我们需要明白的基本点是，战国常备军数量的庞大，在整个人类的冷兵器时代是绝无仅有的。

（2）第二个指数：战争实践表现出的用兵规模

中国古典战争的用兵规模，在春秋、战国、秦帝国三大时代，表现出不断扩大的历史趋势。春秋中期的用兵规模，已经超过了夏商西周三代，达到了以10万兵力为大战常数的历史水平。《孙子兵法》中，有几处说到了这一点。其《作战》云：“日费千金，然后十万之师举矣！”《用间》云：“凡兴师十万，出征千里……不得操事者七十万家。”也就是说，春秋中期的用兵规模，已经达到了出兵10万，须以70万户民众为后援劳作的空前水平。

此后，在战国初期，由于各国着力于内政变法，大战一时减少，用兵规模有所降低。《吕氏春秋·用民》记载：“吴起之用兵也，不过五万。”但是，随着变法之后新兴战国的接连崛起，战争的用兵规模迅速扩大，达到了冷兵器时代的巅峰。

战国中期，开始了大规模用兵。以秦国白起的伊阙大战为标志，分为两个大阶段：伊阙大战之前，为用兵规模渐次上升的发展期；伊阙大战之后，为大规模用兵的成熟期。让我们沿着战争实践的脚步，先看看第一阶段的大规模用兵是如何逐渐发展起来的。

公元前 405 年，魏赵韩三国联合攻齐，大胜，“得车二千，得尸三万”。从齐军战死人数看，这是战国时代的第一次大规模用兵。魏赵韩三方联军出兵 30 万上下。齐军，则至少 20 余万兵力应战。双方参战总兵力，第一次达到了 50 万上下的规模。

公元前 364 年，秦献公亲率秦军，于石门之战大破魏军，斩首 6 万。据此推断，秦军出兵，应在 30 万上下。魏军，则至少以同等兵力应战。双方参战总兵力，至少达到了 60 余万的规模。

公元前 353 年，齐军围魏救赵；公元前 341 年，齐军围魏救韩。这两组作战，分别涉及魏、齐、赵三国和魏、齐、韩三国，其参战总兵力，无疑会更大。两战兵力，史料虽无准确记载，但根据战争实践，两次大战，每战之三方总兵力，都至少超过了 70 万人的规模。

公元前 318 年，山东五国合纵攻秦，至函谷关。结果是，秦军获胜。依据当时各国军力，此战也是一场大规模用兵。五国联军至少出动 50 余万的兵力，秦军至少出动 20 余万兵力。两方的参战总兵力，应当在 80 万人上下的规模。

公元前 305 年到 296 年，赵武灵王多次率军进攻中山国，直到攻灭中山国。每次大战，都是多路进兵。依据变法之后的赵国军力，显然也都是大规模的用兵。

上述 6 次大战，是大规模用兵的发展阶段。

战国中期，秦国上将军白起登上历史舞台，大规模用兵跨越到了一个新的阶段。自白起大规模用兵开始，战国中后期的超大型会战，一共有 8 次——

其一，公元前 293 年的伊阙之战。这次超大型会战，白起统率的秦军，与魏韩联军在中原地区的伊阙之地对阵。会战结果，秦军大胜，斩首 24 万。这次大战，双方三国，皆以举国兵力参战。同时，辅以魏韩联军的战死人数为评估参照，则秦军参战兵力，至少在 40 万至 50 万之间，魏韩两国的联军人数，至少在 60 万之上。总体上说，两军参战总兵力，已经超过了 100 万。这是战国时代第一次聚百万兵力的超大型会战。

其二，公元前 262 年至 260 年的长平大战。这次超大型会战，因秦国与赵国争夺战略要地上党郡而起。战场之广阔，从黄河北岸的河内地区，一直深入到太行山腹地的长平关谷地，也就是今天的山西省高平市谷地。这次大战，历经 3 年对峙，秦赵双方直接参战的总兵力，远远超过了 100 万。若连带计算双方的后援民力，全部战区容纳的总人数，至少在 500 万至 600 万之间。此战，赵军惨败，仅被秦军坑杀的降兵，就有 40 万之多。

其三，公元前 284 年至 279 年的五国破齐之战。这次破齐之战，分为两大阶段。第一阶段，以燕军为轴心的五国联军，对阵齐国主力大军。第二阶段作战，是击溃齐军主力之后的攻占齐国，全部由燕军承担。我们所说的大会战，指第一阶段作战。此战，五国联军的总兵力超过了 80 万，齐军应战兵力则在 50 万上下；双方参战总兵力，已经远远超过了 100 万。此战结局，齐军大败溃散，导致燕军 6 年攻齐，几乎占领齐国全境。

其四，公元前 251 年，燕国集中全部兵力发动的攻赵之战。此战，燕军两路攻赵，共出动兵力 60 万。赵军两路应战兵力，至少在 40 万之上。双方总兵力，也超过了 100 万。此战，燕军大败。此后再无大规模攻赵战事。

其五，公元前 229 年，秦国发动的灭赵之战。此战，秦军以王翦为统帅，出动 40 余万兵力。赵军以李牧为统帅，举兵 50 余万应战。双方总兵力，同样超过了 100 万。此战结果是，双方在太行山地区的井陉关相持年余，赵军战败，赵国灭亡。

其六，公元前 226 年，秦国发动灭燕之战。此战，秦军仍以王翦为统帅，出兵 40 余万；燕国与赵国流亡政权代国结成联盟，组成了 50 余万联军应战。双方总兵力，接近或超过 100 万。此战结果，燕代联军大败，燕国实际灭亡。

其七，公元前 225 年，秦国发动第一次灭楚之战。此战，秦军以李信为统帅，出兵 20 万南下。燕军以项燕为统帅，出动 40 余万大军应战。双方总兵力，接近 70 万。此战结局，秦军大败，被楚军追击七天七夜，死伤十数万，战死七都尉。此次大会战，是秦统一中国进程中唯一一次重大失败，是山东六国末期抗秦战争的最大一次胜利，影响极大。

其八，公元前 224 年，秦国再次发动灭楚之战。此战，秦军以王翦为统帅，出动大军 60 万南下淮水流域。楚军以项燕为统帅，同样出动 60 余万大军应战。双方总兵力，远远超过了 100 万。若连带双方后援民力，淮水两岸战区容纳的涉战人数，将近或超过 1 000 万。此战结局，双方相持一年余，楚军大败，楚国灭亡。

上述 8 次超大型会战，既没有包括秦军灭齐的和平迫降之战，也没有包括秦帝国建立后的两次超大型战役——30 余万秦军在河套阴山地区反击匈奴的大战，50 万秦军南下平定百越的分路作战。这 8 次大战，都是典型的战国大会战。

从总体上说，如此大规模用兵的战争，在整个人类的冷兵器时代，其余任何地区与国家都是难以望其项背的。

（3）第三个指数：战争方式的发展程度

所谓战争方式，是指特定时代军事基础手段与作战基本样式结合所形成的战争活动的特定形态。具体地说，华夏族群自从进入国家时代，战争方式的发展经过了三个大的历史阶段。

第一阶段，夏、商、周三代千余年的青铜车战时代。

战车作为一种最基本的战争手段，开始于公元前2000年左右的夏王国时代。那时，世界各地区的国家文明还在形成发展阶段，世界大多数地区还没有迈进国家时代。当代历史研究的种种成果已经表明，那时的战争方式，基本上还是各族群之间操持各种杂乱兵器的初期混战状态。那一时期的巴比伦文明，虽然领先跨入了国家时代，已经有了人类最早的法典——《巴比伦法典》。但是，巴比伦的战争方式，却没有留下任何历史遗迹。根据其对周边文明后续影响力所带来的痕迹看，古巴比伦的战争方式并没有超时代的表现。也就是说，大体上也是操持铜兵器进行步战的方式。

中国族群则不同，在公元前3000年左右的黄帝时期，就已经发明了车辆，并使车辆第一次进入了战场实用，这就是著名的战场指南车。其后，殷商时期又普及（一说发明）了牛拉车、马拉车。也就是说，中国族群在迈入国家时代的门槛之后，马拉车已经出现了。马拉车的出现，为战车的出现创造了现实条件。大禹之后，启开创建立了夏王国。国家中央政权体系中已经有了专门管理车辆制造的官员，当时称为“车正”。中国兵器史研究专家普遍认为，这时的车辆已经是战车了。

一则鲜明的历史事实是，夏启讨伐有扈氏，作《甘誓》，也就是下达战场动员令，要求每辆战车上的“车左、车右、御手”，都要恪守职责，勇敢作战，否则，要处以严刑。可以说，这是中国历史上第一次被史料记载的正式车战。如果说，夏初的战车作战方式仅仅是史料记载，还缺乏田野考古发掘的支持。那么，其后出土的大量殷商时期与西周时期的战车，则明确肯定了中国在夏商周三代千余年的车战方式。

自马拉战车被大规模地应用于战争，中国就进入了车战时代。

到了公元前 1000 年左右的周王国时代，这种车战方式已经发展到非常发达的程度了。一个基本的历史现象是，周王国中央政权的兵力编制，及其对所封诸侯国的军力编制规定，都是以兵车的数量为依据的，中央王国是万乘之国——万辆兵车，大诸侯是千乘之国——千辆兵车，小诸侯是百乘之国——一百辆兵车。

需要说明的是，那时的兵车不是孤立的战车，而是配属一定数量步卒的一个作战单元。西周初期的军制规定，一辆战车配属步卒 25 名，这就是最基本的作战单元——两（辆）。这样，一个战车作战单元就是 28 人——战车 3 人（御手、车左甲士、车右甲士），步卒 25 人。这个作战单元的统领，是战车上的 3 人之一，一般而言，是车左甲士或车右甲士。车战展开的方式是所有战车单元列成有间距的庞大方阵，待统帅战车发出号令，便隆隆冲锋向前。这样整肃庞大的战争方式，在当时的世界上是绝无仅有的。

第二阶段，春秋时代的非经典车战时期。

所谓非经典车战，是指两个方面的历史事实。一则，这个时代仍然是以车战为战争基本方式的；二则，战车方式在不断淡出时代，战争方式在不断向前发展，呈现出一种过渡期形态。所以如此，在于春秋时代的社会变化。其时，中央王权的衰落与社会多元变化的发展，引发了诸侯国之间空前频繁剧烈的实力竞争大冲突。对战争的应对，成为所有诸侯国必须面对的关乎国家存亡的急迫问题。

车战方式具有重大历史缺陷。

其一，战车是很难打造的重型兵器。一辆战车的制造成本，大约是数十户农家一年的劳作收入。一次大战消耗之后，任何国家都很难立即补充大量战车。

其二，战车作战单元的形成，需要长期的严格训练。驾车马匹的训练、御手的驾车技术训练、战车甲士的动态格杀本领与动态射箭本领的训练、战车两甲士之间的配合训练、战车甲士与御手的配合训练、战车配属步卒的跑步训练、追随战车的冲杀训练等，都绝非一日之功。因而，要训练成一支具有强大战斗力的战车队伍，其难度是非常大的。

其三，战车作战方式，非常缺乏灵活性，无法弥补多样化地区的冲突需要。战车驰骋的最基本条件，是平原战场或丘陵战场，而水网交织的地区或山地关隘地区，战车基本上无法作战。春秋前期的争霸战争，所以是一战决胜负，之后便是战胜一方的多年称霸，其根本原因，正在于车战方式本身的局限，决定了大规模战争不可能频繁多发。

基于上述三方面基本缺陷，春秋中期开始的战争方式，出现了多样化特点。

一方面，战车保有量仍然是各国军事实力的标志，大战基本方式，仍然是战车之争。另一方面，山地战中的步兵作战方式，也在日渐发展，步兵的独立化开始形成。再一方面，具有快速机动性的骑兵，也在各种策应作战的过程中逐渐发展，骑兵的独立化也开始形成。春秋后期，各个诸侯国几乎都拥有数量不等的骑兵。

另一方面，水面争夺的需要，使舟船作战也渐渐形成了水军规模。当时，吴、越、楚三国的舟师规模发展很快，已经成为南方三国的基本作战方式之一了。春秋后期，越国的水军已经达到战船 300 艘的规模，在当时是最强大的水军。同时，濒临大海的齐国、燕国，以及大河流域的中原新生势力政权魏、韩、赵等，也都有了一定数量的作战舟船，专门用来解决与邻国的水面争夺，兼具战时运输职能。

第三阶段，战国时代的步骑混成编制的运动战方式。

进入战国时代，战争方式的最重大变化，就是以步兵与骑兵为基本兵种，同时辅之以战车、弓弩、舟师水军等兵种混合编制，形成了攻守兼备，同时具有极大灵活性的多元作战军队。这样的混成编制军队，不但能够同时适应所有地形、所有条件下的作战需要。而且，混编军队的作战方式，能使不同兵种的种种战术，同时在一次战争中发挥巨大作用。步兵的正面搏杀与山林伏击，骑兵的奇袭策应与快速冲击，弓弩兵的远程打击与进攻掩护，战车兵的阵地冲击与营地防守，舟师的水面资源争夺与粮草兵员输送，凡此等等战术，相互配合，就成为一种威力极其强大的混成战争方式，大大提高了一个国家在全方位对抗中发动大规模战争的能力。

这种混成军队的多元野战方式，是冷兵器时代最高水平的战争方式。

中国在战国时代的战争方式，远远发达于同时代世界任何其他地区。那时的古希腊、古罗马，虽然也有步兵、骑兵、弓箭兵，也有少量基本不用于战场的战车，但是，当时的西方世界，还基本上没有混成作战的自觉理念，战术相对简单，作战规模也相对较小。就总体上的战争方式而言，还停留在较低水平。

战争方式的发展，推进了国家军队向专业化发展。

在春秋时代之前，高层官员是文武不分的。也就是说，在国家政权中，没有专门的职业化的军事将领，政务大臣在战时就是自然的军事统帅。春秋中后期，大体仍然如此。这样的状况，难以适应混成编制军队复杂的作战需要。

因为，新的战争方式使军队的军事组织与作战行动不断趋于复杂化，不断趋于专业化。一座动辄十万人以上的包括了各个兵种的大军营地，仅仅是保持严格的秩序，就需要一种特殊的管理才能。更何况动态作战，更何况数十万人的庞大混成军队的组织、管理与作战。在这样的条件下，对军队的组织训练，对作战的指挥，就需要更为专业、更为复杂的学习与训练。这是战时社会一种深刻的历史需求，其结果，直接推动了职业军官阶层的出现，这就是以将、相分离为轴心的将军制的出现。

事实上，从战国初期的各国变法开始，各大战国就出现了专门职司军队建设与作战指挥的将军阶层。其最高职务，除了楚国称为“柱国”，其余六大战国都称为“上将军”或“大将军”，其政治地位与权力地位仅次于总领国政的丞相。就一般意义而言，国君、丞相、上将军，是战国时代的国家权力轴心。

就军队而言，在上将军之下，各层级的将军也迅速职业化。高层军官职业化的结果，不但使国家军队的建设与训练迅速提高到了一个新的历史水平，而且，也大大推动了战争方式的高水平发展。

(4) 第四个指数：兵器装备的先进程度与杀伤力度

总体上说，战国时代的兵器装备已经发展到了一个新的历史阶段。

这种发展，主要表现为三个基本方面。一则，以青铜战车为轴心的青铜兵器，日渐淡出时代，成为辅助性兵器与礼仪仪仗兵器。精良的铁制兵器，与以铁料为主的种种新型合金兵器，迅速成为主战兵器；二则，铁制兵器的制造，已经发展到标准化制造的水平，形成了相对完整的兵器制造系统，所生产的诸如箭镞、塞门刀车的车刀等铁兵器部件，可以相互置换，大大提高了兵器的使用效能；三则，铁兵器的装备已经普及于各战国军队，发展到了相对系统化的水平，其战场威力远远超过了单一化的青铜兵器。

战国时代铁兵器的系统构成，主要是五大系统。

第一，进攻类型的铁兵大系统。这个大系统，由两个子系统构成。一个子系统是战场搏杀的进攻兵器，如长矛、长剑、战刀、单兵弩机、投掷短矛、铁制棍棒等。另一个系统是大型远程进攻兵器与攻城兵器，主要是大型飞弋连弩车、大型云梯、大型铁矛冲车、大型炮车（抛石机）、大型折叠式壕沟车、巢车、望楼指挥车、挖掘城墙的大型轒辒车等。

第二，防守类型的铁兵大系统。这个大系统，也有两个子系统构成。一个子系统是防守格杀的小型兵器，各种盾牌、铁制盔甲、铁蒺藜、铁菱角、单兵飞钩、各种木铁合制的小型檑具等。另一个子系统是营地与城池防守的大型兵器。这一系统的依托是两种军事构筑——大型化的鹿砦壁垒、城墙高厚坚实的战国城池。在此条件下，防守的大型兵器主要有：拦截骑兵的大型铁矛拒马、壁垒防守联合排列使用的七米长矛、大型铁制檑具、大型狼牙拍、大型塞门刀车、抗击火攻的种种大型灭火器具、凌空浇下铁水的大型熔铁行炉等。

第三，骑兵的铁兵大系统。战国中后期的骑兵，已经成为各个国家新兴的主要兵种之一。但是，骑兵的兵器与装备，在战国时代并没有达到冷兵器时代的最高水平，而只是发展到了实战水平。首先，这时形成了大规模的战马驯养系统，各大战国都建立了战马驯养基地。其次，骑兵战马的装具。主要是马头上的辔（笼头），马颈下的鞅（绊带），马背上的鞯（坐垫），马尾上的鞧，这些装具都是皮制的。当时的战马，尚未普遍出现披于马身的防护装具。再次，战车驭马的装具。战国时代驾拉战车的驭马，已经有了保护马头的马胄，保护马身的马甲。基于战车驭马已经有了马甲，我们不能排除骑兵发展水平较高的秦、赵等国的战马使用马甲的可能。最后，是骑兵格杀兵器。战刀式劈杀长剑、单兵弩机、单兵长矛、单兵短矛等铁制兵器，是骑兵冲杀的主战兵器。

第四，舟船水战的铁兵大系统。当时的水战铁兵系统，首先是大型战船的出现。当时的战船，分为三个层级：大翼、中翼、小翼，分别是大、中、小三种战船。大翼是大型战船，长 12 丈，广 1 丈 6 尺，可载 90 余人。船分上下两层，下层是桨手 50 人，上层是作战甲士 40 余人，可见规模之大。其次，战船的水战兵器也有了很大发展。用于钩住对方战船或推开对方战船的钩拒，用于搏杀的单兵弓弩、投掷短矛、刀剑、火器等。战国中后期，秦国水军在对楚作战中发展很快，秦统一六国南下岭南后，又在番禺建立了大规模的战船制造场。这些都说明，战国铁兵器时代的水战，已经发展到了相当高的水平。

第五，火器系统。战国时代，虽然还没有发明黑火药，但是火攻战法已经得到了很大发展。据《孙子兵法》记载，当时的火攻方式主要有五种：火人——火烧敌军人马；火积——火烧敌军蓄积粮草；火辎——火烧敌军辎重器械；火库——火烧敌军营地帐舍；火队——火烧敌军运输车队与行进部队。这叫作“五火之变”。当时，火攻的燃料主要是猛火油（天然石油）、油脂、草艾、松香、硫黄等。当时，火攻的火器手段主要有六种：火禽——以麻雀或野鸡绑缚火种，放飞敌营；火兵——将草人绑缚骑兵马背，奇袭敌营纵火；火兽——将火把绑缚野猪獐鹿之上，驱赶其驰向敌营纵火；火牛——牛身两侧绑缚长刀，牛尾绑缚点燃的桦皮细草，纵入敌营造成火势攻杀；火盗——假扮敌军偷入敌营放火；火箭——箭头绑缚火把，近距离射向敌营纵火。凡此等等，战国时代的火器战法，已经发展到了相对系统化的水平。

上述五大系统的兵器装备，都充分说明，战国时代的兵器制造与兵器的实际装备，都已经达到了与新的战争方式相适应的新高度。

（5）第五个指数：大型战役的组织合成能力及其摧毁烈度

我们从用兵规模的呈现中已经知道，战国初中期的大规模战役有6次，战国中后期的超大型会战有8次。这14次大战，双方的总体兵力投入都在60万到120万之间，每次都堪称人类冷兵器时代的高峰大会战。

这种单方60万兵力之上的冷兵器大型战役，在同时代的世界其他文明地区，从来没有出现过。其中的原因，不仅仅是区域人口多寡或人口是否集中的问题，更为根本的方面在于当时的世界其他国家，都不具备组织这种超大型会战的系统合成能力。

战争的实践已经说明，战国时代的七大战国，已经普遍具有了大型战役的组织合成能力。这种合成能力，反复体现于大规模会战上，实在是一种超时代的军事水准。在所有的大型会战中，秦赵长平大战无疑具有永恒的经典意义。

长平大战是一场对等兵力的大包围战役。它的经典意义在于，在战争双方同样强大、势均力敌的条件下，秦国一方创造了空前绝后的战争奇迹，以50余万兵力包围了对等的50余万兵力，并且最终一举歼灭。这场超大型会战，违背了古今中外一切军事家关于陆地会战必须具有优势兵力才能展开包围战的战略原则。它以无可争辩的实践告诉我们，当一个国家的全面组织能力发展到同时代最高水平时，其组织大型战役的水准可以达到什么样的惊人高度。

长平大战不是侥幸取胜的，战争的双方都没有误打误撞。通常所谓的机缘巧合，在这次大战中是不存在的。面对同样强大、同样新兴的赵国，面对同等数量、同等战力的赵军，秦国与秦军是依靠无与伦比的战略策划、国家组织、邦交分化、间谍渗透、长期对峙、战略迷惑、地形利用、兵种合成、战场战术、将帅心理等全方位的超凡运筹，历经三年周旋，才终于大获全胜的。

我们无需详述长平大战的整个过程了，长篇历史小说《大秦帝国》已经对那场经典战役做出了全方位的历史呈现。在开掘文明遗产的意义上，我们只需要明白一点，战国时代的超大型会战很多，长平大战只是最经典的一次大战役。唯其大型战役多发，而不是偶然的一次，它才最充分地说明，中国的战国时代，大型与超大型战役的组织合成能力，是当时世界的巅峰，它所创造的冷兵器时代的战争水准，在此后的古典社会再也没有哪个时代、哪个国家能够超越。

（6）第六个指数：战争智慧的高明度，兵学经典的深邃度

从远古开始，中国族群就表现出勇于实践、勤于反思、善于总结的鲜明特质。

自春秋时代开始，对于大规模的战争实践，当时的华夏世界表现出了非常深刻的反思与总结。进入战国时代，对于战争实践的反思与总结，已经达到了超时代的思维水平。其成果之丰富，其对战争实践发展的推动之巨大，都成为整个人类古典文明史上的兵学最高峰。公元 11 世纪的中国宋王朝，曾对历代兵书进行了筛选与编辑，选编出了一套兵家必读书——《武经七书》。在这七部兵法著作中，春秋战国时代就占了四部：《孙子兵法》《吴子兵法》《尉缭子》《三略》；另外三部，一部是西周太公望的《六韬》，一部是周代的《司马法》，一部是唐代兵书《唐太宗李卫公问对》。

就历史事实而言，宋王朝是一个重文轻武的弱兵时代，趋于极端保守主义的理学思潮弥漫社会。其汇编兵书的遴选理念，排斥以法家思想为治军基础的战国兵学著作，偏重对战争实践并无巨大影响但却以王道思想为治军基础的兵学著作。譬如，对《司马法》与《司马穰苴兵法》的选择，就选择了王道思想基础的周代《司马法》，而舍弃了以法家思想为治军基础的实战兵学著作《司马穰苴兵法》。西周太公望的《六韬》被选入，也是基于渗透其中的以周文王名义论说的王道理念。

因此，了解春秋战国时代的兵学著作与战争智慧，宋代汇编的《武经七书》，不是真正的历史窗口。宋人汇编的这套所谓兵学经典，远远不是春秋战国时代，尤其不是战国时代兵学发展的基本部分，更不是全貌。了解春秋战国兵学著作与战争智慧的窗口，是《汉书·艺文志》。

西汉初中期，雄风尚在，在对先秦文献进行的大规模整理中，基本录入了春秋战国秦帝国数百年以来已知的全部传世著作。纵然许多著作的原文在秦末战乱中毁灭了，失传了，也保留了已知的篇目。兵家著作的篇目，也是录入最完整的领域之一。

据《汉书·艺文志》记载的全部兵学著作，从夏商周三代直到西汉中期，总共53家，790篇兵学著作，实在是煌煌大阵，令人目眩。这里，我们除去夏商西周三代的兵学篇目，也除去西汉时期的兵学篇目，我们只对春秋、战国、秦帝国三大时代的兵学著作归类整理，就可以发现，这三大时代兵学著作的篇目记载，分为三大类：

第一类，综合性兵法，共13部——

《吴孙子兵法》82篇（孙武），《范蠡》2篇，《大夫种》2篇，《兵春秋》1篇，《齐孙子》89篇（孙膑），《李子》10篇，《吴起》48篇，《公孙鞅》27篇，《尉缭》31篇，《魏公子》21篇（信陵君），《庞煖》3篇，《王孙》16篇，《景子》13篇。

这一类兵法著作，是关于用兵理念与战争实践法则的总结，是最为精华的军事理论著作。其中，以《孙子兵法》《司马穰苴兵法》《孙膑兵法》《吴起兵法》《尉缭子兵法》五部流传后世，成为兵学经典。

第二类，形势阴阳兵法著作，共22部——

《丁子》1篇，《楚兵法》7篇，《蚩尤》2篇，《孙轸》5篇，《繇叙》2篇，《项王》1篇，《神农兵法》1篇，《黄帝》16篇，《封胡》5篇，《风后》13篇，《力牧》15篇，《鵊冶子》1篇，《鬼容区》3篇，《地典》6篇，《东父》31篇，《孟子》1篇，《师旷》8篇，《苌弘》15篇，《天一兵法》35篇，《太壹兵法》1篇，《别成子望军气》6篇，《辟兵威胜方》70篇。

这一类兵学著作，可以称为特殊兵法。它们是关于利用天文、气候、地理等因素作战的经验总结，当时称为兵形势，兵阴阳。所谓兵形势，是指利用地理特点快速运动兵力，从而居于有利的作战形势。所谓兵阴阳，是指天文星象的军事预兆、气候变化的作战影响等方面。那时，这一类学问基于经验而产生，不可避免地带有神秘色彩与某种荒诞。但是，在战争实践中，这种基于经验而总结的法则，在战争实践中发挥着重要作用，是当时战争方式不可缺少的一部分。从文明史的意义上说，也是我们民族文明遗产的一部分。

第三类，军营搏杀训练的研究著作，共 13 部——

《五子胥》10 篇，《鲍子兵法》10 篇，《苗子》5 篇，《公胜子》5 篇，《逢门射法》2 篇，《阴通成射法》11 篇，《魏氏射法》6 篇，《望远连弩射法具》15 篇，《手搏》6 篇，《蒲苴子弋法》4 篇，《剑道》38 篇，《蹴鞠》25 篇，《杂家兵法》57 篇。

这一类兵学著作，实际上是战士格杀训练的教科书。所以，《汉书 · 艺文志》将其概括为“兵技巧”。其中的器械性训练著作，则同时带有兵器研究的性质，譬如大型远程连弩的操作方法研究、长戈使用的研究、射箭技艺的研究，以及其他各种各样的兵器使用技巧的研究。其中的蹴鞠，特指戴着盔甲跑跳摔跤等，实际就是着装的摸爬滚打训练。

综上三大类，可以看出，战国时代的战争艺术研究与军事训练研究，与战争的实践表象是相适应的，都达到了超时代的水平。世界上没有任何一个民族，在冷兵器时代涌现过如此丰厚的兵家典籍。

战争谋略在战国战争实践中达到了惊人高度。

春秋社会之前，战争实践相对单一化、相对形式化。所谓“王道之师”，所谓“堂堂之阵，正正之旗”，指的就是这种高度形式化的作战方式。进入春秋时代的中后期，虽然仍然有宋襄公“不击半渡之师”之类的迂腐作战，但是，从战争实践的主流看，战场思维的突破已经迅速拉开了序幕。战争思维突破的历史性标志，是吴国兵家孙武策划并共同指挥的长途奇袭楚国的战役——柏举之战。

进入战国时代，战争智慧的挥洒在战场实践中几乎是爆炸式发展。只要我们对这一时代的重要战役作一粗线条检索就会发现，这一时期各种类型的战役水平，都创造了古典兵法的最高典型，都开创了一种新的战争类型模式，都体现了一种战争天才才能具有的智慧雷电。这样的典型化战役，至少有六个类型，都具有战争思维方式的历史性突破意义——

其一，孙膑的围魏救赵、围魏救韩两次战役。首创救援战与伏击战综合运用的经典战例——围城调敌，而后以伏兵歼灭，开创了步骑运动战的新战争方式。此后，战争的纵深大大扩展，军事谋略的作用一举在战争实践中奠定了根基地位。

其二，赵奢迎击秦军的阏与之战，开创了以决战决胜之勇气迎击强敌的经典范例。从此，“两军相逢勇者胜”成为千古不朽的军事格言。这种面对强大之敌而敢于亮剑的精神，在此后成为中国民族与中国军队的最基本特质之一。

其三，白起的长平大战，开创了大军团包围战与歼灭战的经典范例。从此，实现包围敌军而全歼之的大型歼灭战，成为所有军事家的光荣与梦想。从军事素养的意义看，也成为迄今为止所有军事家指挥艺术的最高境界。

其四，田单的即墨保卫战，以绝对弱势的兵力坚持六年，孤城不破，且一举反攻获胜，开创了防守战的最高经典模式。从此，孤绝艰危的战役处境，不再被战争理念确定为必然放弃。顽强地防守，成为衡量一支军队的基本标准之一。

其五，李牧反击匈奴的“长期隐蔽，一举反击”的大草原战法，开创了在广阔平坦的大草原地带隐蔽兵力，堪称“善守者，藏于九地之下”的反击战法的经典。并同时开创了大兵团骑兵对大兵团骑兵，并在反击获胜之后长途追击的决胜范例。此后，秦帝国的上将军蒙恬再度弘扬这一战法，使华夏世界的古典骑兵大战役不朽地垂范于后世。

其六，王翦的灭赵、灭燕、灭楚、进军岭南的四大战役，开创了妥善灭国而不事杀戮的文明统一战争的最成功范例。秦帝国的统一六国之战，其规模之大震古烁今，其立足战胜而禁绝暴行的战争文明水准，更是冷兵器时代空前绝后的奇迹。

此后，这种统一战争的方式，成为历代中国统一战争的最高境界。

最重要的是，上述六大经典战役，还远远不是战国时代战争智慧的全部。

3　战争文明的历史巅峰

战争文明，是衡量一个时代文明水准的最基本标尺之一。

如同对战争水准的历史评估一样，对战争文明的历史评估，也有一组最基本的实践要素。这些体现于特定时代的战争实践要素，我们以当代理念给以概括，大体可以视为对战争文明进行历史评估的基本指数。这一组指数是：

其一，战争价值观的历史合理性；

其二，国家战略理念的历史高度；

其三，战争方式对人道主义的实现程度；

其四，军队的国家化程度；

其五，兵员征发方式与战争动员方式的正义性。

对于上述指数在战国时代的基本情况，这里不再一一展开。我只就这一组指数的基本点，简单地作以说明。

其一，战国时代的战争价值观体系，延续了自夏商周与春秋时代的基本方面，已经完成了理论化的总结，已经系统地表现于丰富的兵书与普遍的战争实践中。就其基本点来说，战争价值观主要是三个方面。一则，对战争在国家生存中的地位评判——存亡之道，忘战必危；二则，对两种战争的性质做出了区别——吊民伐罪之义战，抢掠杀戮之暴兵；三则，对战争活动的最高境界有明确认识——止戈为武，以战止战。

其二，国家战略理念是国家推行战争的总体方向意识与总体目标意识。战国时代所形成的国家战略理念，最基本的一点，就是对外战争中自觉表现出来的“强力反弹，有限扩张”战略。强力反弹，就是面对一切不义入侵的强大反击；有限扩张，就是在夺取敌方作战根基后的适可而止，不做无限度扩张。这种极其理性的国家战略理念，是中国古典战争文明的最精华部分。

其三，战争方式对人道主义的实现程度。人道主义在战争中的实现程度，与战争本身的残酷性构成了巨大的矛盾冲突。但是，一个时代的战争实践与战争理念，是否具有特定条件下的自觉的人道主义，仍然是战争文明的基本方面。战国时代有着最高密度的战争，也有着最鲜明的战争人道主义思潮及其历史实践。至少，有四个方面充分表现出来。一则，是以墨家“兼爱”思想为基础，反侵略战争的思潮与实践很鲜明。二则，以“弭兵”思想为基础的反战思潮与反战实践，具有极为普遍的社会基础。三则，反对“杀降”的善待战俘理念，一直是对战争进行历史评价的终极标准。白起、项羽，都因为大规模杀降，被当时社会与后来的历史评判所否定。四则，战争实践中以“义兵”为最高用兵境界，反对杀戮平民，反对劫掠财货。凡此等等，在当时的人类世界都达到了最高的自觉意识。

其四，军队的国家化程度。军队国家化的实质，是国家文明是否彻底走出了私人势力的覆盖，而完成了最高程度的社会化。所以，这是与国家文明发展联系最紧密的战争文明指数。战国时代，各大国的军队国家化虽然有差别，但整体上都实现了军队国家化。秦国的军队国家化最为充分，其次分别为赵国、魏国、齐国、韩国、燕国、楚国。与同时代人类世界的任何其他地域文明圈相比，战国时代的军队国家化水平都是最高的。

其五，兵员征发方式与战争动员方式。就前者说，战国时代已经走出了私家军队时代，也走出了军人贵族征发的特权时代，实现了相对充分的社会化征发，军队构成的贵族化已经成为历史。就后者来说，国家的战争动员方式，已经走出了仅仅面对贵族阶层的狭隘化方式，也走出了强迫下层平民参战的方式，基本实现了依靠国家政策，激发社会适龄人口参战的普遍动员方式。从井田制时代的指定征发，到私田制时代的募兵制，就是这一转变的实践标志。

总体上说，中国战国时代的战争文明，是整个人类古典社会的最高峰。

原典思想大爆炸

1　战国思想大潮的总体气象

战国时代巨浪翻滚的思想大潮，是人类古典文明史上绝无仅有的创造奇观。

一个民族的文明发展，根基在社会实践，灵魂在思想精神。杰出的创造性思想，是一个民族对社会实践进行深邃反思与智慧总结的结果。这种思想一旦传播开来，并迅速见诸社会实践，就会成为推动社会实践向前发展的巨大力量。从一般意义上说，一个民族能够在一个时代涌现出一种具有创造性的思想，就已经是非常优秀了。能够在一个时代同时涌现几种不同流派的创造性思想，那便是历史的幸运了。

前者，近代日本维新思想的涌现，是一个典型例证。

后者，古希腊与古罗马时代的思想家多发现象，是一个典型例证。

但是，在中国的春秋战国时代，创造性思想与思想家群体的涌现，却是爆炸式的，井喷式的，丛林式的。其思想家数量之多，其实业研究家数量之多，其独立学派数量之多，其原典著作数量之多，其私学教育之普及，其创意精神之高度，其社会实践之深度，等等一切方面，都达到了整个人类古典文明史令人目眩的最高峰。

这，只能说是历史的神异了。

在整个人类的历史上，这样的原典思想大爆炸只出现过两次。第一次，出现在东方中国的春秋战国时代，史称“百家争鸣”。第二次，出现在西方的中世纪末期与近世开端时期，史称“文艺复兴”与“启蒙运动”。这两次原典思想大爆炸，都首先推动当时的政治文明实现了巨大的历史性跨越，进而推动当时的生产方式与整个文明，产生了超越式的大发展。虽然，由于历史条件的不同，两次原典思想大爆炸的文明辐射力有着某种差异——中国春秋战国时代原典思想大爆炸的影响力，因当时世界交融程度的限制，主要体现在对当时东方世界的直接影响，以及后来对整个人类世界的间接影响；西方近世开端期原典思想大爆炸的影响力，却借助人类活动的普遍交融，从而普遍影响了整个世界。

从历史的本质方面说，它们的价值是相同的。

从中国文明史的角度说，发生在春秋战国时代的原典思想大爆炸，形成了我们民族最为坚实的文明根基。用今天的话说，真正地夯实了中国文明的生命基础。我们的文明所以五千年绵延不息，成为世界上唯一生存发展在原住地区的原住族群的原生文明，其直接根基所在，正是这场原典思想大爆炸所赋予我们的无比强大的生命力。因此，对那个时代的思想大潮，我们必须摆脱历史烟雾，重新审视，重新评判。

当时的原典思想大爆炸总体状况如何，究竟有多少大家、多少著作涌现出来？

据东汉班固编著的《汉书·艺文志》的整理记载，夏商周截至西汉，华夏世界涌现的全部思想家与实业学问家，共计 596 家；所撰写的原典书籍，共计 13 269 卷。对这一数字，我们可以循着三个方面的基本评估，理出战国思想大爆炸的总体气象。

第一个基本评估：夏商周三代的思想家很少，经典也只有十数部，减去。

第二个基本评估：西汉学者近百人，其典籍大约两三千卷，也减去。

第三个基本评估：中国前三千年的思想家及其著作，十分之八九属于春秋战国时代。其中，战国时代的思想家及其著作，大约占到了两大时代的五分之四。需要说明的一点是，对春秋战国思想领域的大盘点是第一次，所以，我在这里将春秋战国当成一个思想历史单元来解析。

根据以上四个方面的基本评估，我们可以做出一个总体评判：春秋战国时代的思想家与实业学问家，大体在400余家，其创造的原典数量，大体在一万卷上下。从文明史的意义上说，这一基本评估，并不需要如何的精确化。不沉溺于历史细节的史料考证，不深陷于具体的细节辨析，而是从历史基本面评判其文明价值，这是文明史开掘发现的基本法则。

上述基本评估的意义，只是给我们提供了一个鸟瞰式的历史总体图景。

至为遗憾的是，历经秦末大战乱，这些光焰万丈的煌煌巨作经历了空前的浩劫。到西汉政权稳定之时，已经毁灭散落太多了。历经西汉时期的抢救，才保留了有着累累残缺的部分典籍的文本。其中许多原典，人们已经只知道名字而无法寻觅到文本了。后来，又经刘向、刘歆父子及《汉书》编撰群体的艰难整理，才得以给今天的我们呈现出先秦文献的总体风貌。

两汉学者群对中国文明灵魂的复活，有着莫大的历史功勋。

虽然，历史的伤害是难以弥补的。但是，我们仍然能够从庞大的篇目系统中，感受到那个时代的博大渊深。我们仍然能够从伤痕累累的诸多原典文本、诸多文本名目中，感受到那种令人震撼的思想力量，感受到那种精深的实用研究中的创造性思想法则。

2 春秋战国原典理论的多元化大体系

按照《汉书·艺文志》的整理顺序，我们先来看看战国思想流派的全貌。

需注意的是，下面列出的诸子百家的流派与著作，是我依据当代理念，对《汉书·艺文志》的排列分类做出的重新整理。我的重点，一是呈现相对明确的战国思想流派及其著作的总数量，使我们能够看到那个时代思想群的全貌；二是列出该流派的代表性思想家、学问家，使我们能够记住那些具有不朽意义的历史坐标。基于以上两点，战国思想大爆炸所遗留的文献典籍，全貌大体如下——

（1）第一大类：文献研究领域，代表流派6家

《汉书·艺文志》将这一领域的研究家及其成果，归于“六艺家”，是自春秋战国到西汉的经学研究流派，总共有103家，研究著作3 100余篇，大多都是西汉时期的成果。因为，这种非原创性的经学研究，在儒家独尊之前的春秋战国时代很不发达，大体只有6家，其著作数量也无从考证。这6家是：

易家，是对《易经》的研究，5个流派（家），著作不详

书家，是对《尚书》的研究，流派不详，著作数量不详

诗家，是对《诗经》的研究，流派不详，著作数量不详

礼家，是对《礼经》的研究，流派不详，著作数量不详

乐家，是对《乐经》的研究，流派不详，著作数量不详

孝家，是对《孝经》的研究，流派不详，著作数量不详

（2）第二大类：史学领域，代表流派17家，代表作226卷（篇）

史学领域，被《汉书·艺文志》列入了“六艺家”之内的“春秋

家”。这种分类方法，是在西汉独尊儒术之后，以孔子的《春秋》作为史学正宗的开端理念，是对先秦历史学的西汉定位，并不是历史的真相。事实上，春秋战国的历史记载，基本阵地是各国史官组成的职业群体。以此为根基，渐渐扩展于学者个人的历史书写。孔子重新撰写鲁国历史的《春秋》，只是个人书写历史的现象之一。从总体上说，春秋战国的历史书写，始终都是独立存在并具有很大影响力的领域，他们有如下 17 家——

《周史六弢》，春秋史官辑录整理，记东周王室政事，6 篇

《周政》，春秋史官辑录整理，记东周王室法度政教事，6 篇

《周法》，春秋史官辑录整理，记西周东周行法史实，9 篇

《周制》，春秋史官辑录整理，记周代制度，18 篇

《世本》，春秋史学家整理撰写，15 篇

《春秋》，鲁国国史，12 篇

《孔春秋》，鲁国思想家孔丘重新编辑撰写，11 卷

《左氏传》，鲁国史官左丘明作，30 卷

《公羊传》，齐国史官公羊子作，11 卷

《穀梁传》，鲁国史官穀梁子作，11 卷

《公羊外传》，战国史学家作，50 篇

《穀梁外传》，战国史学家作，20 篇

《铎氏微》，楚国太傅铎椒所作的细节考证，3 篇

《张氏微》，战国史学考证著作，10 篇

《虞氏微传》，魏国学者虞卿的史学考证著作，2 篇

《李氏春秋》，春秋史学家作，2 篇

《黄帝君臣》，战国史学家作，10 篇

（3）第三大类：言论辑录领域，代表流派 7 家，辑录 131 篇

著名言论辑录，在《汉书 · 艺文志》中，被列入“六艺家”之

"论语家"。这一分类方法，性质与原因都与对历史学的分类相同，是独尊儒家的文献定位，并不是历史真相。事实上，辑录著名言论的方式，起源于夏商周三代史官对政事言论的记载。在春秋战国时代，史官的言论记载仍然是基本方面。当然，随着私学教育的蓬勃发展，言论记载也同时见诸弟子记载老师的言论。这一领域的代表，有 7 家——

《国语》，春秋诸侯国事言论辑录，鲁国史官左丘明整理，21 篇

《战国策》，以战国史官记载为基础，后世整理编撰，33 篇

《鲁说》，鲁国政事言论辑录，20 篇

《齐说》，齐国君臣答问辑录，22 篇

《论语》，孔子言论辑录，21 篇

《孔子家语》，27 卷

《孔子三朝》，7 篇

(4) **第四大类：诸子百家，代表流派 108 家，著作近 3 000 卷（篇）**

对于诸子百家，我们只列出基本的思想群及代表流派，以及代表作的数量，以使我们从能够确定的基本方面，对这一时期的原典思想爆炸，有尽可能具体地了解。如此原则之下，战国诸子百家的大要情况如下——

① 道家群：代表流派 5 家，代表作 81 篇

老子，春秋道家代表，东周王室史官李耳，著作 1 篇

庄子，战国道家代表之一庄周，著作 52 篇

列子，战国道家代表之一圄寇，著作 8 篇

老莱子，战国道家代表之一，著作 16 篇

鹖冠子，战国道家代表之一，著作 4 篇

② 儒家群：代表流派 3 家，代表作百余篇

孔子，春秋儒家之代表，鲁国思想家孔丘，著作与言论录很多

曾子，战国初期儒家代表，鲁国思想家曾参，著作 18 篇

孟子，战国中期儒家之代表，鲁国思想家孟轲，著作 11 篇

③ 法家群：代表流派 8 家，代表作 200 余篇

管仲，春秋法家代表之一，齐国丞相，著作 86 篇

邓析，春秋法家代表之一，著作 2 篇

子产，春秋法家代表之一，言论之外，著作不详

李悝，战国法家首创者，著作《法经》32 篇

商鞅，战国法家代表之一，著作《商君书》29 篇

申不害，战国法家代表之一，著作《申子》6 篇

慎到，战国法家代表之一，著作 42 篇

韩非，战国法家代表之一，著作 55 篇

④ 兵家群：代表流派 11 家，代表作 200 余篇

孙武，春秋兵家代表之一，《孙子兵法》16 篇

司马穰苴，春秋兵家代表之一，兵法篇数不详

司马法，战国兵家代表之一，兵法 3 卷

吴起，战国兵家代表之一，兵法 48 篇

孙膑，战国兵家代表之一，兵法 89 篇

尉缭子，战国兵家代表之一，兵法 31 篇

魏无忌，战国兵家代表之一，魏国信陵君，兵法 21 篇

《地典》，战国兵家之阴阳派代表，6 篇

《天一兵法》，战国兵家之天文星象派代表，35 篇

《杂家兵法》，战国兵家之器械训练派代表，57 篇

《剑道》，战国兵家之剑术训练派代表，38 篇

⑤ 墨家群：代表流派 4 家，著作 100 余篇

墨子，墨家开创者墨翟，著作 71 篇

禽滑厘，战国中期墨家代表，著作不详

腹䵍，战国中后期墨家代表之一，著作不详

随巢子，战国后期墨家代表之一，著作 6 篇

胡非子，战国后期墨家代表之一，著作 3 篇

⑥ 纵横家群：代表流派 6 家，代表作 100 余篇

苏子，战国纵横家代表之一苏秦，著作 31 篇

张子，战国纵横家代表之一张仪，著作 10 篇

犀首，战国纵横家代表之一，著作不详

庞煖，战国纵横家代表之一，著作 2 篇

鲁仲连，战国后期纵横家代表之一，著作 14 篇

虞卿，战国后期纵横家代表之一，著作 15 篇

⑦ 名家群：代表流派 5 家，代表作 50 篇

尹文子，战国早期名家代表，著作 1 篇

惠子，战国名家代表之一惠施，庄子好友，著作 1 篇

公孙龙子，战国名家代表之一，著作 14 篇

田骈，战国名家代表之一，号为“天口辩”，著作 25 篇

毛公，战国名家代表之一，曾为信陵君门客，著作 9 篇

⑧ 杂家群：代表流派 4 家，代表作 86 篇

由余，春秋杂家代表之一，戎狄人，秦穆公大臣，著作 3 篇

子晚子，春秋杂家代表之一，齐国学者，著作 35 篇

吕不韦，战国杂家最主要代表，组织门客作《吕氏春秋》26 篇

尸佼，战国杂家代表之一，著作 20 篇

⑨ 独立成学而无流派大家：代表 2 家，代表作 41 篇

晏子，齐国丞相晏婴，著作 8 篇

荀子，战国法儒兼具的独立学派，赵国思想家荀况，著作 33 篇

⑩ 历法家群：代表流派 4 家，代表作 102 篇

《黄帝五家历》，战国历法家代表作之一，33 卷

《颛顼历》，战国历法家代表作之一，21 卷

《夏殷周鲁历》，战国历法家代表作之一，14 卷

《日晷书》，战国历法家代表作之一，34 卷

⑪ 农家群：代表流派 3 家，代表作 100 余篇

许由，战国农家代表之一，著作不详

神农，春秋战国农家代表之一，著作《神农》26 篇

野老，战国农家代表之一，17 篇，作者不详

⑫ 经济家并实业家群：代表流派 7 家，代表作 100 余篇

计然，春秋经济学家，著作《计然之术》7 篇

范蠡，春秋计然派重商代表之一，著作不详

张苍，秦帝国计相，计然家代表之一，著作 16 篇

《黄帝四经》，战国实业家作，4 篇

《黄帝铭》，战国实业家作，6 篇

《杂黄帝》，战国实业家作，58 篇

《力牧》，战国实业家作，22 篇

⑬ 阴阳家群：代表流派 5 个，代表作近 200 篇

邹衍，战国阴阳家代表之一，著作 49 篇，另有《终始》56 篇

南公，战国阴阳家代表之一，楚国学者，著作 31 篇；

其著名政治预言："楚虽三户，亡秦必楚。"

容成子，战国阴阳家代表之一，著作 14 篇

邹奭，战国阴阳家代表之一，号为"雕龙奭"，著作 12 篇

《杂阴阳》，战国阴阳家代表作之一，作者不详

⑭ 天文星象家群：代表流派 5 家，代表作 100 余篇

甘德、石申，战国天文星象家两代表，著作不详

《宋司星子韦》，战国天文星象家代表作之一，3 篇

《五残杂变星》，战国天文星象家代表作之一，21 卷

《黄帝杂子气》，战国天文星象代表作之一，33 篇

⑮ 五行家群：代表流派 3 家，代表作 600 余卷

《阴阳五行时令》，战国五行家代表之一，19 卷

《神农大幽五行》，战国五行家代表之一，27 卷

春秋战国五行家，共有 31 个流派，著作 652 卷

⑯ 占卜家群：代表流派 8 个，代表作 200 余卷

《周易》，春秋战国占卜家代表作之一，38 卷

《龟书》，春秋战国占卜家代表作之一，52 卷

《夏龟》，春秋战国占卜家代表作之一，26 卷

《蓍书》，春秋战国占卜家代表作之一，28 卷

《巨龟》，春秋战国占卜家代表作之一，36 卷

《神农教田相土耕种》，春秋战国占农代表作，14 卷

《五法积储宝藏》，春秋战国占商代表作，23 卷

《甘德长柳占梦》，春秋战国占梦代表作，20 卷

⑰ 堪舆家群：代表流派 2 个，代表作数十卷

青乌子，战国堪舆家代表之一，著《青囊经》，篇目不详

《宫宅地形》，战国堪舆代表作之一，20 卷

⑱ 相学家群：代表流派 6 家，代表作 100 余篇

唐雎，战国相学大师，著作不详

伯乐，战国相马大师，著作不详

《相马经》，春秋战国相学代表作之一，篇目不详

《相人》，春秋战国相学代表作之一，24 卷

《相六畜》，春秋战国相学代表作之一，38 卷

《相宝剑刀》，战国相学代表作之一，20 卷

⑲ 医家群：代表流派 7 家，代表作 100 余卷

《黄帝内经》，战国医学代表作之一，18 卷

《黄帝外经》，战国医学代表作之一，30 卷

《扁鹊内经》，战国医学代表作之一，9 卷

《扁鹊外经》，战国医学代表作之一，12 卷

《白氏内经》，战国医学代表作之一，38 卷

《白氏外经》，战国医学代表作之一，38 卷

《神农黄帝食禁》，战国医学代表作之一，7 卷

⑳ 房中家群：代表流派 3 家，代表作 69 卷

《尧舜阴道》，战国房中家代表作之一，23 卷

《容成子阴道》，战国房中家代表作之一，26 卷

《黄帝三王养阳方》，战国房中家代表作之一，20 卷

㉑ 方技神仙家群：代表流派 4 家，代表作 100 余篇

徐福，战国末期方技神仙家代表之一，著作不详

《黄帝岐伯按摩》，战国方技家代表作之一，10 卷

《宓戏杂子道》，战国方技家代表作之一，20 篇

《上圣杂子道》，战国神仙家代表作之一，26 卷

㉒ 诗赋家群：代表流派 5 家，代表作 64 篇

屈原，战国时楚国诗家代表之一，著作 25 篇

宋玉，战国时楚国诗家代表之一，作赋 16 篇

唐勒，战国时楚国诗家代表之一，作赋 4 篇

孙卿，战国诗家代表之一，作赋 10 篇

《秦时杂赋》，战国秦帝国时代诗作之一，9 篇

㉓ 小说家群：代表流派 5 家，代表作近 200 篇

《师旷》，春秋小说家代表作之一，6 篇

《伊尹说》，战国小说家代表作之一，27 篇

《周考》，战国小说家代表作之一，76 篇

《青史子》，战国小说家代表作之一，57 篇

《宋子》，战国小说家代表作之一，18 篇

㉔ 地理家群：代表流派 1 家，代表作 13 篇

《山海经》，战国地理家代表作，著作 13 篇

以上，经我重新整理的春秋战国思想家与实业治学的代表流派，共有四大类型，代表流派 138 家，代表作 4 000 篇上下。需说明的两

点是：其一，少数成家者，《汉书·艺文志》没有记载，是我们增补的，譬如兵家群之《司马穰苴兵法》《司马法》等；其二，《汉书·艺文志》所列，只是流传下来的思想学问流派及其著作，春秋战国思想群及其创造成果的宏大全貌，我们已经永远无法复原了。譬如，那时的兵器制造、水利工程、交通建设、城池建造等都在大规模发展，而当时的治水、筑路、建城、兵工等各个领域，都有专门的大师级专家与研究成果。可是，它们却没有流传下来。

我们鸟瞰的，只是残缺的历史。

即或如此，面对已经残缺的煌煌星云，我们仍然惊叹不已！

3 原典思想大体系是我们的文明根基

春秋战国的原典思想大爆炸，对中国文明史有着最为重要的深远影响。

首先，这一时期对中国此前两千余年的文明史，进行了前所未有的大总结与大反思。自黄帝时代到大禹治水，自夏商西周到当时的春秋战国，两千余年间中国族群在各个领域的发展历史、经验教训，都在春秋战国时代得到了大规模的总结，全方位的反思。我们今天所能知道的所有关于中国远古社会以及夏商周三代的历史足迹、文明形态、成败得失等，都是春秋战国思想群发掘整理的结果。这种大总结，在史书与文献中表现出的相关史实与相关结论，一再为当代田野发掘，被借助科学手段的当代考古研究所证实。这充分说明，春秋战国时代对此前中国文明史的总结，是经得起历史考验的。

其次，在总结此前两千余年文明史的基础上，春秋战国思想群对当时社会实践的所有领域都进行了深刻的探索与总结，并在各个领域创造了前所未有的价值法则。从政治文明到人民生计，从实业活动到精神世界，举凡社会实践的方方面面，这一时期都呈现出极其丰厚的理论总结成果，并且最大限度地发挥了历史导向的作用。所有在这一时期形成的价值评判体系，都成为华夏族群传之不朽的基本价值观念。

再次，基于对历史与现实的深刻总结与反思，春秋战国思想群对中国文明的发展方向也进行了普遍而深入的探索。如何结束长期战乱？如何结束裂土分治？如何在战争中体现仁善之道？华夏世界要不要统一？统一之后应当建立什么样的制度？是重回分封制，还是实现郡县制？等等等等，举凡向前迈进的基本问题，在战国时代都进行了普遍深入的探索，提出了种种对策。假如没有这种关于文明发展方向的深度探索、普遍酝酿，那么秦帝国统一六国之后迅速建立起成熟的中央集权制，迅速推行郡县制，几乎是不可想象的。

第四，春秋战国所迸发的思想成果，几乎都具有原创特质，几乎都是我们民族的原典著作。即或是对先人思想与著作的注释，也渗透了创造性的诠释。此后历经两千余年的历史筛选，这些原典依然保持着永恒不朽的突破品格。由此，这一时代的原典大系，形成了我们民族最为雄伟壮美的思想圣地。

基于上述四方面的特质，春秋战国的原典思想大爆炸，成了我们的文明根基。

迄今为止，构成我们民族文明特质的生命意识、存在意识、政治意识、战争意识、价值观体系等，都是在那个时代生成的。用当代语言说，我们民族整个世界观的根基，埋藏在那个时代，而不是别的任何时代。可是，由于西汉时期意识形态的悲剧性大转折，秦帝国之后直至清末的两千多年，中国历代的官方史书，都在对那个时代进行着无休止的扭曲，无休止的抹黑。

有鉴于此，在对那个时代原典思想大爆炸进行总体鸟瞰之后，我们有必要对那个时代汪洋恣肆的思想星云，进行一番基本的分析与评估。

4 春秋战国原典思想大系的历史特征

从总体上说，春秋战国原典思想大爆炸的最重要特质，在于震古烁今的创造性。

这种创造性，具有四个方面最重要的历史特征。

其一，全面性。创造的全面性，是说这两大时代的思想探索活动，所涉及的社会领域的广泛性。在此前的中国古典社会，不乏局部的个别的思想创造。在秦帝国之后的中国古典社会，也不乏局部的个别的思想创造。但是，作为广泛涉及所有社会领域的思想精神大探索的历史浪潮，在中国五千年的文明史上，却只在这紧密相连的两个时代出现。在五百余年中，春秋战国的思想家漫如星云，对各领域的普遍清理，对各领域的普遍总结，对各领域的普遍发现，对各领域的普遍反思，构成了那个时代汪洋恣肆的思想大潮。这种对人类社会生存方式立体覆盖式的大探索浪潮，在整个人类古典社会的历史上，是绝无仅有的一次！

其二，自由性。思想创造的自由性，包括两大基本方面，一是治学的自由，二是传播的自由。这两大时代的思想探索与创造活动，在治学与传播两个方面，所受的种种社会限制，在历史上达到了最少的程度。意识形态的束缚羁绊，基本上没有。官府机构的言论管制，基本上没有。私学流派之间的竞争，完全平等。各种学派或士子个人的游说活动，基本上没有任何来自非物质领域的限制。著书也好，立说也好，传播也好，无所谓社会不能接受的异端，无所谓犯什么忌讳。

只有那时，人生对知识思想的追求，是以充满诗意的“游学”形态表现出来的。所谓“读万卷书，行万里路”，只有在那个时代被视为士人阶层的必经阅历。凡此等等，都使春秋战国的思想探索活动，达到了天马行空而自由驰骋的境界。

同时，国家成立的官学机构，典型如稷下学宫，非但不限制私学思想的自由传播，反而以聚合天下流派展开争鸣为最大荣耀。论战争鸣之高下胜负，不依赖国家权威力量的裁定，而在于社会实践的接受与评判。

其三，独立性。思想创造的独立性，是说思想体系的生成不依附任何权威的自我性质。春秋战国时代的思想家群，多有从原有流派中走出来而独立成家的。墨子、吴起、荀子三人的根基，皆出于儒家，而后却都独立成为大家。韩非子、李斯皆出于荀子学派，而后又都成为典型法家，并未如同老师那样儒法兼顾。

凡此等等，都说明了一种历史现象：那时的士子阶层治学成家，不依赖青少年时期的学习门派，而完全取决于自己在成熟之后是否具有独立的思想。一旦有独立思想，著书立说，即可独立成家，收授学生，传播思想。没有固有的师从流派之限制，没有学派之间的党同伐异。出身官府之学也一样如此，老子、孔子、庄子、商鞅、范雎等，都曾经出身于官府吏员，都曾经在官学体系中生成了自己的独有根基。但其一旦思想独立，一旦走出官府，便成为独立的思想家，再没有必须依附官府的顾忌。

思想之自由，人格之独立，在那个时代得到了最为充分的实践张扬。国家与社会在选择人才，人才也在选择国家与社会。“合则留，不合则去”，“留者用之，去者送之”成为士人阶层与国家社会在双向选择中的普遍原则。

其四，原创性。从主流上说，从普遍性上说，春秋战国两大时代的思想探索活动及其成果，基本上都是原创性的。即或是这两大时代的总结、整理、注释、辑录、记载等治学领域，也普遍带有开创性的特点。

这种原创性，几乎体现于每一个社会领域的创造性思想，体现于每一个实业领域的创造性法则。那个时代，创新意识弥漫于全社会，原创精神弥漫于全社会。社会在日新月异，实践在不断变化，思想探索活动也必然在全面宽松的环境下，迸发出无与伦比的创造力。正是这种普遍的原创精神，普遍的创新意识，使那个时代的原创经典比肩林立，实业建设则屡屡出现大型的奇迹式的突破。

在此后两千余年的古典社会，这样的时代环境已经成为我们难以企及的梦想。

5 百家同构：华夏文明的多元均衡特质

从文明原生态的意义上说，春秋战国的思想生态体系，具有最为合理的均衡性。

均衡性，决定着一个民族文明体系的生命活力。一种文明能否具有最强大的生命力，能否具有最活跃的创造性，取决于这种文明体系的总体架构是否具有内在的均衡性。更通俗地说，文明体系的内在均衡性，就是文明体系内在构成是否具有相互制约的多元力量，从而形成一种无法摧毁的坚实结构。

春秋战国形成的思想生态体系，恰恰具有内在结构均衡的历史优势。

让我们从宏观结构的意义上，鸟瞰一番那个时代的多元体系图景——

其一，创造性思想群。

这一群体，以法家、兵家、墨家为轴心，形成了我们文明体系中最为强大的以变革精神为根基理念的创造性价值体系。这一价值体系的基本面是：一则推崇创造，二则推崇变革，三则推崇实践精神，四则推崇法治，五则推崇大爱精神。

虽然，在秦帝国之后的中国古典社会，这一思想群被“罢黜”，被置于从属甚或有意限制的比自生自灭还要糟糕的流放境地，其爆发力越来越被遏制，越来越居于弃儿角色。但是，他们深深植根于我们的文明基因之中，他们的价值精神并没有最终泯灭。每每在民族危难、国家存亡、社会衰落的危急关头，这种“求变图存”的精神特质，都会以某种特定的方式爆发出来，一次又一次地挽救了我们的沉沦。

其二，保守型思想群。

这一群体，以儒家、道家为轴心，形成了我们文明体系中最为顽韧的以复古精神、居弱精神、淡泊精神为根基理念的保守型价值体系。任何健全的文明体系中，都会有相对成熟的保守主义思想体系。保守主义的历史意义，在于作社会前进的制动器，避免社会因过激冒进而毁灭。在中国文明体系中，也同样有理念清晰的儒家保守主义、道家保守主义。虽然，他们之间有着某些重大区别，但是，在复古、保守这两个方面，是基本相同的。在春秋战国多元发展的健康的文明原生态环境下，儒家与道家，起到了使整个社会保持清醒的历史作用，是有其存在价值的。

我们文明发展的悲剧性在于，自西汉开始，将这种制动器式的保守主义思想体系，自觉地“独尊”为唯一的正宗思想体系，“不使百家并进”，严厉遏制并持续侵蚀创造性思想体系的发展。虽然如此，儒道两家的保守主义，仍然不能完全抹去我们强大的创造精神的本色，这是我们的历史幸运。

一个值得强调的问题是，儒家在被独尊的两千余年之中，也发生了很大的历史变化，其最重要的变化是自觉剔除了政治上的绝对复古理念，演变为人伦与哲学意义上的普遍保守主义思想体系。同时，儒家在两千余年的“文化霸权”中，又形成了一些新的历史传统，也弘扬了自身体系中某些合理的理念，譬如仁政理念、民本理念等。为此，我们对儒家的历史继承原则是，只反对“独尊”，不主张“铲除”，更无所谓“打倒”。我们的总体原则是，百家同构，法儒共生。

其三，哲学思想群。

这一群体，以道家、荀子、名家为轴心，形成了我们文明体系中的哲学阵地。其中，道家最具政治哲学意义的“尚一”思想，这形成了中国政治文明的最坚实根基——统一理念与集权理念。荀子与名家，则以最具思辨性的“名实论”“究名求实”的哲学思维，奠定了中国文明的纯哲学思维。中国哲学的思辨特质与实用主义特质同在的历史特点，就是在这一时期奠定的。

其四，实业思想群。

这一群体，以农家、商家、计然家、医家、水家、工家等为轴心，形成了我们文明体系中以立足实业生计的创造为根基理念的生存价值体系。在春秋战国时代，这些实用学派的社会地位，与其他所有的思想家群体是平等的，其执业者，其研究者，是同样被视为士人阶层的。

可以说，在中国五千年的古典文明史上，只有在春秋、战国、秦帝国三大时代，实业领域的研究群，获得了正当的社会尊重与价值评判。在秦帝国之后的两千余年里，实业研究群的社会地位越来越沦陷，最终竟被视为“奇技淫巧”的末技之学。自宋明理学的“存天理，灭人欲”开始，春秋战国时代的实业研究精神已经被严重扼杀，我们科学思维的精神根基与历史传承几乎被全部斩断，我们有可能的科学创造环境，已经死寂了。以至于到 1840 年，列强的军舰火炮对准我们轰击时，大清的官员们硬是认为这是“妖邪之物”，要以人粪尿镇妖。

这是中国文明史的又一大悲剧。

文明体系宏观结构的内在均衡性，决定了我们民族文明的强大生命力。

国家衰弱之时，我们有顽强的变法精神，即或它越来越陷于局部化。国家强大之时，我们有居弱理念，有收敛意识，使我们能够保持相对的清醒。外敌入侵之时，我们有独到的战争理念，有不畏任何强敌的战争艺术水准。和平来临，我们有坚实的实业生计传统，勤劳自立，和平崛起。我们既不畏惧战争，也不欺侮邻邦。

从五千年的历史长河看，尤其从秦帝国统一文明之后的两千余年历史看，中国文明之所以绵延相续，天不能死，地不能埋，其生命根基，正深深埋藏在两千余年之前原典思想大爆炸的那个伟大时代。

秦国政治危机

1　战国末期的华夏世界格局

在对抗动荡的岁月里，战国社会进入了末期阶段。

依据标志性重大事件，战国末期阶段开始于公元前 258 年，截止于公元前 221 年秦统一中国，历时三十七年。从前 258 年开始，秦昭王杀死白起，攻赵连遭三次大败，秦国开始从战略进攻态势被迫转为战略防守态势，进入了商鞅变法后从未有过的低谷时期。与此同时，山东六大战国也进入全面衰落阶段。

在统一战争风暴来临之前，七大战国突然同时跌入低谷，这是极其罕见的历史现象。从表面看，这一历史现象似乎只能用“天数”来解释。但是，只要深入其中，解析各国危机的真实内涵，我们就会发现这种巨大的“历史巧合”并不是偶然的。首先，让我们看看战国末期的开始十年，山东六大战国的各自状况。

赵国，赵孝成王后期，实力大为衰落；悼襄王即位，持续下滑。

楚国，楚考烈王后期，国力萎缩，都城南迁寿春；幽王即位，持续下滑。

齐国，齐王建初期，国力大衰，偏安自保；丞相后胜掌权，政局淤塞。

魏国，魏安釐王后期，政局混乱，国力大衰；景湣王即位，持续下滑。

燕国，燕王喜前期，国力萎缩，又连番挑衅赵国，不断招致失败。

韩国，韩桓惠王后期，国政混乱，大衰；韩王安即位，下滑更为严重。

从总体上看，山东六大战国在长平大战后的十年之内，都陷入了大衰落。最主要的实际表现，是山东六大战国的政治环境普遍恶化，内政、邦交、军事、经济，都陷入了毫无头绪的混乱淤塞状态，民生艰难，社会普遍丧失活力。从具体因素方面看，这种大衰落有三个最主要的荒诞奇迹：

其一，战国末期前十年之内，山东六国出现了普遍的权力交接。令人惊讶的是，六国继任的新一代君主，竟然没有出现一个明君，齐刷刷一茬昏聩之辈走上历史前台。赵悼襄王、楚幽王、齐王建、魏景湣王、燕王喜、韩王安，一个比一个昏聩，一个比一个偏狭，一个比一个荒诞。这种昏聩君主大集合，是历史上从来没有过的“奇迹”。

其二，与庸君大集合同步，山东六国都出现了“恶政”现象，或饭桶当政，或大奸掌权。赵国的郭开集团，楚国的李园集团，齐国的后胜集团，燕国的栗腹集团，魏国的腐朽王族集团，韩国的腐朽世族集团，举凡六国之领政，不是无能腐朽之辈，就是臭名昭著的乱政大奸。这种饭桶奸恶大集合，更是历史上从来没有过的“奇迹”。

其三，山东六国的栋梁能臣，急剧地萧疏零落。或遭杀害，或遭贬黜，或遭排斥，几乎无一例外。赵国后期支柱如名将李牧、庞煖，均遭杀害；楚国的最后栋梁春申君，遭受政变杀害；魏国中流砥枉信陵君，遭罢黜排斥，最终酒色自毁，绝望地烧毁兵法著作自杀式死去；韩国的韩非子，遭韩国世族多方排斥，仅仅被用来做了乞求秦国“存韩”的特使，逼韩非死于秦国；燕国名臣剧辛，遭受排挤，最终死于战场；齐国更是堵塞贤路，能臣名士尽皆被排斥，庙堂全面淤塞。这种能臣名士集中陷落，又是一个令人心悸的“奇迹”。

总体上说，这种普遍性的庙堂昏暗，恶政当国，英才陷落，在战国历史上是绝无仅有的。这种极其罕见的、几乎是高山瀑布式的大跌落，给我们的探索提出了严重挑战。

2　秦国进入低谷的多维透视

这时的秦国低谷，处于什么样的历史状况？

自商鞅变法开始，到战国末期开端，秦国已经经历了三代四任君主：秦孝公、秦惠文王、秦武王、秦昭襄王，历时百年有余。这三代四任的秦国，始终坚持了秦孝公商鞅时期奠定的两大政治传统——尊奉法治，广纳人才，从而保持了历史上极其罕见的长期的政治稳定，实现了国力持续增长。其间，虽然也有过小的交接期动荡，但远不足撼动大局。

在此基础上，秦国在百余年之中，结结实实地完成了三大阶段的历史跨越：第一阶段，秦孝公一代变法崛起，收复河西高原及整个秦东地带；第二阶段，秦惠文王一代推行连横战略，成功突破山东六国的合纵封锁，大出山东，投身于实力大争的天下洪流；第三阶段，秦昭襄王一代推行“远交近攻”的战略原则，全力发动对山东六国的军事进攻，扎实地扩展了领土，成功摧毁了最强大的赵国军事势力。

秦昭王末期，天下格局已经非常清楚——秦国一强独大，六国全面衰落。

显然，秦国在变法崛起后的百余年，一直保持着强大的上升势头，一浪高过一浪。但是，从秦昭王末期开始的收缩防守，到秦王嬴政亲政之前的乱象危机，大体二十年上下，是秦国变法崛起之后百余年出现的第一个全面低谷时期。历史地看，也是秦国自变法崛起，直到秦帝国建立的一百五十余年中，唯一的一次强国困境。

这一特异的历史困境，秦国是这样一步一步走进去的。

第一步，退兵失机。长平大战进入尾声时，丞相范雎接受山东纵横家鲁仲连游说，向秦昭王提出了撤退秦军以养息的战略。秦昭王接受了范雎主张，否定了武安君白起连续攻赵的战略。由此，秦军从上党高地全面退兵，错失一举破赵甚或灭赵的战略机遇。

第二步，刻舟求剑。全面退兵之后，秦军开始了整军养息。事实上，伤亡重大的秦军也确实需要一番大规模的补充休整。若秦昭王、范雎能够坚持养息战略，也是一种不失为明智的决策。但是，情况恰恰相反，退兵之后的秦昭王心血来潮，突兀地提出要再度大举攻赵。丞相范雎也以默认的方式呼应了。此时的武安君白起，从秦军的实际出发，反而坚持军队休整，强烈反对疲兵攻赵，拒绝担任攻赵统帅。秦昭王不听，一力坚持，任命大将王龁统率秦军大举进攻赵国邯郸。结果，遭遇魏国信陵君发动山东六国合纵救赵，秦军招致空前大败。

第三步，谬杀白起。攻赵失败，秦昭王非但不思决策失误，反而在丞相范雎支持下，以“抗命”之罪，将武安君白起贬黜为老卒，流放陇西。方出咸阳，又迫令白起自杀。此举非但引起了秦国社会的普遍震荡，而且使秦国失去了对山东六国最具威慑力的一位超一流军事家。

第四步，攻赵再败。错杀白起后，秦昭王任命王陵为统帅，再度发动攻赵之战。秦军遭遇赵国名将李牧的伏击大战，再次大败。秦昭王迁怒诿过，罢免了大将王陵。

第五步，攻赵三败。秦昭王失去理性，固执己见，接受丞相范雎的举荐，任命范雎旧交恩人郑安平为大将，率军第三次攻赵。结果，完全不通军事的庸才郑安平，撞进了李牧赵军的埋伏圈，秦军战死两万余。郑安平投降赵国，同年在赵国被杀。此战，首开秦军将领战场降敌的先例，是秦军历史上最为耻辱的一次战役，国人情绪普遍不满。

第六步，收缩盘整。至此，秦昭王终于冷静下来，开始盘整国政。首先，查出了丞相范雎举荐的另一个恩人王稽，曾经在长平大战期间私通楚国。秦昭王依法治罪，杀了王稽，开始疏远范雎。此后，范雎称病不出，以举荐燕国名士蔡泽继任为善后，请辞丞相。秦昭王准许范雎辞职，任用蔡泽为丞相，开始收缩战线。

自此，秦国进入了低谷困境阶段。

此后，秦昭王为了挽回尊严，接连对洛阳周室与韩国发动了一些小型进攻，也取得了几次胜利。同时又对赵国发动了边缘战役，也取得了一次胜利。但是，秦国由于连番战略错误，艰难的困局已经很难立即摆脱了。

首先，人才凋零。范雎离开之后，总揽国政者第一次出现了缺乏大政治家的乏力状态，恢复国力一时没有坚实的计划与举措；其次，将领层普遍老化，后继乏人。秦军将星如云的强大气象，一时大为萧疏；三则，军力严重损耗，兵员伤亡巨大，急需补充重建。秦昭王病逝之时，秦军可战兵力一度只有二十余万了。

秦国陷入低谷困境的基础原因，是经济基础还远远不够坚实。

三败而衰，说明秦国的基础还经不起大的震荡，还不够坚实。

截至战国中期，秦国有三块富庶之地，可以看作是秦国的三大经济根基。或者可以说，实际上是具有经济发展潜力的三块平原地带。一块是蜀郡平原（今日四川盆地）；一块是函谷关外的河内郡（今日黄河北岸的平原地带）；一块是秦人的根基之地，西起上邽（今日天水地带），东至函谷关的大关中地域。但是，直到战国中期结束，这三块根基之地，还都远没有后来那般富庶，无法为秦国提供巨大的财富支撑。

先看蜀郡平原。秦昭王在位五十六年，最大的功业，是晚期痛定思痛之后，任用治水大师李冰为蜀郡郡守，修建了都江堰，成功解决了四川平原的严重水患，使蜀郡成为殷实富庶的经济支撑地之一。但是，秦国陷入低谷困境之前，都江堰还没有修建，整个蜀郡巴郡的粮食财货还需关中支持，距离“天府之国”还有很大距离。

再看河内郡平原。这方土地，是秦昭王初期（宣太后摄政时期）新扩张的领地。在长平大战初期阶段，秦昭王曾亲临河内，以“人各赐爵一级”的重赏，发动河内郡十五岁以上民众开赴长平战场，做强大后援。其时，河内郡的粮食财货储存，几乎全部被秦军征发。三次攻赵失败之后，秦军收缩战线，重新以函谷关为防守重镇，河内郡又陷入了半拉锯状态，不可能大举恢复生产。因此，这一方土地，对于当时的秦国是远水不解近渴，难有实际的经济支撑功效。

第三块是大关中地区。历经百年经营，大关中地区已经成为秦国最主要的经济根基。但是，连年大战，秦国绝大部分粮食财货都要从大关中征发。大关中的财力纵然能勉力支撑，储存也是很少的。更有一个实际背景，是今天的我们很容易忽视的。当时的关中还不是后来那般富庶，其间要害，是渭水北岸大平原的干旱问题、盐碱地问题，都还没有得到治理。而渭水南岸靠近秦岭，平原地带相对狭窄，又多有林带，当时主要是王室园林与狩猎练兵之地，耕地很少。在此情况下，关中的农业经济，距离后来的秦始皇时期还有很大距离。所以，此时的大关中，也陷入了经济吃紧的状态。

除此三大平原地带之外，秦国的陇西郡、北地郡、上郡，是森林高原地带，主业是狩猎放牧，除了马匹，基本不能提供粮食财货后援。云中、九原两郡，是动荡不定的边地草原。新扩张的长江中游的彝陵地带、河外南阳郡等，或是相对贫瘠的山林，或是动荡不宁的半拉锯地带，无法成为强大的经济后援地。

在这样的经济格局下，秦国连年大战的巨大消耗所以能够支撑，除了本国解决基本部分外，主要依靠不断胜利所掠夺的巨额战利品。古往今来，扩张讨伐战争的基本目标之一，都是土地扩张与财富、人口的掠夺。当今世界，则演变为不需要拿走土地主权的大规模资源掠夺。任何一个农耕经济时代的国家，只要能保持连续的战胜脚步，经济就足以支撑。一旦连续失败，就既失去了财富掠夺的补充，又额外加大了本土的征发，一进一出，经济必然立即吃紧，立即出现困境。这是战争经济的历史常态。

此时的秦国困境，正是这样的基础原因形成的。

3　秦昭王艰难立储：低谷第一次政治危机

储君问题，是君主制时代最基本的政治问题之一。

任何一个国家，权力继承问题解决不好，都是严重的政治危机。长平之战后，储君问题已经成为秦国政局中最为显著、最为重大的政治问题了。为了妥善解决这一有可能从根本上威胁秦国国运的问题，秦昭王必须尽最大努力，必须最大限度地集中最后的精力。为此，只有采取战略守势，以安定大局为上。因此，秦国进入低谷，也有自觉收缩的一面。自觉收缩所以必要，就是要在收缩时期走出权力继承的危机。

秦昭王之储君长期不能确定，问题出在了什么地方呢？

首先，我们必须注意一个基本事实。战国之世的储君遴选，传统宗法制的嫡长子继承制度，仍然是当时奉行的根基理念。但是，由于残酷的实力大争，促使一个国家必须尽可能地遴选出英雄君主。因此，战国时代的国君继承，突破宗法制的现象又远远多于其他时代。这种突破，一般是两种形式，一种是兄弟继承，一种是庶出王子继承。这两种突破，一般来说都是在三种情况下发生：一则，国君正妻（王后）没有生出嫡子；二则，嫡长子先于国君死亡；三则，嫡长子弱智无能，并得到朝臣普遍的确认。

在这样的大背景下，秦国的权力传承是什么样的状态呢？

商鞅变法之后，奉行法治，政治稳定。从秦孝公开始的后继储君的遴选，虽然每一代都出现过曲折，但从总体上说一直都是相对顺利的。所谓顺利，就是都在宗法制的嫡长子继承制原则下，解决了权力继承问题，没有出现大的波澜。而且，秦国的继任国君，都是天下公认的雄略之才。

秦国在变法之后的储君遴选，第一次突破宗法制，开始于第三代国君秦武王。

此人性格躁烈，在位只有三年余。在率军进入洛阳王城时，秦武王炫耀武力，与秦军大力士一起力举九鼎之一的雍州鼎，受伤致死。因为正值青年，秦武王此时没有王后所生的嫡子。当时，王权继承人就成了弹性极大、又极为棘手的大问题。但是，这个生性躁烈的秦武王，却在最后关头显示出了惊人的冷静。秦武王遴选的王权继承人，出乎所有大臣的预料，是自己的庶出弟弟嬴稷，而不是与自己同出一母的胞弟。这个嬴稷，就是后来威名赫赫的秦昭王。从出身说，这个嬴稷是秦惠王的楚国妃子芈八子所生的儿子。在秦武王突然死去时，嬴稷还是一个未到加冠之期的少年，大约十五六岁，还和母亲芈八子一起在数千里之外的燕国作人质。

嬴稷既不是嫡子，又不是长子。所以，在即位之初，颇有些许动荡。幸运的是，嬴稷的母亲芈八子，也就是后来的宣太后，是一个极为出色的女政治家。儿子继承国王，芈八子自然地成为太后。为稳定儿子的君位，宣太后在初期成功斡旋朝局之后，成了事实上的摄政太后。在她的主导下，楚国名士魏冉做了丞相，青年将军白起成为秦军新统帅。君臣合力，首战大败合纵联军于河外战役，迅速稳定了大局。此后，宣太后摄政的秦国一片生机，开始对山东六国发动了一浪高过一浪的强势进攻。

宣太后主政三十余年，秦国获得空前发展，是中国历史上第一个女性大政治家。

秦昭王大约在五十余岁亲政，有辉煌的业绩，也有荒诞的错误。在三次攻赵失败之后，秦昭王已经是接近七十岁的老人了，随时可能撒手而去。此时，秦国还没有储君。因此，秦昭王在逼迫地，也是自觉地进入低谷后，面对的最大问题就是确立国君继承人选。

秦昭王确立储君的历史脉络如下：

秦昭王在一个正妻（王后）之外，先后有八个妃子，共九名“王女”。

这九名“王女”，先后生下十个王子，六个公主。秦昭王正妻，是宣太后主婚的楚国公主，时称芈后。这位“芈后”，婚后不久就生下一个王子，自己却因难产崩血而死。依照宗法制传统，这个王子就是嫡长子，名叫嬴悼。另外九个王子，是八个嫔妃所生的庶出王子。在这九个庶出王子中，以低爵妃子“王少使”所生的一个王子居长，名叫嬴柱，排行二王子。以另外一名低爵妃子“唐八子”所生的王子居次，名叫嬴煇，排行三王子。从当时的综合情况看，这三位年长王子都不出众。嬴悼、嬴柱体弱多病，惟有三王子嬴煇强健英武，性格却很偏狭。

这种状况，一直是秦昭王的心病，也是朝局关注的对象。

秦昭王前期，被特意封为蜀侯并派到蜀郡领政的三王子嬴煇，突然有了反叛迹象。宣太后与秦昭王秘密派司马错为将，平定蜀乱，处死了嬴煇。《史记·秦本纪》对此事的时间记载是秦昭王六年，颇有矛盾——即或秦昭王二十岁即位，此时也只有二十六岁，不可能有一个能独立任事的青年儿子。因此，合理的推定，这件事应该发生在秦昭王前期的二十年内，不能确定为秦昭王六年。

这一突兀的王子反叛事件，将册立储君的问题推了出来。之后不久，主政的宣太后促使秦昭王正式册立芈后所生的长子嬴悼做了太子，以示国政安定。可是，到了秦昭王四十年，也就是秦昭王亲政的前一年，体弱多病的太子嬴悼出使魏国，却突然死在大梁了。太子突然死去，储君问题立见紧迫，刚刚亲政的秦昭王大大为难了。

此时的秦昭王，已经将近六十岁了，期待再生王子而慢慢培养，已经很难了。

两年后，秦昭王无奈，只有正式册立此前已经封为“安国君”的庶出王子嬴柱为太子，总算在名义上解决了储君问题，化解了危机。但是，作为储君问题的实质隐患依然存在，就是这位储君能否在身后安定秦国，依然是一个危险的谜团。

4　太子嬴柱立嫡：低谷第二次政治危机

这时的嬴柱，已经年近四十岁了。按照当时的说法，已经是老太子了。

但是，更令秦昭王忧心的，还有后续三个方面的问题。一则，这个老太子身体状况同样差，自来多病，绝不可能健康长寿；二则，这个老太子历来很少与闻国事，遇事缺乏主见，大事主要靠正妻华阳夫人做主，这种人很难成为明君；三则，太子嬴柱的正妻华阳夫人不生育，没有生下一个子女。太子的一群庶出子女中，只有一个叫作嬴异人的比较出众，还很早就被派到赵国做人质去了。这就是说，老太子嬴柱还没有法定的继承人，若其骤然早逝，局势将陷入极大混乱。

这等情势下，摆在晚年秦昭王面前的实际问题就是，即或老太子嬴柱能够活到继承王位的那一天，也肯定会很快病逝。那时，继承人将再次成为重大危机。届时，依靠老太子嬴柱的才具与精力，肯定不能妥善解决。唯一的办法，就是秦昭王亲自操持，在生前为太子选定一个可靠的继承人，才能确保秦国不会出现连续性的权力危机。

这就是秦昭王最后几年最为棘手的大难题——为老太子嬴柱立嫡。

立嫡，就是在正妻没有生出嫡系儿子，或者所生嫡子因为种种原因已经死亡的情况下，在亲族血统内再选定一个后辈青年做嫡子，承认为自己的继承人。民间说法，这叫作“过继”。按照宗法制传统，重新立嫡的遴选顺序是由近及远：首先在主人的庶出儿子中遴选，再在同胞兄弟的儿子中遴选，渐次扩大范围，直到选出满意的继承人。这种遴选立嫡，在战国并不少见。战国四大公子之一的孟尝君田文，就是在丞相田婴没有嫡子的情况下，以才具出色的庶出子身份，经齐威王首肯而被选定为田婴嫡子的。

那么，此时的太子嬴柱，可供遴选的第一序列庶出子有多少呢？

截至安国君嬴柱立为太子，他的女人们总共生下了二十多个子女。按照当时的法度，这些都是太子的庶出子女。经过由秦昭王主导的查勘考校，当时居住在太子府的这些庶出子女，几乎都不具备应有的资质。

这时，嬴柱只有一个庶出子不在咸阳，而在赵国的邯郸作人质。这个庶出公子，就是少年赴赵的嬴异人，也就是后来主动更名的“子楚”。应该不应该对这个庶出子寄托希望，秦昭王难下决断，太子嬴柱及太子府的吏员系统，更是难以评判。因为，这时的秦赵两国已经成了势不两立的死敌，相互封锁，消息难通，这个远在邯郸的王子人质，此时的情况究竟如何？有才具吗？身体正常吗？甚至，在长平大战后有没有被赵国杀死，或者被赵国囚禁？所有这一切，咸阳的相关方面都不清楚。

在此情况下，若舍弃在第一序列选择，则必然进一步影响王族血统的纯正性。但若坚持等候查清这一个庶出子的各种情况，则很可能耽延日久还最后落空，其时秦国政局将更加混乱。这就是太子立嫡所以成为政治危机的要害处。

就在这个艰难微妙的时刻，一个奇特的大商人——吕不韦出现了。

吕不韦的出现及其前期活动，几乎是一个历史的传奇。这个传奇的主要脉络是：卫国大商人吕不韦，在邯郸遇见了陷入困境的秦国人质公子嬴异人。吕不韦判定，此人深具利用价值，于是极富创意地说出了一句千古格言："奇货可居。"此后，吕不韦说服父亲，散财结士，扭转嬴异人困境，并在邯郸组织了一个谋士班子，专一筹划嬴异人返回秦国这件大事。与此同时，吕不韦又深入咸阳探查，掌握了秦国太子立嫡首先取决于华阳夫人，根本上取决于秦昭王的内幕情况。之后，嬴异人按照吕不韦班子的谋划，在两个方向大肆伸展：一则，在邯郸更名为子楚，向华阳夫人的楚国血统靠拢；二则，积极参与信陵君主导的邯郸士林的论战活动，显示才具资质，以求名传天下惊动咸阳。

很快，人质公子嬴异人的种种活动与才具名望，就传入了咸阳。

这样，嬴异人很快就引起了两方面的关注。一则，太子正妻华阳夫人对这个更名子楚的庶出子倍感亲切，有意选择嬴异人为嫡子；二则，秦昭王的国家政事系统，在丞相蔡泽的主持下，通过正式查勘，确认了嬴异人有益于秦国的种种活动与名士声望，以及嬴异人身后吕不韦势力的基本情况。在这样的大形势下，只要嬴异人能顺利回到秦国，立为老太子嬴柱的嫡子，应该已经没有问题了。

可是，年近七十岁的秦昭王，并没有因为这个重要情况向赵国妥协，以交换让赵国放回嬴异人。当然，更大的可能是，秦昭王判定越是妥协，反而越会促使赵国更为坚决地扣留人质。最好的策略，反而是进攻赵国，在战胜之后提出条件，解决一切难题。

于是，公元前 257 年，秦昭王五十年，在迫令白起自杀的同时，以王龁为统帅大举攻赵。秦军再度兵临城下，但却遭遇巨大败绩。按照战国的邦交法则，秦国不守盟约，赵国自然要杀死人质。在这紧要时刻，经过长期准备的吕不韦集团，买通赵国的看守官员，保护嬴异人冒死逃出邯郸。之后，在赵军的追击下，吕不韦、嬴异人在秦赵边界侥幸遇到一支秦军，逃入秦军营地，才告脱险。

王龁攻赵业已失败，秦国以战胜国姿态压服赵国已经没有希望。当此之时，秦昭王最后做出决断：立嬴异人为太子嬴柱的嫡子。六年之后，秦昭王病逝，老太子嬴柱即位，就是秦孝文王。这一年，嬴异人被正式立为太子。秦国相对顺利地完成了权力交接，渡过了这场政治危机。

可是，问题还是没有真正得到解决，更大的隐患还没有暴露出来。

5 孝文王早逝：低谷第三次政治危机

秦昭王在位五十六年，病逝之时，已经是七十余岁的老人了。

这次交接，在秦国朝野已经酝酿日久——熟悉的老国王死了，熟悉的老太子继任了，自然不会有什么动荡。可是，谁也没有料到一个突然情况的来临，秦国立即又要再次交接了！原因是，继位的嬴柱——秦孝文王，此时也已经五十余岁了。由于长期多病，他即位当年就病逝了。

这是一个无法预料的变数，也形成了秦国低谷时期的第三次政治危机。所以是一次危机，是因为这样一个跌落格局：秦昭王强势政治所造成的后期真空，骤然越过了秦孝文王一代，要直接由长期做人质而在根本上生疏于秦国庙堂的嬴异人来主持解决。无疑，这是一种极其复杂的政治局面，是一次隐患很深的危机。

接续的继承人无争议，当然是太子嬴异人。后来的谥号，是秦庄襄王。秦庄襄王尚算一个清醒者，在吕不韦策划支持下，即位后迅速稳定了政局：尊正母华阳夫人为华阳太后，生母夏姬为夏太后，任命吕不韦为丞相，封爵文信侯，领国家政事，以洛阳十万户之赋税为其俸禄，对纲成君蔡泽等其余大臣班底，一律不动。

从此，吕不韦登上了历史舞台。

事实证明，吕不韦不但是一个超凡的商人，而且是一个杰出的政治家。

在秦庄襄王基本不问政事的情况下，吕不韦仔细谨慎地处置了秦昭王时期留下的一系列潜在隐患，渡过了财政危机，处理好了孝文王遗孀华阳太后的争权危机，处理好了与蔡泽的丞相替代危机，处理好了与蒙骜等一班元老大将的军政矛盾，使在秦昭王时期已经陷于半停滞状态的国家机器正常运转，也处置好了吕不韦自己与庄襄王之间的特殊关系。凡此等等，都使秦国开始了较快的实力恢复。与此同时，吕不韦还主持发动了对山东的一系列攻势，取得了几次小胜利，吞灭了洛阳王室。

无疑，这次政治危机，是在吕不韦的实际主持下度过的。

6 庄襄王又早逝：低谷第四次政治危机

如果秦庄襄王能够在位较长时间，也许秦国就会走上另外一条道路。

可是，这位秦庄襄王在人质生涯中磨损过于严重，在位三年半就病逝了。这一年，是公元前 247 年。此时的储君情况是，嬴异人在赵国做人质时娶的妻子——王后赵姬所生的唯一一个儿子——嬴政，已经从九岁就被立为太子，此时是十三岁的少年。这是君主制时代典型的政治格局之一，称作“主少国疑”——国君年少，朝野不安。这一格局，从来都是典型的政治危机。

这次所有的危机要素，都隐藏在吕不韦与嬴异人的早期活动中。

（1）谜团破解：关于秦王嬴政的血缘问题

所谓谜团，就是传播于山东六国的流言被司马迁写进了《史记》，从而成为后世许多人所认定的历史事实——秦王嬴政是吕不韦的私生子。这里，我们没有必要纠缠流言，而只需按照严肃的考据辨析，呈现秦王嬴政的生身与少年脉络。

吕不韦有计划地资助嬴异人，开始于秦赵长平大战即将结束之际。两人结为政治同盟后不久，嬴异人歆慕吕不韦府中一名叫作赵姬的少年歌女，直言不讳地向吕不韦诉说了求婚心愿。依照战国之风，一个大诸侯国的王子王孙，能公然求婚于同道者府上的一个女子，则这名女子一定不会是主人的妻子，也不会是主人名分已定的侍妾。否则，嬴异人的作为，就是一件世风道德所不能容忍的极大丑闻，完全可能导致一个人无法在天下立足。唯其如此，吕不韦尽管也可能喜爱这个女子，但却并没有太大的心理障碍。最终，吕不韦还是很爽快地将这名歌女送给了嬴异人。

很快，嬴异人与这名歌女——赵姬，在邯郸完成了婚礼。

嬴异人赵姬成婚后一年，生下了一个儿子，这就是嬴政。按照当时的说法，这种婚后满年而生，叫作“大期生子”。如果，再加上从吕不韦许诺开始，筹备成婚所必需的一两个月时间，实际上，这个儿子至少是嬴异人求婚后的十四个月所生的。

显然，嬴政根本不可能是吕不韦的私生儿子。

《史记》所记流言，在于时间上的巨大矛盾。这则流言的说法是，嬴异人求婚之时，吕不韦已经知道赵姬有了身孕，怀了自己的儿子。按照无论古今中外的常识，依据经验看出或得知女子怀孕，至少得有两个月时间。再则，贵族成婚至少得有些许筹备时间，不会过分仓促，这里又有一段时间。最后，婚后“大期生子”——婚后十二个月才生下儿子。

如此，前后历时至少一年半。女子怀孕一年半，还能顺利生产，显然是荒谬的。

从深刻的社会历史原因看，司马迁这位伟大的史学家所以记载了如此一则自相矛盾的流言，根本原因在于汉武帝时期的反秦理念，已经成为官方意识形态，司马迁顾忌这一点，必须记载一些普遍流传的“非秦”流言，否则《史记》不能问世。但是，司马迁又有着强烈的历史学家的良知，他没有替流言“圆谎”，而是将流言的矛盾十分明显地呈现出来，使后人很容易在分析之后得出真相结论。对于这部在历史夹缝中写成而遭受到汉武帝多方抑制的伟大史书，我们应该有分析地看。在高端文明时代，我们应该具有这样的历史目光。

（2）秦王嬴政的少年成长脉络

至此，我们可以明确的一连串历史事实是——

秦王嬴政生于秦昭王四十八年正月，公元前 259 年，出生地为赵国都城邯郸。

嬴政出生的第三年，其父嬴异人与吕不韦一起逃回秦国。

孩童嬴政，跟随母亲赵姬隐匿赵国。赵姬之家为赵国富豪，嬴政母子得赵家庇护照应，一直在赵国民间生活了五年。

公元前 251 年，秦昭王在位五十六年病逝，孝文王即位，嬴异人被立为太子。

也是这一年，赵国基于嬴异人已经立为秦国储君，欲谋与秦国邦交正常化，以隆重礼仪送赵姬嬴政母子回到了秦国。时年嬴政八岁。

公元前 250 年，秦孝文王病逝，嬴异人即位，九岁的嬴政被立为秦国太子。

公元前 247 年，秦庄襄王嬴异人病逝，十三岁的嬴政即位秦王。

至此，少年嬴政以十三岁少年秦王之身，正式登上了历史舞台。

（3）吕不韦与太后摄政，政治危机埋下隐患

秦庄襄王病逝之时，安排的政治格局是，吕不韦以丞相文信侯身份为顾命大臣，行摄政权，少年秦王尊奉吕不韦为仲父，太后赵姬得与闻国事。也就是说，在吕不韦摄政系统中，赵姬有参政权力。按照秦国法度，这种格局要一直延续到少年秦王举行了加冠礼，嬴政才能亲政，才能成为名符其实的秦王。

君王在加冠之前不能亲政，在战国时代是一种普遍制度。其间根

本原因，在于国家竞争的残酷性，要求君主必须心智成熟，保证有效理政。秦国自秦孝公开始，除了秦昭王与这个秦王嬴政，其余四代五任君主，都是成年即位。年龄最长的孝文王即位时，已经是五十余岁的老人了。秦昭王少年即位，加冠之后仍然未能立即亲政，一直等到五十余岁时才夺回了亲政权。这段路，秦昭王足足走过了四十年的时间。

而今的秦王嬴政，也要走过亲政之前的这段漫长道路。

因为，秦国的加冠礼，在二十一岁至二十三岁之间可以随时举行。也就是说，嬴政的虚位之期，至少要经过八年。在君权制时代，尚未亲政的国王虚位时期，历来是政治上最为多变的危险时期。这就是前面已经说过的"主少国疑"——君主年少，国人不安，政局多变。事实上，大多数宫廷政变，都发生在这样的特定时期。

这一时期的危机演变，可以分为两大阶段。

第一阶段，前六年余，以丞相吕不韦总领国政，以上将军蒙骜掌军，太后赵姬与丞相吕不韦关系融洽，基本上不干预国政。这一阶段，在吕不韦相对宽厚的政风与着力恢复经济民生的总政策之下，秦国呈现出一片恢复元气的气象，商旅开始繁荣，经济有所发展。最主要的一件经济业绩，是吕不韦任用韩国治水大师郑国（此时尚未暴露间谍身份），开始筹建渭水北部引泾入洛的大型水利灌溉工程，为后来这一工程的完成奠定了基础。

与此同时，吕不韦与上将军蒙骜精诚合作，对山东六国重新发动攻势，扭转了秦昭王后期的军事守势。这一阶段的主要军事胜利是：平定晋阳之乱、吞灭东周王室、攻取韩国十三座城池、攻取魏国、燕国二十余座城池，正式设置了东郡。同时，秦军还有效地以出兵威慑方式，消解了韩、魏、赵、卫、楚五国的一次合纵攻秦。总体上说，吕不韦有效主政的阶段，秦国已经逐渐走出低谷，呈现出全面复苏的状态。

第二阶段，后三年余，太后赵姬与吕不韦摄政集团分裂，与假宦官嫪毐结为畸形同盟，封嫪毐为“长信侯”，并一力支持嫪毐主政。由此，吕不韦政务集团被全面架空，“事无大小，皆决于嫪毐”。秦国政治陷入了空前混乱，各方面迅速下滑，而以军事下滑最为严重。

首先，上将军蒙骜于秦王政七年病逝，秦军一时没有了合适的军事统帅。

其次，蒙骜死后一年，在秦军无大将，又逢嫪毐乱政的情形下，年轻的王族子弟长安君成蟜，自请率军攻赵，但却在晋阳屯兵不进，随之举兵发动叛乱，图谋在秦国乱政中夺取政权。这场乱兵之祸，波及整个河西地区，对当时的秦国局势影响很大。危机之际，吕不韦联结秦国各方力量，艰难筹划，平定了反叛。但是，秦军元气也因此而大有损伤。

其三，在军事出现乱局的同时，政治格局更显危机。长信侯嫪毐在太后赵姬的支持下，权力大为膨胀，封地实力大为扩张，部分朝臣与一批咸阳守军将领，相继投身嫪毐集团。

不可避免地，一场恶性政变已经在秘密酝酿之中。

这时候，挽救秦国危机的力量在哪里呢？

（4）虚位数年里，秦王嬴政的政治力量储备

在吕不韦领政的第一阶段，年轻的秦王致力于自我锤炼，基本上不过问国事。

可以推定的历史事实是，此时尚是底层将军的王翦、尚是少年才子的蒙恬，尚是吕不韦门客的李斯，都是在这一时期与秦王嬴政开始交往，并形成某种早期政治同盟的。也就是说，吕不韦主政时期的少年秦王，对当时的秦国政局已经形成了自己的评判，已经有了强烈的忧患意识，已经开始着意搜求自己的政治力量了。

后来，王翦能被尊为秦王师，蒙恬能成为骨干大将，李斯能在吕不韦集团散去之后顺利进入秦王嬴政的新枢纽，其根基，无疑都在秦

王加冠之前将近十年的混乱时期。到吕不韦势力被架空，嫪毐势力突兀出现之时，嬴政已经二十岁了。

此时，秦王嬴政可见的力量结构是：通过王翦联结军中的少壮派力量，通过蒙恬联结军中的元老力量，通过李斯联结幕僚力量（包括李斯本人的某种策划）。除此之外，尚有王族中反对王后嫪毐乱政而站到嬴政一边的王族正统力量——昌平君、昌文君等势力。同时，嬴政还拥有一支强大的同盟力量——坚决反对嫪毐乱政的吕不韦集团。

这时的秦国政局，已经处于丧失中枢、全面混乱的状态了。

丧失中枢，使秦国的王权决策系统、秦国的王族根基力量、秦国的丞相政务系统，全部陷于瘫痪。全面混乱，使庞大复杂的秦国政务，全部决定于政治白痴嫪毐的长信侯府，决定于昏昧淫乱、胡天胡地的太后赵姬的雍城寝宫。整个秦国的军政民生大计，都沦入嫪毐集团的胡乱挥洒与肆意涂抹之中。

7　秦王嬴政力行主导　一举粉碎嫪毐政变

嫪毐赵姬乱政，是秦国历史上，也是整个战国历史上绝无仅有的政治滑稽戏。

但是，这场政治滑稽戏在当时现实中指向的目标，却是非常惊人，而且是非常残酷的。它要杀害秦王嬴政，要颠覆秦国政权，要改变秦国的法治传统，要杀戮大批秦国的臣民将士，要从根本上毁灭秦国！对当时的秦国而言，这是自商鞅变法之后最严重、最荒诞的一次政治大灾难。

白痴嫪毐与昏昧赵姬毫无遮掩的野心密谋，不可能做到真正的秘密。

秦王嬴政很快就得到了消息。吕不韦集团也很快清楚了这一野心与阴谋。因为，从当时的政治格局来说，吕不韦集团是嫪毐的直接政敌，而太后赵姬又是被吕不韦抛弃了的宫廷怨妇。嫪毐与太后赵姬结盟，第一个要除去的对手就是吕不韦。作为精明缜密的政治家，吕不韦不可能没有危机意识，也不可能没有基本的消息来源。

对《史记》记载加以排列，司马迁对混乱局面叙述之后，所呈现的第一个事实是："(秦王政十年) 四月，上宿雍。己酉，王冠，带剑。"这就是说，这一年的四月，秦王嬴政住进了雍城，要举行加冠大礼了，要带剑亲政了。这是一个转折点，可是还没有完成。

将秦王的加冠大礼推上法定程序，这是当时秦国的健康政治势力联合起来，消弭秦国政治灾难的最关键环节。从当时秦国的政治实际，以及简单史料遗留下来的事件要素，我们可以对这一事件的过程进行分析推定，完整呈现如下——

公元前 238 年春，彗星出现，长可径天。依据星象理论，这是国家大凶的预兆。

以"彗星凶兆"为依据，具有极强政治主动性的秦王嬴政，发动王族大臣与吕不韦集团，共同上书太后赵姬与实权嫪毐，请求按照秦国法度，为已经二十二岁的秦王嬴政举行加冠大礼。因为，此时的吕不韦集团与王族大臣集团，都居于无权地位，若无秦王一方暗中发动，不可能有联合行动的契机。

嫪毐、赵姬集团接此上书，非但没有拒绝，反而将这一事件看作是将预谋政变付诸实施的大好机会。嫪毐集团的预谋步骤是：首先，将加冠地点确定在雍城蕲年宫，也就是秦国的老都城、赵姬的太后寝宫所在地，以利嫪毐势力的铺排与控制；其次，借冠礼之机在雍城发动兵变，攻杀秦王嬴政；第三，同时在咸阳举兵叛乱，攻占王城，攻杀秦国主要大臣；最后，拥立嫪毐与赵姬的私生子即位秦王，嫪毐与太后继续摄政，建立自己的新政权。

秦王嬴政一方，则是将计就计。

当年四月，嬴政进入雍城蕲年宫，等待加冠。

借筹备加冠大礼的间隙时间，嫪毐集团以“秦王印玺”与“太后印玺”，秘密调集已经掌控的各方兵力，向雍城、咸阳集中。这些兵力，主要是五个部分。其一，关中各县的守军，按照当时的秦国法度，这叫作“县卒”；其二，都城咸阳的护卫军，当时叫作“卫卒”；其三，能够掌控的零散骑兵，当时叫作“官骑”；其四，已经事先通联好的秦国西部戎狄首领的警卫兵力，也就是“戎狄君公”的私兵；其五，事先招募的门客、舍人、游侠等组成的临时武装。这五种武装力量，大体在数万人至十万人之间。在加冠大礼之前，他们以各种名义分别进入雍城、咸阳，聚集埋伏，以待兵变号令。

这时，事实上已经成为平乱中枢的秦王嬴政，以三方面力量紧急应对兵变。

一方力量，秦王嬴政亲自率领随从护军、内侍宫女等，在雍城蕲年宫抗击乱军。

另一方力量，预先在咸阳部署就绪的王族大臣昌平君、昌文君，秘密调集王族大臣府邸的护卫兵力与精壮人口，以及王城内侍、宫女等为临时兵力，攻杀咸阳乱军。

第三方力量，王翦与蒙恬在外围发动的可能的支援力量。

这场平叛战争，秦国的主力大军究竟有没有以某种方式介入，史料没有记载。依据当时的实际情形，秦王嬴政与将军王翦、军旅世家蒙氏家族，都有着紧密的关系，加上又有吕不韦在事实上的支持，我们合理推定，很可能有秦军的一部分以某种形式介入了平乱。因为，这场兵变的平定，没有出现任何波折，嫪毐集团非但很快全面溃败，而且，连逃出关中的可能都没有实现。可见，秦王力量之广泛。

平息叛乱后，秦王嬴政立即下令：活擒嫪毐，赏钱百万；杀死嫪毐，赏钱五十万。

数日之内，嫪毐与乱军将领官员二十余人，全部在逃窜中被“秦人”活擒。

一场惊心动魄的大范围兵变，就这样被干净利落地平定了。

平定嫪毐兵变，是秦王嬴政走上政治舞台的一场血与火的洗礼。

之后，嬴政"加冠带剑"，收回了标志权力格局的各种秦王印玺，完成了亲政大典。《史记·秦始皇本纪》中，将"王冠"，"带剑"写于"上宿雍"之后，嫪毐兵变之前，只是叙述的方便，而不是说，秦王嬴政在四月先举行了冠礼，再平乱。因为，这里有一个政治逻辑关系是无法逾越的。如果秦王先行冠礼，必然收回印玺，如此，嫪毐的以"秦王印玺"调兵，也就是"矫王玉玺"的事实，就不可能发生了。

平定嫪毐叛乱，是秦国后期最为重大的一次政治转折。

当时的实际形势，是非常严峻的。举朝大臣丧失权力，连吕不韦这样的强势丞相，也被全面架空。太后赵姬淫乱不休，神智几近愚昧，随意挥洒爵位封地，以河西晋阳地区（今太原地带）全部作为嫪毐封地，使嫪毐势力急剧膨胀。一批秦军将领与官员，也都投奔了嫪毐集团。嫪毐本人粗蠢狂妄，具有赤裸裸的原始性，随时都有发动兵变，搅乱并毁灭秦国的突如其来的危险。历史地看，面对涉及如此深广的一场乱局，任何一个尚未亲政的寻常的年轻君主，几乎都是无能为力的。

只有年轻的秦王嬴政，独能冷静、果决、勇敢地应对，在危急时刻成为名副其实的中流砥柱。尚未亲政，而能策划并实现平定兵变，这一政治实践证明，秦王嬴政是一个极其罕见的政治天才，他一出现于历史舞台，就在大乱之局中展现出了惊人的意志与才华，获得了秦国朝野的一致拥戴。

此后，在秦王嬴政的主持下，嫪毐兵变事件迅速结案。嫪毐被车裂，灭族。参与兵变的将军官员二十余人，全部被判处斩刑，其家族并其余参与叛乱者四千余家，被分别判处流放巴蜀、宗庙苦役等刑罚。

秦国的乱局安定了。可是，更为深刻的政治危机又再次来临了。

承担大一统使命的秦国，注定要经受全面而深刻的历史锤炼。

帝国序幕：诀别吕不韦集团

1 秦王嬴政与吕不韦的鸿沟

接踵而来的政治危机，是年轻的秦王与文信侯吕不韦之间出现了鸿沟。

吕不韦与秦王之间，有两道鸿沟，一道是历史性的，一道是现实性的。

历史的鸿沟，是吕不韦“私进嫪毐”引起的政治灾难。乱国巨奸嫪毐，所以能以假宦官身份进入太后宫“侍奉”太后赵姬，是吕不韦一手策划并操持实现的。背后的原因是，秦庄襄王病逝后，吕不韦与太后赵姬私通。已经认识到少年秦王过人天赋的吕不韦，深恐秦王成人亲政后觉察自己与太后的私情而对自己不利。但是，立即断绝与太后的私情，又怕赵姬因不耐寂寞而迁怒于自己。于是，急于脱困的吕不韦，寻觅到一个有着巨大阳具的市井无赖嫪毐。之后，吕不韦利用摄政权力，假称嫪毐是既成事实的宦官，绕过了王城的宦官检查制度，将嫪毐秘密送入了太后寝宫。

吕不韦曾经的作为，有两个污点，一是与太后私通，一是私进嫪毐。

就第一桩事实来说，在当时并不是多么严重的罪责。整个春秋战国时代，风习奔放，礼教远未如后世那般成为人性桎梏。其时，男女情事很少禁忌，权势大臣与前任国君之遗孀，也就是与太后两相私通，并不少见。甚或，大臣与在世国君的妻子，也就是与王后两相私通，都是相对常见的事，史料也多见记载。虽然，这种行为是违背礼法的。但是，只要不成为公开的丑闻，只要不导致重大的政治灾难，各国都不看作是必须揭露处置的严重事件。包括私进嫪毐，使正在中年的太后满足性欲，本身也是可罪可不罪的事，弹性极大。否则，吕不韦也不会如此设计自己退出太后宫闱的方略。

吕不韦的两桩事实，所以在性质上发生了巨大变化，根基在于后续的政治演变。

嫪毐兵变发生后，吕不韦曾经的两桩事实，就成为自己可能的灾难根源。连带追究，就远远超过了君臣私通而仅仅违背礼法的意义。因为，吕不韦的作为，直接导致了天下最大的宣淫乱国丑闻，非但给秦国王族带来了难以洗刷的耻辱，而且给国家带来了空前的政治动荡，引起了举国不满。嫪毐兵败，举国民众军士出动缉拿，其党羽四散逃亡，最终却无一漏网。这一事实已经充分说明，当时的秦国社会对嫪毐集团是何等的深恶痛绝。在这样的政治大形势下，依照秦法，吕不韦的连带责任是一定要追究的。

现实鸿沟，是《吕氏春秋》新生的治国理念大冲突。

吕不韦由商入政，是一个非常有独立思想的大政治家。

在整个战国时代，商贾出身的大政治家有两个，一个是魏武侯时期的白圭，另一个就是吕不韦。两人相比较，吕不韦的实际成就与政治理论，都比白圭要高出许多。从政治实践看，吕不韦进入秦国，先在秦昭王病逝、秦孝文王病逝的两次艰难时刻，与当时的丞相蔡泽一起，安定了政局。此后，从秦庄襄王元年任开府丞相，直到秦王政七年被赵姬嫪毐架空，吕不韦实际全面统领秦国政务十年有余。这十余年之中，恰恰又逢两大政治危机相连：秦庄襄王病逝，秦王政少年即位。

除去最后的嫪毐事件，秦国在低谷时期的危机，都是吕不韦引领秦国渡过的。

吕不韦治国方式的独特，主要在于两点：一是宽和养息，二是有序出新。

从吕不韦领政期间的实践看，吕不韦治秦的着力点，不是僵硬地维护秦法，而是相对注重弥补秦法的疏漏，尤其是执法的过分刻板这一点。譬如，吕不韦时期在奖励耕战之外，也大大发展了秦国的商旅贸易。而且以秦王名义，给有重大贡献的巴蜀商人寡妇清建立了怀清台，给北地郡大商乌氏倮封了比较高的爵位，公开鼓励商业的发展。同时，吕不韦注意了在低谷时期减少用兵，减少征发，使民众在连绵大战之间有所休息。虽然，吕不韦不可能在当时的秦国公开提出“宽和养息”的政略，但是，他的政治实践已经充分蕴涵了这一方向。

所谓有序出新，是两个方面。其一，吕不韦时期整肃了秦国政务，有效克服了自秦昭襄王晚期开始的由于没有出色政治家领政而导致的政务积压，国政混乱，使秦政重新恢复了高效有序的流转。在法度整肃之外，又增添了一种管理意义上的流畅性。

其二，吕不韦在兵器生产等领域，以自己丰厚的商业经验与超一流的管理水准，建立起了统一的标准化生产制度，使秦国的军事工业大大出新，远远领先于山东六国。今天，我们在兵马俑坑发掘出的难以计数的箭镞，都是同一个标准尺度。而且，大型器械上都刻有“相邦吕不韦”与监理者、制造者的名字。这些珍贵的发掘物，就是两千多年前吕不韦时期开创的标准化生产的实物。

看到它们在两千余年之后依旧粲然生光，我们如何不为之惊叹呢。

2　吕不韦主持编撰治国大百科全书

吕不韦的治国方式，植根于他组织门客编撰的《吕氏春秋》这部大书。

我们得先来看看，《吕氏春秋》究竟是一部什么样的书?

先看书名——《吕氏春秋》。“吕氏”两字，显然是一种归属界定，主要包含两层意思：一则，这部大书是以吕不韦治国理念为主导的；二则，这部大书是吕不韦组织编撰的。“春秋”这个词，原本是西周时期各诸侯国史官所记录的国史资料的普遍名称，这里只是借用其寓意而已。

古老的史料史书，为什么叫作“春秋”？

就实际而言，其语意起源，在于夏商西周三代以至春秋中期，国家大事，尤其是战争，大体都发生在春秋两季。冬日严寒，百事收敛；夏日酷暑，更兼农忙。许多军国大事在这两个季节都无法进行，或者自觉取消。所以，记载国家大事的史料，或者史官与学者个人撰写的史书，用“春秋”两字概括，既简洁形象，又符合实际。因为这一传统，后来孔子编撰的鲁国史，也使用了“春秋”这一既定名称。就是说，史书以“春秋”命名，并不源于孔子，但却彰显于孔子。自孔子编撰《春秋》之后，“春秋”之名便成为史书的代称了。

但是，吕不韦编纂的著作显然不是某一国史书，为什么要叫作《吕氏春秋》？

这部大书的总体结构与基本思想，为我们揭开了这个命名秘密。《吕氏春秋》全书20余万字，是中国先秦时代规模最大的著作之一。这部大书的总体结构是3部26卷，其构成全貌为——

第一部　纪部，共分12纪，26卷；每卷5节，共60节

第二部　览部，共8卷，称为八览；每卷8节，共64节

第三部　论部，共 6 卷，称为六论；每卷六节，共 36 节

三部之中，第一部规模稍大，但大体各占全书的三分之一，结构很整肃。

这部煌煌大书，都在说什么？让我们先看看，每一部的基本点是什么。

先看第一部，也就是纪部。其名称含义，是取“纲纪四方，梳理政事”之意。实际内容，是将一年按照春生、夏长、秋收、冬藏四季所拥有的 12 个月，分为 12 纪。依据数千年形成的传统与经验，详细叙述每个月应该进行的国家政务，以及每个月必须由官府督导的民生大事。第一部的宗旨，是按月划定国事纲目，以明确轻重缓急。从实际方面说，这是吕不韦为治国理政所制定的一部政治月历表，在当时具有巨大的实用价值。

再看第二部，也就是览部。其名称含义，取“天斟万物，圣人览之”之意。实际内容，是从总体上论述为政治国的理念。理念的确立根基，是每卷开首叙述的天地万物的构成与运行法则。围绕这一法则，再对治国理念进行纲要性论述。所以，第二部是全书的根本理念表述，也就是吕不韦政治思想的总纲领。吕不韦诸多根基理念，都是在八览部提出的。

第三部，也就是论部。其名称含义，取“权衡论说，而后立规”之意。实际内容，是论述评判政治核心阶层——君臣之道，以及潜在的政治阶层——士人的立身持节价值准则。针对国君的论述，有《察贤》《期贤》《壅塞》《当赏》等节。针对臣子的论述，有《贵直》《直谏》《有度》《分职》等节。针对士人的论述，有《不苟》《自知》《博志》《士容》《务大》《知化》等节。这些做人做事的价值观，当然都同时具有普遍性，而不仅仅是纯粹针对某个阶层的。所以，“六论”这一部，可以看作是吕不韦对政治人格的要求，以及对人世风习、做人做事准则的价值评判体系。

全貌之外，必须提及的一点是，《吕氏春秋》独特的论述方法。

无论是“八览”“六论”，还是“十二纪”，都有一个共同的论述方式，先说道理，再讲此前两千余年以至春秋战国的相关案例，以提供这种立论的历史证据。所以，《吕氏春秋》既包含了吕不韦对治国之道的理论总结，也包含了极其丰厚的寓于无数历史故事之中的个体政治经验。在当时，要达到对此前数千年政治经验的搜集整理，绝非一人之力所能完成。《吕氏春秋》所以能事事举证，没有强大的以门客形式聚集起来的人才力量，是不可能实现的。赫赫大名的李斯，当年就曾经是《吕氏春秋》的主要编撰者之一。

如此一部大书，堪称当时的治国大百科全书。而且，开创了以系统的史实佐证系统的理论的宏大风格。至此，我们可以明白，这部大书为什么定名为《吕氏春秋》了。这一书名，实际彰显的是这样一种理论道路——以历史事实为根据，论证确立吕不韦的治国思想；吕氏之思想，求证于历史之事实，是为吕氏之“春秋”也。

书中的某些基本理念，已经通过吕不韦的治国实践，在秦国实行了一段时间，并获得了显而易见的效果。在这样的背景下，如此一部堪称空前绝后的实用性政治原典大著作，为什么还是遭到了以秦王嬴政为首的秦国主流集团的反对呢？

3　法王之争：两种治国理念的巨大冲突

先让我们以时间顺序，来看看这部书是如何公之于世的。

依据《史记·吕不韦列传》的记载，《吕氏春秋》完成于吕不韦势力全盛之时，也就是秦王嬴政即位的第七年之前。依据编撰如此一部大书所需要的时间，以及吕不韦的性格因素等情形推断，这部大书编成后，不会立即以公然悬挂于咸阳城门，以“一字千金”征求纠错的方式公开。这部大书之所以以如此奇特的方式公开，只能是在吕不韦失势之后。更大的可能，是在嫪毐罪案审结而吕不韦的连带罪行即将公开之时。

从文明史审视的意义上，我们没有必要对事件的发生时间做过多纠缠。

事件的进程是，吕不韦的大书，以特异的方式公开了——公然张挂南门，悬赏“一字千金”而征求纠错。应该说，吕不韦不愧具有超凡的商家根底，广告案的策划实施在当时社会远远超前，立即起到了巨大的轰动效应。

身为首席领政大臣，吕不韦不首先在庙堂公布政见，而是向社会直接公开，显然是要借民众舆论向秦王庙堂最高层施压，也向秦国的主流法治理念挑战。所以要以如此惊人的方式公开政见，只能说明一个事实，吕不韦与秦王嬴政已经无法正常沟通了，而吕不韦又绝不甘心自己的大政著作被秦国新庙堂的冷漠所埋没，只能向社会公开，以求获得民心支持。

吕不韦的这一举措，加速了与秦王嬴政的诀别进程。

秦王政必须应战，秦国主流意识也必须应战。此时，吕不韦在嫪毐事件中的重大罪责，也已经被清查出来了。以前者为根基原因，以后者为直接原因，吕不韦被秦国主流政治集团所支持的秦王罢免了丞相。但是，嬴政主流集团保留了吕不韦的文信侯爵位，也保留了秦国唯一的一块对吕不韦的实封之地——洛阳封地，责令吕不韦离开咸阳，回到洛阳封地居住。

与“私进嫪毐”的犯罪事实相比，这是很轻的一则处罚。

其间原因，一定有着秦王集团追念吕不韦功绩的因素在内。

可是，移居洛阳的吕不韦，却被山东六国奉为英雄。年余之间，“诸侯、宾客、使者相望于道，请文信侯”。秦王嬴政基于政治警觉，顾忌吕不韦与山东势力结盟反秦，故此，特别下了一道王书，指斥了吕不韦，并下令其迁徙蜀郡，远离中原。从政治原则与国家安全的意识出发，秦王嬴政迁徙吕不韦的处置方法，并没有错误。可是，接到王书指斥的吕不韦，却饮鸩自裁了。关于吕不韦自裁的心理动机，太史公的说法是："自度稍侵，恐诛。"也就是说，太史公认为是吕不韦觉得自己做得过分，怕被秦王诛杀，所以就喝下毒酒死了。应该说，这无疑是接近于真相的方面之一。

但是，作为一个杰出的大政治家，吕不韦的非常之死，仅仅是羞愧与恐惧吗？

依据吕不韦与秦王嬴政的政治品格，以及两个人毕生的政治实践，吕不韦与秦王嬴政的分道扬镳，其根本原因，应该不在于嫪毐事件。因为，吕不韦私进嫪毐的罪行被清查之后，仍然保留了最高爵位与最大封地，唯一的处罚，仅仅是免去丞相职务而已。这样的处罚，实际上仍然给吕不韦重回政坛，留下了很大的余地。

在此情况下，吕不韦在洛阳居住一年多之后，秦王嬴政再度下书，责令吕不韦迁徙蜀郡，并对吕不韦做出了尖刻地斥责。所以如此，一定是发生了两方面的变化。首先，在秦王嬴政方面评判，吕不韦在洛阳频繁"交通"山东重要人物的行为，是吕不韦政见不可能再有更改的表现。长此下去，很可能成为秦国的某种威胁；其次，在吕不韦方面则由此判定，秦王主流集团已经彻底拒绝了他的治国政见，并对他有了很强的戒惧心理，自己重回秦国政坛的希望已经破灭了。

对于一个杰出的大政治家来说，只有政治目标的彻底丧失，才能导致精神崩溃。

吕不韦的政见与秦王主流集团之间，究竟在什么地方错位了，冲突了？

吕不韦的治国理念与秦国的主流理念，存在着三方面的重大冲突。

其一，吕不韦赞同变法与法制，但却不尊奉法治，违背秦国的惟法是从传统。

其二，吕不韦主张实行封建诸侯制，与秦国实行的郡县制有根本冲突。

其三，吕不韦主张效法古圣贤治国，杂取各家为政之道，与秦国奉行的以法家思想为治国理念的传统，有着巨大的矛盾。

这三个方面，既体现于吕不韦的领政实践，更体现于《吕氏春秋》的系统论述。

第一方面，实质是吕不韦王道人治理念，与秦国法治实践之间的矛盾。

在《吕氏春秋·孝行览》中，吕不韦明确提出："凡为天下，治国家，必务本而后末。……务本，莫贵于孝。……夫孝，三皇五帝之本务，而万事之纪也。"这种以孝道为治国根本的政治理念，显然是周代礼治的理念，也自然是人治理念。在这样的人治理念下，吕不韦赞成变法，承认法制，并主张适时修法，实际上不是法家的变法理念，而是将法制看作第二位的国家规范，是以服从于"孝行礼治"这个"本"为前提的。在此基础上的修法，自然是将秦国法制修改为趋向于"孝行礼治"的工具式法制。

吕不韦的领政实践，所以表现出宽和温厚，其主导理念正在这里。与此同时，《吕氏春秋》对在秦国成功实行深刻变法的大政治家商鞅，也进行了政治节操上的抨击。吕不韦认定，商鞅"诱俘"公子卬是"不义"的，是唯利是图的"趋利"行为，是导致逃国无门的根本原因。这一思想，不可能不引起秦国主流意识的警觉与反感。

第二方面，实质是吕不韦的诸侯制理念，与秦国郡县制实践之间的矛盾。

其时，已是战国末期，秦国的郡县制已经全面推行百余年，根基已经确立。但是，《吕氏春秋·慎势览》却提出了相反的理念："众封建……其福长，其名彰。"吕不韦的这一主张，有四个基本点。其一，以慎到的"定分"理论为根基，认为"分天下而治"的诸侯体制是最好的国体；其二，国家太大，难以治理，“天下之地，方千里以为国，所以极治任也”；其三，多多分封诸侯，不要怕小国多，要“众封建，多建树”；其四，举凡“圣王治世”，都是封建诸侯制，只有这样的国体才能久远存在。

显然，这种分封诸侯的理论，不但与秦国现实不符，而且与天下七大战国的现实都不相符合。更重要的是，当时的天下统一思潮已经蓬勃弥漫，而显然的历史趋势，是以集权郡县制为基础的统一。《吕氏春秋》的诸侯制理念，显然与秦国的主流理念相去甚远。

第三方面，实质是吕不韦的价值取向，与秦国法家主流之间的矛盾。

一部《吕氏春秋》，以博采众长为特点，以杂取百家为政经验为理论来源。但是，在博采众长之下，《吕氏春秋》也有一个明确的价值理念根基：以王道礼治为根本，确立组合百家的取舍原则。秦国所尊奉的法家，在吕不韦的百家体系中只居于很不重要的第二层面，甚或更低层面的位置。细读《吕氏春秋》，或涉及法家人物，或正面论述法家理念，或引用法家言论之处，都是很少很少的。这一价值取向，与当时的秦国显然是格格不入的。就当时整个战国政治理论的潮流而言，也是偏狭落后的。

与“尊法”相对，《吕氏春秋》提出的君臣关系的总纲是另一个理念——义。

在这部大书中，两次集中说到“义”的国家纲纪作用。其一，在《仲秋纪·论威》中认定：“义也者，万事之纪也，君臣上下亲疏之所由起也，治乱安危过胜之所在也。”吕不韦的“义兵”说，也正是在这一根基理念下提出来的。其二，在《慎行论·无义》中提出：“义者，百事之始也，万利之本也……趋利，固不可必也……以义动，则无旷事矣！”正是在这一篇中，吕不韦以商鞅的“不义”为例，对商鞅提出了严厉的政治批评。

从总体上说，吕不韦在君臣政治关系的准则上摒弃了法治，而以诉诸精神道德的“义”为根本准则。其实践结果，显然是将君臣之间的政治关系导向了混乱。无论从哪个方面说，这都不是良性的政治法则。

历史地看，我们要明白的基本点是：

其一，吕不韦与秦国主流的政治理念冲突的结局，对秦国影响深远，基本奠定了秦国未来的政治走向。

其二，秦王嬴政与吕不韦两大政治家分道扬镳，与个人恩怨基本无关。秦王嬴政诀别吕不韦，是政治理念冲突的必然性决定的。以私人恩怨解释历史，是一种偏狭意识。

其三，对政治理念冲突，唯一的评判标准，就是历史实践原则。谁脱离了华夏世界普遍的历史实践，谁脱离了秦国的国情实践，谁就必然走向失败。在这一点上说，吕不韦脱离了战国潮流，而将目光投向了“法先王”的历史经验论，是与当时的历史走向严重违背的。

其四，吕不韦的《吕氏春秋》虽然博大渊深，但在其问世之后，始终未能成为华夏世界的主导性政治哲学。从文明遗产的意义上说，《吕氏春秋》的最大价值，在于系统整理了远古治国的政治资料，具有重大的历史文献意义。

富国强兵：秦国实力大跨越

1　秦王嬴政面临的历史选择

年轻的秦王亲政了，但是他所面对的秦国还陷在低谷困境之中。

走出这一低谷困境，秦王嬴政所统领的秦国用了整整八年的时间。这八年，是秦国在整个战国时代的大转折之一。但是，从中国统一文明的生成上看，这次转折，秦国再度富裕强大，是中国分治文明实现历史性跨越而走向统一文明的第一步，是秦国由分治大国迈向统一大帝国的第一步。因此，这是秦国历史命运最为重大的一次转折。

秦王嬴政亲政初期面临的可能性选择，具有复杂的多面性。

嬴政初期的秦国，仍然是七大战国中最强大的国家。因此，年轻的嬴政所面临的国家选择，不是非常紧迫的关乎国家存亡的历史选择。但是，就其面临的可能性走向而言，却要比秦孝公时期更为广阔多样，内涵也更为复杂。就基本方面说，这一时期的秦国要继续向前，至少有四种可能性走向：

其一，守成而无所作为，秦国继续下滑，陷入更深的灾难；

其二，深刻盘整，振兴秦法，富国强兵，使秦国再度崛起，完成统一天下大业；

其三，梳理内政，休养生息，使秦国稳定缓慢地发展，不求在这一代统一天下；

其四，尊奉《吕氏春秋》道路，恢复实力，修改秦法，推行王道义兵，迫使六国称臣，秦国王天下，再次建立夏商周三代的诸侯封建制。

艰危困局与诸多歧路，都摆在了面前，秦王嬴政面临着空前的历史考验。

2 开局首战经济：大修郑国渠

梳理秦王嬴政亲政之后的第一阶段——前八年的活动足迹，我们发现了一个几乎被后世遗忘的基本事实——嬴政大刀阔斧地振兴秦国，实际是从解决经济困局入手的。从史料的简单记载看，嬴政亲政的第一年有三件大事。

第一件大事，稳定政局。以彻底解决嫪毐兵变罪案为基础，妥善应对吕不韦集团公开《吕氏春秋》的政见挑战，顺利罢免了吕不韦的丞相职务。罢免吕不韦的政治意义，是秦国统一了治国政见，决意继续奉行秦孝公、商鞅开创的战时法治。

第二件大事，下“逐客令”，对山东六国入秦人士大清理，全面驱逐出境。这就是史书所说的“大索逐客”。逐客事件，是秦王嬴政在政治战略上一个非常重大的错误。这一事件的发生，说明年轻的秦王嬴政此时尚处于政治上的成长时期，还没有真正成熟。

第三件大事，是李斯上《谏逐客书》。秦王嬴政见书悔过，废止“逐客令”，并任用新入秦国的尉缭为国尉，任李斯以重大使命——“李斯用事”。秦王嬴政在废除“逐客令”之后，一举擢升了两个军政大才，重新回到了广纳山东人才的优良传统之下。这一事件具有标志性的重大意义——秦王嬴政在急剧的政治风雨中迅速走向了真正的政治成熟。自此，作为伟大政治家的秦王嬴政走上历史舞台，终其一生，错误少见。

上述三件大事中，埋藏了一个非常重大的经济决策——郑国渠的上马。

这一决策的引出，直接源于政治事件。因为罢免吕不韦丞相之职的必然清查，发现了吕不韦领政时期任用的韩国水工郑国的“间人”身份与“疲秦计”。秦王嬴政怒不可遏，当即颁发了荒唐的“逐客令”，全面驱逐山东人士。之后，李斯上《谏逐客书》，秦王嬴政清醒悔改，收回成命，再度回到坚持重用山东人才的道路上。至此，引泾工程及其主持者郑国的问题，正式浮出了水面，成为亟待解决的重大问题。

我们先来将零星闪烁的史料联结起来，推断出郑国渠的前期脉络——

首先，吕不韦有效领政的前七年之内，韩国派遣水工郑国入秦，实施疲秦计；

其次，郑国拜见吕不韦，提出了引泾水利工程的可行性谋划；

再次，吕不韦认定这一工程有利秦国，决定该工程由郑国主持筹划；

第四，工程全线勘察以及渠口修建等初期筹备，在此后两三年内完成；

第五，吕不韦后期，因嫪毐集团乱政，无法征集大量民工修建主干工程；

第六，嫪毐主政时期，种种乱象掣肘，引泾工程事实上成为被搁置的“半拉子工程”。

上述六个阶段呈现的基本事实是，郑国渠的上马决策，及其渠口开端工程与相应的前期筹备，都是在吕不韦有效主政的前七年之内完成的。但是，从泾水出口东达洛水的四百余里干渠，以及进入农田的大量支渠、毛渠灌溉网，都还没有修建。也就是说，引泾工程最耗费人力的主体部分，事实上还没有动工。实施这一工程最大的困难，就是需要几乎整个关中的全部人力。正因为引泾工程巨大的人力需求，韩国才将这一工程定为“疲秦计”，并且派出最著名的水工，诱使秦国上马这一工程，欲图将秦国拖垮。

以当时的现实考量，摆在秦王嬴政面前的问题很尖锐，也很急迫：上不上引泾灌溉这个“半拉子工程”？用不用郑国这个“间人”水工？工程若成功，自然对秦国有巨大的利益；可是，工程若不能成功，则秦国就此将陷入泥潭。利益与风险，几乎是同样巨大的。况且，这时的秦国，面对的是一个战争多发时代。对于任何一个决策者，要在战时社会下决心动用腹心地带的全部精壮人口去投入一个巨大的工程，事实上都是很困难的。

遗憾的是，史料没有给我们留下当时秦王决策的直接记载。

史料呈现的事实是，郑国得到了重用，成为统率引泾水利工程的重要大臣。紧接着，秦国征发了关中腹地的几乎全部精壮人力，在一年或一年多的时间内完成了引泾工程。并且，正式将这一工程定名为“郑国渠”。

相比于战国初期山东六国沟通黄河与淮河的鸿沟、引漳灌邺等水利工程，郑国渠主体工程的完成速度是惊人的。即或从吕不韦的筹备时期算起，有效施工期也只有四年左右的时间。这一不可思议的速度展现出的要害事实是，在罢免吕不韦之后，作为最高决策者的秦王嬴政，并没有因人废事，而是敏锐认识到了引泾工程对秦国再度振兴的重大基础意义，正确处置了“郑国间人”事件，毅然决定工程重新上马，从而一举打开了秦国的经济困局。

值得注意的一个事实是，依据《史记》记载，这时的李斯已经开始被重用了，这就是“李斯用事”。但是，李斯究竟在什么重要岗位上，以至于达到要害位置才使用的“用事”概念，《史记》却没有指明。依据当时的实际，最大的可能，就是李斯与郑国一起领导了引泾灌溉工程——李斯领民政并统辖全局，郑国领专业工程。由此，李斯建立大功，开始进入秦国政治高层。

要了解郑国渠对秦国的重大意义，我们首先得明白战国末期的农耕自然条件。这个条件的基本点，是农耕经济所依赖的水利工程的状况。自远古直到战国初中期，华夏世界水情的基本方面是，水多成灾。无论当时的黄河流域，还是长江流域、珠江流域，都是水患连绵，洪水之害远远大于缺水之灾。大禹治水之后的千余年，水情基本格局仍然没有变化。正因为如此，当时的华夏世界关于水的使用理念，才有了一个总体说法——益水。

所谓“益水”，就是可以被人利用而很少泛滥成灾的江河湖泊。与“益水”理念相适应，流传久远的所谓治水，所谓防川，也都是指治理江河水患灾害的，并不包括对缺水灾难的治理。也就是说，那时的水利工程，主要是疏导河流，减少、防止或根治水患，预防旱灾的重要性尚未被人们认识。秦昭王晚期修建的蜀郡都江堰工程，就是以治理四川盆地的水患为主要目标的。

农田灌溉这一课题，在战国之前基本上没有进入国家水利工程的视野。

自战国初期开始，由于气候变化，旱灾现象渐渐增多。干旱对农耕的威胁，才引起了一些率先变法的大国的警觉。魏国初期修建的沟通黄河与淮河的鸿沟，西门豹、史起先后修建的引漳灌溉工程，秦国上将军白起攻入楚国后修建的四十余里白起渠，都是为解决旱灾问题的。从战国中期开始，黄河流域的干旱现象更为频繁。战国末期，黄河流域的干旱现象曾经一度十分严重，不但覆盖了中原的魏、赵、韩三国，也覆盖了秦国大部分地区。

秦国的旱情，以关中最为严重。

其时，整个关中平原的农耕状况，以对渭水及其支流的利用为区分依据，呈现为三个大块的不同情况。第一大块，以雍城、眉县为中心的关中西部，是秦国在春秋时代与战国初期的根基地带，有秦穆公时期的长期着意经营，就近利用渭水的小型灌溉工程相对充分，受干旱威胁较小。第二大块，关中中部、东部的渭水以南区域，远接秦岭，有源自秦岭的诸多河流北入渭水，水源条件非常好。但是，由于当时这一区域的气候温润，大多被森林覆盖，故此多为王室园林或驻军基地，可耕地很少，无法成为关中的农耕基地。第三大块，自泾水出山口开始，东去直达北洛水的关中中部、东部的渭北区域，集中了当时关中平原绝大部分农耕土地，是秦国最主要的粮食生产基地，是当时秦国农耕经济的支柱地区。无论历史还是现实，人们通常所说的渭北地区，就是指这一区域。

渭北地区在当时的状况是，灌溉条件最差，受干旱威胁最大。

关中多河流，直至西汉时期，还有九水十八池之说——有九条大河流，十八处湖泊。其中的泾水、洛水等，都流经渭北地区，这些大河的小支流更是纵横交织。从水资源意义上说，渭北地区并不是缺水地区。但是，从农田耕耘来说，此时的渭北恰恰又是干旱频发的地区。其要害原因，在于两处。

第一个原因是渭北多塬坡丘陵，大河小河大都从山坡下的沟谷流过，无法上行，更无法引入农田，从而形成了大量的近水旱田。一旦干旱少雨，丘陵塬坡的农田几乎便是颗粒无收。第二个原因是渭北的地势低洼地带，又有许许多多积水湿地浸渍出的盐碱地，荒草遮天蔽日，独独不能生长庄稼，即或开垦出来也无法成为农田。有此两害，当时的渭北地区只能是完全地靠天吃饭，秦国的农耕经济也无法拥有坚实的根基。

郑国渠所以重要，就在于它恰恰同时解决了渭北地区的这两大难题。

首先，郑国渠修建于高坡山塬，从泾水出山的渠口直到北洛水，四百余里干渠全部行进于高坡地带。如此，支渠水流从高处而下，可以普遍解决近水旱田的缺水问题。其次，泾水清澈，上灌下排，可以普遍改善盐碱地，甚或彻底治愈盐碱地灾害，提供大量可以开垦耕耘的农田。

据今日郑国渠遗址纪念馆的历史资料推算，当时修成的郑国渠，干渠东西全长四百余里，大小支渠、毛渠大约三千余条，“溉泽卤之地四万余顷”，关中渭北地区的二十余县直接受益。唯其如此，自郑国渠建成，关中“为沃野，无凶年，秦以富强”，迅速成为名副其实的金城天府，使秦国农耕经济实现了真正的历史性跨越。

郑国渠的修建，对秦以后两千多年的关中水利工程产生了深远的影响。

我们有理由对秦王嬴政时期的这一伟大水利功绩，保持最充分的历史尊敬。

3 力拔新人 重整政治格局

嬴政十三岁即位，至二十二岁亲政的十年之内，秦国的政治格局非常混乱。

当时的政治格局是，三驾马车各行其是，大臣将领无所适从。这三驾马车是：其一，以虚位秦王（嬴政）为轴心的王室系统；其二，以文信侯吕不韦、纲成君蔡泽为轴心的丞相府系统；其三，以太后赵姬与长信侯嫪毐为轴心的雍城集团。这一时期的秦军系统，有政治言权的高层主要将领有上将军蒙骜、左庶长王龁，以及曾经先后担任过东出大将的桓龁、王陵、麃公、樊於期四人。其间举兵叛乱的长安君成蟜，属于王族大臣领兵，不是秦军的常任将军。

到秦王嬴政亲政，嫪毐赵姬集团、吕不韦蔡泽集团先后退出秦国的政治舞台。作为最高决策轴心的王室，以及作为秦人族群轴心的嬴氏王族，已经渐渐稳定下来。这时，秦国政治结构中最大的问题，是三个方面：

首先，王族群体还没有形成以新秦王嬴政为轴心的强大的根基力量。

王族大臣长安君成蟜的兵变叛乱，太后赵姬的被囚禁问罪，牵扯诸多王族成员触法戴罪，或被贬黜，或被放逐。昌文君、昌平君等因联姻而进入秦国的高爵外戚大臣，虽然曾经拥戴秦王，但此时也离开了秦国。这一时期的秦王嬴政，只有二十二岁，尚未有子女成人，不足以构成实际的政治力量。凡此等等都说明，此时的嬴氏王族，还没有凝聚成强大的核心力量。

其次，秦军结构已经严重老化，军队缺乏各阶层人才，尤其是统帅人才。军队的结构老化，主要表现有三个特征：其一，将领阶层老化，缺乏新的将军阶层，更缺乏具有统帅品格的军事家统领全军；其二，因为多次军事失败以及内部兵变、政变等因素，秦军军力已经严重受损，总体规模缩小了许多，急需补充；其三，因连续保持战略守势二十余年，职司秦军总后援与边防要塞防守的国尉府系统，也没有杰出的统御大才，给重振秦军带来很大困难。

再次，最高决策层与国家权力运行系统，更见人才缺乏。

在秦国高层权力中，缺乏具有大政治家品格而能统领国政的开府丞相，国家政事系统难以高效运转；其次，缺乏具有战略家才能的大谋略家，对外大争没有各个方面的统御人才；其三，缺乏总领经济民生的专业大臣，诸多民生难题难以有效解决。也就是说，高层权力的方方面面，都缺乏杰出的能够独当一面的人才。但是，这一层面的人才状况，恰恰决定着一个国家的政治架构，也决定着一个国家的历史命运。

这时的秦国，最为紧迫的问题是新的政治架构的建立，是人才问题。

（1）王翦、李斯、蒙恬三大才，最早进入秦国的新政治架构

在嬴政即位的前九年里，王翦、蒙恬、李斯这三个后来的骨干大臣，已经进入了嬴政的视野，并在多头政治的复杂背景下，与嬴政结成了事实上的政治同盟。

先说王翦。《史记 · 王翦列传》对王翦的早期经历，只有一句话："王翦者，频阳东乡人也。少而好兵，事秦始皇。"此后，便直接到了嬴政亲政两年后，"王翦为将"，开始对赵作战。《史记 · 秦始皇本纪》中的王翦出场，则直接从嬴政十一年的攻赵开始，没有前期经历。这一简单记载，说明了几个基本方面的事实。其一，王翦在当时是三十岁上下的底层或中层将领，军权不大，但却有将才之名，否则不足以被嬴政知晓；其二，因为某种具体遇合，王翦投入了嬴政阵营，即所谓的"事秦始皇"；其三，王翦对年轻的秦王曾经有过实际的谋划之功，否则，不足以在后来被嬴政尊为"秦王师"。

蒙恬，与秦王嬴政年岁大体相当。其时，蒙恬的祖父蒙骜是秦国上将军，蒙恬的父亲蒙武是秦军大将。蒙恬、蒙毅兄弟，是蒙武的两个儿子，都是少年才士，颇有名望。当时的秦国，正在政治混乱时期。以嬴政的政治智慧，自然会寻求与军旅世家蒙氏的种种接触机会，寻求尽可能的政治结盟。如此背景之下，尚未加冠入官而正在修习"狱典文学"的蒙恬，是秦王嬴政与蒙氏接触并且结盟的最好入口。这，应该就是《史记》所说的"蒙恬因家世，得为秦将"的缘故了。

李斯，楚国上蔡人，以荀子学生之身入秦，其目标本来就是"西说秦王"。可是，当时是吕不韦领政，秦王嬴政尚在虚位之期。于是，李斯先做了吕不韦的"门客舍人"，官府身份是丞相府"郎官"。由此，李斯得以晋见嬴政，提出了"灭诸侯，成帝业，为天下一统"的战略长策。虽然，当时的秦王嬴政无法重用李斯，但是，李斯由此而获得秦王嬴政的信任与尊重，并在实际上进入了秦王同盟集团，应该是可信的事实。秦王亲政之初所犯的第一个大错误——发布“逐客令”，就是因李斯的上书而纠正的。假如，李斯与秦王嬴政没有此前的实际关系，以被逐之客的身份迅速上书并直达秦王案头，事实上是不可能的。

如此历史渊源之下，这三大骨干人才，在嬴政亲政后立即进入了秦国新一代政权的核心，与年轻的秦王一起，初步形成了秦国新政治架构的核心。

(2) 很快进入秦国新政治架构的另外一个山东名士——尉缭

尉缭入秦，在《史记》材料中颇具传奇性。传奇之一，是尉缭留下了后世非常熟悉的关于秦王外貌的说法与品格的评价，外貌说法是：“蜂准（高鼻梁），长目（细长三角眼），挚鸟膺（鸡胸），豺声（声音嘶哑凶狠）。”品格的评价则是：“少恩而虎狼心，居约易出人下，得志亦轻食人。”这一说法，在后世演变为将秦始皇妖魔化的最重要的形象证据。传奇之二，是尉缭在入秦献策之后，又逃亡离秦，被秦王发现，最终留秦，做了国尉。其间因由，不明所以。传奇之三，秦王嬴政强用尉缭之后，突然全部采用了尉缭的谋划，这就是所谓的“卒用其计策”。原因何在，不明所以。

唯其朦胧断裂，所以颇具传奇性也。

我们先来看看，尉缭究竟是个什么样的人？

关于尉缭的背景，《史记 · 秦始皇本纪》只有一句话：“大梁人尉缭。”就是说，尉缭是魏国都城大梁人。据《汉书 · 艺文志》记载，以及后世军事史家之考证，战国中期与后期，各有一个“尉缭”。战国中期的尉缭，是个军事家，著有《尉缭》31 篇，被《汉书 · 艺文志》录入“兵形势家”流派。战国后期的尉缭，也就是入秦为嬴政所用的尉缭，也是个军事家，因其任职国尉而得名尉缭。这个尉缭也著有兵书——《尉缭》29 篇，被《汉书 · 艺文志》录入“杂家”流派。宋代辑录的兵书《武经七书》中的《尉缭子》，军事史家一般认为，应该是前一个尉缭子。

依据历史的逻辑分析，这两个尉缭，应该是血统传承关系，祖孙关系的可能性最大。因为，尉之为姓，源出于春秋时期的武官——尉。到了战国时代，尉的设置在各国普遍化，各国尉官或其后人，以尉为姓者开始出现。尉缭能以平民之身，有兵法之学，其最大的可能性根源就是家传。当然，无论这两个尉缭是不是血统传承关系，都不影响我们对后一个尉缭的评判——这个尉缭是个杰出的军事家、谋略家，并且具有出色的总揽军政事务的才能。

尉缭进入秦国高层权力框架，是不是《史记》所说的那样异色传奇呢？

只要从基本方面分析事实，朦胧断裂的说法就会呈现出历史的原貌——

其一，身为名士的尉缭，真心入秦，又与秦王多次会谈，阐发了自己统一天下的策略手段。并且，秦王嬴政对尉缭是极其尊重的。尉缭自己的说法是：“我布衣，然见我，常身自下我。”也就是说，秦王每见尉缭，都要下拜。以战国名士的磊落，国王以对待国士的隆重礼遇待之，又倾听了自己的长策大略，当以国士节操报之。

此等战国名士，不可能在对某个人的谈话中将秦王的面貌丑化一番，然后再加上极其低劣的评价。事实上，只有一种可能：尉缭在对李斯转述山东六国舆论对秦王嬴政的形貌想象，以及人身攻击。尉缭的描述与评判，不是自己的结论。否则，尉缭终生留在秦国，便成了一出人格分裂的滑稽戏。

其二，尉缭逃亡，秦王“固止”。这件事背后的原因，在当时最大的可能，就是魏国势力对尉缭留在大梁的家族采取了威逼手段。若是尉缭真心离秦，以当时秦国求贤若渴的襟怀与开放国策，秦王是不会强固制止的。秦王发觉并且要强固制止，究竟是发觉了什么？只有一个可能，就是发现了尉缭的逃亡是违心的，是不得已的。而秦王“固止”，是以什么方式“强固制止”了事态恶化的？显然，必须是两方面的行动。一则，是铲除了进入秦国秘密威胁尉缭的间谍势力；二则，是以秦国强大的压力，通过邦交手段解除了魏国对尉缭家族的威胁。否则，尉缭不会安心留在秦国，更不会在秦国担任相当于今日国防部长这样的重要角色。

其三，尉缭担任国尉后，秦王采纳了尉缭关于统一天下的两手策略，尤其是花费巨额黄金而分化收买六国权臣的秘密行动策略。从此，君臣相得，为统一中国拉开了序幕。尉缭进入秦国并担任国尉，标志着秦国新一代权力架构的大体成型。

(3) 进入秦国新政治架构的两个邦交大谋略家——顿弱、姚贾

要明白的一个基本事实是，秦国在郑国渠建成之后，统一天下的决心已经日渐清晰。李斯、尉缭、王翦、蒙恬等，都在这方面提出了自己的方略。王翦、蒙恬是整军强军方面的方略。李斯、尉缭先后重点提出了邦交战的战略策划与策略手段，当时便被秦王嬴政认同了。可是，要将邦交战提上日程，首先需要的就是出色的外交大才来统领针对山东六国的邦交战。

在这样的背景下，顿弱、姚贾出现了。

顿弱，战国名家的山东名士之一，当时在咸阳游学论战，其性格桀骜不驯，才思敏锐过人，颇有士林声望。据《战国策·秦策四》记载：秦王闻顿弱才名，欲召见并与其会谈。顿弱却对使者说，我向来没有参拜王者的习惯，秦王若能许我不参拜，可以见。否则，我不会见秦王。嬴政听了禀报，立即准许了。两人会见，顿弱竟然首先借着“名实论”之说，以囚禁太后之事讥讽秦王“无其名，又无其实”，激

怒了年轻的秦王。

但是，嬴政还是冷静了下来，请教顿弱，山东六国是否可以兼并？顿弱这才开始论说自己的长策，慷慨提出了可行性谋划："王资臣万金而游，听之韩魏，入其社稷之臣于秦，即韩、魏从，而天下可图也！"年轻的秦王听罢，居然幽默地回答了一句："寡人之国贫，恐不能给也。"顿弱才智过人，当即以幽默对之，并借此进一步论说了邦交战的重要性："（天下）非从即横也；横成，则秦帝；从成，即楚王；秦帝，即以天下恭养；楚王即王虽有万金，弗得私也！"——若秦国统一天下，楚国黄金再多，也不能说是他的啊！秦王考验了顿弱的邦交才智，立即欣然赞同，拜顿弱为邦交大臣，总领对山东邦交战。为此，《战国策》评论顿弱之功绩云："（秦王）乃资万金，使东游韩、魏，入其将相；北游燕、赵，而杀李牧；齐王入朝，四国必从，顿子之说也！"

姚贾，是魏国大梁的布衣名士，父亲是大梁城的一个守门小吏。

姚贾所以被重用，是因为在邦交战实践中表现出的杰出才能。

姚贾入秦之初，很可能在秦国的"外交部"——行人署任职，做寻常官吏。据《战国策·秦策五》记载：当时的山东四国谋划合纵攻秦，嬴政召集群臣宾客六十余人会商对策，所有人都一下子拿不出办法。这时，姚贾奋然请命，"贾愿出使四国，必绝其谋而安其兵！"秦王嬴政欣然认可，当场将自己的衣服脱下，穿在了姚贾身上，并用姚贾的佩剑为姚贾跳了一支冠舞。同时派给姚贾一百辆车，千金邦交经费，隆重送姚贾出使。结果是，姚贾实现了诺言，使四国攻秦流产。由此，姚贾一举封千户，做了上卿。

颇有意味的是，后来韩非子入秦，在秦王面前攻击姚贾。一说姚贾出身贫贱，并且曾经是"常盗于梁"的大梁城的小偷；二说姚贾在邦交活动中私吞黄金，结交外邦大臣以经营私人势力。按照这两条，姚贾必得死罪无疑。

可是，秦王却只是将姚贾召来询问了一通。让我们听听《战国策》记载的这两个人奇特而发人深思的对话吧——

秦王：听说你用国家钱财结交诸侯，有没有？

姚贾：有。

秦王：既然如此，有何面目来见我？

姚贾：王听谗言，今无忠臣矣！

秦王：你是忠臣？你是监门子，大梁盗贼，被赵国驱逐者。

姚贾：太公、管仲、百里奚、中山盗，四才皆有垢丑，天下诽谤之，而明主用之。明主不取其污，知其可与立功。故此，虽有外诽不听。秦国正道，人纵有高世之名，无咫尺之功不赏。是故，秦国群臣才从来不敢以虚名寄望于秦王。

秦王：你说得对。

结果是，秦王重新重用姚贾，任用姚贾、顿弱统领山东邦交战。

对顿弱、姚贾的重用，使我们看到了一种后世罕见的用人风格。

4 重建一支新锐秦军

秦国振兴的第三个重大步骤，是全面重整秦军，建立一支强大的精锐新军。

秦国全面整军的细节事实，在现今所能看到的历史资料中已经无从了解了。我们所能知道的，只有两个基本方面。其一，全面涌现的新一代将领；其二，秦国新军整训扩充的结果。让我们分别看看这两方面的事实。

首先，从对《史记》等基本史料的梳理中，我们可以发现，秦王嬴政亲政后的数年之间，秦军中几乎是齐刷刷地涌现出了一茬年轻将领。这些人的姓名，我们是从对此后十余年统一战争的记载中排列出来的。自最高层的统帅层算起，这些将领分别是——

王翦　　蒙恬

蒙武　　王贲　　李信　　杨端和　　辛胜　　冯劫　　马兴

冯去疾　　屠雎　　内史腾　　章邯　　羌瘣　　赵佗　　蒙毅

以上共十六位高级将领。

这里，我们还没有将统一战争后期以及后续反击匈奴、进军岭南、镇压复辟等重大战役中涌现的更年轻将领，以及山东六国投诚秦国的将领包括进来，譬如王离、阮翁仲、召平、杜赫、王陵等人。在这些将领中，除了王翦、蒙武两人在五十岁上下外，所有的将领都是三十岁上下的年轻人，其中的大部分则都是二十多岁的英发之年。正是如此整肃的一批年轻将领，撑起了秦国新军的脊梁。

其次，就总体结果而言，秦国新军在扩充整训之后，主战兵力已经达到了六十万的规模。也就是说，大力整肃后的秦国军力，能够开出作战的主力军，就已经达到了六十万。如果再加上都城咸阳与郡县官署的守护兵力，以及重要关塞的常驻兵力等，秦军总兵力应该已经达到一百万上下了。

以比较保守的推算，当时的秦国人口，最低应该在一千余万。以“成军人口”，也就是适龄男子的人口为三百万计算，其征发比例是三比一。如此，秦国的军队规模应该已经达到了相对饱和的状态。

与此同时，秦军在兵器制造、后援基地建设、边境要塞防守等方面，在秦王亲政后的第一个十年里，也都有了大幅度的提高改善。尤其是在阴山草原南部的“河南地”，也就是河套地区的对匈奴防御作战地带，加强了常驻兵力，做好了充分准备，已经真正做到了有备无患，保证了此后统一中国的十年大战中，匈奴始终不敢大规模南下侵犯。

至此，秦国已经充分做好了统一天下的各种准备。

伟大的新时代的统一战争，即将拉开历史大幕。

第五编

秦帝国时代

秦帝国最基本的历史功绩之一，是在统一中国之后，又统一了中国文明。秦统一中国文明，相比于统一中国疆域，是更具本质性的统一。秦帝国是中国统一文明的正源，是它创建了中国的统一文明，而不是其他时代。

统一首战：灭韩之战

1　统一之战为什么从韩国开始

秦统一中国的战争，是从公元前 231 年开始的。这场历时十年的统一战争，第一个目标是山东六大战国之一的韩国。统一战争所以从灭韩之战开始，从总体上说，有三个方面的基本原因。

其一，自范雎在秦昭王时期提出“远交近攻”的对外战略，秦国就一直坚定自觉地将其作为对外大争的战略原则。依据“远交近攻”原则，韩国距离秦国最近，地处中原腹心地带，战略地位极其重要。从军事层面上说，首先灭韩，具有为后续的统一战争提供关外根据地的战略效能。这是军事战略层面的直接原因。

其二，此时的韩国，已经沦落为最弱小的山东战国。在秦国既往东出作战中，韩国已经早早丢失了黄河北岸以上党郡为轴心的绝大部分土地，所剩无几的零星飞地，更是无法获得实际控制权。在黄河南岸，韩国也只剩下都城新郑地带、南阳郡两大区域。即或这两大区域，也是人口流散，军力衰微，无法提供有效的战争支持。从国力评判看，韩国已经成为事实上的奄奄待毙之国，灭韩之战可以最大限度地节省兵力，减少消耗。

其三，就秦国自身而言，统一天下的灭国之战，必将是一场艰苦漫长的战争，需要谨慎行事，从解决弱小国家入手，取得统一战争的新经验。虽然，山东六国都进入了沉沦时期；但是，毕竟六大战国都是在铁血大争中锤炼出来的曾经的强国，都有着相对坚实的历史传统，也都有着曾经显赫一时的战胜业绩，与中小诸侯们不可同日而语。面对如此六大战国，秦国需要谨慎开端，取得一系列以统一中国为目标的新型战争的相关经验，寻求关于战后处置、安定局面的合适道路。此时，能够有把握顺利实现统一的第一个目标，无疑是此前已经对秦国“称臣”的韩国。

2　秦韩新对抗的历史脉络

从秦王嬴政即位的第一个十年开始，秦韩之间就开始了种种形式的较量。

第一次较量，嬴政即位第三年，秦国上将军蒙骜率兵攻韩，夺取韩国十三座城池。

第二次较量，嬴政即位第六年，韩国发动五国合纵联兵攻秦，夺取秦国寿陵地带。这时，秦国出兵应战，韩国发动的合纵阵营立即退兵，结束了这次攻秦之战。

第三次较量，嬴政即位第七年，韩国发动水利工程“疲秦计”的实施。几年后，韩国的预期目标，倒是具有讽刺意义地完全实现了——治水工程确实吸引了秦国腹地绝大部分的精壮劳动力。可是，秦国却没有疲软，反而更加强大了。假如，其间的韩国足够强大，能够趁机发动大规模攻秦战争，或者能发动六国合纵攻秦，其结局也许是另外的情形。可是，历史无法假设。韩国依旧衰弱，山东六国也没有能力合纵攻秦。最终结果，韩国只能眼睁睁地看着秦国公然建成了一项庞大的水利工程，一举解决了渭北地带的旱灾威胁，使关中成为秦国号称“金城天府”的巨大粮仓。

由于郑国渠的建成，秦国拥有了当时最为强大的后援能力，为统一战争提供了坚实的条件。而统一战争的第一个目标，恰恰就是韩国。这是人类古典文明社会一则具有世界意义的黑色幽默。

第四次较量，水工疲秦失败后，韩国策动了更见新奇的“弱秦存韩”计。

郑国渠修成之后，秦国整军经武，韩国已经切实感到了亡国的危机。在巨大的危机面前，韩国君臣的权术癖好依然如故，心思只在谋划如何使秦国上当，如何使自己悄悄活下来。对战国时代的变法强国理念，韩国上层充耳不闻，竟然再一次隆重推出了一则名为“弱秦存韩”的庞大权术自保谋划。

关于这一谋划，当时的韩国君主韩安及其亲信构想的实施方略是，派遣一个大才名士，进入秦国，完成两大任务：一则，离间秦国君臣，以可能的诬陷与攻击手段，使秦国杀掉对山东六国进行外交攻势的大臣姚贾、顿弱，引发秦国的政治动荡，使秦国对山东六国的外交攻势搁浅。

二则，以韩国向秦国“称臣”为理由，将秦国的东进兵锋，转移到山川广袤的楚国，或者财富殷实的齐国，或者强兵善战的赵国，或者城高墙厚的魏国，或者寒冷偏远的燕国。总归是，不能使秦国对韩国开战，从而使韩国得以喘息，再图谋长远之计。

这一谋划的总体目标是两个方面：其一，引发秦国政治动荡，并将秦国的巨大兵力引向泥沼困境，从而削弱秦国力量，这就是“弱秦”。其二，保全韩国王族社稷，免除韩国灭国灾难，这就是“存韩”。这种削弱敌方以求自救的谋略，春秋战国时代的说法，叫作“用间”。灭韩战役发动之前，由于一个偶然的事件，韩国借势推出了法家大师韩非来担任这个“间人”角色，进入秦国实施“弱秦存韩”目标。

3 韩非入秦的悲剧命运

什么叫作“用间”？那个时代的“间人”是什么样的人？是我们今天所说的间谍吗？

简单说，间人者，用间之人也。用间者，能够以谋略使敌国出现裂痕之人也。春秋时期的《孙子兵法》，其中有一篇名为《用间》，其篇名释义正是：使用“间人”，达到使敌方出现裂痕的目的。虽然，在某种意义上，今天的我们可以作简单化的理解，间人就是间谍。但是，认真考察则不难发现，我们今天所说的间谍，更多的接近于古典时代的另一种职业人群——斥候，一种专门从事敌情搜集与传递的职业人士，或特定军人。而春秋战国时代所说的“间人”，除了刺探军情的职能之外，则更偏重进入敌国完成重大使命的特殊人物，一种几乎完全脱离了具体的情报搜集行为的专业人才。

《孙子兵法·用间》对使用这样的间人，有特别重大的说明：

> 非圣智不能用间，非仁义不能使间，非微妙不能得间之实。
>
> 昔殷之兴也，伊挚在夏。周之兴也，吕牙在殷。故惟明君贤将，能以上智为间者，必成大功。

《孙子兵法》所以能将伊挚、吕尚这样的治国大才看作“间人”，其实际意思是说，如果不是杰出的大才，就不可能进入敌国上层，也不可能使敌国出现裂痕并削弱敌国。所以，“间人”的基本条件，必须是大才名士，否则不能完成“用间”的使命。

春秋时期，这样的“间人”，以越国大谋士范蠡为典型。范蠡主动追随越王勾践进入吴国，做了战俘。在吴国期间，范蠡多方谋划越王勾践的种种活动，与越国本土留守力量的种种活动相呼应，多方离间吴国君臣，得以使吴王沦落，使吴国衰弱。最终，范蠡的“用间”大获成功，勾践回到了越国，并大败吴国，成为一时霸主。

在整个战国时代，这样的“间人”，先后有三个。第一个，是纵横家大师苏秦。第二个，是韩国水利大师郑国。第三个，是韩国法家大师韩非。这三个人的使命，有惊人的相似。苏秦进入齐国，是为了“存燕弱齐”——保全燕国，削弱齐国，为燕国引开兵祸。郑国入秦，是为了经济“疲秦”，拖垮秦国以减轻韩国威胁。韩非步苏秦、郑国之后，则是要在秦国实现“弱秦存韩”——削弱秦国以保存韩国的目的。

颇有意味的是，这三个使命完全相同的“间人”，其个人命运却完全不同。苏秦，是“间人”正剧——使命完成了，生命牺牲了。郑国，是“间人”喜剧——自身暴露了，赖以疲秦的工程却给敌国带来了巨大利益，自己竟因此而成为敌国的大功臣。韩非，是“间人”悲剧——非但使命没有完成，自己的生命也牺牲了。

韩非子是如何走上悲剧性的“间人”道路的呢？

(1) 法家大师韩非子入秦之前的特殊经历

韩非是战国末期韩国王族的庶出公子。他先天口吃，言辞不便。韩非好学深思，秉性不群，孤傲冷峻。求学之年，大约在幼学之后，韩非作为王族子弟，没有留在韩国都城接受王室为王族子弟专门开办的官学教育，而是选择了私学道路——赶赴楚国兰陵，进入荀子大师开办的私人学馆修学。

荀子，是战国末期的大思想家之一，同时又是以私学教育闻名天下的大师。

就对社会伦理规范的主张而言，荀子推崇儒家，主张教化民众，主张遵守礼制。但是，就政治实践与治国理念而言，荀子则尊崇法家。他所提出的人性本恶论、法后王论、制天命而用之的思想，构成了战国变法的三大基础理论。其中的“人性恶”理论，在人类社会进入现代法治之后，仍然具有不朽的基础意义。这就是两千三百多年以前中国原生文明时代的荀子。他既是法家，又是儒家，既不是法家，又不是儒家；说到底，荀子是最具有独立品格的一个理论大师，一个在政治哲学领域具有超越时代眼光的深邃思想家。

韩非进入荀子大师的学馆，是历史的幸运。

荀子晚年开办的兰陵学馆，学生中涌现了许多出色的人才。最出色的是两个，一个是来自韩国的韩非，一个是来自楚国的李斯。此后不久，荀子的这两个学生，都成了当时社会的政治巨星。就这两个人在修学期间表现出的才能看，《史记》中有一句记载："斯自以为不如非。"李斯自己曾经说过，他不如韩非。这则史料可以说明，韩非的思想与学术才华，在荀子的学生群中是出类拔萃的。

请注意，这是韩非子命运的第一个转折——放弃官学，选择私学。

兰陵修学多年，韩非终于出山了，结业了。作为同学的李斯，选择去了秦国，要"游说秦王"而建功立业。可是，韩非却坚持回到了韩国，而没有选择去其他国家。当时的名士，尤其是修习法家的名士，无论是王族公子，还是出身庶民的布衣之士，几乎都是选择一个大有发展潜力的国家去推行变法，去实现自己的政治主张。这是普遍道路，也就是李斯所走的道路。韩非回归韩国，在当时显然是一种特殊选择。

依据当时的实际，山东六国的任何一个其他战国，都比韩国的境况好出许多。以韩非的深思与洞察，不可能认识不到这一明显的大形势。韩非所以选择回到韩国，说明了三个方面的事实：一则，韩非忠于韩国，忠于韩国王族；二则，韩非对韩国上层还没有丧失希望，认为还有挽救的余地；三则，韩非相信自己的政治才华，相信自己能扭转韩国的危局。后来的实践说明，韩非的生命悲剧，始终在这样的精神轨迹上运行着。

请注意，这是韩非命运的第二个转折——舍弃他国，出山归韩。

回到韩国，韩非立即开始了变法强韩的努力。韩非多次上书韩王安，请求在韩国实行变法。其具体的实施方略是：“修明法制，富国强兵，求人任贤，去除浮淫。”这是已经被战国变法实践反复证明了的正当的强国途径。但是，以韩安为首的韩国上层势力，根本不听韩非的变法主张。他们畏惧变法强国的遥远和艰难，他们只醉心于权谋政治，只醉心于以“奇术”鼓捣秦国，企图以极低的成本削弱敌人而保全自己。

历经反复努力，没有丝毫功效，韩国王室始终不理睬韩非强烈的变法主张。

终于，韩非愤怒了，也绝望了。于是，韩非离群索居，开始了发愤著书的理论家生涯。历经多年，韩非终于完成了对法家学说的系统化概括。在韩非发愤著书的过程中，他的《孤愤》《说难》《五蠹》等著名篇章，已经在天下流传开来了。

请注意，这是韩非命运的第三个转折——放弃政治，发奋治学。

不知是必然，还是巧合，总归是韩非子的书被秦王嬴政看到了。据《史记》记载：嬴政看到的韩非子的文章，正是《孤愤》《五蠹》两篇。从基本内容上说，《孤愤》一篇，是对变法过程艰难酷烈所进行的论述，是对法家人士的悲剧命运所作的深刻反思。《五蠹》一篇，则是对危及国家的五种人群所做出的概括与分析。这两个方面，都是尊奉法家理念的秦国所长期关注的基本问题。

所以，年轻的秦王在读到如此两篇文章的时候，对作者激赏有加，拍案感叹说：“嗟乎！寡人得见此人，与之游，死不恨矣！”李斯知道了，便对秦王介绍说，“此，韩非之所著之书也！”年轻的秦王由此得知，韩非子这个法家大才竟然就在距离最近的韩国。于是，这位秦王采用了强势索才的方式——发兵攻韩，逼韩国送韩非入秦。

可是，秦国大军还没有开出，韩国就已经答应了。

原来，骇恐之极的韩王安这才惊讶地发现，韩非竟然还有如此之大的名头，如此之大的用场。于是，这个醉心权谋政治的韩国君主，立即紧急召见了韩非。在一场极其秘密的计议之后，韩王很快做出决定：任命韩非为韩国特使，进入秦国“用间”，推行弱秦存韩计。《史记·秦始皇本纪》对这一事实的记载，是一句话：“韩王患之，与韩非谋弱秦。”

请注意，这是韩非命运的第四个转折——变身“间人”，离韩入秦。

(2) 韩非入秦之后的“间人”活动

韩非入秦的时间，是公元前233年，秦王政十四年，亲政的第六年。

这时的秦国，郑国渠虽然已经建成，但仍然处在大举盘整的重新振兴时期。这时的秦王嬴政，只有二十七岁，对韩非入秦显然抱有极大的希望与寄托。这种寄托，至少包含着三个方面的期待：一则，期待与韩非共同谋划秦国的振兴道路；二则，期待与韩非共同谋划秦统一中国的应有战略；三则，期待韩非成为秦国庙堂的栋梁重臣，为即将起步的统一大业同心奋争。也就是说，秦王嬴政的“得见此人，虽死不恨”的感喟，绝非对私人情谊的期待，而是一种基于国家使命的功业期待。可是，韩非入秦后的基本作为，距离秦王嬴政的期待，却是太大了。

韩非以大师之身“用间”，其进入秦国后的作为，主要是两件大事。

第一件大事，韩非首先对秦国的外交分化战，提出了猛烈的攻击。

韩非的方式，首先是针对秦国外交大臣姚贾进行全面诬陷，力图促使秦国杀掉姚贾，从而消除秦国外交攻势的威胁。姚贾、顿弱，是统领秦国外交的两位大臣。从史料记载的实践活动看，姚贾主要负责对魏、韩、楚三国的外交分化战，对韩国威胁最大。顿弱则主要负责赵、燕、齐三国的外交分化战。其间时有穿插，姚贾也曾在北方的燕国活动过。

韩非以固有的贵族意识，对姚贾进行了三个方向的攻击与诬陷：一则，攻击姚贾的卑贱出身，图谋使秦王鄙视姚贾；二则，诬陷姚贾有政治野心，图谋使秦王怀疑姚贾；三则，诬陷姚贾接受外国大臣贿赂，私吞外交经费，图谋使秦王仇恨姚贾。以当时山东六国的政治通则，如此三个方向的罪行指认，秦王必杀姚贾无疑。但是，这一事件的发展结果，却是讽刺性的，我们已经在姚贾被重用的故事中看到了。这次攻击的失败，很大程度上暴露了韩非，也损伤了韩非。

第二件大事，韩非对秦国“先取韩国”的战略，正面做出了否定。

这次的具体方式，与攻击外交战的方式基本相同——直接瞄准该战略的提出者，对其主张提出正面驳斥。颇具讽刺意味的是，此前提出“先取韩国”战略的，恰恰是韩非的同学李斯。虽然如此，韩非要完成存韩使命，便别无选择。这次，韩非不是当面向秦王进言，而是以更为郑重也更为擅长的方式，正式上书秦王，驳斥李斯的方略。

这次上书，有两方面的基本内容。一则，韩非对“先取韩国”的战略提出了正面否定，罗列了诸多不利方面；二则，韩非提出了自己对秦国用兵方向的谋划，罗列了诸多有利方面。

关于第一方面，韩非的批评有三个方向。首先，霸权道义方向。韩非指出，韩国已经事秦三十余年，与秦国郡县没有区别。以战国邦交语言论，所谓“事秦”，就是向秦国称臣，承认秦国的霸权地位，并向秦国纳贡。在上书中，韩非将韩国的地位说得很是卑贱，“出则为扞蔽，入则为席荐”——出门是你的雨伞啊，归来是你榻上的席子和坐垫啊。同时，韩非又将韩国说得非常忠顺，秦国每次出兵，韩国必追随其后。结果是，韩国结怨于山东，战果却全都归了秦国。即便如此，韩国每年还要向秦国纳贡，实在与秦国的郡县无异。韩非的所有这些描述，实际上都在表达一种潜在的抨击：以春秋战国五百余年形成的霸主道义传统，霸主国对已经称臣的附属国，历来只能保护，不能灭国。秦国若要灭掉奴仆一样的韩国，是有悖于霸主道义的。

其次，战事得失方向。韩非指出，韩国虽小，但对战争是有准备的，秦国不可能很快灭韩。对此时的韩国状况，韩非的描述是："夫韩，小国也；而以应天下四击，主辱臣苦，上下相与，同忧久矣！修守备，戒强敌，有蓄积，筑城池以守固。"最后，韩非得出结论："（秦国）今伐韩，未可一年而灭。"也就是说，从战事得失方面说，秦国不可能很快灭韩，至少一年不可能灭韩。依据战国实践，一年不能打赢一场战争，其后果有可能就会非常严重。

再次，后患方向。韩非在上述设定的基础上，进一步推演出了灭韩之战诸多方面的不利。第一种不利，若不能很快灭韩，而只是拔一座或几座城池退兵，则"权轻于天下，天下摧我兵矣！"——秦国的霸权威望就会大大受损，天下会因为轻视我们而摧毁我们的兵力。请注意，韩非很讲究论说方式，他是以秦国臣子的身份说话的，用的是"我"这个称谓，而不是"秦"这个称谓。所以这样做，是韩非着意要表现出一种自家人立场的真诚，使秦国不怀疑自己的动机。第二种不利，韩国必然抵抗，则魏、赵、齐三国必然救援。如此，秦国将多面受敌。第三种不利，秦国只有两万乘兵车的战力，进不能胜赵，退不能灭韩，其后果将会非常严重——"秦必为天下兵质矣！"这是对秦国的严重警告：秦国军队会成为山东战国的战争人质，随时可能覆灭！

上述三个方面，是韩非对秦国灭韩之战的后果推演。

依据当时的实际形势，韩非的描述与各国实际状况差异很大。对于韩国，韩非是夸大过甚，尤其是夸大了韩国的备战状况，更夸大了韩国的政治状况。对于天下大形势，韩非则夸大了山东六国的实际状况，尤其夸大了山东六国的相互救援能力。对于秦国的国力军力，韩非则是严重估计不足。后来统一战争的实践表明，灭韩之战真正开打，几乎是一次小战就结束了。六国相继灭亡，也没有发生过任何形式的合纵救援。

这种很低劣的错误，是韩非只能如此，有意为之吗？抑或是韩非长期蜗居，对天下大势确实已经很生疏了？也许，这是一个永远无法解开的历史谜团。

但是，韩非并没有意识到自己的失误，他在上书中依然继续着既定的脚步。

既然灭韩不利，那么秦国怎样做才是有利的呢？按照这样的论说逻辑，韩非提出了自己制定的对秦国有利的谋划。转折的方式，是以卑贱的说辞开始的——“今，贱臣之愚计”，而后提出这则谋划。在战国名士的上书中，以“贱臣”自称，是十分罕见的，甚或是绝无仅有的。如此非常方式，只能说明韩非是有意为之。韩非对自己谋划的秦国东出方略，是从正反两个方面论述的——

首先，是正面谋划。要求秦国派出特使进入楚国，以重金收买楚国权臣，使楚国相信这样的事实：赵国向魏国派出了人质，联合魏国欺压秦国；秦国准备与韩国合纵，讨伐赵国；楚国应当进攻魏国，否则便是与秦国为敌。韩非进一步分析，指出了这则谋划的有利后果是：“我一举而二国有亡形，荆、魏又必自服矣！”至于韩国，韩非提出的解决方法是：“二国事毕，则韩可以移书定也。”也就是说，韩国迟早是秦国的，等最难的国家解决了，一封王书就可以平定韩国了。

其次，是反面分析不这样做的严重后果。韩非首先指出了一个事实：秦国与赵国相抗衡，但赵国有齐国这个盟友。若秦国再背叛韩国，又没有与楚、魏两国同心，如此，则秦国力量不敌。在这样的力量对比下，韩非指出了严重后果：“若一战不胜，则祸构矣！”

最后，韩非以论说谋略的方式，指出李斯的《平韩书》是危险的，劝诫秦王要警惕那些出谋策划者。这里，韩非的关键说辞是：“计者，所以定事也，不可不察也……夫一动而弱于诸侯，危事也。

为计而使诸侯有意伐之心，至殆也！见二疏，非所以强于诸侯也。臣窃愿陛下幸熟图之。夫攻伐而使从者间焉，不可悔也！”韩非上书的字里行间，渗透着冷冰冰的“用间”精神——为达目的，无所忌讳。

对于韩非的这件上书，秦王嬴政没有直接反应，而是立即下发给了李斯。

作为政治家的李斯，既明白韩非用心，也明白秦王意图。李斯的做法是，与韩非一样，也郑重上书秦王，直接驳斥韩非的《存韩书》。这件上书论断鲜明，毫不含糊。从论述结构看，分作了四个层面。

第一层面，李斯首先表明了自己的总体看法，“臣斯甚以为不然”。用今天的话说，就是坚决不同意韩非主张。其次，李斯从总体上指出了韩国的存在对秦国的危害：“秦之有韩，若人有腹心之病也；夫韩虽臣于秦，未尝不为秦病。今若有卒报之事，韩不可信也。”所以，应该先除去这个心腹之患。

第二层面，李斯针对韩非为秦国谋划的“先下楚赵”方略，进行了具体剖析，严厉驳斥。李斯认为，按照韩非的谋划，秦国将陷入不可预测的泥沼之中。因为，韩国不会服于秦国的道义之举，而只会服于强力手段。韩非所以如此谋划，根本在于，韩国表面向秦国称臣，实际则与楚国有密谋。同时，赵魏齐等国也必有呼应。届时，韩国这个腹心病将必然发作，鼓动合纵，秦国将重新陷入退缩崤山与函谷关的困境。

第三层面，李斯指出了韩非的动机，是恶意迷惑秦国。李斯的说法很犀利：“（韩）非之来也，未必不以其能存韩也，为重于韩也；辩说属辞，饰非诈谋，以钓利于秦，而以韩利窥陛下；夫秦、韩交亲，则（韩）非重矣！此，自便之计也。”李斯对韩非个人动机的攻击，也许有些不那么准确。但是，李斯对韩非上书目的的揭露，却显然是符合实际的——韩非以实现韩国之利为目标，而试探秦国。接着，李斯着意提醒秦王，必须对韩非的言论与文章提高警觉，“臣视（韩）

非之言，文其淫说，靡辩才甚。臣恐陛下淫（韩）非之辩，而听其盗心，因不详查事情”。

第四层面，李斯为了最终证实“韩国事秦”的虚妄，也为了最终证实韩非的虚假谋划，对秦王提出了两个针对性的验证方式。

其一，验证“韩国事秦”之真伪的方式是，李斯自请担任赴韩特使，召韩王来秦晋见。如果韩王不来，“事秦”之说自然虚假；如果仅仅派遣一个臣子来，也是虚假，则秦国可以“深割”韩国之地；如果韩王与臣子都不来，则韩国无疑应当讨伐。

其二，验证韩非谋划的虚假性的方式是，派蒙武统率东郡之兵，进驻中原地带，但不宣明目标。若齐国、楚国、赵国、魏国都不动，则证实韩非所说的秦国进军的后患完全虚假，也证实山东六国自顾不暇，不可能有哪一国来救韩。届时，可以立即惩罚韩国。

接到李斯上书，秦王嬴政立即做出反应，派遣李斯入韩。结果是，韩王连李斯见都不见。李斯给韩王写了一封警告信，之后回到了咸阳。显然，李斯对韩国的判断是正确的，韩国是不可能真正向秦国称臣的。

第二个验证，即蒙武进军中原的方法，究竟实行了没有，史料没有明确记载。

（3）韩非死于云阳国狱之谜

之后，史料呈现的基本事实是：秦王“未信用韩非”——李斯、姚贾两大臣提出了处置主张——秦王接受——韩非下狱——韩非当年死于秦国云阳国狱。

让我们先来简单地看看，这个过程中所涵盖的基本事实。

第一个环节，秦王“未信用韩非”。未信用，就是说秦王既没有相信韩非，也没有任用韩非。为什么这样？背后的原因，当然是秦王看到了李斯所说的事实，对韩非产生了严重的不信任，当然不可能任用韩非为秦国重臣。必须明确，这是秦王基于事实的国家利益判断。直到此时，李斯、姚贾对韩非尚未提出任何处置主张。

第二个环节，李斯、姚贾之议。从国家利益与大臣职责出发，李斯两人提出治罪韩非的主张，是完全正当的。两人提出治罪韩非，所秉持的基本事实是：秦国要统一天下，要搜求人才，所以才争取韩非。但是，韩非“终为韩，不为秦”，这是无法改变的。既然不用韩非，自然也不能滞留韩非，因为韩非是特使。若放回韩非，则必将对秦国大业构成后患。

第三个环节，李斯、姚贾提出，“以过法治罪韩非”。什么是过法？就是过失犯罪。“过失”这个概念，在春秋时代就有了，意义与今天完全一样。其出典，最早见于《左传 · 襄公二十八年》记载：“宥其罪戾，赦其过失。”李斯提出以“过失罪”处置韩非，自然不会是必死重罪。李斯、姚贾动议的结果是，秦王批准了，廷尉府将韩非下狱了。

第四个环节，韩非死于云阳国狱。关于韩非之死的直接原因与具体过程，《史记 · 韩非列传》记载的过程是：李斯派人秘密给韩非送去了毒药，并胁迫韩非自杀。韩非本想向秦王陈述，却无法晋见，于是自杀了。秦王很快后悔了，派人特赦，韩非已经死了。

韩非之死，成为一桩被冷冻了的历史公案。

所以是公案，是因为大有疑点；所以被冷冻，是两千余年没有历史质疑。这桩公案的核心，是将韩非之死归结为同门李斯的陷害，归结为李斯的个人犯罪行为。从历史事实所呈现的基本面看，《史记》的这种说法疑点太多，经不起分析推敲。

最值得怀疑的有五个要点。

其一，与背景事实相距甚远。此时的李斯，刚刚进入秦国高层政治不过三五年，其爵位与具体职司还都不明确，只是参与谋划大计，或执行某些重大事务，这就是《史记》所说的“李斯用事”。从后来的发展看，李斯此时在秦国的根基与权力，还都正在成长之中，远远未达到能够秘密胁迫秦国政治要犯自杀的地步。

其二，犯罪事实值得怀疑。以秦国执法之严，李斯私送毒药与国狱政治要犯，并胁迫其自杀，是非常严重的犯罪行为。其过程很难实现，事后更难保守秘密而逃脱惩罚。然以《史记》说法，李斯非但实现了犯罪，而且事后既没有被发现，也没有被惩罚。这，显然太过荒诞了。

其三，缺乏犯罪动机。此时的李斯，已经从战略谋划上战胜了韩非，也从基本事实上证伪了韩非。从个人利害权衡，李斯已经在这场同门竞争中获得了全面胜利。更重要的是，秦王也已经不再信任韩非，而且已经下令关押了韩非。在这样的情况下，李斯还要冒着犯罪被杀的风险，去密送毒药并胁迫韩非自杀，这显然不构成真实的犯罪动机。

其四，事实逻辑荒谬。依据当时的基本事实，李斯、姚贾共同提出以“过法”（过失罪）处置韩非，事实上便是主张对韩非采取宽大处置。因为，若以“用间罪”处置韩非，韩非必然是死罪。李斯、姚贾若要真正置韩非于死地，对秦王提出以“用间”问罪于韩非，既是光明正大的，又是合乎秦法的。以《史记》的说法，李斯是公开主张宽大，事后却秘密暗杀，这同样是太过荒诞离奇的。

其五，后续事实可疑。以秦王嬴政一贯渴求人才，一贯爱护功臣的秉性，必不会轻易治罪于一个天下大才。既然下令治罪韩非，必然是认定韩非的行为对秦国构成了真实的危害。先下狱，再后悔，与秦王嬴政的毕生作为距离太大。退一步说，若秦王真正后悔了，则必然是发现了韩非对秦国有价值的一面。此时，若韩非已死，则追查毒药来源是一个必然环节。顺此追查，李斯犯罪是很容易被查出来的一件事。果然李斯犯罪，秦王嬴政安能容忍？

那么，可能的事实真相，究竟如何呢？

综合种种因素推定，这桩公案的基本事实真相，最大的可能是：韩非心思周密，入秦“用间”，有最坏的思想准备。下狱之后，韩非羞愧、愤怒、绝望，便以自己藏匿的毒药，结束了自己的生命。此事传入山东，便流变成了李斯、姚贾陷害的口舌故事。百余年之后，司马迁采信了这一传说，写进了史书。

4 韩国无抵抗灭亡

公元前233年，韩非死于秦国云阳国狱。

韩非一死，秦韩关系就急转直下了。所谓急转直下，是说两国关系因为韩非之死而摆脱了一个时期的周旋纠缠，进入了最后解决阶段。从秦国方面说，就是已经确立了先灭韩国的战略，并且立即着手实施军事准备。从韩国方面说，则失去了一切虚与周旋的可能，只能做出最后的选择了。

韩国的最后选择是：立即派出特使，向秦国称臣。

秦国接受了韩国称臣，但并没有放弃紧锣密鼓的军事进攻准备。年余之后的九月，也就是公元前231年的秋天，韩国进一步妥协，主动向秦国割让整个南阳郡。秦国派出内史郡郡守嬴腾，为南阳郡代理郡守，率军接受割地。

第二年，也就是公元前230年，嬴腾率军进攻韩国都城。小战之后，秦军攻占新郑，俘获韩国君主韩安。随即，迅速占领韩国全部土地城池，设立了颍川郡。至此，韩国宣告灭亡。

秦统一中国的壮阔进程，就此拉开了历史的序幕。

两强终决：灭赵之战

1 秦赵关系的发展脉络

公元前 229 年，也就是灭韩之后的第二年，秦国立即对赵国发动了统一战争。

秦统一赵国，是战国末期最为重大的历史事件之一，也是秦统一中国的最重要战争之一。为此，我们有必要首先对秦赵两国关系的大历史，做一番简单的线条勾勒。秦赵两大国的关系史，可以分为五个大的历史阶段——

第一阶段，西周之前秦赵同源，两大国先祖都是东部古秦人族群。关于这一时期的历史，我们已经在洪水时代说过，这里不再重复。

第二阶段，西周初期，秦赵分流。

殷商末期的古秦人族群，已经成为镇守殷商西部的军旅族群，“自太戊以下，中衍之后，遂世有功，以佐殷国，故嬴姓多显，遂为诸侯”。周武王灭商后，秦人族群不愿臣服于西周新政权，联盟宣告瓦解，七十余族分作了三大部分流散于华夏大地。首先，诸多分支族群因为各种各样的原因不能离开故地，或不能、不愿追随核心族群迁徙的，就分散流布于华夏腹地了。其次，秦人轴心嬴氏族群的嫡系主力，西进到陇西戎狄地区的河谷地带，也就是今日西汉水上游的甘肃礼县地带，重新建立了生存根据地。这一支，就是后来建立秦国的秦人族群。第三部分，是嬴氏族群的另一分支，殷商末期的大将恶来的弟弟季胜，带领一支族群，进入了北部山地草原的半农半牧区，重新建立了生存根据地，成为后来的赵人族群。这就是《史记·赵世家》所说的："赵氏之先，与秦共祖。至中衍，为帝大戊御。其后世蜚廉有子二人，而命其一子曰恶来，事纣，为周所杀，其后为秦。恶来弟曰季胜，其后为赵。"

第三阶段，西周末期与战国初期，秦赵两大族群先后立国。

西周末期，陇西秦人因挽救周室有功，被周平王封为诸侯，建立了秦国。这就是说，陇西秦人建立诸侯国的时间，比赵人立国要早三百余年。但是，北进秦人改善困境的历史，却比陇西秦人要早百年上下。

远在西周中期的周穆王一代，陇西秦人还在与周边戎狄族群浴血奋战的时候，北进秦人族群的领袖造父，因其非凡的驯马驾车才能，做了周穆王的御车将军。后来，因为造父的神异车技，襄助周穆王平定东部叛乱有功，被周穆王封于赵城，也就是今日河北赵州地带。从此，这支古秦人在西周社会有了合法地位，便以封地为姓，成为赵氏族群了。后来，赵氏族群成为大诸侯晋国的大族群之一。战国初期，赵氏族群与韩、魏两家三分晋国，正式建立了赵国。总体上说，在整个西周、春秋时代的五百余年间，秦赵两大族群都在各自奋争，都在坎坷前进，但没有发生同源族群之间的实质性交往。

第四阶段，战国时代，两大国开始进入了国家对抗。

战国初期，秦国因六代乱政，陷入穷弱时期。此时的赵国，则是山东六国中的较强国家，与韩、魏两国结成三晋同盟，对秦国实行了较长时期的进攻与遏制战略。这一时期，虽然压制与进攻秦国的主要国家是魏国，但是，赵国也是中原国家集团的重要成员，也是秦国的敌手之一。从此开始，秦赵两大国的对抗关系，贯彻了整个战国历史。

第五阶段，战国中期秦赵对抗升级，两国关系成为战国格局的轴心。

战国中期，秦国先于赵国实行深彻变法，一举崛起为天下强国。此后大约五十年，赵国在赵武灵王时期也实行了相对深刻的变法，一举崛起为山东最强大的战国。从变法强大并拓展北方土地开始，赵国成为山东六国合纵抗秦的主力国家，成为秦国最主要的敌国。

这一时期，只有赵国在与秦国的硬性对抗中取得过战争胜利。后来，经过长平大战，秦国摧毁了赵国的强大军力，赵国开始进入了衰弱时期。但是，赵国还是山东六国中最强悍的国家。赵国对秦国的强力对抗，依然在秦昭王之后延续了相当长的时间。

2　秦王嬴政时期的秦赵对抗

秦王嬴政即位，秦赵之间的对抗并没有减弱，赵国依然是秦国的最主要敌人。

总体上说，秦王嬴政即位的前九年，吕不韦主政秦国，秦赵对抗大体是均衡的。这九年之中，秦赵对抗的重大事件主要有五次。

第一次，秦王政元年，秦国的河东基地晋阳，在赵国策动下叛乱反秦。秦国上将军蒙骜，率军平定叛乱。晋阳原本是赵国重镇，秦昭王时期被秦国占领，随即成为秦国在大河东岸的军事重镇。赵国策动叛乱，秦国又迅速平乱，赵国在争夺晋阳中失利。

第二次，秦王政二年，赵国孝成王病逝，太子赵偃继位，史称赵悼襄王。赵偃即位的第一件昏乱举措，是以乐乘取代廉颇，激发了大将之间的矛盾，致使廉颇率军对乐乘军队发动军事进攻。最终，逼名将廉颇先逃亡魏国，再逃亡楚国。由此，赵国军事力量受到很大损失，在对抗秦国中处于不利地位。

第三次，秦王政四年，赵国名将李牧以丞相名义进入秦国，与秦国订立和解盟约，约定互相放还此前交换的人质。此后，秦国王子自赵归秦，赵国王子自秦归赵。

第四次，秦王政六年，赵国名将庞煖发动最后一次五国合纵，从河西地带攻入秦国关中东部。秦国出兵应战，五国兵马很快撤回，合纵宣告解散。

第五次，秦王政八年，秦国王族公子长安君成蟜率军攻赵上党之地，受赵国策动，于中途发动兵变，反秦降赵。后来，秦国虽然平定了叛乱，但因处置大批犯罪将士及其家族，秦国军力受到严重损害。此后，赵国封成蟜于饶城（今河北饶阳地带）。成蟜事变，是赵国对抗秦国的一次很大胜利。

秦王政九年，秦王嬴政肃清嫪毐叛乱，亲政领国，秦赵对抗的天平迅速向秦国倾斜。

嬴政亲政的前八年，致力于振兴秦国。但是，这一期间的秦赵对抗非但没有中止，而且规模大大超过吕不韦领政时期。这八年之中，秦赵两大国的对抗事件，主要也是五次。

第一次，秦王政十一年，也就是嬴政亲政的第三年，秦国趁赵军进攻燕国之机，派出将军王翦、桓齮、杨端和率军攻赵，连下九城，尽数夺取赵国漳水流域。这是长平大战之后近三十年间，秦国对赵国取得的第一次较大规模的胜利。此战之后，在位九年的赵悼襄王病逝，其子赵迁继位，史称赵王迁。自此，赵国开始迅速衰落。

第二次，秦王政十三年，也就是嬴政亲政的第五年，秦国老将桓齮率军进攻赵国河东重镇平阳，大败赵军，斩首十万，杀赵军主将扈辄。由此，秦国基本控制了河东地带。战胜之后，嬴政亲自赶赴战场劳军。

第三次，秦王政十四年，也就是嬴政亲政的第六年，桓齮率秦军再度攻赵。赵国名将李牧率军于肥地（今河北石家庄东南地带）埋伏截击，大败桓齮秦军。这是赵国在长平大战之后近三十年间，对秦国作战取得的第一次真正胜利。李牧因此而建大功，被赵国封为武安君。

第四次，秦王政十五年，也就是嬴政亲政的第七年，秦军再度攻赵。赵军仍由李牧统率，于番吾之地（今河北磁县）再次击败秦军。赵军连续两次战胜秦军，暂时恢复了秦赵对抗的均势。

第五次，秦王政十六年，也就是嬴政亲政的第八年，赵国北部发生大地震，城池房屋大半坍塌，地裂缝隙宽达一百余步，给赵国造成巨大损失。

嬴政亲政的第九年，统一战争开始，秦国发动了灭韩之战，秦赵对抗暂时中止。

综合秦王嬴政亲政前八年的秦赵对抗，可以看出三个基本方面的问题。

其一，在此期间，秦国虽然紧锣密鼓地处置韩国问题，但在实际的军事较量上，重点却一直是赵国。也就是说，在这八年间，秦国兵力出动的重点方向，始终都是针对赵国的扩张进攻；秦国的战略重心，始终围绕着对赵国的军事准备。

其二，若仅仅从军事上看，对抗是均势的：八年之间，秦国两胜两败，赵国也是两胜两败。但是，若从国家利益的实现上看，赵国则无疑是严重失败的。因为，秦军两胜，连续夺取了赵国南部丰饶的漳水流域，以及赵国西南以平阳为轴心的河东地带；而赵国两胜，则只是在本土击败秦军，是一种防御战的胜利，并没有获得国家实力的增长。

其三，在这八年之间，秦国处于迅速振兴阶段，国家实力一路上升到巅峰时期。相反，赵国却处于迅速没落阶段，一路下降到谷底时期。赵悼襄王在位九年，赵国的政治生活已经陷入了普遍的黑暗与腐败。赵王迁继位之后，赵国高层政治的阴暗腐败迅速趋于恶化，君主昏聩，权奸当政，灾难频仍，派系倾轧。前后十余年，赵国已经在事实上陷入了最大的内政危机。唯其如此，秦国在统一韩国之后，几乎是没有停顿地立即发动了灭赵之战。

3 灭赵战役的战略部署

公元前 229 年，秦国正式发动了对赵国的统一战争。

(1) 灭赵战役的正面部署

灭赵战役之秦军统帅，是老将军王翦。灭赵之战出动的兵力总数，是秦国的主力大军四十余万。灭赵之战的进军路线是，分北、中、南三路，同时进逼赵国。北路，以大将羌瘣为主将，率军十万，经秦国上郡的离石要塞渡过大河，以晋阳为后援根基，压向赵国背后。南路，以大将杨端和为主将，率军十万，出河内郡，经安阳北上进军，直逼赵国都城邯郸地带。中路大军二十余万，由王翦亲自统率，出函谷关，经河东郡进入上党高地的东北方向，直接压迫赵军主力防守的井陉关。

如此三路进军，堪称古典战争时期最为经典的大分割、大包围战略。

这一战略的实施目的，是置赵国于退无可退之境地，逼迫赵国全面应战，一战彻底解决赵国问题，不使战争出现反复动荡的局面。因为，赵国是山东六国中实力最强大的国家，其尚武风习，其举国皆兵的传统，与秦国如出一辙。秦国如果不能一次性完胜赵国，并安定赵国，则赵国军力流散的后果是很难收拾的。后来的实践证明，即或秦国作了最为充分的谋划，其战略目标还是没能全部实现。

(2) 灭赵战役的侧翼部署——防御北方胡患

这支大军，就是大大扩充了的驻扎在九原郡的二十余万秦军。这支秦军自灭赵之战开始，驻扎于阴山草原之南，直至统一中国，始终有增无减。这支九原秦军，由年轻的将领蒙恬统率，始终没有加入华夏世界的统一战争。即或是后来第二次灭楚大战开始之际，秦军需要集中六十万主力大军，在兵力一时显得紧张的形势下，这支九原秦军也没有南下加入灭楚之战。

这就是历史实践所展现出来的秦统一中国的最高战略——内一华夏，外防匈奴。

整个战国时代，北方的匈奴族群联盟已经成为诸胡族群、戎狄族群中最为强大的军事力量，相对稳定的匈奴联盟政权也已经建立。战国末期，匈奴骑兵与诸胡骑兵，已经发展为规模相当巨大的快速军事力量，其对华夏世界的突然侵袭时有发生，南下地域越来越深入，作战规模越来越大。那时，华夏北部的燕国、赵国、秦国，是正面抵御所有北方胡患最主要的三方力量。三大国抗击胡患的大形势是：

燕国的渔阳郡、右北平郡、辽西郡、辽东郡，均与聚散无定的东胡诸族群接壤。在东西数千里的广阔地带，燕国担负着正面抗击东胡势力侵袭的重担。

赵国的云中郡、雁门郡、代郡、上谷郡，则处在与匈奴联盟正面相对的阴山草原的中心位置。在东西横阔千里有余的阴山大草原南部，赵国担负着正面抗击匈奴游牧大军大规模南下烧杀劫掠的重担。

秦国的北方边患，则有两个战场：一个是西部的陇西郡，担负着抗击西部戎狄与西部匈奴的作战重担；另一个是北部的北地郡、九原郡、云中郡、上郡，均面对阴山草原的西南部，与赵国共同承担着抗击北部匈奴南下的重担。

在抗击匈奴的华夏力量中，赵国承担的压力最大，承受的匈奴兵祸也最为严重。在这样的大形势下，秦国要发动统一中国的战争，就必然面临一个严酷的现实问题：如果匈奴联盟与诸胡大军趁秦赵大战之机，大举南下进攻中原腹心地带，秦国将如何应对？若不做北方防御之准备，则匈奴联盟必然会大军直下，将华夏世界搅成一锅粥，其严重后果将远远超过西周末期戎狄势力毁灭镐京的文明灾难。届时，秦国非但无法统一中国，且很可能在多方混战中彻底毁灭华夏族群的文明世界。果真如此，秦国发动的统一之战，便将成为毁灭华夏文明的千古罪行。

但是，若要部署一支北方大军，以防御并威慑匈奴与诸胡不敢趁火打劫，那么，这必须是一支强大到能够以绝对优势堵截反击匈奴骑兵的大军。否则，不能保证在如此广阔的战线上能有效地取代赵燕两国的军事力量。

历史实践所展现的事实是：当时的秦国，以秦王嬴政为轴心的最高决策层，极富胆略地选择了具有深远文明意义的两面合一的整体战略：对内战略——发动统一中国战争；对外战略——正面部署大军以防御威慑匈奴联盟。

基于如此决策，秦王嬴政选派了出身军旅世家，且具有很高军事天赋的青年大将蒙恬，担任北方九原秦军的统帅。与此同时，秦国将九原秦军的规模一次增加到二十余万，足以构成大规模对匈奴进行防御反击作战的军力。

（3）九原秦军的防守基地——河南地

蒙恬的选择是，将九原秦军集中布防于阴山、阳山之间的“河南地”。

战国时代的黄河，从九原郡的西部分流为两河：北边的一条河绕行数百里后，又复归主流。这条分流河，战国时代叫作北河。北河与大河主流之间，形成了一块南北百余里，东西两百余里、大体长方形的草原丘陵地。大河主流向南百余里，便是当时秦国的北地郡（今甘肃东南部和宁夏南部一带）。当时所说的河南地，就是指从北河向南，再到大河主流之南北地郡的这一地域。通俗地说，两河之南，皆为河南地。

这块河南地，地理位置十分重要：东面紧邻九原郡治所（今日包头市地带），东北方向是东西横亘的阴山，西北方向是东北西南走向的阳山，河南地恰恰处在阴、阳两山之间，同时又处在有两条大河横亘分割的要害位置。

战国末期的九原秦军，所以一直驻扎在河南地，直到帝国建立之后对匈奴大反击作战，其最主要的原因正是地利所致。河南地，具有草原、大河、丘陵、山脉、湖泊、戈壁等多种地形交织的特点。从军事上说，这种复杂的地形构成，非常有利于以不同地形分割区域，构筑宏大坚实的壁垒，有效堵截大规模的集群骑兵。前出河南地则是广袤的草原，有利于骑兵快速反击。也就是说，驻军河南地，一则非常有利于秦军重装步兵的防御战，对堵截匈奴南下具有较大优势；二则，战事形势有利，少量骑兵也可以迅速开出河南地，向阴山草原快速反击。这就是河南地，一方攻守兼备的战略要地。

统一战争的十年，匈奴始终未能大举南进，秦军利用河南地构成的大规模防御阵地起到了最关键的作用。

秦国预先部署九原大军的历史事实，提供了这样两个历史答案。

其一，当时的山东六国，没有任何一个国家具有统一中国的实力条件。从当时的综合实力看，只有处于巅峰状态的秦国，具有同时在两个战场进行大规模作战的能力。山东六国的任何一国，都远不具备如此强大的综合条件。从这一点上说，当时的华夏世界，只有秦国具备了统一中国的真正实力。从根本上说，这种强大的综合实力，来源于深彻变法并始终坚持法治的一百五十余年的长期积累。假如，在战国变法大潮连绵涌动的新起点时期，历史的可能性还是不确定的，还是可以假设的。那么，到了战国末期这样的历史时刻，一切都已经清楚了——除了秦国，哪个国家也没有能力统一中国。

其二，在此前的中国历史上，已经有过为了自身利益而勾结异族入侵，从而给华夏文明带来深重灾难的政权集团。这就是西周末期的太子宜臼（周平王）与申侯集团。他们为了争夺王权，引戎狄进入关中，毁灭镐京，颠覆周幽王政权，对华夏文明造成巨大的破坏。这是一个罪恶的先例。周政权所尊奉的礼治王道的虚伪性，也由此而崩溃了。

历史的幸运是，处于最深刻转折时代的秦国最高决策层，有着自觉维护华夏文明完整性，不容打烂华夏世界的天下意识。可以这样假设，如秦王嬴政也是周平王与申侯那样的角色，统一战争的情形会是什么样？答案是明确的：那样的秦王，肯定不会同时部署防御匈奴的大军。而恰恰相反，只会引进匈奴，夹击赵燕两国，先让我得了天下再说。

可是，秦国不是这样，秦王不是这样。秦国与秦王，选择了一条杜绝外部干预而依靠自身力量统一中国的历史道路。这一点，在以后的统一战争实践中，将反复地表现出来。直到最后一支秦军——五十万岭南秦军在西汉时期的文明回归，都充分无误地证明了，秦帝国时代所锻铸的天下意识，对于我们这个民族的生存发展，有着极其深远的历史意义。

如此高远的文明襟怀，为我们在历史烟雾中立起了一座巍然的精神灯塔。

4　赵国的迟滞应对

在秦军大规模出动的时候，赵国的反应却是出奇地迟钝。

这时的赵国，正处在最为黑暗的阴谋政治时期。只有李牧这颗名将之星，在阴惨惨的庙堂闪烁着微弱的亮光。

(1) 赵孝成王死后赵国政治格局的演变

公元前 245 年，也就是秦王嬴政即位的第二年，赵孝成王病逝了。赵国的新君主赵偃，就是赵悼襄王。这位赵王，短于正道而长于权谋，在位只有九年，已经将赵国鼓捣得一团混乱了。

第一桩，赵偃很喜欢折腾军队。即位之初，赵偃便以乐乘替换正在对魏国作战的廉颇做赵军统帅。被激怒的廉颇不服，发兵进攻乐乘。乐乘避战，廉颇也自感罪责，逃亡到魏国、后再逃亡到楚国去了。由此，赵军派系多生，战力遭到严重破坏。

第二桩，不审形势，四面开战。赵偃在位的九年中，赵国多面开打：对燕进攻、对魏进攻、对齐进攻、对秦进攻，战事连绵不绝。虽然，此时的赵国有李牧、廉颇、庞煖、司马尚、乐乘等诸多名将，也取得了多次胜利。但是，因为没有整体性战略谋划，赵国的实力非但没有在胜利中增长，反而在邦交上日益孤立。

第三桩，赵偃喜欢任用私人。赵偃当政，孝成王时期的能臣迅速被搁置，而以亲信的王族大臣春平君领国，又重用太子府时期的亲信郭开，使其成为操纵国事的潜在权臣。如此用人方针，为赵国庙堂埋下了巨大的隐患。

第四桩，赵偃的生活畸形化，导致了赵国政治的迅速阴谋化。还在做太子的时期，这位赵偃就是一位精于享乐的人物。在正妻生子之后，赵偃又买了一个倡女（职业歌女）做妾。后来，赵偃废黜了正妻，将这个倡女立为太子正妻。即位赵王之后，赵偃又将倡女立成了王后。此前，这位倡女曾经生了一个王子，名为赵迁。赵偃即位后的某一年，废黜了原太子赵嘉，改立倡女之子赵迁为太子。公元前 236 年，也就是秦王政即位的第十一年，这位赵偃在折腾九年之后，终于死了。

（2）幽缪王赵迁的变态与腐败

继承王位的幽缪王赵迁，更是一位秉性乖戾、行事荒诞的政治白痴。

灭国灾难来临之际，赵迁即位已经七年。这七年中，赵国发生的大事完全处在一种自发的神经质的震颤之中，看不出丝毫国家意志的作用。

我们先简单地罗列一下七年之中的赵国事件。

第一年，赵迁移居陪都柏人城，重用奸佞郭开、宠臣韩仓，对国政撒手不管。

第二年，秦军大举进攻河东，杀赵将扈辄并斩首十万；赵国丢失河东地区。

第三年，李牧率军在肥下之地伏击，大败秦军进攻。

第四年，李牧率军在番吾之地伏击，再次大败秦军。

第五年，赵国北部发生大地震，城池遭受严重破坏，大地裂缝达一百余步。

第六年，赵国发生普遍大饥馑，民众恐慌。民谚流传："赵为号(哭)，秦为笑，以为不信，视地之生毛！"

第七年，秦军三路大举攻赵，赵国以李牧、司马尚为统帅，进驻井陉关抗击秦军。

这就是赵迁即位七年的赵国大事记，除了李牧率军两次胜秦的回光返照，全部是一片乱象，大灾大难接踵而至，庙堂未见一策应对。那么，在这漂流筏一般的赵国，李牧、司马尚是如何做了统帅，并率领大军对抗秦军的呢?

(3) 李牧其人及其战功

李牧，既是当时赵国的名将之一，也是整个战国时代的超一流名将之一。

青年时代的李牧，是赵国代郡雁门关防御匈奴的赵军主将。李牧主军，一开始便表现出特立独行的性格。面对匈奴聚散无定的突然袭击，李牧抛弃了赵军惯常的"守关待敌"的被动战法，而将军队变成了屯驻通商的兵民体制。这样，既大大减轻了赵国沉重的边军费用，又使驻军财货充足，随时可战。李牧的具体做法是：在拉锯地带设立官吏，专门代理赵国边民与匈奴的通商交易；又以精干的骑兵小队，乔装成边民商队，深入匈奴进行交易活动；所得税收，全部归边军统帅部。

与此同时，李牧严令边军：一旦匈奴入侵，边军立即将民众牛羊牲畜赶回关城，坚持防守，不得随意出战。同时，李牧又督导边军健全烽火报警设施，派出大量斥候深入匈奴探查敌情，全力加强战备。如此数年，匈奴以为李牧软弱怯战，赵国将士与庙堂高层也认为李牧软弱怯战。在纷纭议论之下，赵孝成王下书批评了李牧。可是，李牧依然如故。

终于，赵孝成王发怒，罢免了李牧，换了雁门关主将。

此后一年多，匈奴频繁侵袭，雁门赵军每次都大举应战。结果是，赵军非但在军事上多次战败，而且花光了李牧积累的物资与费用，连边境民众的牲畜土地都无法保护了。无奈之下，赵孝成王只有敦请李牧再度领军。可是，李牧却提出了一个条件："王必用臣，臣如前，乃敢奉命。"赵孝成王毕竟是明智君主，当即答应了李牧。

李牧再次主军，边军恢复了老样子。匈奴骑兵在一年多里，既抢不着牲畜财物，又见不着赵军作战，很瞧不起李牧。消息传到联盟总部，匈奴单于终于率军大举南下了。李牧边军早有准备，以战车一千三百乘、飞骑一万三千人、敢死之士五万人、骑射将士十万人，总共二十余万兵力伏击应战。此战，李牧边军一举歼灭匈奴十余万骑兵，又连续追击，大破东胡、林胡、襜褴等胡人族群的军力，逼迫匈奴单于总部向北远远逃亡。此后十余年，匈奴联盟始终不敢迫近赵国边境草原。

李牧是一个极具个性的统帅，而不是人云亦云的庸才。

在秦赵对抗趋于危机的大形势下，李牧做了赵国的大将军。在两次战胜秦军之后，李牧在赵国已经成了无可替代的支撑危局的栋梁。

这样的李牧，是不可能与阴暗政治同流合污的。

同样，阴暗腐败的庙堂势力，也容不下李牧这样拥有强大军事实力的重臣将领。因为，在赵国历史上，军队将领发动政变而改变朝局，有着久远的传统。李牧的存在，以及聚集在他周围的司马尚、庞煖等一大批赵军将领，对于赵迁、郭开以及腐朽的王族势力，都是一个巨大的威胁。在这样的形势下，李牧出任抗秦主帅，必然隐藏着无穷的陷阱与杀机。

在相关史书中，未见赵王任命李牧、司马尚抗击秦军的明确记载。

依据当时赵国的畸形政治格局，最有可能的真实情形是：权臣郭开基于保证自身最大利益的目的，擅自以赵王迁名义发布王书，下令李牧率军抗秦。那么，郭开的最大利益是什么？后来的实践进程表明，郭开的最大利益就是：赵国之抵抗越见力道，出卖赵国所能在秦国获得的利益也就越大。

李牧如何呢？作为统率一国大军的大将军，李牧是在焦急地等待王命，以作抗击秦军三路进攻的总体部署。王命一下，李牧责无旁贷，立即赶赴井陉关前线了。李牧很清楚，此时的井陉关赵军，已经成为直接决定国家存亡的最后防线。他自己，已经无暇顾及高层政治如何如何了。

5　李牧被害　赵军瓦解

灭赵战役的实际进展，很少取决于战场，赵国的阴暗政治直接毁灭了自己。

首先，在邦交大臣顿弱的统率下，秦国的间谍力量对赵国发动了强大的离间攻势，所用方式是非常古老的：一则收买郭开，二则散布李牧、司马尚将要反叛的流言。这一间谍攻势持续了半年左右，便有了显著效果。在进入冬天的时候，李牧的赵军统帅权力被赵王剥夺了，代替李牧统率赵军的，是平庸的赵葱、颜聚两个人物。

其次，在主战场的井陉关，王翦大军与李牧大军从春到冬，对峙了将近一年。在这一年中，秦军并没有主动大举进攻，但是也始终保持着强大的压力，逼迫李牧军不能撤离战场。王翦的战略是明确的：拖住李牧，等待赵国朝局生变，最大限度地为秦军灭赵减轻兵力损失。

李牧的悲剧，发生在冬天。关于李牧被害，有两种说法。

一则，依据《史记·廉颇蔺相如列传》所附之《李牧传》记载：李牧拒绝赵王罢黜自己的王命，赵王便派出秘密特使进入赵军统帅部，秘密逮捕了李牧，并当场杀害了李牧。同时，也罢黜了司马尚。三个月后，王翦发动大举进攻，大破赵军，俘虏了赵王迁及其一干饭桶将军。

二则，依据《战国策·秦策》记载：赵王迁听信宠臣韩仓谗言，召回李牧问罪。晋见之时，韩仓诬陷李牧握有匕首，欲图行刺赵王。李牧愤然辩解说，自己患有“挛曲病”，手脚僵硬不能伸展，恐怕行礼不便而接了假手，不是什么匕首。并且，李牧愤然拿出了假手。可韩仓还是不信，要杀李牧。李牧愤怒绝望，当场自杀了。

当代历史学家沈长云先生在其所著的《赵国史稿》中，对以上两则史料进行了考辨，结论是：司马迁关于李牧的结局记载是听冯唐转述的，并不比《战国策》的记载更可信。无论如何，李牧是被赵国的黑暗政治淹没了。这一点，是确定无疑的。

李牧被害后三个月，公元前228年的春天，秦军大举进攻赵国。

赵军已经失去名将统帅，赵国庙堂更是早早失去了凝聚力。在秦军三路大军从北、中、南三个方向的合围攻势下，赵国呼啦啦大厦倾，邯郸迅速被占领，赵王迁迅速被俘。赵国王族以原太子赵嘉为轴心的残余势力，逃离邯郸，逃亡到代地建立了流亡政府——代国。六年后，这个流亡政府也被秦军王贲部彻底肃清了。

至此，赵国宣告灭亡。

赵国的存在时间，以最长的历史说法计算，是从赵襄子元年，也就是公元前475年为开端，至赵嘉的代国流亡政权灭亡，历时二百五十三年；若以三家分晋赵氏立国的公元前403年为开端，以邯郸城破、赵王迁被俘为正式后限，则历时一百七十五年。

攻下邯郸，俘虏赵王迁后，秦王嬴政亲自赶赴邯郸。

秦王此行的主要目的，无疑是与王翦、李斯等文武大臣商议处置赵国善后事宜。但是，史料忽视了这一点，只记下了秦王进入邯郸的一桩罪责：公报私仇，坑杀了自己与生母赵姬当年在赵国时所有的仇怨之人，也坑杀了所有与赵姬娘家有怨恨的人。这一事件，是秦王嬴政在统一战争中的第一次罪行。不管这一罪行在当时的王权制时代有着多大的必然性，在文明史的意义上，都是秦王嬴政身上的污点之一。

6 赵国灭亡的深刻历史原因

与韩国相比，赵国的灭亡有着另一种独特而深刻的历史根源。这一根源，就是赵人族群性格所决定的国家性格——烈而乱。烈者，血气冲动也。乱者，不守法而妄杀也。

在春秋战国的治国理论中，“乱”是一个政治概念。《史记·赵世家》记载，后来建立韩国的韩氏领袖韩厥，对“乱”有一个经典解释：“妄诛谓之乱。”也就是说，政治上的乱，就是违法滥杀，就是动辄举兵政变。在赵国的历史上，这种激烈的内部动荡屡有发生，其频率远远高于其他国家。我们可以从春秋中期的赵盾时期开始，大体清理一下赵氏族群的内乱频率。

赵盾到春秋晚期的赵襄子一代，百余年历经六代，发生了四次重大内乱。

第一次，赵盾时期因赵氏内争，导致赵氏几乎被政敌铲除。

第二次，赵简子时期，废黜嫡子继承人伯鲁，改立狄女所生庶子赵无恤为继承人，开赵氏废嫡立庶之先河，为以后赵氏多有继承人之乱的根源。

第三次，赵简子妄杀大臣，导致自己孤立逃亡，开政治妄杀之先例。

第四次，赵无恤以诱骗手段杀害自己的姐夫、代人族群领袖，导致姐姐摩笄自杀，再开内乱妄杀恶例。

这是早期赵氏历史上的内乱，四次内乱的后果都很严重。

从赵襄子到赵王迁，历时十二代 253 年，共发生十一次剧烈内乱。

第一次，公元前 425 年赵襄子死，其弟赵桓子发动政变，自立为赵氏首领。

第二次，公元前 424 年赵桓子死，赵氏将军再次发动政变，杀死赵桓子儿子，拥立赵浣为赵氏首领，是为赵献侯。

第三次，公元前 387 年，赵武公死，赵氏将军发动政变，废黜武公之子，改立赵烈侯儿子赵章为国君，是为赵敬侯。

第四次，公元前 386 年，赵武公之子赵朝发动兵变失败，逃亡魏国。

第五次，公元前 374 年赵成侯即位，公子赵胜发动兵变争位，失败。

第六次，公元前 350 年赵成侯死，公子赵发动兵变争位，失败，逃亡韩国。

第七次，公元前 299 年，赵武灵王先废黜太子赵章，改立赵何，自己退位掌军。后又恢复赵章为安阳君，导致赵章争位，发动兵变争位，被赵国王族大臣击败，赵章被杀。

第八次，同年冬天，将军赵成再次兵变，包围沙丘宫，活活饿死赵武灵王。

第九次，公元前 245 年，赵国发生战国时代绝无仅有的将帅互相攻杀事件——廉颇率军进攻乐乘赵军。乐乘败走，廉颇逃亡楚国。赵国军力严重损失。

第十次，赵悼襄王晚期，废黜太子赵嘉，改立倡女之子赵迁，导致最后乱政。

第十一次，赵迁即位，内乱频生，郭开当道，诛杀李牧。

为国十二代而有十一次政变内乱，战国时代绝无仅有也。

赵人、秦人同出一源。秦人的族群性格却是奉公守法，羞于内斗而勇于公战。

历史的分水岭，在于商鞅变法对秦人族群性格与国家性格的再造。

秦献公之前，秦国的政变内乱丝毫不逊于赵国，秦国庶民私斗擅杀风习之浓烈，更是远超赵国，堪称天下之最。秦孝公即位之初，秦国最严重的问题，仍然是私斗成风的危害。这时候，秦国发生了横空出世的商鞅变法，秦国成功地推行了设计周严的战时法治，使秦人族群在重刑威慑与奖励公战的激赏之下洗心革面，最终凝聚成使天下瞠目结舌的巨大力量。

但是，赵人族群的烈乱秉性，却因为缺乏严酷的重新锻铸，而保持了古老的劣根。如同个人性格决定人的命运一样，这就是国家性格所决定的历史命运。赵国灭亡，给我们提供了的两方面的历史教训：其一，一个国家的生存强度，首先取决于政治文明的发达程度；其二，无论多么强大的军事实力，都无法挽救一个腐朽而脱离人民的政权。

灭赵之战的胜利，是秦统一中国迈过的第一道高难关口。

和平岔道：灭燕之战

1　秦燕关系之历史脉络

秦统一赵国之后，大军移驻赵燕边境，开始筹划灭燕之战。

以时间排序，秦军北移，应该是公元前228年秋冬的事。

灭赵之后，赵地亟待处置的大事有三个方面：其一，对被俘的赵国君臣的处置，也就是安定政治局面；其二，赵地正在大饥荒之际，紧急救荒，恢复生产，以安定民众；其三，对流散赵军以及逃亡代地的赵嘉势力，决定后续应对策略。

举凡政治、军事应对，秦国的处置都很成功，史料记载也相对明确。

值得注意而又被史书所忽视的，是秦国对战后赵国社会的稳定方略，也非常成功。秦国的社会安定方法，主要是三方面的政策：其一，以秦国太原郡为后援根基，对赵地救荒；其二，迅速设立郡县官吏，督导民众尽快恢复农耕畜牧；其三，将原来赵国工商业的巨头家族，迁徙到秦国大后方的蜀郡。最主要的巨头家族，是赵国最大的冶铁业巨头卓氏、郭氏族群。后来，迁到蜀郡临邛的卓氏继续致力于冶铁，在西汉初期又成天下巨富。

实践证明，这种处置政策，快速有效地安定了战后赵地。在其后的二十余年中，赵国故地始终没有出现乱局。逃亡代地的赵嘉政权，因为无法得到赵国故地民众的支持，五六年之间便迅速枯竭，变得不堪一击了。

战后安定举措，几乎每一方面都需要军事行动的配合。只有在冬天到来之前，秦军主力才有条件移师北上，一边整修，一边筹划灭燕之战。

秦燕关系，是战国时代一对比较特殊的国家关系。从两国根基上说，燕国是西周的开国大诸侯，是一等一的老牌贵族大邦；秦国则是东周的开国大诸侯，是典型依靠自身血战立国的后起实力之邦。

王族血统的燕国，素来以周室王族嫡系诸侯自居，贵族做派十足，除了与周公旦的鲁国、太公望的姜氏老齐国，以及后来由周成王分封的王族诸侯老晋国保持着传统的盟邦关系，燕国与天下其余诸侯国都是淡漠而疏远的。

秦国，则因为直接崛起于西部戎狄区域，素来被中原诸侯视为另类。即或秦国努力向中原诸侯群靠拢，也难以被中原腹地的老诸侯群完全认同，难以做到邦交和睦。正因为如此，春秋时代的秦、燕两国，便始终以不同原因的奇特姿态落落寡合于天下。秦、燕两国之间，也是水油不沾，疏远而陌生。

从各自的实力发展看，在春秋中期，秦国曾经在秦穆公时期称霸一时，实力扩展略强于燕国。但是，进入春秋末期与战国初期，燕国向东平定东胡，向南吞并蓟国，其发展势头又远远超过了与魏国苦战的秦国，跻身于山东六大战国。从战国时代的天下大格局来说，当时的燕国，是周室王族大诸侯中的仅存之邦，其进取精神远远超过了其余的王族诸侯。论战国初期的国家实力，燕国超过了秦、韩两国。在赵武灵王变法之前，燕国实力与赵国不相上下，甚至在国土纵深、成军人口数量方面，还略略强于赵国。否则，燕国不会在秦国崛起之后承担合纵发起国的角色。

直到秦国崛起之后，秦、燕两国的关系，才有了种种戏剧性的转折。

面对秦国崛起的强大攻势，山东六国产生了合纵锁秦的战略合作。最初的合纵发起，恰恰就是燕国。这就是说，燕国已经自觉地将秦国看作强敌了。秦国则恰恰相反，为了打破孤立，推行了“连横”战略。苏秦创立的“合纵”战略，其核心主张是将南北六大战国连成一片广袤的国家同盟区，从而封堵、遏制，直至摧毁秦国。张仪创立的连横战略，其核心主张则是在东西之间结成定点盟约，实施破交战，分化并突破六国封锁。

如此大形势下，遥远的燕、齐、楚三国，自然成了秦国推行破交战的重点国家。从此，秦国打破了与遥远的燕国的疏远，开始了主动结好燕国。秦惠王中期，由张仪主导，秦惠王之女嫁于燕国太子，也就是后来的燕易王。

秦惠王末期，秦惠王幼子嬴稷与惠王之妾芈八子，进入燕国做了单方人质。所谓单方人质，就是燕国不派出人质作为交换，而只有秦国一方向燕国派出人质，以保证秦国不侵犯燕国的盟约效力。显然，这时的秦国，必须依靠与燕国的邦交盟约打破孤立。

秦昭王初期，秦国又接受了燕国乐毅提出的合纵破齐战略，出兵助燕攻齐。

从总体上说，在秦惠王、秦武王，直至秦昭王中期的数十年之间，秦燕两国的关系，是秦国主动结好燕国，而燕国则摇摆不定，时而加入合纵，时而与秦连横。这种格局，一直保持到秦昭王后期的秦赵长平大战结束。

长平大战后，秦国居于超强地位，天下格局为之大变。秦燕两国的关系，也因此而颠倒过来——燕国开始主动结好秦国，以争取最大限度地排除秦国进攻燕国的可能性。并以秦国牵制赵国，使赵国不能威胁燕国。基于这样的战略目标，秦王嬴政即位初期，也就是吕不韦领政时期，燕国派出了太子丹作为单方人质进入秦国，以保证秦燕盟约的实现。而秦国则派出张唐入燕，做了燕国丞相，掌控了燕国的政事权。

可是，秦强燕弱的基本格局，决定了两国关系必然向着不利于燕国的方向变化。

此后，因为连续四件大事，秦燕关系急剧恶化了。

第一件事，吕不韦领政时期，秦国接受了少年名士甘罗的谋划，以甘罗为使臣，说动赵国攻燕而秦不为援；其后，赵国攻取了燕国三十座城池，秦国分得了其中的十一座城池。这是秦国明显的负约行为，由此开始，燕国仇恨秦国了。

第二件事，秦王嬴政亲政初期，秦国大将樊於期对赵作战失败，逃亡到燕国。燕国收留了樊於期，拒绝了秦国的遣返要求。两国关系进一步恶化。

第三件事，由于樊於期事件，两国中断邦交，秦国软禁了燕国人质太子丹。

第四件事，秦王政十五年，公元前232年，太子丹秘密逃出咸阳，回到燕国。

上述史实，便是秦燕两国五百余年之间的关系演变脉络。

2　大军压境　燕国的尴尬应对

到太子丹逃出秦国而回到燕国的时候，燕国已经是风雨飘摇了。

王翦大军压境之时，燕国是燕王喜二十八年。这时的燕国政事，由太子丹主持。太子丹从秦国逃回燕国，此时刚刚过去了五年。这位燕国太子在秦国做了十余年人质，这时已经三十岁上下了。燕王姬喜的为政秉性，看似胸襟开阔，实则心地狭小，此所谓外宽内狭。后世三国时代的袁绍，与其颇为相似。唯其如此，太子丹在名义上执掌国事，实际的军政财大权却仍然掌控在燕王姬喜手中。

面对秦国大军压境，燕国庙堂一片恐慌。《史记》记载的当时情形是："燕君臣皆恐祸之至。太子丹患之。"在如此举国惶惶不安的形势下，太子丹的焦虑是双重的：既忧秦国大兵压境，又忧庙堂惶恐而没有对策。此时的燕王姬喜，在史料记载中几乎销声匿迹了。依据燕国历史推理判断，燕王姬喜一定是持续着他的迂阔，持续着他的自负，耽于享乐，根本没有意识到亡国灾难的来临。

燕国的应对之策，是在太子丹主持下完成的。太子丹集团的抗秦谋划，有两则基本对策。其一，军事对策。燕国与赵嘉的代国联手，组成燕代联军，合兵抗秦；其二，秘密对策。以政侠名士荆轲为献地特使，秘密刺杀秦王嬴政。

(1) 燕国军事对策的实施：燕代合兵抗秦

在军事历史的背景上，燕赵两国力量悬殊。

在七大战国中，燕国的军事实力大体只能居于三流，仅仅略强于后期的韩国。赵国，则是与秦国并称的超一流军事强国。在一百余年的战国大兵争中，赵国已经成为山东六国的抗秦屏障。对于燕国，赵国尤其是直接的保护屏障。因为赵国的存在，燕国非但极少遭受秦国的进攻，而且还得到秦国着意结盟的巨大邦交利益。即或在秦燕关系恶化之后的数十年间，秦军也很少直接进攻燕国。这也就是说，燕国军队几乎从来没有与秦国大军正面交过手。燕国的安全，十有八九是因为躲在赵国这座大山的背后。

这里，历史却表现出一种无理性的复杂与荒诞。

燕国最喜欢反复纠缠的国家，恰恰是赵国。燕国的对中原战争，除了燕昭王时期的乐毅破齐之战，几乎全部都是背后鼓捣赵国的战争。可是，燕国的纠缠与进攻，每次都被赵军打得惨败。赵国方面，只要能腾出手来，总是要发动进攻战，狠狠教训一下燕国。虽则如此，赵国却始终不能吞灭燕国。这里，最根本的原因，又因为秦国的存在——秦国需要赵国背后有一个敌人，因而绝不会坐视赵国灭燕。但是，如今赵国已经灭亡，燕国的大灾难也就迫在眉睫了。

当此之时，燕国与代国的赵军残部联合抗秦，不失为太子丹集团的明锐谋划。

但是，两军联合作战的具体实施，却无法保证战略谋划的有效性。根本的原因，在于燕国军队虽然数量远远大过代赵势力，但却无法在这场关乎存亡的战争中居于主导地位。因为，即或此时的“代军”只是残部，其实际战斗力，其将帅的统御作战能力，也远远强于燕国军队。另一方面的事实是，燕国在与赵国的长期纠缠中，稍有作战实力的精锐大军，都已早早被赵军摧毁殆尽了。此时的燕国，能够集结的军力，只有仓促赶来的辽东地带的边军，以及都城地带与要塞地带的防护军。

如此形势之下，即或代国赵军愿意将联军指挥权交给燕国，燕国庙堂与燕军将帅也对与秦军作战完全心中没谱。故此，关于燕国发动的燕代联军抗秦，《史记·秦始皇本纪》反而是以赵军的视角记载的：

> 王翦、羌瘣尽定取赵地东阳，得赵王。引兵欲攻燕，屯中山……
>
> 赵公子嘉率其宗数百人之代，自立为代王，东与燕合兵，军上谷。大饥。

而以燕国史料为蓝本的《燕召公世家》，则根本就没有记载燕代联军抗秦之事。

应该很清楚，燕代两国联军组成之后，代国的残存赵军是居于轴心地位的。这支联合大军的部署是：全军驻扎于燕国都城西北部的上谷（今河北怀来地带），先行整训磨合，再图抗秦作战。恰恰在这时，代国、燕国都发生了大饥荒。显然，这一灾难对燕代两军，无疑是一个沉重的打击。从后来的战争实践看，此时的燕代联军还完全没有成熟的作战计划，以至来年春天的战争开始之后，两军很快就被各个击破了。

这就是联军组成后的战略态势——秦军强大，而燕代联军隐患多多。

(2) 太子丹的秘密对策：荆轲刺秦的策划与筹备

司马迁在《史记》中，专列了《刺客列传·荆轲传》，至为详细地记述了荆轲刺秦事件的策划、实施过程，以及余波。应该说，这是《史记》中罕见的完整纪事篇章。如果说，关于这一事件的记述中渗透了过多的文学因素，那也是因为这一事件直到百余年后的司马迁时代，仍然在广泛地绘声绘色地流传着，而不会是司马迁的个人附会。

让我们按照《史记》所载之事实，先来看看这一暗杀事件的策划与初期筹备。

这一事件的全部过程，大体分为七个阶段。其中，策划筹备三个阶段，实施过程四个阶段。

前三个阶段中，首先是提出并预谋。这一阶段的史料缺乏，但可以明确推定，刺杀秦王政是太子丹的主张，当时处于绝密状态。因为，太子丹熟悉秦国，具有产生杀死秦王政才能制止秦军攻势的动议基础。

第二阶段，发现刺客人才，并将其确定为刺秦使命的唯一人选。

太子丹在焦虑之下，找到老师鞠武求教——实际上就是寻觅刺客人才。鞠武举荐了“智深而勇沉”的隐士田光，太子丹立即秘密拜会了田光，询问抗秦大计。田光以年老精力衰竭，举荐了朋友荆轲。临别之时，太子丹叮嘱田光不要泄密，田光笑着答应了。之后，田光迅速见到了荆轲，告知了自己向太子丹举荐荆轲的经过，以及太子丹的叮嘱。末了，田光自诉太子疑惑自己，自己深感羞愧，就在荆轲面前自杀了。

自此，荆轲这个人物正式出场了。

事情在继续发展。荆轲又立即晋见了太子丹，告知了田光的死讯。太子丹大是感愧唏嘘，诚挚地向荆轲诉说了燕国的亡国危机，又向荆轲吐露了自己设想的秘密刺秦计划，恳请荆轲担任这个献地特使，以完成刺秦使命。但是，荆轲却以才具不堪，明确拒绝了。之后，太子丹不屈不挠，反复叩拜，坚定请求，荆轲终于答应了。至此，荆轲正式成为秘密刺秦的不二人选。

第三阶段，是太子丹集团秘密而紧张地准备。

从荆轲答应刺秦之日起，焦虑不堪的太子丹，就立即着手秘密实施前期准备。这些准备与铺垫，主要是六项具体事宜。

其一，正式拜荆轲为燕国上卿，为荆轲的重臣特使身份预先正名。

其二，刻意雕琢太子丹与荆轲形象，以迷惑秦国。所谓刻意雕琢，是三方面的有意作为：一则，有意夸张性地厚待荆轲，以国家礼器铺排与荆轲聚会的礼仪；二则，刻意满足荆轲的各种小喜好，以赠送千里马马肝、美女玉手等惊人之举，以求名闻天下；三则，纵容荆轲铺排张扬，挥霍享受，有意做出“以金弹打渔”等惊人之举，以求流传列国。如此这般刻意雕琢，只有一个目的，使天下皆知燕国太子丹与上卿荆轲，是一对着意享乐的昏聩君臣，决然没有死战抗秦之心，从而使秦国高层相信燕国献地的真实性。

其三，精心制做出燕国督亢地区的古地图，一力使其繁难复杂，无从辨认，非详细解说不足以明白。这一要求，是为荆轲能够与秦王面对面创造条件。

其四，搜求天下著名匕首。结果是，重金搜寻到了著名的铸剑大师赵国人徐夫人锻造的锋锐短剑——“徐夫人匕首”。精工淬毒之后，太子丹亲自试验效力，确认能够见血杀人。

其五，荆轲亲自出马，激发在燕国隐居的秦国逃将樊於期的复仇之心，并许诺其代为复仇，从而使樊於期自杀。这一作为之目的，是以樊於期头颅作为献地之外的另一个诱饵，吸引秦王一定面见荆轲，以实现行刺。

其六，精心遴选行刺助手。荆轲坚持以自己的一个知己同道为刺秦助手，却因时间紧迫，其人不能如期抵达。最终，太子丹选定了曾少年杀人，有勇士之名的秦舞阳做了助手。

上述六项秘密准备完成的时候，已经是深秋之时了。

秦国已经大举屯兵燕国边境，燕国太子丹已经没有时间等待了。

3　惊心动魄的暗杀：荆轲刺秦

公元前227年秋天的某一日，荆轲的特使车队终于南下了。

易水河畔，太子丹与所有参与密谋者，及荆轲的同道故交，都来送行，人皆白衣，悲凉哀痛如同送葬。荆轲慷慨悲歌，留下了那首流传千古的悲壮之歌——

> 风萧萧兮易水寒，
> 壮士一去兮不复还。

现场是高渐离击筑，荆轲临机唱和。这则名唱，有三个声部：第一声部，先为一阵没有歌词的悲声长吟——“为变徵之声，士皆垂泪涕泣”；第二声部，“荆轲前而歌曰”——荆轲大步向前，唱出了那两句流传千古的悲壮歌词；第三声部，“复为羽声慷慨，士皆瞋目，发尽上指冠！”就是说，两句歌词之后是高亢入云的悲壮长啸——羽声慷慨。慷慨悲怆的长啸，深深激发震撼了现场送行者，每个人的眼睛都要瞪裂了，每个人的长发都飞扬起来淹没了头上的高冠。

之后，“荆轲就车而去，终已不顾”——荆轲一句话也没说，登上轺车就绝尘去了，始终没有回头看一眼。

(1) 荆轲到咸阳之后的先期预谋活动

荆轲使团进入咸阳，先以重金与珍宝财货，收买了秦王嬴政的宠臣中庶子蒙嘉。

蒙嘉替荆轲疏通，先行禀报了秦王嬴政。蒙嘉的说辞，翻译成现代话大意是这样的：燕国是真的恐惧秦国之威了，不敢举兵作对，愿意举国为秦国臣民；燕王愿意比照着做个郡县一般的小诸侯，向秦国纳贡，守住先王宗庙。但是，燕王不敢自己前来陈述请求，只有恭敬进献已经斩下的樊於期头颅，并献上燕国督亢之地；樊於期人头与督亢地图，已经封函装妥；燕王特意派特使前来献给秦王，期盼大王认可。

这则史料，除了说辞之外，事实部分的疑点很大。

疑点一，以秦政之清明奉法，小吏不可能承担疏通国事的重担。

这个蒙嘉，只是一个低阶层书吏——中庶子，相当于现在的文秘办事员。以当时秦国的政治结构，邦交事务必须知会的是三个大臣：一是用事的李斯，其职务是长史——国君秘书长；二是顿弱、姚贾，两人统管邦交事务，下辖秦国邦交机构——行人署。当时秦王的生活事务，则由随行内侍赵高掌管。蒙嘉这样的底层吏员，连上述四个重要人物的任何一个都很难见上，更不可能轻易见到秦王嬴政，并承担如此重要的沟通。

疑点二，秦王嬴政的私生活向无荒诞，不可能有超越公事的“宠臣”。

在《史记》的词语谱系中，“宠信”是一个政治词语；宠臣，则是一个非常暧昧的词语，除了喜爱的直接含意，大多指向是同性恋。在《史记》的战国记载中，明确的秦国“宠臣”是两个：一个是秦孝公宠臣景监，一个就是这个秦王嬴政的宠臣蒙嘉。即或对后世知名度很高的内侍赵高，《史记》中也没有“宠臣”两字的说法。考察秦孝公毕生作为，宠臣同性恋之说，显然是很荒诞的流言。考察嬴政始皇帝一生作为，其宫廷事务的警觉重点一直是严防后党、外戚等势力干预国家政治。为此，始皇帝没有设立皇后，也没有预立太子。这样一个长期保持政治警觉性的君主，不可能将一个小小的文秘人员作为“宠臣”，更不可能允许其涉及国事。而始皇帝的个人生活，除了任用方士求仙之外，未见任何荒诞。以同性恋“宠臣”加于始皇帝，显然是后世流言进入了史书。

疑点三，此时的荆轲，正当身份是燕国特使，没有必要收买疏通。

燕国的献地、献头及举国投降的请求，对秦国而言，是一件非常有利的大事。作为燕国特使的荆轲，完全没有必要放弃正大光明的外交途径，不经行人署——秦国邦交机构的上达，而费力地走收买小宠臣的秘密路径。太子丹长期在秦国做人质，不可能不了解秦国的法治之严。荆轲是政侠名士，为行刺秦王做了最周密的准备，也不可能对秦国政治的基本状况如此无知。因为，这种收买宠臣的做法，只能使这件名正言顺的邦交事务显得十分诡异，反而有可能使秦国警觉。这种愚蠢荒诞的举措，不可能出自荆轲。

综合上述疑点，小宠臣蒙嘉疏通之事，应当是一则虚妄的史料。

荆轲入秦之后的预先活动，其正当途径应该是很简单的：荆轲约见秦国邦交机构——行人署，申明特使请求；接待荆轲的行人署某长官，向秦王禀报了燕国使节来咸阳的事，请示秦王定夺；秦王很高兴，决定接见荆轲，并接受燕国投降。后来，山东六国以讹传讹，衍化出了荆轲重金收买秦王宠臣蒙嘉的故事，以神秘其事。再后来，太史公又依着传说蓝本，变成荆轲的实际作为，记入了史书。

(2) **秦国以最高礼仪接见荆轲，决定接受燕国投降**

对于特使荆轲带来的燕国将举国投降的重大请求，秦国显然是非常重视的。

为此，秦国以最高礼仪接待了荆轲——“朝服，设九宾，见燕使者咸阳宫”。这一最高礼仪，是按照天子接见诸侯的规格设计的，其基本要素有三个：其一，地点是咸阳宫，秦国的最高政治殿堂；其二，秦王与所有大臣，都是“朝服”——正规礼服出席；其三，设置象征天下诸侯大会的“九宾”——九方诸侯席位，以表示天下盛会。在这样的基本规格之上，礼乐钟鼓、护卫仪仗、车马迎送、典礼仪式等方面，自然都是相应的最宏大铺排。在礼仪已经大大简化的战国时代，这样的盛会显然是最为盛大的典礼了。

秦国的盛大应对，透露出一则重大的历史信息。

秦国对燕国特使的真实性，是丝毫没有怀疑的。最为重要的是，对于燕国的举国投降请求，及其提出的三个条件——保留相当的土地人口，保留诸侯国资格，保留宗庙祭祀权，秦国是准备接受的。也就是说，与后来历史发展所展现的以战争方式统一六国的进程相比，这里出现了一个可能的转折——秦国准备接受一种和平统一的方式，准备以保留诸侯国为条件，实行有可能的非战争统一。

请注意，此前的秦国，已经统一了两个国家——韩国、赵国。其中的韩国，也曾经有过类似燕国的请求，但是秦国拒绝了。后来的实际进展，也是以战争的方式兼并了韩国。那么，对于燕国的有条件投降请求，秦国为什么却接受了？

历史的直接答案，已经因为秦帝国文献的整体毁灭而无从考察了。

但是，依据战国历史所表明的兴亡逻辑，我们仍然可以得出真实答案。这就是，秦国对于统一战争的残酷性，也是力图避免的。对于赵国那样互相知底的长期对手，非战争不能统一，只有采取战争方式。对于韩国那样有长期摩擦的对手，秦国深知其称臣投降是假象，也只有以战争方式统一。而对于遥远的、接触也相对少的燕国，秦国对其国家性格的了解则是有限度的。因此，秦国相信燕国的举国投降是真诚的，没有必要非经过战争不可。

可以继续的推论是：假如燕国真的投降了，当时中国的统一，无疑就多出了一种新的模式——和平统一的模式。果真如此，秦帝国后来的统一文明则可能是另一番模样——只能实现局部郡县制加局部诸侯制。那么，文字统一，以及各种具体制度的统一，是否能够全面而彻底地实现，也就无法预料了。由此建立的中国统一文明，是否具有后来那种强大而坚实的生命力，同样也就未可预料了。可是，这种可能性很快就被一把淬毒的匕首彻底刺穿了。

历史，依然在冷酷的现实逻辑中运行着。

(3) 政侠行为：荆轲的咸阳宫行刺

荆轲刺杀秦王嬴政的故事，在后世中国几乎已经是家喻户晓了。

我们要说的是，荆轲不是一个神勇高明的剑客，他只是一个具有浓烈兴亡意识的政治游侠——政侠。在战国时代，他们就是以墨家士子为代表的特殊团体——政侠群落。这种群落的人物，皆以挽救弱势政治派别或弱势国家为信仰，平民意识浓烈，人民性极强，敢于慷慨赴死，天下名声极大。历史主义地看，这样的政侠群落，无论其所维护的国家或派别，在历史发展中是否具有正义性与合理性，他们都是值得我们尊敬的烈士勇士。因为，他们的基本价值观中，有着我们这个民族最基本的风骨节操——锄强扶弱，挽狂澜于既倒，救国家于危亡，最富牺牲精神。在后面，我们还可以多次看到，在秦统一中国的战争中，山东六国涌现过大量的救亡勇士与众多的殉国烈士。而其中最具代表性的，是齐国灭亡后的田横八百壮士跳海殉国。

历史的多面性与价值观的多元性告诉我们，作为统一中国的秦帝国，是一种正面的历史进步力量。作为挽救行将灭亡的祖国的烈士群落，同样也是一种正面的文明价值力量。同样正面价值的文明历史元素所构成的历史冲突，才是历史悲剧的灵魂。

我们不能因为肯定了太阳，就否定了月亮，它们都是人类宇宙的不同侧面。

（4）荆轲行刺的具体过程解析

虽然，荆轲怀着必死的勇气。但是，他平庸的搏击术与剑术，却使他无法完成使命。

我们来看看，《史记·刺客列传》所描述的荆轲刺杀秦王的详细过程。

第一环节，展开凶器。“轲既取图，奏之；秦王发图，图穷而匕首见。”

第二环节，直接行刺。荆轲“左手把秦王之袖，而右手持匕首揕之，未至身”。

请注意，这个“揕”字，是刺的意思。但是，史料却没有用“刺”这个字。太史公有意用“揕”字，而不用“刺”字。合理推断：有可能这个“揕”是淬毒匕首的一种特殊的刺杀技法，而后世失传。故此，这个字所表示的实际方法，我们已经不知其详。这个环节是说，荆轲抢到匕首，直接就揕了过来。但是，在没有刺到秦王的时候，变化就发生了。

第三环节，秦王快速反应。“秦王惊，自引而起，袖绝；拔剑，剑长，操其室；时惶急，剑坚，固不可立拔。”

这个环节，是秦王嬴政的一连串应急动作：瞬间大惊，瞬间突然站起，竟一下挣断了材质一流的精制衣袖，可见速度之敏捷，力量之强大。再后，秦王立即去拔只有盛大典礼才佩带的长剑。此所谓冠剑及身，是王者的最高威仪。但是，由于秦王是手抓剑鞘中间——操其室，剑箍又很严密，惶急之下一时无法拔出。

第四环节，荆轲追逐秦王。“荆轲逐秦王，秦王环柱而走。”

这个环节，荆轲的方法未见任何特异技能，只是寻常的追逐不舍而已。秦王的反应倒是非常专业，不是径直乱窜，是“绕柱而走”，也就是依托粗大的殿柱，和荆轲兜圈子。

第五环节，群臣惊愕混乱，徒手乱打荆轲。“群臣皆愕，卒起不意，尽失其度……卒惶急，无以击轲，而以手共搏之；是时，侍医夏无且以其所奉药囊提荆轲也。”

也就是说，在一片惊慌中，大臣官员们只有追着荆轲乱打。随行太医夏无且，用随身药囊打到了荆轲。这里，太史公特意交代了秦国的殿堂法度：其一，群臣上殿，不能携带任何兵器；其二，装备全副兵器的护卫郎中，陈列于殿外廊下，不奉命不得上殿。在这两条法度之下，一时没有人想起提醒秦王下令武士进殿。在大混乱的时间段，荆轲的徒手搏击术仍然未见任何特异之处，以致自己都无法摆脱徒手人群的围攻。

第六环节，秦王拔剑反击。“秦王方环柱走，卒惶急，不知所为；左右乃曰：‘王负剑！’负剑，遂拔，以击荆轲，断其左股。”

这就是说，秦王虽然惶急，但却仍然保持着灵敏的耳目反应。在左右高声提醒下，秦王立即将长剑竖在背后，一举拔出剑来。拔剑之后，秦王立即反击，一剑就砍断了荆轲的左腿。荆轲虽有短兵器在握，却既未能反击，又未能躲过长剑一击。如此结果，只有两种可能：或者，秦王的剑术与力量都是一流的；或者，荆轲的本领实在平常。

第七环节，荆轲的最后反击失败，及其最后自诉。“荆轲废，乃引其匕首擿（掷）秦王，不中，中铜柱；秦王复击荆轲，轲被八创；荆轲自知事不就，倚柱而笑，箕踞以骂曰：事所以不成者，以欲生劫之，必得约契以报太子也。”

荆轲掷出匕首，以做最后的反击，但却掷到了铜柱上。秦王很恼怒，连续砍了荆轲八剑，但荆轲依然活着。按照嬴政一剑砍断荆轲左腿的力量，八剑若全力砍下，荆轲早已经是大卸八块了。荆轲之所以在八剑之下尚能不死，只能说明秦王仍要留着活口，有意控制了击剑力量。这时，荆轲表现出最后的勇气与精明。最后的勇气，是满身剑伤而能张开大嘴谈笑；最后的精明，是为自己的平庸身手做出了似乎周到的辩解。

但是，荆轲的最后辩解，却是经不起分析的。因为，如果真的一开始就不想杀死秦王，而要绑架秦王以订立书面盟约，并献给太子丹，那为什么还要给匕首淬毒，并且拿起淬毒匕首就直接刺杀？难道荆轲敢保证自己既能刺伤秦王，而毒性却不会置秦王于死地？以此后实践的展现，荆轲似乎还没有这样的神异技能。荆轲的说法，显然是摆脱难堪的辩词。

第八环节，荆轲之死。"于是左右既前杀轲。秦王不怡者良久。"

乱局之下，已经上殿的武士杀死了荆轲。为此，秦王忧郁，很长时间里都不高兴。

秦王嬴政不高兴的是什么？仅仅是荆轲的死吗？

4　刺秦效应：秦国放弃和平统一方式

刺秦事件，宣布了和平统一中国梦幻在事实上的彻底破产。

秦王嬴政的心情沉重而忧郁，其症结只能在这里。因为，荆轲的刺杀事件，道出了一个残酷的历史事实：即或在同一根基的华夏文明圈，想要一个已经成型的王国政权基于天下潮流，放弃统治权或大幅度缩小统治权，而自觉归于统一政权，这只能是推进统一的强大力量的单方愿望。无论这种愿望的出发点具有何等的正义性，也无论这种愿望的实现可以减少多少流血牺牲，独立分治的政权都是不可能妥协的。

从黄帝、炎帝开始，天下从来都是以大规模战争的方式，实现联盟政权统一的。即或是夏商周三代千余年，天子王权诸侯制的松散统一，也是在大规模“汤武革命”式的战争中实现的。至少，从黄帝到战国的将近三千年里，还没有不经过“汤武革命”式的战争而能统一天下的先例。实现松散的王权诸侯制的统一尚且如此，今日的秦国，要以秦国的法制推行于天下，实现新的统一，又岂能出现不经战争的自动归降？假如说，在荆轲刺秦事件之前，这种“盟约统一”的方式似乎还是可以实现的，那么，在荆轲事件之后，盟约统一的方式，则显然已经是荒诞的梦幻了。

从另一面说，春秋之世历经近三百年的天下动荡，华夏世界的诸侯分治，已经成为不争的事实了。再历经战国之世两百余年，七大战国形成的国家割据，已经趋于大体定型了。在大国夹缝中生存的些许小诸侯，已经可以忽视不计了。事实上，此时的七大战国，都已经形成了各具特色的基本制度与礼乐文字。原本具有松散统一文明的华夏世界，已经出现了分为七大板块进而渐行渐远的文明分裂趋势。在这样的大趋势下，要想有效地统一六大战国，并重新回到华夏统一文明的大道之上，已经不可能以非战争的盟约形式实现了。

秦王嬴政是否想到了这些，史料没有直接记载。

但是，后来的历史实践表明，从荆轲事件之后，秦国全力以赴于战争统一，再也没有过接受某个战国有条件的盟约投降的事例了。请注意，最后的齐国投降，实质上是大兵压境下无条件的战场投降，而不是有条件的盟约投降。对齐国的政权处置，以及对齐王的处置，都同战争灭国后的其余五国没有差别。所以，统一齐国不是和平统一，仍然是战争统一。

从历史效果看，后来的秦帝国所以能雷厉风行地创建统一文明，遭遇的阻力相对小，尤其是顺利地创建中央集权制，以及覆盖整个华夏世界的全面郡县制，全面、完整、有效地统一文字等，并能够真正推行且彻底巩固，最根本的原因，就是战争统一所打下的坚实根基。

5 灭燕战役的实际进展

在这年秋冬之交发生荆轲刺秦事变之后，燕国的灭亡命运也就无可挽回了。

同年，王翦大军正式发动了对燕国的统一战争。

战争的进程没有丝毫波澜。燕代联军的大阵，在易水西岸被秦军一举击溃。次年，燕都蓟城被攻破，燕王喜及太子丹，分别率领残余兵力，各自逃到辽东去了。秦军大将李信，率部连续追击燕军残部，直到辽东。此时，代王赵嘉为了保留仅存的燕国盟军力量，给燕王喜写了一件书札，说秦军所以急追燕军不舍，原因是仇恨太子丹，燕王若能杀死太子丹，并将头颅献给秦国，秦王必然会停止追击。

昏昧平庸的燕王喜，终于显示了冷酷的本性。

这年冬天，燕王喜派出秘密特使，率兵寻觅到太子丹藏身的衍水河谷，杀了太子丹。之后，燕王喜便要将太子丹的头颅献给秦国。可是这一次，代王赵嘉与燕王喜的谋划都落空了。秦国李信部根本没有理睬太子丹被杀事件，而依然追击着燕王喜的辽东残部。可是，这一年的冬天，当时的中国北方气候骤然寒冷——“大雨雪，深二尺五寸”。若不是这一突然的天灾阻滞了大军行进，李信的秦军骑兵当年就能平定辽东。

四年后，也就是公元前 222 年，大将王贲在秦军主力南下灭楚的同时，率领一支秦军进入辽东，一举俘虏了燕王喜，彻底解决了燕国的残余势力。同时，王贲部又西进代地，平定了代郡，俘虏了代王赵嘉，最后解决了赵国的残余势力。

至此，燕赵流亡势力被根除，两国宣告完整进入统一。

燕国的灭亡，是长期固守贵族政治传统的必然结果。

所谓贵族政治传统最主要的表现，是政治上的迂阔性。迂阔政治的基本特质，是不识时务，漠视潮流变化，以老旧的贵族意识决策国事。燕国历史的四个基本转折，都充分表现了这种迂阔政治。其一，燕王哙的复古禅让，导致了燕国长期内乱；其二，燕国长期与自己的屏障国赵国对抗，屡屡遭受惨败而不改弦更张；其三，燕国破齐，大肆攻杀掠夺之后，又企图推行王道化齐方略，致使战争长期化，导致最终失败；其四，灭国关头，以假投降为掩护发动荆轲刺秦事件，导致燕国最终灭亡。

沉闷死亡：灭魏之战

1 秦魏对抗的沧桑变化

秦军大破燕代联军之际，秦国庙堂还没有自觉的灭魏筹划。

从战争形式上看，灭魏之战是因为中原局势的陡然变化而生出的一场顺势进行的战争，并不是事先规划好的进程。这一点，与灭韩、灭赵、灭燕三次统一战争都有区别。其间根本原因，则是由秦魏两国长期形成的战略态势所决定的。

这种战略态势是什么？它又是如何长期形成的？

在对魏战争开始之前，我们先来简单地回顾一下秦、魏两国的历史关系，从而对这场独特的顺势战争背后的历史根基，有一个相对全面的了解。历史地看，秦、魏两国关系的变化极富沧桑巨变之感。三十年河东，三十年河西，这句民谚所揭示的历史角色互换，恰恰在这里形象地体现了出来。

从地理环境看，战国时代的秦、魏两国，是接壤漫长的邻邦。若按照秦国在春秋时代形成的传统领土，两国的接壤边境近似于一个L形，全长千里有余。南北线：以从云中郡南下的黄河中段的离石要塞开始，向南分为东西领土——秦国在西，魏国在东。东西线：沿当时中原地区的东西黄河走向，从当时的黄河东折处（今日风陵渡地段）向东延伸大约数百里，接近于当时的渑池（今日河南省三门峡市），大体分为南北领土——秦国在西南，魏国在东北。在战国时代的很长时间里，秦魏边境都是天下最长的大国边境。

这种大幅度的国家地理咬合，形成了两国之间独特、深刻而又漫长的历史恩怨。

在春秋时代，这一环境是秦、晋两大诸侯国之间地理关系的一部分。

在整个西周时代与春秋时代的前中期，晋国都是天下最大的诸侯国，大体包括了今日的山西大部、河南北部，以及河北南部、内蒙古南部、山东西部及陕西一角。在春秋开端时期成为诸侯的秦国，地理环境则相对简单许多，接壤的大国只有两个：东南面与楚国接壤，东面与东北面与晋国接壤。与晋国接壤的领土，几乎占去了秦国边境的五分之四。可以说，春秋时代的秦国，被庞大的晋国以巨大的扇形包围着。

可是，从春秋大国争霸开始，秦、晋两国却曾经在相当长的时间里有过很为天下称道的友好盟邦关系，尤其以秦穆公时期为典型，史称“秦晋之好”，以至于流传后世。秦晋之好，结为秦晋，已经成为美好婚姻与友好盟邦的代名词。后来，秦、晋之间虽然也有过战争，但基本状态一直是睦邻关系。

春秋末期，长期称霸的最大诸侯国晋国，成为天下求变思潮见诸实践改制的中心，更成为新政新法诞生的最大基地。晋国的深刻变化，是先后催生出了六个强大的新兴政治集团——中行氏、范氏、知氏、韩氏、赵氏、魏氏。这六大集团，同时推行着程度不同的新政新法，也同时进行着复杂而残酷的联合与竞争。历经将近百年的实力大争，中行氏、范氏、知氏三大集团先后覆灭，韩氏、赵氏、魏氏三大集团不断壮大，又联合瓜分了晋国，同时成为三个强大的诸侯国，又迅速地同时成为三大战国。因为同出于晋国，韩、赵、魏这三个国家，通常被天下称为“三晋”。

从老晋国的地域看，初期的魏国主要继承了以安邑为轴心的晋国中部（今日山西南部，河南西部、北部、东部）。初期的韩国，则继承了老晋国东北部与南部的土地（今日河南郑州以东，及黄河北岸包括上党高地一部分在内的区域）。初期的赵国，则继承了晋国的西部、北部与东北部（今日山西中部、北部，河北南部，及内蒙古南部区域）。

从当时的经济开发程度与文明发展程度看，三晋之中的魏国所占据的地域，从总体上说是最具优势的——傍大河两岸，居天下腹心。这一地理环境，对魏国在整个战国时代的特殊影响力，起着非常重要的作用。

战国初期，魏国率先任用李悝推行变法，一举成为当时的超强大国。之后，魏国立即开始了长时间的大力扩张。魏国的扩张对象主要是两个：西面的秦国，北面的中山国。在这两个扩张对象中，秦国是显然的重点。对于中山国（今日河北定州市、唐县一带）的扩张，主要集中在魏文侯以乐羊为上将军的时期。其后，中山国化入赵国势力范围，魏国基本放弃了对中山国的争夺。所以，秦国是战国初期魏国最主要的扩张对象。

魏国的对秦战争，开始于魏文侯即位的第六年。魏国扩张的初期方式，有两大步骤：其一，先在黄河西岸的秦魏拉锯地带——少梁地带修筑城池，建立魏军的攻秦基地；其二，再以新建城池为根基，对秦国发动连续不断的军事进攻。总体上说，魏文侯在位的整个三十八年里，魏国以这种方式对秦国频繁交战，获得了大幅度的领土扩张，大大压缩了秦国的河西地带。魏武侯时期，以名将吴起为上将军，继续对秦国进行了长期的攻势战争。

吴起一生与诸侯的七十余战，其中大多数，都是这一时期的对秦作战。历史记载，吴起终生没有打过败仗，只有两次是平局。这就是说，吴起统率的对秦作战，没有过一次失败。截至吴起离开魏国，及魏武侯病逝，秦国已经在对魏战争中全面失利，非但丢失了整个河西高原，而且丢失了关中东部。魏国的进攻锋芒，已经逼近关中东部的华山地带。秦孝公即位时，秦国的土地已经被压缩到仅仅剩下三个小块：东南的商於地带，关中平原的中西部，以及老根基陇西地带。

其后的魏惠王时期，形势发生了历史性变化。

首先是魏国战略发生了重大变化，由专一对秦扩张战略变为三面作战的战略。魏国战略发生变化的原因，在于四个方面：其一，魏惠王忌恨韩、赵两国曾经支持公子缓与自己争夺国君之位，决意开展报复作战；其二，魏惠王图谋扩张中原霸权，决意对中原诸侯开始作战；其三，魏国实力在长期的对秦扩张中进一步增强，军力强大远超各国，也确实具备了同时作战的某种条件；其四，魏惠王志大才疏——雄心勃勃而才具平庸，排斥能才名士，无法确立更为明智的战略决策。

由此，魏国改变了文侯、武侯两代专一对秦扩张的战略，陡然转变为三面作战。首先，是对三晋同盟的韩、赵两国进行报复性作战；其次，是对齐国、楚国、宋国等中原诸侯展开霸权作战；再次，继续维持对秦国的扩张战争。如此三面同时开战，必然导致魏国对秦战争的力度大为减弱，频率也大大减缓。

恰恰在这一时期，秦魏战争的形势开始发生变化。

秦国的秦献公执政后，矢志收复失地，率军与魏国死战。石门之战，秦军歼灭魏军二十万，取得重大胜利，震动天下，连当时的周天子也向秦国表示了隆重嘉勉。后来的少梁之战，秦军又俘获了魏国丞相公叔痤。也就是说，在秦献公执政的二十多年里，秦魏攻守之势一时逆转，秦军保持了较长时期的攻势。少梁大战后，秦献公就因伤病死去了。

虽然，秦献公时期的短暂胜利，并没有改变秦魏之间的力量对比，魏国依然远远强大于秦国。甚至，秦孝公即位之初，秦国更见艰难。但是，对于魏国来说，秦军的两次大胜利充分证明了一个事实：魏文侯、魏武侯两代全力对秦作战的战略，是必要的，也是正确的。即或是一个强大的国家，推行三面同时作战的战略也是非常危险的。

一个可能的历史假设是：假如魏惠王在位的五十余年，能始终坚持魏文侯、魏武侯两代的明智战略——联结三晋同盟而全力保持对秦国的强大攻势，秦国根本不可能出现二十余年大变法的历史机遇。而以魏国的文明发展程度，则很可能继续强大并进而统一中国，成为代替后来秦帝国的历史候选人。可是，魏惠王一代的魏国决策层，却根本不是这样做的。

沧桑巨变，正是从这样的历史缝隙中生成的。

总结上述历史，大的态势是：魏国对秦国的强大压迫，一直持续了一百年左右。

魏惠王中期，秦孝公末期，两国格局发生了历史性颠倒——秦国崛起，魏国衰落。

秦国在变法大成后，一举收复了河西与关中东部。魏国慑于秦国新军的强大压力，从安邑迁都大梁。从此开始，直到战国末期，大体也是一百年上下。在这个百年之中，魏国实力每况愈下，秦国则蒸蒸日上。秦赵长平大战之后，秦国实力远远超过六大战国，形成了一强独大的天下格局。

令人不解的是：在后一个百年之中，山东六国的战略重心一直是合纵抗秦。但是，作为对秦作战最有资历的魏国，却从来没有成为过对抗秦国的中心力量。请注意，魏国公子信陵君盗窃魏王兵符，诛杀魏王心腹大将，从而调动大军救赵的那一次壮举，只是信陵君的个人行为，并不是魏国的国家行为。为此抗命之罪，信陵君客居赵国多年而无法回到魏国。也就是说，在整个的百年合纵抗秦中，魏国除了加入合纵阵营，几乎没有过发动合纵或领袖合纵的实质性作为。作为大国的魏国，既远远不如赵国、齐国、楚国，甚至，不如启动合纵的燕国，也不如多次发动小合纵的韩国。

这个历史谜团，我们留在最后再来破解。

魏国后期十分阴暗软弱。

以《史记》记载，秦魏关系的转折性标志，是魏哀王时的“太子朝秦”事件。关于这件事，《史记·魏世家》的记载是：哀王“十二年，太子朝于秦”。《史记·六国年表》亦将此事系于哀王十二年，即公元前 307 年。《史记·秦本纪》的记载则是：“武王三年，韩、魏太子来朝。”又将此事记于公元前 308 年。与《魏世家》和《六国年表》的记载相差一年。不论怎样，魏国派出了太子“朝拜”秦武王，而且秦武王接受了。

这件事所以具有标志性，在于它表明了这样一种邦交格局的确立——魏国以此“朝拜”为开端，正式承认了秦国的霸主地位，并承认了自己的从属国地位。尽管，在战国大争之世，这种“朝拜称臣”完全可以在实质上看作是魏国的权宜之计。但是，在秦魏关系的历史上，它却是一个标志性的转折。因为，此前的魏国无论在军事态势上如何退让，其大国地位与大国意识，还是很自觉、很明确的，不可能派出国家储君对秦国称臣朝拜。

需要说明的是，魏哀王这一代君主是否存在还是有争议的，上海辞书出版社《中国历史纪年表》就未列哀王，而包括在襄王纪年之下。《史记》集解、索隐对此却都有辨证。索隐认为“今此文（指《史记·魏世家》）分惠王之历以为二王之年，又有哀王，凡二十三年，纪事甚明，盖无足疑……《纪年》之作失哀王之代，故分襄王之年为惠王后元，即以襄王之年包哀王之代耳”。我们在这里不必去做细节的考据甄别。我们要说的是，无论这一时期魏国的国王是谁，魏国“太子朝秦”这件事都是确凿无疑的。因为，《秦本纪》《魏世家》和《六国年表》的同时记载，印证了这件事的真实性。

从秦武王之后，秦魏两国的关系几乎完全是此前一百年的颠倒重演。

秦国不断地进攻魏国，魏国不断地丢城失地。信陵君曾经对魏安釐王痛陈这一历史，愤激之情跃然纸上——

> 秦七攻魏，五入囿中；边城尽拔，文台堕，垂都焚，林木伐，麋鹿尽，而国继以围；又长驱梁北，东至陶卫之郊，北至平监；所亡于秦者，山南山北，河外河内，大县数十，名都数百。秦乃在河西晋，去梁千里，而祸若是矣！

信陵君是基于劝说魏安釐王坚持合纵抗秦，而痛陈秦国对魏国扩张蚕食的危害的。这段痛陈之后，信陵君解说分析了魏国不结盟韩国的危险，也分析了秦国将来灭魏的战法。后来的历史实践，以惊人的准确性，一一印证了信陵君的预言。

但是，魏国上层集团却始终沉溺于另一种策略——以秦国为后盾，抗衡其余国家。这一国策，在秦昭王时期得到了充分实现。当时，齐、楚两大国联兵攻魏，魏国连番派出使者求救于秦国，秦国却迟迟不发兵。最后，魏国派出已经九十多岁的贵族名臣唐雎为使臣，求救于秦昭王。唐雎的核心说辞，充分表明了魏国的联秦国策——

> 夫魏，一万乘之国也。然，所以西面事秦，称东藩，受冠带，祠春秋者，以秦之强足以为与也！今齐、楚之兵，已合于魏郊矣！而秦救不发，亦将赖其未急也。使之大急，彼且割地而约从，王尚何救焉！必待其急而救之，是失一东藩之魏，而强二敌之齐、楚，则王何利焉！

与信陵君的说法相比较，这是完全不同的另一种联秦策略。

历史的困惑正在这里：面对秦国的不断扩张蚕食，魏国不是以抗秦为国策，而是以联秦为国策。其沉溺之深，虽大才强势如信陵君者，不能挽回也。这里，根基原因究竟何在？我们在最后再来分析。

公元前 247 年，魏国获得了一个历史性机遇。

这一年，信陵君魏无忌自赵国返回魏国，发动五国合纵，并率领五国大军在河外战胜秦军。以信陵君的巨大声望与杰出的兵家才能，这本来是魏国再度抗衡秦国的一个有可能的历史性转折。但是，在战胜秦军之后，魏国以安釐王为首的联秦派，却因顾忌信陵君夺取君位，再次解除了信陵君的兵权，并再次罢黜了信陵君的政事权，迫使这位合纵抗秦的最后柱石，在形同软禁的闲居中酒色自毁而死。

自此开始，魏国几乎完全放弃了对秦国的抵抗。魏国联秦而秦国攻魏的奇异状况，自此开始，一直延续到秦王嬴政领国亲政。吕不韦摄政时期，秦国的对魏攻势几乎年年进行，主要有六次进攻战——

嬴政二年，秦以麃公为将，发兵攻魏，斩首三万；

嬴政三年、四年，秦将蒙骜接连攻魏，夺十三座城池；

嬴政五年，蒙骜再度大举攻魏，拔河东地区二十城；秦国将此二十城与已经夺取的卫国都城濮阳合并，设置了东郡。并逼迫卫国迁徙到了野王小城，成为秦国附庸。

嬴政七年，秦军再攻魏，夺取三城；

嬴政九年，秦军再攻魏腹心地带，夺两城；

此后，秦王嬴政亲政，专心整肃国内，秦军攻势暂时停顿，再没有对魏国发动蚕食作战。但是，到了秦王政十六年，魏国又和韩国一起，主动向秦国割地，以求自保。此后，直到灭魏之战，秦魏之间没有发生过大的战争。

这就是说，截至秦王亲政，秦国对魏国的强大优势已经完全确立，魏国基本上完全放弃了反抗，而是完全地听命于秦国。灭魏大战开始之际，这种态势更为明显。

公元前225年，也就是灭魏大战启动之际，魏国的国王是魏假，即位刚刚三年。

灭魏之战的秦军统帅，是年富力强的大将王贲。王贲灭魏的兵力，以及谋划过程、战争过程，史料皆语焉不详。根本原因，是灭魏之战没有遭遇强大抵抗，而水战灭魏又进行得非常顺利，几乎是没有大事可以载入史册。但是，灭魏的具体过程，我们依然可以从史料记载的种种事件的交汇中，合理推演出灭魏之战的大体脉络。

就战争形式看，灭魏之战是一场连带作战的顺势产品之一，而不是全力筹划的重点战争。因为，当时的魏国事实上已奄奄待毙，成为远远衰弱于楚国、齐国的最小战国。秦军灭燕之师回卷之时，顺势灭魏，是水到渠成的事。灭魏之战所以提前发生，是一个偶然事件引起的。

2 灭魏之战提上日程

公元前226年，秦军灭燕之战已经奠定胜局。

这时，中原地带却正在酝酿一场陡然事变——已经灭亡了的韩国的残余势力，以救出被俘的韩王为目的，正在策划一场反秦复辟事变。当时的秦国上层，已经准确掌握了韩国残余势力的动态，于是决定，从王翦的灭燕大军中抽调一支秦军快速南下，以作平乱准备。王贲率领的这支秦军，正是从灭燕大军中抽调出来的一支南下力量。合理估计，王贲部数量当在五六万之间，最多不会超过十万。

王贲部南下，第一战是奇袭楚国北部十余城。所以如此，是因为韩国残余势力的活动根基，正在楚国北部的淮水流域。秦军奇袭楚国，其实际意义是警告楚国不要支持韩国遗民的反秦复辟之乱。

王贲部的第二战，是平定韩国遗民的反秦复辟战。

平定韩乱之后，王贲部驻屯河外，进入了灭魏之战的准备。所以形成如此顺势而为的进程，根本原因是，这时的秦国决策层已经从韩乱的发生认识到一个事实：魏国地处中原腹心，若不灭魏，中原难以真正平定。中原不定，则统一六国无法获得稳定的根基。

基于这样的评判，再来看灭魏之战的可行性。此时魏国实力已经大大萎缩，灭魏之战事实上已经不需要主力大军。当此之时，有王贲这支数万人的精兵在大梁旁边，顺势灭魏水到渠成，何乐而不为也。唯其如此，灭魏之战提上日程——不增兵，仍以王贲部对魏作战。

王贲是一个什么样的将领?

在后来的秦帝国功臣表中，王贲爵封“通武侯”，职任第一任帝国太尉，位列三公，是仅次于其父王翦的统一中国的最大功臣。就是这样一个赫赫名将，《史记》中却没有专门列传，而与其子王离一起，依附于《白起王翦列传》之中。王氏三代统帅，俱在一篇列传之中，史迹太过简约模糊，多有语焉不详。尤其是关于王贲，《史记》的这篇列传中几乎没有几句话。

依照常理，司马迁与王氏父子几乎可以说是同乡，时间相距也不过百年。司马迁能听到的故事，能看到的史迹留存，在当时应当还是很丰富的。因为，直到民国初期，王翦王贲陵园遗址的规模还很庞大，王氏后裔还聚居在陵园地带。若前推两千余年到汉武帝时期，王氏族人甚或秦军老兵的后裔，一定还有大量遗存。司马迁若要落实王氏父子的事迹，应该是不困难的。但是，司马迁笔下的王贲，却比记述远古时代的尧舜事迹还要模糊。王翦稍好，但也同样失之过于简单，连死于何年都没有。而同样依据民间踏勘所记载的同时代的信陵君的事迹，却要详尽得多，死亡原因也很清楚。

虽然如此，我们还是能够依据历史事件的基本内涵，推断出王贲的大体风貌。

秦王嬴政时期的秦军，是整体重建的一支规模庞大的新军。所以是新军，主要是统帅与高级将领几乎全部是清一色的新锐人物。除了当时的王翦、蒙武已经五十余岁外，绝大多数高级将领都是三十岁上下的年轻人。

王贲，也是这一时期涌现的高级将领之一。在前三次统一战争中，依据史料记载的作战结果，王贲与李信，是独立承担远距离奔袭战最有成效的两人——李信追击燕军残部于辽东，逼杀太子丹；王贲南下奇袭楚国北部十城，又成功平定韩乱。由此，两人崭露头角，并相继担任灭国战役之统帅。王贲由此成为灭魏之战的统帅，其后的李信则成为率二十万大军第一次灭楚的统帅。

但是，从实际方面说，截至灭魏之战开始，王贲还是处于崭露头角而初当大任的阶段。其后的李信也一样，截至第一次灭楚大战，也是初当大任。这时，他们的统帅风格、作战特点，还都没有最充分地体现出来。

那么，让我们具体看看王贲之部是怎么样进行灭魏之战的。

3　王贲灭魏的具体进程

各种史料对灭魏之战的记载都极其简单。《史记·魏世家》的记载是："（魏王假）三年，秦灌大梁，虏王假，遂灭魏，以为郡县。"《史记·秦始皇本纪》的记载是："二十二年，王贲攻魏，引河沟灌大梁。大梁城坏，其王请降，尽取其地。"《水经注·渠水注》的记载是："秦始皇二十二年，王贲断故渠，引水东南出以灌大梁，谓之梁渠。"这三则史料，详略不同地表述了同一个史实——王贲军灭魏是一场水战，是掘开了连接黄河的鸿沟大渠，水淹了大梁。

其中，《水经注》作者郦道元，基于专业考据的事实，记载得相对具体：王贲秦军截断了原来的鸿沟老渠，修筑了一条新大渠，将黄河水引向东南，淹没了大梁。后世，便将这条引水淹没大梁的新渠叫作“梁渠”。

鸿沟，是战国中期魏国开凿的沟通黄、淮两大河的一条人工运河，以通联黄河为水源，南下经颍水流入淮水，既航运，又灌溉，是战国时代著名的大型水利工程之一。这里的大河南岸，是由当时的广武、荥阳、敖仓构成的一个极其富庶的三角地带。这一地带，既是当时魏国最大的粮食储存基地，也是当时魏国最大的水陆交通枢纽。但是，这时最重要的是，这一地带的广武城外，是鸿沟通联黄河的引水渠口。鸿沟从广武开端，流向东南，经大梁城外之郊野南下，流入颍水，再南下进入淮水。

老鸿沟流经大梁地带，正在大梁城西北方向的数十华里之外。

在大梁西北的鸿沟上游段，选定一个有利于向东南行水的地点，先行修筑一条直接通到大梁城下的大渠。然后，再截断鸿沟之水，使其流入新渠，再涌入大梁城下，必然也就淹没了大梁。

以上路线，是郦道元的专业考据。至少，它明确了一个基本事实：秦军水淹大梁，不是任意掘开鸿沟，造成漫无边际的洪水灾难淹没大梁，而是将鸿沟老渠改道，另开一条流向东南大梁城下的新渠。用现在的话说，这就是“定向淹没”大梁城。

秦军王贲部能顺利实施水攻作战，取决于两个基本条件：

其一，大梁西北区域事实上已经被秦军有效控制，否则不可能实施引水工程。

秦国攻魏的历史已经很长。截至王贲灭魏之前，非但魏国的河内地区（黄河北岸地区）基本上已经被秦军占领，就连河外地区（黄河南岸）的军事重镇，也几乎全部被秦军占领。上述大梁西北的广武、荥阳、敖仓三角地带，自然也已经成为秦军的势力范围。事实上，若不能有效占领这一区域，筑渠引水的大工程就不可能实施。

其二，鸿沟之水必须能够控制在大梁地带，而不能无边际地蔓延为洪水灾难。

王贲灭魏之后，李信当年就率二十万主力秦军南下灭楚，其进军路线的必经之地正是大梁地带。若王贲水战的方式，如同后世之民国大军掘开花园口黄河大堤以阻挡日本大军南进一样，则洪水灾难造成的黄泛区，无论如何不可能在几个月内消失。据此可以明确判定，王贲修筑新渠，水淹大梁，已经具备了对水之流量、水流方向等有效控制的能力，能够做到只以“大梁城坏”为目标，而不会导致无边无际的洪水灾难。要做到这一点，当时的水家大师必然参与了水战，并且勘定设计了可行的方案。

王贲的水战灭魏，是秦统一战争七大战役（其中灭楚两战）中唯一的水战。

这唯一的一次水战，从根本上说，并不是王贲的突发奇想，而是包括王贲在内的秦国决策层，在对魏国作战环境，以及对三晋历史与魏国政治深切了解的基础上做出的决断。

关于春秋水战及水战灭魏曾有过预言。

春秋战国时代的陆上水战，有过一次先例，虽然没有成功，战法却是首创。

这就是发生在春秋后期的晋国六卿之战。当时，晋国势力最大的知氏集团，已经吞灭了范氏、中行氏两大集团。之后，知氏首领知伯又联合韩氏、魏氏两大集团，要吞灭对抗知氏的赵氏集团。三大集团的兵力包围了晋阳，之后的战法是掘开晋水（今日汾水北段）淹没晋阳。大水灌城数日，已经浸坏了晋阳的六七成城墙，赵氏依靠仅存的三分城墙做最后的顽抗，城中已经饥饿到了互相换着吃对方子女的危境了。

可是就在这时候，知伯面对汪洋大水，傲慢地发出了感慨：“吾始不知水之可以灭人之国也！吾乃今知之。”——我过去还不知道水也可以灭亡一个国家啊！今天，我知道了！这一傲慢的感慨，使站在知伯旁边的韩氏、魏氏两大领袖蓦然惊觉——汾水可以淹没魏氏的中枢安邑，绛水可以淹没韩氏的中枢平阳。知氏有此水战之心，两国危矣！由是，韩、魏两大集团立即接受了赵氏派来的秘密使者的动议，韩赵魏三大集团骤然联手，反而攻灭了知氏。可以说，这是中国历史上的第一次陆上水战，是第一次以水为兵的战争。此后百余年，华夏大地再没有出现过陆地决水的战争。

可是，却有两个人早早就预见了魏国的水战灾难。

第一个预言者，是战国纵横名士苏代。在《战国策·燕策二》中，苏代为了劝阻燕昭王与秦会盟，向燕昭王分析了秦国可能攻灭山东六国的各自战法。其中，分析到秦国攻灭魏国的战法时，苏代是这样说的：

> （秦）包两周，乘夏水，浮轻舟……决荥口，魏无大梁；决白马之口，魏无外黄、济阳；决宿胥之口，魏无虚、顿丘。陆攻则击河内，水攻则灭大梁。

苏代这则预言，说的战略步骤是：秦国先吞灭两周——东周、西周政权，再顺夏水（黄河）以水军轻舟进军，分三段实行水攻。最西面决开荥阳黄河口，就会淹没大梁；中段决开白马津黄河，就会淹没济阳地带；东北段决开宿胥（今河南浚县）黄河口，就会淹没顿丘（今河南浚县西）。苏代认为，秦军的总体战略将是：陆战必然攻占河内——黄河北岸地区，水战则必然决河淹没大梁。显然，苏代的战法预言是符合魏国情形的。

但是，苏代的预言时间稍早，又是对燕昭王讲的，可以假设魏国不知道。

第二个预言者，是魏国的信陵君魏无忌。

信陵君的预言，是对魏安釐王直接说的。信陵君的这则预言，明白记载在《史记·魏世家》中，原文是这样的：

夫韩亡之后，（秦）兵出之日，非魏无攻……（秦）临河内，河内……必危；（秦）有郑地……决荥泽水灌大梁，大梁必亡！……使秦无韩，有郑地，（与魏之间）无河山而阑之，无周、韩而间之，去大梁百里，祸必由此矣！

就战争的具体进程来说，信陵君的预言比苏代更具体，更准确，更明白。根本之点，是这时的信陵君已经身处魏国晚期，对灾难来临的次序、方式与路径，都已经看得非常透彻了。韩国灭亡之后，秦国必然攻灭魏国。而秦国只要占据了河内与韩国，就有了开决荥泽之水，也就是鸿沟之水淹没大梁的条件。那时，秦魏之间已经没有任何险要，也没有任何事实存在的力量阻隔，秦军距离大梁不过百里之地，大梁必然灭亡！

这样明确的警告，这样明确的预言，魏国决策层的任何人都可能明白。

可是，魏国却没有一丝一毫的水战准备。

于是，大梁城在三个月之后瘫痪。

最后一任魏王魏假请求投降，做了俘虏。至此，魏国宣告正式灭亡。

如此一个曾经率先变法的新锐国家，一个曾经“繁昌忠正”的文明风华大邦，一个曾经长期居于天下霸主的超强战国，却如此毫无波澜地寿终正寝了。除了在大水之中硬挺了三个月，魏国的最后时期没有任何秘密，没有任何抵抗，没有任何最后的回光。相比于此前灭亡的韩、赵、燕三国，相比于此后的楚国，魏国的灭亡是最没有悲壮感的。

4 魏国灭亡的历史解析

简单平实的消失过程，隐藏着魏国平静灭亡的巨大秘密。

这个秘密，同样简单平实，这就是：长期地缓贤忘士，彻底丧失了生命力。

什么是缓贤忘士？简单地说，就是怠慢人才，无视人才。这一思想，当时的墨子大师阐发得最为透彻。墨子大师将国家的人才战略，确定为三个基本点：

第一个基本点，是对人才要有强烈的自觉需求理念。这就是“亲士急贤”，就是求贤若渴，主动地亲近人才，积极地搜求人才。国家没有自觉的人才需求，怠慢人才，见贤而不急，就是“缓贤忘士”。墨子大师痛心疾首地说：“缓贤忘士，而能以其国存者，未曾有也！”

第二个基本点，是国家要广纳人才。这就是众贤厚国理念。墨子说：“国有贤良之士众，则国家之治厚；贤良之士寡，则国家之治薄……故大人之务，在于众贤而已！”也就是说，一个国家不能仅仅只有个别人才，而必须广泛容纳人才。

第三个基本点，是国家要将崇尚贤士确立为根本理念。墨子云：“尚贤，为政之本也……若饥则得食，寒则得衣，乱则得治，此安生生……尚贤者，天、鬼、百姓之利，而政事之本也！”纵览战国历史，秦国的不断强大，正是国家人才战略获得极大成功的典型。

魏国不断衰落，以至最终毫无波澜地灭亡，恰恰是国家人才战略失败的典型。

自魏文侯任用李悝变法起，魏国一时人才济济，有李悝、乐羊、吴起、西门豹四个大政治家；有儒家名士卜子夏、田子方、段干木；有故旧能臣翟璜、魏成子等。当时的秦国要进攻魏国，有人便劝阻说：“魏君贤人是礼，国人称仁，上下和合，未可图也。”

可是，魏文侯开创的这种“众贤厚国”的风气，到了第二代魏武侯时期，就渐渐变形了。

魏武侯在做太子的时候，就有着浓厚的贵族“骄人”心态，曾经因遭受名士田子方冷遇，愤然讥刺说：“富贵者骄人乎？且贫贱者骄人乎？”——富贵者可以骄人，贫贱者怎么也能骄人！这种贵族式傲慢，遭到了田子方的有力驳斥。在贵族式的傲慢心态下，魏武侯自然不会像魏文侯那样求贤聚贤，而是对人才采取了类似于放任自流的态度。其间，最大的人才失误，是逼走了吴起。

吴起离开魏国的直接原因是两个：其一，没有被重用，既没有做成上将军，也没有做成丞相；这两个职务，都是吴起公开追求的。结果是，吴起在魏国一直只是个战无不胜的河西守，无法施展才华，无法实现变法志向。其二，吴起没有接受魏国公主嫁给自己，引起魏武侯猜忌疏远，吴起因此辞官去了楚国。

第三代魏惠王，在位五十一年，前期虽然也曾经短暂任用了白圭这样的政商能臣，但更主要的方面，则是以非常特异的精明敬贤的方式，开始了魏国的人才大流失。自魏惠王开始，魏国流失的超一流人才先后有：孙膑、商鞅、乐毅、张仪、范雎。流失的大量实用人才，更是不计其数。

这种现状一直在魏襄王、魏昭王、魏景湣王三代持续着。直到魏王假的灭亡时期，魏国都始终没有涌现过一个大政治家执政。仅有的王族天才巨星信陵君魏无忌，又被反复猜忌，反复排斥，终究自杀式地毁灭了生命，空留下对魏国的亡国预言。魏国的人才大流失，要害是敬迂腐虚名，排斥真正的人才。魏惠王所奠定的国家人才传统是：敬重享有名望的学问大师，但却排斥猜忌真正的有用人才；对于潜在的尚未成就功业的年轻人才，魏国更是一律拒绝。也就是说，魏国君主决策层既没有自觉发掘人才的意识，也缺乏发掘人才的辨识能力。这种敬贤，实际目的是博取自己的为政声望，而不是基于国家的真实需要。

魏国式的人才意识，具有历史的迷惑性，是最值得警惕的国家人才误区。

分治绝唱：灭楚之战

1 灭楚之战的先期筹划

公元前 225 年，秦国的统一战争开始向南中国发展，灭楚之战提上了日程。

在秦统一中国的六次战争中，见诸史料的具体筹划决策过程，只有灭楚之战这一次。筹划决策所针对的问题，主要有三个基本方面。

第一个基本方面是确定战争次序的先后。

韩、赵、燕、魏四国统一战争结束后，山东战国只剩下齐、楚两个国家。关于对两国进军的次序，《太平广记》引严尤的《三将论》，记载了一则未曾在《史记》中出现的史料：灭燕主战场胜利之后，燕国残余势力逃奔辽东，燕国战场基本没有大的作战任务了。这时，秦王发动了对下一战役的筹划，首先征询群臣意见，“齐、楚何先？”——齐国楚国，先打哪一场战争？大将李信回答：“楚地广，齐地狭；楚人勇，齐人怯；请先从事于易。”李信将两国的国土与士气做了比较，认为灭齐容易，应该先对齐国用兵。

虽然，这则史料没有呈现其他大臣将军的意见。但是，依据后来的实践，秦国事实上是先对楚国用兵。这就是说，秦王嬴政与秦国决策层，这次没有采纳李信先灭齐国的意见，而是采用了另外的意见——先灭楚国。合理推断，这一意见的提出者，应当是王翦，或者是王贲。因为，后来的大朝会商讨表明，秦军老统帅王翦即或不说话，秦王也要点名征询王翦意见。李信说话之后，很可能王翦就直接提出了不同看法，或者在秦王征询之后说了看法。王贲，则是秦军高级将领中几乎与蒙恬齐名的具有冷静思考的统帅之一，后来也是灭齐主将，对灭国战役的思索必然相对自觉。

先南下进军楚国，是秦国庙堂朝会的第一个重大决策。后来的实践证明，灭楚之战结束后，巨大的震慑效果，对压迫齐国很快投降具有直接意义。先下楚国，事实上起到了一战两胜的巨大效用，是非常具有洞察力的一个战略决断。

第二个基本方面，是确定灭楚之战的用兵数量。

关于每次灭国之战的用兵数量，其余四次战争，并没有举行大朝会商。从战争实践看，灭韩之战大约在十万兵力之内，灭赵之战大约在四十余万兵力，灭燕之战大约在三十余万兵力，灭魏之战大约不超过十万兵力。这四次灭国之战的用兵数量，应该是按通常的法定程式决定的——统兵主帅提出，秦王批准实施。

但是，灭楚之战的重要性，却使用兵数量问题提上了朝会共商的层面。

据《史记·王翦列传》记载：朝会之上，秦王嬴政征询意见，第一个对象是李信，第一个问题是用兵多少。“吾欲攻取荆（楚），于将军度用几何人而足？”——现在，我下决心要攻灭楚国了，以将军谋划，需要多少兵力才够呢？李信自信满满地回答：“不过用二十万人！”——不多，二十万人够了。或许秦王有些疑惑，又或许秦王基于朝会共商的必要，也或许王翦的威望资历使然。总之，秦王又回过头来问了王翦同样的问题。王翦的回答是平静的，但却渗透着不可动摇的坚持性："(灭楚,) 非六十万人不可。"

显然，这两个基数的差距太大了。于是，显然已经骄傲起来的秦王嬴政，大笑着感慨起来："王将军老矣！何怯也。李将军果势壮勇，其言是也！"——王将军已经老了！胆子小了。李将军果然壮勇，他的说法可行！在秦王大笑感慨之后，其余的大臣将军没有不同主张。王翦素来明智，也不再说话了。于是，在一个接连胜利的历史时刻，一个极其严重的错误决策做出了——以二十万兵力进行灭楚之战。

第三基本方面，是确定灭楚之战的统帅。

以统一战争在此前的进行过程看，秦军此时备选的主将至少有六个：王翦、蒙恬、王贲、李信、辛胜、杨端和。其中，王翦、蒙恬自不待言，几乎是毫无争议的第一层面人选。可是，严守九原预防匈奴，是秦统一中国的战略决策之一，此时的蒙恬无法替换。王翦则由于要求兵力过大，也就不在备选之列了。辛胜、杨端和两人是第三层面人选。因为，这两人在此前的赵、燕两场大战中都曾经担任过副统帅，但都没有表现出过人的才具。所以，这两人在两战之后，事实上已经退出了秦军正选统帅的层面。

王贲、李信两人，可说是第二层面人选。具体说，王贲、李信已经在此前的燕赵大战中崭露头角。李信追击燕军辽东残部，逼杀太子丹，剽悍勇猛，声誉大增，几近名将之列。王贲奇袭楚国、平定韩乱、攻灭魏国，更在事实上已经成为赫赫名将。就实际状况而言，灭楚统帅以王贲最为合适。

但是，秦王仍然选择了李信。为什么？

以秦王嬴政大政治家的素质，其间原因可能有两个。

一个是政治原因，要保持战功的相对平衡。在整个战国时代，秦国最崇尚军功。在如此大环境之下，王翦王贲父子已经连灭三国，其功勋之大，无人可比。当此之时，作为秦王的嬴政，不可能不考虑到政治上的全局平衡问题。在此前事实已经证明了李信将才非凡的情况下，任命李信为灭楚统帅，是一种妥当的政治抉择。

另一个原因，坚持大胆启用新锐，是秦王嬴政的一贯风格。自嬴政亲政开始，其文武大员骨干几乎全部是新锐发轫。从军事方面说，秦国新军将领几乎是清一色的年轻人。此前三次灭国大战，秦王嬴政更是先后启用了辛胜、杨端和为副统帅，启用了王贲为灭魏统帅。在这种一贯风格下，秦王大胆任用李信，力图为秦国再锤炼出第四个出色的军事统帅，没有任何的突兀之感。秦国的大臣将军们，所以在朝会上未见任何人反对，也是基于大胆任用新锐的做法已经成为秦国创造性的用人传统，没有人觉得不合适。

于是，秦王做出决策，以李信为统帅，蒙武为副统帅，率军二十万南下灭楚。

也许是心有一丝疑虑，也许是确保万全，秦王派出了老将蒙武为副统帅。这个蒙武，是曾经的秦国上将军蒙骜的儿子，蒙恬的父亲，与王翦年岁大体相仿，此时已经六十岁上下。在秦国的战争实践中，蒙武并没有太多显赫战功，但却具有稳健细致的特点。以蒙武为副统帅，显然是要弥补李信有可能因猛勇作战而出现的粗疏之处。从后来的第二次灭楚仍以蒙武为副统帅的事实看，这一配置在人事结构上是非常合适的。

2　李信第一次灭楚之战的大失败

公元前 225 年，李信蒙武的二十万大军南下了。

李信南下作战的时间很短，大约不超过三个月。因为，王贲灭魏，以及此后的王翦重新出山筹划大军第二次南下，三件大事都在当年。以此推断，王贲灭魏之战，应当是春季准备，夏季结束；李信灭楚之战，则当在夏末秋初，大体两个月有余；王翦出山筹划，则已经进入冬季了。

面对李信大军的攻楚之战，楚国以世族大将项燕为统帅，率军周旋抵御。此前已经在楚国成为名将的项燕，堪称战国末期的天下名将之一。项燕用兵，既慎重周密，又善于果敢决战。这次，项燕所采取的战略是，以节节败退的方式，引诱秦军深入。而后寻觅合适的条件，再突然发起反击，力图最终战胜秦军。

对于两次灭楚之战，史料基本没有从楚军视角的记载。故此，我们只能从史料显示的秦军视角，来看看李信秦军的失败过程。李信的第一次战役，分为四个阶段。

第一阶段是进军淮水北部地区，兵分两路猛攻楚军。

李信部署的两路南下路线是：其一，李信率主力秦军，沿颍水、汝水一路南下，目标是进攻淮水北部地区的军事重镇平舆（今河南省南部的汝南县、平舆县地带）；其二，蒙武率偏师一部，沿东部的鸿沟南下，目标是进攻颍水西南地带的重镇寝城（在今安徽省临泉县）。两军的东西间距，大体在百余里，都在楚国淮北的腹心地带——陈郡。

因为楚军主动后退，两路秦军在陈郡北部地带攻占顺利，均未遭遇大型作战。楚军在退至陈郡南部时，开始防守作战，这就是对平舆、寝城的两次防御战。这两战，秦军都迅速击溃了楚军，分别占领了两座淮北重镇，获得了很大胜利。

第二阶段，秦军再度兵分两路，虚实配合，直接进逼楚国都城。

占领两大重镇后，李信仍然将秦军分为两路：其一，李信自率主力，从平舆向东南的郢地（楚国都城区域）进攻；其二，蒙武仍率偏师一部，从寝城向鄢陵进攻。

关于焉、郢两地的具体所指，历史多有说法。据已故秦史专家马非百先生考证，楚国六次迁都，都城均叫作郢。这个郢，就是楚国在淮水南岸的新都城寿春（今日安徽省寿县地带）。焉，则是颍川郡的鄢陵城，也就是今日河南省的鄢陵县北部地带。

依据两地的方向与距离，我们可以推断出，李信军南下，直接猛攻楚国都城是实际目标。蒙武军向西北进发数百里，攻取鄢陵地带，则是虚张声势，转移楚军注意力。从战略意图上说，这是虚实结合——将楚军注意力吸引到远远的西北方向，精锐主力却在东南猛攻。

这次作战的实际结果，史料只有“破之”两字。

依据战事的实际发展，这里的“破之”，应当是破军，而不是破城。也就是说，李信军在楚国都城之外的某地，攻破了楚军一部的营垒。但是，没有攻破楚国都城，甚或还没有进逼到寿春（郢都）之下。而蒙武军北上鄢陵，所遭遇的不是楚军主力，而是世族封地的留守兵力，有可能一度攻破了鄢陵，而后又南下与李信会和。

第三阶段，是转移城父，合兵休整的阶段。

不久，“（李信）引兵而西，与蒙武会城父，荆人因随之”。

这则记载虽然简单，但却包含了三件互相关联的军情大事。其一，李信固守快速作战之法，以十余万兵力迅速南下，携带的大型攻坚兵器必然很少，无法攻克寿春（郢都）完全在情理之中。在这种情况下，李信只能另行建立驻扎基地，以谋求再战。从“引兵而西”的进军方向看，李信南下遭遇楚军并攻破楚军营垒的地区，应当在郢都的东北地带。否则，不可能西向进军。

其二，李信主力与西北方向的蒙武军取得了联络，约定在涡河流域的城父（今日安徽涡阳县地带）会和，以重新建立作战基地，使大军获得暂时休整，而后决定再战方略。

其三，项燕派出楚军一部，秘密尾随于秦军之后。

请注意，“随之”不是追击的意思。因此，与后边的“三日三夜不顿舍”，是两个行动阶段。依据战争实践，尾随而不攻击，一定是在等待更大范围之内的楚军同时发动总攻，而尾随一定是隐蔽的。这支楚军隐蔽尾随秦军，其任务很清楚，就是在总攻击发动时能够立即紧紧咬住秦军，不使其脱身。显然，至少在李信、蒙武兵分南北的时候，楚将项燕的反攻部署就开始了。而秘密尾随李信部的楚军，只是其中的一支力量。

从后来的战争实践看，李信蒙武两军第一次大败楚军，无疑是真实的。但是，第二次进逼寿春（郢都）外围的战胜，以及蒙武在北边鄢陵的战胜，就未必是真实的胜利了。最大的可能，是楚军在纵深腹地采取了有意退让的策略，以形成更大范围的秘密包围圈。

直到这时，李信依然没有对楚军的诸多秘密部署有丝毫警觉。

在第四个阶段，楚军完成秘密集中，突然发动总攻势。

李信秦军的灾难，突然来临了。

第一个突然事件是秦军两部堪堪会合，构筑壁垒尚未完成之际，秘密尾随的楚军在秦军造饭的时辰，或者在午夜，或者在黎明，突然发动了猛烈袭击，导致已经趋于骄傲轻敌的秦军发生了极大的混乱。

第二个突然事件，周边地域隐蔽的楚军主力，全力以赴开来参战，以优势兵力猛攻秦军。秦军缺乏准备，无法有效抵挡。于是，李信只有下令撤退。

第三，大失败与大撤退，楚军乘胜大追击。两个方面的突然攻势发动之后，两军进入正面作战，这才进入了史料的简单记载："三日三夜不顿舍，大破李信军；入两壁，杀七都尉，秦军走。"

这个阶段的基本事实有四个方面：一则，秦军仓促接战，迅速被楚军连续冲破两道营垒，开始大败溃退；二则，楚军开始大追击，连续追击三日三夜，一顿饭的耽搁都没有；三则，楚军追击战大获全胜，杀死七名都尉——秦军中级将领；四则，李信秦军伤亡惨重，余部逃回秦国。

项燕楚军的第一次抗秦之战，筹划之周密，攻势之强大，堪称战国末期整个山东六国对秦作战的最大胜利，也是最经典战例。

3 秦王嬴政清醒纠错

这场空前的大败，在秦国引起的普遍反响，史料没有明确记载。

可见的踪迹仅仅只有六个字——“始皇闻之大怒”。从事实上说，这次巨大失败必然会引起秦国社会的普遍震惊。否则，秦王嬴政“大怒”何来。但是，以秦国久远的耕战传统，以此时秦国的深厚实力，以及连续统一四国所锤炼的强大自信心，这种震惊不会是恐慌性的畏惧感，而是一种大大出乎预料的意外感。

从某种意义上说，这场失败，对于秦统一中国的精神意义是巨大而深远的。它给这个即将成型的强悍而骄傲的帝国，及时敲响了一个警钟——即或是具有正义性的统一战争，也是残酷的，广袤的楚国更是不能忽视的。这一影响，从秦王嬴政的迅速反应中得到了充分证明。

秦王嬴政的第一个实际行动，是立即赶赴频阳，会见已经归隐的王翦。

请注意，以当时的急迫形势，以秦国的法度，以君主制时代的基本礼仪，秦王若能在此时下令紧急召见王翦商讨，就已经是非同寻常的明君了。可是，秦王嬴政没有停留在寻常明君的地步，不是下令召见，而是立即亲自赶赴王翦家乡。这一行动的实际内涵，是明确地向王翦认错，以实际作为检讨自己。

秦王嬴政的第二个实际行动，是向王翦坦诚会商。

这次会商谈话，基本内容有两方面：一则明确检讨自己，二则动员王翦出山担任灭楚统帅。检讨自己，嬴政是两句话：“寡人以不用将军计，李信果辱秦军。”——我没有采纳将军的谋划，任用李信，果然使秦军遭受了辱没。动员王翦，则是从说明形势开始的：“今闻荆兵（楚军）日进而西，将军虽病，独忍弃寡人乎？”——楚军已经步步进逼了，将军纵然有病，能忍心丢下我不管吗？显然，秦王嬴政的反省与决策，这时都已经很明确了。

王翦的反应，分为两段，很有大政治家的风范。

首先，王翦基于此前的称病归隐，过渡性地婉言谢绝，请秦王另外遴选贤才。秦王自然明白王翦称病的真实原因，立即一句话揭过：

“已矣！将军勿复言。”——过去的事了，将军不要再说了。这一反应的潜在含义是：我从来没有将你的称病归隐，看作是真正的老了病了，你是出于国事歧见归隐的，现在只说国事。

其次，王翦坦诚地坚持重申了自己的主张。在秦王已经明确要任用王翦的情况下，身为重臣名将的老统帅，王翦自然不会置国家困局于不顾，再三迂腐推辞。王翦只申明一点：“大王必不得已用臣，非六十万人不可。”秦王嬴政立即回答：“为听将军计耳。”——我来，为的就是听你的谋划啊。潜在意思很明确：我不可能不听你的。

至此，君臣两人心照不宣，王翦再度出山，担任秦军第二次灭楚战役的统帅。这次，副统帅仍然是蒙武。对蒙武的再度任用，透露出三则背景事实：一则，王翦主张任用蒙武。否则，秦王嬴政不可能将第一次战败的副将再派做王翦副手。二则，蒙武在第一次战役中没有重大缺失。甚或，曾经对李信的作战方略提出过反对意见。三则，蒙武在第一次对楚作战中的经验，对秦军具有重要意义。以持重作战闻名的王翦，不可能忽视第一次失败所隐藏的有用经验。

4 秦国六十万兵力之历史透视

自王翦受命领军，到秦军再度大规模南下，至少有三个月的筹备期。

此时，冬天已经来临。秦国利用这一传统的休兵季节，进行了紧急筹划。第一要务，便是重新调集兵力。因为，李信失败之后，秦军主力至少战死三分之一甚或一半，加上重伤不能作战者，二十万人至少减员三分之二。可编入王翦部再度南下者，应该不超过七八万人。如此，秦军要再度集中六十万大军，纵然有兵可调，也是一件很艰巨的事情。

当时秦军的总规模构成，有五大部分：

其一，秦王嬴政亲政后十年整军强国，训练成的主力新军为四十余万人；

其二，传统的各关塞守军，以及后来增兵的九原守军，总数为三十万上下；

其三，都城咸阳守军，以及各郡县官府的地方防卫军，总数为十余万人；

其四，秦王直领的王室防护军，以及王城的宫廷警备军，总数大约三五万人；

其五，分布在巴郡长江上游与函谷关外的水军，总数大约在十万之内。

也就是说，统一六国时期的秦军兵力总规模，应当在一百万上下。

依据以上总构成，在李信军战败之后，秦国的主力新军大体上只有二十万左右了。秦国要在来年春暖之前，重新调遣三十余万人马集中于函谷关外的基地，并进行必要的整训与重新编制，可以想见，这是非常艰巨繁难的。请不要忘记，在当代高科技条件下的第一次伊拉克战争前，美国花了大约半年时间，才集中了三十万大军到海湾地带。可是，当时的秦国竟然如期实现了目标。来年开春，秦国六十万大军就南下了。由此可见，当时秦国的战争动员能力是后世任何王朝所无法比拟的。

秦国的土地与人口规模，决定了秦国的军队规模。

先说土地规模。

依据《商君书·徕民》记载："今秦之地，方千里者五。"五个方千里，大体是今日的一百二十五万平方公里，大体占当时中国的四五分之一。即或，这一记载是后来者的增补之说，那么，至少在战国后期的秦昭王时期一定是达到了。其后，在吕不韦时期与秦王政亲政前期，秦国又吞并了大洛阳地区的西周、东周，还相继攻占了韩国、魏国、楚国、赵国的诸多土地，同时又接受了多次割地、献地，比秦昭王时期有很大扩张。

对这些土地，秦国都设立了新的郡县。到秦国发动统一战争之时，秦国领土的总规模实际上已经大大超过了“五个方千里”，至少达到了七个或八个“方千里”以上。以今日目光考量，大约拥有两百余万平方公里的规模，占当时中国的三分之一多。

再说人口规模。

对于战国人口，历来史家都是大体的合理估算，不可能有精确数字。一般认为，战国人口大体在两千余万，或者稍多一些。我的看法是，这种普遍看法，大大低估了战国人口的数量规模。我的评判，是依据一个基本的历史数字为参照，进行最基本的计算而得出的。

这一基本方法为：以史料记载的当时各国军队的数量，与“成军人口”之间的比例关系，推算出当时的人口总数量。这一方法，用相对明确的公式表示出来是：

$$战国总人口 = 军队数量 \times 10 + 不能征发的老人儿童数量$$

我们先来简单说说军队数量与成军人口的比例关系。

所谓“成军人口”，是指可以作为兵员征发基础的适龄人口总数量，无分男女人口，都计算在内。成军人口的年龄界限，古典社会一般在十八岁上下到五十岁上下。战国时代战事连绵，可能在某些国家两头都会有所延伸——十五岁上下到六十岁上下。秦赵长平大战，秦昭王赶赴河内征发后援力量，就是十五岁之上人口尽数征发。虽然，那不是典型的兵士征发，但也可以看作年龄标准的一个参考指数。

成军人口的征发比例，一般是 10∶1 上下。也就是说，大体上是十个人征发一个男丁；具体到男子比例，则大体上是五个人征发一个。征发过多，则诸多生产领域无法支撑，社会生计会陷于瘫痪。成军人口再加上不能征发的老人与儿童，就大体接近于一个特定时期的总人口数量了。

在中国历史上，估算战国人口者，有南朝梁人刘昭，他在注释《后汉书》时引用了晋人皇甫谧《帝王世纪》的说法："然考苏、张之说，计秦及山东六国戎卒，尚存五百余万；推民口数，当上千余万。"依据这一则资料中的"口数"之说，后世以至当代的诸多史学家、经济史家，都将战国人口判定在一千万上下，或两千万上下。

这一判定，来源于将"口数"这一用语，误解为实际的人头数量。

依据历史的实践，刘昭所引《帝王世纪》的"口数"，不是人头数，而是户口数——户主数量。先秦时期的料民，也就是人口登记，历来以登录户主数量为基本方法。官府所以无法掌握诸多豪强世族所依附的人口数量，正是基于登记户主的方法弊端而来。商鞅变法所以要大力推进成人分家立户制度，而不允许数代人同为一户的大家族，其根源既在于人口登记相对简便准确，也在于以户主为单元的赋税征发制度的需求——扩展税源。

所以，这里的"口数"，实际是户口数，而不是人头数。"口数千余万"，就是一千余万户。以正常的平均数推算，每户平均五人。那么，刘昭资料所说的千余万户，就是五千余万人口。

若以军队数量与成军人口为基础推算，再加上老人儿童的数量，如此，则战国总人口应当在六千万有余。成军人口与军队数量的关系，是古典社会的基本常识。若刘昭引用的口数指的是人头数，那么战国的五百余万军队，实际上就是当时的一半人口——所有的男子人口都进入了军队！显然，这是绝然不可能的。若《帝王世纪》所言的是人口数量，作为学者的刘昭一定不会引用，或者，引用了也一定会特别说明。刘昭引用这则资料，证明他是相信这一估算的。反过来则说明，刘昭依据《帝王世纪》所说的是军队数量，推算出来的是户口数字，而不是人头数字。

只有以六千余万总人口为基数，才能征发五百余万军队。这是历史实践的合理逻辑。

战国有五百余万军队的依据，在《战国策》中也有记载。我们将《战国策》中纵横家们对各国军力的评估开列如下，已经达到了五百三十万的总数量。

秦国："带甲百万，车千乘，骑万匹"，总兵力在一百万之上。

楚国："带甲百万，车千乘，骑万匹"，总兵力也在一百万之上。

赵国："带甲数十万，车千乘，骑万匹"，总兵力接近或达到一百万。

魏国："武士二十万、苍头二十万、奋击二十万、厮徒十万"，总兵力七十余万。

齐国："带甲数十万"，参照纵横家的齐魏相当之说，总兵力当在六十万上下。

燕国："带甲数十万，车七百乘，骑六千匹"，总兵力也在六十万上下。

韩国：一云"见卒不过二十万"，一云"带甲数十万"。总兵力当在四十万上下。

这就是说，战国时代的总人口在当代意识中已经大大缩小了。

秦国能够出动六十万大军，其军队总规模无论如何在一百万左右。因为，任何时代的任何战争，除了濒临灭亡的特殊抵抗，一个国家绝不会将所有的守城军士、官署护卫等全部军事人员都集中到战场上去。

5　王翦大军的第二次灭楚之战

公元前224年春，王翦统率的六十万大军南下，对楚国展开了第二次灭国大战。

这时的楚国形势，已经发生了很大变化。在李信第一次攻楚的时期，楚国是极其谨慎的，楚军主将项燕所采取的也是弱者打法——在防守撤退中寻求反击。但是，一战大胜之后，楚国上下明显地膨胀了，开始蔑视秦军了。《史记·王翦列传》的记载是："荆闻王翦益军而来，乃悉国中兵以拒秦。"

这就是说，楚国在得知秦军增加兵力——益兵，以强于李信兵力三倍的规模向南压来时，非但没有采取更大纵深的撤退诱敌，反而完全抛弃了第一次的防守反击战略，采取了强大的攻势战略——立即大举出动全部兵力，正面迎击秦军。

在整个战国时代，楚国的兵力总数弹性最大。在合纵抗秦时期，楚国兵力总数很长时期超过秦国、赵国。从秦昭王后期开始，与秦国不相上下，长期是"带甲百万"的大国之一。但是，楚国军队与秦国军队的构成基础不同：秦国没有封地私兵，秦军全部是国家军队，全部归秦国"庙堂"指挥。楚国军队，则是由王室直领的国家军队，以及大量的封地私兵共同构成的。封地私兵基本上不听国家调遣，只效忠于封地世族。只有在大战来临之时，世族封主才会服从王室的征发而派出私兵参战。此时的楚国已经长期衰落，王室直领的国家军队，合理估算，大体应在三十万上下。楚国封地的私兵数量，则是难以计数的。

至此不难明白，所谓"悉国中兵以拒秦"，就是国家王师与所有的封地私兵，都出动参战了，数量难以计算。如此，参战楚军的总兵力，完全可能超过秦军的六十万兵力。也就是说，这场战争的双方总兵力，大大超过了一百万，比长平大战的规模还要庞大，堪称战国大战之最后绝唱。战场在平原，军营壁垒连绵不断，其浩大声势已经很难为我们想象了。

王翦第二次灭楚之战，经历了五大阶段，历时一年有余。

第一阶段，是楚军攻势，秦军守势。

秦楚两军一开始的战略态势，与第一次战役恰恰相反：楚军居攻势，秦军取守势。

据《史记》的记载，这一态势也经历了两个阶段的发展。开始阶段是："王翦至，坚壁而守之，不肯战。"就是说，秦军开到逼近淮河时，只是构筑壁垒驻扎了下来，没有寻求与楚军作战。其次阶段是："荆兵数出挑战，（秦军）终不出。"楚军见秦军坚守不出，就开始连续挑战了。但是，秦军一直坚守壁垒，始终不出战。这种攻防倒置的局面，一直延续到秦军反攻之前。合理估算，至少在整个春季、夏季与初秋的几个月里，两军一直对峙着。

为什么王翦在将近一年的时间里一直采取守势，仅仅是躲避楚军锋芒吗？

从当时的战略态势看，"避其锋锐，击其惰归"的兵法原则的运用，只是王翦采取守势的原因之一，但不是最主要的原因。最主要的原因，是秦军自身必须完成真正大战来临之前的有效整合与战力提升。

一个必须注意的背景事实是：第二次南下的这六十万大军，一大半是从秦国分布在各地的守军中集中而来的。在正常情况下，这样庞大而相对松散的力量，是不能立即开赴战场决战的。可是，为了在战略上不给楚国喘息的时间，秦军又必须尽快发动第二次战役，必须尽快南下。所以，这支在数千里范围内紧急集中的大军，事实上没有重新整合的时间。但是，以秦军的战力与传统，只要不急于总体进攻，依靠远远超过楚军的精良装备，依靠强大的源源不断的后勤保障，这样的秦军在一段时间内完成拖住楚军并与之对峙的任务，还是完全可能的。

这个基本点，决定了王翦敢于率六十万未经重新整合的大军迅速南下。

但是，无论如何，秦军的重新整合是必须完成的，这个阶段是必须的。否则，不足以承担在广袤的楚国连续作战的使命。而整合的时间，只能在与楚军对峙的阶段里挤出来。从战争实践过程看，秦军的内部整合与战力提升，恰恰发生在第一阶段的这八九个月里。让我们具体地看看，在应对楚军挑战之余，秦军营垒里究竟在做些什么。

王翦在做什么？

> 日休士洗沐，而善饮食，抚循之；亲与士卒同食。

这是两大类活动。一类对军官：几乎每天都要召集各级军官沐浴，并大吃大喝，抚慰他们，循循善诱地与军官们谈话。另一类对士卒：经常和士兵们一起吃饭。可以想见的是，这两类活动所以要长期进行，必然是秦军各部存在着许许多多相互生疏的关系，也存在许许多多要相互沟通、重新调整的具体问题。解决这些问题，抚平这些沟壑，使各部将士相互熟悉起来，都是激发一支大军战斗力的必须环节。作为一个天下名将，作为一个全局在胸的政治家，王翦的凝聚疏通能力，在这一阶段发挥到了极致。

士兵们在做什么？

> 久之，王翦使人问军中戏乎？对曰：方投石超距。
> 于是王翦曰："士卒可用矣！"

事实的逻辑告诉我们，王翦一开始坚守，必然做出了明确部署：除应对挑战，各部都要"善饮食"——大力改善伙食，"戏投石"——大力加强体力训练。在此部署之下，秦军大营简化为三件基本大事：一则轮番应对挑战，二则军官经常聚会幕府，三则各部士兵强化训练。长时间不打仗，军营难免单调躁动。于是，王翦派人到各营查看有没有游戏现象。查看者汇报说：士兵们都在玩投石游戏，人人都超过距离了。王翦大为感慨，很踏实地感叹了一句：士卒们可以作战了啊！

“投石”，是什么游戏？

至今，关中仍然流传一种民间游戏“打官”——用石头或砖头瓦片，击打数十步之外耸立的一排砖头，能准确打倒中间最高大者为胜。考察民俗之源流，这种游戏的久远根源，显然在于“投石”。投石的根源，则在于更古老的“击壤”游戏。也就是说，投石游戏是一种抛掷石头击打目标的游戏。士兵们能将石头轻易地掷出目标之外，说明身体力量已经大大增加了。对于一支六十万人的大军，这是一个很容易被寻常将领忽视的细节。可是，王翦偏偏抓住了这个细节，将其看作一个重大标志，宣布秦军已经可战了。

第二阶段，楚军长期不能攻克秦军营垒，向东部地区转移撤退。

关于楚军东撤，史书记载很简单：“荆数挑战而秦不出，乃引而东。”

这则简单的记载背后，隐藏着两个基本事实。其一，楚军多经挑战，但却无法攻破秦军壁垒，也找不到更好的破秦军之法；其二，经长期对峙，楚国高层与楚军内部已经发生了某种重大变化，导致楚军无法继续对峙。

楚国最大的变化，可能是三个方面：一是楚王负刍及老世族集团，对项燕集团开始怀疑猜忌，既怀疑项燕作战不力，又顾忌项燕势力坐大。二是世族封地与楚国王室的后勤支援不能保障，或有意掣肘，或有了难以克服的困难；总之，导致了楚军粮草缺乏。三是楚军中的各个封地私兵集团，对项燕产生了种种严重质疑，导致楚军号令难以统一，使项燕统帅部无法坚持长期对峙。

在这样的重大变化下，项燕若要长期抗秦，只有退兵另谋出路。后来的事实证明，楚军统帅项燕部署大军东撤，其目的正在于退至淮南发动政变，拥立新楚王继续抗秦。从后来的事实看，项燕的“乃引而东”，实际是设定了这样一条退兵路线：

楚军从与秦军对峙的淮北平舆、寝城地带脱身——向东部转移——经蕲县（大泽乡所在县，今日安徽省宿州市埇桥区）向东南——再进入寿春（郢都）地区——发动政变解决楚国政权问题——再退至江淮之间或江南山水间，与秦国继续周旋。

从对峙状态退兵，历来是兵家大忌，必须秘密进行。

所以是大忌，在于撤退一方必然招来另一方的大举进攻。强势一方的撤退，尚且可能混乱战败，弱势一方更是危险。唯其如此，能从胶着对峙的状态下安全撤离，是一种很难掌控的军事艺术。实践证明，项燕的撤退未能逃脱难以避免的厄运。

第三阶段，王翦大军强力追击，大败楚军，杀项燕。

一直耐心等待战机的王翦，没有放过这一战机，立即发动了猛烈进攻。

背后的事实是，秦军所以没有被秘密撤退骗过，是秦军的斥候侦查力量一直在严密监控着楚军的动态。从进攻实践看，秦军在全部出动猛攻的同时，王翦还部署了一支精锐力量专一追击项燕主力，这就是史料记载的“令壮士击”。所以如此，在于王翦深知，放走项燕，平定楚国后患无穷。

结果是，追击到蕲南地带（蕲县以南），这支秦军精锐包抄了项燕统帅部的残余力量，并最终杀死了项燕。《秦始皇本纪》提供的另一种说法是：项燕从战场突围而去，进入淮南，拥立昌平君为新楚王，继续抗秦之战。直到第二年王翦大军攻破郢都，并追击这支最后的楚军，杀了昌平君，项燕才自杀。

分析对比两种不同记载，《王翦列传》应相对可靠。因为，若项燕突围，不入寿春发动政变，则无法拥立新楚王。新楚王（昌平君）与郢都楚王负刍同时存在，是所有集团不可能接受的。昌平君被立为楚王，即或是事实，也可能是项燕余部在寿春（郢都）陷落之后，以项燕名义拥立的，最后也被秦军击杀了。

项燕被杀，宣告了秦军在主力战场上的全面胜利。

第四阶段，秦军乘胜进军，占领楚国全部城邑。

这一阶段没有大战，但是时间却历经大半年之久。

这说明，秦军对地域广袤的楚国各山地、河谷、城邑隐藏的残余军事力量，采取了与解决赵国、燕国不同的方略，是一城一地清理的，是认真对待的。与此同时，秦国政治盘整也紧随其后，立即在楚地设置了新的郡县。耗时虽久，却给后来进军岭南平定百越，创造了稳定的根基。

第五阶段，俘获楚王负刍，最终平定楚国。

公元前 224 年，王翦蒙武大军才开始包围寿春（郢都），发动进攻战。也就是说，王翦大军在主力战场获胜之后，采取的进军方略是：先地方，后都城。当然，必备的条件是郢都已经被分割包围，楚王的残余力量不可能突围而去。

公元前 223 年，寿春（郢都）被攻破，楚王负刍被俘，宣告了楚国的正式灭亡。

之后，王翦大军继续进军岭南，平定百越。秦军进军岭南，是中国创建统一文明时代的最大历史事件之一，也是历来被忽视的历史事件之一。故此，后面的统一文明部分将专门展现其历史过程，这里暂且略过。

楚国灭亡的原因值得重视的有：

楚国灭亡的根本原因是推行变法浅尝辄止，始终没有解决封地治权问题。

楚国世族分治的两大基本权利——私兵制，独立赋税制，导致国力不能凝聚。

楚国末期的世族力量，至少还有五大集团：昭、屈、景、黄、项五大族群。

楚国的巨大潜力，隐藏于封地分治。楚国的长期衰弱，根源于封地分治。

灭国灾难当前，楚国庙堂政治多头化，阴谋、分裂与混乱交织；封地私兵作战效能极低，大军派系林立，军力不能有效凝聚。这两个方面，是楚国灭亡的直接原因。

分治与集权的矛盾，一直是中国古典社会最主要的政治矛盾。只有秦国成功地解决了这一矛盾，创建了中国统一文明。

忘战灭国：灭齐之战

1　统一战争最后阶段的秦齐两国态势

公元前 223 年王翦灭楚之后，统一战争进入最后阶段。

(1) 秦国的战略部署：四路并举

其一，政治跟进。在故楚之地立即落实政权建设，主要是全面设立郡县官府，迅速建立战后社会秩序，安定民生。随着战事进展，在一年多的时间里，秦在江淮流域的故楚之地先后设立了四个郡——陈郡、九江郡、会稽郡、长沙郡，并有效建立了郡县官署。也就是说，除了岭南、闽越广大地区还无法立即建立有效政权，楚国所能实际控制或者松散控制的地区，都建立了有效政权。这是重大的政治同步战略，它有效地稳定了社会，保证了军事胜利的成果，是秦统一六国进程中的长期战略之一。

其二，立即分兵一部，北上燕、代之地，彻底肃清燕、赵两国的流亡势力。这一路秦军由王贲统率，先攻辽东燕王喜流亡残部，再攻赵国流亡政权（代国）。大约半年时间，王贲部顺利完成北部攻势，俘获燕王姬喜、代王赵嘉，安定了辽东地区与代郡地区。

其三，王翦的灭楚主力军，在平定老越国（今日浙江地区）北部地区众多“百越”自治政权的同时，周密筹划进军岭南。这是一项史无前例的统一华夏南国的战略进军，我们在后面将专节展现。

其四，立即筹划灭齐之战，由秦军王贲部与北方蒙恬部配合完成。

(2) **齐国的大混乱局面**

这时的齐国，富庶安乐又夹杂着恐慌混乱，几乎是举国陷入无序状态。

一个最大的背景是：山东各大战国相继灭亡之后，大量的贵族流亡人口纷纷涌入齐国，既给齐国带来了巨大的流亡财富，也带来了巨大的社会混乱与政治动荡。当时的齐国庙堂，完全不知道该如何应对这一乱象，一直没有拿出安定大局的方略。历经数年，直到王贲大军压境，这种混乱状况非但在依然持续，而且日趋激烈。

据《战国策·齐策六》记载，齐国的即墨大夫，曾经在秦军灭楚之后，对齐王建提出过一则气势很大的策划：利用齐国有“数百万带甲之士”的优势，将进入齐国的流亡力量组织起来，支持他们恢复各大战国，使齐国趁势成为天下霸主。这则策划的具体实施方略是：其一，组织在阿城、甄地一带避难的百余家三晋贵族势力，交给他们一支“百万人”的大军，出动收复魏赵韩三国旧地；其二，组织在临淄城南避难的百余家楚国贵族势力，也交给他们一支“百万人”的大军，出动收复楚国旧地；其三，齐军再以“百万之众”，从三晋的临晋关地带与楚国北部的武关地带攻秦，“则齐威可立，秦国可亡”。

显然，这是一则大而无当的盲目策划。其荒谬之处，一是神话般夸大了齐国军力，认定齐国有“数百万军队”，与齐国现实距离太大；二是完全脱离了当时的实际，似乎只要有流亡贵族鼓呼，复辟六国便弹指可成。从可行性上说，这个即墨大夫的策划，完全是一个迂腐书生的大话而已。唯其太过离谱，这则策划很自然地泥牛入海了。

但是，齐王建没有接受这样的策划，绝不意味着齐王建很有主见。

恰恰相反，当秦军压境时，齐国高层陷入了完全失措的境地。

一个曾经的大国，在危急存亡关头丧失反应能力，原因隐藏在既往的历史之中。

(3) 田氏齐国由盛转衰的历史脉络

战国之齐国，是春秋中期开始形成的田氏集团，持续在姜氏齐国推行新政而不断壮大起来的新政权。田氏私家势力的壮大，到春秋末期的齐平公时期到达高峰——公元前476年，田氏在齐国占据的土地与人口数量，已经超过了姜氏公室的领地。这一事件，是春秋诸侯社会崩溃的基本标志。这一年，也被后世史家确定为春秋时代结束的一年。从文明史的意义上说，田氏政权取代姜氏而建立新齐国，是战国新文明的曙光。

进入战国初期，田氏政权继续壮大，历经田常、田成子、田庄子三代，至太公田和时期，田氏政权继魏赵韩之后，成为东周王室认可的又一个新诸侯国。之后，经过桓公田午时期，田氏齐国的总趋势一直处于上升状态。

进入战国中期，齐国历经齐威王、齐宣王、齐湣王三代，都曾经是有力量改变天下格局的第一流大国。齐湣王前期，还曾经与秦昭王分称“东帝西帝”，使齐国一度成为与秦国并称的超强大国。

在整个战国时代，齐国还有一个最大的文明功绩，就是创建了稷下学宫。这座当时华夏世界的最大学宫，一直延续到齐襄王时期，历时一百余年。这座伟大的学府，是战国时代的思想文化圣地，对中国统一文明的生成与发展起到了奠基性的作用。

田氏齐国的沉沦性转折，发生在与燕国的那场漫长战争之后。

公元前284年，燕国上将军乐毅率五国联军攻齐。在大破齐国主力军之后，其余四国如约撤军了。乐毅率燕军继续进攻齐国，连续占领了齐国全境七十余城，只剩下即墨、莒城两座城池坚持着最后的抵抗。这场残酷的战争一直延续了六年多，齐国几乎所有的财富都被燕国掠夺一空，数以万计的精壮劳动力，也被押送到燕国去了。六年之后，燕国政局变化，燕军统帅乐毅被罢黜了。由此，即墨城的守城将军田单，率军趁机发动了反攻。胜利之后，田单率领齐军对燕军展开追击，齐人全境呼应，大破燕军，收复了齐国全境，并承认此前在莒城即位的新国王——齐襄王为齐国新君。

自此之后，田氏齐国进入了每况愈下的衰落时期。

复国之后，齐襄王拜田单被为安平君，职任丞相，总领政事。原莒城守将貂勃擢升大夫，协助田单主政。田单、貂勃，都是齐国历史上罕见的从残酷抗战中磨炼出来的大才。可是，两人却饱受齐襄王猜忌。在田单磕磕绊绊主政的十余年里，齐国有所恢复，但整体实力已经远远衰落了。从用兵频率上说，齐国在这十余年里只打了三场小仗：一仗是收复几座边境小城的对狄族之战，一仗是抵御秦国，一仗是援助赵国。三次小战，对齐国的实力增强几乎没有什么作用。最后一战刚刚结束，在位十九年的齐襄王就死了。

此后田建即位，直到齐国灭亡。

齐国真正地衰落沉沦以至于麻木不仁，发生在齐王建即位后的四十余年里。

2　齐国末期畸形政治场的历史透视

这个齐王建，是战国末期庸主群里最为孱弱的一个。

要了解这个严重依赖母亲而又孱弱平庸的末期齐王，还得回到那场战争中去。

(1) 一则曲折传奇的婚姻，决定了齐国末期的政治格局

公元前284年，乐毅率五国联军破齐。齐湣王逃出都城临淄，被前来援救齐国的楚国将军淖齿，鼓动齐国逃难民众杀死了。当时，临淄王城宫廷一片大乱，齐湣王尚是少年的儿子田法章，在混乱中逃出临淄，随难民进入了貂勃部坚守的莒城，隐名埋姓地流浪着。后来，这位狼狈的王子为了谋生，就在一座府邸做了一名仆役。这座府邸，是齐国退隐大臣太史敫的家。太史敫有个小女儿——我们姑且称她为“太史女”吧。此女聪敏非常，总觉得这个突然飞来的仆人很令人惊讶，纵然一身粗麻布衣，却总是渗透出一种特异的气息，一定不是一个平常人家的落难子弟。于是，在衣食紧缺的战乱时期，聪敏的太史女常常从父亲那里偷出一些食物衣服，送给这个英挺年轻的仆人。

很快，太史女就瞒着父亲，与这个年轻的仆人相爱了，私通了。

就在这时，淖齿率领的楚国大军撤离了齐国。之后，坚守莒城的貂勃与流亡而来的大臣们商议，决定公开寻找齐湣王的儿子，将其拥立为新齐王，以凝聚齐国军民的抗燕士气。可是，查找了很长时间，都没有王子的踪迹。

实际上，在太史敫府做仆人的田法章，早已经知道了齐军寻觅王子的消息。可是，他不知道齐国军民是不是要杀他，因此迟迟不敢露面。后来，大约由于太史女有意无意的解释说明，使这个年轻人相信了不会有灾难，一定是好事。于是，仆人便对太史敫父女承认了，自己是齐湣王的儿子，是齐国王子田法章。很快，田法章被拥立为新齐王，这就是齐襄王。

在新王的坚持下，太史女被立为王后，史称“君王后”。

这个君王后，很快生下了一个小王子，就是被史书称为“齐王建”的田建。

齐襄王在莒城度过了五年，重新回到临淄的时候，小王子田建已经四岁了。对于这桩婚姻，君王后的父亲，古板的老“太史敫”是深

感羞愧的。在齐襄王派人迎接这位老臣岳丈回临淄的时候，太史敫坚决地摇头拒绝，并痛切地说："女不取媒，因自嫁，非吾种也！汙吾世。"——女子不经媒妁而自己嫁人，这不是我的种，污我一世啊！由此，这个古板的老人此后再也不见他的这个王后女儿了。

可是，如此激烈的斥责言辞，太史女居然毫不计较，照样按照礼仪回莒城探视父亲，奉行着永不见面的孝道。为此，太史公在史书中大加赞扬："君王后贤，不以不睹故失人子之礼"——君王后是贤女，她不因为父亲不见她而失人子之礼啊！

很快地，十余年过去了，齐襄王死了，十九岁的田建做了新齐王。

（2）君王后摄政时期，齐国奉行孤立于山东六国的事秦政策

田建对母亲非常依赖，用今天的话说，这个年轻的国王有严重的恋母情结。

所以，田建即位后，齐国事实上是君王后摄政，齐王只是个虚位而已。在君王后摄政的十六年里，齐国一直奉行着一条"事秦谨，与诸侯信"的邦交方略。所谓"事秦谨"，就是以附属国的地位，谨慎地听命于秦国霸权。所谓"与诸侯信"，就是在对山东诸侯的邦交中恪守盟约，讲求信用。

可是，在战国末期剧烈的兴亡沉浮中，君王后摄政的齐国，可以做到"事秦谨"，但根本无法做到"与诸侯信"。因为，这两则方略恰恰是矛盾的，是针锋相对的。请看一则最重大的事例——齐王建六年，秦赵对峙的长平大战开始了。最初阶段，齐国与楚国一起，都准备按照合纵盟约出兵救赵。这时秦国发出了警告：齐楚两国若想与秦国结好，就退兵。否则，秦国将发兵进攻两国。于是，齐国与楚国一样，都因畏惧秦国而退兵了。不久，赵军被秦军包围于长平谷地，断粮四十余日。赵国紧急求救于齐国，请求粮食支援。可是，齐国的君王后母子政权，却不听大臣周子力主救赵的慷慨陈词，最终拒绝了援救赵国。

自此之后，齐国与秦国的关系便稳定了下来。

这种稳定，是一种非常特异的格局：秦国只对中原五国用兵，而不进军齐国；齐国则在秦军进攻他国的问题上保持不救援立场。这是“事秦谨”的要害。其余的邦交事务，齐国都很守盟约，此谓“与诸侯信”。也就是说，齐国以在国家兴亡中的“事秦”立场，换取了与秦国的相安无事。同时，又以在邦交实务中的信用，换取了“与诸侯信”的天下虚名。

从根本上说，齐国的这种以“事秦”为邦交根基，而对山东五国的战争危难一律不救援的对外方略，是一种孤立于既往同盟阵营的自杀政策。可是，在相当长的时期里，齐国庙堂沉湎于没有战争的安定岁月，对这种孤立主义的危险没有丝毫警觉。

在《战国策·齐策六》中，记载了君王后的两个故事。

其一，秦昭王派出特使，给齐国送来了一副玉连环，请齐国拆解。临淄王城无人解得。君王后拿来了一把铁锤，砸断了玉连环，对秦国使者笑云：“谨以此法，解矣！”秦国特使一时惊讶无言。

其二，君王后老病将死，齐王田建守在榻前流泪。君王后说：“群臣之中有几个人，还是可用的。”田建惶恐地转身高声道：“快拿笔牍来，我要写下！”君王后一笑：“写下，也好。”可是，当田建从侍女手中接过毛笔和竹简的时候，君王后却说：“老妇已忘矣！”

如此两件事，一见君王后之聪明，一见君王后之心机。第一则故事，锤断无解之玉连环，君王后是聪明的，也是果敢的。因为，这实际上是以特殊的邦交语言，向秦国表明了一种意向：真将齐国逼上绝境，我只有“碎玉”了。也许，果真是这种聪明果敢的邦交举动，起到了一些震慑作用，终归是秦国在君王后母子当政时期，几乎没有过进兵齐国的战事。

第二则故事，对于最重大的人事善后，主动提起，又主动忘记，君王后是心有所虑的。这种临时变化的心机有两方面：一是维护自己的贤名，最后大事不落“王后干政”之名；二是平常早对儿子说过了，此刻不说也许反而更好。

历史的价值评判法则是：天赋与性格，本身是无可厚非的。可是，当一个人被镶嵌进国家机器，甚或成为这台机器的决定性部件时，他（她）的天赋与性格就会成为决定国家命运的元素之一，就必须接受历史的评判。君王后的聪明与心机，假如是建立在大力推动富国强兵的基础之上，最终保全了国家，激发了国民精神，自然是非常有价值的。

可是，君王后摄政十六年，未见任何富国强兵与激发国民的变法举措。相反，君王后的全部聪明才智，都用在了周旋妥协政策之上。这种由君王后明确下来的“事秦”政策与孤立于山东六国的政策，实质上是一种以追求独家安乐为根基，而左右逢源于剧烈兴亡时代的古典绥靖主义政策。这一政策，在齐国一直延续了近半个世纪之久，极大地弱化、扭曲了齐国的社会精神，使一个曾经强大的国家在面临灭亡的时候，竟然沦落到没有一个人敢于抵抗的境地。

君王后的所谓“贤明”，造成了天下烽火浴血而风景这边独好的怪诞格局。

在山东五大战国与秦国日夜征战的漫长岁月里，只有齐国一家安居大海之滨，远离战火作壁上观。这样的贤明，最终酿成了举国上下无可救药的软骨症，直接导致了国家灭亡。从根本上说，君王后的贤明，只是一种没有多大实际意义的伦理与政治细节方面的聪明应对而已，并不是一个政治家在那个时代大是大非上的贤明。

（3）齐王建时期的昏暗政治综合征

君王后死后，齐王建还有二十八年的王权时间。

如此之长的时间里，齐王建只用了一个丞相。这个丞相，名叫后胜。

后胜究竟是个什么样的人？史书对其人之出身，以及做官经历，皆无明载。我们也无须考据这些细节。但是，后胜执掌齐国相权之后的作为，在《史记·田世家》中却记载得很明确。这位领国丞相，二十八年间都做了些什么事？

> 君王后死，后胜相齐。多受秦间金，多使宾客入秦，秦又多予金。客皆为反间，劝王去从（纵）朝秦，不修攻战之备，不助五国攻秦。秦以故得灭六国。

这段记载明确了两点：其一，后胜多次接受秦国的贿赂，事实上变成了为秦国做事的间谍；其二，后胜又将门下宾客大量派往秦国为使，秦国随即收买了这些人，使之都成为秦国的“间人”，这些人就向齐王大力散布“去从朝秦，不修攻战之备，不助五国攻秦”的舆论，从根本上导致了齐国的混乱。于是，太史公得出概括性结论：“秦以故得灭六国。”

事实上，古往今来的兴亡历史都已经无可辩驳地证明，一个国家灭亡的最深刻原因，绝不仅仅是“间人”干扰了君主或领袖的决断。同样，秦灭六国的根本原因，也绝不会是“间人”力量与“反间”力量起了主导作用。但是，从直接意义上说，秦国利用金钱收买齐国权臣和使者等人作为间谍力量，已经从内部瓦解了齐国的抵抗意志，从而给最后时期的齐国造成了巨大的混乱，严重干扰了齐国的决策。也就是说，从实质上看，在秦国大军压境之前，齐国已经从根本上崩溃了，则正是“间人”力量与“反间”力量的综合作用。

3 灭齐之战的实际进展

公元前 221 年春，王贲大军从燕南之地向齐国西部边境开进。

面对大兵压境，齐国两个决策人物的反应，是非常矛盾而混乱的。

综合史料的不同记载，灭齐之战主要经历了五个阶段。

第一阶段，齐国准备抵抗秦军，发兵扼守西部边界。在刚刚得到秦军南下的消息时，齐国就派出了数量不详的兵力，扼守在齐国西部边界。而且，同时与秦国断绝了邦交。这就是《秦始皇本纪》记载的："发兵守西界，不通秦。"后来的突然崩塌证明，这只是齐王建与后胜不得不做出的一个姿态而已，与真正的挽救危局完全不是一回事。

第二阶段，王贲大军快速南下，对西界齐军进行了第一次进攻。这就是《田世家》记载的："四十四年，秦兵击齐。"这是灭齐之战中唯一的一次战场作战，规模不大，结果只能是齐军溃败，秦军完全突破了齐国的西界防线。事实是，正是这一次不大的作战，给齐国的后胜集团提供了投降秦国的理由。

第三阶段，后胜主张不要再战，军队应该投降。孱弱无能的齐王建，立即听从了后胜的主张，决定投降。之后，残存的西界守军全部放弃抵抗，投降了秦军。这就是《田世家》记载的："齐王听相后胜计，不战，以兵降秦。"

第四阶段，王贲率秦军东进，突然兵临临淄城下，齐王建出降。此后，秦军开进临淄，全城军民没有发生一起抵抗事件。这就是《田世家》记载的："秦兵卒入临淄，民莫敢格者，王建遂降。"

第五阶段，王贲部善后，齐王建被押送至秦国，囚禁于秦国的共地。

据《水经注》记载，秦国随即在齐国故地设置郡县，建立了齐郡、琅琊郡两郡。另外，依据秦史专家马非百先生考证：囚禁齐王建的"共地"有两处，一是《诗经》中提到的曾经被周文王灭掉的"共"，在今甘肃泾川县地带，也就是秦国的陇西郡内；二是西周大臣共伯封地的"共"，在今河南辉县市。齐王建被囚禁之地，按《史记·田敬仲完世家》索隐所言，"今在河内也"，应该就是中原共地。

至此，灭齐之战落下了帷幕，齐国宣告正式灭亡。

4 齐国灭亡原因的传统评判

后世对齐国灭亡的原因，有三种代表性说法。

第一种说法，齐人追忆历史时提到的原因——“客亡齐国”。

齐国灭亡之后，齐国遗民中流传着一首歌：“松耶！柏耶！住建共者，客耶！”——松树啊，柏树啊，你们可知道，将齐王建送进共地的人，是那些宾客啊！齐人的这首歌，是遥望共地的苍苍松柏唱的。这是一首哀伤怨恨的歌——齐国遗民将齐王建被俘，也就是齐国灭亡的原因，归结到了那些成为秦国间人的宾客们身上。

对齐国在灭亡时期的民众状况，太史公还记载了另一则史实：“秦兵卒入临淄，民莫敢格者。”也就是说，当秦军开进临淄城时，民众没有发生一起抵抗事件，没有人敢于反抗。对这一史实，不能进行简单的判定。

至少，在不抵抗的背后，隐藏了三方面的基本事实：其一，齐国民众已经对这个国家政权绝望了，反应麻木了，没有保卫国家的激情了；其二，齐人长期安乐，斗志弥散，雄武之气消失殆尽了，已经无法抵抗秦军了；其三，民众的实际领导者——各族群的头目们，已经在四十余年的富庶生活中丧失了精神勇气，再也涌现不出抗燕时期田单那样的舍家保国的民间领袖了。无人组织，无人激发，散沙一盘的民众必然本能地趋于消极无为。在这样的情况下，民众纵然有心抵抗，也是没有力量支撑点的。

第二种说法，神秘文化的预测之说。

据《史记》所载，关于田氏齐国的命运占卜，主要有两次，都是惊人地准确。

第一次占卜，发生在田氏祖先陈完身上。这则占卜，是因为当时陈国君主陈厉公生了一个儿子陈完，陈厉公便请路过的东周王室的太史对陈完的命运吉凶占卜。卦象出来之后，周太史的解卦之说是——

是为观国之光，利用宾于王。此其代陈有国乎？不在此，其在异国？非此其身，在其子孙。若在异国，必姜姓。姜姓，太岳之后。物莫能两大。陈衰，此其昌乎！

翻译成当代语言，这段解卦辞说得是四层意思。其一，总体判定：卦象显示，此卦关乎国运，有利于以宾客之身称王建国。其二，具体判定：这是取代陈国吗？不是，这是成于另外的国家。其三，再具体判定：此卦不应在你身，而应于子孙。所成之国，必姜姓之国，也就是太岳后裔的那个国家——姜氏齐国。其四，判定时间：事物不能两方同时发达，只有在陈国衰落之后，此人才能在齐国兴盛。

这次占卜，使太史公司马迁大为惊叹。《田世家》之后的太史公曰，是这样感慨的："易之为术，幽明远矣！非通人达才，孰能注意焉！故周太史之卦田敬仲完，占至十世之后。及完奔齐，懿仲卜之亦云。"

据太史公惊叹之言，另外一则占卜也是同样地准确。这就是第二次占卜——懿仲之卜。懿仲，是当时姜氏齐国的一个官员，想将女儿嫁给田完，便请齐国的卦师占卜。卦师的解卦辞是——

是谓凤皇于蜚，和鸣锵锵。有妫之后，将育于姜。五世其昌，并于正卿。八世之后，莫之与京。

解卦辞的意思是：这是一则有凤凰腾飞之象的婚姻吉卦，两相和睦，锵锵悦耳。这则婚姻所衍生的后裔，将在妫水一带成事。五代之后，可为正卿地位。八代之后不妙，几乎没有一个地方可以落脚。请注意，八代之后正是齐湣王时期，其后齐国抗燕六年，齐湣王被流亡民众所杀，举国流散，齐襄王流落数年不能回临淄。如此占卜，如此准确，实在是令人惊叹的神异。

类似这种始终隐藏在神秘烟雾里的评判，在中国原生文明时代始终存在着。

这一现象说明，在我们曾经的原生文明时代，以阴阳家为轴心的神秘学派的学说，也是那个时代具有代表性的认识论体系之一。他们对国家命运的预测及评判，有其认识论基础，这就是“命定论”。这种理论认为，国家命运如同个人命运一样，是由不可知的天意决定的，人只有顺从天命，而不能改变天命。

历史主义地看，要了解中国原生文明时代，就必须了解那个时代社会意识形态的基本构成之一——神秘文化。至于它的历史局限性与不可继承性，早已经被现代科学所证明，无须我们在这里多说了。

第三种说法，西汉《盐铁论》记载的齐国灭亡原因。

在西汉末期的经济改革讨论会——盐铁会议上，有儒家士子们对齐国灭亡的原因进行了探讨与总结，他们的归结是：

> 齐威、宣之时，显贤进士，国家富强，威行敌国。及湣王，奋二世之余烈，南举楚淮，北并巨宋，苞十二国，西摧三晋，却强秦，五国宾从；邹鲁之君，泗上诸侯，皆入臣。（后）矜功不休，百姓不堪；诸儒谏不从，各分散，慎到、捷子亡去，田骈如薛，孙卿（荀子）适楚，内无良臣。故诸侯合谋而伐之。王建听流说，信反间，用后胜之计，不与诸侯从亲，以亡国，为秦所擒，不亦宜乎！

这段评判，首先回顾了齐国在战国中期的强大兴盛，以与末期对比。其后对齐国灭亡原因的归结，与齐国遗民及太史公的评判并无多大差别，同样将原因归结为齐王田建的三大缺失：“听流言，信‘反间'，不与诸侯合纵。"

由此可见，后世的主流评判，大体上都将齐国灭亡原因归结为外部因素。

应当说，这都是事实。但是，却不是最接近本质的根本原因。

5 齐国灭亡原因的新解析

齐国灭亡的最根本原因，是齐国所长期奉行的古典绥靖主义与孤立主义。

古典绥靖主义，是古典社会出现的一种长期对强敌姑息容忍，最后导致投降主义的国家意识。这种古典绥靖主义，在后世的中国历史上曾经反复出现，曾经反复地导致巨大的民族灾难。可以说，古典绥靖主义是整个中国古典文明史的一个顽固毒瘤。就其发生根源的典型性看，战国末期的齐国，堪称中国古典绥靖主义的源头。

齐国的古典绥靖主义，具有古往今来所有绥靖主义三个方面的基本特征。

第一个基本特征，它基于自觉认识而产生，有一定的理念支撑。

第二个基本特征，它对强大的敌国采取明确的妥协政策。

第三个基本特征，它对受强敌进攻的盟邦灾难视而不见，孤立一方，偏安一隅。

(1) 齐国古典绥靖主义的形成与发展

这种古典绥靖主义，表现为一种长期而自觉的国家政策，而不是个别行为一时一事的妥协。就是说，它不是一个短期策略，而是一种长期政策。审视战国末期的齐国，从实际生成的意义上看，抗燕复国之后的齐襄王时期，齐国就已经基本上丧失了进取锐气，一种以休养生息、怀柔外邦，尤其是对强秦的恭谨和畏惧为基础，而处处收敛的国家政策，已经初现端倪。

据《战国策·齐策六》记载，田单解衣，救助饥寒老人。齐襄王很厌恶，认为这是收买民心想夺王位，便将自己的想法说给一个贯珠之人听。贯珠之人很聪明，给齐襄王出了个主意。于是，齐襄王依法行之，下书国中嘉奖田单。王书说："寡人忧民之饥也，单收而食之；寡人忧民之寒也，单解裘而衣之；寡人忧劳百姓，而单亦忧之，称寡人之意。"过了几天，齐襄王又下令田单，专门收容饥民，以谷物救济之，获得了民众赞誉。

《齐策六》中所谓的"贯珠子"，宋人姚宏注："《元和姓纂》引《战国策》'齐有贯殊'，则贯姓殊名，非贯珠者。"当然，此是何人，并不重要，但从这段记述可以看出，抗燕战争结束之后，齐国确实陷入了很严重的民生凋敝。

应对这一局面的基本思想和作为，也可以从史籍中看出端倪。

齐王建六年，正是秦赵长平大战的前夕，《史记·田敬仲完世家》载：

> 赵无食，请粟于齐，齐不听。（谋臣）周子曰："不如听之以退秦兵……且赵之于齐楚，扞蔽也，犹齿之有唇也，唇亡则齿寒。今日亡赵，明日患及齐楚……不务为此而务爱粟，为国计者过矣。"齐王弗听。秦破赵于长平四十余万……
>
> 君王后贤，事秦谨……秦日夜攻三晋、燕、楚，五国各自救于秦，以故王建立四十余年不受兵。

《战国策·齐策六》：

> 即墨大夫与雍门司马谏而听之，则以为可可为谋，即入见齐王曰："齐地方数千里，带甲数百万，夫三晋大夫，皆不便秦，

而在阿、鄄之间者百数，王收而与之百万之众，使收三晋之故地，即临晋之关可以入矣；鄢郢大夫不欲为秦，而在城南下者百数，王收而与之百万之师，使收楚故地，即武关可以入矣。如此，则齐威可立，秦国可亡。夫舍南面之称制，乃西面而事秦，为大王不取也。”齐王不听。

以上资料，显示了作为齐国国家政策的绥靖主义。

这一政策，形成于齐襄王时期，成熟于君王后时期，泛滥于齐王建时期。

包括君王后摄政在内的两代三任的六十三年时间里，齐国曾经出现过许多次的阳刚声音，但是都被这种日益浓郁的绥靖理念湮没了。到了君王后时期，齐国虽然已经在事实上度过了艰难时期，国家已经日渐富庶了，这种绥靖政策却反而堕入了不可变更的运行轨迹。到了齐王建与后胜时期，则更加滑入了投降主义。

历史在那个时代便已经证明，国家的抗争精神，与是否贫穷是否富庶无关；国家的绥靖主义的形成与发展，本质上，也同样与是否贫穷是否富庶无关。绥靖主义无论出现在哪个时期，都一定是国家政策理念发生了变化。战国末期的齐国如此，后世宋王朝更是如此。

(2) 古典绥靖主义严重瓦解了整个国家的抵抗力

这种瓦解，是武备长期荒废，是国家忘记了战争，是贵族沉沦于奢靡，是军队丧失了战心，是民众消散了兴亡意识。抗燕复国之后，齐国在长达六十三年的时间里只有三战，而且都发生在田单领政的时期。其后将近五十年，没有发生一次战争。在战争连绵不断的战国时代，一个曾经左右天下格局的大国，竟能五十年无战，实在是一个不可思议的异数！

所以是异数，基本点在于两个方面的大背离。

其一，战国时代的战争意识最自觉、最浓烈，各个国家对战争的警惕，对军备的重视，都达到了整个古典社会的最高峰。最高水平的兵书都涌现在这个时代，最著名的兵家统帅也都涌现在这个时代。而齐国，恰恰又是《孙子兵法》《孙膑兵法》《司马法》《司马穰苴兵法》的诞生故国。齐国的人口构成，更是滋养了稷下学宫文武兼备的文明族群。就是在这样的国家，竟然五十年孤立于战争之外，眼睁睁走向灭亡，异数一也。

其二，田氏政权历来都是进取精神极强的政治集团，单以国家实力来说，曾经成功地结束了魏国的霸权时代，更曾经长期成为超一流强国。如此显赫的历史实践，却突然完全松弛溃散，异数二也。

战国兵书《司马法·仁本》云："国虽大，好战必亡；天下虽安，忘战必危。"

这一格言之所以传之千古，在于它揭示了一个冷峻的历史真理：一个国家，好战必亡，忘战必危。国家生存之道，寓于对战争的常备不懈之中。举凡耽于幻想的国家与民族，无一不导致最终灭亡。齐国将国家安全的希望，寄托于和秦国的一则盟约之上，置身于天下惊雷风暴之外，偏安一隅，其最终灭亡的结局，其实在这一政策的开始就决定了。

齐国灭亡，是一个国家错误应对天下大局而导致灾难的历史典型。国家时代的战争，是人类竞争的最残酷形式。我们反对战争，可是我们无法不面对战争。对战争的高度警惕，是一个民族生存意识的最底线。

6　秦灭齐之后尚未纳入统一的华夏政权

公元前 221 年，秦灭六国，中国社会进入了一个新的历史时期。

但是，实际有效地统一中国的道路，这时候还没有走完。在公元前221年齐国灭亡之后，中国大地还有若干政权的存在。从总体上说，它们分为三种情况。

第一种，秦帝国有意保留的名义诸侯——卫国政权。

此时的卫国在中原腹心（今日河南省濮阳地区及其周边地带）。这个卫国的国君，是西周分封的王族诸侯，但其国民却是殷商遗民。到战国末期，卫国实际上已经名存实亡，都城濮阳及其周围地区已经被秦设置为东郡。残存的卫国政权，被迁徙到了大河北岸的野王城。秦统一中国后，将卫国国君的爵位定为“君”，在当时的实际意义，仅仅是保留了姬姓国君的社稷祭祀权。直到秦二世时期，卫国国君才被废为庶人。那么，如果以政权生命的延续计算，卫国就存在了九百年，历经了四十四代国君，是古今中外血统传承最长的政权了。

为什么要在统一天下之后，保留卫国的名义诸侯地位？

虽然没有直接的史料记载其原因，但分析当时的实际情形，完全可能是两种情况的综合：其一，为姬姓保留一个祭祀平台，以表示对周王室的一种尊重；其二，卫国出了两个对秦国贡献最大的政治家，一个是商鞅，一个是吕不韦，秦帝国因此感念卫国，所以保留了卫国的诸侯名义。从实际层面看，这种名义诸侯的存在，是没有实际意义的，是可以忽略不计的。

第二种，岭南地区、吴越地区存在的众多族群自治政权。

战国时代，广袤的中国南部地区，唯一国家层级的发达政权只有楚国。但是，楚国的实际控制地区，也就是能够有效治理的地区，一直局限在淮河流域，以及长江流域的一部分。当时中国的东南地区、西南地区、岭南地区，楚国的实际影响力都很小。这三大地区存在的众多族群自治政权，楚国只能以盟主的身份接受象征性的经济利益——纳贡，享受象征性的政治权力——接受称臣。对这些族群自治政权，楚国的实际作为，只能是一定程度地协调某些族群政权的冲突，而没有实际治权。在当时，这种宗主国与名义称臣的政权的关系，通常叫作“王权遥领”。

当时，东南吴越地区与岭南地区的族群，泛称为百越，有纷纭林立的众多部族政权。当时西南地区的族群，主要是滇人，以及被称为“西南夷”的众多族群。史有明载的，是一个由滇人建立的大政权，其头领的名号是“滇王”。这就是《汉书·西南夷传》所记载的：“秦灭诸侯，惟楚尚有滇王。”滇人政权之外，当时西南夷的各族群，也建立了众多的部族政权。从实际层面看，南部广大地区存在的众多族群自治政权，是统一中国进程中遗留的最为重大的一个历史性问题。

第三种，异族入侵占领地所形成的特殊政权。

当时中国的西部、北部、东北部，还都存在着异族占领地及其政权。

当时的西部，主要是与秦国故土陇西郡相连的西边的羌中地区（今日甘肃西部、青海省东部地区）。这一地区，被当时的羌人游牧族群、戎狄游牧族群、西匈奴游牧族群混合蚕食占领，有不断变换的异族政权存在。

当时的北部，主要是被北方匈奴长期侵扰。战国末期，匈奴实际占据的北方草原地区已经很大，它们原本分别属于秦国与赵国的北方边地。秦在统一六国的战争中，将防线收缩于河南地。所以，此时的河套地区、阴山地区及其以北广大地区，实际都被匈奴占领了。

当时的东北地区，主要是东胡、林胡等诸胡族群在实际占领区建立的政权。这一地区，原本属于燕国驱赶诸胡后恢复的领土。但是，战国末期的燕国无力防守，诸胡族群又卷土重来。秦军平定辽东，只是俘获了燕王喜势力，还没有力量集中兵力驱赶诸胡，这一状况一直延续到秦统一六国。

上述三种状况，第一种可以忽略不计，最实际的问题是后两种政权的存在。

后两种政权势力，南中国的族群自治政权，是内忧；匈奴、戎狄、诸胡等入侵势力的占领地政权，则是外患。虽然两者情形完全不同，却都是有效统一中国的最后障碍。

从总体上说，公元前221年灭齐之后，秦有效统一的地区，只是当时中国的核心地域，还不是当时华夏文明圈的全部地区。秦统一中国的路程，事实上还有一大截路没有走完。从历史发展的实践看，当时以秦王嬴政为轴心的秦帝国决策层，对于这种统一未了的状况，认识是非常清楚的，他们的脚步并没有就此中止。

唯其如此，秦灭齐国之后，立即做出了四个方面的战略部署：一则，以王翦大军进军岭南，有效统一南中国；二则，以河南地蒙恬大军为主力，在北部九原、阴山地区大举反击匈奴；三则，以陇西李信大军为主力，向西反击羌人、戎狄与西匈奴之联合势力；其四，以王贲为太尉，统一集中各关塞守军，肃清东北部诸胡势力。

但是，毕竟已经完成了基本统一，等待这个新帝国的，首先是安定民生问题。

秦帝国整合民生

1 秦帝国统一初期的社会效应

秦灭六国，在当时的华夏世界获得了极其热烈而广泛的拥戴。

这种天下归心的历史情形，曾经被后世的非秦烟雾长期遮蔽，以至今天在许多人的历史意识里，秦帝国统一给社会带来的只是灾难。但是，至少在两汉时期，这种统一新生的盛况还清晰地留在人们的记忆之中。让我们听听这些发自历史深处的声音。

西汉著名政治评论家贾谊这样说：

> 秦并海内，兼诸侯，南面称帝，以养四海。天下之士，斐然乡风。若是者何也？曰：近古之无王者久矣！周室卑微，五霸既殁，令不行于天下，是以诸侯力政，强侵弱，众暴寡，兵革不休，士兵罢敝。今秦南面而王天下，是上有天子也。既元元之民，冀得安其性命，莫不虚心而仰上。
>
> ——《史记·秦始皇本纪》引贾谊《过秦论》

伟大的历史学家司马迁这样说：

> 秦取天下多暴，然世变异，成功大。传曰“法后王”，何也？以其近己，而俗变相类，议卑而易行也。学者牵于所闻，见秦在帝位日浅，不察其终始，因举而笑之，不敢道；此与以耳食无异，悲夫！
>
> ——《史记·六国年表》

西汉政治家主父偃这样说：

> 昔秦皇帝，任战胜之威，蚕食天下，并吞战国，海内为一，功齐三代。
>
> ——《史记·平津侯主父列传》

西汉政治家严安这样说：

> 五霸既没……并为战国，此民之始苦也！于是强国务攻，弱国备守，合从连衡，驰车击毂，介胄生虮虱，民无所告诉……
>
> 及至秦王，蚕食天下，并吞战国，称号皇帝；主海内之政，坏诸侯之城；销其兵，铸以为钟虡，示不复用。元元黎民，得免于战国，逢明天子，人人自以为更生。
>
> ——《汉书·严安传》

以上史料记载，还仅仅是两汉部分政治家、史学家对秦帝国建立之初社会反应的记忆，大量对秦帝国统一文明之功绩，及其后世影响的评价，尚不在其中。所有这些被后世非秦烟雾所湮没的历史记忆，都深刻地说明了一个历史事实：秦统一中国，是符合天下绝大多数人利益的，是顺应历史潮流的。一个最为天下民众称道的基本事实是：秦的统一，消弭了连绵战乱，给天下带来了安定的秩序，使每个人都有了新生活的希望，这就是当时“人人自以为更生”的天下大多数人的心态。

秦帝国的建立，也在周边文明中产生了巨大的历史影响。

造成这种历史影响力的根本原因，是秦帝国创建了当时人类世界最大的统一国家。

统一的秦帝国的疆域究竟有多大？今天的我们，已经很陌生了。以《史记》之记载为基础，综合种种历史文献，略去那些形容为主的诗性描述不计，我们可以大体对秦帝国的疆域作以界定：东部陆地边界，达今日之辽东，其实际控制地区直至今日朝鲜；东部及南部的水域，囊括四海：渤海、黄海、东海、南海，皆为中国内海；西部陆地边界，达今日甘肃西部之临洮以西，直至青海东部之羌中地带；北部陆地边界，达阴山以北之广大草原，反击匈奴之后的实际控制区一度达到今日之贝加尔湖地区；南部陆地边界，达今日之广东最南端，以及越南大部分地区，并实际控制南海水域。

如此广袤辽阔的疆域，仅以陆地面积看，大体应当在六百余万平方公里。

在两千多年前的地球上，在西方文明还处于一个个城邦政权的时期，华夏世界就已经建立了如此广袤辽阔的东方统一帝国。这无疑是整个人类文明史的奇迹。

秦帝国的巨大影响力，使周边文明将秦帝国名号看作中国标志。

一个基本的事实是：秦帝国的周边文明，直至两汉，都将东方华夏世界称为秦。

《史记 · 大宛列传》《汉书 · 匈奴传》《汉书 · 西域传》中，都有这样的记载。

清代顾炎武解释这一现象说：“彼时匈奴谓中国人为秦人，犹今言汉人也。”当代已故秦史专家马非百先生，在他的大型史料汇编《秦始皇帝传》中，对中国的古典外文称谓做了诸多考证，得出的结论是：人类各种古代文字中的中国名号，都发源于“秦”称号。他所列举的古代主要外国文字的以“秦”称谓中国者，有八种：

古印度的梵文，称中国为支那或支那斯——秦，发音为 Cina Chinas；

希伯来文，称中国为西尼姆——秦，发音为 Sininm；

古代康居国文，称中国为秦斯坦——秦国，写作 Cynstn；

罗马拉丁文著作，称中国为秦国，发音 Jhin；称秦都城为秦尼，发音 Jhinae；

希腊文，称中国为秦尼国 Sinae；或秦尼策国 Jzintza；秦尼斯达国 Jzinista 等；

叙利亚文，称中国为秦那斯坦——秦国，发音 Zhinastan；

中世纪阿拉伯文，直称中国为秦，三种发音为 Cyn，Syn，Jhin；

波斯文，称中国为支那，与印度同，发音 China。

除此之外，马非百先生的另一个考证结论是：战国秦的西部本土、巴蜀两郡，以及云南地区，与西域及外部世界，有更为频繁的通商，比当时中原地区的外部联系要更多一些。是故，以古代西域传播为基础的世界其余文明地区，对中国的了解更多是基于对秦的了解而实现的。秦统一之后，这一状况更为明显，影响十分久远。

2 秦帝国的整合民生大建设

在统一战争过程中，秦帝国及时有效地整合民生，整个华夏世界保持了有序状态。

(1) 郡县官署的跟进设立，是秦帝国整合民生的第一战略举措

若不对灭亡之国的故土立即做出有效控制，民生无着，那么即或灭了六国，天下动荡也会此起彼伏，甚或会引起更为普遍的大混乱。但是，在秦灭六国的战争过程中，除了韩国故地的贵族势力发动了一次复辟事变，其余五国故地之民众，都没有发生任何动荡。根本原因是秦国在大军之后政权建设的紧密跟进。在统一战争的十年中，秦每统一一国，都立即在所能控制的领土上设立郡县，建立官府，安定民生，监督贵族。

所以，在秦灭齐国之后，山东六国所能实际控制的区域，都先后建立了郡县政权。中国腹心地带的社会秩序，始终保持着基本的稳定。虽然，战争期间的郡县设立，这时还没有与统一政治文明的创建有机整合起来，但是，作为满足社会民生需求的先行步骤，绝大部分郡县政权，在统一战争过程中事实上已经建立起来了。三十六郡或者四十八郡，在公元前 221 年，绝大部分已经都有了。

先行在统一战争中普遍跟进郡县政权的建设这一战略举措，对保障战时社会的安定起到了最为关键的历史作用。事实上，这一战略举措，也是秦帝国整合民生大计的第一个步骤。它的实际意义，在于使秦帝国在之后的所有政策实施中，拥有了一支强有力的政策推行力量。

(2) 第二个战略举措：销毁天下兵器，还社会以和平康宁

《史记·秦始皇本纪》记载："二十六年，收天下兵，聚之咸阳，销以为钟鐻；金人十二，各重千石，置廷宫中。"这件大事，是在统一六国的当年——公元前 221 年立即实施的。显然，这是一则事先谋划好的重大战略举措。

这一政策，在天下民众热诚拥戴中国统一，"莫不虚心而仰上，

人人自以为更生”的时候实行，其首要目标并不是防止人民反抗。从当时天下痛恶长期战争的社会心理来说，收缴并销毁天下兵器，其首要的自觉目的，是要建立和平康宁的社会秩序，以消除六国贵族复辟势力再度掀起战争风浪的基本条件。连带的目标，才是防止民众反抗动荡。

依据后世史书，以及后世史学家对《史记》的不断补正与注释，收缴、销毁兵器这件大事的脉络，及其后续事件，是清楚的。

公元前221年秋，秦始皇帝下令收缴并销毁、重铸天下兵器。以当时秦帝国令出必行的执法力度，应当是基本上收缴了除秦国军队之外的天下所有兵器。当时的山东六国，有军队四百万上下，以每人三件兵器计算，再加上战国时代民间普遍拥有兵器这一事实，当时天下的兵器数量，应该是一个惊人的数字。至少，兵器总数量超过了冷兵器时代的任何时期。这些兵器被冶炼销毁后，铸成了两样东西：一是连带钟架在内的若干口大钟，二是十二座巨大的金人——铜人。这些金人，以西部抗击匈奴的秦军大将“翁仲”为原型，每尊高约五丈六尺，重达三十四万斤，矗立在咸阳宫前的广场上。

有汉一代，这十二座金人依然矗立在长安城的未央宫前。据《水经注》记载：东汉末年，“董卓毁其九为钱。其在者三，魏明帝欲徙之洛阳，重不可胜，至霸水西停之……石虎取置邺宫。苻坚又徙之长安，毁二为钱，其一未至而苻坚乱，百姓推置陕北河中（当指陕县以北的黄河），于是金狄灭”。

至此，十二座金人从历史中最后消失。

（3）第三大战略举措：推行“定地势”大建设政策

这件大事，《史记》引用的秦代碣石门石刻是这样记载的：“皇帝奋威……堕坏城郭，决通川防，夷去险阻；地势既定，黎庶无繇，天下咸抚；男乐其畴，女修其业，事各有序；惠被诸产，分并来田，莫不安所。”秦代石刻是三句一节，上述四节十二句，集中讲述了秦帝国统一之初推行“定地势”政策的具体内容及其社会效果。

从内涵上说，“定地势”，就是整治地理环境，平整自然险阻与人为构筑的种种障碍。

从整体上说，这一政策包含了四个方面的普遍工程：堕坏城郭，决通川防，夷去险阻，疏浚漕渠。让我们来看看这四个方面包含的具体内容。

其一，堕坏城郭。请注意，依据《史记》正义对这四个字的考据辨析，坏城郭，是一个单独的名词，是指年久失修已经自行毁坏的城池。堕，是动词，夷平毁去的意思。四个字连起来的意思是：拆掉已经老旧毁坏了的城池，夷平地势。

春秋战国五百余年，一方面是社会经济在大变法中全面发展，一方面是诸侯分治，霸权迭起，刀兵连绵，城池要塞构筑如林。及至战国中后期，七大战国中除了韩国，每个大国有军队驻防、有人口居住的大小城池，大体都在一百座上下，秦、楚两大国的城池更多。有许多封地领主基于分治需要，也在自家封地上建造了许多小城小邑。也有许多中小诸侯国基于盘查商旅或军事防守，建造了许多大小不一的要隘关塞。种种城邑与要塞关隘，都因为种种自然灾难，或者战败失守而遭受大火焚烧等原因，成了事实上废弃的城池。这些已经丧失了功能的废弃城邑关隘，矗立在原野，矗立在交通要道，矗立在河流码头，既占农田，又碍交通，有百害而无一利。

拆毁并夷平这些废弃城池，恢复大量农田，并使水陆交通畅通，从而便利民生，是一件重新规整大地环境的实实在在的好事。

其二，决通川防，疏浚漕渠。

这两件事互有关联，在实践中也是一体化实现的，故而连在一起说。

自春秋动荡开始，至战国分治天下，各国在江河湖泊各自修筑堤防已经成为普遍事实。尤其是黄河中下游两岸的周、韩、魏、赵、燕、齐六个政权，都曾“壅防百川”，也就是用土石修筑大型堤坝，各以自利，同时危害他国。

据《汉书·沟洫志》记载，赵魏齐三大国的大河堤防战，曾经很是惨烈。

大河东岸，赵、魏两国地势高，齐国地势低。为防止赵魏河段的洪水淹没本国农田，齐国在距离河岸二十五里处，修筑了一道大堤。从此，只要河水大涨，遇到齐国大堤便倒卷回来，反而淹没了地势高的赵魏农田。赵魏两国大是不满，会商之后，也在离河二十五里处的齐国大堤对面，共同修建了一道大堤。

如此一来，只要大河涨水，便在两边堤防间冲击游荡。汛期一过，积起厚厚一层淤泥，渐渐隆起成为肥田。于是，三国民众纷纷进入堤坝区耕耘，争夺激烈，并迅速盖起了巩固土地权的一片片庄园房舍。但是，一遇洪水冲毁堤防，每次都死人无数。于是，赵魏齐三国便从原堤防处后退，在距离城池已经很近的地段，再度建起了更高大的堤防。后来，大河洪水在两道高大堤防夹击下没有出路，非但淹没了所有农田，还冲进城池，淹死了三国大量人口，造成了巨大灾难。

这就是战国之世的堤防战。地势低者不愿让地给洪水出路，地势高者不愿低处筑堤而洪水倒卷，各以堤防堵截洪水，造成经常性的洪水大泛滥，致使生灵涂炭。这种共享水流但却没有系统规划的堤防，以各种相互阻碍的方式建了续作，是战国时代危害民生的重大灾难之一。夷平这些相互冲突的堤坝，只有统一的大国，统一的利害筹划，才能有效做到。从任何意义上说，这都是有利于国计民生的人道大政。

疏浚漕渠，是决通川防这一大政策中一个非常重要的方面。

漕、渠，都是指人工开凿的水道。漕，是以行船为主的水路交通大道，就是后世所说的运河。渠，是以灌溉为主的行水之沟。战国之世，各国修建的漕渠很多，水利的发展上升到一个崭新的历史阶段。

其中，最大的漕——运河，是以魏国为主所修建的沟通黄河、淮水、济水、汝水、泗水五大流域的鸿沟运河水系。后来，秦帝国修建的沟通长江水系与珠江水系的灵渠，是鸿沟之后另一条最大型的运河。

另外，由楚国修建的，有沟通汉水与云梦泽的运河、沟通长江与震泽（太湖）的运河、沟通江南五湖的运河；齐国修建的，有沟通淄水与济水的运河；还有魏国西门豹修建的，沟通漳水与邺水的漕渠兼顾的水道。

战国时代，各国修建的以水渠为轴心的灌溉农田的大型水利工程也很多。最著名者，是秦国的李冰渠——都江堰、郑国渠，以及秦帝国在疏浚漕渠的同时，新开的会稽郡的通陵渠、长沙郡的汨罗渠、陇西郡的秦渠、陈郡的琵琶沟等大型灌溉工程。

但是，这些漕渠在战国末期的数十年中，由于山东六国不断地衰落以至濒临灭亡，几乎完全没有人力物力以及国家的动员能力去维护了。漕运水道多有淤塞，农田灌溉渠道更是损毁严重。当此之时，帝国将决通川防、疏浚漕渠当作“定地势”的轴心工程大力推动，对于恢复水运交通，恢复农耕经济，无疑是极其重要的民生人道大政。

定地势的另一项大工程——夷险阻。

险阻，有两种情况：一种，是对交通与商旅构成巨大障碍的自然地势；一种，是在交通要冲地带人为构筑的地形障碍。前者如关中到九原的山梁沟壑，后者如各国在山口要道或江河主要渡口所构筑的壁垒、山梁、堑沟等军事阵地。夷平前一种险阻，最主要的意义在于交通建设。同时动工修建的秦直道，其最主要的工程量就是“堑山堙谷，夷去险阻”。夷去后一种险阻，最主要的意义，则是消除人为的交通障碍，使民众交往、商旅贸易更加便捷。

凡此等等大型工程的实现，等同于对整个华夏世界的生存环境，做了一次大修复，其在当时的意义，无论如何估价都不算过高。是故，碣石门石刻所言的社会反应，应该是自然而真实的。

地势平定之后，男子乐于耕耘了，女子安于桑麻了，百事各有秩序了。工程给所有的产业都带来了巨大的好处。对于新开垦的土地，无论是分还是并，民众都安然接受。显然，这种泰然安乐的社会情绪，既是连绵刀兵之后的颓然舒展，也是对新帝国政权的普遍信任。这种情形，在后世的中国历史上被称为“太平盛世”，是极其罕见的历史现象。虽然，这一时期持续得很短，但是，它却留下了一个帝国时代注重民生建设的巨大历史足迹与文明辐射力。

(4) 第四大战略举措：全面整合并大建天下道路

自古以来，中国就将人人可行的大路叫作“官道”。

官者，公共之谓也。如此称呼，其本原意义，是与封地分治区域有通行限制的私家道路相对应的。秦帝国建立之初，立即对天下“官道”进行了大整合。从工程内容看，这一整合主要有四个方面：

一是修复旧有官道，使之符合法定的车轨宽度与交通容量；

二是打通当初各国有意不互相连接的郡县道路、边境道路；

三是补修并连通原有的交通干道——天下驰道；

四是新修建通向北方前线的国防高速大道——秦直道。

从道路本身的整合实践看，这一战略任务完成了四个方面的大型系统工程。

其一，以统一的交通法度为依据，整修天下各郡县官道将近四百条。

郡县官道，就是山东六国原有的大路。虽然，这些道路大体都能通行，但是却没有定制，宽窄不一，长期缺乏维护，事实上的交通障碍已经是普遍现象。对郡县道路的整合，主要是以统一的车轨宽度为依据，重新拓宽或补修路面；其次是打通断点、拆毁路障等。这一整合，在当时称为“路政统合”。

其二，整修与新建内史郡通外官道十二条。内史郡，大体上是以关中地区为轴心的老秦国本土区域。从关中通向外部的十二条官道是：泾水道、汧水道、渭水道、子午道、涚水道、褒斜道、陈仓道、金牛蜀道、巴山道、白水道、蒲津道、武关道。凡此十二条官道，都是关中通联天下东西南北的出口大道。

其三，以原有驰道为基础，四大干线为轴心框架，整修天下“驰道”。驰道者，车马疾行之大道也，也就是今天说的高速公路。战国之世，各大国都有这种连通富庶地带的古典高速公路，只是各国数量不一，路况不同，相互通联较差。秦帝国以各国现有驰道为基础，确定以四大干线为框架，整合天下驰道。这四大干线是：

第一条干线，咸阳出函谷关的东西驰道；

第二条干线，“东穷燕齐”驰道。这条驰道的功能，是联结原有的秦燕齐赵四国。所谓“东穷燕齐”，是说它的最远目的地，而不是它通联的所有地区。这条驰道的实际路线，是通联北方四大战国的原有驰道，实际路线的城市联结点是：咸阳——函谷关——新郑——大梁——邯郸——蓟城——临淄。其间，以大梁为轴心，同时有一条东线：大梁——临淄——蓟城。也就是说，这条干线的全部形状，类似一个捕鸟长竿——函谷关至大梁是长竿，大梁至临淄，至蓟城，至邯郸，再回大梁，是顶端的圆圈。这条干线，全长大约在八千余里，或者万余里。

第三条干线，“南及（楚）吴越”驰道。这条驰道，连通原先的楚、吴、越三大国，其城市连接点是：咸阳——函谷关——陈城——寿春——吴城——会稽，全长大约五千余里，甚或更长。

第四条干线，“南极海粤”驰道。这是完全新修建的连通岭南三郡的驰道，史称“杨越新道”。这条驰道路线的城市连接点是：咸阳——函谷关——陈城——寿春——庐陵——番禺——桂林。自故楚都城寿春以南，全部是新修大道，全长约两千余里，或者更长。

所有这些驰道，其修建规制、长期功能、交通美感，都达到了当时的世界最高峰。

据《汉书·贾山传》记载，秦驰道的建造规格是：“道广五十步，三丈而树，厚筑其外，隐以金椎，树以青松。”——驰道宽约七十米。道路中央三丈是高速车道，两边青松林带隔离。路肩培土中，或是有一定密度的铁条支撑，既抬升路面，又兼顾平整，同时利于排水。贾山对此大为感慨地说：“为驰道之丽至于此，使其后世曾不得斜径而托足焉！”

这样的驰道，一直到百余年之后的西汉，依旧完好无损。《三辅黄图》记载，汉代不但继续使用秦驰道，而且完全承袭了秦代的路政管理：

> 汉令：诸侯有制，得行驰道中者，行旁道，无得行中央三丈也；不如令，没入其车马。

特别要说的是，秦帝国新修建的杨越新道，与灵渠一起，构成了联结岭南三郡的水陆大通道。据《湖南通志》等史料记载，这条大道的地形险峻，修建艰难：大道“阔五丈余，类大河道。两岸如削，夷险一致”。这条大道修成后的两千余年，依旧照常使用，并且壮美异常。明末人邝露之笔记《赤雅》，曾经记载了自己走过杨越新道后的感受，他说：“自桂城（桂林）北至衡湘，七百里皆长松夹道，秦人置郡时所植……龙攀凤跱，四时风云月露，任景布怪……行十日至兴安，至今梦魂时时见之。”

这样的建设精神，这样的工艺水准，实令我们骄傲！

道路大建设的另一个惊世创造，是秦直道的修建。

秦直道，就是从咸阳直达九原的军事高速大道。《史记》的记载是：“除道，道九原抵云阳，堑山堙谷，直通之。”战国时期，关中曾经有一条通向九原郡的道路。苏秦说燕文公时曾经提起这条道路：“秦之攻燕也，逾云中、九原，过代、上谷，弥地数千里。”这就是说，关中到九原，不是没有路，而是路难走，要绕远许多。

这条大道所以要修成直达大道，根本原因是秦帝国要对匈奴展开大反击，要保障后勤快速畅通。是故，这是帝国盘整交通中唯一的一条国防高速大道。这条直道，起点是甘泉宫，目的地是九原郡，全长一千八百余里。据《史记》之说，这条直道没有竣工——“道未就”。但是，同时又有秦始皇最后一次巡视回程走秦直道的记载。两相参正，应该是基本通了，只是没有完整建成。

这条秦直道，在百余年后西汉反击匈奴时，才真正发挥了巨大作用。汉文帝能发八万骑兵快速抵御匈奴，汉武帝能勒兵十八万骑，旌旗径千里，威震匈奴，没有秦直道是不可想象的。

3　秦帝国的人口土地新政策

秦帝国整合民生的另一大事，就是人口与土地的重新登记与调整。

战乱平定之后，对人口与土地进行重新登记调整，这是古今中外通行的必然惯例。秦统一之前，秦国有过一次人口登记。这就是秦王政十六年，“初令男子书年”，下令所有人口自报年龄，全面登记，即云梦秦简所说“自占年”的登记方式。帝国建立之初的人口统计，依据秦国惯例，以及实践可行性，在各郡县的人口统计，也应该是自报年龄并在官府登记的方式。

土地登记，则有明确记载：“始皇三十一年，使黔首自实田。”

黔首，是帝国统一文明中确定的对民众的称谓。自实田，就是自家向官府禀报自家的土地占有量，官府只登记而不核实。这种方式与人口登记的“自占年”一样，都是一种依靠民众自觉的登记制度。

重新登记人口，重新登记土地，其第一必要是明确赋税征收制度。

关于秦代赋税征收量，《史记》等基本史料没有直接记载。仅见的最早记载，是《史记》记载的秦末之乱中六国贵族大而无当的谎言："头会箕敛，以供军费，财匮力尽，民不聊生。"这则言论只说了以人头计算——头会，以簸箕敛钱——箕敛，而两种方式的具体数量并无说明，显然无法作为依据。

最早的数量评判，见之于《汉书·食货志》的西汉董仲舒的言论："秦田租、口赋、盐铁之利，二十倍于古。"此后，历代史书都以董仲舒的评判为依据，将秦帝国的赋税政策定为这一数量，作为暴秦依据之一。

可是，后世的两则考据史料，却显然推翻了这一评判。一则史料，《太平寰宇记》引《晋中兴书》，记载了对一个秦代部族后裔的实地勘察资料，这则资料说："（巴氏子孙）布列巴中，秦并天下，薄其赋税，人出钱四十。"依据此说，秦帝国统一后，实行的是"薄赋税"政策，赋是徭役，税是货币税；"薄赋税"，就是征发徭役与征收赋税都减轻了。税收的数量，是每人每年四十个秦半两。

另一则史料，《晋书·李特传》记载了一则实际勘察资料："秦并天下，以为黔中郡，薄赋敛之，口岁出钱四十。"

两则记载，一则是巴郡，一则是黔中郡，但数量却是一致的。这说明，秦帝国建立后，在天下三十六郡推行的都是"薄赋税"政策，每人每年的人头税是四十个秦半两。依据这两则资料，可知秦帝国的轻税政策是显然的。董仲舒的臆断式评判，则显然没有根据。

秦帝国整合民生，还有一个重大举措，就是全面推行重农不抑商的政策。

重农不抑商，是秦国在商鞅变法时期确立的国策。商鞅变法的重大举措之一是统一当时秦国的度量衡，目的便是规范当时的市场制度，推动商业发展。所谓抑商，只是指政治地位的限制而言，绝不是抑制商品交易与商旅活动。秦帝国建立之后，仍然奉行了这一既定政策。

关于秦帝国的重农政策，秦始皇时期的琅琊石刻这样概括："皇帝之功，勤劳本事，上农除末，黔首是富。”《史记·秦始皇本纪》中，李斯这样表述：“今天下已定，法令出一，百姓当家，则力农工。”重农政策的法律及其与实践配套的政策，还有许多，譬如专门保护耕牛的法令《厩苑律》，专门保护粮食储存的法令《仓律》，专门调整土地关系的法令《田律》，专门保护山林水面的法令《山泽律》，等等。

关于秦帝国推动商业发展，主要有两大方面：一是全面统一度量衡，建立全面而规范的市场；二是颁布法令保护工商业，譬如保护工匠生产的《工律》、规范货币流通的《金布律》、规范市场活动的《关市律》、规范工程建造的《司空律》等。

上述举措与政策，都说明一个无可掩盖也无法扭曲的历史事实：秦帝国统一之后，对天下民生的盘整，是全力以赴的，是卓有成效的。当然，其中也包括了少部分的政治工程，譬如“写放”建造六国宫室于咸阳北阪、大修秦始皇陵墓、筹划修建阿房宫这三项大工程，都是远离民生的。历史主义地说，这是秦帝国不能摆脱时代局限的历史性缺陷，但却并不是帝国的基本面。

秦帝国整合民生的系统政策，是推翻秦暴政说的最基本事实。直至秦帝国灭亡之际，其财富积累与富庶程度，都要远远强于后来的西汉强盛时期。秦末之乱对文明与财富的毁灭，开了中国夺权“革命”大烧杀大毁灭的先例。

秦帝国创建统一文明

秦帝国最基本的历史功绩之一，是在统一中国之后，又统一了中国文明。

秦帝国创建的统一文明，最主要的框架由三个基本方面构成。其一，创建了以中央集权制、郡县制、统一法制为轴心的统一的政治文明；其二，创建了以统一文字为轴心的统一文化形式；其三，创建了以统一货币与统一度量衡为轴心的统一经济制度。

秦帝国所以能在统一中国疆域之后，再度爆发而创建中国统一文明，最为根本的历史原因，是秦帝国具有自觉的文明整合意识。《史记·秦始皇本纪》所引之泰山石刻，记载了秦始皇在统一中国后的思虑状态："皇帝临位，作制明法，臣下修饬……皇帝躬圣，既平天下，不懈于治；夙兴夜寐，建设长利，专隆教诲……大义休明，垂于后世，顺承勿革。"

这些话的意思是：统一六国之后，始皇帝立即推动了创建统一文明的进程，臣下们也齐心协力地努力整顿制度。为什么如此？始皇帝辛劳不懈、日夜思虑的最大问题，就是天下的长远利益，以及如何将这种长远利益的建设，以法律制度的形式稳定巩固下来。故此，始皇帝专注于推崇文明教化——“专隆教诲”，力图使这种新文明推行天下并传之久远。

历史实践证明，泰山石刻对帝国最高权力层在统一中国之后精神方向的概括记载，是符合历史实际的，它已经被秦帝国在之后开始的大规模的文明统一工程所证实。

1 统一文明之序幕：依法封赏功臣

一个新的国家政权建立，首先是论功定职，这大约是古今中外的通则。因为，论功定职的实质是确立新的国家权力框架，将各个领域的奋战之士按照创业阶段的功勋大小，重新明确他们各自的权力位置，以更好实现新国家机器的职能。依据秦法，秦帝国的功勋评定，主要分为四种情形。

第一种，军功。秦自商鞅变法以来确立的最基本国家功勋。

秦国军功分为两大类：一类是士兵的斩首之功，一类是军官的战胜之功。斩首之功称“首功”，是当时各大战国都普遍实行的军功之法，而不是秦国独有。后世以至当代社会意识，误以为“斩首记功”是秦国军功制的唯一方法，这是不符合历史实际的。秦国军功制的最大创造，是秦国对军功制的合理架构——三阶制军功。

第一阶，首功。士兵以斩首记功。这是今天我们所熟悉的，不用多说。

第二阶，群首功。中下级军官，以其所指挥士兵的斩首总数量为基础记功，而不是以军官自己的斩首数量记功。这是确保军官以指挥职能为重心，并同时防止军官利用权力而虚报冒功。《商君书 · 境内》提到了这种方法：百夫之旅，每战斩首三十三级，百夫长等同士兵斩首一级之功。

第三阶，战胜之功。都尉将军之上以至统帅，以战胜为根本，再参照战争规模、最终结局之影响等因素综合论功过，基本与斩首数量不发生联系。这是高阶军功，当时名称是“本赏”——以战胜为根本的一种功劳。当时山东六国的军功制，只有首功——斩首记功，而无本赏。就是说，对于将军统帅的战胜之功，山东六国不作为必赏之功对待，可以赏，也可以不赏，全凭君主决断。显然，这是不合理的，是不利于激发凝聚高端军人阶层的。

基于以上三种军功制度，《荀子·议兵》曾经总结说：“秦人……非斗无由也……功赏相长也……故四世有胜，非幸也，数也！”

第二种，政功。从政官员的政事功勋。

政功，是与军功相对的文职功勋。战国与秦帝国时代，武职与文职的区别，远远不像后世那样鲜明，文武兼备的大家很多，譬如吴起、商鞅、孙膑、尉缭、王翦、蒙恬等。故此，文职爵位在高端与武职重合。文职中低端有六级爵位，从低到高分别是：有秩吏、后子、君子、大夫、显大夫、客卿。客卿之上，进入高端的侯爵、君爵，与武职爵位重合。

政事之功，又有主事之功、谋划之功、建言之功、民治之功四大种类。主事之功，是中央部门大臣并郡守、县令等主管大员的功绩；谋划之功，具有一定的广泛性，但主要是在职官员提出可行性方略的功劳；建言之功，具有更大的广泛性，是官员、名士甚或民众，对国家提出有用建议的功劳；民治之功，主要是郡县官吏、经济民生诸官署做出的功绩。

第三种，民功。民众建立的功劳。

秦之“民功”，分为三大类：一是耕耘之功，二是商旅之功，三是百工之功。

在这三类功劳中，耕耘之功居于轴心地位，直接与战功并列。这就是“奖励耕战”的根本法度。秦国与秦帝国以什么样的耕耘量评定农民耕耘之功，史料未见清楚记载。可见的史料，是《秦始皇本纪》中关于救灾农爵的记载：秦王政四年，“天下疫，百姓内粟千石，拜爵一级。”由此可见，农民的耕耘之功，是以超额缴纳的粮食数量为依据评定的。

商人阶层，除依法缴纳赋税之外，则以对国家提供的自觉援助的多少论功。这种自觉援助，在战国时代被称为“义商”，包括利用商旅活动之便，为本国及时提供敌国消息，或者某种实际支持。譬如春秋时代的郑国商人弦高智退秦军，对于郑国就是“义商之功”。秦国长期与六国竞争，素来重视义商活动。始皇帝前期（吕不韦领政），曾经对巴郡大商人寡妇清立过怀清台，记载并纪念其功劳；对北地郡救灾有功的大商人乌氏倮，也封过爵位。

百工之功是各种制造业的业主、工匠，以及治水、行医、营造等各个领域的工师们建立的功劳。战国时代的“工”，是一个相对宽泛的阶层名称，包括普通工匠，但更趋向于各种行业的业主与专业工师。“工功”之典型，是韩国水工郑国进入秦国之后，因为建造引泾灌溉工程而成为大功臣。

还有一种相对具有广泛性的“民功”，说的是民众在战争困难时期踊跃赴战，或大力支援作战，都可论功。譬如，长平大战初期，秦昭王征发河内男子十五岁以上者，全数赶赴战场，担负后勤支援，就曾经对每人拜爵一级。

在这种对民众赏功的法度激励下，秦国与秦帝国时期的民众，形成了浓厚的以获得国家爵位为最高荣誉感的社会风气。《晋书 · 庾峻传》，以贬斥的口吻记载了这种风气：“秦……时不知德，唯爵是闻。故，闾阎以公乘（爵位）侮其乡人，郎中以上爵傲其父兄。”这是说，秦时民众以获得爵位为唯一光荣。邻里之间，一个公乘中爵便可以欺侮乡人；从军后生只要爵位高，就可以傲视父兄。通过这则指斥性记载，我们可以看出秦人强烈的国家荣誉感，也可以看出秦国百余年坚持赏功制度所形成的强大国家信誉。

第四种，外功。列国人士助秦之功。

列国人士之功，大体分为两种情况：一为“善秦”之功，一为“义举”之功。

秦统一前，纵横捭阖的邦交战非常激烈，秦国除了正当的国家邦交力量，对秘密战线的作战也非常自觉。尤其是统一战争开始之时，李斯、尉缭都曾经先后提出以重金分化、暗杀威胁为软硬两手，分化瓦解六国的方略。在这样的战略原则下，山东六国出现了许多以各种方式援助秦国的权力人物。

这种人，一般分为三种情况：一是滋生于本国的奸佞权臣，如赵国郭开、楚国李园、齐国后胜等。这些臭名昭著的权奸，秦国都是在权奸所在国灭亡之后，立即秘密处决了这些卖国奸佞，从没有留下使用过一个奸佞权臣。第二种情况，是具体的支持行为，譬如具体的消息提供、战场区域的向导之功、捐助之功、人力支持等。凡此行为，大体都是以即时赏赐的方式了结。第三种情况，是基于对本国的衰败腐朽严重不满，从而长期秘密支持秦国统一，或者率领一部分军队投降秦国者。秦帝国所要封赏的“外功”，主要指第三种情况的义士功绩。

虽然史料没有留下完整的功臣封赏资料。但是，通过对散落在种种史料中相关零星记载的整理，我们仍然可以大体了解秦帝国第一批高阶功臣的概况。从总体上说，秦始皇帝第一批封赏的高阶功臣群有32人，分为两个系列的爵位。

第一系列，侯爵阶位，三个梯次，共28人：

一等武功侯爵4人：武成侯王翦　通武侯王贲
通侯蒙恬　通侯蒙武

一等政功侯爵4人：通侯李斯　彻侯王绾
关内侯尉缭　关内侯郑国

二等武功侯爵6人：陇西侯李信　关内侯冯劫

关内侯冯去疾　关内侯内史腾

武安侯马兴　东陵侯召平

二等政功侯爵3人：关内侯顿弱　关内侯姚贾　文通君孔鲋

三等外功侯爵11人：五马侯令狐范　南阳侯杜赫

高武侯戚鳃　襄侯王陵

武信侯冯毋择　莱侯崔意如

竹邑侯沈倧　汶阳侯崔仲牟

巴陵侯姜叔茂　伦侯建成侯赵亥

伦侯昌武侯成

第二系列，大庶长爵位，两个梯次，共4人：

一等武功大庶长爵位3人：将军杨端和　将军辛胜

将军章邯

一等政功大庶长爵位1人：长史蒙毅

上述功臣爵位之封，有几个特殊人物需要说明。

第一个，王翦的武成侯爵位，是唯一特许——可以被子孙承袭。此后不久，王翦辞世，其长孙王离承袭武成侯爵位。琅琊石刻上，“武成侯王离”的排名，尚在其父亲王贲之前，就是因为继承了祖父的爵位。就是说，王翦在统一战争中功劳最大，承袭权是极其特殊的特许权利。

第二个，外功侯爵中的王陵。此人不是秦昭王时期的名将王陵，而是山东六国某国的将军。楚汉之乱时，这个王陵归附刘邦，后来在西汉初被封为安国侯。

第三个，文通君孔鲋。此人被秦始皇帝封为与侯爵等同的君爵，实际是秦帝国在意识形态领域彰显百家并重方针，自觉确立的一个“文教”标记。在后来的六国贵族复辟思潮中，孔鲋不经辞职，秘密逃出咸阳，投身六国贵族的复辟活动，成为秦帝国罪犯。最后，孔鲋投奔陈胜农民军，死于陈胜军败亡的战场。

2 创建统一政治文明：中央集权制大系统

秦帝国统一中国文明的轴心，是创建了统一形态的政治文明。

统一政治文明见诸实际制度，是三个大系统：中央集权制，郡县制，统一法制。

(1) 第一大系统，中央集权制——对整个国家统一行使治权的中央政权制度

中央集权，是相对于历史上曾经的诸侯分治（分权）而言。自从中国进入国家时代，夏商周三代都是王权统属下的诸侯分治——分权制。具体地说，夏、商两代一千年出头，是松散的邦联制国体。西周时代将近三百年，是相对紧密的联邦制国体。其后的春秋、战国两大时代共五百余年，王权衰落崩溃，中国由诸侯分治不断重新组合，进而以兼并形式强力简化，形成了七大战国完全分治的时代。

秦帝国统一中国后，面临的最直接与最重要的问题，就是建立什么样的国家政权的问题。历史提供的选择有两种：一、重新回到王权时代“封建诸侯，分治天下”的联邦制去；二、以已经推行百余年的郡县制为基础，创建中央集权制国体。从历史展现的实践进程看，秦帝国选择了后一条历史道路——创建新的中央集权制国体。

中央集权制的轴心，是创建新的中央政权系统。这个大系统，分为两个具有统属关系的权力系统——皇权权力系统，三公九卿制的中央政府权力系统。皇权系统是新国家政权的最高层面，是国家元首系统；中央政府系统，是统属于皇权系统之下的政务系统。这两大系统的具体构成，是四个层级——

第一层级　皇帝系统

最高决策者：皇帝

直接对皇帝负责的皇室政务机构与皇室事务机构，共计九个——

1. 郎中令，类似后世之元首办公厅，九卿之一，统率皇室日常事务；

2. 尚书丞，类似后世秘书处，管理臣下奏章与皇室图书典籍；

3. 奉常，九卿之一，总掌祭祀礼仪，辖太庙、太史、太宰、太卜、太祝等署；

4. 宗正，九卿之一，总掌皇族人口之事务，重点在维护血统传承的宗法制；

5. 太子傅，总掌以太子为中心的皇族子弟教育，同时兼领社会教育；

6. 卫尉，九卿之一，总掌皇城及皇室护卫，辖卫令、公车司马等署；

7. 太仆，九卿之一，总掌皇室交通车马，兼领天下路政；

8. 将作少府，主掌皇室工程，下设五个校令（监工）署；

9. 大内令，主掌皇室府库，兼领外邦及地方之进贡事务。

这九大机构中，辅助皇帝处置政事并有实际执掌的机构，主要是前五个机构：郎中令、尚书丞、奉常、宗正、太子傅；其余四个机构，是皇室事务系统。

第二层级　中央政府系统　三公九卿

总领国家政务者：丞相

三公系列：三大最高政府机构——

1. 丞相，总领国政，设左、右丞相为辅助，丞相府下设官署若干；

2. 太尉，总掌兵政，类似今日国防部长，以原国尉府为基础扩大设置；

3. 御史大夫，总掌监察系统，监督中央与地方的一切政事；

九卿系列：分掌政事的九大机构——

1. 廷尉，总掌法治领域，辖左监、右监、狱政三大官署；

2. 治粟内史，总掌天下农业经济，是当时最主要的经济大臣；

3. 典客，总掌邦交事务，类似今日外交部长，以原行人署为基础扩大设置；

4. 郎中令，类似皇帝秘书长，沟通皇帝系统与政府系统；

5. 奉常，总掌国家与皇室礼仪祭祀等，同时接受皇帝直辖；

6. 少府，总掌国家工程，以原司空府为基础扩大设置；

7. 太仆，总掌国家与皇室车马、交通、路政等，同时接受皇帝直辖；

8. 宗正，总掌皇族事务，接受皇帝直辖；

9. 卫尉，总掌皇城、皇室及所有京师官署之护卫，接受皇帝直辖。

第三层级　军队武职系列

1. 军队最高统帅——大将军，实际统率全国作战军队，接受皇帝直辖。

2. 战区将军，专设的战区统帅。帝国设有九原将军、陇西将军、南海将军、闽越将军等。岭南秦军的赵佗，后期担任南海尉，便是这种战区将军。

3. 作战将军。军队的各级将领，类似今日之军长、师长等。

第四层级　中央散官系列

1. 少傅，总掌全国社会教育，与执掌皇族教育的太傅对应；

2. 博士仆射，执掌博士宫，国家最高学宫、最高智库；

3. 客卿，才士在试用阶段的虚职，与闻国事；

4. 中尉，掌京师治安，类似今日之公安系统；

5. 内史，掌京师政务，属丞相府辖制。

以上四层级的中央权力系统，是实行中央集权制的权力平台，是国家机器的发动机。

(2) 第二大系统，郡县制之地方权力系统

伴随着统一战争的进展，设立郡县官署几乎在同步进行着。统一战争基本结束时，除岭南三郡尚未实际设置外，当时中国大地的郡县官署，事实上已经基本全部建立了。所以，帝国建立之初，第一个战略举措便是整合地方治权，设立三十六郡，并进一步健全郡县官署。从历史的实际步骤说，统一创建郡县制在先，大论战之后再度巩固了郡县制。在文明史的意义上看，我们对这一时间差可以忽略不计。

从权力系统的构建看，郡县制是中央集权制的下属系统。但是，从国家治式的本质看，郡县制（上为中央集权制）却是与封建诸侯制（上为联邦制王权）相对应的一种国体。所以，郡县制既是中央集权制的坚实基础，又是国体最为本质方面的规定。

秦帝国设立的三十六郡，自北向南分别是五个大区域——

阴山草原地区及辽水流域　七郡：

云中郡　九原郡　上谷郡　渔阳郡　右北平郡

辽西郡　辽东郡

黄河流域　十五郡：

内史郡　陇西郡　北地郡　上　郡　雁门郡　代　郡

太原郡　上党郡　巨鹿郡　邯郸郡　河东郡　三川郡

南阳郡　琅琊郡　齐　郡

淮水流域　五郡：

颍川郡　南　郡　砀　郡　泗水郡　薛　郡

长江流域　六郡：

巴　郡　蜀　郡　汉中郡　九江郡　会稽郡　长沙郡

珠江流域　三郡：

南海郡　桂林郡　象　郡

秦帝国之郡县数量，另一种历史说法，是四十八郡。

当代出土的简帛文物，也间或有秦帝国新郡名被发现。历史地分析，产生这种差异的可能性是，《史记》所载的三十六郡数量，是帝国法令颁布的第一批郡治。其余被后世发现的郡名，则是后来继续设立的郡治。后来发现的新郡名，先后有十二个：东郡、黔中郡、广阳郡、洞庭郡、陈郡、闽中郡、东海郡、常山郡、济北郡、胶东郡、河内郡、衡山郡。

三十六郡之下，秦帝国究竟有多少县，已经没有清楚的记载了。据秦史专家马非百先生的《秦始皇帝传》中引用杨守敬《秦郡县图序》的记载推算：西汉有县一千五百余，秦帝国应该有县一千个上下。这是史料推算的概貌数字，我们不必再做考证了。

郡级官署的权力框架

郡府系统：郡守，中央政权任命的最高行政官员，总掌政事

下设九个属署：

1. 郡丞，辅政，郡守之副；

2. 都尉，掌郡府护卫及地方军事；

3. 监御史，掌监察，后世改称刺史；

4. 郡法官，掌法典保存及法令答问；

5. 郡卒史，掌文书，下有书吏数人；

6. 郡主簿，掌财政及赋税征发；

7. 断狱都尉，掌司法，同时接受中央廷尉府辖制；

8. 牧师令，掌畜牧及耕牛保护等；

9. 郡长史，掌兵员征发，多在边疆郡设置。

县级官署的权力框架

县级政权，诞生于郡治之先，是春秋时代最重要的地方政权。秦帝国统一推行郡县制，县作为郡下政权，必然连带设立。需要注意的是，战国时代以至秦帝国，县府是民治要害，县令县长地位非常重要。大县之县令，爵位等同于郡守，是当时的普遍现象。

帝国县署政权的权力框架如下——

县府系统：县令，中央政权任命的最高行政官员，总掌政事民治

下设属官九个：

1. 县丞，县令副手，辅助政务；

2. 县尉，掌护卫、军事及相关事务；

3. 县法官，掌法典保存，及官员民众之法令答问；

4. 狱掾，掌司法及罪犯监管；

5. 道啬夫，掌道路修建并维护；

6. 田啬夫，掌农田耕耘之督导；

7. 仓啬夫，掌谷仓，及民户粮食缴纳；

8. 苑啬夫，掌山林水面之保护；

9. 厩啬夫，掌牛马牲畜之繁殖、养育、保护。

（3）第三大系统，基层权力系统——乡、亭、里三级

这三级是最基层权力。我们先从最基层政权——里说起。

秦帝国的里，类似于今天的行政村，不一定与自然村重合。

里，设里正一人，行法施政。里正之下，设三个属员：

里宰一人，掌管家畜宰杀及均平分肉。汉初陈平，秦时曾经做过里宰。

里监门一人，看守里治所的庭院。

伍老一人，掌连坐事务与纠纷排解等。

秦帝国的亭，辖制十个里（行政村），设吏五人。

亭长一人，统管施政事务，下设属员四人：

亭卒一人，掌亭所门户、传邮、洒扫庭除等事务；

求盗一人，掌治安及捕拿盗贼事务；

田典一人，督导民户农事，以按照节令耕耘为轴心；

牛长一人，督察耕牛饲养保护，每四年举办一次耕牛评比，牛优者上报赏功。

秦帝国的乡，辖制十亭，其权力构成比较特殊。

有秩一人　乡官，执掌民治政事

三老三人，年高德劭的三位老人，组成民风民俗教化组织，地位最尊；

乡啬夫一人，掌诉讼、赋税等事务；

游徼一人，掌治安、传邮等事务。

总体上说，秦帝国的中央集权统一施治制度，彻底推翻了诸侯分治的状态。从中央到最基层的村庄，都由国家依据统一法令，统一治理。推行统一治权的权力系统，就是三大层级系统：中央政权系统——郡县政权系统——基层政权系统。在两千多年前，这种严密的大国权力系统，在整个人类史上都是绝无仅有的。

3 创建国家礼法规范：典则统一

秦帝国创建新的政治文明，其中一个重要方面，是创新或统一各种国家标志物与最基本的礼法制度。从根本上说，这是对国家礼法的新创建。这种统一，当时的说法叫作“典则统一”，其基本内容，主要有 14 个方面。

1. 国号：秦。

2. 国运：水德之运，水性阴平，奉法以合。

3. 国历：以颛顼历为帝国标准历法。

4. 国朔：奉十月为正朔岁首，朝贺之期，类似今日之国庆日。

5. 国纪：六为诸物之纪，法冠六寸、车长六尺、帝车六马、六尺为步。

6. 国色：黑为国色，合水德。衣裳、旌旗、旄节等，皆以黑色尊。

7. 国水：大河（黄河）为国水，更名德水。

8. 君号：皇帝，废除谥法，自始皇帝以至二世三世万世，永不重复。

9. 侯爵名号：皇帝所封列侯，均以“教”统一名号。

10. 人民名号：民众名号繁多，统一更名为“黔首”。

11. 皇帝诸事正名十二项：

皇帝自称朕，皇帝命称制，皇帝令称诏，皇帝印称玺，车马服饰百物称舆，皇帝所在称行在，皇帝居所称禁中，皇帝所至称幸，皇帝所进称御，皇帝冠称通天冠（高九寸），臣民称皇帝为陛下，史官纪事称皇帝为上。

12. 臣下上书称奏，废除“书”的称谓，不能叫上书，要叫上奏。

13. 书文正名：凡书写的文章，均称“字”。

14. 文具正名：凡书写文具，统称“笔”。

上述典则统一，都出于那个时代的认识水平与价值观念、尊卑理念等；体现了秦统一中国之后追求“凡事皆有法式”的秩序精神。文具名称、文章名称、民众名号等等，都要统一制定。实践证明，这种过分细密的规范，将社会生活捆得过死，反倒弄巧成拙。在文明继承的意义上，这些东西可以忽略不计。

4 关于诸侯制与郡县制的大论战

在秦帝国创建统一政治文明的过程中，曾经发生过两次高层大论争。这两次论争，在中国文明史上具有政治标志的意义。

（1）第一次大论争，否定了诸侯制，确立了郡县制

它发生在秦统一中国的当年，也就是公元前 221 年。用秦国纪年，这一年就是秦王政二十六年，秦始皇帝元年。这次大论争，是帝国最高决策层第一次关于建立什么样的国家统治方式的论战。这一年灭齐之后，秦国举行了第一次大朝会。

这种很少召开的大朝会，是一个会期，而不是一次会议便告结束。在这次大朝会上，秦王嬴政首先向大臣们简要报告了统一六国之

战的胜利概况，宣布天下大定，要确定新的政权名号与诸般典则，使国家具有新政面貌。

之后，在事先已经有充分筹划的情况下，由丞相王绾、御史大夫冯劫、廷尉李斯三大臣领衔，代表大臣们上书，提出了名号、典则方面的一系列更新主张。宣读了这一奏章之后，群臣们同声拥戴。于是，秦王嬴政正式批准了这一文件，并立即颁布实施。自这第一次会议之后，秦王嬴政开始成为秦始皇帝，新的帝国宣布建立。

大朝会第二阶段，就是第二次会议，主要讨论国家治式的选择。新帝国是要实行封建诸侯制，还是实行郡县制？丞相王绾首先代表一批大臣说话，提出了“封建诸侯”的主张，步骤是：首先将始皇帝的儿子们封建到燕、齐、楚三个边远大国，分别作为诸侯王，以填充这些地方的权力空虚。始皇帝没有明确态度，下令所有大臣展开讨论，这就是“下其议于群臣”——将王绾等人的奏章交给了大臣们讨论。

讨论期结束后，再度举行集中会议。郎中令归总禀报说，大臣们都赞同王绾的封建主张。这时候，廷尉李斯说话了。李斯的主张是，依据周代的历史经验，封建诸多王子为诸侯，只能带来相互疏远，相互攻击，以至仇恨不可化解，王权则因不能禁止诸侯相争而崩溃。方今天下，已经随着统一战争的实际进展而全面设置了郡县，治情很顺当，天下并没有怨声异动出现。当此之时，郡县制是安宁之术，封建诸侯很不妥当，很可能带来新的祸乱。

李斯之后，始皇帝正式表明了态度：“天下共苦，战斗不休，以有侯王（之故也）；赖宗庙（护佑），天下初定；（若）又复立国（封建诸侯），是树兵也；（届时）求其宁息，岂不难哉！廷尉议，是（对的）。”

始皇帝的态度很清楚，很坚定——廷尉的意见，我是赞成的。

虽然，可能还有一些不同声音。但是，始皇帝的巨大声望及其所申明的理由，以及李斯所论述的历史经验，都具有强大坚实的根基。所以，帝国上层很快获得了统一，做出了最后决策——实行郡县制，建立中央集权制。值得注意的一个事实是，廷尉李斯应该在此之后，在大朝封赏之前，就被擢升为丞相了。总体上说，第一次论争，是比较纯正的大朝会决策，虽有分歧争论，但还没有搅进更为复杂的六国复辟因素。

（2）第二次大论争，博士主张复辟诸侯制，主流力量大反击

八年之后，是秦始皇帝三十四年，公元前213年。

这时，秦帝国已经进军岭南，对匈奴大反击也刚刚取得辉煌胜利，总体形势非常好。但是，六国旧贵族的复辟活动，也在不断地秘密蔓延着，各种预言流言纷纷流传。同时，帝国博士学宫的博士们，也开始弥漫出一股呼应复辟诸侯制的思潮。此前，始皇帝在咸阳近郊的兰池夜巡，突然遭遇了一次非常严重的暗杀行动。当此之时，秦帝国一方面加紧了对复辟势力的盘查追捕，另一方面也在正面庆贺安定南北的两大胜利。为此，这一年的正月初一，始皇帝在咸阳宫举行了盛大的新年宴会。

大约谁也没有料到，就在这场宴会上，一场大论战爆发了。

让我们以情景再现的方式，来看看这次惊心动魄的大论战——

气象宏大的咸阳宫。坐案连绵，每案旁燎炉火红。中央高台，皇帝坐案区，始皇帝须发灰白，神色焕发。阶下首席三公三案：李斯、冯去疾、王贲。外围九卿坐案区。再外围，大臣座席层层排列在大柱之间。大臣们高冠朝服，整肃壮阔。博士群坐案区靠九卿区很近，与中央皇帝遥遥相望。

钟鸣三响，乐声阵阵。

郎中令蒙毅站立皇帝区边缘，高声宣布："置酒大宴，始皇帝致贺！——"

乐声止。始皇帝举爵："诸位大臣，倏忽一年过去，我大秦已平定岭南，大胜匈奴！而今，一元复始，天下更新，朕与诸位共干一爵！"

举座起立，齐举酒爵：“万岁！一元复始，天下更新，臣等与陛下共贺！”

一爵饮尽，大臣们齐齐落座。

博士仆射周青臣站起：“正月正日，始皇帝寿辰也，臣周青臣有祝寿颂词！”

始皇帝面色肃然：“大秦国法，向不为君王贺寿。”

周青臣：“臣之颂寿，实则论政，敢请陛下允准。”

始皇帝：“如此，朕姑且听之。”

周青臣展开一卷竹简，高声念诵：“臣颂曰，他时，秦地不过千里。赖陛下神灵明圣，平定海内，放逐蛮夷，日月所照，莫不宾服。以诸侯为郡县，人人自安乐，无战争之患，传之万世。自上古迄今，不及陛下威德也！臣周青臣是颂。”

整个宫殿肃然一片，无人应和。

博士区突然站起一人：“臣淳于越有奏！”

始皇帝：“国家政事，谁都说得。”

淳于越慷慨激昂：“周青臣之颂，面谀陛下之过也，非忠臣！陛下过在何处？便在不行封建。臣闻，殷周之王千余岁，封建子弟，封建功臣，自为枝辅屏障。方今，陛下有海内，而子弟为匹夫，卒有田常、六卿之臣，无枝辅障，何以相救哉！事不师古而能长久者，非所闻也！”

始皇帝点头思忖：“此说事关根本。诸位大臣一议。”

三公区。李斯沉稳站起：“陛下有令，议淳于越之说。如此，老夫有说。”

淳于越：“愿闻丞相之说。”

李斯：“淳于越之言，乃夏商周三代之事，不足法也。五帝不相复，三代不相袭，各有其治，非其相反，时变异也。之后，诸侯并争，厚招游学之士，各自力行变法。方今，陛下创大业，建万世之功，固非愚儒所知也！今天下已定，法令出一；百姓当家，则力事农工；士则学习法令，以避禁止。今日，诸生不师今而学古，以非当世，惑乱黔首，何能放任焉！”

殿中一片肃杀之气。

李斯转身对始皇帝拱手：“臣李斯身为丞相，昧死奏对。古者三代，天下散乱，莫之能一；是以诸侯并作，言论皆道古以害今，尚虚而乱实；人皆善其所私学，以非议皇帝之创建。今皇帝一统天下，别黑白而定一尊；私学而相与，非法教也；人闻官府令下，各以其私学议之，入则心非，出则巷议，夸主以为名，异取以为高，率群下以造诽谤。如此乱象不禁，则主势降乎上，朋党成乎下。禁之，则妥当。”

冯劫肃然：“如何禁止，得有办法。”

李斯抽出一卷竹简，捧起对皇帝：“臣有奏请。史官之书，秦国史书之外者，皆烧之；天下藏书，除博士官藏书之外，凡民间所藏诗、书，及诸子之书，下令郡县收缴，分期烧之；另外，以诗书议论国事者，斩首弃市；以古非今者，灭族；各级官吏有意不举发者，与之同罪；令下三十日不烧书者，黥刑，并罚为劳役。不禁不烧之书，是医药、卜筮、种树等实用之书；民众欲学法令，以吏为师，以法为教。臣，奏完。”

郎中令蒙毅接过李斯书简，捧到始皇帝案头展开。

始皇帝肃然提笔，在简书批下了三个大字：“制曰，可。”

这场大宴论争之后，秦帝国开始公开镇压六国贵族的复辟活动，推行铁血整肃政策。

首先，秦帝国取消了议事制度，以防止“以古非今”的复辟言论弥漫到高层。

其次，禁止民众议论国家政事，力图堵塞复辟言论的传播途径。

再次，焚烧民间收藏的与政治相关的各种图书。

第四，禁止私学，根除旧政治理念的传播。

第五，设立官学，“以法为教，以吏为师”，正面巩固社会法治意识。

第六，在博士群呼应复辟势力的事件中，以追查方士贪污经费案为起因，坑杀了涉案的四百余名方士，以及数目不详的儒生。

这一系列的铁血整肃政策，都发生在帝国创建统一政治文明的历史进程中，其直接的政策目标，无疑是反复辟，反倒退。从这个意义上说，秦帝国在政治上的反复辟、反倒退，是一场维护帝国统一新政权的政治反击战。在当时的历史条件下，它有着最为充分的历史合理性。

但是，从文明史的意义上看，这无疑是秦帝国在创建统一文明中出现的特殊的历史退步，它给我们带来的，是一种深重的历史教训。国家行为选择的正义性，不能以一种历史退步政策，去反制另外一种历史倒退行为。不能以文化专制的政策，去反制复辟势力的弥漫传播。在审视文明历史发展的意义上，我们既没有必要为秦帝国的文化专制政策辩护，更没有必要为六国贵族掀起的复辟倒退辩护，同样没有必要为当时卷入复辟活动并为之鼓呼的儒家势力辩护。在这场政治文明战役中，主要的三方都没有留下有价值的文明遗产。

历史的经验是，我们应该寻求一种正义的途径，去反制历史的倒退力量；而不是为复辟倒退辩护，同时斥责反复辟一方的专制政策，最终陷入历史虚无主义。

秦帝国在反复辟领域中的历史缺陷，是我们民族一面永恒的历史镜子。

5　全面推行统一法治

秦帝国创建统一政治文明的第三个基本方面，是全面推行统一法治。

作为一种统治方式，统一法治所以成为秦帝国的必然选择，其实际的历史逻辑是：秦帝国创建中央集权制与郡县制，必然要延伸到统治方式的选择上。因为，中央集权制与郡县制，都只是权力框架，它们不会自动产生一种社会治理方式。既然秦帝国确定了全国疆域要由中央政权系统及其下辖的郡县政权系统、基层政权系统来统辖治理，那么，就必须确定一个基本问题：这个权力大系统依据什么方式来治理社会？

这是一个基本的历史逻辑。

依据当时历史经验的积累，可见的道路有两条：一是选择西周王室开创的“礼治天下”的方式，本质上回归人治；二是以秦国法治实践为依据，选择在帝国全境推行秦法，实行统一的法治。历史的实践是，秦帝国选择了后一条历史道路，推行了统一法治。在推行统一法治方面，秦始皇帝具有高度的自觉意识。始皇帝崇尚法治，既有秦国自商鞅变法之后形成的坚实传统，又有着他本人对推行法治的自觉追求。对始皇帝的法治追求与法治实践，历史上有三种基本评判。

第一种，秦帝国遗留的石刻文字的基本评判：

皇帝作始，端平法度，万物之纪……欢欣奉教，尽知法式。

——琅琊石刻

皇帝临位，作制明法，臣下修饬……治道运行，诸产得宜，皆有法式。

——泰山石刻

大圣作治，建定法度，显著纲纪。

圣法初兴，清理疆内，外诛暴强……各知所行，事无嫌疑。

——之罘石刻

第二种，《史记·秦始皇本纪》及《李斯列传》的基本评判：

（始皇）以为水德之始，刚毅戾深，事皆决于法。刻削，毋仁恩和义，然后合五德之数；于是，急法，久者不赦。

……

明法度，定律令，皆以始皇起。

第三种，《汉书·刑法志》的基本评判——

秦始皇兼吞战国，遂毁先王之法，灭礼谊之官，专任刑罚；躬操文墨，昼断狱，夜理书，自程决事，日悬石之一；而奸邪并生，赭衣塞路，囹圄成市，天下愁怨，溃而叛之。

从上述三种历史评判中，我们可以发现三个方面的基本事实：

首先，依据秦帝国刻石的当时叙述，帝国推行统一法治，其根源在于“清理疆内，运行治道”，而不是为了什么符合水德。必须注意到的一个事实是，在政策理念上，秦帝国是将山东六国看作“暴政”的，是将推行统一法治，看作“圣治仁义”的。峄山石刻，将秦统一中国的战争，归结为“灭六暴强”。在泰山石刻之后的君臣会议上，始皇帝申明的认识是：只有推行统一法治，才能使天下和平。

事实上，在帝国统一之后的所有言论中，都没有体现出以推行法治而追求符合水德的事实。也就说，所谓要以法治符合“水德”国运之说，只是一种神秘文化表象，并不是基于社会实践的本质要求。同时，从实际方面看，统一法治得到了当时社会的普遍拥护，是有利于社会生活的，实际效果也是良好的。

其次，西汉建政后，基于政权产生之正义性而必须反秦这一基本立场，在史书中将秦帝国推行统一法治的出发点，仅仅归结于为了符合“水德国运”，这是不符合历史实际的。将秦帝国的法治实践，仅仅归结为“刻削，毋仁恩和义”，也是不符合历史实际的。

再次，其后的《汉书》，将秦帝国创建新的统一法治，看作“毁先王之法，灭礼谊之官”，是为已经在战国时代就被天下共同抛弃的王道礼治，作历史辩护的倒退性评价。而将秦末之乱仅仅归结为秦帝国法治，也是不符合历史实际的。将秦始皇帝的辛勤工作状态，做疯狂化描述，仅仅归结为“昼断狱，夜理书”。又将帝国法治运行，简单化为始皇帝“自程决事”。凡此等等，都是儒家春秋笔法的简单丑化，显然不具有历史的真实性。假如始皇帝日日都在断狱，那么多大政创造，那么多军政战略铺排，都是谁在决策，谁在推行呢？

还是让我们看看，统一法治下所产生的帝国法典，是一部什么样的法律。

依据20世纪70年代发掘整理的云梦秦简，以及21世纪初出土并整理的里耶秦简，我们对帝国法典的框架与部分内容，有了初步了解。从总体上说，即或以今天的法律目光审视，这也是一部相当严密而全面的法典。在整个人类古典文明时期，大约只有西方罗马帝国的《罗马法典》可以与之比肩。这里，仅以云梦秦简所呈现的帝国法典的框架为例，我们对那个时代的法制状况做一大体浏览。

依据秦国行法的历史实际，云梦地带集中发掘秦简之所在，是当时郡县官署的法官所保存的帝国法典系统文本的一部分。也就是说，当时所有的郡县官府，都会保存这样一套完整的法典。出土部分的帝国法典，由六大部分构成：

其一，实体法。

经济11律：田律6条　厩苑律3条　仓律25条　金布律15条
官市律1条　工律6条　工人程3条　徭役律1条
均工3条　司空律14条　传食律3条

政事6律：置吏律3条　军爵律2条　行书2条
内史杂11条　尉杂2条　属邦1条

当时的帝国实体法，已经形成了一个严密的系统。经济与民事法律居主要地位，有11律，残存条文80条；政事6律，残存条文21条。从出土竹简的内容看，这肯定不是帝国法典的全部。刑治法条显然还没有包括进去。虽然如此，这部残缺的法典，却揭示出一个最基本的历史事实：秦帝国的法治，绝不仅仅是后世某种理念所曲解的只有残酷的刑罚，事实上，它是一个以规范经济活动与民事活动为基础的法制系统，刑治只是惩治方式的规定，在其中并非主要部分。

请注意一个历史事实：秦法的正式名称是《秦律》，而不是《秦刑》或《秦刑律》。后世之宋代，以刑法概括替代法律体系，更名为《宋刑统》，是中国古典法治倒退回夏商周三代的《禹刑》《汤刑》《吕刑》水准，是回归王道礼治之下的法制认定，是文明流变的沉沦，而不是秦帝国开创的统一法治的本色。

其二，法典释文一部，残存50余条。所谓“释文”，大体相当于今天立法机构的法条解释，或最高法院的司法解释。即或在今天，这样的法律解释，也是具有法律效力的法律文件。秦帝国汇编这种解释，并附于法典之后，自然是法典的有机构成部分。

其三，法律答问范本，189条。这是中央大法官汇编的问答范本，附在法典文本之后，以回答地方官员行法中随时可能出现的问题。

其四，法律文书范本，25例。这是中央司法机构——廷尉府，提供给郡县司法官员的司法文书范本，主要是记录犯人供词的规范记录方式。

其五，官府公布法律政令的文告范本。帝国建立之初推行统一法治，必然经常有新的法令颁布，需要郡县官府书写文告公布。基于当时的文化不普及状况，中央提供官府文告范本，是有很大的实用效果的。

其六，官员守则一部——《为吏之道》。从内容上看，这是秦帝国对所有官员的吏道准则，附在法典之后，实际也是官员的行法准则。这部守则以现代排版方式计算，大体有2 110字；在竹简书写时代，这算很长而且很细密的文件了。

让我们最简单地列出帝国官员守则中的几条，看看那个时代的官员操守。

> 凡为吏之道：必精洁正直，慎谨坚固，审悉毋私，微密纤察，安静毋苛，审当赏罚……审知民能，善度民力，劳以率之，正以矫之……毋喜富，毋恶贫，正行修身，祸去福存。
>
> ……
>
> 吏有五善：一曰忠信敬上，二曰清廉毋谤，三曰举事审当，四曰喜为善行，五曰恭敬多让。五者毕至，必有大赏。
>
> 吏有五失：一曰见民倨傲（官架子太大）；二曰居官善取（贪污敛财）；三曰贱士贵货（轻视人才，看重金钱）；四曰兴事不当（追求政绩工程，与民有害）；五曰善言惰行（说大话不做实事）……
>
> 能审此行，无官不治，无志不彻，为人上则明，为人下则圣；
>
> 君怀臣忠，父慈子孝，政之本也；
>
> 志彻官治，上明下圣，治之纪也。
>
> ……
>
> 除害兴利，慈爱万姓；毋罪无罪，无罪可赦……均徭赏罚……毋使民惧。
>
> 赋敛无度……临事不敬……苛难留民……决狱不正，废置以私，兴事不时……（凡此诸行，）戒之戒之，言不可追；思之思之，谋不可遗。

这部帝国官员守则，给我们鲜明地呈现出了帝国政治生活中丰厚的道德底蕴。

厚德载物者何，宁非如此哉！

它给我们提供的历史事实是，帝国在崇尚法治的同时，对于“暴政”是深恶痛绝的。帝国对国家官吏有着很高的职业操守要求，对整个社会也有着很高的道德要求。这些职业操守与道德要求，渗透着华夏民族久远的“厚德载物”的历史传统，也深深渗透在法家政治理念与法治实践之中，而绝不仅仅是某一家学说所认定，或仅仅只有某一家所坚持的。

这一历史事实说明，秦帝国的法家政治，既不是基于推行暴政而产生的政治学派，更不是否定华夏道德传统的历史恶势力。战国法家政治理念，与秦帝国推行统一法治的理念，都是力图以法治途径实现最高的道德境界。在政策实践中，则始终贯穿着《商君书》开篇申明的“法以爱民”的精神。尽管，它有着种种为时代局限所决定的必然的历史缺陷。但是，帝国时代在政治实践中表现出的丰厚的道德精神，仍然有着久远的历史意义，对当代的我们无疑是一笔具有深厚历史价值的政治文明遗产。

6　创建统一经济制度

秦帝国统一文明的另一个基本面是创建了统一的经济制度。帝国对经济制度的整合统一，主要在四个基本方面：土地制度、生产制度、货币制度、标准度量制度。让我们来相对具体地看看这些方面的统一改制。

（1）第一方面，确立全面的新土地私有制度

战国时代，土地私有制已经成为普遍现象。私有制的主体，最主

要的是三个阶层：新兴大地主阶层，中小地主阶层，自由民阶层。历经战国两百余年深刻普遍的变法运动，各大战国基本上都进入了新兴的土地私有制时代。但是，由于战争频发，由于各国变法程度不同、政策不同、政治清明程度不同、经济发展各有差异等原因，土地的私人占有状况仍然呈现出极大的不均衡状态。最主要的基本弊端是：广大自由民亲自耕耘的私人土地占有数量很少，又得不到稳定的保障。许多自由民因失去土地，不得不依附于封地领主或大中地主，成为“佣耕民户”。秦帝国建立，要全面恢复发展农耕经济，就必须解决土地占有的极大不均衡这个根本问题。

秦帝国解决土地问题的一个大政策，就是始皇帝三十一年，也就是公元前216年颁布的新法令——“使黔首自实田”。黔首，是秦帝国对民众名号的新规定，实际所指就是官员阶层之外的各行业人民。从这项法令的适用性看，“自实田”的黔首（人民），其主要部分无疑是农耕自由民。但是，也包括了没有官方身份的大中小地主。这一法令，在实际执行上有四个层面：

其一，官府派员登录，地主与农民自己申报自己的土地数量；

其二，官府发布公文，确认黔首自报数量的土地为该黔首所有；

其三，若黔首为佣耕者（代地主耕耘），其自报的土地官府也同样予以确认；

其四，大中小各层地主，在黔首自实田中失去的出租土地，官府统一补偿解决。

这一政策中，最重要的是后两个层面，也就是对民众“佣耕”土地的确认，以及对失去出租土地的各阶层地主的补偿处置。这两个基本点，是“黔首自实田”的真正意义所在。因为，对拥有自己土地的黔首而言，自实田的意义只是程序性的登记与确认；而对于“佣耕户”黔首来说，自实田的意义则是重新获得曾经失去的土地。

从整体上说，这一法令的历史意义，是在中国大地上第一次全面推行了土地私有制。这一法令实行一年之后，也就是始皇帝三十二年，天下农耕经济面貌获得了很大改观。这一年的碣石门石刻，记载了当时的天下盛况："天下咸服……男乐其畴，女修其业，事各有序。惠被诸产，久并来田，莫不安所。"

(2) 第二方面，在全国明确推行重农政策

重农政策，是自商鞅变法开始在秦国行之有效的传统的基本经济政策。当时的山东六国，虽然也保护农业，但没有任何一个国家自觉持久地推行重农政策。秦统一中国后，将重农政策扩展为整个帝国的基本经济政策，这无疑是经济领域最为重要的统一制度之一。

琅琊刻石文对这一政策的记载是："皇帝之功，勤劳本事，上农除末，黔首是富。"《史记·秦始皇本纪》的记载是："今天下已定，法令出一,百姓当家则力农工。"

什么是上农除末？上者，崇尚也。这四个字的字面意思是，农耕最上，其余行业都排在农耕之后。概括地说，就是以农为本。重农政策的实际表现，有两个基本方面，一是国家保护农耕经济不受市场波动的侵蚀损害，譬如保护粮价平稳的平准政策，就是国家重农的政策之一；二是农、战并列，重视对农爵的优先赏赐，保护农民的政治地位。

重农政策，不是同时抑制贬低工商业，而是同时重视推动工商业发展。只有在农业经济受到市场冲击伤害时，重农政策的实际意义才显现出来。后世多将帝国重农政策误解为汉代之后的"重农抑商"，这是一种历史的误读，或有意地曲解。通俗地说，秦帝国是重农不抑商的，而不是重农抑商。

(3) 第三方面，秦帝国对工商业的推动政策

20 世纪 70 年代出土的云梦秦简中，有大量保护奖励作坊生产与商旅活动的法律规范记载。其中有一条奖励新工匠（学徒）的法条这

样规定："工师善教之，故工一岁而成，新工二岁而成。能先期成学者，谒上，上且有以赏之。"这是说，师傅教得好，能使学徒提前成为工匠，师傅与学徒都可以见到官员，并得到法定赏赐。

另有一条这样的规定："隶臣（奴隶）有巧，可以为工者，勿以为人仆、养。"这是说，奴隶中若有工艺技能之人，不能让这样的人做仆役，而应当成为工匠。

其他史料中，也不乏推动工商的政策记载。譬如，秦国对巴郡寡妇清开采矿业有成，就曾给予政治奖励，建立"怀清台"以示表彰。对北地郡救灾商人乌氏倮，也有爵位奖励。这些历史事实都说明，在农业经济时代推行重农政策，是历史的必然。但是，它并不意味着重农要以抑制工商业为必需条件。

（4）第四方面，统一度量衡

度量衡，是三大计量单位的统称：度，是长度单位；量，是容器单位；衡，是重量单位。据吴承洛先生之《中国度量衡史》考证，度量衡单位在中国的黄帝时代就出现了，其产生的直接基础是社会交换的需要。度量衡出现的基本作用，是满足公平交换的市场需求。度量衡的经济本质，是社会劳动交换的公平原则。

从政策意义上说，秦帝国统一度量衡，最主要的政策方向有两个：其一，规范市场交易活动，使之趋于公平化、公开化，推动市场交易的健康发展；其二，推动国家税收活动与民间借贷偿还活动的公平化、公开化。

夏商西周三代，无论是国家官府的实物税征发，还是诸侯国的赋税征发，以及贵族封地领主的实物征发，度量衡器具都是权力公器，如同法律一样是不公开的，其应有的公平性也是无从监控的。进入春秋时代，度量衡器具随着私人交换与商旅活动的普遍化，逐渐走向公开；但是又呈现出各国、各地、各封地不同标准的度量衡，同时，仍然存在着旧领主用大斗收进税谷，用小斗放出粮债，长期盘剥民众的普遍现象。唯其如此，各国的新兴地主势力反其道而行之，以小斗进，以大斗出，从而争取民心依附。齐国的田氏，就是长期奉行这一政策从而获得了广泛的民众拥戴。

进入战国时代，度量衡的复杂化、多样化，比春秋时代大有改观，但仍然存在两种现象的多样化。一则，是七大战国的官方度量衡各不相同；二则，山东六国许多仍然拥有独立治权的封地领主，其度量衡仍然是混乱多样各取所需的。从根本上说，最主要的乱象是，山东六国都没有统一的度量衡制度，都没有公认的标准化计量单位，一切应用于实践的度量衡器具，都是不确定、不透明的。

这种状态，从根本上限制了社会经济的发展，尤其伤害了农产品交易的公平化。

基于这种乱象与弊端，战国商鞅变法的基本政策之一，便是统一度量衡。秦国统一度量衡后，市场经济获得了很大的普及与发展；官民在税收环节的交付，民间在借贷偿还活动中的支付，都因为计量标准的公开化、公平化，大大提高了经济效益与社会效益。官府由此建立了强大的信誉，民心也不断地得到了凝聚。

基于秦国的历史经验，帝国在华夏世界推行统一度量衡制，是胸有成竹的。

据《史记·秦始皇本纪》记载，始皇“二十六年（统一六国的当年），法度衡石丈尺”。《李斯列传》的记载是：“臣为丞相……更克画，平斗斛度量文章，布之天下。”

从历史实践看，帝国统一度量衡的具体方式是：

其一，公布统一计量单位之标准依据。

其二，将官府打造的标准度量衡器具，公示于公开场所，供任何需要者核准。

其三，对丈量土地做出特殊规定，六尺为一步，百步为一亩。

需要说明的是，标准依据如何产生？据吴承洛先生的《中国度量衡史》考证，最原始的长度计量标准是多样化的。譬如，有以人体器官为长度计量依据的——手指宽度为一寸之根据，有以自然物如米粒、玉圭等为依据的。但是，远古时代最主要的度量衡依据标准，是以黄钟与黍粒结合的方式，产生度量衡单位。

依据《吕氏春秋·古乐》的考证：黄钟是黄帝时代发明的一种组合乐器。“黄”，是由长度为三寸九分到九寸的十二支竹管制作的管乐；“钟”，是专门铸成的十二口大钟；其合奏宏大响亮，所产生的雄鸣六律与雌鸣六律，构成十二种音律的标准。从此，“黄钟”组合被认定为神圣之物，成为度量衡与诸多事物的标准依据。度量衡标准依据的产生，是以黄钟的竹管为容器，以黍粒为置入物，而后产生度量衡单位的。

以长度单位为例，这一标准依据产生的方法是：

黄钟竹管生度之法：黄钟短管置黍九十粒，一粒之长为一分，十分为寸，十寸为尺，十尺为丈，十丈为引；

黄钟竹管生量之法：黄钟长管置黍一千两百粒，为一勺，十勺为一合，十合为一升，十升为一斗，十斗为一斛；

黄钟竹管生衡之法：黄钟长管置黍一千两百粒，为重量十二铢；二十四铢为一两，十六两为一斤，三十斤为一钧，四钧为一石。

由此可知，公布度量衡标准，就是公布原始标准的确定方法。标准明确后，官府再依据这一原始标准，打造出度量衡的基本计量器具，公示于公开场所，供交易者直接核准自己使用的计量器具。公示的三个系列的基本计量器具是：长度计量之标准丈尺寸，容量计量之标准升斗，重量计量之标准衡器——官秤。

帝国铸造的各种标准计量器具，正式名称为“权量”。各种“权量”之上，皆刻有中央政府的统一铭文：“二十六年，皇帝尽并兼天下诸侯，黔首大安，立号为皇帝；乃诏丞相状、绾法度量则不一歉疑者皆明一之。”铭文的作用，是确立权量的法定权威性。

在统一度量衡的同时，秦帝国颁布了违反统一度量衡制的律法。据云梦秦简记载，秦律有法条规定：“衡石不正，十六两以上，罚官啬夫一甲；不盈十六两到八两，罚一盾……黄金衡累不正，半铢以上，罚各一盾。”可以看出，对黄金交易惩罚最严，每次只要多出或减少半铢重量以上，累计追查，每次都要罚缴盾牌一张。

统一度量衡的深远历史意义，是不用我们多说的。

（5）第五方面，统一货币

战国时代，最大的经济乱象之一，就是货币多样。在七大战国各自的官方货币之外，许多中小诸侯与边远地区的部族政权，也有自己多样化的货币。这种现象，对华夏世界的经济流通构成了实质性障碍。到战国末期，除了秦国的货币制度气象整肃之外，各大战国与残余诸侯、部族政权的货币，都是乱象纷纭。当此之时，秦帝国大力推行货币统一制度，是非常具有历史必要性的积极政策。

统一货币具有相对的复杂性，所以，这一政策延迟到统一帝国建立的十年之后，也就是始皇帝三十七年，公元前 210 年才实际推行。《史记 · 六国表》的正面记载是：始皇“三十七年，复行钱”。所谓“复行钱”，是西汉史学家以战国史的目光，将秦帝国的统一货币政策，与秦惠王时期的“初行钱”连接起来的说法，并不是秦帝国的第二次货币改制。

《秦会要订补 · 食货》正确地阐释了复行钱的实际意义：“三十七

年之行钱，实非复也，特统一钱之制度耳……于是，贝镪属、钱镈属、刀属等形制之币皆废；圆周方孔，遂成为中国制钱之定式焉！”

秦帝国统一货币的实际内容，有三大基本方面：

其一，禁止一切形式的私人铸钱，货币发行权统一归于中央政府。云梦秦简中，就有“盗铸钱”——私自铸钱而被捕拿的案例记载。

其二，将货币形式统一规范为三种。

首先是金币，也就是黄金。金币的正式名称是溢。这个字本当为“镒”，秦帝国以水德为国运，所以官方写法变成了水边“溢”。金币的法定地位，是上币。

其次是铜钱——半两。铜钱形制为圆周方孔，有半两文字，实重半两（十二铢），直径一寸二分。这种半两钱，被后世称为“秦半两”，是当时通行天下的最主要币种。

再次是布币。布币的法定形制，是八尺长、二尺五寸宽。不合形制者，不得作为布币使用；一幅布币，与十一个半两钱等值。保留布币的最主要原因，是方便农民。也就是说，农民织出的布只要符合法定形制，就可以直接拿布购买物品。

其三，帝国法令明确规定：黄金、铜钱、布币三种形式的货币，都是法定货币，都具有同等的货币地位，不得拒收任何一种货币，否则，依法治罪。这就是，“不得择行钱、布”的法令。云梦秦简有法条记载：“贾市居列者，及官府之吏，毋敢择行钱、布；择行钱、布者，列伍长弗告，吏循之不谨，皆有罪。”

可以看出，秦帝国的统一货币制度，是行之有效的。

7 文明旗帜：创建统一文字

秦帝国统一中国文明的最大功绩之一，是创造性地统一了文字。

对秦统一文字的记载，散见于种种史料之中，已经是中国与世界公认的历史事实了，我们不需要去考证落实什么。我们需要了解的，是这项伟大的文明创造工程，是如何完成的？

让们滤去漫漶神秘的传说，对华夏文字的形成演变做一个粗线条的回顾。

(1) 战国之前的文字演变

远古之世，人们基于种种需求，首先出现了最简单的线条刻画符号。后来，又开始出现画出与某物相似的形状，以供人辨识的图像。这种相似图像与简单记事符号结合，就可以传达某种相对明确的信息。应该说，这是最原初的象形辨识阶段。日月轮转，画法渐渐丰富，符号渐渐多样，一些共同的刻画规则，也渐渐地约定俗成了。随着规则的渐渐普及，图像画法与线条刻画，也越来越趋于简单便捷了。这时候，大体具有抽象特质的早期象形文字，也就渐渐地零散出现了。

传说到了黄帝时代，这种早期象形文字已经越来越多，也越来越乱了。

于是，黄帝时期一个叫作仓颉的记事官员，便将这些众多散乱的象形文字收集起来，再加以整理，形成了一个最早的文字系统。黄帝知道了，便下令将仓颉整理出的这套文字在竹板或木板上刻出来，再传送到各个部族，并就此约定：以仓颉之字作为日后记事与消息传递的共同文字。这就是“仓颉造字”这一历史传说背后的真实背景。应该说，黄帝时期的文字整理，是华夏族群文明史上的第一次文字统一，具有极其重大的文明意义。如果说，火的发明是人类文明的第一个历史阶梯，那么，文字的创造与统一，就是人类文明的第二个历史阶梯。

自从有了“仓颉文字”，华夏文字便以书写刻画材料的不同，在其后近三千年中呈现出不同的流变风貌。黄帝时代之后的文字，有陶文、甲骨文、金文、史籀文（石鼓文）四大阶段。这种书写刻画材料的不同，也恰好体现了文字本身流变发展的不同历史阶段。故此，以书写刻画材料为依据，所呈现的四大阶段，同时也是秦帝国之前中国文字本身发展的四大阶段。

陶文，是刻写在陶器上的文字，也就是黄帝时代到夏王国末期一千余年的文字形态。虽然，这一时期也有刻铸在青铜器上的文字——大禹铸九鼎，镌刻九州之图并记物产贡赋的青铜文字。但是，由于这种青铜文字不是普遍的书写形态，故此，这一阶段的文字被史学界认定为“陶文”时代。

甲骨文，是殷商初中期刻写在龟甲兽骨上的文字，后世称为甲骨文。这一文字系统，是已经被地下发掘证实了的第一个有实物遗存的中国文字系统，其已知总量大约有三千余字，今人能辨识者有一千余字。甲骨文的最大缺陷，一是只见于王室占卜，而不见于普遍书写；二是没有统一书写形式，字随材料、技法等因素随时而变。甲骨文的普遍意义，在于这样一个基本事实，就是甲骨文的文字形制，是当时社会的权威字形。也就是说，其他社会阶层在其余材料上书写刻画的文字，一定是以王室甲骨文为范本的。

金文，是殷商后期与西周时期数百年所使用的文字，因镌刻于青铜器之上，被后世称为金文。与此前文字相比，金文有三个历史变化：其一，文字数量有很大增加，一件铜鼎往往可以镌刻数百个文字。后世发现之毛公鼎，其铭文长达四百九十七字。其二，因铜器不易损毁，故其在传播方面优于甲骨文。其三，金文之书写形式已经相对简单，有了初期相对一致的书写风格，比甲骨文容易学习。

史籀文，是西周晚期与春秋早中期的文字。因为这一文字体系，是周宣王时期一个叫作籀的史官奉命整理出来的，是大约九千余字的官方制式文字，所以称为“史籀文”。这一文字体系，当时被铭刻在一系列石鼓之上。后世的唐代发现了十面石鼓，每面石鼓上都刻着一首《诗经》风格的四言诗，被确证正是这种文字。故此，史籀文又被后世称为“石鼓文”。

上述各个阶段，是战国之前的文字发展概况。

(2) 春秋战国两大时代的文字演变

自春秋中后期开始，华夏世界的文字体系开始了多元化发展。当时的两个基本事实，决定并推动了这样的发展。

一个基本事实是，社会生活的丰富与发展，新的书写材料的多方发现，既产生了经常需要文字传送信息的强大而普遍的社会需求，又给这种需求提供了现实材料的可能。于是，人们在多种材料上书写刻画文字，就成为普遍现象。各人写法不一，又渐渐导致文字以多种多样的简化方式出现。一定区域的人众，或某个诸侯国，若对某种简化方式有了认同，便构成了这一区域、这一国家特定的文字写法。这种由各个国家、各个地区认定的特定文字，渐渐增多，谁也干涉不了谁。于是，渐渐形成了华夏文字在事实上的多元化现象。

另一个基本事实是，西周王权已经在事实上衰落、解体以至崩溃，诸侯分治争霸，互不统辖。故此，属于天下“文教”的文字使用，没有一种统一的政权力量可以规范。天下文字的演变，事实上进入了自由放任的历史阶段。

春秋战国五百余年的文字自由化，呈现出两个基本趋势。一则，各大国各地区文字的数量都有很大增加，发明创造出许多既符合实际需求，又符合华夏文字特质的新文字，使中国文字的表意功能在这一时期惊人地丰富起来；二则，书写简化形式多样化，书写材料多样化，使文字字形的差异越来越大，“言语异声，文字异形，”已经成为普遍的历史事实。这一趋势发展到战国中期，已经在战国强力竞争的潮流中，简化为以七大战国文字为主流的七种文字形态。

到秦统一中国，以七大战国分别论，其文字形态基本分为两种情况。

一方面，秦国文字直接继承了西周的史籀文，为华夏文字正统，但是字形最复杂。后世王国维在其《史籀篇疏正序》中，有考证云：“《史籀》一书，殆出宗周文盛之后。春秋战国之间，秦人作之，以教学童……秦人作字书，乃独取其文字，用其体例，是《史籀篇》独行于秦之一证。”这就是说，直到战国末期，秦国的文字一直以西周的史籀文为基础，至少没有大的变化。

另一方面，山东六国的文字呈现出色彩纷呈的形态，各自简化流变不一，字形相差很大。在山东六国之中，又分为两种情况：因同出晋国而被称为“三晋”的魏赵韩三国，文字基本相同；燕、齐、楚三国，各自差异最大。

这就是秦帝国统一之际的文字状况。让我们以一个字——马，来看当时文字的差别。

我们先来确立华夏正统文字形态，史籀文的“马”字写法。

再来看看，秦字的“马”，与史籀文相比，字形相同，写法略有简化。

再来看三晋魏赵韩三国的马字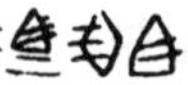，今天的我们已经完全无法辨认了。

再来看齐国的马字，非常复杂。

再来看燕国的马字，好像是天上飞鹰之下的人在骑马。

再来看楚国的马字，好像有水上行船的意味。

面对差异已经如此之大的文字形态，秦帝国应该如何统一文字呢？

（3）秦帝国统一文字的实际过程

依据历史实践，秦帝国统一文字，经历了四个基本阶段。

第一阶段，确立文字基准。也就是说，以哪一种文字为统一基准。最后的决断，是以继承了华夏文字正统——西周史籀文的秦国文字为基准，统一天下文字。

第二阶段，核定天下现有文字总量。因为，统一文字的基本点之一，是必须保留春秋战国以来大量创造的新文字。否则，文字统一了，表意功能却因文字的减少而大幅度衰退，这样的文字统一，是无法巩固并持续的。所以，必然的基本程序之一，是对各个国家现有的文字总量仔细甄别遴选，确定保留的文字数量和具体字形。

第三阶段，书同文——给所有的文字规定统一而明确的写法。这是文字统一的最核心环节，也是最困难的环节。这一环节的核心，则是对山东六国所创造出来的已经远离华夏正统文字特质的新字，怎么样才能以接近于华夏正统文字特质的形态写出来？因为，就实质而言，这几乎接近于再创造。

但是，恰恰就是在这样一个轴心阶段，秦帝国表现出了最为杰出的创造力。

秦帝国的文字改制团队，以丞相李斯为最高负责人，以隶书大师程邈、王次仲为业务副手，从三个方面解决了书同文这个最大的历史难题。

其一，以此前的大篆为基础，以当时已经相对流行的小篆为标准，共商规范，写出了所有文字的标准小篆文本。同时颁布天下，作为官府公文与契约文书的法定书体。相比已经产生、流行的隶书，小篆相对复杂，相对难写。但小篆最大的好处，是利于辨认。如同后世的宋体字一样，写起来费劲，但笔画清晰整肃，认起来反而速度快，而且基本上不会误认。承担这一任务的，是当时秦帝国公认的三个书法大家——李斯、胡毋敬、赵高。李斯写出了《仓颉篇》七章，胡毋敬写出了《博学篇》七章，赵高写出了《爰历篇》六章。

据《汉书·艺文志》记载：西汉时期，这三篇秦小篆杰作依然被皇室保存，并曾被重新整理，以六十字为一章，共分五十五章，共计三千三百字。显然，这是当时的全部常用字了。至为可惜的是，这三篇杰作的文字内容在后世泥牛入海，无法查找了。

其二，隶书为辅，以利军事、商旅、民人急务等方面之快捷便事。作为一种文字书写方法，隶书在战国时代的民间交往中已经广泛使用。中国书法史上的程邈、王次仲，都是当时的隶书大家。所谓隶书为辅，就是官方承认隶书也是法定书体之一，只是不能在公文与契约文书中使用罢了。隶书的标准写法之范本，也由两个大家来完成——程邈、王次仲。这两个大师都写了什么内容，惜乎已经失传了。

其三，无论官民，凡私人来往之信件等事务，书体自便。这一文字政策，是顾及当时社会已经有许多种流行于战国时代的实用简便的写字方法，若骤然全部取缔，是不利于社会生活的。保留并承认这些简便书写在私人交往中的合法性，既便于个人交往，又照顾到战国两百余年所形成的复杂文字形态的渐进性。也就是说，秦帝国在事实上将统一文字看作了一个历史过程，而没有急于求成地一刀切。

在秦帝国的施政风格中，这是极为难得的文化战略方面的弹性表现。也正是这样一种估计到各个社会层面需要的弹性文化战略，使这次空前的文字统一，获得了天下深刻而普遍的共识，使特立独行于世界文明的华夏文字——方块字，自此成为中国统一文明的精神旗帜，万古飘扬，万古不朽!

从根本上说，秦统一中国文明，相比于统一中国疆域，是更具本质性的统一。

所以，秦帝国是中国统一文明的正源。

是秦帝国创建了中国统一文明，而不是其他任何时代。

秦帝国的文明史地位，所以高出之后任何一个王朝，就在于它所创造的统一文明体系，框定了此后中国古典社会的全部发展轨迹。此后任何一个古典政权，都没有达到这样的历史高度与历史辐射力。

“三南”之忧：秦帝国统合岭南

1　中国“三南”地区的历史走势

秦帝国统一六国之后整合中国，费时最长的是两件大事——南统百越，北击匈奴。

这是性质不同的两件大事，一是肃清北方边患，一是统合南部中国。对于当时的华夏世界而言，要实现并巩固真正的统一疆域和统一文明，这两个战略任务就是必须跨过的两大历史难关。按照统一战争进展的实际时间顺序，秦帝国跨越这两大历史难关的第一个战略方向，是统合南部中国三大地区——东南、岭南、西南。

首先，我们应该对当时南中国广大地区的实际状况，有一个最基本的了解。

自黄帝炎帝时代开始，直到夏商西周三代，以至春秋战国时期，南部中国三大地区居住的众多自治族群，一直与当时的中国腹地处于不断摩擦、不断交融的历史统合过程中。总的历史趋势是，文明融合不断加深，大的冲突越来越少。从历史发展的实践看，中国腹地与三大南部地区的统合，主要经历了四个大的历史阶段。

第一阶段，殷商时期的松散统合。

殷商六百余年，在盘庚迁殷之前，东南、岭南诸多族群对商王国相对疏离，既无大规模冲突，也没有密切的交流融合。殷商王国后期，众多东南族群自治政权联合出兵，大规模蚕食殷商东南部。为此，殷商王国在纣王时期，发动了对东南族群大规模的统合战争，并获得了相对全面的胜利。战后，东南地区的诸多族群政权，变成了殷商王国的名义诸侯国。由此，东南地区开始了融入中国腹地文明的历史进程。

第二阶段，西周初期的松散统合。

西周初期，殷商王族残存遗民联合了西周两大王族诸侯，发动了史称“管蔡之乱”的联合大叛乱，力图颠覆新建的西周王国。其中，曾经归附昔日殷商王国的东南、岭南诸侯族群，几乎全部卷入了这场战争，成为叛乱集团中极其重要的一方力量。

西周王室发动了坚决反击，这就是周公东征。从文明发展史的意义上说，周公东征的最大历史价值，不是平定了管蔡之乱，而是及时、正确地解决了东南、岭南众多族群政权与西周新王国的关系问题。经过这场长期而艰难的战争，东南、岭南地区的众多族群政权，再次成为西周王室承认的自治诸侯国，更进一步融入了中国腹地文明。

虽然，这种自治诸侯国比殷商时期的名义诸侯国，接受王权统领要紧密一些；但是，基本上还是一种自治政权，所谓紧密，只是在纳贡、朝覲等臣服关系上更为经常化一些而已，与西周王权直封的中原诸侯全面接受王室规范，还有较大差别。从政权性质上说，西周王室与中原诸侯群，是联邦制形态；东南诸侯群（自治政权）与周王室，则是邦联制形态。

第三阶段，春秋时代较为紧密的实力统合。

春秋之世，东南、岭南、西南的诸多族群政权，较中原诸侯群更早地脱离了王室辖制，与北方众多胡人族群、西部众多戎狄羌人族群联合起来，从四面八方对中国腹地发动了长期大规模的蚕食战争。

当此之时，实力强大的齐国（齐桓公与丞相管仲）发动了“尊王攘夷”运动，号召中原诸侯群重新以西周王室为旗帜，全面反击蚕食浪潮。经过中原诸侯九次联合大反击，这场长期冲突终于平息，华夏文明圈之外的胡人族群、戎狄族群已经被基本驱逐出去。松散游离于华夏文明圈内的东南、岭南、西南的诸多族群政权，除一部分已经融合于中原几个大国之外，大部分都回归了原本的生存区域，各自以自治政权的形式进入了大争潮流。

进入春秋中后期，南部的楚、吴、越三国先后强大，分别开始向东南、岭南、西南三大地区伸展。其中，楚国伸展最大，并吞融合了七十余个以诸侯国形式存在的族群自治政权，成为南中国最强大的王国诸侯。同时，吴越两国也先后崛起，融合了东南岭南地区的许多族群自治政权。

显然，从春秋中期开始的统合，已经超越了“称臣纳贡”形式的松散邦联制，而进入了实力兼并阶段，直接以战争与军事谈判的方式统合星散林立的族群自治政权了。但是，统合之后的族群政权，依然有一部分保持着松散状态。当宗主国衰弱的时候，这些被统合政权就重新分离出去了。从总体上说，这种统合，仍然呈现出不稳定状态。

第四阶段，战国时代的实力统合与治权统合。

战国时代对三南地区的伸展，主要是三大力量：楚、秦两强与越国余部势力。

首先是楚国。战国中期，吴、越两大国先后被楚国吞灭。东南、岭南的诸多族群政权，以及西南边缘地区的一些族群政权，在吴越灭亡之后先后臣服了楚国。由此，形成了以楚国为中心的华夏南部世界。楚威王时期，楚国又派出将军庄蹻率军进入西南，一度实际占领了黔地、滇地两大地区（今日贵州省东北部与云南省北部）。楚国的伸展，对融合西南族群起到了很大的促进作用。

但是，之后的楚国日渐衰落，加之又将重心放在了应对中原战争方面；故此，楚国已经没有力量继续扩大三南地区的实际治权了。自战国中期的楚威王之后，楚国对东南、岭南、西南三大地区的众多族群自治政权，只是在名义上仍然保留着宗主国地位而已，其实际治权与实际影响力，都已经越来越小。这样的状况一直持续了将近百年。到楚国灭亡之时，东南、岭南、西南的众多族群政权，事实上又重新陷入了林立分治、相互攻伐掠夺的大混乱状态。

其次，是越国余部力量的南部大伸展。

越国被楚国吞灭后，越国王族之残余力量与众多追随族群，向东南方向逃亡了。在东南之海滨高山地区，在岭南之海滨高山地区，先后或同时建立了两个新的越人政权。一个是以“无诸”为越王的“闽越”政权——东南越人政权。另一个是以“摇”为越王的“粤东海”越人政权——岭南越人政权。在楚国对东南、岭南的实际控制力大为衰减的大形势下，这两个越人政权获得了较大的发展空间。东南、岭南绝大部分自立小政权，都先后依附于这两个较大的越人新政权。东南、岭南的广大海滨高山地带，就此变成了越人世界。

从这时开始，东南、岭南诸多族群政权，获得了一个天下公认的名号——百越。

从文明史的意义上说，这一时期的越人族群，为东南、岭南融入华夏世界，做出了较前更为深入的历史贡献。历史主义的评判，越人后裔进入东南、岭南，是华夏世界有效统合东南、岭南的第一块历史基石。

再次，是秦国对西南地区的伸展统合。

秦国在西南的伸展统合，开始于战国中期的秦惠王时期。

当时，秦惠王接受了名将司马错的战略主张，利用巴、蜀两地政权请求秦国帮助其平定叛乱的机会，一举并吞了西南最大的两个政权，设立了巴、蜀两郡，为秦国在西南地区的伸展打下了坚实的根基。其后，历经秦武王、秦昭王、孝文王、庄襄王，直到秦王嬴政，五代之中，秦国在西南地区的实际治权伸展，已经达到了与巴蜀相连的黔、滇两大地区。

之后的秦昭王时期，名将白起率军攻楚，战胜之后又向西南进军，第一次设立了黔中郡。设郡之后，白起留下了部分将士驻守，并在与黔中郡（今贵州省东部）相连的牂柯江地带的且兰（今贵阳市以东地带），设立了牂柯国，并将其头领的等级确定为王号，实行诸侯式自治。秦昭王后期，秦国修通了蜀道，从咸阳进入西南高山地区的路程相对缩短。从此，秦国才开始直接派遣官吏进入牂柯地区，实行统一治权。

秦国安定西南，采取了文武并重的基本方式。《后汉书 · 南蛮西南夷列传》记载了秦昭王与西南夷订立盟约的一则故事。当时，虎群流动于西南各地，危害很大。秦昭王下令，悬赏消除西南虎群之患。当时的西南夷人中，有一个部族能制作白竹弓弩。这种白竹弓弩，对射杀虎群头目——白虎，有特别功效，对平息西南虎患立了大功。之后，秦昭王兑现封赏。但是依据秦国法统，不能将白竹弓弩部族的领袖升格为自治诸侯。于是，秦昭王便与西南夷族群的首领们会盟，与这个部族订立了一个包含特许权利的盟约。

这一盟约，有两大方面的内容。一方面，是赋予这个夷人部族以三大特许权利。其一，特许一户免其一顷田之税；其二，特许其男子可以娶十个妻子，但不出人口税；其三，特许其族人在杀人之后，可以用金钱赎取死罪。盟约的另一方面，则是与整个西南夷诸多族群共同订立的颇具喜剧性的互不侵犯规定——“秦犯夷，输黄龙（玉佩）一双；夷犯秦，输清酒一钟”。结果是，盟约订立之后，“夷人安之”。

从总体方面说，秦国与西南地区的文明磨合，取得了较好的历史成效。但是，由于秦国在西南地区的伸展有限，只是与巴蜀两地相毗邻的局部区域；所以，秦国所能辖制与影响的地区，并不能决定三南地区的整体形势。即或是西南地区，到秦灭六国之时，也仍然重新陷入了众多族群政权相互争夺的大混乱。

据《华阳国志·南中志》记载：当时西南地区的族群自治政权，至少有滇濮、句町、夜郎、叶榆、桐师、嶲唐等十多个。这些自治政权或称侯，或称王，大小不一。其所属族群的生存状况，有一部分是邑聚、种田的农耕族群，更多的则是"编发左衽，随畜迁徙，莫能相雄长"的游牧族群。显然，这些族群的生存方式与服饰文明，已经非常接近戎狄族群了。

2 秦帝国统合"三南"的战略实施

所有上述基本状况，都意味着一种新的历史可能性的发生——

新建的秦帝国政权，若不以军事力量为后盾，对东南、岭南、西南三大地区进行重新整合，中国南部三大地区则完全可能就此游离出华夏文明圈；或与西南戎狄、羌胡族群融合，建立新的国家政权，进而完全地脱离华夏文明圈；或以越人政权为中心，就此形成独立的较大规模的王权国家，以不同的文明形态开始独立发展。果真如此，华夏族群的生存环境将与南部海洋世界永远地隔离开来，从此陷入四面边患而又相对隔绝于南部海洋的永久危机状态。

因为秦帝国史料在秦末战乱中的毁灭，我们已经无法具体地知道，秦帝国高层在当时对"三南"地区之大局势是如何做总体评判的了。但是，秦帝国坚实的历史实践步伐，仍然给我们留下了清晰的历史答案。这一答案，表现为一步一步的实际进展。

（1）第一步，公元前 222 年，灭楚之战尾声阶段的闽越进军

这是秦帝国统合"三南"的战略发端。具体实现是：王翦亲自率军向东南开进，在闽越之地（今日浙江南部与福建北部地区），迫降

了闽越王政权，将闽越王的名号降为越君，将其控制地区设置为会稽郡。应该说，秦军的东南第一步，是相对顺利的。

（2）第二步，屠睢部继续向南海地区进军，遭遇严重失败

这次大进军，以此前王翦军平定的会稽郡为基地，战略方向是：从东南的会稽郡向南进军，再向西南方向进军，绕过中南五岭险阻，进入南海地区。从当时的山川地理环境看，这一战略进军路线虽然是个大迂回，道路较远；但是，由于这个方向的江河水网相对通连，秦军的后勤输送相对有保障。

若从云梦泽南部边缘南下，直接越过五岭进入南海地区，距离显然要近许多。但是，由于当时湘江水系与岭南水系尚未通连，秦军大量的后勤输送，若没有水路航运而仅仅依靠山道的人背马驮，显然无法保障。故此，秦军第一次进军岭南，选择了从会稽郡到南海的大迂回路线。

秦军这次南进的统帅，是大将屠睢。兵力配置由水、陆两军构成，连带后勤输送力量，总数在五十万上下。这次大进军，水陆两路具体的进军路线是：

楼船之师（水军）——从当时云梦泽东南边缘的水域出发（今日鄱阳湖水域），进入余干之水（今日余干地区的余江、信江等河流），向南再经过闽越三郡的水网，最终进入南海地区。

秦军的陆地之师——以会稽郡为基地，分作四个进发方向。第一路，进入西南山地的镡城地带（今日湘西与贵州接壤的高山地区）；第二路，进入九嶷山地带驻守（今日湖南永州地区）；第三路，进入南海番禺地区（今日广州地带）；第四路，进入南野地带据守（今日赣州以南地带）。

从战略实施方面说，这次筹划的大进军，秦军已经充分利用了当时可能利用的一切有利的地理条件，南进的山川环境阻力，对于秦军来说已经不是难点了。

可是，秦帝国的这次大进军，却遭到了预想不到的严重失败。南进初期，秦军也获得了初战胜利，平定了一个叫作西呕的越人政权，杀死了其首领译吁宋。但是，获胜之后却遇到百越族群的山林游击战抵抗，秦军遭受到空前重创。耗时三年，秦军依然未能全面打通这片地区。《淮南子·人间》对秦军的惨状，做出了这样的描述：

> 秦军……三年不解甲驰弩……以与越人战，杀西呕君译吁宋；而越人皆入丛薄（丛林）中，与禽兽处，莫肯为秦虏；相置桀骏（杰俊）以为将，而夜攻秦人，大破之；杀尉屠睢，伏尸流血数十万。

依据这些描述，基本事实是可以肯定的：秦军从东南山川大迂回进军岭南的计划，在越人丛林战面前遭受重创。前敌统帅屠睢战死，秦军伤亡极为严重。显然，这支来自北方的秦军，遇到了巨大的难以克服的困难。最大的困难，是《汉书·严安传》提到的一个事实：后勤输送出了故障。

在秦军作战的历史上，极少出现粮食供应断绝的情况。可是，这次偏偏是粮食输送出现了严重故障。原因是，各路秦军连续分头作战行军，后勤将军“监禄”无法及时将物资粮饷转运到各个秦军营地。无奈之下，秦军各部分别仓促开凿了若干条小渠道，力图用小船转运粮饷物资，可是数量太少，难以为继。越人族群又纷纷遁逃，进入丛林与野兽为伍，伺机出动袭击。秦军陷入旷日持久的丛林作战，后勤难以跟进，终于到了粮食乏绝的境地。此时，越人族群趁势纷纷杀出，多方进攻，秦兵终于大败。

屠睢战死的这一年，是秦帝国刚刚统一中国的第三年。

当时的新帝国政权，正在各个领域大规模地整合民生经济，各种大型工程接踵展开，各个方向都在全力以赴地大建设，人力物力全方位吃紧。《史记》以赵佗之口做出的评判是：“中国劳极。”如此大形势下，帝国政权有一万个理由搁置向三南进军的战略实施。

但是，这是一个诞生于大争之世的新生帝国。

（3）第三步，秦帝国开凿灵渠，重新发动岭南进军

两百余年的战国大争传统，赋予了这个新生帝国非凡的开拓精神，非凡的创造胆魄，愈挫愈奋，从来没有知难而退的惰性习惯。这样一个帝国政权，在这个关乎华夏世界能否圆满统合的大事上，没有因为第一次战败而颓丧，立即重新凝聚力量，开始了第二次向南海地区的战略大进军。这一次，秦帝国重新集中了三十万上下的一支大军。连带后勤力量，秦军总数仍然在五十万以上。

这次的南进统帅，史有两说，一说是大将任嚣，一说是南海尉赵佗。

对多种史料综合分析，最大的可能是，任嚣是统帅，赵佗是副统帅兼前敌大将。

任嚣，与前任南进统帅屠睢一样，没有任何相对具体的个人经历记载，并不在我们熟悉的秦军名将之列。但是，依据秦国用人传统与任事法度，能担任五十余万水陆大军的统帅、副统帅，必定是陆战水战兼通的当时名将。从后来任嚣在临终之际对赵佗的善后部署看，任嚣非但善战，同时还是一个智慧型将军。

赵佗，史料只有原籍记载——西汉初真定人（今河北正定）。至于赵佗一族何时进入秦国，已经无从考据了。可以明确的基本事实是，如同齐国的蒙氏家族进入秦国一样，赵氏一族也是从山东六国移居秦国的军旅家族之一。此时的赵佗，正在年富力强之期，是一个勇猛善战又颇具头脑的青年名将。

以任嚣、赵佗为第二次南进统帅，引起了一个值得注意的问题——

秦军最高统帅王翦、王贲父子，此时是否还在世?

依据统一六国的战争经验，屠睢第一次南进大败之后，正常的选择必然是两个：一则，由威名赫赫的武成侯王翦，出任第二次南进统帅；二则，由年富力强果敢善战的国尉王贲，出任第二次南进统帅。但是，王氏父子却在这一时期的史料中同时不见了踪迹。参照始皇帝二十八年，也就是公元前219年的琅琊刻石，记载了当时已经由王离承袭了武成侯，并在刻石文后与其父王贲共同列名的事实，由此可以推断，王翦在平定会稽郡之后不久就病逝了。此后不久，王贲也相继病逝了。也就是说，秦军第二次南进的时候，王翦、王贲父子至少已经病逝三年了。

再度进军“三南”的路线，也做出了重大改变。

这一改变是，不再从会稽郡方向作大迂回，改为从中南直接翻越五岭，进军番禺。这次，帝国上层汲取了第一次南进失败的教训，首先着力于打通后勤输送通道。这条通道，当然要从水路着眼。因为，在崇山峻岭中输送物资，只有水路航运能保证连绵不断，且不至于成本耗费高过输送物资。在当时，这一目标的实现，只有通过沟通湘江水系与岭南水系的途径来完成。

秦帝国善于组织大规模工程的特长，在此得到了充分体现。开通新水道的具体实施方略是，以水利大师史禄为工程总领，勘定水道路线。由秦军主力与后勤民力，一起完成渠道工程。渠道路线是，以长沙郡南端零陵地带的湘水段为起点，开凿一条大渠，连通一山之隔的漓江，使货船能够进入岭南水系。

在当时条件下，这是一个极富想象力的非凡创造。

秦军立即集中力量，先期开凿这条大渠。大约不到一年时间，这条不足百里而被后世称为“灵渠”的伟大工程便宣告竣工了。历史的实践已经表明，秦帝国开凿的灵渠，是一项亘古不朽的伟大水利工程。其构思之妙，其法度之精，其开凿之快，其效用之大，其实用寿命之长，无不令后世瞠目感叹。

两千余年后清乾隆时期的《兴安县志》记载：“历代以来，修治（灵渠）不一，类皆循故道，因时而损益之；终不能独出新意，易其开辟之成规。”也就是说，灵渠所选择的行水路线与行水方式，历经两千余年验证，仍然是最佳路线，仍然是最佳方式。

开凿灵渠的同时，秦帝国同时开始修建从中南直通岭南的杨越新道。水陆两条大动脉的开通，确保了五十余万秦军的后勤大输送。秦军越过五岭，大规模地南下了。

依据历史实践，秦军再次南下的战略步骤是：首先，派出五万人马分别据守五岭咽喉之地，确保后方屏障的坚实；其次，以灵渠与此后迅速建成的杨越新道，为双重大通道，确保后勤输送畅通；第三，大军越过五岭，首先在番禺地带建立中心基地，以统合南海郡为第一目标；第四，站稳岭南根基之后，秦军再同时向东南、西南两大地区有效伸展。

在稳步推进的战略之下，在大约三五年的时间里，任嚣、赵佗的南下秦军以番禺为中心，同时向东西伸展，基本平定了三南地区。这时的任嚣，被帝国任命为南海尉——岭南战区总司令。赵佗，则被任命为龙川令——龙川军区司令。龙川，也就是今日广东省东部的龙川县地带。在当时，龙川恰恰处在南海郡与曾使秦军遭受重创的闽越三郡的结合地带，是显然的军事要地。

这时，秦帝国在东南、岭南、西南三大地区，分别设立了六个郡：闽中郡、闽东郡、越郡、南海郡、桂林郡、象郡。这就是说，曾经使秦军遭受重大损失的闽越三郡，在这一时期也同时得到了统合，也平定了下来，设立了郡县官署。

3　秦军在“三南”地区的统合政策

从大形势看，任嚣、赵佗统率的秦军，这时已经基本上安定了广袤的三南地区。

但是，怎样才能使三南地区从此与新创建的中国统一文明，在同一治权下保持同步发展，却是个事关长期政策的战略问题。也就是说，怎样才能使三南地区从此成为统一中国真正的有机构成部分，而不致再次成为松散的邦联诸侯状态？解决这一历史难题，是对秦帝国整合三南战略决策的真正考验。

秦帝国的对策是，增派南进人口，与岭南大军结合，共同屯驻岭南，融入岭南，化为磨合三南地区的基础性力量，从而保证三南诸郡长期纳入中国统一治权。从总体上说，这是一种长期统合三南地区的战略应对，其具体实施包括了三个基本方面——

第一个基本方面，实行“適戍屯垦”政策。

据《史记·秦始皇本纪》记载，秦始皇三十三年（公元前214年），秦帝国征发了五十万非军事人口进入“南海陆梁地”——五岭以南的南海地区，担任“適戍”任务。所谓適戍，就是谪戍，即国家征发劳役人口屯边守护，也就是后世所说的屯垦——种田打仗同时兼顾。

这批屯垦人口由三种人组成：一种是明令在逃的各种罪犯，许其进入岭南即可获得国家赦免；一种是从男子较多的家族中，将其准备入赘别家的男子征发为士兵，集中进入岭南；一种是从事长途贩运的各种商旅人士。这三种人口，除商旅人士带有家室，其余基本上都是男子。他们大量进入南海地区，无疑是开拓岭南经济并融合岭南文明的有效方式。

这就是《汉书·严安传》记载的：“秦乃使尉佗，将卒以戍越。”

第二个基本方面，征发大量女子进入南海，解决将士家室问题。

据《史记·淮南衡山列传》记载，赵佗为安定三南地区数十万秦军，曾经上书始皇帝，请求征发未婚女子三万人进入岭南，使将士建立家室。始皇帝削减了一半，批准征发一万五千名未婚女子进入岭南。这些未婚女子与前述屯垦人口进入岭南后，与驻守秦军生出种种组合家庭，并与当地粤人混杂居住，大大深化了统一文明的全面融合，具有深远的历史意义。应该说，这是岭南秦军能够在后来长期据守的重要原因之一。

第三个基本方面，大力整合三南民治，建立有效的社会秩序。

这一历史事实，是后来的西汉王朝追记的。据《汉书·高帝纪》记载，西汉王朝建立后，汉高祖在第十一年派大臣陆贾为特使南下番禺，下诏封赵佗为南粤王。汉高祖的诏书，这样确认了任嚣、赵佗统率的秦军在岭南的治理功绩——

> 粤人之俗，好相攻击。前时，秦徙中县之民南方三郡，使与百粤杂处。会天下诛秦，南海尉佗居南方长治之，甚有文理。中县人以故不耗减，粤人相攻击之俗益止，俱赖其力。

一个简单的提示是，汉代将“越”改称粤，汉代文献的“粤人”，就是原本的“越人”；汉代文献的“百粤”，就是原本的“百越”。汉高祖诏书是说，百粤族群林立分治，有互相攻伐的传统。当初的秦帝国，从中国腹地迁徙了大量民众进入岭南三郡，使这些人口与粤人住在一起，融合相处。其后逢秦末之乱，南海赵佗秦军长期驻守，坚持治民，很有章法制度。中国腹地迁入岭南的人口，因此而没有蒙受损失。粤人族群相互攻伐的恶习，也得到了有效制止。这些功绩，都依靠赵佗秦军的力量啊！

这则史料透露出的历史信息是，秦军进入岭南之后，以秦国的变法经验为基础，一直坚持制止族群私斗，并推行以秦法为宗旨的治民方略。从秦末到汉初的二十余年间，已经将东南、岭南、西南六郡治理得井井有条了。

岭南秦军整合民治民生的行动，在帝国时期一直持续了将近十年。

到秦末之乱爆发时，南海尉任嚣已经病势沉重了。临终之前，任嚣秘密召来了龙川令赵佗，做出了身后的秘密部署。这段谈话在《汉书·南粤王传》中是这样的：

> 闻陈胜等作乱，豪桀叛秦相立。南海辟远，恐盗兵侵此。吾欲兴兵绝新道，自备待诸侯变，会疾甚。且番禺负山险阻，南北东西数千里，颇有中国人相辅；此亦一州之主，可为国。郡中长吏无足与谋者，故召公告之。

两人密商之后，任嚣就将南海尉的军政大权交给了赵佗。

请注意，任嚣谈话的中心，是“绝道、自备、待变”三个基本点。绝道，就是封闭杨越新道，使岭南不受中原动荡的冲击；自备，就是准备建立独立政权，以诸侯国的形式对岭南诸郡行使治权；待变，就是等待中国腹地的大局发生变化。这三个基本点，构成了一个完整的妥善处置岭南局势的战略主张。历史的实践证明，任嚣所确定的善后方针，是非常明智的着眼于华夏长远利益的战略决策，是以特殊方式，将三南诸郡完整保留在华夏文明框架之内以等待大局变化的深谋远虑。

可以假设，当时的岭南秦军不是闭关自守，而是北上救秦，那么，第一个直接后果，便是根基尽失，后退无门。岭南秦军在将近十年间辛苦建立而尚未真正巩固的众多屯戍基地、民生工程，就会迅速地丢失殆尽，毁灭殆尽。不能随军北上的中原人口，也将在重新到来的岭南混战中，全面地陷入覆灭命运。

其次，当时中国腹地的反秦战争，已经迅速发展为全面混战。岭南秦军一旦开出，再次回到岭南的可能性几乎没有。届时，岭南在中原战乱的冲击影响下，必将再度陷入族群林立的全面大混战。所有这些后果，都会汇聚成一个总体后果：华夏文明在岭南已经确立的坚实基础，将被连根拔起。广袤的中国三南地区，将重新陷入漂泊分离状态。

果真如此，西汉初期要做到兵不血刃而一次召回广袤万里的三南诸郡，几乎是完全不可能的。在招抚无望的情况下，要西汉王朝如同秦帝国那样大规模进军岭南，几乎没有任何可能性。因为，仅仅是反击匈奴边患，西汉王朝就准备了百年上下，战胜之后就是汉武帝“轮台悔过”，自承国家已经是精疲力竭了。这说明，在反击匈奴的同时，再进军岭南诸郡，西汉王朝的实力是根本不足以支撑的。而一旦过去西汉两百余年，东汉再来谈收回东南、岭南、西南三大地区，那无疑已经是刻舟求剑了。

4　秦军“三南”地区重回中国文明海洋

对于任嚣决策所涉及的重大利害关系，赵佗是完全心领神会的。

赵佗在受命之后，相继采取了三方面的紧急措施。其一，紧急通告各驻军基地，中原乱兵将至，立即封闭所有南来道路，加强防守；其二，迅速罢免、处死了一批抗命官吏，将拥戴新决策者擢升为各郡县代理长官；其三，子婴出降后，立即发兵统合桂林郡与象郡，宣布建立“南粤国”，自立为“武王”。

请注意，赵佗的立国称王，是发生在咸阳沦陷、秦帝国灭亡之后的。

这一事实说明，赵佗的岭南大军是始终恪守秦军名号的。秦帝国一天不灭，岭南大军就是秦军，岭南郡县就是秦政权。赵佗及其秦军的这一心态，在其晚年给汉文帝的上书中有充分的表现。

由于上述三方面的紧急措施，岭南诸郡迅速重新安定下来。

到楚汉相争结束，西汉王朝建立，短短十余年间，南粤国已经完全控制了包括东南、岭南、西南六郡在内的南中国广大地区，比任嚣病逝之时南海秦军的实际控制地区，大出了许多。到汉文帝时，赵佗自己的说法是：“老夫定百邑之地，东西南北数千万里，带甲百万有余。”

也就是说，数十年之间，赵佗的南粤军平定了一百余个族群自立政权，全部统合了包括今日越南在内的今日中国之福建、广东、广西、云南四省及自治区，以及贵州省大部分，辖制地域的周长有一万余里，各式军队的总数量规模已经在一百余万。全面比较，一直稳定发展的赵佗南粤国的实力，显然超过了贫瘠的西汉王朝初期。

在这样的实力对比之下，赵佗却两次接受了西汉初期的招抚。

第一次，汉高祖十一年，也就是公元前196年，西汉王朝派出陆贾为特使，招抚南粤国。西汉王朝正式承了认南粤国的诸侯地位，同时承认了赵佗的南粤王王号。赵佗接受了藩属国地位，与西汉订立了正式盟约，正式归附了新的统一政权。

之后，事情又有了突然变化。汉惠帝之后的吕后当权时期，西汉王朝莫名其妙地禁止铁器进入岭南。赵佗由此大怒，发兵进攻长沙郡，占据数县。吕后派兵迎击，又被南粤军击败。当时，正好有一场暑期瘟疫发生，赵佗就此罢兵。此后，赵佗将自己的王号升格为帝号，表示与西汉帝权对等的政治姿态。

第二次招抚，已经是汉文帝元年。

西汉王朝为了安定南部，又派出陆贾为特使招抚南粤国。这一次，汉文帝写了一份很长的信件，非常谦虚地对赵佗细叙自己继承帝位的经过，以及汉政权的治情苦衷，最终表示，承认岭南自治，赵佗也可以继续保持帝号，只要不对西汉南部发动战争——“毋为寇灾矣”，就行了。

可是，在汉文帝如此退让的条件下，赵佗却断然取消了帝号，承认了西汉中央政权的统辖权，将南粤国再次归附为西汉的藩属国。为什么会这样？赵佗对汉文帝回复了一封长信，在诉说了所以在吕后时期与汉王朝作对的原因之后，很直白也很坦诚地说出了南粤国所以愿意归附西汉中央政权的原因——

老夫身定百邑之地，东西南北数千万里，带甲百万有余，然北面而臣事汉，何也？不敢背先人之故。老夫处粤四十九年，于今抱孙焉。然夙兴夜寐，寝不安席，食不甘味，目不视靡曼之色，耳不听钟鼓之音者，以不能事汉也……老夫死骨不腐，改号不敢为帝矣！

这就是说，赵佗所以将归附西汉中央政权看得如此重要，绝非赵佗畏惧西汉实力，其最根本的原因只有一个，那就是：“不敢背先人之故。”赵佗之先人者何？南粤军之先人者何？宁非秦帝国那支南进大军哉！

至此，我们完全可以看出，赵佗与西汉的有限度抗争，其目的只是为了争取作为完整的秦人遗民群体的南粤国将士臣民，有更大的政治安全性而已。毕竟，西汉政权是反秦起家的，久经沧桑的赵佗们，不得不保持一定的警觉性，力图达到既将岭南诸郡完整带入华夏世界，又能保证这支数量已经远远超过百万的秦帝国遗民的长久生存利益。而以藩属国形式保留相对完整的治权，无疑是遗民过渡时期的最佳出路。

后来的历史发展说明，赵佗们的担心不是没有道理的。

到汉武帝建元四年，也就是公元前 137 年，高寿九十余岁的南粤王赵佗病逝了。其后，赵佗的孙子赵胡，继位为南粤王。再后，南粤国王号一直传承到汉武帝末期。其间，西汉政权着意在三南地区扶植了另外几个藩属国王号政权。这些政权之间战争不断，西汉政权便借此机会不断南下整合。渐渐地，南粤国终于在汉武帝末期被虚化了，废黜了。

历史主义地看，统合“三南”地区，是秦帝国统一中国进程中深谋远虑的大手笔。赵佗率领的百余万秦人秦军，是秦末之乱中唯一完整保留下来的秦帝国遗民群体，是最早的岭南客家人。赵佗及其南越国政权，是“三南”融入中国统一文明的历史丰碑。

胡患之战：秦帝国草原大反击

1　帝国大反击的战略准备

对匈奴的反击作战，是秦在统一战争之后立即开始筹划的重点军事行动。

自战国末期开始，北方匈奴已经迅速强大起来。这时的匈奴族群，既包括来自古老华夏边缘地带的诸多鼻祖部族，也融合了已经衰落的戎狄、林胡、东胡等残存的游牧族群，同时，还包括了经过西伯利亚大草原进入东方的西方诸多游牧族群。这些活动在北方广大草原地区的族群，结成了松散的联盟，建立了新的匈奴政权。当时最高首领的名号，是“头曼单于”。这一联盟政权虽然松散，但在联结众多游牧族群南下劫掠中国方面，却因共同利益的驱使而有着统一号令的基础作用。

大匈奴联盟的出现，迅速改变了中国北方原有的诸多胡人族群各自为祸一方的边患格局，对中国北方边境形成了空前强大的压力，成为自夏商周以来两千余年中，华夏世界面临的最为严重的北方边患。这一时期正值战国末世，赵燕两国对胡患的防卫，已经一定程度地弱化了。其后，秦统一中国的战争又连续推进，北方边境的防卫任务，事实上只能由秦国一力支撑了。

当时的秦国所能做到的，就是将九原郡的原有防守力量大幅度加强，变为一支常驻大军，以名将蒙恬为统帅，填补赵燕两国留下的防卫空虚，承担起整个中国北部的边境防卫。基于这样的大形势，在统一战争进行期间，蒙恬的九原秦军采取的防卫战略是：收缩防线于黄河之南，只做底线防守，不做进攻出击。秦帝国在“河南地”的全面防守，从灭韩开始到大反击，一直持续了十六年。

如何一举解决北方的匈奴之患，是秦帝国上层一直在关注的重大战略问题。

据《史记·主父偃列传》记载，秦帝国统一之初，始皇帝就想对匈奴发动大反击，李斯当时提出了反对意见。李斯的基本看法是：反击匈奴不能仓促进行，必须得有充分准备，所以现在不能开战。李斯的原话是：

> 不可。夫匈奴，无城郭之居，委积之守，迁徙鸟举，难得而制也。轻兵深入，粮食必绝；踵粮以行，重不及事。得其地，不足以为利也；遇其民，不可役而守也；胜必杀之，非民父母也。靡弊中国，快心匈奴，非长策也。

当然，李斯不是从根本上反对北击匈奴。这一点，秦史专家马非百先生引证《史记·李斯列传》所记载的基本事实——“外攘四夷，斯皆有功”，已经给予了澄清。李斯所反对的，是在没有充分准备的时候展开反击。而且，其实际理由确实是成立的。因为，此时的九原直道还没有动工，粮食物资的大规模输送问题还远远没有解决。

尤其是李斯强调的一个基本思想：“胜必杀之，非民父母也。”这是非常可贵的秦帝国战争文明的基本理念——要驱赶匈奴，但却不能在胜利之后大肆杀戮。这一点，也是后世对秦帝国妖魔化时完全忘记了的。

始皇帝明断务实，立即采纳了李斯的主张，取消了立即反击的想法。其后，秦帝国开始了坚实的战略筹划，以举国之力认真准备，等待最为合适的大反攻时机。须得说明的是，《主父偃列传》之后，说秦始皇不听李斯主张，这是针对秦帝国后来的大反击说的，而不是针对李斯所反对的仓促反击说的，这是一种历史的误解。

历史的另一种严重误解，是基于神秘文化而产生的历史流言。

这则故事记载在《史记·秦始皇本纪》之中，说的是燕人卢生从东海办事回来，将其发现的古代神秘图书呈献给了始皇帝。图书之上，有一句神秘谶语——“亡秦者，胡也”。始皇帝将这句话解读为“胡人灭秦”。所以，下令蒙恬发兵三十万，对匈奴发动了大规模进攻。

这则故事带来的另一则历史误解，是关于后来胡亥继位的神秘解读。

举凡神秘解读，其潜意识是：神秘谶语是天意泄露，只是当事人解读错了。

从历史的实际出发，神秘文化是中国古典文明的一部分，无论当事者态度如何，它都流淌在社会意识之中。作为一种历史现象，也基于司马迁本人的偏好，将许多占卜、预言、谶语等都记入了史书，甚至还为诸多神秘人士留下了专门传记。这些，原本无可厚非。这里的关键是，两千多年后立足于高端文明时代的我们，应当如何分析看待历代史书中这种缥缈神秘的东西。

只要注意到始皇帝后期复辟暗流的涌动，注意到六国旧贵族到处散布神秘流言这一历史事实，就完全不难得出符合历史真相的评判。诸如“亡秦者胡也”这样的神秘谶语，以及秦末社会的各种预言、流言、神秘刻石等，都是当时复辟势力的秘密作品，如“始皇帝死而地分”的陨石刻文；或者是神秘文化流派，在事后编织出来的先知故事，如“楚虽三户，亡秦必楚”的楚南公预言。依据这种缥缈的历史迷雾，去评判重大历史事件的原因与动机，无疑是远远偏离文明史审视目光的。

2 蒙恬大军的草原大反击

历经六年全面准备，秦帝国终于启动了对匈奴的全面大反击。

这时，从咸阳通向九原的秦直道虽然还没有最后完善，但是已经全程修通，足以承担大规模的运输任务了。同时，三十万大军也已经在“河南地”完成了秘密大集结。诸如连弩、战车、壕沟车等各种重型兵器，以及骑兵使用的大量单兵弓弩与大量良种战马，也已经充分集中到了河南地的秦军基地。后来的反击战所以电闪雷鸣势不可当，最为根本的原因，便是长期周密的筹划准备。

大反击的主要战场是两个——北方九原，西部临洮。

北方九原战场的主要战役是两次：第一次大型反击战，第二次长距离追击战。

(1) 公元前215年，秦始皇三十二年，蒙恬大军发动了第一次反击战

依据古代草原作战的基本规律，第一次反击战役应当在草木茂盛的春末夏初展开。这一时期，匈奴游牧族群已经稳定占据阴山草原与敕勒川地带将近二十年，春夏之交大举南下牧马，已经成为相对稳定的习俗。放牧的同时，匈奴骑兵也必然趁机大举南下攻掠。当此之时，无疑是大规模反击战的最有利时机。已经被历史过滤了的必然环节是，为了尽可能歼灭匈奴骑兵，蒙恬的斥候部队，一定在此前进行了大量的地形探查与消息散布。帝国主力大军也必然多方隐蔽示弱，以诱使匈奴骑兵尽可能地大举深入南下，从而达到有效实现最大规模歼灭战的战略目标。

这一反击战，获得了极大的胜利。

最主要的战果，是一举歼灭了匈奴骑兵的主力，匈奴残余力量大规模北逃。实际的地域进展是：一则，全部夺取了处于拉锯状态的河南地；其次，全部控制了阴山草原与敕勒川地区。这两地合计共四十四个县。因之，秦帝国的九原郡正式设置。这就是说，这两地的匈奴力量已经被彻底根除，战国时代属于秦、赵、燕三国的阴山草原、敕勒川地区，全部回归华夏世界。

这一战的威势，在后世留下了久远的历史记忆。在一百三十四年后汉昭帝时期的盐铁会议上，西汉大臣们对这次反击战这样描述——

> 蒙公为秦击走匈奴，若鸷鸟之追群雀！匈奴势慑，不敢南面而望十余年。

这种强大的反击战，在此后中国古典社会的反侵略战争中，是极其罕见的。

(2) 第二次战役，公元前214年，连续发动长距离追击战

匈奴一战大败，一定时期内必然不会再大举南下。要继续驱赶匈奴势力，拔除匈奴骑兵的南下根基之地，秦军就不可能再采取诱敌深入、以逸待劳的反击方式，而是必须展开长距离的追击战。为此，蒙恬亲自率骑兵十万，在第二年对匈奴展开了长距离的追击战。归纳史料，这次追击战的主要战略方向，是开出北河边缘的阳山、高阙地区，进一步向北方追击。

首先，让我们在当代地图上看看这里的宏观地理形势。

阳山，是相对于阴山的另一片山地草原，地处北河——黄河北流的正北方向，阴山草原的西北方向。两山之间，是广阔的草原地带。高阙在当时只是一片两山夹峙的要塞通道。蒙恬追击战之后，长城修

到此地，并修建了屯兵关隘，才有了高阙之名。

据《水经注》记载，直到魏晋南北朝时期，这里依然保持着秦时地形：

> 自代地并阴山下，至高阙为塞，山下有长城；长城之际，连山刺天；其山中断，两岸双阙，善能云举，望若阙焉。即状表目，故有高阙之名也。自阙北出荒中，阙口有城，跨山结局，谓之高阙戍。自古迄今，常置重捍，以防塞道。

再看，越过阳山与高阙地带，北进千余里，就是狼居胥山，也就是今日蒙古国之乌兰巴托地带。再北进千里，就是北海地带，也就是今日之贝加尔湖地区。当时的狼居胥山，是匈奴北逃后新建立的单于王庭所在地，也就是匈奴的权力中心所在地。北海地带，则是后来苏武牧羊的地方，水草丰茂，是那时更为纵深地带的北方草原。

那么，蒙恬秦军向北追击，究竟追到了什么地方？

史料的普遍记载，都只说了秦军后来实际修筑长城的地域，也就是阳山、高阙。至于秦军十万骑兵的追击战，究竟抵达了什么地方，却都没有提及。因为，秦帝国的直接史料在后来的覆灭大火中全面毁灭。所以，秦军反击战与大追击的具体情形，我们已经无法依据直接史料给予具体地展现了。但是，依据古今中外最基本的追击战原则，我们还是能合理判定出一个远程目标：蒙恬的十万骑兵一直追击到了狼居胥山，甚至远达北海地带。

最根本的依据，是战争进展的逻辑，以及史料中模糊闪烁的相关事实。

秦军从北河出发，向北追击，必然是已经掌握了相对准确的匈奴新基地的所在，不会是盲目追击。在秦军刚刚大胜之后，匈奴残余力量也绝不会隐藏在距离北河很近的边缘地区。所以，阳山、高阙两地，只能是后来建立永久性长城的地点，而绝不会是秦军十万骑兵追击的终点。依据追击方向，我们完全可以判定，当时匈奴残余力量的遁逃方向，只能是千余里之外的狼居胥山，以及更为北面的北海地区。秦军骑兵的追击，也必然是这两个所在地。

明确了这一点，我们再来看史书缝隙中透露出的相关信息——

> 蒙恬……于是渡河，据阳山，逶蛇而北，暴师于外十余年。居上郡。是时，蒙恬威震匈奴。
>
> ——《史记·蒙恬列传》

> （秦）欲威海外，使蒙恬将兵，北攻强胡，辟地进境，戍于北河，飞刍輓粟以随其后。
>
> ——《汉书·严安传》

> 秦使蒙恬将兵十万人，北击胡，渡河，取高阙，据阳山北假中，是也。
>
> ——《水经注·河水》

什么是"暴师于外"？就是军队在远方作战。若驻守长城之内，何来暴师于外。

何以"蒙恬威震匈奴"？就是因为打到了匈奴远遁的根基之地，匈奴深为震恐。

什么是"辟地进境，飞刍輓粟以随其后"？就是大军向北长途追击，后面是源源不断的良马快车驮载着粮食跟进。假如仅仅进军于北河边缘的阳山、高阙，区区数百里距离，完全可以在目的地建立稳定的后勤基地，车马从容运输也可，值得在大军之后由良马快车组成专门的大型车队，"飞刍輓粟"追随大军前进吗？

为什么是十万人马，而且是必须飞车跟进的十万骑兵？

这个数字，正是那种可以适合大小任何战役的远征军规模。后世也是如此。西汉的反击匈奴，霍去病的远征军规模大体也在十万上下。后世西方之十字军东征，每次的远征军也都没有超过十万。历史的实践说明，十万之数，这是古典战争时期远征军的最佳构成规模。

凡此种种都说明，蒙恬的第二次长距离追击战，不是停留于北河边缘的阳山、高阙，而是至少远征到狼居胥山的单于庭，追击到今日的贝加尔湖——北海地带。

3 翁仲神威：西部战线大反击

反击匈奴的西部战场，也取得了重大胜利。

西部匈奴的活动区域，主要是当时秦国的陇西郡。当时的陇西郡，东与今日陕西宝鸡接境，西到今日兰州地带，北接六盘山，南接白龙江，大体包括了今天的天水、庆阳、平凉、兰州等地区。这一范围内，包括了早期秦人族群的两个根据地：一是殷商灭亡后秦人族群从东部向西迁徙的第一个落脚地——西汉水上游的河谷地带，它在今日甘肃的礼县境内；另一个，是秦人族群后来又拓展的第二个基地——渭水北部的张家川地带，古称秦亭，也就是今日的甘肃秦安地带。春秋之前，早期秦人族群一直在这个地区生存了将近三百年。

西周末期，秦人东进救周，因功成为东周大诸侯。但是，秦人族群在这一地区的两个基地仍然保留了少量部族。春秋中期秦穆公拓展霸业，西出陈仓，吞并了陇西十二个戎狄族群政权。从那时候开始，整个陇西地区与东部关中地区就融成了一体，陇西就变成了秦国的大后方。

秦穆公平定陇西称霸西戎之后，众多戎狄族群留在了陇西，化入了秦国。也有众多戎狄族群迁徙流散，或与更西部的羌人结合，或与北方胡人结合，在相当长的时期里继续对陇西地区进行着不间断的侵入劫掠。所以，这一地区的军事冲突一直未能间断。

进入战国中期，西部的戎狄、羌人族群相继衰落，纷纷融入了已经强大起来的匈奴族群联盟，以新匈奴的形式继续进攻陇西。故此，秦在统一中国之时，将北部、西部的外患一体化对待，都视为匈奴之患。与北部情况有所不同的是，西部是老秦国的大后方，一直由秦国一方防守，后勤输送与反击根基，都相对良好于九原地区。

秦帝国统一中国之初，西部匈奴的力量虽不如北方规模之大，但也对西部秦军造成了很大的压迫。当时的狄道以西（临洮以西地带），还处在与匈奴作战的拉锯地带。所以形成如此局面，最重要的原因是，秦国在统一战争期间将防范匈奴的主要兵力都集中在了北方九原方向，陇西驻守兵力相对较少，大体只有两三万人。如此兵力，不足以对西部匈奴发动反击作战。

当时的西部秦军，只能做到以少量兵力为轴心，同时依靠秦人族群在陇西地区长期经营所形成的良好作战根基，以及具有深厚尚武传统的陇西民众的全面支持，确保匈奴东进之时不能大幅度深入，不能越过狄道——当时的陇西郡治所。

秦国在灭楚战役之后，将秦军大将李信派为西部战场主将，同时又以著名的猛士将军阮翁仲为临洮守将。应该说，这时的秦帝国，已经在为未来的西部反击匈奴未雨绸缪了。但是，由于兵力所限，直到全面大反击开始之前，西部战况仍然未能根本扭转。

在北部大反击开始的同时，或稍前时段，陇西反击战也开始了。

陇西反击战的进展情形，已经无法具体化了。我们所能知道的基本事实是：西部反击匈奴取得了全面胜利，秦军前锋已经追击到黄河上游的羌人地区，也就是今日青海地区。李信及其陇西李氏家族，由此在西部建立了巨大的军旅声望，历经两汉直到隋末，依然有着相当的名将家族号召力。

更值得一提的是，陇西反击战涌现的猛士阮翁仲，成了整个反击战的英雄象征。

对于这个威震匈奴的英勇猛士，史书多有简略记载。相对具体的，是明嘉靖《陕西通志》卷二十三之《临洮名宦》：

> 阮翁仲，交趾人。身长二丈三尺，气质端勇，异常人……始皇并天下，使翁仲守临洮，威振匈奴。翁仲死，始皇铸铜为像，置咸阳宫司马门外。匈奴至者，犹以为生。

又据《淮南子》说法，咸阳宫矗立的翁仲铜像，是“放写其形，铸金人以象之”。这就是说，当年铸造的翁仲像，不是原型仿真，而是放大了的，实际远远不止二丈三尺高。若以至少放大一倍计算，也在五丈余高了。如此煌煌十二座高逾殿阁楼台的金铜巨人，矗立于宏大广场，其威其势，确实摄人心魄。

4　秦帝国修筑万里长城

对匈奴大反击获得全面胜利之后，秦帝国并没有就此止步。

为长期有效地防御匈奴，秦帝国确定了一个重大的战略决策——修筑长城。

中国历史上在重要的边陲郡县修筑城墙的做法，开始于诸侯分治的春秋中期。因为这种仅仅基于军事防卫，而并不是为了城池安全而修建的城墙，往往都很长，所以当时被称为长城。到了战国末期，七大战国都有了自己的长城。这种长城，一般都修在边境地区。但是，它并不是今天我们所说的边境线，而是边境郡县适合于防御的地段。用今天的话说，就是边境省份有利于防守、也必须防守的要害地段。

基于长城的这一历史特点，我们不能如同当今西方人的误解一样，将中国古代的诸侯长城认定为诸侯国之边境线，将秦帝国万里长城看作秦帝国当时的边境线。

战国时代的长城，有两大类。一类，是各大战国在相邻地区修筑的防卫长城；一类，是秦赵燕三国在华夏世界西部地区、北部地区、东北地区修筑的防卫异族入侵的长城。这两大类长城，至今仍然有诸多遗址。

今日陕西韩城地区，有魏长城遗址，是魏国在战国初期修筑的。

今日豫南地区，有楚长城遗址，是楚国当时防御中原战国的长城。

今日山西朔州地区，有赵长城遗址，是赵武灵王时期修建的长城。

今日陕北高原之榆林地区，有赵、秦土长城遗址。

今日宁夏地区，有早期秦长城遗址，当时是北地郡防卫胡患的长城。

关于秦帝国修筑长城的原因，历史上的基本说法有三则。

一则，《史记·匈奴列传》的说法："秦宣太后起兵，伐残义渠；于是，秦有陇西、北地、上郡，筑长城以拒胡。"

另一则神秘文化说法，就是此前已经说过的那个神秘兮兮的故事，说始皇帝看了"亡秦者胡也"的谶语，就派蒙恬与杨翁子修筑长城。在这种说法之下，亘古绝今的长城工程，似乎完全是始皇帝心血来潮的一念所致。

第三则，是东汉桓谭的《新论》的说法："北蛮……仁者不能以德来，强者不能以力并也；其性忿鸷，兽聚而鸟散，其强难屈而程难得……昔周室衰微，夷狄交侵，中国不绝如线……以秦始皇之强，蒙恬之威，带甲四十万，不能窥河西，乃筑长城分之。"

将这三种说法综合起来，我们可以看到的基本事实，并不是神秘谶语决策，而是华夏世界面临的真实而巨大的危险在起决定作用。东汉桓谭的说法，最接近基本的历史事实——自春秋以来，中国虽然没有灭亡，但总是像一根细线一样在北胡风暴的冲击下风雨飘摇，非常缺乏最基本的安全生存环境。到了强大的秦帝国时期，自然会产生一种普遍的社会需求——华夏世界必须从这种"不绝如线"的危境下解脱出来。虽然，桓谭对秦帝国实力及其进军战果的评价有很大偏差，但是他所揭示的华夏世界数百年的边患危机，却是实实在在的。基于这样深厚的历史危机背景，才产生了大规模的长城工程。从根本上说，秦帝国修筑长城，绝不是秦始皇个人心血来潮的结果。

长城的修建，是从大反击胜利之后开始的。

修筑长城的统帅人物是三个：大将军蒙恬、长公子扶苏、大将杨翁子。

蒙恬，是与王翦、王贲齐名的秦帝国三大军事统帅之一。蒙恬一直主持九原郡抗击匈奴，必然成为长城工程的总体负责人。长公子扶苏，则是因政见分歧，被始皇帝派到九原做监军的。从当时的政治大格局来说，扶苏实际上已经是帝国储君，自然也就成为长城工程的总监。大将杨翁子，史料未见具体职司，只有《淮南子·人间》记载了他与蒙恬同修长城。合理推定，杨翁子应当是长城工程实际上的组织者，或设计施工总负责。

长城的两端与经过路线，历代史料多有说法。这里，我们依据谭其骧先生编著的《中国历史地图集》来看看秦帝国长城的起点、终点以及中间经过的主要地段与城市坐标。请注意，秦长城比后世明代重修的长城要外扩许多。

长城西端起点，在当时的陇西郡之临洮县，即今日甘肃岷县地带——沿西北方向北上，再沿黄河东岸前进，越过今日兰州之西北地带，出当年的陇西郡——再沿黄河东岸北上，进入当时的北地郡，越过今日中卫、青铜峡、石嘴山地区——再沿当时黄河以西山地北上，进入当时的九原郡，经过今日之乌兰布和沙漠——再沿当时的北河北部边缘东进，经过阳山、高阙、阴山草原北部山地，出九原郡——再继续东北方向，进入当时的云中郡，经过今日之呼和浩特地带，出云中郡——再继续东北方向前进，经过雁门郡、代郡、上谷郡、渔阳郡——再继续东进，进入当时的右北平郡，经过今日赤峰以北山地——再继续东进，经过当时的辽西郡最北端、辽东郡最北端，越过今日之鸭绿江——

长城东端之终点，在今日朝鲜的平壤地区，直达渤海东部之西朝鲜湾。

如此绵延横亘而途径十一郡的雄伟城墙，究竟有多长？《史记·蒙恬列传》的记载是："延袤万余里"。故此，后人称为万里长城。

如此庞大的长城工程，使用了多少人力呢？有关长城工役的具体数量，历代史料中只有三则相关记载——

一则，《史记·蒙恬列传》云：

> 秦已并天下，乃使蒙恬将三十万众北逐匈奴，收河南，筑长城。

另一则，《史记·六国年表》：

> 筑长城河上，蒙恬将三十万。

第三则，《淮南子·人间》：

> 秦皇发卒五十万……筑长城。

综合分析这三则史料，我们可以看出这样的基本事实：修筑长城的人力，在三十万到五十万之间；其中，反击匈奴的三十万秦军将士，是修建长城的主要劳动力；征发的辅助性民众劳役数量，应该在十万到二十万之间。一定数量的民众劳役，最大可能是以后勤输送为主要任务的，并不担负大量的工程任务。就基本事实而言，长城，实际上是秦帝国时代一项伟大的士兵工程。

大反击的全面胜利，长城工程的全面完成，究竟起到了什么样的历史作用呢？

《史记·匈奴列传》记载的历史状况是：

> 匈奴单于曰头曼，头曼不胜秦，北徙十余年。

《汉书·韩安国传》记载的历史状况是：

> 蒙恬为秦侵胡，辟数千里，以河为境，累石为城，树榆为塞。匈奴不敢饮马于河，置烽燧，然后敢牧马。

《汉书·匈奴传》记载的历史状况是：

> 秦……悉收河南地，因河为塞，筑四十四县城临河……通直道，起临洮至辽东万余里……头曼不胜秦，北徙十有余年。

《汉书·主父偃传》记载的历史状况是：

> 蒙恬筑城，以逐匈奴，内省转输戍漕，广中国，灭胡之本也。

西汉《盐铁论》记载的历史状况是：

> 蒙公为秦击走匈奴，若鸷鸟之追群雀。匈奴势慑，不敢南面而望十余年。

《水经注》记载的历史状况是：

> 秦逐匈奴，收河南地，徙民以实之，谓之新秦。

聆听历史深处生发出的诸多感叹，今天的我们该做何感想？立足当代高端文明的视野，今天的我们，究竟应该如何评价秦帝国的对匈奴大反击战争？究竟应该如何评价这道横亘中国北部万余里的长城工程？说到底，国家历史行为选择的正义性根基，究竟在哪里？

也许，这是值得我们永远思索的大问题。这里，我们强调两个问题。

其一，秦帝国对匈奴大反击，体现了两个基本特点：雷霆反击，适时结束。它集中体现了华夏文明最基本的生存经验：强力反弹，有限扩张。

其二，秦帝国修筑长城，加重了民众负担，也造成了一定的社会牺牲。但是，它是符合人民长远利益的。当代的我们，不能以绝对理念式的人道主义为文明标尺，去评判长城工程，不能因为死伤过许多民众而否定它的文明捍卫意义。长城工程，不是历史的罪孽。秦帝国修建长城，是当时历史条件下的国家政权在反侵略战争中的正义选择。对于中国文明的延续发展，长城具有不朽的历史功绩。

铁血风暴：秦帝国反复辟政治战

1　帝国之前历代政权的反复辟策略

帝国时代的另一重大现象，是反复辟中所采取的铁血政策。

复辟，是一个极其古老的政治概念。辟者，君位也；复辟者，恢复失去的君位也。语源出自中国最古老的政治文献《尚书·咸有一德》：“伊尹既复政厥辟。”——摄政大臣伊尹将政权交还给了太甲，太甲恢复了商王之位。可见，复辟是由“复政厥辟”简化而来的。此后历经千余年演化，到了战国末期，复辟已经有了普遍认可的含意：失去政权的旧势力对新政权所进行的种种破坏与反抗活动。

中国统一之后，六大战国旧贵族所进行的秘密反秦活动，就是那时候的复辟暗潮。

秦帝国政权针对这种地下反秦活动所进行的遏制与镇压，就是反复辟。

帝国时代复辟与反复辟的较量，是那个时代的历史主旋律之一。展现并解析这一历史过程，能使我们明白此后两千余年诸多历史烟雾所以形成的根本原因，能使我们在全面审视民族文明历史遗产时具有更为广阔的历史视角。

历史实践表明，激烈而普遍的复辟活动，从来都发生在新政权建立的初期。

就华夏世界的历史而言，自夏王朝开始，每逢权力转移或者历史转折，都会有强度不同的复辟活动。夏王国中期，夏少康在失去政权之后，曾经依靠“一成之田、一旅之众”成功复辟，恢复王权。商王国建立初期，虽然将夏王族遗民已经分封为五十四里地的小诸侯——后来被周王朝改封为杞国——但还是泯灭不了夏桀在流放中咬牙切齿地悔恨：“吾悔不杀汤于夏台，使至此！”夏桀死于流放地后，夏王族残余势力仍然进行了相当长时间的复辟活动。商汤政权建立之初，之所以多次发布文告，警告夏王族遗民安于天命，不要愤怨，根本原因就在于力图阻止夏王族遗民的复辟动乱。

西周王国建立初期，殷商王族遗民联手周王室派出的监管诸侯，联结东夷族群所发动的大规模武装叛乱——管蔡武庚之乱，对西周新政权形成重大威胁。春秋时代，新兴势力夺权之政变，与旧世族之复辟抗争，年年皆有，数不胜数。战国时代，各国变法之后的老世族复辟活动，以及被吞灭国家的复辟活动，同样是数不胜数。

面对这种不断重复的必然历史，华夏世界在战国之前的近三千年历史中，总结出了两方面的基本应对方法，也就是那个时代反复辟的基本策略。

第一方面，及时而合适的安抚政策。

这是新政权对已经灭亡的旧政权的残余阶层，保留适当的实际利益与政治利益方面的特许权利，以弱化甚或彻底弥散他们的复辟动机。这就是秦帝国之前历代普遍采用的“分封先代圣王后裔”的政策。

这一政策的实际内涵主要有三个方面：其一，对先代政权的承袭人，赐封诸侯名号，允许保留社稷祭祀权；其二，划分给一定范围的封地，使其能够保持较高的生活水准；其三，大力延揽遗民群的优秀成员进入新政权，以安抚遗民群体的优秀人才。举凡这些基本政策，在夏商周三代更替的时期，都有普遍而鲜明的体现。

第二方面的基本策略，就是铁血镇压。

铁血镇压政策，所以成为必然现象，在于这样一个反复重演的历史剧情——已经灭亡的旧政权残余势力，总是以曾经的既得利益为历史参照物，远远不能满足于新政权的安抚政策，坚持要夺回已经失去的所有利益。为此，这些旧政权的残余势力不惜破家散财，不惜裹挟民众，多方聚集力量，利用新政权建立初期必然具有的社会缝隙，展开全方位的破坏与反抗，小至制造并传播谣言，大至发动武装政变，手段无所不用其极。

面对这一基本事实，历代有为政权，都无一例外采取了坚决镇压的铁血政策。

其中，最为信奉“王道礼治”的西周王国，做得最为坚决彻底。这就是西周初期著名的周公东征。当时，武庚管蔡之乱声势极大，已经席卷了整个东部中国。但是，周王国的摄政统帅周公却霸气十足，立即集结了中央王师与鲁国、齐国军队，三路东进应战。同时，周公立即将西周王室的决心公开通告天下——绝不与复辟叛乱势力做任何妥协！经过三年大战，周公统率的西周大军终于全部肃清东方，并且毫不手软地诛杀了所有叛乱首领。这场反复辟战争之后，西周王国空前强大，一举将诸侯国的产生形式基本改为王权直封制——只有天子能分封诸侯，自立政权一律不予承认。后来，楚人在江汉之间自立政权，却长期得不到西周王权的承认，其间根源，正在于周公在反复辟时期奠定的强势王权的历史传统。

2 秦帝国的先朝政策检查

在这样的历史传统之下，我们来检查一下秦帝国对待先朝遗存势力的基本政策。

首先，秦帝国没有对先朝遗存势力推行基本的安抚政策。

秦灭六国之后，每个国家的王族分支人口，都被当作庶民对待，流散于社会了。各国上层权贵部族，则都被集中迁徙到关中地区，这就是“天下豪富十二万户”。每个被俘的国王、王族嫡系人口与部分内侍随员，则一律被押送到秦国腹地，囚禁在秦国边远的山林地带。对于大量居于六国上层社会的士大夫阶层，秦帝国官府除留用其中一部分才具之士外，绝大部分都一律化为黔首（庶民），使他们过起了依法生存的生活。秦帝国对先朝政权的遗民与遗存政治势力，基本上没有采取任何一种保留特权的安抚政策。

为什么？秦帝国上层不了解既往的政治传统吗？

当然不是。原因只有一个，安抚政策与帝国政治文明是相违背的。秦国自商鞅变法开始，其创建的政治文明就跨越了诸侯分封制，迈进到了统一治权的法治新文明时代。在这样的新政治文明下，秦国的封赏制度鲜明地体现出三大基本原则：

第一原则，非功不赏，国无虚爵；

第二原则，非重大功绩不封侯爵；

第三原则，高爵封赏，不封实地。

这三大原则见诸社会实践，形成了三方面的历史现象：其一，天下所有臣民的爵位封赏，都基于功劳而发生，既没有“世袭罔替”，也没有特权安抚；其二，秦国王族成员基本上退出了高爵功臣层面，基本上没有出现侯爵级的人物；其三，高爵封赏实行虚封制，只在名义上分封给功臣一方土地，实际上这方土地还是由国家统一治理。土地对功臣的实际利益体现，只是得到由官府转付的相当于封地税收的等量钱粮。

在这种严格的功业封赏制度下，连大功臣王翦都曾经感叹于封侯之难，秦帝国如何能将土地无端地封赏给那些刚刚丧失政权的王族遗民，而且还要给他们一个诸侯名号呢？显然，在秦帝国的政治文明理念中，这种做法是严重违法的，根本不可能。这就是说，从制度层面看，秦帝国是无法对六国王族遗民实行安抚政策的。

其次，对意识形态领域天地神圣的名号封赏，秦帝国也破除了传统。

在泰山封禅时，始皇帝所分封的名山大川与诸方神主，几乎都是与人本之神没有关涉的自然之神。只有一个兵主蚩尤，是曾经传说中的战神，具有些许人本之根。除此之外，没有一个人神及其后裔被封。与此相映成趣的是，对泰山山道上遮风挡雨的一棵大松树，始皇帝倒是慷慨大方，将其封为“五大夫”爵位。

另外，三皇五帝以及夏商周三代开国圣王，在传统政治理念中也是必须要封赏名号的。其后裔族群，也是要有一定的实际封赏的。后来的汉高祖刘邦，在西汉建政初期，就封赏了一大批这样的远古人神及圣王后裔，其范围之广，连陈胜陵墓、始皇帝陵墓、信陵君陵墓等，都被汉高祖赐封了数量不等的民户常驻祭祀。

可是，秦帝国是如何做的呢？

被历史冠以“祖龙”名号的皇帝鼻祖——秦始皇帝，在对待历史传统上，表现出了旷古绝今的骄傲，目光已经高高掠过了既往所有山峰。正是具有这种自认名追三皇、功盖五帝的绝大气魄，始皇帝才对三皇五帝这样的人神，也一概没有进行封赏。在后来的大出巡中，始皇帝除了曾经在云梦泽向九嶷山遥遥拜祭了舜帝栖身地，在会稽郡拜祭了大禹陵，对其余神圣、圣王及其后裔，一概不予理睬。

不给六国王族遗民以安抚政策，基于政治制度而发生，是可以理解的；但是，傲视一切既往神圣圣王及其遗存后裔，在当时可是惊世骇俗的。

历史主义地看，对既往神圣的不予封赏，并不是帝国政治制度所必然要求的。在尊重历史传统的意义上，并没有超越神灵理念的始皇帝原本完全可以像后来的汉高祖一样，对存在于当时现实的深厚而久远的人神理念，给以精神价值的肯定。如此，既不影响政治文明的创新，又可在意识形态领域保持更为广阔的纵深性。

之后两千余年的历史，尤其是近现代以来全球文明冲突的历史已经反复证明，精神领域的软件战略，是任何一种文明能够长期存在，并实现扩张的根本立足点之一。不自觉培养精神领域的战略意识，一个民族的文明是走不远的。

3　秦帝国面对复辟势力的历史选择

在上述刚性政策下，复辟活动一旦出现，秦帝国就只有一条路可走了。

让我们先来看看，当时的复辟活动是怎样弥漫起来的。面对秦帝国的刚性政策与强势作为，遍及天下的六国王族遗民深感愤懑，深感失望。大约所有崇尚远古圣王的士子群，以及沉溺于传统礼法的思想流派，也都不约而同地侧目而视。只是，他们的愤懑情绪一时还只能憋在心里。因为，帝国政权对最早发生的第一次复辟叛乱的严厉镇压，已经对六国贵族社会产生了强大的威慑力。

（1）秦帝国对第一次复辟之乱——“韩国反”的坚决镇压

公元前226年，是灭燕主战役刚刚结束，燕王喜逃亡辽东的一年。

这时，昔日韩国的故都新郑，爆发了第一次遗民复辟之乱。这次复辟事件，在《史记·秦本纪》中，只有“新郑反”三个字的最简单记载。什么是反？在古典政治理念中，“反”的实际含义就是举兵作乱。“新郑反”，就是新郑遗民发动了武装暴乱，攻击秦国新设立的郡县官署。

这时，距离韩国灭亡仅仅过去三年。能在如此之短的时间里，以武装作战的形式公然发动反秦暴动，足以证明韩国残余贵族的秘密组织活动，从来没有停止过，同时也证明了背后必然有尚未灭亡的楚国、魏国等多方力量的实际支持。

这就是说，韩国的复辟事件不是孤立的，它有着广阔的背景与深厚的传统根基。

后来的事实表明，领导韩国遗民复辟活动的实际领袖，是故韩贵族公子张良。

张良，是始皇帝时代六国贵族复辟的精神旗帜，是一个逆向的历史符号。此公是韩国老世族张氏一门的后裔，曾在韩国末世做了很短时间的司徒——管理土地的高爵大臣。韩国灭亡之际，张良逃出了新郑，孜孜从事秘密反秦活动，力图恢复已经灭亡了的韩国王权。从韩国灭亡到秦帝国灭亡的二十三年里，张良始终没有停止过秘密的反秦复辟活动。当时的天下谣言、神秘谶语、贵族秘密结盟、多次暗杀始皇帝，以及陈胜吴广起义时种种诡异事件的背后，几乎总是闪烁着张良的身影。

在后来的秦末之乱中，此公终于借着农民军掀起的势头，拥戴了一个韩王，将韩国王权的旧旗帜又树将起来了。但是，这面旧旗帜仅仅飘扬了三五年，就重新沉没在新的统一大潮中了。再后来，此公以独特的目光，选择了长期追随秦末乱世中的刘邦集团，成为刘邦的最高决策顾问，成为“汉初三杰”之一。但是，由于刘邦集团的社会基础，并不是六国旧贵族根底，其政治理念距离全面复辟诸侯制也相距甚远，因此西汉王朝建立后，张良被迫淡出政治，郁闷隐居，沉溺于研习辟谷之术的隐居生活。纵有神异之才，终究无力回天。这是一切逆向人物的历史悲剧。

新郑发生的反秦复辟事件，在当时并没有掀起大的波澜。

正处于统一战争高峰期的秦国决策层，几乎没有任何犹豫，便将这一事件认定为必须镇压的叛乱。于是，名将王贲率五万轻装秦军从燕代战场快速南下，一举平定了韩乱。同时，王贲军又以奇袭楚国十座城池的军事行动，对楚国发出了明确的警告。快速镇压新郑暴动，产生了强大的威慑效用。此后，直到始皇帝死，再也没有发生过旧贵族公然举兵作乱的事件。

（2）复辟暗潮的发端事件，来自秦帝国高层的政见分歧

公元前221年，齐国灭亡，秦统一中国的战争基本结束。

大约在这一年的秋天，帝国第一任丞相王绾提出了一个重大主张：分封始皇帝的儿子们为诸侯王，分别镇守燕、齐、楚三大边远地带，以为帝国腹地之屏障。这是帝国最高层第一次出现实行诸侯分封制的声音。大约引起了大臣们的诸多呼应，始皇帝“下议群臣”——下令在帝国大臣们中专门讨论这个问题。讨论的结果是，以廷尉李斯等为代表的一大批新锐大臣，坚决主张实行郡县制，废除诸侯分封制。

最终的决策选择是，始皇帝采纳了郡县制主张，分天下为三十六郡，由中央政权统一治理。这一根基确立后，以郡县制为基础，以中央集权制为轴心的一整套新政治制度很快建立了起来。帝国高层的分封制主张，也就此基本消失了。

其后不久，丞相王绾也退出了帝国领政的位置。但是，王绾提出的防止突然事变的理念，也对帝国高层起到了警告作用。在郡县制推行的当年，帝国同时做出重大决策，将六国上层贵族遗民十二万户，全部迁入关中大咸阳地区，以利有效监控，这就是“徙天下豪富十二万户，至咸阳”的重大行动。后来的事实证明，六国贵族遗民中的许多重要人物都在这次大迁徙中逃亡了。但是，这次大规模的遗民迁徙，还是对六国贵族产生了相当的遏制作用。

（3）两大暗流对接的历史平台：封建诸侯理念

这里，出现了一个重要而隐秘的历史缝隙，必须引起我们的注意。

王绾之后，帝国高层中的分封制理念，再也没有以正式主张的形式被提出来。但是，关于分封制究竟该不该实行的实际争论，却并没有就此停止。甚或相反，从王绾提出分封制之后，这一理念迅速在咸阳博士官弥散开来。由博士群的种种议论，又很快地流播于各种尊崇“封建诸侯”的学派之中。至少，当时的王道学派、吕氏春秋学派、儒家学派，以及六国贵族遗民中的众多士子，都是赞同“封建诸侯”理念的。

历史的微妙之处在于，“封建诸侯”理念的流播，恰好形成了地下复辟势力与帝国博士群，以及所有“封建”学派的一个政治共鸣点，一个最重要的精神对接平台。后来的事实证明，这两股势力——地下复辟势力与复古学派的合流，其共同根基正是都信奉诸侯分封制，都反对郡县制。就是这样一个历史缝隙，促成了复辟势力与复古学派的对接平台。一方找到了复辟活动的理论依据，一方找到了实现复古理念的实际力量。

帝国博士群中的“封建”理念信奉者，官居文通君的儒家领袖孔鲋，以及众多儒家士子，所以在帝国殿堂的公开论争失败之后纷纷逃亡，并相继投身于各地的复辟集团，最重要的精神原因，就是共同的政治目标——回到春秋战国时代去，甚至回到更远的西周去。

巨大的历史暗流，在历史的缝隙中不期然构筑了自己的精神同盟。

（4）秦帝国对复辟思潮的第一应对：正面宣教

对于暂时尚处于弥散状态的复辟思潮，秦帝国首先采取了正面宣教的方式。

公元前 217 年，始皇帝第一次出巡东南诸郡，史称第一次大巡狩。这次大巡狩，分为两个阶段，主要目的是以多种形式彰显秦帝国的功绩，以确立新帝国政权在天命道义上的合理性。第一阶段的路线是：峄山——之罘山——泰山——琅琊山。

首先，始皇帝登临了峄山。颇具意味的是，这次登山，始皇帝特意召集了昔日鲁国地界的儒生群，与他们共同讨论了秦帝国的功绩。而后，由鲁儒们撰写了评价秦帝国德政的峄山刻石文，再由李斯以新篆形式书写，矗立于峄山高处，命名为“昼门”。这是秦帝国第一次对自己的政绩做出自我评价。

之后，始皇帝抵达故齐海滨之地，登之罘山，再次刻石铭文，宣教帝国德政。

再后，始皇帝登泰山，举行封禅大典，正式确立秦帝国的天命根基。

这次泰山封禅，需要注意一个历史事实是，秦帝国与儒生群的裂痕开始出现。

裂痕出现的原因很简单。始皇帝基于尊崇文学之士的理念，效法登临峄山时与鲁儒论政的举措，隆重邀请来齐鲁两地的儒生博士七十人，一起登临泰山。可是，儒生们刚刚聚集到一起，从山下开始，就以早已消失的种种远古封禅礼仪为根据，纷纷议论始皇帝封禅登山的礼仪错误，譬如没有乘坐蒲车，没有用葅秸草席，没有用特定的草编笤帚清扫祭坛，还损伤了山道草木，等等。

始皇帝听到后，觉得这些儒生们很是“乖异”——乖张怪异不循常理，“难施用”——很难用其任事。于是，始皇帝开始冷落这些儒生，整个封禅活动中，再也不听他们的议论建议了。由是，博士儒生群不能与闻礼仪之事，大感失落，大是郁闷。在始皇帝封了遮雨大松树为“五大夫”后，儒生们大受刺激，又开始对始皇帝纷纷讥刺议论。始皇帝听到后，也就更加觉得这些儒生们难以理喻了。

这次大出巡，始皇帝与儒家群体有两次实际接触。第一次论政，始皇帝的感觉一定是大体还可以，毕竟鲁儒们写出了峄山刻石文。第二次，始皇帝与儒生群，一定是双方均感别扭，均感对方不好相与了。这就是秦帝国与儒家群，第一次在实际的政务活动中所产生的精神裂痕。

封禅之后，再次抵达海滨，登临琅琊山，停留三个月。

这三个月，始皇帝很感快意。期间，下令迁徙民众三万户常驻琅琊台下，并免除了这些民户十二年的赋税。还有一次最大的正面宣教行动，始皇帝与随行大臣们登上大船出海，在海上举行了一次重要的理论务虚会议，讨论了此前历代圣王政治的不足，并再次总结了秦帝国的基本国策。海上会议后，书以成文，留下了著名的琅琊刻石。

第二阶段的返程路线是：彭城——衡山——湘水——武关——关中。

返回是从南进开始的。始皇帝先在彭城滞留多日，斋戒祈祷，派千余人潜入泗水，寻找秦军灭周时神秘消失的洛阳九鼎，结果毫无踪迹。显然，这是力图为秦帝国再度确立天命正义性的一次努力。其最终目的，是要天下臣民确认帝国政权的天命根基。之后，始皇帝车船进入南郡，过衡山，再乘船过江到湘山祠。

但是，在大船将开之时，狂风大作，几次不能起锚。经过询问随行博士，始皇帝得知此处的湘君神主是尧帝的两个女儿，也就是舜帝的两个妻子——娥皇、女英。于是，始皇帝莫名其妙地大怒了，下令从南郡紧急调来三千苦役犯，将湘山树木全部砍光，还放火将湘山烧成了一片红色。这次莫名伐神，既在神灵时代留下了肃杀恶名，又给复辟势力留下了可资利用的题材。

八年之后，始皇帝寻觅长生不老药的事已经广为人知，始皇帝的生命危机自然也成为天下公开的秘密了。这时，复辟势力捡起了“湘山伐神”这件事，决意对始皇帝进行精神打击。他们派出了一个长于神鬼之道的人物，扮作神秘的水神。某一个黑夜，水神在华阴平舒道拦住了路过的皇帝特使的车辆，将一方佩玉送给了特使，森森然说了两句话：“请代我将这个礼物送给滈池君，告诉他，今年祖龙死。”话一说完，人便没入暗夜了。

祖龙，是始皇帝的天命称谓。滈池君的神主，则是周武王。

这则预言隐含的意思是，始皇帝今年就要死了，请周武王如同当年伐纣一样讨伐当今的纣王——始皇帝。显然，这是六国贵族的精神战。在今天看来，这套把戏浅显之极，不过是借助某些已知信息，对当事人进行精神威胁的下作伎俩；但是，在信奉神灵而消息又相对闭塞的时代，经复辟势力着意传播，其所产生的惑乱人心的作用是绝然不可低估的。

据《史记》的后续记载，始皇帝将佩玉交给了掌管皇室器物的御府辨认。御府官员确认说，这方佩玉是始皇帝当年在湘山掉到湘水中去的佩玉。大感神秘之下，始皇帝在太庙举行占卜，卦象显示的禳解之法是，出游可以化解灾难。于是，始皇帝在占卜之后以重病之身进行了最后一次大出巡，以至突然死在了路途中。

当然，在第一次大出巡的时候，始皇帝还处于生命旺盛阶段，还是雄心勃勃的。

（5）始皇帝在大巡狩途中和之后，突然遭遇严重暗杀

第二次大出巡之时，直接对准始皇帝的秘密暗杀突然出现了。

这是第一次暗杀活动，发生在公元前218年始皇帝第二次大出巡的路上。这次大出巡，是接着第一次大出巡，在第二年立即进行的。为什么第一次大出巡刚刚结束，就要立即开始第二次大出巡？其间具体原因，我们已经无法得知了。但是，从出巡路线以及实际作为我们却可以明白看出，始皇帝是要对昔日的赵、齐、燕三大国进行视察，再次正面宣教秦帝国的德政功绩。

让我们再次穿越，来一次情境再现——

浩浩荡荡的车马大军，开出函谷关，在平坦的驰道上辚辚行进着。

进入“博浪沙”（故韩国地界），道外高出路基的树林中，突然呼啸飞出一只大铁锤。

大铁锤准确地击中了一辆六马大型座车。

车厢轰然碎裂，车辆连同驾车六马一齐轰然滚落道边水沟中。

驰道中一声号令，前后各有一支马队立即飞出了驰道，向路基树林包围过来。

树林中，两个绿色身影迅速掀开一丛灌木，没入地洞。

官道中。一名将军高声禀报：“陛下！刺客逃亡！”

始皇帝掀开车窗，走下坐车，冰冷地说：“大索天下十日，捕拿刺客。”

这次暗杀活动的直接策划者与组织实施者，正是孜孜反秦的韩国世族张良。

此公从王贲镇压新郑暴动的战场逃脱，此时已经秘密漂泊了十三年。武装暴动失败后，张良对公开正面地举兵复辟，已经丧失了信心，转而秘密筹划直接对始皇帝的暗杀活动。后来，此公在东海郡遇到了一个当年齐国的地方官，号为“沧海君”。这位沧海君也是失意旧贵族，向张良举荐了一个可以使用一百二十斤大铁锤的勇猛力士。在对力士进行相关训练的同时，张良也在等待时机。始皇帝第二次大出巡的消息传来，张良便带着大力士出场了。

经历了荆轲刺秦之后的始皇帝，似乎对暗杀已经有了某种精神免疫力。辄逢暗杀，之后的任何行动都一如既往，绝无因为暗杀而改变行程的事情发生。这次暗杀之后也是一样，始皇帝照样巡视，在海滨的之罘山再次留下了宣教秦政的刻石，完成了第二次出巡。

一年后，始皇帝遭遇生平最为严重的一次暗杀。

这是公元前 216 年的岁末时节，也就是始皇帝三十一年的岁末。

一个晚上，始皇帝换上了便装，带着三个护卫武士，一行四人出了皇城，正要走过咸阳城郊的皇家园林——兰池，要进入咸阳城外的居民区做一次暗访活动。按照后世说法，这是岁末时节的微服出访。

依据帝国政事年表，可以合理推断出，始皇帝所以在岁末微服出行，是想看看都城民众对当年三大政令的反应。因为，这一年年初，秦帝国颁布了民众自报土地而官府予以确认的土地法，从而确立了自耕农以及佣耕者获得土地的权利。这就是帝国在整合民生中最著名的一道法令——“使黔首自实田”。这一政策的推行，严重打击了旧贵族大地主暗中进行的大规模土地兼并，也引起了地下复辟势力的极大仇恨。可是，当时的始皇帝根本不会从这个方向想问题，充斥他和帝国上层大臣们头脑的，只是尽快恢复民生，整合天下。

基于土地政策的成功推行，始皇帝心情很好。

这一年，始皇帝还听到了一首关于更改“腊月”名称可以使人长生为神的歌谣。于是，始皇帝下令，将“腊月”改为殷商时代的称谓——“嘉平”，期望自己能获得长生，甚或能成为神仙。为增加祥瑞之气，始皇帝同时下令：嘉平之月，由帝国各级官府赐给全国每个行政村（里）六石米、两只羊，以鼓舞民众过个好年。随之，腊月更名之后的第一个“嘉平”来临，始皇帝便走出了咸阳皇城，想到城外世界看看，改名“嘉平”之后的腊月究竟会有什么样的吉庆发生？

可是，始皇帝仅仅走到兰池，巨大的危险就突然发生了。

兰池者，兰池宫也。它是秦帝国时代最负盛名的一座宏大园林。兰池宫的实际构成，是一片广阔的湖泊，无数错落有致的殿阁景观，与覆盖所有丘陵地带的葱郁林木。兰池湖中，更有帝国时代最著名的水中石刻——巨石鲸鱼。这条巨石鲸鱼长达两百丈，相当于今日六百余米，置身浩浩碧波，直如天河巨龙。整个兰池园林占地无算，巨石林木交错，刺客一旦潜入，非常有利于伏击突袭。

就是在这样的地方，在这黑黝黝的夜里，暗杀袭击突然发生了。

对这次暗杀，《史记 · 秦始皇本纪》的简单记载是：

始皇为微行咸阳，与武士四人俱，夜出；逢盗兰池，见窘；武士击杀盗。

这是始皇帝生平遭遇的最为严重的一次暗杀。

首先，始皇帝一行四人，三个是护卫武士。如此四人，其实际战斗力远远超过了一个寻常的基本作战单元——伍。且不说他们每个人的装备何等精良，仅以技击水平论，四人中的短板人物始皇帝，原本就颇具剑器格杀功底，这一点已经在荆轲刺秦时得到了证明。三名护卫武士的技击水准，更无须多说。就是如此四人，竟然一时陷入难以招架的窘迫。由此可知，刺客至少是五个人，甚或七个八个，而且都是超一流的敢死剑士。

其次，能使四名强手陷入危境，最大的可能是，刺客使用了箭镞淬毒的小型单兵弩机，做第一轮攻击。否则，很难使始皇帝一行在开始阶段“见窘”。再次，始皇帝四人逃过最初危局后，三个武士全力作战，终于全部击杀了刺客。因为，地形景观交错，虽对暗杀有利，但也对遭遇攻击者的抵抗有利。

这次暗杀后，帝国在关中大搜捕二十天，但结果如同既往一样，一无所获。

4　分封制大论战后秦帝国的铁血反击

此后两年，秦帝国大政连连，复辟活动暂时沉寂了。

决通川防、开凿灵渠、进军岭南、反击匈奴、修建长城等，一项接一项的大规模建设，一个接一个的大规模胜利，使帝国气势如日中天。在这两年中，地下复辟活动暂时地销声匿迹了。可是，仅仅在暂时沉寂两年之后，一场最大的复辟暗潮便拉开了序幕。由此，导致了帝国铁血镇压政策的出台。

(1) 复辟思潮公开化：公元前 213 年关于分封制的朝会大论争

自丞相王绾第一次提出分封制，已经过去八年，分封制却被再度提起。这件事本身就具有不合常理的蹊跷性。在缺乏直接史料的情况下，我们也无须对这种隐秘的联结细节做进一步探究了。关于这次大论争的内容，我们也已经在此前展现过了。

这里，我们要强调两个方面的基本事实：

其一，这次大论争之后，意识形态领域的各个流派与复辟思潮之间的关系已经非常明白了。仅仅从学术思想的流派看，构成复辟思潮的，并不是天下所有的学术流派，而仅仅是主张复古并推崇分封制的儒家学派、《吕氏春秋》学派，以及王道学派等。其中，以王绾等大臣为首的《吕氏春秋》学派，与王道学派提出分封制，属于政见分歧，与地下复辟势力没有实际呼应。只有儒家学派的分封制主张背后，与旧贵族复辟势力有着极为复杂的实际联结。为此，帝国决策层对文通君孔鲋，以及博士群中的儒家士子，有了高度的警觉。

其二，这次朝会大论争，最终推出了焚书令、禁议国事令、取消议事制度令三大思想镇压政策。随着这三项法令的迅速颁布与实施，帝国对地下复辟活动的基本政策空前明确化。这就是：铁血镇压，毫不手软。

（2）铁血政策第一波：焚书坑儒案

这样的开场结束之后，帝国的铁血政策空前明朗。

所有在国都咸阳的官方博士，以及非官方士子，都已经明白无误地感觉到了，也意识到了。为此，大论争结束之后，咸阳的儒家士子群、博士官中的儒生博士，以及与儒生一起攻击过帝国大政的方士群，都纷纷开始逃亡。官居文通君的儒家领袖孔鲋，首先逃亡了。其后，方士卢生与儒家博士侯生，又在散布流言后逃亡了。再后，儒家博士淳于越、叔孙通等，也纷纷逃亡了。

在逃亡人士中，博士侯生、方士卢生两人，牵涉出了一宗重大犯罪事实。

这两人的逃亡，涉嫌违反刚刚颁布的新法令，被上报到了始皇帝案头。

案件的起因是：方士卢生与方士徐福一起，担任始皇帝的长生顾问。两人利用邪术，为始皇帝进行身体护理，很可能曾经有一时功效，从而骗取了身体状况开始衰弱的始皇帝的信任。于是，始皇帝从皇室拨付了巨额钱财，支持两人寻求仙药。多年之后，却一无所获。同时，卢生以修炼长生术为名，介入政治，主张始皇帝行迹神秘化，要以神仙真人自居，要隔绝于大臣。始皇帝末期，相信了这两个方士，行迹神秘化了。

可是，博士官禀报的卢生言论，非但全面攻击始皇帝的政绩、人格、勤政等政治作为，而且连仙药邪术不能实现，也归罪于始皇帝，说始皇帝“贪于权势如此，未可为求仙药”。面对如此颠倒事实的攻击，始皇帝终于大怒，紧急召集大臣们澄清此事。

始皇帝的愤怒说法，翻译成今天的话是这样的——

朕原先收缴了天下不中用之书，又将天下文学之士与方术之士召集到咸阳，本来是要谋划天下太平的！可是，方士们提出，要炼制丹药，要寻求长生不老药！几年来，耗费了数以百万计的钱财，始终没有药出来！钱财哪里去了？

都徒然满足了奸人之利！现今，卢生还诽谤我，攻击我不德。对这些人要查！有人在传播妖言，惑乱民众！

于是，一场以勘问方士群、博士群为主的“妖言罪”清查开始了。

御史大夫冯劫派出的御史们，很快便查出了基本脉络：方士群在大肆谋取奸利的同时，又与儒生们一起攻击帝国政治，攻击始皇帝，主张复古分封。同时，方士群、儒生群又相互举发。结果是，涉嫌妖言惑众罪者达四百六十余人。案情文件报告到了帝国最高层，始皇帝下令依法治罪。

最终结果是，大约在这一年的秋冬时节，四百六十余名方士与儒生被坑杀了。

其间，帝国上层只有长公子扶苏提出过反对坑杀的意见。扶苏的反对理由有两点：其一，天下初定，远方黔首未集，需要凝聚人心；其二，儒生诵法孔子，重法绳之，恐天下不安。后来的事实证明，扶苏的意见是冷静的，也是符合当时的实际情形的。可是，始皇帝非但没有听从扶苏意见，反而将这位皇储贬谪到九原做监军去了。

(3) 铁血政策第二波：对复辟势力挑战的再镇压

坑杀事件，经过儒生群与地下复辟势力的联手改编，事件真相完全变形了。最重要的改编是，事实上以刑治方士为重点的坑杀事件，占坑杀人数绝大多数的方士被抹去了，坑杀事件被简化，传为坑杀儒生四百六十余人。流播天下的事件名称，变成了“坑儒”。连同此前的焚毁诗书令，合称为“焚书坑儒”。

谣言大起之下，一场更为匪夷所思的精神战出现了。

坑杀案的第二年，也就是紧随其后的公元前 211 年，东郡（今日河南濮阳地带）之中心地带，从天上落下了一块巨大的陨石。陨石被发现之时，上面赫然写着一行大字——“始皇帝死而地分！”案情报到咸阳，始皇帝下令御史赶赴现场查究。

可是，查不出任何结果。

在实行连坐制度的秦帝国，这是极其罕见的现象。它至少说明，地下复辟势力已经达到了很缜密的程度，几乎能够消除一切作案痕迹。同时也说明，地下复辟势力的威慑力已经达到了使民不敢开口的地步。面对这一公然挑战，始皇帝再次发怒了，立即依据连坐法下令，全部杀尽了陨石周围数里的人口，并以熔铁炉燔销熔化了这块巨大的陨石。

这是秦帝国在整个反复辟过程中最为铁血性的一次镇压，一次杀戮。

在陨石血案发生的同时，天下出现了前所未有的动荡迹象。

这一年的骊山，发生了修造始皇帝陵墓的部分苦役犯的暴动逃亡事件。这群苦役犯的领袖人物，叫作黥布。他们在逃入昔日楚国的高山大川后，不久就公开为盗——起义了。

这一年，也同时发生了一次劳役逃亡事件。东海郡沛县的泗水亭长刘邦率领的劳役队伍，在开往骊山的途中，大多纷纷逃亡。刘邦死罪，不敢告官，便索性领着最后一群劳役精壮，逃亡到芒砀山藏匿了。四年后大泽乡起义，天下大乱，刘邦一伙人才从山中走出，举起了反秦武装的旗帜。

（4）铁血政策第三波：镇压东南复辟势力

始皇帝末期，六国贵族纷纷逃亡聚结在昔日楚吴越地带，复辟势力弥漫东南。

公元前 210 年，始皇帝三十七年的最后一次大出巡，其实质目的，是铲除东南地区的地下复辟势力。这时的六国旧贵族已经大量逃亡昔日的楚吴越之地，或是藏匿于震泽——今日太湖周边的山水之间。逃亡旧贵族与楚国旧贵族相互通连，复辟活动非常活跃。

历史上的神秘说法却是，有人告知始皇帝，“东南有天子气”。于是，始皇帝巡视东南，要消灭这股天子气。从当时复辟势力制造的如同乱雨纷飞的种种政治谣言看，这则关于天子气的预言，显然是后来者编造的。

这次大出巡，始皇帝首先直接进入云梦泽，再进入长江；登临庐山之后，沿江巡视昔日吴越之地，在丹阳、会稽等地多有滞留。名义上，始皇帝是在祭祀大禹，祭祀舜帝，并宣教秦政；实际上，却是在部署铲除复辟势力的秘密藏身之地。

虽然，这些具体的细节我们已经无法得知了，但基本的事实是，始皇帝在丹阳等地期间，曾经派出军队连续行动，搜捕金陵、朱方、云阳三邑。之后，始皇帝下诏，将金陵邑改名为秣陵——草料之地，将朱方邑改为丹徒——囚犯之地。如此仇恨蔑视的改名，只能说明一个事实，东南地带的复辟势力引起了始皇帝的愤怒。

5 铁血政策之尾声

铁血政策并没有持久，始皇帝很快就出事了。

按照既定目标，始皇帝从吴越之地北上，离开昔日齐国的海滨地带后，北上九原与蒙恬、扶苏会面，确定皇储与身后大政。自信心极为强烈的始皇帝，一定始终以为自己能够支撑到九原。可是，始皇帝没有想到，在故齐滨海地带，他就突然发病了。

尽管如此，始皇帝仍然坚持北上。在行营启程之前，始皇帝将郎中令蒙毅派回到咸阳去了，名义是“祭祀山川”以禳解病情，真实的秘密使命却是永远的秘密了。因为，在这样的重要时刻，派走总揽皇室政务的最重要大臣，而且，要完成的公开使命还远远不是蒙毅的分内职司。这里，一定隐藏着重大的真实意图。

在滨海地带荣成山停留的日子里，始皇帝做出了生平最后一次壮举——亲自乘坐大战船入海，以大型连弩射杀了一头巨大的海鱼。

此后，始皇帝行营西过黄河，进入了昔日赵国的沙丘宫，要从这里直上九原。

可是，就在赵武灵王死去的这座昔日赵国的避暑行宫里，始皇帝在炎热的夏夜——七月二十二日夜里，突然病逝了。

将死之时，始皇帝的最后行动是给扶苏书写遗诏。

在沙丘宫，始皇帝留下了没有写完的最后一行文字：

兵属蒙恬，与丧会咸阳而葬……

始皇帝突然死去，留下了巨大的权力真空。

秦帝国的反复辟铁血行动，就此骤然失去了最强大的推动力。复辟势力在濒临崩溃的边缘，其承受的毁灭性压力却减轻了，甚或一时消失了。由此，年余之后，以一批农民的小型起义为诱发点，复辟势力轰然爆发了。

复辟与反复辟的较量，是人类政治文明的基本内容之一。

秦帝国时代的复辟与反复辟较量，是中国文明史上内涵最为广阔丰富的一页。

秦帝国的铁血政策，具有那个时代最为自觉的反复辟意识。

始皇帝之后的历史突变，是整个人类政治文明史上灾难巨变的最深刻典型。

在这里，历史的轨迹突然偏离了五百余年一直汹涌向前推进的大道，发生了难以想象的一场巨大突变，发生了完全无法用惯常思维解读的一场巨大灾变。倏忽两年之间，壮美无可比拟的秦帝国大厦，以几乎是雷鸣电闪一样的速度轰隆隆崩塌了。

至今，我们似乎还能听到那依稀来自历史深处的灾难轰鸣。

这场巨大的历史突变，给此后中国文明的发展，带来了无可估量的深远影响。

让我们的历史跋涉就此止步，让我们静下心来，反刍一下我们所展现的此前将近三千年的中国原生文明的生存发展经验，以及隐藏其中的历史教训。

结语

前三千年文明历史之反刍

1 连续大跨越：前三千年文明史概貌

让我们回望一番此前已经走过的漫漫历程。

我们从新石器时代末期开始，从黄帝、炎帝时代的族群联盟制走过，战胜了百年大洪荒的劫难，进入了我们这个民族的国家时代。我们走过了夏、商两代邦联制社会，历经了远古青铜时代千余年的农耕沧桑与商旅生活。我们又走过了西周联邦制社会，历经了青铜时代最后的人治高峰——贵族世界的肃穆礼治与森严的宗法制度。在之后的春秋时代，我们历经了礼崩乐坏与王权衰落，历经了瓦釜雷鸣与诸侯争霸，历经了无数新兴势力崛起的腥风血雨。在战国时代，我们历经了汹涌澎湃的变法浪潮，历经了多极简化后七大战国的实力大争。

终于，我们走进了秦帝国时代，历经了风起云涌的统一中国疆域的战争，历经了统一中国文明的大创造、大整合与大建设，历经了风诡云谲的复辟暗潮，也历经了反复辟时期严厉镇压的铁血风暴。

我们惊讶地发现，我们的文明历史在此前三千余年的发展中，总体上都是汹涌向前的趋势，都表现为不断上升的历史轨迹。从部落大联盟的初级政权开始，我们的民族几乎是一步一个历史阶梯，连续跨越了部落大联盟时代（五帝）——早期邦联国家（夏）——成熟邦联国家（商）——联邦制国家（周）——文明涌动时代（春秋）——文明大裂变时代（战国）。最终，我们重新凝聚，一举跨越到了新的统一文明国家形态。

可是，就在这个最辉煌的顶端，历史的上升趋势突然中止了。

就在那个不经意走过的沙丘宫殿群落，一个光焰万丈的历史符号，突然消失在我们的文明天宇。在整个社会意识都还没有丝毫警觉的时候，我们遭遇了空前巨大的历史突变，遭遇了我们民族的历史经验从未感知过的深重灾变。

等我们艰难地爬出那道阴暗的历史峡谷，等我们在昔日的废墟上重新建立了统一的中国，我们的文明历史轨迹已经开始发生明显的变化。文明大创造的上升阶段从此消失，我们从此开始了漫长的地平线式的涌动发展。从西汉开始的两千余年中，我们这个民族再也没有出现过思想大爆炸时代，再也没有出现过国家文明形态的跨越式发展。后两千余年之中，我们的历代国家意识形态，始终尊奉着一种被自己神化了的并以确保人民奴化于统治权为宗旨的保守主义思想体系，始终在小心翼翼地贴地涌动着。

2　我们的文明方向在哪里

19 世纪中叶，我们外部的人类世界已经发展到成熟的近代文明社会了。

这时候，闭关自守而贴地涌动的我们，终于又遭遇了一场更为深重的几乎是亡国灭种的火器时代的历史大劫难。等我们从一百余年的火器大劫难中挣扎出来时，我们已经是遍体鳞伤、体无完肤了。这时候，我们更为痛苦地发现，我们不仅仅物质形态的生活处于贫困落后状态，连我们曾经引为骄傲的大中华礼仪之邦，也已经沦为世界边缘文明。

长期的贫困落后，频繁的灾难突变，终于使我们这个民族有了新的历史觉醒。

这一历史觉醒，在新时代的表现形式是，我们的国家已经开始了富强崛起，我们的社会意识却没有忘记那个还远远没有解决的根基问题——我们文明发展的未来方向是什么？我们应该确立的历史传统是什么？我们继续前行的坚实根基在哪里？这种新的历史觉醒虽然还远远不够自觉，不够强大，但是，它已经确定无疑地触摸到了整个人类历史发展中最具有决定意义的根基——只有从文明发展的战略高度出发，明确自己文明传统中的创造性基因，才能确立一个国家最成熟的社会精神。

在剧烈的文明冲突时代，没有文明创造精神的确立，没有强势生存精神的确立，任何一个民族都不可能站立起来大步前行。一个国家，一个民族，如果只能在贴地涌动中寄希望于世界没有任何威胁，将自己的安全涌动确立在别人不侵犯的梦幻之中，一旦遭遇突变，这种文明必然走向衰落或者灭亡。人类历史上，曾经有过许许多多辉煌文明的消失，有过许许多多有为民族的突然消失。认真看看他们的足迹，根源莫不潜藏于强势生存精神的不断衰减之中。

文明忧患意识，是一个民族永恒的安全底线。

3 文明史反刍的基本法则

我们的文明史跋涉，止步在了秦帝国突发灾变的历史警戒线之前。

虽然，我们还无法全部洞察这道使帝国大厦突然陷落的阴暗大峡谷，究竟隐藏了什么样的灾难爆炸因子，但是，我们必须停下来，检查一番既往的足迹，回答我们灵魂深处的困惑。究竟是此前三千年走错了路？还是恶性突变并不意味着我们此前道路的荒谬，更不意味着我们必须从此改变方向？

国家与民族的命运，如同个人的命运一样，都有着共同的生存发展法则。

作为生命个体，人不能因噎废食，因为无可预料的风险突变而终止生命的脚步。同理，作为民族生命形式的国家，也不能因为曾经有过的突然灾变，改变此前已经被历史证明了的创造法则，更不能自觉地遏制已经成为我们文明根基的强势生存精神。

作为对文明历史发展的审视，我们应该确立一个基本法则，或者说，我们应该有一个明确的价值评判体系。我们既需要在文明遗产继承的意义上对突发的秦帝国灾变忽略不计，不因此而否定或抹杀此前三千年文明跨越的历史经验，又需要在灾变防范与风险规避的意义上，认真检索此前帝国政策的重大缺失，以警示来者。

历史反刍的意义，永远在于探寻未来的道路。

这是人类所以成为主宰地球的智慧生物群的根基所在。

4 前三千年文明发展的经验总结

我们在前三千年的文明发展中，究竟有哪些最基本的历史经验呢？

这里所说的历史经验，是指那些使我们这个民族能够在自己生存的土地上，将自己的文明延续五千余年，并进入当代社会的最基本的生存法则，而不是处置任何一个历史事件的技术性的策略与手段。

这样的文明生存发展的最基本经验，主要有五个方面。

（1）第一基本经验：以自觉的求变精神不断推动当时社会的发展

求变精神，是我们这个民族从远古时期开始，在艰难而波澜壮阔的生存发展中锤炼出来的核心精神。求变精神的实质，是自觉摒弃保守的生存状态，是巨大的创造冲动意识。求变精神所以能够确立，来自我们这个民族对险恶的远古生存环境的抗争。

至少，我们从尧帝末期和整个舜帝时代的治水历史，就已经看到了鲜明的求变精神。在大洪荒来临的时候，曾经领导治水的两任领袖——共工、鲧，都使用了当时社会的直觉经验所公认的有效方法——堵截，结果都失败了。在远古中国已经面临彻底沦陷于“浩浩怀山襄陵”的大洪水灾难的边缘，舜帝即位执掌了公共权力，以求变精神拉开了伟大的有效治水的序幕。

首先，舜帝大胆改变了尧帝末期的松散治理方式，变为我们今天称之为“灾难应对体制”的治理方式；其次，舜帝断然惩处了治水无效又乖张作乱的共工势力与鲧势力，迅速安定了尧帝末期的社会混乱；再次，舜帝成功组织了大规模的治水联盟，以禹族（夏族）、伯益族（秦族）、契族（商族）、后稷族（周族）四大族群为治水主力，开始了大规模的治水工程；第四，舜帝顶住了当时社会的偏狭经验意识，大胆启用了鲧的儿子禹担任治水领袖，将禹的天才性治水新思维——疏导治水，变为了有效的社会实践。

正是舜帝时代这一连串的自觉求变，我们才走出了那场深重的远古劫难。

此后，大禹治水，更是多方改变松散的族群生存传统，多方求变，创造了族群合作制、自带衣食制、重点粮食蔬菜的集中种植制、工程安全护卫制等。社会协作制度的大面积创造，终于使远古治水获得了空前成功。

治水成功之后，大禹再度创立了常备军、贡赋制、井田制等国家基本框架。其后，大禹的儿子启，又再次求变，大胆颠覆了禅让制传统，诛杀了舜帝晚期已经明确的禹帝继承人伯益，镇压了古秦人族群、有扈氏族群的反抗，建立了夏王国。

从此，我们这个民族进入了国家时代。

在夏王国四百余年之后，商汤时代再次求变，扩展商人族群的商旅活动，将夏代以远古井田制为轴心的单一农耕社会，变为农、商、牧兼容并重的综合经济形态。同时，商人政权强化远古法制，跨越了简单粗朴的“禹刑”，创造了“汤刑”，并使之成为相对成熟的中国远古法典的根基。直到战国时代的变法运动，“汤刑”的诸多条款仍然被当作依据采用。

殷商六百余年之后，周人革命，再次求变，创造性地建立了成熟而严密的联邦制国家政权，推动我们民族进入了新的国家时代。同时，周人大幅度改变了殷商王国的“刑（法）治”，创造了新的国家统治方式——礼治。历史主义地看，尽管礼治（人治）在后来的历史发展中呈现出重大缺陷，但是，在当时的历史条件下，它无疑具有人类在国家时代第一次以道德评判方式规范社会活动的实验意义。

进入春秋时代、战国时代，这种以求变精神开拓新的历史道路的创造精神，已经发展沉淀为我们民族自觉的生存发展经验，已经被鲜明地概括为“求变图存”“变法强国”的历史法则。这一历史法则，在战国时代被赋予了坚实的认识论根基——“法后王”思想。

作为一种认识论，“法后王”思想体系的基本点是：承认当世的实践需求，高于前代既定的经验与传统；以此认识主张国家行为与社会生活方式，要立足于当世实践的变化而变化；要依据当世的社会历史需求，积极追求国家制度的变革，并且积极推动新的生存方式的实现与确立。

这就是说，从战国时代开始，我们的文明体系中已经自觉地牢固确立起了立足于当时实践的求变精神。尽管，那个时代也有相对强大的以复古政治主张为根基的保守主义理论体系，但是，他们只是作为文明体系中的平衡因素而存在，对当时居于绝对主流的自觉求变精神，几乎没有任何意义上的遏制作用。如果没有这种三千年以来一直居于历史基本面的创新求变精神，秦帝国统一中国之后敢于将目光越过所有的先代圣王旧制，全力创造出一套全新体系的统一文明，几乎是不可想象的。

同期的西方古罗马时代，就没有产生这种自觉的文明创新意识。从生存经验的意义上看，此前三千年的西方世界，没有沉淀出破除历史传统的求变精神。他们可以以武力统合广阔的疆域，但是，他们难以超越古老的既定的历史传统。

秦帝国的灾变峡谷之后，我们的情况发生了很大变化。在两千多年的地平线状态之后，我们的文明生命状态与西方世界的文明生命状态，恰恰发生了两千多年前的位置颠倒。

这一历史现象，值得我们深刻地反思与总结。

（2）第二基本经验：面对外部欺凌侵略，坚持强力反弹，有限扩张的原则

民族文明的生存底线，是对外来侵略的抵御能力。就其实质而言，这种抵御能力就是战争能力在当时所达到的实际水准，以及战略掌控所达到的自觉程度。战争能力低下，战略掌控盲目，或迟或早这种文明形态都会灭亡。这是我们在此前三千余年获得的最为重要的历史经验之一。这一经验概括为文明生存拓展的最高战略，就是两个互为关联的基本原则：一是强力反弹，一是有限扩张。

强力反弹——面对强敌威胁欺凌，敢于展开坚决而强大的反击。

有限扩张——战胜之后的实际扩张，能够限定在可掌控的地域范围之内。

此前三千余年的历史证明，华夏民族的这种御敌经验已经达到了炉火纯青的境界。从进入国家文明时代开始，我们这个民族就已经达到了很高的战争水准。这种战争水准具体地表现为三个基本方面：其一，战争实践中大规模战役的组织能力；其二，对战争与军事领域的理论总结能力；其三，国家把握战争进程的战略掌控能力。

首先，战争实践中的战役组织能力，是一个民族的战争水准最实际的衡量线。

可以说，战役组织能力的高下，其核心指标是用兵规模。在商周两代，我们的战争实践中就已经开始出现数以十万计的用兵规模了。武王联合伐纣的兵力在十万之上，纣王紧急征发的兵力则有数十万之多。进入战国时代，则单方一次用兵规模超过五十万，双方在一次战役中投入兵力超过一百万规模的特大战役，就有六次之多。如此庞大的军队，如此辽阔的战场，其所涉及的国家调度、战略架构、战役组织、作战方式、各部配合、兵器配置、后勤输送、战场救治等方面，绝非寻常的战役组织能力所能达到的。可以说，同时代世界其他任何地区的国家与民族，对于这样的战争规模，在当时是连想也不敢想的。

其次，对战争的理论总结能力，是一个民族战争经验值的衡量线。

中国是世界古典时代产生兵书最多的国家，而中国古典兵书的绝大部分，都产生于此前三千年。进入春秋战国时代，对战争与军事的研究总结，已经成为一个基本的学问领域，这就是威名赫赫的“兵家”。在后世编纂的《武经七书》中，有五部是前三千年产生的兵学著作。这就是——

《六韬》　作者吕尚，即西周初期的姜太公

《孙子兵法》　作者孙武，春秋时代的齐国名士

《吴子兵法》　作者吴起，战国初期卫国名士

《司马法》　作者司马穰苴，春秋时代齐国司马（相当于国防部长）

《尉缭子》　作者尉缭，战国时代秦国国尉（相当于国防部长）

这一时代已经确认的被焚毁的兵法著作，还有战国时代魏国名将信陵君的《信陵君兵法》；失传而在当代重见天日的，有战国时代齐

国著名军事家孙膑的《孙膑兵法》。所有这些兵学著作，都是那个时代对战争实践的深刻总结。

需要特别注意的是，诞生于那个时代的兵学著作，有一个共同的基本点，那就是都将战争军事看作与国家民族命运融为一体的整体问题，而不是看作单纯的军事问题。这一最基本的整体研究立场，使中国古典兵书的战争思想与军事思想表现出了超越时代的战略高度，为国家对战争现象的整体把握，提供了最为直接的精神资源。

具体地说，《孙子兵法》的开篇就是《始计》。什么是"始计"？就是在战争开始之前的思索，那时称为"庙算"。用今天的话说，就是在战争还处于静态出发点时的总体战略运筹。这一运筹的最高原则，就是开篇第一句话，"兵者，国之大事也，死生之地，存亡之道，不可不察也"。应该说，这个原则代表了我们民族在那个时代已经达到的对战争现象的最高境界的审视。战争对军人而言，是"死生之地"；战争对国家民族而言，是"存亡之道"。唯其如此，战争才是"国之大事"，而不是单纯的军事问题。

同样，《司马法》一开篇就提出了战争的最高目的是制止战争，此所谓"以战止战"。同时，《司马法》还提出了国家对于战争所应该保持的最高基本原则："国虽大，好战必亡；天下虽安，忘战必危。"

产生于战国末期，并对秦始皇帝驾驭统一战争产生重大影响的《尉缭子》，更对国家掌控战争的战略意识，提出了四重境界与四大原则。四重境界是："王国富民，霸国富士，仅存之国富大夫，亡国富仓府。"这就是说，战争胜负的根本，是由国家总体治国状况决定的，而不是单纯由军事决定的。

《尉缭子》提出的四大原则是：

其一，"富国先于强兵"的原则。《尉缭子》对这一原则的论述是："富治者，民不发轫，甲不出暴，而威制天下。故曰：兵胜于朝廷。"这是说，强军以富国为条件。富国，则是国家战略才能达到的目标。所以，军事的强大与战争的胜利，根本上取决于国家政策方向，取决于朝廷最高战略，而不仅仅取决于军队。

其二，“励士厚民”原则。《尉缭子》对这一原则的论述是：“民有必战之心，此威胜也”，“夫将之所以战者，民也；民之所以战者，气也；气盛则斗，气夺则走”。也就是说，激励将士，厚待人民，是军队强大的根本。

其三，“法为治军之本”原则。《尉缭子》对这一原则的论述是：“审法制，明赏罚，便器用”，“修我号令，明吾刑赏”。这是统率治理军队的法治原则。

其四，“不赖外援，量力而战”的原则。《尉缭子》的这一原则，是专门针对以国家利益换取战争援助的依赖心理提出的严厉批评。他说：“今国被患者，以重宝出聘，以爱子出质，以地界出割得天下助卒名为十万，其实不过数万尔。”其兵来者无不谓其将曰：“无为天下先战！”这既是立足自己力量而战胜强敌的胆略，也是战争实践中最为关键的战略思想：不是拒绝外援，而是不能将生存寄希望于外援。

显然，这些兵家原则都是涉及战争胜负的根本问题。但是，它们都不是寻常的军事家与军事著作考虑的问题。在整个人类冷兵器时代，只有中国的古典军事家具有如此广阔的视野，有从最基础意义上审视战争与军事问题的思维方式。

正是这一高远的视野，正是这一深刻而独到的思维方式，使那个时代的中国军事著作，在人类文明历史的天宇里放射着永恒的光芒！

那么，前三千年对外战争的实践把握，又是什么样的呢？

由于生存地域的广阔，从黄帝、炎帝时代起，东方大陆族群就与众多文明差异族群处于共生状态。从大禹治水之后进入国家时代，我们的族群就以国家的形式进入了与周边族群的冲突与竞争之中。从夏王朝开始，我们对周边族群入侵的反击，就是适可而止的。在夏代初期，夏启南征苗蛮，战胜之后便退兵而回，并没有坚持斩草除根。应该说，这是最早时期的强力反弹，有限扩张了。此后，殷商末期的东夷族群又多方侵袭中原腹地，殷纣王对东夷发起了大规模反击，胜利之后同样是订立盟约，撤退军队，也并没有无限度地占领杀戮。应该说，这是第二次强力反弹，有限扩张。

后来，就是发生在春秋中期的齐桓公尊王攘夷，九合诸侯的大反击。

再后来，就是从战国初期到秦帝国时期对匈奴与诸胡势力的大规模反击。

从总体实践上说，强力反弹，有限扩张，是中国民族在前三千年锤炼出的文明生存大智慧，一种对付外敌的超级智慧，一种永恒的历史经验。

（3）第三基本经验：在文明冲突中自觉保持强大的消解融合精神

历史证明，决定一个民族文明命运的，绝不仅仅是战争与暴力。

更为重要的一点是，特定文明在诸多文明竞争与冲突中的包容性。具体地说，该文明的生活方式是否具有亲和力？语言文字是否简洁并具有美感？是否有利于交流传播？意识形态是否具有多元特点？对其他民族的信仰形式是否具有共处性？人文精神、价值观念、伦理道德、国家形式、社会结构、消闲方式、审美方式、居住方式、人际关系准则、婚姻与两性关系的传统、家庭与家族的形成传统，等等方方方面面，是否具有坚实的根基？是否具有强大的精神感召力？

归纳起来，就是由所有这些方面综合形成的文明形态，对本民族个体是否具有深刻的吸引力与强大的凝聚力？对不同民族文明的种种介入，是否具有包容性与亲和力？这是文明竞争与冲突中的软形式，它更为长久地决定着一个民族的兴衰荣辱。

中国民族在此前三千年遇到的软形式的文明冲突，大约有四种情况：

其一，外来族群入侵而被驱赶后，其残存人口保留的文明形态；

其二，自愿归化的外来族群，以不同的文明形态，聚居于华夏地域；

其三，和平往来中流入的外来族群的文明形态；

其四，与周边族群的各种往来中所产生的文明差异与冲突。

以上四种文明交叉情况，在包括秦帝国时代在内的前三千年里，是最为普遍的现象。其发生的概率，远远高于后世任何时期。华夏文明所以能从中国腹地开始，一步步如同滚雪球般不断融合周边族群而壮大，其间，极为重要的原因，绝不是战争的结果，而是华夏文明的包容力与亲和力。可以说，今天我们只能从史书中知道名字的那些远古周边族群，截至战国末期，绝大部分都融进了华夏文明圈，而且具有不再反复的极大稳定性。

这一历史现象的形成，就是一个民族消解文明差异与文明冲突的能力。

这一能力所以形成，在于前三千年中的历代国家政权所自觉秉持的文明消解战略。

这一战略，大体上有三个基本方面。

首先，对具有文明差异而又愿意依附于华夏文明的周边弱小族群，能够自觉建立并维护一种相对稳定的盟约关系，不坚持占领式的吞并。长期奉行和平盟约的结果，使诸多弱小族群在事实上越来越深地融入了华夏文明。战国时代的楚国对岭南族群的关系，可算是这一关系的典型之一。

其次，对外来族群入侵所遗留的残余人口，采取了自觉的不歧视政策。这在秦国对戎狄人口，赵、燕、齐三国对诸胡人口与匈奴人口，楚国对诸多苗夷人口中，都得到了完全的实际体现。秦帝国建立之后，更是对境内所有文明差异族群一体化对待，一体化地视为“黔首”。

再次，对外部流入的陌生文明形态的人口，首先抱不排斥不歧视的态度，而后准许其自由发展。这一点，在秦帝国建立之后对待最早的佛教人口的流入方面，得到了典型验证。据马非百先生之《秦始皇帝传》考证，最早的一批佛教徒进入中国后，始皇帝许其按照他们的方式自由行走，听其自然发展。

在此前的三千年中，中国文明当然也有扩张。但是，这种扩张总是限制在夺取敌方进攻根据地的范围内。更重要的是，对扩张土地内的原住民族，历代国策远远比同时代的其他大民族更具有文明的包容性。与后世欧洲移民对待美洲原住民——印第安人的残酷杀戮相比，完全不可同日而语。

我们的文明历史，在前三千年就已经奠定了与异质文明的共生意识，又在长期的历史实践中，积累了丰富的文明共生经验。在世界大民族中，没有一个民族的崛起像中国民族这样，在久远的时代，就具有了文明的正义性与生存的正义性。中国民族没有文明拓展的大血债，没有种族灭绝与资本掠夺的历史大血债。中国在数千年之间的生存发展，完全依靠自己的力量，依靠自己的勤奋与智慧，坚持在自己的土地上生存发展。

一个民族，在数千年的历史中能够始终如一地保持这种高贵的文明生存法则，这是无法掩盖的不朽的历史光芒。

(4) 第四基本经验：强烈自觉的统一精神，霸气充盈的反分裂实践

自黄帝、炎帝开始，我们民族的历史就是不断走向更高阶段统一的历史。

黄帝、炎帝、蚩尤三大族群之间的战争，促成了我们诸多特大族群之间最早的联盟政权的建立。之后，历经颛顼帝、尧帝、舜帝、禹帝，我们的联盟政权日渐紧密与成熟。终于，我们进入了国家文明时代，创建了最初的邦联制政权。相比于之前的松散联盟，向相对紧密的统一迈出了一大步。殷商时代，我们又迈出了一步——成熟的邦联制国家，华夏族群的同一性更为紧密了一些。西周时代，我们迈出了更大的一步，跨越到了联邦国家的新时代。虽然，西周仍然是诸侯制；但是，国家与文明统一的程度，显然都是更为紧密了。

春秋、战国两大时代，华夏世界以脱离王权的历史形式探索着走向更高统一的历史道路。这五百余年中，华夏世界对统一王权的沦落造成的现实灾难，有了更为清醒、更为自觉、更为普遍的历史反思，统一思潮以更为深刻的思想形式表现了出来。同时，在社会历史的实践中，七大战国不约而同地开始了争取统一中国的资格竞争，接踵而来又连绵不断的变法浪潮，正是这一资格竞争的现实表现。

历史的选择是，当时的秦国进行了最为深刻的变法，建立了战时法治社会，成为那个时代具有最高文明水准的国家，代表了文明发展的未来方向。历史实践的进展是，秦国在法治文明的道路上不断强大，百余年之后，终于在战国末期开始了统一中国的战争进程。历史的结果是，公元前 221 年，秦统一了中国疆域，建立了秦帝国统一政权。同时，秦帝国又统一了中国文明，创建了华夏世界新的统一形态的文明体系。

在这三千年中，华夏世界追求更高统一形态的历史脚步，从来没有停止过。

在这一历史过程中，华夏世界形成了强烈而自觉的统一精神与反分裂精神。

这一文明基因的形成，既出于对分裂灾难与统一利益的直观认识，也出于对统一国家与文明发展关系之间的自觉认识。一方面，华夏世界实实在在地从诸侯分治的灾难中对分裂割据的危害性有了直接的认识；另一方面，华夏世界又从统一国家经验中对社会利益的保障实现，对民族文明生存发展的维护与推动，产生了深刻而清醒的自觉认识。这样的双重互动，形成了我们民族强烈而自觉的统一精神，也形成了坚定的反分裂精神。

秦帝国之后，这种强烈而自觉的统一精神与反分裂精神，长久地传承了下来。

自秦帝国之后，中国民族先天禀赋中蕴涵的那种强烈的群体精神，与在历史实践中形成的统一精神，始终融合为一体。其所表现出来的反对分裂、维护统一的悠久性、坚定性，在整个人类世界都是独一无二的。这是中国民族能够以大民族、大国家的形式，数千年岿然屹立的根本原因之一。

在春秋末期或战国初期，政治哲学家老子概括了中国政治文明的核心理念——尚一。老子的说法是，“一生二，二生三，三生万物”。“一”是什么？说法多多。最基本的理念，就是万物同出一源，一者，万物之源也。这个“一”，见诸当时与后世古典社会的政治实践，无疑是国家的统一，无疑是权力的统一。中国人的意识里，治权方面，统一比分治好；权力行使方面，事权归一比事权分散好。中国人的传统理念，是嘲笑“龙多主旱”的。要说清中国政治文明国情，“尚一”理念是绕不过去的。要在中国实行一人一票的民主制，要将分治（分裂）看得无足轻重，首先得走出绝大多数人的价值观防线。否则，盲目崇拜西方的“自由民主”，到头来必然鼻青脸肿，自绝于自己的国家与民族。

从这一点出发，我们在未来要走向民主道路，要走向地区自决道路，实际上就是在不曾理清中国文明根基的时代向我们民族的传统价值观挑战。“五四”以来，我们曾经将民主，曾经将自决，喊得山响。可是，后来的实践呢？

文明发展所形成的既定基因，决定了一个民族的未来走向。

我们要走向新的文明跨越，就要从我们的生命根基中艰难地新生出来。

这，需要时间，需要历史的淘洗，需要每一代人坚定不移的耐心与努力。

从总的方面说，在秦帝国开创统一国家与统一文明之后，虽然华夏世界也有过时而出现的分治（分裂），但是，统一的时期无疑占据了主流。任何分裂内乱，最终都将归于统一。与此同时，历史表现出了一个最基本的现象——强盛中国的时代，全部是中国统一的时代；贫弱灾难的时代，全部是中国分裂内乱的时代。

在整个人类文明的历史上，没有任何一个大民族能像中国这样，历经如此之多的分裂内乱而每次都能整合国家，整合文明，最终回归到统一国家与统一文明的道路上。历史的足迹反复表明，任何分裂势力在中国历史上从没有成功过一次——没有能将分裂割据地永久地脱离中国而另外建成一个国家。中国的国土，没有因为分裂内乱而永远丢失任何一块。

在中国文明的海洋中，最为炫目的明珠，就是统一精神。

世界上没有任何一个民族，能将统一意识化作如此恒久的民族精神。

（5）第五基本经验：以发掘培养杰出人才群为国家发展的生命线

如何对待拥有出色创造能力的杰出人才群，是任何一个国家发展的最根本问题。

任何事都是人做成的。在整个人类的文明发展历史上，始终有一个最基本的历史现象：任何时代的发展浪潮中，都有那个时代的杰出人才在起决定性的导航作用。这一现象，没有人会否认。这里的关键问题是，一个国家在多大程度上自觉地认识到了这一现象的重要性，并将对杰出人才群的发现、培养与使用，自觉地确立为一个国家的最高战略原则。

这种关于杰出人才群的自觉意识，真正决定着一个国家的历史命运。

华夏世界在前三千年的历史上，对杰出人才群的发现、培养与使用的自觉意识，达到了整个人类古典社会的最高峰。在黄帝以至夏商周时代，这一意识主要来自历史所反复验证的一个事实：使用杰出人才，总是能够对解决社会实际问题起到决定性作用。就是说，在这一漫长的历史时期，对杰出人才群的使用，还停留在经验积累的阶段，还没有上升为自觉的国家意识，还没有达到自觉搜求杰出人才，并建立发现杰出人才群的国家人才制度的高度。所以，那个时期杰出人才的涌现，更多表现为既定体制内涌现的极少数贵族杰出人才，而不表现为来自广大社会土壤的杰出人才群。

我们可以简单地罗列一下，早期国家时代来自体制之外的杰出人才。

黄帝时代，来自既定权力之外的杰出人才有：风后、力牧、常先、大鸿。

尧帝时代，来自体制外的人才，是制陶工匠出身的姚重华——舜。

舜帝时代，来自体制外的人才，是因父罪而沦为平民的杰出人才——禹。

大禹治水时期，体制外人才，是一批已经无法知道姓名的治水、勘测方面的杰出人才。

商汤时期，体制外人才，是来自风尘的伊尹。

武丁时期，体制外人才，是发于山野的傅说。

周文王时期，体制外人才，是发自市井的吕尚——姜太公。

西周灭商而建立王权制之后，华夏世界进入了严格的贵族政治时代。在西周将近三百年的历史上，几乎没有来自平民社会的杰出人才进入国家最高决策层。

春秋时代，士人阶层的出现，兴亡竞争的人才需求，结束了沉闷的贵族政治时代。从这一时期开始，华夏世界迅速走出了关于杰出人才群的经验时期，一举跨越到了对杰出人才群的战略自觉高度。当时的中国社会，第一次出现了杰出人才的井喷现象，也第一次出现了各诸侯国争相搜求杰出人才紧迫而普遍的需求。

士人阶层的出现，是华夏世界人才资源领域的一次核裂变。

当时的士，是一个非官、非农、非工、非商的国人阶层。开始阶段，士的主要特征是拥有某方面的专业知识或一技之能，被允许四处流动以独立谋生。发展到春秋中期，士人群体，已经发展为一个相当庞大的社会阶层。就其基本面而言，主要有三大部分人群：一是各实业领域的高端人士，比如水、工、医、农、建筑等领域的独立技师；二是拥有较高武技，并以此独立谋生的武士，比如应商贾之请保护商旅运输的技击能才，应政治需求或复仇需求，实现刺杀任务的剑术能才等；三是专修各种知识并传播自己知识的治学者，如研究国家政治、研究战争军事、研究社会历史、研究典章礼仪、研究阴阳占卜、研究论辩智慧等而又能独立谋生者，都是士子群体。

进入战国时期，单纯的武技人士逐渐融入迅速普及的军事需求与各种护卫需求，从士阶层分离出去，仅仅保留了一个社会名号，通常被人们称为武士，而不再是以拥有知识与思想为主要特征的士人阶层。同时，各个实业领域的技师群体，也逐渐融入迅速壮大的私有经济活动体系，成为专门的工师、技师阶层，并淡出了士人阶层。

在这样的历史蜕变中，拥有知识与思想的社会群体，开始融入迅速深化的社会政治生活之中，开始形成了以参与政治实践或研究政治实践为轴心，而又同时以具备相对丰富的文化知识为必备条件的一个社会阶层。这就是后世将之与官员阶层直接联系起来，而笼统冠之以“士大夫”的一个社会阶层，这就是在战国时代已经成熟起来的典型知识阶层——士人阶层。

中国原生文明时代的士人阶层，有一个最基本的历史特征：他们，以丰富的社会实践为学问根基，既有参与社会政治实践的实际操作能力，也有基于社会实践所产生的改造社会的种种主张。这一基本特征，使他们与秦帝国之后不断趋于书生状态的士大夫阶层有着巨大的差别。士人阶层出现的历史意义，在于它打破了传统贵族政治的僵硬体系，使国家政治进入了能够以理性精神实现更高目标的境界，大大加快了文明历史的发展步伐。

士人阶层的出现，使社会杰出人才的产生、发现与使用，表现出有普遍法则可循的历史特征。在那个时代，基于各种政权的急迫需求，士子们纷纷进入了国家政治层面，爆发出了无比的力量与光彩。春秋、战国、秦帝国三大时代，所以能成为中国文明的黄金时代，最根本原因便是士人阶层放射的历史光焰。

在那个时代，几乎所有的伟大变革都是由名士策划、发动并主持的。几乎所有的长策大谋，都是由名士提出并主持执行的。几乎所有的著名战争，都是兵家名士运筹帷幄，或亲自统率的。统一帝国创建中的所有战略筹划，都是名士出身的政治家们完成的。

非但如此，举凡政治、经济、军事、文化、教育、哲学、艺术、工艺、社会风俗的各个领域，士人阶层都争奇斗艳，具有发轫推行之功，建立了不朽的文明功业。他们出将入相，策划运筹，纵横捭阖，叱咤风云，掀起了一浪又一浪时代竞争的大潮，将中国文明推向了辉煌的极致。

士人阶层的实际功绩，使当时的国家用才意识发生了巨大的变化。

当时的国家意识，已经明确地将敬贤任士作为最重要的战略原则了。“得士者兴，失士者亡”，已经成为当时社会的普遍共识。对这一认识最为精到的总结，是墨子大师。让我们听听他的久远声音：

亲士急贤论

入国而不存其士，则国亡矣！见贤而不急，则缓其君矣！非贤无急，非士无与虑国。缓贤忘士，而能以其国存者，未曾有也！

——《墨子·亲士》

众贤厚国论

今者王公大人为政于国家者，皆欲国家之富，人民之众，刑政之治。然而不得富而得贫，不得众而得寡，不得治而得乱，则是本失其所欲，得其所恶。是其故何也？子墨子言曰：是在王公大人为政于国家者，不能以尚贤事能为政也。是故国有贤良之士众，则国家之治厚，贤良之士寡，则国家之治薄。故大人之务，将在于众贤而已。……古者圣王之为政，列德而尚贤，虽在农与工肆之人，有能则举之，高予之爵，重予之禄，任之以事，断予之令……故官无常贵，而民无终贱。有能则举之，无能则下之。

——《墨子·尚贤上》

尚贤乃为政之本

今王公大人之君人民、主社稷、治国家，欲修保而勿失，故不察尚贤为政之本也。何以知尚贤之为政本也？……（贤者为政，）则饥者得食，寒者得衣，乱者得治……此安生生！……尚贤者，天、鬼、百姓之利，而政事之本也！

——《墨子·尚贤中》

墨子总结的这些认识，都是那个时代已经形成的普遍而自觉的主流意识。

虽然不是每一个国家政权在每一个时期都能发现并使用杰出人才从而表现出不同的国家命运，但是，就那个时代所达到的自觉的国家共识而言，无疑是整个华夏古典时代的最高水准。他们的认识，给我们留下了极为丰富的杰出人才群的发现与使用经验。

在中国前三千年的文明历史中，我们积累了强势生存的若干历史经验；同时，历史也以突然灾变的形式，给我们留下了沉重的历史教训。

这里，最为重要的历史教训，就是必须确立文明发展的忧患意识，时时对灾难与突变保持高度的警觉性，不因文明的进步性而忽视潜在的危机，不因实力的强大而忽视必须解决的一些社会基本问题。

这一历史教训，在秦始皇时期得到了最为充分的体现。

历史主义地说，秦帝国的实际历史功绩，与其所创建的统一文明形态的历史进步性，都是毋庸置疑的。在帝国创建的初期，新的社会形态也确实得到人民的普遍拥戴。但是，秦始皇帝的政策方向，始终是单一化的，缺乏对潜在的社会危机的警觉性。与此相连，也对诸多潜在的社会民生的基本问题，缺乏及时有效的解决政策。对国家政权保持强固与稳定的最关键环节——储君问题，更缺乏及早解决的警觉意识。在声威赫赫的历史功绩中，膨胀了、变形了的秦始皇帝，对自己的个人能力、个人威望，以及个人的生命状态，都产生了一种脱离实际的过度自信，进而发展为无视种种危机迹象的极端自负。

至少，一个君主制时代的帝王，年届五十，而始终对国家权力继承人的确立保持模糊状态，这是非常偏离常态的危险做法，荒诞到了令人难以置信的地步。虽然，这是一个文明大历史中的具体节点，但是，它恰恰是足以撬动整个国家机器并使其轰然陷入历史峡谷的那个最重要的支点。

最基本历史元素构成的交叉合力，推动着历史发展。

对此，我们确信不疑。

但是，对历史突然偏离既定轨迹所产生的突发恶性灾变，我们也应该保持高度警觉。这种突发灾变，可能来自内部，也可能来自外部。一个国家，一个民族，要保持生生不息的强大生命力，仅有自信心是不够的，我们还得有洞察危机的高度警觉与深刻智慧。因为，世界是无数人群组成的世界，人性中的恶性元素借助特定条件所能表现出的巨大破坏力，曾经在历史上屡屡展现出来。

我们相信，历史的正义性是永恒的。

我们同样相信，中华民族与中国文明的生命力是永恒的。

因为，我们有无比坚实丰厚的文明生存发展的历史经验。这一经验的核心理念，是强势生存。它，已经化成了我们永恒的生命基因。

同时，我们也具有多次跌入历史峡谷深渊所积累的沉痛的历史教训。这些教训的残酷现实，是弱肉强食。它们，已经为我们矗立起了一道道黑色的历史警戒线。

对文明历史的反思，是我们民族在实现新的文明跨越时期的必做任务。

我们期待如同春秋战国秦帝国时代那样的百家争鸣与大创造的历史奇观。

让我们一起，为我们这个东方民族的灿烂文明祝福。

孙皓晖

2011 年 7 月 13 日

于西北大学秦文明研究院

跋

微木填沧海

这套书的问世，源于我与上海世纪出版集团的不期而遇。

2011 年 6 月，我正在北京筹备大型历史文献纪录片《华夏根脉 · 中国原生文明启示录》付诸拍摄的前期事项。一天，接到了一个电话，说是北京世纪文景的施宏俊。他说，在我的博客上看了许多有价值的文章，想和我见见、谈谈。正好我在北京，于是欣然应约。那天，施宏俊副总裁是与编辑室主任李文青一起来的。交谈得知，北京世纪文景是上海世纪出版集团在北京成立的一家出版公司，是世纪出版集团在北京的一个基本阵地。

我们的话题涉及很广，从上海出版业的改革，到他们近年的出版成果以及出版理念；从我的诸多文章能否编成一本书，到我对中国文明历史的许多想法与基本理念。最后，我们达成的初步共识是：《中国原生文明启示录》可以先出文字版；我的诸多文章，可以在系统整理后，另外编成一本书。

这两套书，就是后来很快付诸实施，现在已经抵达读者手中的《原生文明》和《文明新论》。

最令我不能忘记的，是陈昕总裁。

几天之后，上海世纪出版集团总裁陈昕先生赶到了北京。陈先生和我见面，主要谈了两个方面的事，一是高度肯定我与集团副总裁施宏俊一行达成的初步共识，希望我们以后尽可能全面合作；二是他对《香港传真》发的我的一篇长文《强势生存：中国文明发展的历史经验》甚为关注，建议我把这篇文章扩展成一本向社会普及的小书。令我没有料到的是，陈先生拿出了一页打印得密密麻麻的大纸——他本人对文章扩展提出了具体意见。

这一大页纸，深深地触动了我。

一个出版集团的总裁，能够亲自深入到具体的选题之中，并且为一本书提出深入具体的意见，这实在是当代出版界凤毛麟角的现象了。后来得知，陈昕总裁是一个老出版人，对书的热爱与敏锐，是非凡的，也是独特的。世纪版的诸多优秀图书中，都凝聚着他的目光，渗透着他的汗水。多日之后，我应邀到了上海，到了陈昕先生的办公室，看到宽阔的大办公室四周书架环绕，全部排满堆满插满了多姿多彩的世纪版图书。这些书，都是他们出的书，每本都是陈昕先生亲自看过的。

当时，我的感觉是难以言表的。

之后，我又参观了上海世纪出版集团的物流中心，实实在在体验了一回科幻式的图书自动化分拣历程。当我知道了这个物流中心其实是整合了集团下属所有出版社的发行部门时，我迅速意识到，这是上海图书业大组合的核心改革成果——从此，各个出版社只管组稿编稿，不再是五脏俱全的小麻雀，而是一架架卸了副油箱的现代化战斗机了。

上海之行结束后，我想了许多许多。

我们的文化产业，究竟应当如何发展，如何改革？如果仅仅是管理体制的改革，而没有新的价值理念，没有业务领域的真正科学化重组，体制改革能发挥作用吗？出版界的上海式改革，将给我们的文化产业带来什么样的影响？我们的思想成果传播在这样的新力量面前，将发生什么样的变化？

古往今来，书籍出版业的发达程度，都是一个时代文明发展的重要标志。中国出版业的这种变化，将给中国的新文明发展带来什么样的实际影响？发达的出版业，仅仅是一种文化思想的传播平台，它自己并不自动产生思想文化作品。但是，出版业的发达，必然需要承载极为丰富的思想文化作品；否则，它将陷于空转境地，造成巨大的社会浪费。那么，在我们所面临的这样一个时代，中国的知识界、科学界、文化界、思想界、艺术界，能否有如此大量丰富的作品供如此发达的出版业饱和运转？抑或，我们只能用无比庞大的文化思想垃圾，去填充出版业的巨大需求？

我们的时代，还不是春秋战国那样的文明大爆炸时代。

从中国文明发展的历史高度看，我们已经在古典文明的两次历史大跨越之后，面临着第三次新的文明跨越——从残破的农村文明与畸形的城市文明的混合体，跨越到成熟的科学与工业时代的新文明形态。面对这样的文明跨越，我们必须具有一个先决条件：中国民族的人文意识、历史意识、生存意识、基本价值理念等，都能有一个时代性的大变化。

要完成这样一种深刻变化，我们所要完成的第一步，必然是理清文明传统，重新解读我们的文明历史，以高端文明视野确定我们对中国文明遗产的继承原则，从而明确真正的中国国情——中国文明发展的真实内核，并就所有的基本问题形成最基本的社会共识、国家民族共识。唯其如此，才能夯实我们前进的思想根基。这样的一个历史时期结束之后，我们才能进入思想重建、价值重建、文化艺术重建、生存方式重建、文明形态重建的历史时代，迎来我们民族的凤凰涅槃时代。

这样两个大的历史时期，其过程必然是相当漫长的。

中国的第一次文明大跨越——以战胜百年洪水灾难为契机，从族群联盟跨越到国家文明时代，用了数百年时间。中国的第二次文明大跨越——从诸侯分治跨越到统一文明时代，用了五百余年时间，历经春秋、战国两大时代。欧洲人从黑暗的中世纪社会跨越到资本主义文明时代，用了将近四百年时间，历经文艺复兴、启蒙运动两大时代。在近代历史条件下，美国在北美洲创建新文明，用了两百余年时间。

我们的第三次文明跨越，可能需要多长时间？

虽然，我们无法准确预期这一历史时期的节点；但是，可以明确的是，中国文明的历史跨越，绝不是数十年甚至一百年所能完成的。我们的历史包袱太多，我们的现实问题太多，我们需要清理的泥沼太多，我们需要攻克的难关太多。尽管我们这个民族充满了智慧，可是，面对久远深重的历史沉疴，我们仍然不可能绕过那些必须的历史阶段，不可能一蹴而就。

沧海无垠，我们需要寻觅的耐心，需要解难的智慧。

雄关漫道，我们需要强毅的精神，需要远足的意志。

我们每个人所能做的一切，都是这一伟大征程的沧海一木。

微木填沧海，未必能够成功。但是，没有万千人众连绵不断的微木劳作，一定不会成功。我们出版业的迅猛发展，已经给我们的文明跨越打造好了新理念传播的大规模现代化平台。我们每个人的思索新成果，都可以在这样的平台上获得最大限度的社会传播。在这样的意义上，我们是有希望的。

尽管，我们永远无法避免思想文化垃圾。

但是，我们真正具有创造性的作品，一定会越来越多，一定会成为主流。

万千微木，终成苍茫林海。

一只希望的方舟，就孕育在那无边的林海之中。

孙皓晖

2011年初冬

于西安曲江工作室

图书在版编目（CIP）数据

中国原生文明论．原生文明／孙皓晖著．—上海：
上海人民出版社，2023
ISBN 978-7-208-18362-9

Ⅰ．①中… Ⅱ．①孙… Ⅲ．①文化史－中国－古代－
文集 Ⅳ．①K203-53

中国国家版本馆 CIP 数据核字（2023）第 131011 号